최단기 합격 **공무원학원 1위**

해커스공무원

KB093676

합격생을 만드는 **해커스공무원 전문 시스템**

해커스 스타강사 최신 인강 제공

공무원 시험 전문 학원 강의 실시간 업로드

해커스공무원 전문 교재

전 과목 쌩기초 교재 및 무료특강 제공

4개월 최단기 합격생을 만드는 **해커스공무원 학원**

강남역캠퍼스 [9급·7급·PSAT]

강남구 강남대로 428
만이빌딩 6, 7, 8층

* 2호선 강남역 11번 출구
* 9호선 신논현역 5번 출구

▲
강남역캠퍼스
수강신청 바로가기

02 598 5000

노량진캠퍼스 [9급·7급·PSAT·군무원]

동작구 노량진로 162
한주빌딩 4층

* 1호선 노량진역 1번 출구
* 9호선 노량진역 3번 출구

▲
노량진캠퍼스
수강신청 바로가기

02 599 0500

헤럴드미디어 2018 대학생 선호 브랜드 대상 '대학생이 선정한 최단기 합격 공무원학원' 부문 1위
[4개월 최단기 합격생] 해커스공무원 수강생 홍○○ 국가직 9급 1차 합격(2019.01~2019.05. 실강+인강 수강)

해커스공무원 gosi.Hackers.com

평생 0원 패스 ▶
바로가기

여러분의 합격을 응원하는
해커스공무원의 특별 혜택

FREE 공무원 민사소송법 **동영상강의**

해커스공무원(gosi.Hackers.com) 접속 후 로그인 ▶ 상단의 [무료강좌] 클릭 ▶
좌측의 [교재 무료특강] 클릭

해커스공무원 온라인 단과강의 **20% 할인쿠폰**

3A242978F2F6PMXE

해커스공무원(gosi.Hackers.com) 접속 후 로그인 ▶ 상단의 [나의 강의실] 클릭 ▶
좌측의 [쿠폰등록] 클릭 ▶ 위 쿠폰번호 입력 후 이용

* 쿠폰 이용 기한: 2023년 12월 31일까지(등록 후 7일간 사용 가능)

 해커스법원직 무제한 수강상품(패스) **5만원 할인쿠폰**

98E523CE7F2C266P

해커스공무원(gosi.Hackers.com) 접속 후 로그인 ▶ 상단의 [나의 강의실] 클릭 ▶
좌측의 [쿠폰등록] 클릭 ▶ 위 쿠폰번호 입력 후 이용

* 쿠폰 이용 기한: 2023년 12월 31일까지(등록 후 7일간 사용 가능)

쿠폰 이용 관련 문의 **1588-4055**

해커스법원직

신정운
S 민사소송법

기본서

해커스공무원

머리말

"2023 해커스법원직 신정운 S 민사소송법(제2판)"은 다음과 같은 특징을 가지고 있습니다.

첫째, 개정법을 반영하였습니다.

국제사법(2022년 7월 시행) 개정내용을 반영하였으며, 사물관할규칙(2022년 3월 시행) 개정으로 단독사건 관할 확대된 내용을 반영하였습니다. 2023년 시행 예정인 제163조의2(판결서의 열람, 복사) 내용도 반영하여 앞으로 시험에 대비할 수 있도록 하였습니다.

둘째, 최신 판례와 기출지문을 반영하였습니다.

2021년 중요판례와 2022년 4월까지 판례를 반영하였습니다. 최근 실시된 법원승진 객관식 시험과 법원직 시험 기출지문도 추가하여 최근 출제경향에 대비하도록 하였습니다.

셋째, 법원직 시험대비를 위한 실무교재 내용을 수록하였습니다.

법원 내부에서 교육원 교재로 활용하고 있는 "2022 민사소송실무"(법원공무원교육원)의 추가 내용을 반영하여 시험의 출제 경향에 맞는 교재를 만들고자 하였습니다.

넷째, 관련조문을 확인할 수 있도록 하였습니다.

법학의 기본은 조문이므로 별도로 조문을 준비하지 않더라도 교재에서 바로 확인할 수 있도록 하여 절차법을 공부하는 수험생들의 부담을 덜게 하였고, 법조문뿐만 아니라 민사소송규칙도 또 특별법인 소액사건심판법 등도 관련법 조문을 같이 수록하여 시험준비에 불편이 없도록 하였습니다.

다섯째, 민법과 함께 정리될 수 있도록 하였습니다.

민사소송법은 민법의 권리구제절차이므로 민법과 연결되어 이해될 필요가 있습니다. 윤동환 선생님의 "2022 해커스법원직 윤동환 민법의 맥"에서 소개되는 판례는 같은 표현으로 수록하여 수험생들의 정리부담을 덜 수 있도록 하였고 수험생들이 반복하는 효과를 누릴 수 있도록 하였습니다.

초판임에 불구하고 독자들의 많은 응원에 이 자리를 빌어 감사말씀을 전합니다. 법원직 시험에서 수험생들에게 좋은 동행자로 기억되길 바랍니다. 본서를 통해 정리한 모든 수험생들에게 건강과 행운이 가득하길 바랍니다.

2022년 7월
편저자 신정운 드림

차례

이 책의 활용법

 ① 이 책의 구성

1. 학습 POINT

본격적인 학습의 시작 전에 핵심내용과 효율적인 공부법을 먼저 확인할 수 있도록 본문의 도입부에 학습 POINT를 수록하였습니다. 이를 통해 강약 조절을 하여 이론 학습을 할 수 있고, 복습하는 과정에서도 핵심 내용을 다시 상기하는 용도로 활용할 수 있습니다. 학습 POINT의 내용은 우선적으로 정리해야 할 부분들이므로, 민사소송법을 처음 공부한다면 학습 POINT의 내용에 복습 시간을 많이 소비하시기 바랍니다. 수업에서는 다시 최우선적으로 정리할 내용들을 좁혀드릴 예정이므로 점, 선, 면 순으로 학습이 될 것입니다.

2. 기출지문을 활용한 OX

본문의 바로 옆에 시험에 출제된 지문을 OX로 수록하여 이론이 실제 시험에서 어떻게 출제되는지 확인할 수 있도록 하였습니다. 이를 통해 학습하였던 이론을 다시 한 번 복습하며 내용에 대한 이해도를 높일 수 있습니다.

3. 별도로 정리한 조문과 중요 판례

학습 시, 항상 조문을 먼저 정리할 수 있도록 각 내용의 맨 앞에 수록하였습니다. 또한 출제가 되었거나 재출제가 예상되는 중요한 판례들은 별도로 정리할 수 있도록 코너로 수록하여, 판례에 대한 깊이 있는 학습이 가능합니다.

4. 관련 내용 찾아보기

본문의 내용과 관련이 있거나 함께 이해하고 넘어가야 할 부분의 페이지 수를 함께 표시하여, 관련 내용과 유기적으로 이해할 수 있도록 하였습니다. 수업을 듣지 않아도 해당 부분들을 함께 정리한다면 이해를 하는 데 더 편리할 것입니다.

5. 목차 구성과 순서

이 책의 목차 구성과 순서는 이시윤 교수님의 「신민사소송법」(제14판, 박영사 간)의 목차와 순서에 맞게 정리하였습니다. 본서는 법원직 민사소송법 시험을 위한 수험서이며, 민사소송법에 대한 더 보다 깊은 이해와 정리를 원하는 수험생들은 이시윤 교수님의 「신민사소송법」을 통하여 공부하시길 바랍니다.

② 일러두기

1. 기출표기 방식

- 21법원직 - 2021년 법원직 기출지문
- 주사보 - 능력검정시험
- 사무관 - 법원사무관승진 시험
- 변시 - 변호사시험

2. 법조문 명칭

- 제O조 O항 - 민사소송법
- 규칙 제O조 O항 - 민사소송규칙
- 민집 제O조 O항 - 민사집행법
- 소액 제O조 O항 - 소액사건심판법
- 소액규 제O조 O항 - 소액사건심판규칙
- 법조 제O조 O항 - 법원조직법
- 인지 제O조 O항 - 민사소송 등 인지법
- 인지규 제O조 O항 - 민사소송 등 인지규칙(대법원규칙)
- 행소 제O조 O항 - 행정소송법
- 가소 제O조 O항 - 가사소송법
- 소촉 제O조 O항 - 소송촉진 등에 관한 특례법

③ 주요 참고문헌

- 이시윤, 신민사소송법(제14판), 박영사, 2020
- 윤동환, 민사소송법의 맥, 우리아카데미, 2020
- 박승수, 민사소송법정리, 에듀비, 2020
- 김홍엽, 민사소송법, 박영사, 2010
- 김일용, 민사소송법강의, 오래, 2013
- 2020 민사소송실무, 2020 요건사실론, 법원공무원 교육원, 2020

해커스공무원 학원 · 인강
gosi.Hackers.com

제1편
민사소송

제1장 | 민사소송의 이상과 신의성실의 원칙

학습 POINT

1. 민사소송의 이상은 1회독을 마친 후 정리하는 게 효율적
2. 소제기의 일반적 흐름을 정리하고 그중 소장심사부분은 출제가 많은 부분
3. 소송요건에 대한 이해와 정리가 가장 중요한 부분. 민사소송 전반에 대한 이해를 도와주는 부분이므로 상세한 정리 필요

> **제1조 [민사소송의 이상과 신의성실의 원칙]**
> ① 법원은 소송절차가 공정하고 신속하며 경제적으로 진행되도록 노력하여야 한다.
> ② 당사자와 소송관계인은 신의에 따라 성실하게 소송을 수행하여야 한다.

I 민사소송의 이상

제1조 제1항에 따라 민사소송제도는 공정(공평·적정)하고 소송경제(신속·경제)의 이념의 지배하에 이상적으로 운영되어야 한다.

II 신의성실의 원칙

1. 의의

당사자와 소송관계인은 공동생활의 일원으로서 서로 상대방의 신뢰를 헛되이 해서는 안 된다는 원칙을 말한다(제1조 제2항).

2. 적용범위

(1) 객관적 범위(보충적 적용 여부)

판례는 부제소합의에 위반하여 제기된 소에 대해 권리보호의 이익을 부정하면서도 제1조를 적용하여 선택적 적용설(다른 법규나 법해석에 의해 해결이 가능하더라도 신의칙에 의하는 것이 보다 직접적인 경우 신의칙을 선택하여 해결)의 입장이다(대판 1993.5.14. 92다21760).

(2) 주관적 범위(신의칙의 규제를 받는 자)

신의칙에 의한 소송수행의무는 당사자뿐만 아니라 모든 소송관계인(보조참가인, 소송대리인, 증인, 감정인)에게 미친다(제1조 제2항).

3. 신의칙의 적용모습*

(1) 소송상태의 부당형성

1) 의의

당사자 한쪽이 잔꾀를 써서 자기에게 유리한 소송상태나 상대방에게 불리한 상태를 만들어 놓고 이를 이용하는 행위를 말한다.

*부, 모, 실, 남

2) 구체적인 예

① 소액사건심판법의 적용을 받기 위하여 채권을 소액으로 나누어 청구하는 경우(동법 제5조의2 제2항에 따르면 소각하판결)

② 주소 있는 자를 주소불명의 행방불명자로 만들어 공시송달하게 하는 공시송달의 남용

③ 권리자가 소송에서 제3자로서 증인으로 나서기 위해 타인에게 권리를 양도하는 경우 (대판 1983.5.24. 82다카1919)

(2) 선행행위와 모순되는 거동

1) 의의

당사자 일방이 과거에 일정 방향의 태도를 취하여 상대방이 이를 신뢰하고 자기의 소송상의 지위를 구축하였는데, 그 신뢰를 저버리고 종전의 태도와 지극히 모순되는 소송행위를 하는 것은 신의칙상 허용되지 않는다(대판 1995.1.24. 93다25875).

2) 구체적인 예

① 부제소특약·소취하계약 등의 소송계약 이후 임의로 소를 제기·유지하는 경우(대판 1993.5.14. 92다21760)

② 부적법한 당사자추가신청에 동의한 피고가 본안판결 선고 이후 신청이 부적합하다고 주장하는 경우(대판 1998.1.23. 96다41496)

(3) 소권의 실효

1) 의의

실효의 원칙이라 함은 권리자가 장기간에 걸쳐 그 권리를 행사하지 아니함에 따라 그 의무자인 상대방이 더 이상 권리자가 권리를 행사하지 아니할 것으로 신뢰할 만한 정당한 기대를 가지게 된 경우에 새삼스럽게 권리자가 그 권리를 행사하는 것은 법질서 전체를 지배하는 신의성실의 원칙에 위반되어 허용되지 아니한다는 것을 의미한다(대판 1996.7.30. 94다51840).

2) 구체적인 예

① 대법원은 항소권과 같은 소송법상 권리에도 실효의 원칙이 적용될 수 있다(대판 1996.7.30. 94다51840)고 한다.

② 근로자들이 면직 후 바로 아무런 이의 없이 퇴직금을 수령하였으며 그로부터 9년 후 1980년 해직공무원의 보상 등에 관한 특별조치법 소정의 보상금까지 수령하였다면 면직일로부터 10년이 다 되어 면직처분무효확인의 소를 제기함은 신의성실의 원칙에 반하거나 실효원칙의 따라 권리의 행사가 허용되지 않는다(대판 2005.10.28. 2005다45827).

(4) 소권의 남용

1) 의의

소권의 남용이란 소송 외적 목적의 추구를 위한 소송상의 권능 행사를 말한다. 이러한 소권의 남용은 보호할 가치가 없어 금지된다.

2) 구체적인 예

① 소송 외의 간편한 방법이나 특별절차가 있음에도 소를 제기하는 경우

② 재심청구가 배척당하여 확정되었음에도 법률상 받아들여질 수 없음이 명백한 이유를 들어 같은 내용의 재심청구를 거듭하는 경우(대판 2005.11.10. 2005재다303)

③ 소송지연이나 사법기능의 혼란·마비를 조성하는 소권의 행사

4. 신의칙 위반의 효과

(1) 직권조사사항

신의칙에 위반되는지 여부는 당사자의 주장이 없어도 법원이 직권으로 조사하여 판단하여야 하는 직권조사사항이다(대판 1989.9.29. 88다카17181).

(2) 소제기시

신의칙에 반하여 제기된 소는 소의 이익이 없어 부적법 각하된다. 이에 반한 소송행위는 무효이다.

(3) 신의칙 위반 소송행위를 간과한 판결의 효력

신의칙을 위반한 소송행위는 재판 확정 전에는 상소로 취소할 수 있으나, 확정되면 당연무효의 판결이라 할 수 없다. 물론 판결의 편취와 관련하여 재심사유가 될 가능성은 있으며(제451조 제1항 제11호), 신의칙에 위반하여 확정판결에 기한 강제집행을 하거나 부집행합의에 반하여 강제집행을 하는 경우에는 변론종결 후의 이의사유로 보아 청구이의의 소(민집 제44조)를 제기할 수 있다(대판 1997.9.12. 96다4862).

제2장 | 소의 종류 *

* 이시윤 203페이지 참고

Ⅰ 이행의 소

1. 의의

이행의 소라 함은 원고의 이행청구권에 기하여 법원이 피고에 대해 의무이행명령을 할 것을 요구하는 소이다. 이행의 소는 원칙적으로 실체법상의 청구권을 대상으로 한다.

2. 종류

(1) 현재 이행의 소

현재 이행의 소는 변론종결시를 기점으로 하여 이행기가 도래한 이행청구권을 주장할 것을 의미한다.

(2) 장래의 이행의 소

장래의 이행의 소는 변론종결시를 기점으로 이행기가 아직 도래하지 않은 청구권을 주장하는 것을 의미한다. 이 경우에는 '미리 청구할 필요'가 있는 때 소의 이익이 있는 것으로 본다(제251조).

3. 효력

① 이행판결이 형식적으로 확정되면 이행청구권의 존재를 확정하는 효력인 기판력 이외에 집행력이 발생한다. 이 소송 형태만이 강제집행으로 연결되며 이를 인용하는 이행판결은 집행권원이 되고 이에 의하여 강제집행을 할 수 있다.

② 그러나 이행의 소를 기각하는 판결은 청구권의 부존재를 확정하는 확인판결에 지나지 않는다.

Ⅱ 확인의 소

1. 의의 및 종류

확인의 소라 함은 다툼 있는 권리·법률관계의 존재·부존재의 확정을 요구하는 소이다. 소유권확인 등의 권리관계의 존재확정을 목적으로 하는 소를 적극적 확인의 소, 채무부존재확인 등의 그 부존재의 확정을 목적으로 하는 소를 소극적 확인의 소라고 한다.

2. 대상적격

원칙적으로 확인의 소에 있어서 권리·법률관계만이 대상적격을 갖는다. 다만, 증서의 진정여부를 확인하는 소(제250조)는 서면이 진실로 작성명의자에 의하여 작성되었는가 아니면 위조·변조되었는가를 확정하는 사실관계의 확인이지만 예외적으로 허용된다.

3. 확인의 소의 특징

① 청구권만이 대상이 되는 이행의 소와 달리 모든 권리관계를 소의 대상으로 할 수 있다.

② 현재 청구권의 액수를 확정할 수 없어 그 지급을 구하는 이행의 소를 제기할 수 없는 경우에, 시효중단을 시키기 위해 청구권의 존재라도 판단을 받아 둘 필요가 있을 때에는 확인의 소가 그 대역이 된다(확인의 소의 보충성).

③ 소극적 확인의 소에 의하여 법률관계를 명확히 함과 동시에 소제기 하려는 상대방에 대한 선제공격으로 사전에 분쟁의 예방용이 될 수 있다.

4. 효력

확인의 소에 관하여 원고승소의 확인판결이 나면 원고가 주장한 법률관계의 존재에 관해 기판력이 생기지만, 집행력은 발생하지 않는다.

Ⅲ 형성의 소

1. 의의

형성의 소라 함은 판결에 의한 법률관계의 변동을 요구하는 소이다. 형성의 소는 법적 안정성을 흔들기 때문에 명문의 규정으로 허용되는 경우에만 인정하는 것이 원칙이다. 또 형성판결은 대세적 효력 때문에 법적 안정성을 위해 명문으로 제소권자와 제소기간을 한정하여 놓은 경우가 적지 않다.

2. 종류

(1) 실체법상의 형성의 소

① 실체법상의 법률관계의 변동을 구하는 것으로 가사소송, 회사관계소송이 이에 속한다.

② 사해행위취소의 판결을 받은 경우 취소의 효과는 채권자와 수익자, 전득자 사이에서만 미치므로, 채권자와 채무자 사이, 채무자와 수익자 사이에서 취소로 인한 법률관계에 영향을 미치지 아니한다(대판 2014.6.12. 2012다47548,47555). 즉, 채무자의 피고적격을 부인한다.

(2) 소송상의 형성의 소

소송법상의 법률관계의 변동을 목적으로 하는 것으로 재심의 소(제451조), 정기금판결에 대한 변경의 소(제252조) 등이 해당된다.

(3) 형식적 형성의 소

① 형식은 소송사건이지만 실질은 비소송사건성의 법률관계의 변동을 구하는 경우이다. 따라서 구체적으로 어떠한 내용의 권리관계를 형성할 것인가를 법관의 자유재량에 일임하고 있는 형성의 소이다. 예컨대 토지경계확정의 소, 공유물분할청구 등이 이에 속한다.

② 이러한 소송에 있어서는 (i) 처분권주의가 배제되며, (ii) 불이익변경금지의 원칙도 적용되지 아니한다. (iii) 원고의 청구를 기각할 수 없다. (iv) 청구취지 기재가 완화되어 있다.

3. 효력

형성의 소에 대한 청구기각의 판결은 단지 형성소권의 부존재를 확정하는 확인판결에 그친다. 그러나 청구인용의 판결, 즉 형성판결은 그것이 형식적으로 확정되면 형성소권의 존재에 대해 기판력이 발생하는 동시에 법률관계를 발생·변경·소멸시키는 형성력이 생긴다.

제3장 | 소의 제기 *

* 이시윤 264페이지 참고

I 소제기의 방식

> **제248조 [소제기의 방식]**
> 소는 법원에 소장을 제출함으로써 제기한다.

1. 소장제출주의(제248조)

통상의 소를 제기함에는 원칙적으로 소장이라는 서면을 제1심법원에 제출할 것을 요한다. 독립의 소만이 아니라, 소송중의 소(반소·중간확인의 소·청구의 변경·당사자참가 등)의 경우에도 소장에 준하는 서면의 제출을 필요로 한다.

2. 구술에 의한 소제기 등의 예외

소가 3,000만 원 이하의 소액사건에서는 말(구술)로 소의 제기를 할 수 있게 하였다. 구술로써 소를 제기하는 때에는 법원서기관·법원사무관·법원주사 또는 법원주사보(이하 "법원사무관등"이라 한다)의 면전에서 진술하여야 한다(소액 제4조).

II 소장의 기재사항

> **제249조 [소장의 기재사항]**
> ① 소장에는 당사자와 법정대리인, 청구의 취지와 원인을 적어야 한다.
> ② 소장에는 준비서면에 관한 규정을 준용한다.

1. 필요적 기재사항(제249조 제1항)

소장으로서 효력을 갖기 위해서는 반드시 기재하여야 할 사항으로, 그것이 갖추어지지 않았는데도 보정하지 않으면 재판장은 명령으로 소장을 각하하여야 한다(제254조).

(1) 당사자·법정대리인

① 선택한 당사자를 표시함에 있어서 누가 원고이며, 누가 피고인가 알아볼 수 있도록 그 동일성을 특정하여 기재한다. 판례는 확정된 당사자가 소장의 표시와 다르거나 소장의 표시만으로 분명하지 아니한 때에는 당사자의 표시를 정정·보충시키는 조치를 취하여야 하고 이러한 조치를 취함이 없이 단지 원고에게 막연히 보정명령만을 명한 후 소를 각하하는 것은 위법하다(대판 2013.8.22. 2012다68279)고 한다.

② 당사자가 제한능력자일 경우에는 당사자의 법정대리인을 기재할 것을 요한다. 당사자가 법인 또는 법인 아닌 사단·재단일 때에는 그 대표자를 기재하여야 한다.

19법원직

1 소의 제기는 소장을 작성하여 법원에 제출하는 방법에 의하는 것이 원칙이나, 소액사건의 경우에는 법관의 면전에서 구술로 진술하는 방법에 의하여서도 소를 제기할 수 있다. ( )

14법원직

2 소장의 필수적 기재사항은 당사자 및 법정대리인, 청구취지와 청구원인이고 사건의 표시, 법원의 표시는 임의적 기재사항이다. ( )

정답 | 1 × 2 ○

(2) 청구의 취지

1) 의의

① 청구의 취지는 원고가 어떠한 내용과 종류의 판결을 요구하는지를 밝히는 판결신청이고, 소의 결론 부분이다.

② 청구의 취지는 소송물의 동일성을 가리는 기준이 되며, 이 밖에도 소가의 산정·사물관할·재판의 누락·상소의 이익의 유무·소송비용의 분담비율·시효중단의 범위 등을 정함에 있어서 표준이 된다.

2) 명확한 기재

청구의 취지는 이를 명확히 알아볼 수 있도록 구체적으로 특정하지 않으면 안 된다. 청구의 취지가 명확한가의 여부는 직권조사사항이며, 그것이 특정되지 아니한 때에는 피고의 이의 여부에 불구하고 직권보정을 명할 것이고 석명권을 행사하여야 한다.

3) 확정적인 신청

청구의 취지에서는 판결을 확정적으로 요구하여야 한다. 언제까지 판결을 해달라고 요구하는 기한부의 청구취지는 어느 때나 허용되지 아니하며, 소송 외의 장래 발생할 사실(소송 외의 조건)을 조건으로 붙이는 것은 안 된다. 절차의 안정을 해치기 때문이다. 그러나 소송 내에서 밝혀질 사실(소송 내의 조건)을 조건으로 하여서 청구의 취지를 기재하는 것은 허용된다. 이것을 예비적 신청이라 하며, 예비적 청구·예비적 반소와 예비적 공동소송이 이에 해당한다.

(3) 청구의 원인

① 넓은 의미의 청구의 원인이라 함은 원고가 주장하는 권리관계의 발생원인에 해당하는 사실관계를 뜻한다.

② 좁은 의미의 청구의 원인은 청구의 취지를 보충하여 청구(소송물)를 특정함에 필요한 사실관계를 말한다. 예를 들어, 금 1,000만 원의 대여금 청구라면 대여일·당사자·금액까지는 청구를 특정하는 데 해당되는 사실이며, 청구를 다른 것과 구별시키고 오인혼동시키지 않을 한도의 사실을 의미한다.

2. 임의적 기재사항

기재하지 아니하여도 소장각하명령을 받지 않는 사항이다. (i) 관할원인 등 소송요건에 기초되는 사실, (ii) 청구를 이유 있게 할 사실상의 주장, (iii) 청구원인사실에 대응하는 증거방법의 구체적 기재(제254조 제4항)는 준비서면으로 제출하여도 될 사항을 소장에 미리 적는 것이다.

다만, (iii)의 경우에는 재판장이 소장심사단계에서 제출을 명령할 수 있으나(제254조 제4항), 이에 불응하더라도 소장각하명령의 사유는 아니다.

학습 POINT

1. 심사대상은 2가지
   (필·기와 인지)
2. 보정명령은 중간판결 일종
   (불복X)
3. 소장각하명령 행사시기
   (소장부본송달시까지)
4. 위 명령에 대해서는 즉시항
   고가능

*이시윤 273페이지 참고

Ⅲ 재판장의 소장심사권*

> **제254조 [재판장등의 소장심사권]**
> ① 소장이 제249조 제1항(필요적 기재사항)의 규정에 어긋나는 경우와 소장에 법률의 규정에 따른 인지를 붙이지 아니한 경우에는 재판장은 상당한 기간을 정하고, 그 기간 이내에 흠을 보정하도록 명하여야 한다. 재판장은 법원사무관등으로 하여금 위 보정명령을 하게 할 수 있다.
> ② 원고가 제1항의 기간 이내에 흠을 보정하지 아니한 때에는 재판장은 명령으로 소장을 각하하여야 한다.
> ③ 제2항의 명령에 대하여는 즉시항고를 할 수 있다.
> ④ 재판장은 소장을 심사하면서 필요하다고 인정하는 경우에는 원고에게 청구하는 이유에 대응하는 증거방법을 구체적으로 적어 내도록 명할 수 있으며, 원고가 소장에 인용한 서증의 등본 또는 사본을 붙이지 아니한 경우에는 이를 제출하도록 명할 수 있다.

1. 의의 및 취지

① 소장이 접수되어 소송기록화된 뒤에 사건이 배당되면, 합의부에서는 재판장이, 단독사건에서는 단독판사가 소장의 적식, 즉 방식에 맞는가의 여부를 심사하게 되는데 이를 소장심사라 한다(제254조).

② 소장의 명백한 하자를 재판장이 미리 시정함으로써 소송경제를 도모하려는 것으로서, 소장의 심사는 소송요건의 존부판단(소의 적법 여부판단)이나 본안의 판단(청구의 당부판단)보다 선행적으로 판단해야 함이 원칙이다(소장심사의 최선순위성).

2. 심사의 대상

(1) 필요적 기재사항과 소정의 인지첩부

① 소장의 필요적 기재사항이 제대로 되어 있는지의 여부와 소장에 인지를 제대로 붙였는지가 심사의 대상이다(제254조 제1항).

② 다만, 소장에 일응 대표자의 표시가 되어 있는 이상 설령 그 표시에 잘못이 있다고 하더라도 이를 정정표시하라는 보정명령을 하고 그에 대한 불응을 이유로 소장을 각하하는 것은 허용되지 아니하고, 오로지 판결로써 소를 각하할 수 있을 뿐이다(대결 2013.9.9. 2013마273). 즉, 소송요건의 구비 여부는 심사의 대상이 아니다.

(2) 증거방법의 기재 여부

재판장이 소장을 심사함에 있어서 필요하다고 인정하는 때에는 증거방법을 구체적으로 적어내도록 하거나 서증의 등본 또는 사본의 제출을 명할 수 있다(제254조 제4항). 그러나 그 불이행의 경우에 소장각하는 할 수 없다.

21법원직

1 원칙적으로 소장의 심사는 소송요건 및 청구의 당부를 판단하는 것보다 선행되어야 한다.　　(　)

16·21법원직

2 소장에 기재된 대표자의 표시에 잘못이 있어 보정명령을 하였는데도 보정에 불응하는 경우에는 재판장이 명령으로 소장을 각하할 수 있다.　　(　)

21법원직

3 재판장이 원고에게 청구하는 이유에 대응하는 증거방법을 구체적으로 적어 내도록 명하였는데 원고가 이를 보정하지 않은 경우에는 재판장은 소장각하명령을 할 수 있다.　　(　)

정답 | 1 ○ 2 × 3 ×

판례 | 소장심사의 정도

민사소송법 제254조에 의한 소장심사의 대상이 되는 것은 소장에 필요적 기재 사항, 즉 청구취지 및 원인 등이 빠짐없이 기재되어 있는지의 여부에 있고, 소장에 일응 청구의 특정이 가능한 정도로 청구취지 및 원인이 기재되어 있다면 비록 그것이 불명확하여 파악하기 어렵다 하더라도 그 후는 석명권 행사의 문제로서 민사소송법 제254조 제1항의 소장심사의 대상이 되지는 않는다고 할 것이고, 석명권 행사에 의하여도 원고의 주장이 명확하게 되지 않는 경우에는 비로소 원고의 청구를 기각할 수 있을 뿐이다(대결 2004.11.24. 2004무54).

(3) 소송요건의 구비 여부와 청구의 당부는 심사대상이 아니다.

3. 보정명령

(1) **보정명령의 내용**
① 재판장은 심사결과 소장에 흠이 있으면 원고에게 상당한 기간을 정하여 보정을 명하여야 한다. 재판장은 법원사무관등으로 하여금 보정명령을 하게 할 수 있다(제254조 제1항).
② 보정명령에는 시기적인 제한이 없다. 변론이 개시된 뒤라도 소장의 흠이 발견되면 그 보정을 명할 수 있다.
③ 보정명령서에 보정기간이 공란으로 되어 있어 보정기한이 지정된 바 없다면 이는 적법한 보정명령이라고 볼 수 없다(대결 1980.6.12. 80마160).

판례 | 보정명령과 석명의무

소장 등을 심사하는 재판장으로서는 인지 보정명령 이후 수납은행의 영수필확인서 및 영수필통지서가 보정기간 내에 제출되지 아니하였다 하더라도 곧바로 소장이나 상소장을 각하하여서는 아니되고, 인지액 상당의 현금이 송달료로 납부된 사실이 있는지를 관리은행 또는 수납은행에 전산 기타 적당한 방법으로 확인한 후, 만일 그러한 사실이 확인되는 경우라면 신청인에게 인지를 보정하는 취지로 송달료를 납부한 것인지에 관하여 석명을 구하고 다시 인지를 보정할 수 있는 기회를 부여하여야 한다. 이러한 보정의 기회를 부여하지 아니한 채 소장이나 상소장을 각하하는 것은 석명의무를 다하지 아니하여 심리를 제대로 하지 아니한 것으로서 위법하다(대결 2014.4.30. 2014마76).

(2) **보정의 효력(소장제출의 효력발생시기)**
① 보정명령에 응해 소장을 보정했을 때 그 소장제출의 효과의 발생시기, 특히 시효중단의 효력발생시기가 문제된다.
② 인지보정명령에 따라 인지상당액을 현금으로 납부한 경우, 송달료 수납은행에 현금을 납부한 때에 인지보정의 효과가 발생된다(대판 1997.9.22. 97마1731).

(3) **불복신청**
재판장의 보정명령에 대해서는 독립하여 이의신청이나 항고를 할 수 없고, 특별항고도 허용되지 않는다(대결 2015.3.3. 2014그352).

16법원직

1 소장에 법률의 규정에 따른 인지를 붙이지 아니한 경우 재판장은 상당한 기간을 정하고 그 기간 이내에 흠을 보정하도록 명하여야 하는데, 재판장은 법원사무관등으로 하여금 위 보정명령을 하게 할 수 있다. ( )

15법원직 15·18주사보 16사무관

2 주소보정명령서에 보정기한이 공란으로 되어 있어 보정기간이 언제까지라고 지정된 바 없다면 이는 적법한 보정명령이라고 할 수 없다. ( )

15법원직

3 인지보정명령에 따라 인지액 상당의 현금을 수납은행에 납부하면서 잘못하여 인지로 납부하지 아니하고 송달료로 납부한 경우, 소장등을 심사하는 재판장이 신청인에게 인지를 보정하는 취지로 송달료를 납부한 것인지 석명을 구하는 등의 절차를 거쳐 인지를 보정할 기회를 부여하지 아니한 채 소장이나 상소장을 각하한다고 하여 이를 위법하다고 할 수는 없다. ( )

15·19법원직 19사무관

4 인지보정명령에 대하여는 독립하여 이의신청이나 항고를 할 수 없고 다만 보정명령에 따른 인지를 보정하지 아니하여 소장이나 상소장이 각하되면 그 각하명령에 대하여 즉시항고로 다툴 수밖에 없다. ( )

정답 | 1 ○ 2 ○ 3 × 4 ○

4. 소장각하명령

(1) 의의 및 효력

① 재판장의 보정명령에 따라 원고가 소장의 흠을 보정하지 않을 때에는 재판장은 명령으로 소장을 각하하여야 한다(제254조 제2항). 소장부본이 상대방에게 송달되어 소송계속 후에는 변론 없이 판결로서 소를 각하하여야 한다.

16법원직

1 원고가 소장을 제출하면서 소정의 인지를 첨부하지 아니하고 소송상 구조신청을 한 경우, 소송상 구조신청에 대한 기각결정이 확정되기 전에 소장의 인지가 첨부되어 있지 아니함을 이유로 소장을 각하하여서는 안 된다. ( )

② 다만, 원고가 소장을 제출하면서 소정의 인지를 첨부하지 아니하고 소송구조신청을 한 경우, 소송상 구조신청에 대한 기각결정에 대하여도 즉시항고를 할 수 있도록 규정하고 있는 취지에 비추어 볼 때, 소송구조신청에 대한 기각결정이 확정되기 전에 소장의 인지가 첨부되어 있지 아니함을 이유로 소장을 각하하여서는 안 된다(대결 2002.9.27. 2002마3411).

(2) 재판장의 소장각하명령 행사시기

15법원직 19주사보 21사무관

2 항소장이 피항소인에게 송달되어 항소심의 변론이 개시된 후에는 재판장은 명령으로 항소장을 각하할 수 없다. ( )

판례는 항소심 재판장이 독자의 권한으로 항소장각하명령을 할 수 있는 것은 항소장의 송달 전, 즉 항소장의 송달이 불능하여 그 보정을 명하였는데도 보정에 응하지 않은 경우에 한하고, 항소심의 변론이 개시된 후에는 재판장은 명령으로 항소장을 각하할 수 없다(대결 1981.11.26. 81마275)고 하여 소장부본 송달시설(소송계속시설)의 입장이다.

(3) 불복신청

16법원직

3 재판장의 소장각하명령에 대하여는 즉시항고를 할 수 있다. ( )

① 재판장의 소장각하명령에 대하여 원고는 즉시항고를 할 수 있다(제254조 제3항).

② 판례는 소장의 적법 여부는 각하명령을 한 때를 기준으로 할 것이고 뒤에 즉시항고를 제기하고 항고심계속 중에 흠을 보정하였다고 하여 그 하자가 보정되는 것은 아니라고 한다(대결 1996.1.12. 95두61).

③ 최근 판례도 각하명령이 성립된 이상 그 명령정본이 당사자에게 고지되기 전에 부족인지를 보정하였다 하여 각하명령이 위법이 되거나 재도의 고안(제446조)에 의하여 그 명령을 취소할 수 있는 것이 아니라고 하였다(대판 2013.7.31. 2013마670).

Ⅳ 소장부본 송달

> **제255조 [소장부본의 송달]**
> ① 법원은 소장의 부본을 피고에게 송달하여야 한다.
> ② 소장의 부본을 송달할 수 없는 경우에는 제254조 제1항 내지 제3항의 규정을 준용한다.

① 재판장은 제출된 소장을 심사하여 방식에 맞는다고 인정할 때에는 소장의 부본을 특별한 사정이 없으면 바로 피고에게 송달하여야 한다. 피고에 대한 소장의 부본 송달에 의하여 소송계속의 효과가 발생한다.

② 신법은 소장부본을 송달하면서 피고에게 답변서 제출의무의 고지와 그 불이행시에 무변론판결의 선고기일의 통지를 함께 하게 되어 있다.

18주사보

4 소장에 계약 해제의 의사표시가 기재되어 있는 때에는 그 부본이 피고에게 송달됨으로써 해제의 의사표시를 한 것으로 된다. ( )

③ 소장에 피고에 대한 최고, 계약의 해제, 해지의 통지 기타 실체법상의 의사표시가 기재되어 있는 때에는 그 부본이 피고에게 송달됨으로써 최고 기타의 의사표시를 한 것으로 된다(대판 1982.5.11. 80다916).

정답 | 1 ○ **2** ○ **3** ○ **4** ○

V 답변서 제출의무와 무변론판결

제256조 [답변서의 제출의무]
① 피고가 원고의 청구를 다투는 경우에는 소장의 부본을 송달받은 날부터 30일 이내에 답변서를 제출하여야 한다. 다만, 피고가 공시송달의 방법에 따라 소장의 부본을 송달받은 경우에는 그러하지 아니하다.
② 법원은 소장의 부본을 송달할 때에 제1항의 취지를 피고에게 알려야 한다.
③ 법원은 답변서의 부본을 원고에게 송달하여야 한다.
④ 답변서에는 준비서면에 관한 규정을 준용한다.

제257조 [변론 없이 하는 판결]
① 법원은 피고가 제256조 제1항의 답변서를 제출하지 아니한 때에는 청구의 원인이 된 사실을 자백한 것으로 보고 변론 없이 판결할 수 있다. 다만, 직권으로 조사할 사항이 있거나 판결이 선고되기까지 피고가 원고의 청구를 다투는 취지의 답변서를 제출한 경우에는 그러하지 아니하다.
② 피고가 청구의 원인이 된 사실을 모두 자백하는 취지의 답변서를 제출하고 따로 항변을 하지 아니한 때에는 제1항의 규정을 준용한다.
③ 법원은 피고에게 소장의 부본을 송달할 때에 제1항 및 제2항의 규정에 따라 변론 없이 판결을 선고할 기일을 함께 통지할 수 있다.

1. 피고의 답변서제출의무

공시송달 외의 방법으로 소장부본을 송달받은 피고가 원고의 청구를 다툴 의사가 있으면 그 송달받은 날부터 30일 이내에 답변서를 제출하여야 한다(제256조 제1항). 법원은 피고에게 소장부본을 송달하면서 30일 이내에 답변서 제출의무가 있음을 알려야 한다(제256조 제2항).

2. 무변론판결

(1) 무변론판결의 대상

1) 답변서 제출기한 안에 답변서가 제출되지 아니한 사건
   ① 만일 피고가 소장부본을 송달받은 날부터 30일 이내에 답변서를 제출하지 아니할 때에는 원고의 청구의 원인사실에 대하여 자백한 것으로 보고 변론 없이 판결을 선고할 수 있다(제257조 제1항).
   ② 피고가 답변서를 제출하여도 청구의 원인사실에 대해 모두 자백하는 취지이고 따로 항변을 제출하지 아니한 때에도 마찬가지로 무변론판결을 할 수 있다(제257조 제2항).

2) 무변론판결이 불가능하거나 적합하지 아니한 사건
   ① 답변서가 제출되지 아니한 경우라도 예외적으로 공시송달사건(제256조 제1항 단서), 직권조사사항이 있는 사건, 변론주의 원칙의 적용이 일부 배제되는 등 그 소송의 성질상 무변론판결에 적합하지 아니한 경우(형성소송·가사소송·행정소송) 등을 들 수 있다.
   ② 이행권고결정절차에 회부된 소액사건, 채무자가 지급명령을 송달받은 날부터 2주 이내에 적법한 이의신청을 하여 소송으로 이행된 사건의 경우도 무변론판결의 대상이 될 수 없다.

12·13주사보
1 공시송달된 사건도 무변론판결 선고가 가능하다. ( )

16주사보 17사무관
2 사건에 소송요건의 존부 등 직권으로 조사할 사항이 있는 경우에는 피고가 답변서 제출기한 내에 답변서를 제출하지 않더라도 무변론판결의 선고기일을 지정할 것이 아니라 변론기일을 지정하여 처리한다. ( )

15·16·17·19주사보
3 이행권고결정을 거치지 아니하고 바로 기일을 지정하는 소액사건의 경우에 답변서 제출기한 안에 답변서가 제출되지 아니하면 무변론판결을 할 수 있다. ( )

17사무관
4 지급명령에 대하여 채무자가 이의신청을 한 사건의 경우는 무변론판결에 적합하지 아니하다. ( )

정답 | 1 × 2 ○ 3 × 4 ○

③ 상속의 포기나 한정승인은 원고의 청구를 기각하거나 일부기각을 구하는 피고의 항변이므로, 비록 피고가 답변서를 제출하지 않고 상속 관련 심판문만 제출한 경우에도 이를 답변서로 보는 것이 타당하므로 무변론판결 선고를 해서는 안 될 것이다.

(2) 소장송달 후 소장의 흠이 발견된 경우의 처리

① 청구취지와 청구원인을 대비한 결과 청구취지 중 지연손해금의 이율이나 그 기산점에 착오가 있는 경우와 같이 그 흠이 사소하여 일부기각을 하더라도 원고가 특별한 이의를 제기하지 아니할 것으로 예상되는 경우에는 일부기각의 무변론판결을 선고하는 것도 가능할 것이다.

② 반면, 청구취지와 청구원인이 부합하지 아니하는 경우, 청구취지가 특정되지 아니하거나 청구취지에서 인용한 도면이 붙어 있지 아니한 경우 등 흠이 중대한 경우에는 보정명령을 발령하고 보정서가 제출되면 이를 피고에게 송달하여야 한다.

(3) 선고기일의 지정

무변론판결의 경우에도 반드시 선고기일을 열어 법정에서 판결을 선고하여야 한다. 이 경우 법원은 피고에게 소장부본을 송달할 때에 무변론판결의 선고기일을 함께 통지하는 방식(제257조 제3항)이나 답변서 제출기한이 지난 후에 따로 선고기일을 지정하여 통지하는 방식 중 하나를 선택하게 된다.

(4) 지정된 선고기일의 취소

답변서 제출기한이 지난 후 판결이 선고되기까지 답변서가 제출된 경우에는 무변론판결을 선고할 수 없으므로(제257조 제1항 단서), 지정된 선고기일을 취소하여야 한다.

Ⅵ 바로 제1회 변론기일의 지정

> **제258조 [변론기일의 지정]**
> ① 재판장은 제257조 제1항 및 제2항에 따라 변론 없이 판결하는 경우 외에는 바로 변론기일을 정하여야 한다. 다만, 사건을 변론준비절차에 부칠 필요가 있는 경우에는 그러하지 아니하다.
> ② 재판장은 변론준비절차가 끝난 경우에는 바로 변론기일을 정하여야 한다.

피고의 답변서 부제출로 무변론판결하는 경우 외에는 원칙적으로 재판장은 답변서가 제출되면 바로 사건을 검토하여 가능한 최단기간 안의 날로 제1회 변론기일을 지정하여야 한다(제258조 제1항 본문). 다만, 필요한 경우에만 변론기일의 지정 없이 변론준비절차에 회부할 수 있다(제258조 제1항 단서).

17주사보 17사무관
1 피고가 답변서를 제출하지 않고 상속 관련 심판문만 제출한 경우에는 무변론 판결을 선고함이 타당하다.
( )

13·15주사보
2 소장부본 송달 후 소장에 흠이 발견된 경우에는 그 흠이 사소하여 원고가 특별한 이의를 제기하지 아니할 것으로 예상되는 경우에도 일부기각의 무변론판결을 할 수 없다.
( )

17사무관
3 답변서 제출기한이 지난 후 판결이 선고되기까지 답변서가 제출되면 무변론판결을 선고할 수 없다.
( )

정답 | 1 × 2 × 3 ○

제4장 | 소송요건 *

I 서설

1. 의의

'소송요건'이란 소가 적법하기 위하여 구비하여야 할 사항을 말한다. 소송요건은 소의 본안 심리요건인 동시에 본안판결요건이다. 따라서 법원은 소송요건에 흠이 밝혀진 경우 더 이상 본안심리를 하지 않고 소각하판결을 하여야 한다(대판 1983.2.8. 81누420).

2. 구별개념

① 소송요건은 성립된 소송이 적법한 취급을 받기 위해 갖추어야 하는 요건으로서, 소장의 적식 여부 등 외관상 소송이라고 볼 수 있는 행위인지를 말하는 소송의 성립요건과 구별 된다.

② 한편 소송요건은 소 자체의 적법요건이므로 개개의 소송행위의 유효요건과도 구별된다. 소송요건 흠결시에는 소가 부적법 각하됨에 반해, 소송행위의 유효요건이 갖추어지지 않은 경우에는 해당 소송행위만 무효로 될 뿐 이 경우에도 본안판단을 함에는 지장이 없다.

3. 종류

(1) 법원에 관한 것

법원에 관한 소송요건으로는 제소한 법원에 인적(피고에 대한 재판권)·물적(국제재판관할권) 재판권이 있을 것, 제소한 법원에 관할권(직분·토지·사물 관할권)이 있을 것, 청구가 민사소송사항일 것이 있다.

(2) 당사자에 관한 것

법원에 관한 소송요건으로는 당사자의 실재·당사자능력·당사자적격·소송능력·대리권이 존재할 것, 원고가 소송비용의 담보를 제공할 필요가 없거나 필요하다면 담보를 제공할 것 (제117조)이 있다.

(3) 소송물에 관한 것

소송물에 관한 소송요건으로는 소송물이 특정될 것, 소의 이익이 있을 것이 있다.

(4) 특수소송에 관한 것

병합소송에서 개별적 요건, 장래이행의 소에서 미리 이행할 필요성, 확인의 소에서 확인의 이익, 상소에서 상소요건, 채권자대위소송에서 피보전채권의 존재, 제소기간이 정해진 소에서 그 기간의 준수 등이 소송요건으로 요구된다.

* 이시윤 211페이지 참고

학습 POINT

1. 직권조사(원칙) 예외적인 항변사항
2. 소송요건 조사의 표준시(사실심 변론종결시)
3. 소송요건 흠결의 효과(소각하판결) 예외(2가지)
4. 간과한 본안판결(확정 전-상소, 확정 후-재심)

4. 모습

(1) 적극적 요건과 소극적 요건

재판권·관할권·당사자능력·소송능력 등 그것의 존재가 소를 적법하게 하는 것을 적극적 소송요건이라 하고, 중복소제기·기판력·중재합의 등 그것의 부존재가 소를 적법하게 하는 것을 소극적 소송요건이라 한다.

(2) 직권조사사항과 항변사항

1) 원칙(직권조사사항)

16법원직

1 직권조사사항인 소송요건에 관한 피고의 항변에 대하여 판단하지 아니하였다 하더라도 판단누락의 상고이유로 삼을 수 없다. ( )

소송요건의 대부분은 직권조사사항으로, 이는 피고의 항변의 유무에 관계없이 법원이 직권으로 조사하여 참작할 사항이다. 사실상 피고가 소송요건의 흠을 들고 나올 때에 본안전항변이라 하지만, 이러한 피고의 주장은 단지 법원의 직권조사를 촉구하는 데 그치므로 이를 판단하지 아니하였다 하여도 판단누락의 상고이유가 될 수 없다(대판 1990.11.23. 90다카21589).

판례 | 직권조사사항으로 본 판례

1. 법인이 당사자인 사건에 있어서 그 법인의 대표자에게 적법한 대표권이 있는지 여부는 소송요건에 관한 것으로서 법원의 직권조사사항이므로, 법원으로서는 그 판단의 기초자료인 사실과 증거를 직권으로 탐지할 의무까지는 없다 하더라도, 이미 제출된 자료들에 의하여 그 대표권의 적법성에 의심이 갈 만한 사정이 엿보인다면 상대방이 이를 구체적으로 지적하여 다투지 않더라도 이에 관하여 심리·조사할 의무가 있다(대판 2009.12.10. 2009다22846).

2. 채권자대위소송에서 대위에 의하여 보전될 채권자의 채무자에 대한 권리가 존재하는지 여부는 소송요건으로서 법원의 직권조사사항이므로, 법원으로서는 그 판단의 기초자료인 사실과 증거를 직권으로 탐지할 의무까지는 없다 하더라도, 법원에 현출된 모든 소송자료를 통하여 살펴보아 피보전채권의 존부에 관하여 의심할 만한 사정이 발견되면 직권으로 추가적인 심리·조사를 통하여 그 존재 여부를 확인하여야 할 의무가 있다(대판 2009.4.23. 2009다3234).

17법원직

2 제척기간이 경과하였는지 여부는 이에 대한 당사자의 주장이 없더라도 법원이 당연히 직권으로 조사하여 재판에 고려하여야 한다. ( )

3. 제척기간을 도과하였는지는 법원의 직권조사사항이므로 당사자의 주장이 없더라도 법원이 이를 직권으로 조사하여 판단하여야 한다(대판 2019.6.13. 2019다205947).

---

2) 예외(항변사항)

이는 변론주의에 의하여 피고의 주장을 기다려서 비로소 조사하게 되는 것을 말한다. 이를 방소항변이라고도 한다. 임의관할(제30조), 부제소특약, 소·상소취하계약 등이 있다.

판례 | 부제소 합의에 위배된 소의 적법 여부가 직권조사사항인지 여부(적극)

16·22법원직

3 소의 제기가 부제소 합의에 위배되었는지 여부는 소송요건에 관한 것으로서 법원의 직권조사사항이다. ( )

판례는 "특정한 권리나 법률관계에 관하여 분쟁이 있어도 제소하지 아니하기로 합의한 경우 이에 위배되어 제기된 소는 권리보호의 이익이 없고, 또한 당사자와 소송관계인은 신의에 따라 성실하게 소송을 수행하여야 한다는 신의성실의 원칙에도 어긋나는 것이므로, 소가 부제소 합의에 위배되어 제기된 경우 법원은 직권으로 소의 적법 여부를 판단할 수 있다."고 판시하였다.
또 부제소 합의는 직권조사사항이라 하면서, 당사자들이 부제소 합의 효력·범위에 관하여 다투지 아니하는데도 법원이 직권으로 부제소 합의의 위배를 이유로 소각하하는 것은 예상 외의 재판으로 당사자 일방에게 불의의 타격이 되므로 석명의무 위반으로 보았다(대판 2013.11.28. 2011다80449).

Ⅱ 소송요건의 조사

(1) 직권조사사항으로서 조사

① 피고의 항변 유무에 관계없이 의심이 갈만한 사정이 엿보인다면 법원이 이를 직권으로 조사하여야 하며, 소송절차에 관한 이의권(제151조)의 포기가 허용되지 않는다.

② 재판상의 자백이나 자백간주의 대상이 될 수 없다.

③ 소송요건에 문제가 있으면 제257조의 무변론판결을 할 수 없고, 항변이 시기에 늦게 제출되어도 제149조에 의하여 각하할 수 없으며, 또 변론준비기일을 거친 경우에도 실권되지 아니한다(제285조 제1항 제3호). 다만, 재판권 이외의 소송요건은 판단의 기초자료가 되는 사실과 증거의 직권탐지는 필요로 하지 않는다.

판례 | 소송요건에 대한 사실과 증거의 직권탐지의무 여부

채권자대위소송에서 대위에 의하여 보전될 채권자의 채무자에 대한 권리(피보전채권)가 부존재할 경우 당사자적격을 상실하고, 이와 같은 당사자적격의 존부는 소송요건으로서 법원의 직권조사사항이기는 하나, 그 피보전채권에 대한 주장·증명책임이 채권자대위권을 행사하려는 자에게 있으므로, 사실심 법원은 원고가 피보전채권으로 주장하지 아니한 권리에 대하여서까지 피보전채권이 될 수 있는지 여부를 판단할 필요가 없다(대판 2014.10.27. 2013다25217).

(2) 증명책임

직권조사사항에 관하여도 그 사실의 존부가 불명한 경우에는 입증책임의 원칙이 적용되어야 하는바, 본안판결을 받는다는 것 자체가 원고에게 유리하다는 점에 비추어 직권조사사항인 소송요건에 대한 입증책임은 원고에게 있고(대판 1997.7.25. 96다39301), 항변사항인 소송요건에 대한 입증책임은 피고에게 인정된다.

(3) 소송요건 존재의 표준시

1) 원칙

소송요건의 존부를 판정하는 시기는 원칙적으로 사실심의 변론종결시이다. 따라서 제소 당시에는 부존재하여도 사실심의 변론종결시까지 이를 구비하면 된다. 이에 반하여 제소 당시에는 소송요건이 구비되어 있었어도 그 뒤에 소멸되면 본안판결을 할 수 없다.

판례 | 당사자능력 판단기준시점

당사자능력의 존재는 소송요건의 하나이므로 법원은 의심이 있으면 직권으로 이를 조사하여야 하고, 조사 결과 당사자능력이 없으면 소를 각하하여야 한다. 당사자능력이 있는지 여부의 판단기준시점은 사실심 변론종결일이다(대판 1991.11.26. 91다30675).

2) 예외

① 관할권의 존부는 제소 당시에만 갖추면 된다(제33조).

② 소송 진행 중의 당사자능력·소송능력·법정대리권의 소멸은 소각하사유가 아니고 단지 소송중단사유에 그친다(제233조, 제235조).

22법원직

1 종중이 당사자인 사건에 있어서 그 종중의 대표자에게 적법한 대표권이 있는지 여부는 직권조사사항이지만 자백의 대상이 될 수 있다. ( )

17법원직

2 채권자대위소송에서 피보전채권이 존재하는지 여부에 관하여 법원으로서는 그 판단의 기초자료인 사실과 증거를 직권으로 탐지할 의무가 있다. ( )

16법원직

3 직권조사사항인 소송요건에 대한 증명책임은 피고에게 있다. ( )

13사무관 17법원직 18주사보

4 당사자능력은 소송요건에 관한 것으로서 사실심의 변론종결시를 기준으로 판단하여야 한다. ( )

정답 | 1 × 2 × 3 × 4 ○

Ⅲ 소송요건심리의 선순위성

1. 개념

소송요건과 실체법상의 요건은 동일 평면의 승소판결의 선고요건이라는 점을 강조하여 소송요건선순위성을 부정하는 입장이 있으나, 소송요건을 판단하지 않고 청구기각의 판결을 하면 당사자의 절차권을 침해하게 된다는 점을 고려하면 소송요건심리의 선순위성을 긍정하는 것이 타당하다.

2. 판례(소송요건심리의 선순위성 긍정)

① 공동상속인 전원이 당사자가 되어야 할 경우에 그 1인만이 원고가 되어 한 소유권이전등기말소청구는 부적법하여 각하되어야 함에도 불구하고 이를 기각한 것은 위법하다(대판 1957.5.2. 4289민상379).

② 비법인사단의 대표자 甲에게 적법한 대표권이 있는지가 문제된 사안에서, 비법인사단의 대표자라 하여 당사자표시정정신청을 한 甲에게 대표할 권한이 있는지에 관하여 다툼이 있다면 원심으로서는 甲이 비법인사단의 적법한 대표자였는지를 밝혀 보았어야 함에도 甲을 대표자로 인정한 다음 더 나아가 본안에 대한 판단까지 하였으니, 원심판결에는 비법인사단의 대표권 및 직권조사사항에 관한 법리를 오해함으로써 판결에 영향을 미친 위법이 있다(대판 2011.7.28. 2010다97044).

③ 채권자대위소송에 있어서 대위에 의하여 보전될 채권자의 채무자에 대한 권리가 인정되지 아니할 경우에는 채권자 스스로 원고가 되어 채무자의 제3채무자에 대한 권리를 행사할 당사자 적격이 없게 되므로 그 대위소송은 부적법하여 각하할 수밖에 없다 할 것임에도, 원심이 이를 간과하고 본안에 관하여 심리판단한 것은 위법하다(대판 1990.12.11. 88다카4727).

Ⅳ 조사 후 법원의 조치

1. 소송요건에 흠이 있는 경우

(1) 법원의 조치

1) 원칙

① 조사 결과 소송요건의 흠결이 드러나면 법원은 변론 없이 판결로 소를 각하할 수 있다(제219조). 즉, 법원은 본안심리를 하지 않고 '원고의 소를 각하한다'라는 소송판결을 할 수 있다.

② 그러나 소송요건의 흠이 있어도 바로 소각하할 것이 아니라 당사자 간에 쟁점이 되지 아니하였으면 예상 밖의 불의의 타격이 되지 않도록 그 관점에 관하여 당사자에게 의견진술의 기회를 주어야 한다는 것이 최근 판례이다(대판 2014.10.27. 2013다25217). 이를 보정할 수 있는 것이면 법원은 상당한 기간을 정하여 보정을 명하고 기다려 보고 소각하를 하여야 한다.

2) 예외

① 관할권의 흠, 즉 관할 위반의 경우에는 관할법원으로 이송하여야 한다(제34조 제1항).

② 주관적·객관적 병합의 소에 있어서 병합요건의 흠이 있는 경우에는 각하할 것이 아니라 독립의 소로서 취급하여야 한다.

16법원직

1 비법인사단이 당사자인 사건에서 대표자에게 적법한 대표권이 있는지 여부는 소송요건에 관한 것으로서 법원의 직권조사사항이므로, 이미 제출된 자료에 의하여 대표권의 적법성에 의심이 갈만한 사정이 엿보인다면 그에 관하여 심리·조사할 의무가 있다. ( )

정답 | 1 ○

(2) 소송판결의 기판력

① 소송판결의 기판력은 그 판결에서 확정한 소송요건의 흠결에 관하여 미치는 것이지만, 당사자가 그러한 소송요건의 흠결을 보완하여 다시 소를 제기한 경우에는 그 기판력의 제한을 받지 않는다($\frac{대판\ 2003.4.8.}{2002다70181}$).

② 판례는 확인의 소에 있어서 법원이 확인의 이익이 없다는 이유로 소를 각하한다고 하지 아니하고 청구를 기각한다는 판결을 한 경우에도 그 청구의 본안에 대한 기판력이 발생하는 것이 아니므로 판결의 위와 같은 주문의 표현을 들어 파기사유로 주장할 수 없다($\frac{대판\ 1979.11.27.}{79다575}$)고 한다.

2. 소송요건 흠결을 간과한 판결

① 재판권 흠결을 간과한 판결, 제소전 사망을 간과한 판결, 당사자적격을 간과한 판결은 무효이며, 판례에 따르면 이에 대한 상소와 재심의 청구는 부적법하다.

② 이외의 경우(판결이 유효한 경우) 판결확정 전에는 상소로 취소할 수 있으며(단, 임의관할 위반은 제411조 본문에 의해 허용되지 않는다), 판결확정 후에는 재심사유인 때 한해 재심이 가능하다.

3. 소송요건이 구비되었음에도 소각하판결을 한 경우(필수적 환송)

상급법원은 원판결을 취소하고 심급의 이익을 보장하기 위해 원심에 환송하여야 한다(제418조 본문, 제425조).

17법원직

1 소송판결의 기판력은 그 판결에서 확정한 소송요건의 흠결에 관하여 미치는 것이지만, 당사자가 그러한 소송요건의 흠결을 보완하여 다시 소를 제기한 경우에는 그 기판력의 제한을 받지 않는다. (　　)

민사소송

제1편

2023 해커스법원직 신정운 S 민사소송법

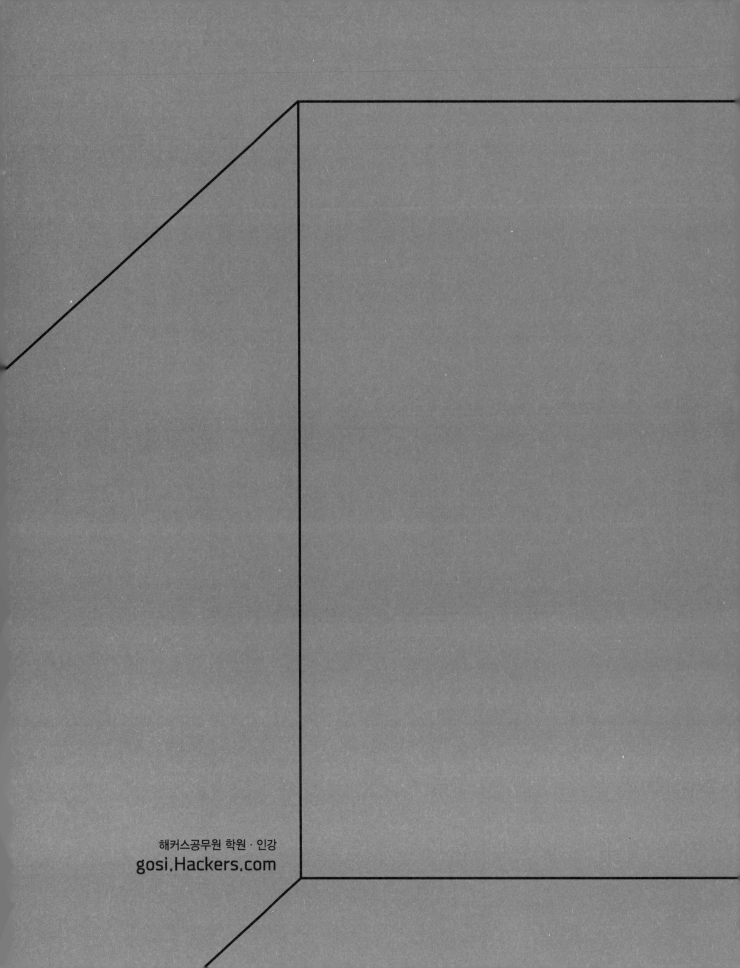

해커스공무원 학원 · 인강
gosi.Hackers.com

제2편
소송의 주체와 객체 (소송물)

제1장 | 법원

학습 POINT

1. 국제재판관할권 결정기준 정리 필요
2. 재판권 흠결의 효과는 반드시 정리할 것

제1절 민사재판권

I 재판권의 인적 범위

민사재판권은 국가의 영토고권 때문에 국적을 불문하고 국내에 있는 모든 사람에게 미치나, 치외법권자(외교사절단의 구성원과 그 가족, 영사관원과 그 사무직원, 외국원수·수행원과 그 가족, 외국국가)에 대하여 제한되는 경우가 있다.

II 재판권의 물적 범위(국제재판관할권)

(1) 국제재판관할권 인정의 기준

1) 개정 국제사법

개정 국제사법* 제2조 제1항은 "대한민국 법원(이하 '법원'이라 한다)은 당사자 또는 분쟁이 된 사안이 대한민국과 실질적 관련이 있는 경우에 국제재판관할권을 가진다. 이 경우 법원은 실질적 관련의 유무를 판단할 때에 당사자 간의 공평, 재판의 적정, 신속 및 경제를 꾀한다는 국제재판관할 배분의 이념에 부합하는 합리적인 원칙에 따라야 한다."고 규정하고, 제2항에서 "이 법이나 그 밖의 대한민국 법령 또는 조약에 국제재판관할에 관한 규정이 없는 경우 법원은 국내법의 관할 규정을 참작하여 국제재판관할권의 유무를 판단하되, 제1항의 취지에 비추어 국제재판관할의 특수성을 충분히 고려하여야 한다."고 규정하고 있다.

*[시행 2022. 7. 5.] [법률 제18670호, 2022. 1. 4, 전부개정]

2) 대법원 입장

국제재판관할을 결정함에 있어서는 당사자 간의 공평, 재판의 적정, 신속 및 경제를 기한다는 기본이념에 따라야 할 것이고, 구체적으로는 소송당사자들의 공평, 편의 그리고 예측가능성과 같은 개인적인 이익뿐만 아니라 재판의 적정, 신속, 효율 및 판결의 실효성 등과 같은 법원 내지 국가의 이익도 함께 고려하여야 할 것이며, 이러한 다양한 이익 중 어떠한 이익을 보호할 필요가 있을지 여부는 개별사건에서 법정지와 당사자와의 실질적 관련성 및 법정지와 분쟁이 된 사안과의 실질적 관련성을 객관적인 기준으로 삼아 합리적으로 판단하여야 할 것이다(대판 2010.7.15. 2010다18355).

판례 | 국제사법 제2조가 가사사건에도 적용되는지 여부(적극)

[1] 국제재판관할권에 관한 국제사법 제2조는 가사사건에도 마찬가지로 적용된다. 따라서 가사사건에 대하여 대한민국 법원이 재판관할권을 가지려면 대한민국이 해당 사건의 당사자 또는 분쟁이 된 사안과 실질적 관련이 있어야 한다.

[2] 재판상 이혼과 같은 혼인관계를 다투는 사건에서 대한민국에 당사자들의 국적이나 주소가 없어 대한민국 법원에 국내법의 관할 규정에 따른 관할이 인정되기 어려운 경우라도 이혼청구의 주요 원인이 된 사실관계가 대한민국에서 형성되었고(부부의 국적이나 주소가 해외에 있더라도 부부의 한쪽이 대한민국에 상당 기간 체류함으로써 부부의 별거상태가 형성되는 경우 등) 이혼과 함께 청구된 재산분할사건에서 대한민국에 있는 재산이 재산분할대상인지 여부가 첨예하게 다투어지고 있다면, 피고의 예측가능성, 당사자의 권리구제, 해당 쟁점의 심리 편의와 판결의 실효성 차원에서 대한민국과 해당 사안 간의 실질적 관련성을 인정할 여지가 크다 (대판 2021.2.4. 2017므12552).

(2) 대한민국의 실질적 관련성을 인정한 예

1) 김해공항에서 발생한 항공기 추락사고

2002년 김해공항 인근에서 발생한 중국 항공기 추락사고로 사망한 중국인 승무원의 유가족이 중국 항공사를 상대로 대한민국 법원에 손해배상청구소송을 제기한 사안에서, 민사소송법상 토지관할권, 소송당사자들의 개인적인 이익, 법원의 이익, 다른 피해유가족들과의 형평성 등에 비추어 위 소송은 대한민국과 실질적 관련이 있다고 보기에 충분하므로, 대한민국 법원이 국제재판관할권을 가진다(대판 2010.7.15. 2010다18355).

2) 국제재판관할에서 예측가능성을 판단하는 기준

① 예측가능성은 피고와 법정지 사이에 상당한 관련이 있어서 법정지 법원에 소가 제기되는 것에 대하여 합리적으로 예견할 수 있었는지를 기준으로 판단해야 한다. 만일 법인인 피고가 대한민국에 주된 사무소나 영업소를 두고 영업활동을 할 때에는 대한민국 법원에 피고를 상대로 재산에 관한 소가 제기되리라는 점을 쉽게 예측할 수 있다.

③ 국제재판관할권은 배타적인 것이 아니라 병존할 수도 있다. 지리, 언어, 통신의 편의, 법률의 적용과 해석 등의 측면에서 다른 나라 법원이 대한민국 법원보다 더 편리하다는 것만으로 대한민국 법원의 재판관할권을 쉽게 부정해서는 안 된다(대판 2021.3.25. 2018다230588).

(3) 개정 국제사법

1) 일반관할**

제3조 [일반관할]
① 대한민국에 일상거소(habitual residence)가 있는 사람에 대한 소(訴)에 관하여는 법원에 국제재판관할이 있다. 일상거소가 어느 국가에도 없거나 일상거소를 알 수 없는 사람의 거소가 대한민국에 있는 경우에도 또한 같다.
② 제1항에도 불구하고 대사(大使)·공사(公使), 그 밖에 외국의 재판권 행사대상에서 제외되는 대한민국 국민에 대한 소에 관하여는 법원에 국제재판관할이 있다.
③ 주된 사무소·영업소 또는 정관상의 본거지나 경영의 중심지가 대한민국에 있는 법인 또는 단체와 대한민국 법에 따라 설립된 법인 또는 단체에 대한 소에 관하여는 법원에 국제재판관할이 있다.

** A(한국 국적)는 중국에서 거주하다가 사업차 한국에 입국하여 한국에서 거주하는 B(중국 국적)와 물품 거래를 하였는데 B가 대금을 주지 않자, B를 상대로 대여금반환청구를 하려는 경우 우리나라 법원에 제기가능하다.
[출처]「국제사법」전부개정안 (정부안) 국회 본회의 통과|작성자 김한구 행정사

2) 국제적 소송경합

제11조 [국제적 소송경합]
① 같은 당사자 간에 외국법원에 계속 중인 사건과 동일한 소가 법원에 다시 제기된 경우에 외국법원의 재판이 대한민국에서 승인될 것으로 예상되는 때에는 법원은 직권 또는 당사자의 신청에 의하여 결정으로 소송절차를 중지할 수 있다. 다만, 다음 각 호의 어느 하나에 해당하는 경우에는 그러하지 아니하다.
　1. 전속적 국제재판관할의 합의에 따라 법원에 국제재판관할이 있는 경우
　2. 법원에서 해당 사건을 재판하는 것이 외국법원에서 재판하는 것보다 더 적절함이 명백한 경우
② 당사자는 제1항에 따른 법원의 중지 결정에 대해서는 즉시항고를 할 수 있다.
③ 법원은 대한민국 법령 또는 조약에 따른 승인요건을 갖춘 외국의 재판이 있는 경우 같은 당사자 간에 그 재판과 동일한 소가 법원에 제기된 때에는 그 소를 각하하여야 한다.
④ 외국법원이 본안에 대한 재판을 하기 위하여 필요한 조치를 하지 아니하는 경우 또는 외국법원이 합리적인 기간 내에 본안에 관하여 재판을 선고하지 아니하거나 선고하지 아니할 것으로 예상되는 경우에 당사자의 신청이 있으면 법원은 제1항에 따라 중지된 사건의 심리를 계속할 수 있다.
⑤ 제1항에 따라 소송절차의 중지 여부를 결정하는 경우 소의 선후(先後)는 소를 제기한 때를 기준으로 한다.

3) 국제재판관할권의 불행사

제12조 [국제재판관할권의 불행사]
① 이 법에 따라 법원에 국제재판관할이 있는 경우에도 법원이 국제재판관할권을 행사하기에 부적절하고 국제재판관할이 있는 외국법원이 분쟁을 해결하기에 더 적절하다는 예외적인 사정이 명백히 존재할 때에는 피고의 신청에 의하여 법원은 본안에 관한 최초의 변론기일 또는 변론준비기일까지 소송절차를 결정으로 중지하거나 소를 각하할 수 있다. 다만, 당사자가 합의한 국제재판관할이 법원에 있는 경우에는 그러하지 아니하다.
② 제1항 본문의 경우 법원은 소송절차를 중지하거나 소를 각하하기 전에 원고에게 진술할 기회를 주어야 한다.
③ 당사자는 제1항에 따른 법원의 중지 결정에 대해서는 즉시항고를 할 수 있다.

(4) 혼인관계에 관한 사건의 특별관할

제56조 [혼인관계에 관한 사건의 특별관할]
① 혼인관계에 관한 사건에 대해서는 다음 각 호의 어느 하나에 해당하는 경우 법원에 국제재판관할이 있다.
　1. 부부 중 한쪽의 일상거소가 대한민국에 있고 부부의 마지막 공동 일상거소가 대한민국에 있었던 경우
　2. 원고와 미성년 자녀 전부 또는 일부의 일상거소가 대한민국에 있는 경우
　3. 부부 모두가 대한민국 국민인 경우*
　4. 대한민국 국민으로서 대한민국에 일상거소를 둔 원고가 혼인관계 해소만을 목적으로 제기하는 사건의 경우

* 주 - A(한국 국적)가 미국에서 결혼하고 생활하다가 남편인 B(한국 국적)를 상대로 이혼청구를 하려는 경우
[출처] 「국제사법」 전부개정안 (정부안) 국회 본회의 통과|작성자 김한구 행정사

② 부부 모두를 상대로 하는 혼인관계에 관한 사건에 대해서는 다음 각 호의 어느 하나에 해당하는 경우 법원에 국제재판관할이 있다.
1. 부부 중 한쪽의 일상거소가 대한민국에 있는 경우
2. 부부 중 한쪽이 사망한 때에는 생존한 다른 한쪽의 일상거소가 대한민국에 있는 경우
3. 부부 모두가 사망한 때에는 부부 중 한쪽의 마지막 일상거소가 대한민국에 있었던 경우
4. 부부 모두가 대한민국 국민인 경우

(5) 실종선고 등 사건의 특별관할

제24조 [실종선고 등 사건의 특별관할]
① 실종선고에 관한 사건에 대해서는 다음 각 호의 어느 하나에 해당하는 경우 법원에 국제재판관할이 있다.
1. 부재자가 대한민국 국민인 경우
2. 부재자의 마지막 일상거소가 대한민국에 있는 경우
3. 부재자의 재산이 대한민국에 있거나 대한민국 법에 따라야 하는 법률관계가 있는 경우. 다만, 그 재산 및 법률관계에 관한 부분으로 한정한다.
4. 그 밖에 정당한 사유가 있는 경우
② 부재자 재산관리에 관한 사건에 대해서는 부재자의 마지막 일상거소 또는 재산이 대한민국에 있는 경우 법원에 국제재판관할이 있다.

(6) 불법행위에 관한 소의 특별관할

제44조 [불법행위에 관한 소의 특별관할]
불법행위에 관한 소는 그 행위가 대한민국에서 행하여지거나 대한민국을 향하여 행하여지는 경우 또는 대한민국에서 그 결과가 발생하는 경우 법원에 제기할 수 있다. 다만, 불법행위의 결과가 대한민국에서 발생할 것을 예견할 수 없었던 경우에는 그러하지 아니하다.

3. 국제관할합의

(1) 개정 국제사법

제8조 [합의관할]
① 당사자는 일정한 법률관계로 말미암은 소에 관하여 국제재판관할의 합의(이하 이 조에서 "합의"라 한다)를 할 수 있다. 다만, 합의가 다음 각 호의 어느 하나에 해당하는 경우에는 효력이 없다.
1. 합의에 따라 국제재판관할을 가지는 국가의 법(준거법의 지정에 관한 법규를 포함한다)에 따를 때 그 합의가 효력이 없는 경우
2. 합의를 한 당사자가 합의를 할 능력이 없었던 경우
3. 대한민국의 법령 또는 조약에 따를 때 합의의 대상이 된 소가 합의로 정한 국가가 아닌 다른 국가의 국제재판관할에 전속하는 경우
4. 합의의 효력을 인정하면 소가 계속된 국가의 선량한 풍속이나 그 밖의 사회질서에 명백히 위반되는 경우
② 합의는 서면[전보(電報), 전신(電信), 팩스, 전자우편 또는 그 밖의 통신수단에 의하여 교환된 전자적(電子的) 의사표시를 포함한다]으로 하여야 한다.
③ 합의로 정해진 관할은 전속적인 것으로 추정한다.

④ 합의가 당사자 간의 계약 조항의 형식으로 되어 있는 경우 계약 중 다른 조항의 효력은 합의 조항의 효력에 영향을 미치지 아니한다.

⑤ 당사자 간에 일정한 법률관계로 말미암은 소에 관하여 외국법원을 선택하는 전속적 합의가 있는 경우 법원에 그 소가 제기된 때에는 법원은 해당 소를 각하하여야 한다. 다만, 다음 각 호의 어느 하나에 해당하는 경우에는 그러하지 아니하다.

1. 합의가 제1항 각 호의 사유로 효력이 없는 경우
2. 제9조에 따라 변론관할이 발생하는 경우
3. 합의에 따라 국제재판관할을 가지는 국가의 법원이 사건을 심리하지 아니하기로 하는 경우
4. 합의가 제대로 이행될 수 없는 명백한 사정이 있는 경우

(2) 전속적 국제재판관할합의의 유효요건

국내법원의 재판권을 전면적으로 배제하고, 외국법원만을 관할법원으로 하기로 하는 이른바 전속적 합의가 유효하기 위해서는, 판례는 (i) 국내재판권에 전속하지 않는 사건일 것, (ii) 합의한 외국법원이 당해 사건에 대해 국제재판관할권을 가질 것, (iii) 당해 사건이 합의한 외국법원에 대하여 합리적 관련성이 있을 것, (iv) 전속적 합의가 현저히 불합리하고 불공정한 경우가 아닌 경우이어야 한다고 하였다(대판 1997.9.9. 96다20093).

판례 | 전속적 토지관할합의가 다른 나라의 재판권을 배제하는지 여부(원칙적 소극)

당사자들이 법정관할법원에 속하는 여러 관할법원 중 어느 하나를 관할법원으로 하기로 약정한 경우, 그와 같은 약정은 그 약정이 이루어진 국가 내에서 재판이 이루어질 경우를 예상하여 그 국가 내에서의 전속적 관할법원을 정하는 취지의 합의라고 해석될 수 있지만, 특별한 사정이 없는 한 다른 국가의 재판관할권을 완전히 배제하거나 다른 국가에서의 전속적인 관할법원까지 정하는 합의를 한 것으로 볼 수는 없다. 따라서 채권양도 등의 사유로 외국적 요소가 있는 법률관계에 해당하게 된 때에는 다른 국가의 재판관할권이 성립할 수 있고, 이 경우에는 위 약정의 효력이 미치지 아니하므로 관할법원은 그 국가의 소송법에 따라 정하여진다고 봄이 상당하다(대판 2008.3.13. 2006다68209).

4. 국제재판관할에서 변론관할

피고가 국제재판관할이 없음을 주장하지 아니하고 본안에 대하여 변론하거나 변론준비기일에서 진술하면 법원에 그 사건에 대한 국제재판관할이 있다(국제사법 제9조).

Ⅲ 흠결의 효과

1. 소송요건으로서의 직권조사사항

국제재판관할권의 존재는 소송요건이며, 직권조사사항으로서 국제재판관할권이 없으면 소는 부적법하게 된다.

2. 국제재판관할권 흠결시 법원의 조치

(1) 국제재판관할권의 결여가 명백한 경우

재판권 없음이 명백하면 소장부본을 송달할 수 없는 경우에 해당하므로 재판장의 명령으로 소장을 각하하여야 한다.

(2) 국제재판관할권의 결여가 명백하지 않는 경우

재판권 없음이 명백하지 않으면 이에 관하여 변론하여야 하기 때문에 법원은 소장부본을 송달을 하여야 한다. 변론의 결과 재판권의 부존재가 판명되면 판결로써 소를 각하하여야 한다.

3. 국제재판관할권 흠결을 간과한 본안판결의 경우

판결확정 전에는 상소에 의하여 다툴 수 없으며(판례), 확정 후에는 당해 판결이 무효이므로 재심청구가 불가능하다.*

* 판결이 무효인 경우
 ① 재판권 흠결
 ② 제소전 당사자 사망
 ③ 당사자적격 흠결

제2절 민사법원의 종류와 구성

Ⅰ 법원의 종류

재판기관에는 대법원, 고등법원, 특허법원, 지방법원, 가정법원, 행정법원, 회생법원 등 일곱종류가 있다(법조 제3조 제1항). 그중에서 대법원, 고등법원, 지방법원은 민사사건을 다루는 통상의 민사법원이다. 특허법원, 행정법원, 가정법원, 회생법원은 민사법원과는 다른 전문법원이다.

Ⅱ 법원의 구성

1. 법관

① 재판기관으로서 법원은 법관으로 구성된다. 재판기관을 구성하는 방법은 합의체와 단독제가 있다.

② 합의체는 판결, 그 밖의 사건의 처리상 중요한 사항의 재판은 합의하여 그 과반수의 의견으로 결정한다(법조 제66조 제1항). 합의체는 구성법관 중 한 사람에게 법률에 규정된 사항의 처리를 위임할 수 있다. 이를 수명법관이라 한다. 한편, 수소법원이 같은 급의 다른 법원의 단독판사에게 일정한 사항의 처리를 촉탁하는 경우가 있는데 이를 수탁판사라 한다.

2. 전문심리위원

(1) 전문심리위원의 참여

학습 POINT

전문심리위원 조문정리가 필요

> **제164조의2 [전문심리위원의 참여]**
> ① 법원은 소송관계를 분명하게 하거나 소송절차(증거조사·화해 등을 포함한다. 이하 이 절에서 같다)를 원활하게 진행하기 위하여 직권 또는 당사자의 신청에 따른 결정으로 제164조의4 제1항에 따라 전문심리위원을 지정하여 소송절차에 참여하게 할 수 있다.

② 전문심리위원은 전문적인 지식을 필요로 하는 소송절차에서 설명 또는 의견을 기재한 서면을 제출하거나 기일에 출석하여 설명이나 의견을 진술할 수 있다. 다만, 재판의 합의에는 참여할 수 없다.
③ 전문심리위원은 기일에 재판장의 허가를 받아 당사자, 증인 또는 감정인 등 소송관계인에게 직접 질문할 수 있다.
④ 법원은 제2항에 따라 전문심리위원이 제출한 서면이나 전문심리위원의 설명 또는 의견의 진술에 관하여 당사자에게 구술 또는 서면에 의한 의견진술의 기회를 주어야 한다.

(2) 전문심리위원 참여결정의 취소

제164조의3 [전문심리위원 참여결정의 취소]
① 법원은 상당하다고 인정하는 때에는 직권이나 당사자의 신청으로 제164조의2 제1항에 따른 결정을 취소할 수 있다.
② 제1항에도 불구하고 당사자가 합의로 제164조의2 제1항에 따른 결정을 취소할 것을 신청하는 때에는 법원은 그 결정을 취소하여야 한다.

(3) 전문심리위원의 지정 등

제164조의4 [전문심리위원의 지정 등]
① 법원은 제164조의2 제1항에 따라 전문심리위원을 소송절차에 참여시키는 경우 당사자의 의견을 들어 각 사건마다 1인 이상의 전문심리위원을 지정하여야 한다.
② 전문심리위원에게는 대법원규칙으로 정하는 바에 따라 수당을 지급하고, 필요한 경우에는 그 밖의 여비, 일당 및 숙박료를 지급할 수 있다.
③ 전문심리위원의 지정에 관하여 그 밖에 필요한 사항은 대법원규칙으로 정한다.

(4) 전문심리위원의 제척 및 기피

제164조의5 [전문심리위원의 제척 및 기피]
① 전문심리위원에게 제41조부터 제45조까지 및 제47조를 준용한다.
② 제척 또는 기피 신청을 받은 전문심리위원은 그 신청에 관한 결정이 확정될 때까지 그 신청이 있는 사건의 소송절차에 참여할 수 없다. 이 경우 전문심리위원은 당해 제척 또는 기피 신청에 대하여 의견을 진술할 수 있다.

(5) 벌칙적용

제164조의7 [비밀누설죄]
전문심리위원 또는 전문심리위원이었던 자가 그 직무수행 중에 알게 된 다른 사람의 비밀을 누설하는 경우에는 2년 이하의 징역이나 금고 또는 1천만 원 이하의 벌금에 처한다.

제164조의8 [벌칙 적용에서의 공무원 의제]
전문심리위원은 「형법」 제129조부터 제132조까지의 규정에 따른 벌칙의 적용에서는 공무원으로 본다.

1 전문심리위원은 전문적인 지식을 필요로 하는 소송절차에서 설명 또는 의견을 기재한 서면을 제출하거나 기일에 출석하여 설명이나 의견을 진술할 수 있으며 당사자들의 동의가 있으면 재판의 합의에 참여할 수 있다. ( )

2 전문심리위원은 기일에 재판장의 허가를 받아 당사자, 증인 또는 감정인 등 소송관계인에게 직접 질문할 수 있다. ( )

3 전문심리위원이 제출한 서면이나 전문심리위원의 설명 또는 의견진술은 민사소송법상 증거자료가 될 수 없으므로 법원은 전문심리위원의 서면이나 설명·의견에 관하여 당사자에게 의견진술의 기회를 줄 필요는 없다. ( )

4 법원은 상당하다고 인정되는 경우 직권이나 당사자의 신청에 따라 전문심리위원 지정 결정을 취소할 수 있으며, 당사자들이 합의로 전문심리위원 지정 결정을 취소해 줄 것을 신청하는 경우에는 그 결정을 취소하여야 한다. ( )

5 전문심리위원에 대해서도 민사소송법에 따라 제척·기피신청을 할 수 있다. ( )

정답 | 1 × 2 ○ 3 × 4 ○ 5 ○

제3절 | 법관의 제척·기피·회피

Ⅰ 제도의 의의와 적용범위

① 재판의 공정성을 유지하기 위하여 법관이 자기가 담당하는 구체적 사건과 인적·물적으로 특수한 관계가 있는 경우 그 사건의 직무집행에서 배제하는 제도가 법관의 제척·기피·회피이다.

② 이 제도는 법관뿐만 아니라 사법보좌관, 법원사무관 등에도 준용되며(제50조), 전문심리위원은 제척·기피규정(제164조의5), 집행관은 제척규정(집행관법 제13조), 감정인에게는 기피규정(제336조)이 준용된다.

Ⅱ 법관의 제척·기피의 이유

1. 제척의 이유

> **제41조 [제척의 이유]**
> 법관은 다음 각 호 가운데 어느 하나에 해당하면 직무집행에서 제척된다.
> 1. 법관 또는 그 배우자나 배우자이었던 사람이 사건의 당사자가 되거나, 사건의 당사자와 공동권리자·공동의무자 또는 상환의무자의 관계에 있는 때
> 2. 법관이 당사자와 친족의 관계에 있거나 그러한 관계에 있었을 때
> 3. 법관이 사건에 관하여 증언이나 감정을 하였을 때
> 4. 법관이 사건당사자의 대리인이었거나 대리인이 된 때
> 5. 법관이 불복사건의 이전심급의 재판에 관여하였을 때. 다만, 다른 법원의 촉탁에 따라 그 직무를 수행한 경우에는 그러하지 아니하다.

법관과 계속 중인 당해 사건의 당사자 또는 당해 사건의 심리와 관련하여 법에서 정한 관계가 있을 때 당연히 그 사건에 관한 직무집행에서 제외되는 것을 제척이라고 한다.

(1) 법관 또는 그 배우자나 배우자이었던 사람이 사건의 당사자가 되거나, 사건의 당사자와 공동권리자·공동의무자 또는 상환의무자의 관계에 있는 때(제1호)

① 이때의 배우자란 법률혼관계가 있는 자를 의미하므로 사실혼관계나 약혼관계는 포함되지 않는다.

② 여기서의 당사자에는 선정당사자(제53조) 등과 같이 분쟁에 관하여 실질적 이해관계가 있어 기판력이나 집행력 등이 미치는 자를 말한다.

③ 공동권리자·공동의무자란 비록 판결의 기판력을 받을 관계가 아니라고 하더라도 공유자, 연대채무자 등과 같이 소송의 목적이 된 권리관계에 관하여 공통의 법률상 이해관계가 있어 재판의 공정성을 의심할만한 사정이 존재하는 경우이다.

④ 판례는 종중소송에서 재판부의 구성법관이 종중의 구성원이면 당사자와 공동권리자·공동의무자의 관계에 있어 제척이유가 된다는 입장이다(대판 2010.5.13, 2009다102254).

14법원직
1 종중소송에서 재판부의 구성법관이 종중의 구성원이면 당사자와 공동권리자·공동의무자의 관계에 있어 제척이유가 된다. ( )

정답 | 1 ○

(2) 법관이 당사자와 친족의 관계에 있거나 그러한 관계에 있었을 때(제2호)

여기서의 친족의 범위는 민법에 따른다(민법 제777조).

(3) 법관이 사건에 관하여 증언이나 감정을 하였을 때(제3호)

이때의 사건은 당해 사건을 말한다.

(4) 법관이 사건당사자의 대리인이었거나 대리인이 된 때(제4호)

(5) 법관이 불복사건의 이전심급의 재판에 관여하였을 때. 다만, 다른 법원의 촉탁에 따라 그 직무를 수행한 경우에는 그러하지 아니하다(제5호)

① 여기서의 전심 '관여'란 <u>최종변론·판결의 합의나 판결의 작성</u> 등 깊이 있게 관여한 경우를 말하고, 최종변론 전의 변론준비·변론·증거조사, 기일지정과 같은 소송지휘 혹은 판결의 선고에만 관여 따위는 전심관여라고 할 수 없다(대판 1997.6.13. 96다56115).

② 불복사건의 '이전심급의 재판'이란 하급심재판을 가리키는 것으로서, 여기에는 직접 불복의 대상이 되어 있는 종국판결뿐 아니라 이와 더불어 상급심의 판단을 받을 중간적 재판도 포함된다.

③ 그러나 (ⅰ) 환송·이송되기 전의 원심판결(단, 이 경우에는 제436조 제3항*에 의하여 관여할 수 없다), (ⅱ) 재심소송에 있어서 재심대상의 확정판결, (ⅲ) 청구이의의 소에 있어서 그 대상확정판결, (ⅳ) 본안소송에 대한 관계에서 가압류·가처분에 관한 재판, (ⅴ) 본안소송의 재판장에 대한 기피신청사건의 재판 등은 이전심급의 재판에 해당되지 않는다. 또 판례는 소송상 화해에 관여한 법관이 그 화해내용에 따른 목적물의 인도소송에 관여하는 것은 전심관여라 볼 수 없다고 하였다(대판 1969.12.9. 69다1232).

2. 기피의 이유

> **제43조 [당사자의 기피권]**
> ① 당사자는 법관에게 공정한 재판을 기대하기 어려운 사정이 있는 때에는 기피신청을 할 수 있다.
> ② 당사자가 법관을 기피할 이유가 있다는 것을 알면서도 본안에 관하여 변론하거나 변론준비기일에서 진술을 한 경우에는 기피신청을 하지 못한다.

(1) 의의와 취지

기피란 법률상 정해진 제척이유 이외의 재판의 공정을 기대하기 어려운 사정이 있는 경우 당사자의 신청을 기다려 재판에 의하여 법관이 직무집행에서 배제되는 것을 말한다. 이는 제척제도를 보충하여 재판의 공정을 보다 철저히 보장하기 위한 제도이다.

(2) 기피이유

1) 법관에게 공정한 재판을 기대하기 어려운 사정이 있을 것

① 법관에게 재판의 공정을 기대하기 어려운 사정이란 평균적인 일반인의 판단으로서 법관과 사건과의 특별한 이해관계에 비추어 <u>불공정한 재판을 할 염려가 있다는 객관적 사정</u>을 말한다. 이러한 객관적 사정이 있는 이상 실제로는 그 법관에게 편파성이 없고 공정한 재판을 할 수 있는 경우에도 기피가 인정될 수 있다(대결 2019.1.4. 2018스563).

14법원직

1 최종변론 전의 변론이나 증거조사에만 관여한 경우는 이전심급의 재판에 관여한 때라고 할 수 없다. ( )

* 제436조(파기환송, 이송) ① 상고법원은 상고에 정당한 이유가 있다고 인정할 때에는 원심판결을 파기하고 사건을 원심법원에 환송하거나 동등한 다른 법원에 이송하여야 한다.
② 사건을 환송받거나 이송받은 법원은 다시 변론을 거쳐 재판하여야 한다. 이 경우에는 상고법원이 파기의 이유로 삼은 사실상 및 법률상 판단에 기속된다.
③ 원심판결에 관여한 판사는 제2항의 재판에 관여하지 못한다.

14법원직

2 청구이의의 소에 있어서 그 대상인 본안의 확정판결도 이전심급의 재판에 해당한다. ( )

16법원직

3 기피이유가 되는 '법관에게 공정한 재판을 기대하기 어려운 사정'이란 통상인의 판단으로서 법관과 사건의 관계에서 편파적이고 불공정한 재판을 하지 않을까 하는 염려를 일으킬 객관적 사정을 가리킨다. ( )

정답 | **1** ○ **2** × **3** ○

② 당사자와의 관계에서 법관이 약혼관계, (친족 아닌) 친척관계[**], 우정관계, 원한관계가 있는 때, 당사자가 회사인 경우에는 법관이 주주 등 그 구성원이거나 재판 외에서 당사자와 법률상담을 한 때에는 이에 해당한다.

2) 객관적 사정일 것

① 기피이유는 불공평한 재판을 하지 않을까 하는 염려를 일으킬 객관적 사정을 말하기 때문에, 당사자 측에서 품는 불공정한 재판을 받을지도 모른다는 주관적인 의혹만으로는 해당되지 않는다.

② 대법원은 (i) 같은 종류의 사건에 대하여 판결을 행한 바 있거나, (ii) 재판장이 상기된 어조로 당사자에 대하여 '이 사람아'라고 호칭한 경우, (iii) 증거채택된 증거를 일부취소한 경우, (iv) 당사자가 재판장의 변경에 뒤따라 소송대리인을 바꾼 사정, (v) 이송신청에 대한 가부 판단 없이 소송을 진행한 경우 등은 기피이유가 되지 않는다고 보았다.

[**] 단, 민법에 정한 친족의 범위 (8촌 이내의 혈족 등)내에 속하면 제척사유

Ⅲ 제척 · 기피의 절차

제42조 [제척의 재판]
법원은 제척의 이유가 있는 때에는 직권으로 또는 당사자의 신청에 따라 제척의 재판을 한다.

제44조 [제척과 기피신청의 방식]
① 합의부의 법관에 대한 제척 또는 기피는 그 합의부에, 수명법관·수탁판사 또는 단독판사에 대한 제척 또는 기피는 그 법관에게 이유를 밝혀 신청하여야 한다.
② 제척 또는 기피하는 이유와 소명방법은 신청한 날부터 3일 이내에 서면으로 제출하여야 한다.

제45조 [제척 또는 기피신청의 각하 등]
① 제척 또는 기피신청이 제44조의 규정에 어긋나거나 소송의 지연을 목적으로 하는 것이 분명한 경우에는 신청을 받은 법원 또는 법관은 결정으로 이를 각하한다.
② 제척 또는 기피를 당한 법관은 제1항의 경우를 제외하고는 바로 제척 또는 기피신청에 대한 의견서를 제출하여야 한다.

제46조 [제척 또는 기피신청에 대한 재판]
① 제척 또는 기피신청에 대한 재판은 그 신청을 받은 법관의 소속 법원 합의부에서 결정으로 하여야 한다.
② 제척 또는 기피신청을 받은 법관은 제1항의 재판에 관여하지 못한다. 다만, 의견을 진술할 수 있다.
③ 제척 또는 기피신청을 받은 법관의 소속 법원이 합의부를 구성하지 못하는 경우에는 바로 위의 상급법원이 결정하여야 한다.

제47조 [불복신청]
① 제척 또는 기피신청에 정당한 이유가 있다는 결정에 대하여는 불복할 수 없다.
② 제45조 제1항의 각하결정 또는 제척이나 기피신청이 이유 없다는 결정에 대하여는 즉시항고를 할 수 있다.
③ 제45조 제1항의 각하결정에 대한 즉시항고는 집행정지의 효력을 가지지 아니한다.

16법원직

1 판례는 소송당사자 일방이 재판장의 변경에 따라 소송대리인을 교체한 경우, 재판의 공정을 기대하기 어려운 객관적인 사정이 있는 때에 해당하지 않는다고 보았다.(　)

17법원직

2 법관에 대한 기피신청은 해당 법관의 소속 법원 합의부에서 결정하여야 하나 해당 법원의 법관이 부족하여 기피신청을 받은 법관을 제외하고는 합의부를 구성하지 못하는 경우 바로 위의 상급법원이 기피신청에 대한 결정을 하여야 한다.
（　）

정답 | 1 ○ 2 ○

1. 신청방식

① 제척이유가 있는 법관은 당연히 직무집행으로부터 배제되지만 제척이유의 유무에 관하여 다툼이 있을 경우에는 직권 또는 당사자의 신청에 의하여 제척의 재판을 한다(제42조). 이에 반하여 기피이유가 있다고 생각되는 경우에는 당사자의 신청에 의해서만 참작된다(제43조). 기피신청의 방식은 서면이든 말로든 무방하다(제161조).

② 합의부의 법관에 대한 제척·기피는 그 합의부에, 수명법관·수탁판사·단독판사에 대한 경우에는 그 법관에게 이유를 밝혀 신청하여야 한다(제44조 제1항). 제척 및 기피이유와 소명방법은 신청일로부터 3일 이내에 서면으로 제출하여야 한다(제44조 제2항).

③ 대법원의 경우에는 대법관 전원에 대한 기피신청을 하거나 대법원에 합의체를 구성할 수 없는 수의 대법관을 동시에 제척·기피신청 하면 이를 결정할 바로 위의 상급법원이 없으므로 법률상 허용되지 않는다(대결 (전) 1996.4.1. 65주1).

④ 당사자가 기피이유가 있음을 알고도 본안에 관하여 변론하거나 변론준비기일에서 진술한 때에는 기피신청을 하지 못한다(제43조 제2항).

2. 재판

(1) 간이각하

제척 또는 기피신청이 제44조의 규정에 어긋나거나 소송의 지연을 목적으로 하는 것이 분명한 경우에는 신청을 받은 법원 또는 법관은 결정으로 이를 각하한다(제45조 1항). 이를 간이각하라 한다.

(2) 심판절차

① 재판은 제척 또는 기피당한 법관이 소속된 법원의 다른 합의부가 결정으로 한다(제46조 제1항). 이 경우에 제척 또는 기피신청을 받은 법관은 제척·기피재판에 관여하지 못하지만, 의견을 진술할 수 있다(제46조 제2항).

② 또한 제척·기피신청이 방식에 위배되거나 소송의 지연을 목적으로 하는 것이 분명한 경우를 제외하고는 제척·기피신청을 받은 법관은 의견서를 제출하여야 한다(제45조).

③ 제척 또는 기피신청을 받은 법관의 소속 법원이 합의부를 구성하지 못하는 경우에는 바로 위의 상급법원이 결정하여야 한다(제46조 제3항).

(3) 불복 여부

① 제척·기피신청이 이유 있다는 결정에 대하여는 불복하지 못하지만(제47조 제1항), 제척·기피신청을 각하하거나 기각한 결정에 대하여는 즉시항고를 할 수 있다(제47조 제2항). 각하결정에 대한 즉시항고는 집행정지의 효력이 없다(제47조 제3항).

② 항소법원의 결정에 대하여는 대법원에 재항고하는 방법으로 다투어야 하므로(제442조), 지방법원 항소부가 소속 법원에 대한 제척이나 기피신청을 각하 또는 기각한 경우에는 대법원에 재항고하는 방법으로 다투어야 한다(대결 2008.5.2. 2008마427).

Ⅳ 제척·기피의 효과

> **제48조 [소송절차의 정지]**
> 법원은 제척 또는 기피신청이 있는 경우에는 그 재판이 확정될 때까지 소송절차를 정지하여야 한다. 다만, 제척 또는 기피신청이 각하된 경우 또는 종국판결을 선고하거나 긴급을 요하는 행위를 하는 경우에는 그러하지 아니하다.

1. 소송절차의 정지

(1) 원칙

제척 또는 기피신청이 있는 경우에는 그 재판이 확정될 때까지 소송절차를 정지하여야 한다(제48조).

(2) 속행된 소송행위의 하자 치유 여부

① 제척·기피신청이 있음에도 소송절차를 정지하지 않고 소송행위를 하면 위법이므로 상고나 재심사유로 된다. 다만, 나중에 기피신청이 이유 없다고 하는 재판이 확정되면 그 흠이 치유되는지가 문제된다.

② 대법원은 기피신청을 당한 법관이 그 기피신청에 대한 재판이 확정되기 전에 한 판결의 효력은 그 후 그 기피신청이 이유 없는 것으로서 배척되고 그 결정이 확정되는 때에는 유효한 것으로 된다(대판 1978.10.31. 78다1242)고 판시하여 적극설의 입장도 있으나, 원심이 기피신청에 대한 각하결정이 있기 전에 1, 2차 변론기일을 진행하여 쌍방 불출석으로 항소취하간주의 효과를 발생시킨 경우에 절차위반의 흠결은 치유될 수 없다는 판례(대판 2010.2.11. 2009다78467,78474)도 있다.

2. 소송절차의 정지의 예외

① (ⅰ) 간이각하 결정을 하는 경우, (ⅱ) 종국판결을 선고하는 경우, (ⅲ) 긴급을 요하는 행위를 하는 경우에는 예외적으로 소송절차를 정지하지 않아도 된다(제48조).

② 따라서 변론종결 후에 관여 법관에 대한 기피신청이 있는 때에는 소송절차를 정지하지 아니하고 종국판결을 선고할 수 있는데(대판 1966.5.24. 66다517), 이 경우에는 그 종국판결에 대한 불복절차인 항소, 상고로 다투어야 하며, 별도로 항고할 수 없다(대결 2004.4.15. 2000그20).

Ⅴ 법관의 회피

> **제49조 [법관의 회피]**
> 법관은 제41조 또는 제43조의 사유가 있는 경우에는 감독권이 있는 법원의 허가를 받아 회피할 수 있다.

22법원직

1 법원은 제척 또는 기피신청이 있는 경우 그 재판이 확정될 때까지 소송절차를 정지하여야 하나, 제척 또는 기피신청이 각하된 경우 또는 종국판결을 선고하거나 긴급을 요하는 행위를 하는 경우에는 그러하지 아니하다. ( )

14·20법원직

2 제척신청이 각하된 때에는 결정이 확정되기 이전이라도 직무를 행할 수 있다. ( )

17법원직

3 기피신청이 있으면 소송절차를 정지해야 하므로 만일 담당 재판부가 소송절차를 정지하지 않고 종국판결을 선고하였다면 이는 위법하다. ( )

19법원직

4 종국판결의 선고는 기피의 신청이 있는 때에도 할 수 있는 것이므로, 변론종결 후에 기피신청을 당한 법관이 소송절차를 정지하지 아니하고 판결을 선고한 것이 위법하다고 할 수 없다. ( )

16법원직

5 기피신청이 있는 때에는 원칙적으로 본안의 소송절차를 정지하여야 하는데, 법원이 기피신청을 받았음에도 소송절차를 정지하지 아니하고 변론을 종결하여 판결 선고기일을 지정하였다고 하더라도 종국판결에 대한 불복절차에 의하여 그 당부를 다툴 수 있을 뿐이다. ( )

정답 | 1 ○ **2** ○ **3** × **4** ○ **5** ○

1 참여관(법원주사)과 실무관(법원서기)에 대해서는 기피 신청을 할 수 없으므로 참여관과 실무관에 대한 A의 기피신청은 부적법하다.

( )

학습 POINT

1. 전속관할 효과 암기가 중요
2. 사물관할, 토지관할, 합의관할이 중요한 부분
3. 전속관할과 전속적 합의관할은 성격을 달리하므로 구분이 필요
4. 조문이 중요한 부분이므로 조문을 꼭 먼저 기억하는게 필요

Ⅵ 법원사무관등의 경우

제50조 [법원사무관등에 대한 제척·기피·회피]
① 법원사무관등에 대하여는 이 절의 규정을 준용한다.
② 제1항의 법원사무관등에 대한 제척 또는 기피의 재판은 그가 속한 법원이 결정으로 하여야 한다.

제4절 관할

Ⅰ 관할의 의의

1. 의의

관할이라 함은 재판권을 행사하는 여러 법원 사이에서 재판권의 분담관계를 정해 놓은 것을 말한다.

2. 구별개념

구분	재판권	관할
의의	구체적 사건을 재판에 의해 처리하는 국가권력	특정사건에 대하여 어느 법원이 재판권을 행사하는가에 대한 재판권의 분담관계
법적 성질	소송요건	
조사방식	직권조사사항, 직권탐지주의	
흠결의 효과	부적법 각하	관할권 있는 법원에 이송(제34조 제1항)

Ⅱ 관할의 종류

1. 법정관할, 재정관할, 당사자의 거동에 의한 관할

관할의 결정근거를 표준으로 한 분류이다.

(1) 법정관할

법률에 의하여 직접 정해진 관할이다. 여기에는 직분관할·사물관할·토지관할이 있다.

(2) 재정관할(지정관할)

관할이 어디인지 불명한 경우에 관계법원의 바로 위의 상급법원의 결정에 의하여 정해지는 관할을 말한다(제28조).

정답 | **1** ×

(3) 당사자의 거동에 의한 관할

당사자의 합의나 피고의 본안변론에 의하여 발생하는 관할로서, 앞을 합의관할, 뒤를 변론관할이라 한다.

2. 전속관할과 임의관할

소송법상 효과의 차이에 의한 분류이다.

제1관 | 전속관할과 임의관할*

* 이시윤 93페이지 참고

구분	의미	포함되는 경우	소송법상 효과
전속관할	관할을 법으로 정함에 있어 공익적 요구에 의하여 특정법원만이 배타적으로 관할을 가지게 되는 경우	① 법정관할 중 직분관할 ② 사물·토지관할은 전속관할로 법정해 놓은 경우에만 포함 ③ 재심, 정기금판결에 대한 변경의 소(제1심 판결법원의 전속관할), 독촉절차, 공시최고절차, 민사집행사건 ④ 가사소송, 회사관계소송, 파산, 회생, 개인회생사건 ⑤ 증권 관련 집단소송 ⑥ 할부거래소에서 매수인 주소지 법원 방문판매, 전화권유판매, 다단계판매업자, 통신판매업자와의 거래에 관련된 소는 소비자의 주소지 법원의 전속관할	① 강행규정으로 직권조사사항 ② 합의·변론관할이 발생하지 않으므로 이에 위반되는 관할합의 약정 내지 약관은 무효 ③ 이송 　－ 관할 위반에 의한 이송: 당사자 이의에 관계없이 이송 　－ 심판편의에 의한 이송: 불허 ④ 관할위반을 간과한 판결 　－ 확정 전: 상소 　－ 확정 후: 유효(재심불가)
임의관할	당사자 사이의 편의와 공평을 위한 사익적 견지에서 정하여진 것으로서, 당사자의 합의나 상대방의 변론에 의하여 법정관할과 다른 관할을 인정하는 경우	① 사물관할, 토지관할은 원칙적으로 임의관할에 해당 ② 직분관할 중 심급관할에서 비약적 상고	① 임의규정으로 항변사항 ② 합의·변론관할이 발생 ③ 관할의 경합이 발생 ④ 이송 　－ 관할 위반에 의한 이송: 원칙적 이송, 합의·변론관할 발생 시 이송 × 　－ 심판편의에 의한 이송: 허용 ⑤ 관할위반을 간과한 판결 　－ 확정 전: 상소불가(하자치유) 　－ 확정 후: 유효

I 서설

1. 의의

전속관할이라 함은 법정관할 가운데서 재판의 적정·공평 등 고도의 공익적 견지에서 정해진 것으로, 오로지 특정법원만이 배타적으로 관할권을 갖게 한 것을 말한다. 직분관할은 명문의 규정이 없어도 전속관할이며, 사물관할·토지관할은 법률이 전속관할로 명백히 정해 놓은 경우에 한한다.

2. 구별개념

(1) 임의관할

임의관할은 주로 당사자의 편의와 공평을 위한 사익적 견지에서 정하여진 것으로, 당사자 간의 합의나 피고의 본안변론에 의하여 다른 법원에 관할을 발생시킬 수 있는 것을 말한다. 그 위반이 있다 하여도 항소심에서는 이를 주장할 수 없으며, 상소심으로서도 이를 이유로 원심판결을 취소할 수 없다(제411조 본문). 사물관할이나 토지관할은 원칙적으로 임의관할이며, 직분관할 중 심급관할은 비약상고(제390조)의 경우에 한하여 임의관할이다.

(2) 전속적 합의관할

합의관할 중 특정의 법원에만 관할권을 인정하고 그 밖의 법원의 관할을 배척하는 관할합의로서 그 성질은 임의관할이다.

II 전속관할의 종류

1. 특정의 직분과 관련된 것

재심사건(제453조), 정기금판결에 대한 변경의 소(제252조 제2항), 독촉절차, 공시최고절차, 민사집행사건 등이 있다.

2. 다수인에게 이해가 미침을 고려한 것

가사소송사건(가소 제2조), 회사관계사건, 파산·개인회생·회생사건(채무자 회생 및 파산에 관한 법률 제3조) 등이 있다.

3. 부당한 관할합의를 방지하기 위한 것

할부거래에 관한 소송은 매수인의 주소지(할부거래에 관한 법률 제16조), 방문판매자와의 계약에 관한 소송은 소비자의 주소지(동법 제57조)를 관할하는 지방법원의 전속관할이다.

III 전속관할의 효과

① 전속관할은 법원의 직권조사사항이다.
② 당사자 간의 합의나 피고의 본안변론에 의하여 법정관할을 다른 법원으로 바꿀 수 없다. 즉, 합의관할이나 변론관할이 인정되지 않는다.

③ 관할이 여러 군데가 되는 경합이 생길 수 없으며 관할 위반의 경우를 제외하고는 소송이 송이 허용되지 않는다(제34조, 제35조). 다만, 특허권 등의 지식재산권에 관한 소는 전속관할임에도 불구하고 관할경합(서울중앙지법과 다른 고등법원 소재지 지방법원 간의 선택적 관할)과 재량이송이 허용된다(제24조, 제36조 제3항).

④ 전속관할 위반이 있으면 당사자는 상소이유로 삼아 이를 주장할 수 있으며, 상소심은 이 경우에 판결을 취소·파기하지 않으면 안 된다(제411조 단서, 제424조 제1항 제3호). 그러나 확정 후이면 재심사유는 되지 않는다.

⑤ 전속관할이 있는 경우에는 보통재판적·특별재판적에 관한 규정이 적용되지 아니하므로, 전속관할이 있는 사건에 대해서는 원고는 보통재판적·특별재판적을 따질 것 없이 전속관할법원에 소를 제기하여야 한다.

제2관 | 법정관할

I 직분관할

1. 의의

직분관할이란 재판작용(담당직분)을 기준으로 한 관할로서 전속관할이며 직권조사사항이다.

2. 수소법원과 집행법원의 직분관할

① 수소법원이란 특정사건에 대하여 소를 제기받아 판결절차를 담당하는 법원으로 증거보전절차, 가압류가처분절차까지도 담당하며,

② 집행법원은 민사집행법상 집행행위에 관한 법원의 처분이나 그 행위에 관한 법원의 협력사항을 담당하는 법원을 말한다(민사집행법 제3조 제1항).

3. 지방법원 단독판사와 지방법원 합의부의 직분관할

① 지방법원 단독판사는 증거보전절차(제376조 제1항), 독촉절차(제462조), 제소 전 화해절차(제385조), 공시최고절차(제476조) 등 간이·급속을 요하는 사건(사물관할로서는 소가가 2억 원 이하인 사건 등)을 담당하고,

② 지방법원 합의부는 제척·기피사건, 반론보도청구, 파산이나 화의 및 회사정리사건, 증권관련 집단소송 등 중요하고 신중을 요하는 사건을 담당한다(사물관할로서는 소가가 2억 원을 초과하는 사건 등).

4. 심급관할

심급관할도 직분관할로서 비약상고를 제외하고는 원칙적으로 전속관할이다. 제1심은 지방법원 단독판사와 지방법원 합의부이고, 제2심은 지방법원 항소부나 고등법원이며, 제3심은 대법원이 담당한다.

14·22법원직

1 전속관할에 대하여 합의관할이나 변론관할이 인정되지 아니하고, 관할 위반의 경우를 제외하고는 소송이송이 허용되지 아니한다.( )

13·17주사보 15사무관 22법원직

2 전속관할 위반을 간과한 판결은 확정 전이면 상소로 다툴 수 있고, 확정 후이면 재심으로 다툴 수 있다. ( )

학습 POINT

1. 사물관할 – 합의부관할과 단독판사관할은 암기가 필요
2. 토지관할
   ① 의무이행지(8조) 사해행위 취소 판례 중요
   ② 추심소송에서 의무이행지 출제가 예상됨
   ③ 지식재산권 특별재판적 개정조문 정리할 것

16법원직

3 소송목적의 값이 제소 당시 또는 청구취지 확장 당시 2억 원을 초과한 민사소송사건의 판결에 대한 항소사건은 원칙적으로 고등법원이 심판한다. ( )

정답 | 1 ○ 2 × 3 ○

Ⅱ 사물관할

1. 의의

사물관할이라 함은 제1심 소송사건을 다루는 지방법원 단독판사와 지방법원 합의부 사이에서 사건의 경중을 표준으로 재판권의 분담관계를 정해 놓은 것을 말한다.

2. 합의부 관할

① 단독판사의 관할에 속하는 사건이라도 합의부가 스스로 심판할 것으로 결정한 재정합의 사건(법원조직법 제32조 제1항 제1호)
② 소송목적의 값(소가)이 5억 원*을 초과하는 민사사건
③ 비재산권상의 소
④ 재산권상의 소로서 소가를 산정할 수 없는 경우
⑤ 본소가 합의부 관할일 때 이에 병합제기하는 반소(제269조), 중간확인의 소(제264조), 독립당사자참가(제79조) 등의 관련청구는 그 소가가 5억 원 이하라도 관계없이 본소와 함께 합의부 관할에 속한다.

> **판례 |** 국가를 상대로 낙찰자지위확인을 구하는 소는 소가를 산출할 수 없는 재산권상의 소인지 여부
>
> 낙찰자의 지위는 계약상대자로 결정되어 계약을 체결할 수 있는 지위에 불과하고 계약을 체결하여 계약상의 권리의무가 발생한 계약당사자의 지위와는 다르다고 보여지므로, 최초입찰에 있어서 낙찰자지위확인을 구하는 소에서 원고가 승소하더라도 원고는 계약당사자와 같이 공사대금의 청구 등 계약상의 권리를 취득하게 되는 것이 아니라 단순히 원고가 유효한 낙찰자의 지위에 있음을 확인받아 그에 따른 계약을 체결하여 줄 것을 청구할 수 있는 권리를 취득하는 것이고 이는 결국 금전으로 가액을 산출하기 어려운 경제적 이익을 얻는 데 불과하므로 낙찰자지위확인을 구하는 소는 재산권상의 소로서 그 소가를 산출할 수 없는 경우에 해당한다(대판 1994.12.2. 94다41454).

3. 단독판사의 관할

(1) 구체적 관할사항

① 소송목적의 값이 5억 원 이하("미만"이 아님)의 사건
② 수표금·어음금 청구사건
③ 금융기관 등이 원고가 된 대여금·구상금·보증금 청구사건
④ 「자동차손해배상 보장법」에서 정한 자동차·원동기장치자전거·철도차량의 운행 및 근로자의 업무상 재해로 인한 손해배상 청구사건과 이에 관한 채무부존재확인사건
⑤ 단독판사가 심판할 것을 합의부가 결정한 사건인 재정단독사건(민사 및 가사소송의 사물관할에 관한 규칙 제2조 제1항 단서 제4호)

(2) 단독사건의 절차상 특례

1) 단독사건은 ① 변호사대리의 원칙 배제, ② 준비서면에 의한 변론준비의 불필요, ③ 단독사건에 합의부 관할의 반소를 병합제기한 경우에 합의부로 이송 등이 있다.

---

*제1심 민사 재판의 충실하면서도 신속한 심리를 도모하기 위하여 민사 및 가사소송의 사물관할에 관한 규칙 제2조를 개정(2022. 3. 1. 시행)하여 민사 단독사건 관할의 소송목적의 값을 종전 2억 원에서 5억 원으로 확대하였다. 다만 소송목적의 값이 2억 원을 초과하는 사건에 대한 항소심은 고등법원에서 심판한다(사물관할규 제4조).

19주사보 20사무관

1 재산권상의 소로서 그 소송목적의 값을 산출할 수 없는 것과 비재산권을 목적으로 하는 소는 소송목적의 값이 5,000만 원이므로 단독판사의 심판사건에 해당한다. ( )

11법원직

2 최고가인 9,000만 원으로 입찰을 하였으나 낙찰자로 선정되지 아니한 甲이 낙찰자지위확인을 구하는 소를 제기한 경우 지방법원 단독판사가 제1심으로 심판한다. ( )

14법원직

3 소송목적의 값이 5억 원인 사건은 합의부 관할사건이다. ( )

16법원직

4 수표금·약속어음금 청구사건의 제1심은 소송목적의 값과 상관없이 단독판사가 심판한다. ( )

정답 | 1 × 2 × 3 × 4 ○

2) 소가 3,000만 원 이하의 사건을 소액단독사건이라 하는데, 시·군법원관할구역 내의 사건이면 시·군법원만이 전속적 사물관할권을 가지며 소액사건심판법의 적용을 받는다(법조 제34조 제2항 단서). 그러나 그 관할구역에 해당하지 아니하는 사건은 그 지역 지방법원 또는 지원의 단독판사가 관할한다.

1 소액사건심판법 제2조 제1항에 의한 소액사건은 원칙적으로 제소한 때의 소송목적의 값이 3,000만 원을 초과하지 아니하는 금전 기타 대체물이나 유가증권의 일정한 수량의 지급을 목적으로 하는 제1심의 민사사건으로 한다.　（　）

소가	1심		2심		3심
3천만 원 이하	단독사건: 지방법원 단독판사 (법원의 허가 없이 비변호사대리 가능)		2억 원 이하	지방법원 항소부	대법원
3천만 원 초과 1억 원 이하	단독사건: 지방법원 단독판사 (법원의 허가 받아 비변호사대리 가능)				
1억 원 초과 5억 원 이하	단독사건: 지방법원 단독판사				
5억 원 초과	합의사건: 지방법원 합의부		2억 원 초과	고등법원	

4. 소송목적의 값(소가)

> **제26조 [소송목적의 값의 산정]**
> ① 법원조직법에서 소송목적의 값에 따라 관할을 정하는 경우 그 값은 소로 주장하는 이익을 기준으로 계산하여 정한다.
> ② 제1항의 값을 계산할 수 없는 경우 그 값은 민사소송등인지법의 규정에 따른다.

(1) 소가의 의의

원고가 소로써 달하려는 목적이 갖는 경제적 이익을 화폐 단위로 평가한 금액을 말한다(제26조 제1항). 소가는 사물관할을 정하는 표준이 되며, 소장 등 제출시 납부할 인지액을 정하는 기준이 된다.

(2) 산정방법

① 소가는 원고가 청구취지로서 구하는 범위 내에서 원고가 전부 승소할 경우에 직접 받는 경제적 이익을 기준으로 객관적으로 평가·산정하여야 한다.

② 따라서 심판이 쉬우냐 어려우냐의 정도, 피고의 응소 태도나 자력의 유무는 고려하지 않으며, 소가는 기판력이 생기는 소송물에 관한 이익이기 때문에 상환이행청구와 같이 자기의 반대급부와 맞바꿀 것을 조건으로 이행을 구하는 경우에 반대급부를 공제할 필요가 없다.

5. 산정의 표준시기

(1) 산정시기

소가의 산정은 소제기한 때를 표준으로 한다(인지규 제7조). 따라서 소제기한 때를 표준으로 하여 사물관할이 정해지기 때문에, 뒤에 목적물의 훼손·가격의 변동 등 사정이 있어도 관할에 영향을 미치지 않는다.

정답 | 1 ○

(2) 관할의 변동

① 예외적으로 단독판사 계속 중 원고의 청구취지 확장에 의하여 소가가 5억 원을 초과하게 되는 때에는 관할위반의 문제가 되므로 변론관할이 생기지 않는 한 합의부로 이송하여야 한다.

② 그러나 반대로 합의부 계속 중 청구취지의 감축에 의하여 소가 5억 원 이하로 떨어졌을 때에는 단독판사에 이송할 필요가 없다. 합의부에서 계속 심리하여도 당사자에게 불리하지 않기 때문이다.

6. 청구병합의 경우의 소가

> **제27조 [청구를 병합한 경우의 소송목적의 값]**
> ① 하나의 소로 여러 개의 청구를 하는 경우에는 그 여러 청구의 값을 모두 합하여 소송목적의 값을 정한다.
> ② 과실·손해배상·위약금 또는 비용의 청구가 소송의 부대목적이 되는 경우에는 그 값은 소송목적의 값에 넣지 아니한다.

(1) 합산이 원칙

1개의 소로써 여러 개의 청구를 하는 때에는 그 가액을 합산하여 그에 의하여 사물관할을 정한다(제27조 제1항). 원고가 여러 청구를 병합제기하는 경우에 이 원칙이 적용된다.

(2) 예외

1) 중복청구의 흡수

① 하나의 소로써 여러 개의 청구를 한 경우라도 경제적 이익이 같거나 중복되는 때에는 합산하지 않으며 중복이 되는 범위 내에서 흡수되고 그중 가장 다액인 청구가액을 소가로 한다(인지규 제20조).

② 예를 들면 청구의 선택적·예비적 병합, 선택적·예비적 공동소송, 여러 연대채무자에 대한 청구, 목적물인도청구와 집행불능의 경우를 대비한 대상청구의 병합 등은 합산하지 않는다.

2) 수단인 청구의 흡수

1개의 청구가 다른 청구의 수단인 경우에는 그 수단인 청구의 가액은 소가에 산입하지 않는다(인지규 제21조 본문). 예컨대 건물철거청구와 함께 대지인도를 청구하는 경우에는 대지인도청구만이 소송목적의 값이 된다.

3) 부대청구의 불산입

주된 청구와 부대목적인 과실·손해배상금·위약금·비용의 청구는 별개의 소송물이나, 이 두 가지를 1개의 소로써 함께 청구하는 때에는 부대청구의 가액은 소가에 산입하지 않는다(제27조 제2항). 예컨대 원금과 이자를 함께 청구하는 경우에는 원금만이 소송목적의 값이 된다. 이는 계산의 번잡을 피하게 하려는 취지이다.

Ⅲ 토지관할

1. 의의

의의	• 토지관할이라 함은 소재지를 달리하는 같은 종류의 법원 사이에 재판권의 분담관계를 정해 놓은 것을 말한다. • 토지관할의 발생원인이 되는 인적·물적인 관련 지점을 재판적이라 한다.	
재판적의 종류	보통재판적	모든 소송사건에 대하여 공통적으로 적용되는 재판적(제2조)
	특별재판적	특별한 종류·내용의 사건에 대해서 한정적으로 적용되는 재판적 (제7조 이하). ① **독립재판적**: 다른 사건과 관계없이 인정되는 것 ② **관련재판적**: 다른 사건과 관련하여 비로소 생기는 것
재판적의 경합과 원고의 선택	• 보통재판적과 특별재판적이 공존하거나 특별재판적이 여러 개 공존함으로써 토지관할의 경합이 생겨날 수 있다. 이 경우에 원고는 경합하는 관할법원 중 아무데나 임의로 선택하여 소제기할 수 있으며, 특별재판적이 보통재판적에 우선하는 것이 아니다. 하나의 법원에 소제기하였다고 해서 다른 법원의 관할권이 소멸되지 아니한다. • 특이한 것은 특허권 등 지식재산권에 관한 소는 고등법원소재지의 지방법원 5개 법원을 전속관할로 하지만, 당사자는 이를 따르지 않고 서울중앙지방법원에 제기할 수 있는 선택적 중복관할을 인정하였다(제24조 제2항·제3항).	

2. 보통재판적

(1) 피고가 사람인 경우

제2조 [보통재판적]
소는 피고의 보통재판적이 있는 곳의 법원이 관할한다.

제3조 [사람의 보통재판적]
사람의 보통재판적은 그의 주소에 따라 정한다. 다만, 대한민국에 주소가 없거나 주소를 알 수 없는 경우에는 거소에 따라 정하고, 거소가 일정하지 아니하거나 거소도 알 수 없으면 마지막 주소에 따라 정한다.

외국에 주재하는 대한민국의 대사, 공사와 그 가족 등 대한민국 국민으로서 외국의 재판권 행사대상에서 제외되는 사람의 경우에도 민사소송법 제3조에 의할 것이나, 그에 따른 보통재판적이 없는 경우 이들의 보통재판적은 대법원이 있는 곳으로 한다(제4조).

(2) 피고가 법인 그 밖의 사단 또는 재판인 경우

제5조 [법인 등의 보통재판적]
① 법인, 그 밖의 사단 또는 재단의 보통재판적은 이들의 주된 사무소 또는 영업소가 있는 곳에 따라 정하고, 사무소와 영업소가 없는 경우에는 주된 업무담당자의 주소에 따라 정한다.
② 제1항의 규정을 외국법인, 그 밖의 사단 또는 재단에 적용하는 경우 보통재판적은 대한민국에 있는 이들의 사무소·영업소 또는 업무담당자의 주소에 따라 정한다.

(3) 피고가 국가인 경우

> **제6조 [국가의 보통재판적]**
> 국가의 보통재판적은 그 소송에서 국가를 대표하는 관청(법무부) 또는 대법원이 있는 곳으로 한다.

(4) 보통재판적을 정할 수 없는 경우

예컨대 대한민국에 마지막 주소도 없었던 재외동포·외국인·외국법인 등을 피고로 하는 때에는 대법원 소재지가 재판적이다(규칙 제6조).

3. 특별재판적

(1) 총설

특별재판적은 민사소송법 제7조 내지 제25조에 규정되어 있는바, 이에는 다른 사건과 무관하게 그 사건에 관하여 본래 인정되는 독립재판적과 타사건과 관련하여 발생하는 관련재판적이 있다.

(2) 독립재판적

1) 근무지

> **제7조 [근무지의 특별재판적]**
> 사무소 또는 영업소에 계속하여 근무하는 사람에 대하여 소를 제기하는 경우에는 그 사무소 또는 영업소가 있는 곳을 관할하는 법원에 제기할 수 있다.

2) 거소지 또는 의무이행지

> **제8조 [거소지 또는 의무이행지의 특별재판적]**
> 재산권에 관한 소를 제기하는 경우에는 거소지 또는 의무이행지의 법원에 제기할 수 있다.

① '재산권에 관한 소'란 계약상의 의무뿐만 아니라 법률의 규정에 따라 발생하는 불법행위·부당이득·사무관리 등에 의한 의무도 포함한다.

② '의무이행지'는 특정물인도채무의 경우 채권성립 당시 그 물건이 있던 장소가 의무이행지이고(민법 제467조 제1항), 특정물인도 외의 채무의 경우 지참채무의 원칙상 채권자의 주소지가 의무이행지에 해당한다(민법 제467조 제2항 본문).

판례 | 사해행위취소의 소에서의 의무이행지

> ① 판례는 사해행위의 취소의 소에서 채권자의 주된 목적은 사해행위의 취소 그 자체보다는 일탈한 책임재산의 회복에 있는 것이므로, 사해행위취소의 소에 있어서의 의무이행지는 '취소의 대상인 법률행위의 의무이행지'가 아니라 '취소로 인하여 형성되는 법률관계에 있어서의 의무이행지'라고 보아야 한다면서, 원고가 사해행위취소의 소의 채권자라고 하더라도 사해행위취소에 따른 원상회복으로서의 소유권이전등기 말소등기의무의 이행지는 그 등기관서 소재지라고 볼 것이지, 원고의 주소지를 그 의무이행지로 볼 수는 없다고 한다(대결 2002.5.10. 2002마156).
> ② 다만, 원상회복을 가액배상으로 구하는 경우에는 그 의무의 이행지는 채권자의 주소지이다(대판 2008.4.24. 2007다84352).

3) 어음·수표 지급지

제9조 [어음·수표 지급지의 특별재판적]
어음·수표에 관한 소를 제기하는 경우에는 지급지의 법원에 제기할 수 있다.

① '어음·수표에 관한 소'란 약속어음 발행인에 대한 어음금지급청구, 배서인에 대한 상환청구 등을 말한다.
② 그러나 상환청구통지의 해태로 인한 손해배상청구나 이득상환청구와 같은 어음·수표법상의 권리에 관한 소는 이에 해당하지 않는다.

4) 사무소·영업소가 있는 곳

제12조 [사무소·영업소가 있는 곳의 특별재판적]
사무소 또는 영업소가 있는 사람에 대하여 그 사무소 또는 영업소의 업무와 관련이 있는 소를 제기하는 경우에는 그 사무소 또는 영업소가 있는 곳의 법원에 제기할 수 있다.

① '업무와 관련이 있는 소'란 본래의 업무자체의 수행에 따른 법률관계에 관한 것뿐만 아니라 그 본래의 업무를 집행할 경우 파생되는 모든 권리·의무에 관한 소를 포함한다.
② 그리고 여기서의 사무소나 영업소는 반드시 주된 사무소나 영업소일 필요는 없고 지점도 포함되지만(^{대판 1992.7.28.}
91다41897) 적어도 어느 정도 독립하여 업무의 전부나 일부가 총괄적으로 경영되는 장소이어야 한다.

5) 불법행위지

제18조 [불법행위지의 특별재판적]
① 불법행위에 관한 소를 제기하는 경우에는 행위지의 법원에 제기할 수 있다.
② 선박 또는 항공기의 충돌이나 그 밖의 사고로 말미암은 손해배상에 관한 소를 제기하는 경우에는 사고선박 또는 항공기가 맨 처음 도착한 곳의 법원에 제기할 수 있다.

① 여기서 불법행위지란 가해행위지뿐만 아니라 결과발생지(손해발생지)를 포함한다.
② 또한 선박 또는 항공기의 충돌이나 그 밖의 사고로 인한 손해배상의 소는 그 선박 또는 항공기가 맨 처음 도착한 곳의 법원에 제기할 수 있다. 즉, 항공기 사고의 경우 불법행위지는 사고의 행위지 및 결과발생지 또는 항공기의 도착지이다(^{대판 2010.7.15.}
2010다18355).

6) 부동산이 있는 곳

제20조 [부동산이 있는 곳의 특별재판적]
부동산에 관한 소를 제기하는 경우에는 부동산이 있는 곳의 법원에 제기할 수 있다.

여기서의 '부동산에 관한 소'에는 부동산물권에 기하여 부동산을 직접의 목적으로 하는 확인·인도 등의 청구뿐만 아니라 부동산에 관한 채권관계에 기하여 부동산물권의 설정·이전, 점유의 이전, 등기의 이행 등의 급부를 구하는 소도 포함되지만 부동산의 매매대금이나 임료의 청구에 관한 소는 포함되지 않는다.

14사무관
1 항공기 사고의 경우 불법행위지는 사고의 행위지 및 결과발생지 또는 항공기의 도착지이다.　　(　　)

20법원직
2 부동산에 관한 소를 제기하는 경우에는 부동산이 있는 곳의 법원에 관할이 있다.　　(　　)

정답 | 1 ○ 2 ○

7) 등기할 기관이 있는 곳

> **제21조 [등기·등록에 관한 특별재판적]**
> 등기·등록에 관한 소를 제기하는 경우에는 등기 또는 등록할 공공기관이 있는 곳의 법원에 제기할 수 있다.

8) 지식재산권 등에 관한 특별재판적

> **제24조 [지식재산권 등에 관한 특별재판적]**
> ① 특허권, 실용신안권, 디자인권, 상표권, 품종보호권(이하 "특허권등"이라 한다)을 <u>제외한</u> 지식재산권과 국제거래에 관한 소를 제기하는 경우에는 제2조 내지 제23조의 규정에 따른 관할법원 소재지를 관할하는 고등법원이 있는 곳의 지방법원에 제기할 수 있다. 다만, 서울고등법원이 있는 곳의 지방법원은 서울중앙지방법원으로 한정한다.
> ② <u>특허권등의</u> 지식재산권에 관한 소를 제기하는 경우에는 제2조부터 제23조까지의 규정에 따른 관할법원 소재지를 관할하는 고등법원이 있는 곳의 지방법원의 전속관할로 한다. 다만, 서울고등법원이 있는 곳의 지방법원은 서울중앙지방법원으로 한정한다.
> ③ 제2항에도 불구하고 당사자는 서울중앙지방법원에 특허권등의 지식재산권에 관한 소를 제기할 수 있다.

특허권 침해를 청구원인으로 하는 손해배상청구 사건이 2015.11.5. 제1심법원에 소가 제기되어 개정된 법원조직법 시행일 이후인 2016.11.25. 제1심판결이 선고된 경우, 개정 법원조직법에 따라 그에 대한 항소사건은 특허법원의 전속관할에 속한다(^{대판 2017.12.22.} ^{2017다259988}).

9) 추심금·전부금 청구의 소

① 금전채권에 관하여 압류·추심명령을 받은 채권자는 압류된 채권의 추심에 필요한 채무자의 권리를 채무자를 대리하거나 대위하지 아니하고 자기의 이름으로 재판상 또는 재판 외에서 행사할 수 있다. 즉, 추심채권자는 스스로 원고가 되어 제3채무자를 상대로 추심의 소를 제기하거나(민집 제238조, 제249조 제1항), 지급명령신청을 할 수 있고, 채무자가 이미 소를 제기한 경우에는 승계인으로서 참가할 수 있으며, 채무자가 집행권원을 가지고 있는 경우에는 승계집행문을 받을 수 있다(민집 제31조 제1항).

② 이때의 관할법원은 일반규정에 따르므로, 제3채무자의 보통재판적이 있는 곳의 관할법원이나 의무이행지의 특별재판적이 있는 곳의 관할법원 등이 포함된다(민법 제467조 제2항, 민소 제8조). 추심금소송에서 일반규정에 의한 관할법원은 채무자와 제3채무자의 법률관계를 기준으로 하며, 추심채권자를 기준으로 하여서는 아니 된다(^{대판 1997.3.14.} ^{96다54300}).

4. 관련재판적

> **제25조 [관련재판적]**
> ① 하나의 소로 여러 개의 청구를 하는 경우에는 제2조 내지 제24조의 규정에 따라 그 여러 개 가운데 하나의 청구에 대한 관할권이 있는 법원에 소를 제기할 수 있다.
> ② 소송목적이 되는 권리나 의무가 여러 사람에게 공통되거나 사실상 또는 법률상 같은 원인으로 말미암아 그 여러 사람이 공동소송인으로서 당사자가 되는 경우에는 제1항의 규정을 준용한다.

20법원직
1 등기·등록에 관한 소를 제기하는 경우에는 등기 또는 등록할 공공기관이 있는 곳의 법원에 관할이 있다. ( )

20법원직
2 특허권 등의 지식재산권에 관한 소는 서울남부지방법원에 관할이 있다. ( )

17주사보
3 금전채권에 관하여 압류·추심명령을 받은 채권자(추심채권자)가 원고가 되어 제3채무자를 상대로 추심의 소를 제기한 경우, 제3채무자의 추심금채무도 금전채무로서 지참채무에 해당하므로 추심채권자의 주소지에 이행의무지로서 관할이 인정된다. ( )

정답 | 1 ○ 2 × 3 ×

(1) 의의 및 취지

원고가 하나의 소로써 여러 개의 청구를 하는 경우에 그 여러 개 가운데 하나의 청구에 대한 토지관할권이 있는 법원에 본래 그 법원에 법정관할권이 없는 나머지 청구도 관할권이 생기는 것을 말한다(제25조). 원고에게는 병합청구의 편의를, 피고에게는 응소의 편의를, 법원에게는 소송경제를 도모하는 기능을 한다.

(2) 적용범위

1) 토지관할에 적용

청구병합의 경우 관련재판적이 인정되기 위해서는 ① 한 개의 소로써 수 개의 청구를 하는 경우일 것, ② 수소법원이 수 개의 청구 중 적어도 한 청구에 관하여 관할권을 가질 것, ③ 다른 법원의 전속관할에 속하는 청구가 아닐 것, ④ 토지관할에 한할 것을 요한다. 사물관할에 관하여서는 적용이 없으며 이 경우는 합산의 원칙으로 처리된다.

2) 공동소송(소의 주관적 병합)에의 적용 여부

① 소의 주관적 병합의 경우에는 견해의 대립이 있었으나, 개정법은 제65조 전문의 공동소송, 즉 피고들끼리 실질적 관련성이 있는 경우(예컨대 수인의 연대채무자, 수인의 불법행위 피해자)에만 관련재판적을 인정한다(제25조 제2항).

② 민사소송의 일방 당사자가 다른 청구에 관하여 관할만을 발생시킬 목적으로 본래 제소할 의사 없는 청구를 병합한 것이 명백한 경우에는 관할선택권의 남용으로서 신의칙에 위배되어 허용될 수 없으므로, 그와 같은 경우에는 관련재판적에 관한 제25조의 규정을 적용할 수 없다(대결 2011.9.29. 2011마62).

(3) 효과

① 원래 토지관할권이 없던 청구에 관하여도 관할권이 생기고, 피고는 관할위반의 항변을 할 수 없다(관할의 창설).

② 관련재판적이 인정된 후 원래의 관할권 있는 청구가 취하 또는 각하되어도 다른 청구는 관할 위반이 되지 않는다(관할의 항정).

제3관 | 지정관할

제28조 [관할의 지정]

① 다음 각호 가운데 어느 하나에 해당하면 관계된 법원과 공통되는 바로 위의 상급법원이 그 관계된 법원 또는 당사자의 신청에 따라 결정으로 관할법원을 정한다.
1. 관할법원이 재판권을 법률상 또는 사실상 행사할 수 없는 때
2. 법원의 관할구역이 분명하지 아니한 때

② 제1항의 결정에 대하여는 불복할 수 없다.

학습 POINT

1. 요건 5가지 암기하기
2. 합의의 모습으로 부가적 합의와 전속적 합의(불분명한 경우 판례중요)
3. 전속적 합의의 성격은 임의관할(이송가능)
4. 합의의 효과로 주관적 범위 (채권승계O, 물권승계X)

* 이시윤 113페이지 참고

제4관 | 합의관할*

제29조 [합의관할]
① 당사자는 합의로 제1심 관할법원을 정할 수 있다.
② 제1항의 합의는 일정한 법률관계로 말미암은 소에 관하여 서면으로 하여야 한다.

I 서설

1. 의의

합의관할이라 함은 당사자의 합의에 의하여 생기게 되는 관할을 말한다(제29조).

2. 성질

(1) 소송행위

관할의 합의는 관할의 발생이라는 소송법상의 효과를 낳는 소송행위로서 소송계약의 일종이다. 관할의 합의에는 소송능력이 필요하다. 관할의 합의는 사법상의 계약과 동시에 체결되는 수가 있지만 소송행위이기 때문에 사법상의 계약과 운명을 같이하는 것이 아니다. 따라서 본계약인 사법상의 계약이 무효·취소 또는 해제되었다 하여도 원칙적으로 관할합의의 효력에 영향이 없다(무인성).

(2) 민법규정 유추 여부

합의에 흠이 있을 때 민법의 규정을 유추적용하여야 한다는 것이 통설의 입장이다. 왜냐하면 관할의 합의는 소송행위이지만, 민법상의 계약처럼 법원의 관여 없이 당사자 사이에서 체결되기 때문이다.

II 요건

1. 제1심법원의 임의관할에 한하여 할 것**

① 지방법원 단독판사와 합의부의 관할사건에 한해 합의할 수 있다. 법원의 어떤 특정한 재판부나 법관에게 재판을 받기로 하는 합의는 사무분담에 관한 것이므로 무효이다.
② 토지관할과 사물관할 등 임의관할에 한하여 합의할 수 있고, 전속관할이 정해져 있는 때에는 합의할 수 없다(제31조).

2. 합의의 대상인 소송이 특정되었을 것

예를 들면 일정한 매매계약상의 소송·임대차계약상의 소송과 같이 합의의 대상인 법률관계를 특정하여야 한다. 따라서 당사자 간에 앞으로 발생할 모든 법률관계에 관한 소송에 대한 합의, 즉 포괄적 합의라면 특정되었다고 할 수 없기 때문에 무효이다.

3. 합의의 방식은 서면일 것

당사자의 의사를 명확하게 하기 위한 것이다. 합의는 반드시 동일서면에 의하여 체결될 것을 요하지 아니하며 별개의 서면으로 하여도 되고, 또 때를 달리하여도 된다.

4. 합의의 시기

관할의 합의는 일반적으로 소제기 전에 한다. 소제기 후의 합의는 그로 인하여 관할이 변경되는 것이 아니므로 소송이송의 전제로서 의미가 있을 뿐이다.

5. 관할법원이 특정되었을 것

① 반드시 1개의 법원으로 특정할 필요는 없고 수개의 법원을 정하여도 무방하다. 다만 전국의 모든 법원을 관할법원으로 하는 합의, 원고가 지정하는 법원에 관할권을 인정하는 합의는 무효이다.

② 판례는 아파트분양계약에서 "본계약은 원고가 지정하는 법원을 관할법원으로 한다."고 규정하고 있음은 결국 전국법원 중 원고가 선택하는 어느 법원에나 관할권을 인정한다는 내용의 합의라고밖에 볼 수 없어 관할법원을 특정할 수 있는 정도로 표시한 것이라 볼 수 없을 뿐 아니라, 이와 같은 관할에 관한 합의는 피소자의 권리를 부당하게 침해하고 공평원칙에 어긋나는 결과가 되어 무효라 하였다(대결 1977.11.9. 77마284).

Ⅲ 합의의 모습

1. 부가적 합의와 전속적 합의

(1) 의의

법정관할 외에 1개 또는 수개의 법원을 덧붙이는 부가적 합의와 특정의 법원에만 관할권을 인정하고 그 밖의 법원의 관할을 배제하는 전속적 합의가 있다.

(2) 불분명한 경우

통설 및 판례는 관할의 합의가 이 중 어느 것인지 불명할 때에는 경합하는 법정관할법원 중 어느 하나를 특정하는 합의는 전속적이지만, 그렇지 않은 경우에는 부가적 합의로 볼 것이라는 입장이다(대판 1963.5.15. 63다111).

2. 약관에 의한 합의관할

① 약관규제에 관한 법률은 "고객에 대하여 부당하게 불리한 관할합의조항은 무효로 한다." (같은 법 제14조)고 규정한다.

② 위 조문의 해석과 관련하여 판례는 전속적 관할합의의 약관조항이 고객에게 부당하게 불리하다는 이유로 무효라고 보기 위해서는 그 약관조항이 고객에게 다소 불이익하다는 점만으로는 부족하고, 사업자가 그 거래상의 지위를 남용하여 이러한 약관조항을 작성·사용함으로써 건전한 거래질서를 훼손하는 등 고객에게 부당하게 불이익을 주었어야 한다(대결 2008.12.16. 2007마1328)고 한 바 있다.

14주사보

1 합의관할은 서면에 의함이 원칙이지만 반드시 이에 의할 필요는 없고 구두에 의하여 합의관할을 정한 후 이를 소명하는 방법으로도 정할 수 있다. ( )

정답 | 1 ×

③ 또한 주택분양보증약관에서 '대한주택보증주식회사의 관할 영업점 소재지 법원'을 전속적 합의관할법원으로 정한 사안에서, 위 회사의 내부적인 업무조정에 따라 위 약관조항에 의한 전속적 합의관할이 변경된다고 볼 경우에는 당사자 중 일방이 지정하는 법원에 관할권을 인정한다는 관할합의조항과 다를 바가 없는 등 고객에게 부당하게 불이익을 주는 것으로서 무효인 약관조항이라고 볼 수밖에 없으므로 위 약관조항의 '위 회사의 관할 영업점 소재지 법원'은 주택분양계약이 체결된 당시 이를 관할하던 위 회사의 영업점 소재지 법원을 의미한다($\frac{대결\ 2009.11.13.}{2009마1482}$)고 판시했다.

Ⅳ 합의의 효력

1. 관할의 변동

① 합의의 내용에 따라 관할이 변동된다. 관할권 없는 법원에 관할권을 발생시키며, 특히 전속적 합의인 경우에는 법정관할법원의 관할권을 소멸시킨다.

② 전속적 합의관할의 경우에도 그 성질상 임의관할이며 따라서 원고가 합의를 무시한 채 다른 법정관할법원에 소를 제기하여도 피고가 이의 없이 본안변론하면 변론관할(제30조)이 생기며, 전속적 합의의 법원이 재판하다가도 현저한 지연을 피한다는 공익상의 필요가 있을 때에는 다른 법정관할법원에 이송할 수 있다($\frac{대결\ 2008.12.16.}{2007마1328}$).

2. 효력의 주관적 범위

① 관할의 합의는 당사자와 그 승계인에 대해서만 미친다.

② 포괄승계인에 미치는 것은 의문이 없지만, 특정승계인일 경우에는 문제가 되는데, 소송물을 이루는 권리관계가 채권과 같은 것이면, 합의의 효력이 그 양수인에게 미친다고 볼 것이지만($\frac{대결\ 2006.3.2.}{2005마902}$), 물권인 경우에는 그 합의된 바를 등기부상 공시할 수 없기 때문에 물권의 양수인은 양도인이 한 합의에 구속되지 않는다($\frac{대결\ 1994.5.26.}{94마536}$).

③ 특정승계인 이외의 제3자에게는 합의의 효력이 미치지 않는다. 따라서 채권자와 보증인 간의 합의는 주채무자에게 미치지 아니한다($\frac{대판\ 1988.10.25.}{87다카728}$).

*이시윤 119페이지 참고

20법원직 20사무관
1 전속적 관할합의의 경우 법률이 규정한 전속관할과 달리 임의관할의 성격을 가지고 있기는 하나, 공익상의 필요에 의하여 사건을 다른 관할법원에 이송할 수는 없다.
( )

14법원직 14사무관
2 관할합의의 효력은 소송물이 채권과 같은 상대권이면 특정승계인에게 미치지 않고, 물권과 같은 절대권이면 특정승계인에게 미친다.
( )

학습 POINT

1. 요건 정리할 것
2. 본안변론을 말로 할 것이 필요(진술간주X)

정답 | 1 × **2** ×

제5관 | 변론관할*

제30조 [변론관할]
피고가 제1심 법원에서 관할위반이라고 항변하지 아니하고 본안에 대하여 변론하거나 변론준비기일에서 진술하면 그 법원은 관할권을 가진다.

Ⅰ 의의

변론관할이라 함은 원고가 관할권 없는 법원에 소제기하였는데, 피고가 이의 없이 본안변론함으로써 생기는 관할을 말한다(제30조).

Ⅱ 요건

1. 원고의 관할권 없는 제1심법원에 소를 제기하였을 것*

① 원고가 관할권을 어긴 경우에 한하며, 관할권 있는 법원에 소제기한 경우에는 변론관할의 문제가 발생하지 않는다.

② 관할권을 어긴 경우라도 임의관할을 어긴 경우에 인정되는 것이지, 전속관할 위반의 경우에는 변론관할이 생기지 않는다(제31조).

③ 소제기 당초에는 관할권이 있었으나 그 뒤 청구취지의 확장·반소 등의 제기에 의하여 관할 위반이 된 경우에도 상대방이 이의 없이 본안변론을 하면 단독판사에 변론관할이 생긴다(제269조 제2항).

2. 피고의 이의 없는 본안변론

① '본안'에 관하여 변론 또는 진술이라 함은, 피고 측에서 원고의 청구가 이유 있느냐의 여부에 관하여 사실상·법률상의 진술을 하는 것을 말한다. 따라서 실체사항이 아닌 절차사항인 기피신청·기일변경신청·소각하판결의 신청 등은 본안에 관한 진술이 아니다.

② 본안에 관한 '변론'은 변론기일 또는 변론준비기일에 출석하여 말로 적극적으로 할 필요가 있다.** 따라서 피고가 변론기일 등에 불출석하거나 출석하여도 변론하지 아니한 경우에는 변론관할이 생길 여지가 없으며, 비록 본안에 관하여 준비서면만 제출한 채 불출석한 때에 그것이 진술간주되어도 현실적으로 변론을 한 것이 아니므로 변론관할이 발생하지 않는다(대결 1980.9.26. 80마403).

3. 피고의 관할위반의 항변이 없을 것

① 관할위반의 항변은 반드시 명시적이어야 하는 것은 아니며, 묵시적이라도 상관없다.

② 피고가 주위적으로 소각하판결을, 예비적으로 청구기각판결을 구한 경우에는 본안에 대하여 변론 내지 진술을 한 것이 아니다(대판 2010.7.22. 2009므1861).

Ⅲ 효과

① 관할위반의 항변을 하지 않고 본안변론하는 때에는 그 시점에서 변론관할이 생긴다. 또 이의 없이 본안에 관하여 변론한 것을 뒤에 의사의 흠을 이유로 취소할 수 없다.

② 변론관할은 당해 사건에 한하여 발생하기 때문에 소의 취하 또는 각하 후에 다시 제기하는 재소까지는 그 효력이 미치지 않는다.

---

* 1, 본, 항

** 구법상 적극적 응소 필요한 것
① 변론관할
② 증거신청
③ 청구의 포기 인낙, 화해(개정법 제148조에서는 서면으로 가능한 것으로 개정됨)

14법원직

1 피고가 본안에 관한 준비서면을 제출하고 변론기일 등에 불출석했을 때 그 준비서면이 진술간주되어도 변론관할이 생기지 않는다.( )

정답 | 1 ○

＊ 이시윤 121페이지 참고

제6관 | 관할권의 조사＊

> **제32조 [관할에 관한 직권조사]**
> 법원은 관할에 관한 사항을 직권으로 조사할 수 있다.
>
> **제33조 [관할의 표준이 되는 시기]**
> 법원의 관할은 소를 제기한 때를 표준으로 정한다.

1. 직권조사

① 소가 제기된 법원에 관할권이 있어야 하는 것은 소송요건이다. 따라서 관할권의 유무는 직권조사사항이다(제32조).

② 전속관할에 대해서는 관할 위반의 본안판결을 한 경우라도 그 흠이 치유되지 않기 때문에, 제1심은 물론 상소심에서도 이를 직권조사하여야 한다. 다만, 임의관할 위반에는 변론관할이 생기는 수가 많으므로 관할권이 없다고 즉시 이송의 재판을 할 것이 아니며, 제1심에 한하여 조사할 것이다.

2. 조사의 정도·자료

① 관할이 청구의 종류나 법적 성질에 의하여 정해지는 때에, 그 종류나 법적성질은 소장의 청구취지와 청구원인의 원고주장의 사실관계를 토대로 하여 판단하여야 한다. 예컨대 특별재판적의 원인인 불법행위에 관한 청구(제18조)인가 등은 청구취지와 청구원인에서 원고가 주장하는 사실 자체를 기초로 하여 조사·판단하면 되고, 본안심리한 뒤에 그 결과를 토대로 판단할 것이 아니다(대판 2004.7.14. 2004무20).

② 관할권의 존재에 대해서는 원고에게 이익이 있기 때문에, 원고가 관할원인사실에 대하여 주장·증명책임을 지게 되지만 법원도 직권증거조사를 할 수 있다(제32조). 전속관할의 존부는 직권증거조사를 할 것이지만, 임의관할에 대해서는 당사자 간에 다툼이 없으면 그대로 넘어간다.

3. 관할결정의 표준시기

(1) 원칙

① 법원의 관할은 소를 제기한 때를 표준으로 하여 정한다(제33조). 소제기시에 관할이 인정되는 한 그 뒤 사정변경이 있어도 관할이 바뀌지 않는다(관할항정의 원칙).

② 관련재판적에서 관할원인이 된 그 청구의 취하, 반소에 있어서의 본소의 취하, 독립당사자참가소송에서 본소의 취하 등의 경우 본소가 없어져도 일단 적법하게 계속된 병합소송·반소·독립참가의 소의 관할권에 영향이 없다.

(2) 예외

① 단독판사에 본소사건의 계속 중에 합의부 관할사건이 반소로 제기된 경우, ② 청구취지의 확장으로 합의부의 관할이 된 경우, 이때는 합의부로의 이송원인이 된다.

4. 조사의 결과

① 관할권의 존재가 긍정되면 법원은 심리를 그대로 진행시킬 것이나, 당사자 간에 다툼이 있으면 중간판결이나 종국판결의 이유에서 이에 관한 판단을 하면 된다.

② 조사 결과 관할권이 없을 때에는 소각하판결이 아닌 관할권이 있는 법원으로 직권이송할 것이다(제34조 제1항).

③ 만일 관할위반을 간과하고 본안판결을 하였을 때에는, 임의관할의 경우에는 그 흠이 치유되지만(제411조 본문), 전속관할의 경우에는 상소심에서 이를 다툴 수 있다.

제7관 | 소송의 이송*

I 서설

1. 의의

소송의 이송이라 함은 어느 법원에 일단 계속된 소송을 그 법원의 재판에 의하여 다른 법원에 이전하는 것을 말한다.

2. 취지

① 관할위반의 경우에 소를 각하하기보다 관할권이 있는 법원에 이송함으로써 시간·노력·비용을 절감케 하고, 소제기에 의한 시효중단·제척기간 준수의 효력을 유지시켜 소송경제에 도움이 되게 하며, ② 관할위반이 아닌 경우라도 소송촉진과 소송경제의 견지에서 보다 편리한 법원으로 옮겨 심판케 하려는 데 취지가 있다.

3. 구별개념

(1) 이부

같은 법원 내의 단독판사끼리나 합의부끼리의 사건의 송부를 말한다. 이는 사무분담의 재조정인 것으로 이송결정을 요하지 않는다.

(2) 소송기록의 송부

이송결정을 하는 것이 아니라 기록송부라는 사실행위로서 이송결정에 따른 기록송부(제40조 제2항)와 달리 소제기의 효과가 소급하지 않는다는 점에서 구별된다.

구분	이송	소송기록 송부	소각하판결
소제기의 효과 (시효중단·기간 준수의 효력 유지: 소송계속의 이전 여부)	유지	송부된 때 발생	소멸
인지의 효력 (인지의 효력이 소멸하면 인지를 다시 붙여야 함)		유지	

학습 POINT

1. 기록송부와 차이점 정리 필요
2. 관할위반의 경우 당사자의 이송신청권 인정 여부(판례 부정)
3. 구속력이 전속관할위반에도 인정되는지(원칙O, 심급관할위반X)

* 이시윤 123페이지 참고

Ⅱ 이송의 원인(이송요건)*

1. 관할위반에 의한 이송

> **제34조 [관할위반 또는 재량에 따른 이송]**
> ① 법원은 소송의 전부 또는 일부에 대하여 관할권이 없다고 인정하는 경우에는 결정으로 이를 관할법원에 이송한다.
> ② 지방법원 단독판사는 소송에 대하여 관할권이 있는 경우라도 상당하다고 인정하면 직권 또는 당사자의 신청에 따른 결정으로 소송의 전부 또는 일부를 같은 지방법원 합의부에 이송할 수 있다.
> ③ 지방법원 합의부는 소송에 대하여 관할권이 없는 경우라도 상당하다고 인정하면 직권으로 또는 당사자의 신청에 따라 소송의 전부 또는 일부를 스스로 심리·재판할 수 있다.
> ④ 전속관할이 정하여진 소에 대하여는 제2항 및 제3항의 규정을 적용하지 아니한다.

(1) 적용범위

1) **사물관할·토지관할위반의 소제기**

   사물관할이나 토지관할의 위반이 있는 경우에는 이를 관할법원으로 이송하여야 한다. 다만 예외적으로 지방법원 합의부는 그 관할에 속하지 않는 사건이라도 상당한 경우에는 이송하지 않을 수 있다(제34조 제3항).

2) **심급관할위반의 소제기**

   ① 제1심법원에 소를 제기하여야 할 것을 상급심법원에 제기한 경우 또는 상급심법원에 제기할 소를 제1심법원에 제기한 경우 해당 심급 관할법원으로 이송한다.

   ② 항소심의 확정판결에 대하여 재심의 소를 제기하는 경우에는 그 재심관할법원인 항소법원에 제기해야 함에도 제1심법원에 재심의 소를 제기한 경우에는 재심의 소를 각하할 것이 아니라 항소심법원으로 이송하여야 한다고 한다(대판 (전) 1984.2.28. 83다카1981).

3) **기록송부의 잘못**

   ① 당사자가 상소장을 원심법원이 아닌 상소법원에 제출하였을 경우 상소법원이 그 상소장을 원심법원에 이송할 수 있는지에 관하여는 견해의 대립이 있으나 실무는 상소장을 원심법원에 송부하고 있고, 상소기간의 준수 여부는 <u>원심법원에 상소장이 접수된 때</u>를 기준으로 판단한다(대판 1981.10.13. 81누230).

   ② 특별항고의 외관을 갖추지 못하였다고 하더라도 항고장의 접수를 받은 법원은 특별항고로 선해하여 대법원에 이송하여야 하며(대결 1999.7.26. 99마2081), 일반항고를 특별항고로 잘못 알고 특별항고장을 제출함으로써 대법원에 기록송부가 된 경우, 대법원은 사건을 관할 고등법원으로 이송하여야 한다(대결 2011.5.2. 2010부8).

4) **민사소송사항으로 혼동하여 소제기**

   ① 가사소송사건을 일반민사사건으로 잘못 알고 지방법원에 소제기한 경우 판례는 이송하여야 한다고 한다(대판 1980.11.25. 80마445).

   ② 행정사건을 일반민사사건으로 잘못 알고 지방법원에 소제기한 경우 그 법원에 관할권이 있으면 심리하고 그렇지 않으면 관할법원으로 이송할 것이라는 것이 판례이다(대판 (전) 1996.2.15. 94다31235).

12·13·18주사보 12·18·22사무관

1 당사자가 상소장을 원심법원이 아닌 상소법원에 제출하였을 경우 상소장을 원심법원에 송부하는 것이 실무이고, 상소기간의 준수 여부는 상소법원에 상소장이 접수된 때를 기준으로 판단한다. ( )

13주사보 15법원직

2 가정법원의 전속관할에 속하는 소를 민사법원에 제기하였다면 이는 전속관할위반이지만 가정법원과 민사법원 사이에서는 관할위반에 따른 이송이 인정되지 않으므로 민사법원으로서는 위 소를 각하하여야 한다. ( )

16주사보

3 항고소송(행정사건)으로 제기하였어야 할 소를 민사소송으로 제기한 경우, 부적법한 소로서 각하 처리한다. ( )

정답 | 1 × 2 × 3 ×

(2) 이송범위(전부 또는 일부이송)

전부관할위반의 경우에는 소송전부를 이송하고, 청구병합의 경우에 있어서 청구의 일부가 다른 법원의 전속관할에 속하는 경우에 한하여 일부 이송한다.

(3) 직권이송

① 관할위반의 경우에는 원칙적으로 직권으로 이송한다(제34조 제1항).

② 당사자에게 이송신청권이 인정되는지 여부

판례는 관할위반의 경우에 당사자에게 이송신청권이 없다고 한다. 따라서 당사자의 이송 신청은 법원의 직권발동을 촉구하는 의미 이상은 없고 이송신청에 대해 재판을 필요로 하지 아니하며, 또 이송신청기각결정을 하여도 즉시항고권이 없다는 것이다(대판 (전) 1993.12.6. 93마524). 나아가 특별항고조차 안 된다고 한다(대판 1996.1.12. 95그59).

판례 │ 항고심에서 당초의 이송결정이 취소된 경우, 이에 대한 신청인의 재항고가 허용되는지 여부(소극)

> 수소법원의 재판관할권 유무는 법원의 직권조사사항으로서 법원이 그 관할에 속하지 아니함을 인정한 때에는 민사소송법 제34조 제1항에 의하여 직권으로 이송결정을 하는 것이고, 소송당사자에게 관할위반을 이유로 하는 이송신청권이 있는 것은 아니다. 따라서 당사자가 관할위반을 이유로 한 이송신청을 한 경우에도 이는 단지 법원의 직권발동을 촉구하는 의미밖에 없다. 한편 법원이 당사자의 신청에 따른 직권발동으로 이송결정을 한 경우에는 즉시항고가 허용되지만(민사소송법 제39조), 위와 같이 당사자에게 이송신청권이 인정되지 않는 이상 항고심에서 당초의 이송결정이 취소되었다 하더라도 이에 대한 신청인의 재항고는 허용되지 않는다(대결 2018.1.19. 2017마332).*

2. 심판의 편의에 의한 이송(재량이송)

제35조 [손해나 지연을 피하기 위한 이송]

법원은 소송에 대하여 관할권이 있는 경우라도 현저한 손해 또는 지연을 피하기 위하여 필요하면 직권 또는 당사자의 신청에 따른 결정으로 소송의 전부 또는 일부를 다른 관할법원에 이송할 수 있다. 다만, 전속관할이 정하여진 소의 경우에는 그러하지 아니하다.

(1) 현저한 손해 또는 지연을 피하기 위한 이송(제35조)

① 의의

법원은 소송에 대하여 관할권이 있는 경우라도 현저한 손해 또는 지연을 피하기 위하여 필요하면 직권 또는 당사자의 신청에 따른 결정으로 소송의 전부 또는 일부를 다른 관할법원에 이송할 수 있다.

② 취지

현저한 손해란 주로 피고에게 소송수행상의 부담이 생겨 소송불경제가 된다는 취지이며 (사익적 규정), 지연이라 함은 법원이 사건을 처리함에 있어서 증거조사 등 시간과 노력이 크게 소요되어 소송촉진이 저해된다는 취지이다(공익적 규정).

③ 판례

판례는 현저한 손해 또는 지연에 해당하는가의 판단은 자유재량이라고 하면서 실제로 이러한 이송을 허용하지 않아 제35조를 사실상 사문화시키고 있다(대결 2010.3.22. 2010마215).

15법원직 15주사보 17·22사무관

1 관할위반을 이유로 한 이송결정에 대하여는 즉시항고가 허용되지 않는다. ( )

* 주 – 이는 이송결정취소에 대한 불복을 인정하는 것은 결국 이송결정 여부에 대해 당사자에게 신청권을 인정하는 것과 같은 결과가 되기 때문이다.

20법원직

2 당사자가 관할위반을 이유로 한 이송신청을 하여 법원이 당사자의 신청에 따른 직권발동으로 이송결정을 한 경우에는 즉시항고가 허용되고, 이에 대한 항고심에서 당초의 이송결정이 취소된 경우에는 재항고도 허용된다. ( )

정답 | 1 × 2 ×

④ 절차

신청 또는 직권으로 하며, 전속관할일 경우에는 이송할 수 없다. 이에 반하여 전속적 합의관할의 경우는 현저한 지연을 피한다는 공익상의 필요가 있을 때에는 다른 법정관할법원으로 이송할 수 있을 것이다.

(2) 지식재산권 등에 관한 소송의 이송 특칙

> **제36조 [지식재산권 등에 관한 소송의 이송]**
> ① 법원은 특허권등을 제외한 지식재산권과 국제거래에 관한 소가 제기된 경우 직권 또는 당사자의 신청에 따른 결정으로 그 소송의 전부 또는 일부를 제24조 제1항에 따른 관할법원에 이송할 수 있다. 다만, 이로 인하여 소송절차를 현저하게 지연시키는 경우에는 그러하지 아니하다.
> ② 제1항은 전속관할이 정하여져 있는 소의 경우에는 적용하지 아니한다.
> ③ 제24조 제2항 또는 제3항에 따라 특허권등의 지식재산권에 관한 소를 관할하는 법원은 현저한 손해 또는 지연을 피하기 위하여 필요한 때에는 직권 또는 당사자의 신청에 따른 결정으로 소송의 전부 또는 일부를 제2조부터 제23조까지의 규정에 따른 지방법원으로 이송할 수 있다.

(3) 지법단독판사로부터 지법합의부로의 이송

지방법원 단독판사는 자기의 관할에 속하는 소송이라도 상당하다고 인정할 때에는 이를 같은 지방법원 합의부로 이송할 수 있다(제34조 제2항).

3. 반소제기에 의한 이송

> **제269조 [반소]**
> ② 본소가 단독사건인 경우에 피고가 반소로 합의사건에 속하는 청구를 한 때에는 법원은 직권 또는 당사자의 신청에 따른 결정으로 본소와 반소를 합의부에 이송하여야 한다. 다만, 반소에 관하여 제30조(변론관할)의 규정에 따른 관할권이 있는 경우에는 그러하지 아니하다.

그러나 지방법원 본원 합의부가 지방법원 단독판사의 판결에 대한 항소사건을 제2심(항소심)으로 심판하는 도중에 지방법원 합의부의 관할에 속하는 소송이 새로 추가되거나 그러한 소송으로 청구가 변경되었다고 하더라도, 심급관할은 제1심법원의 존재에 의하여 결정되는 전속관할이어서 이미 정하여진 항소심의 관할에는 영향이 없는 것이므로, 추가되거나 변경된 청구에 대하여도 그대로 심판할 수 있다(대판 1992.5.12. 92다2066).

Ⅲ 이송절차

1. 개시

제34조의 관할위반이송은 직권에 의해서만, 기타의 이송은 직권 또는 당사자의 신청에 의해서 개시되도록 하였다.

17사무관
1 본소가 단독사건인 경우, 합의사건에 속하는 반소가 제기된 것으로는 원칙적으로 본소와 반소를 합의부에 이송할 사유가 생긴 것은 아니다. ( )

20법원직
2 지방법원 본원 합의부가 지방법원 단독판사의 판결에 대한 항소사건을 심판하는 도중에 지방법원 합의부의 관할에 속하는 소송이 새로 추가되거나 그러한 소송으로 청구가 변경되었다고 하더라도, 추가되거나 변경된 청구에 대하여도 지방법원 본원 합의부가 그대로 심판할 수 있다. ( )

정답 | 1 × 2 ○

2. 재판

결정으로 재판한다. 다만, 상소심에서 원판결을 파기 취소하여 이송하는 경우에는 판결로 재판한다(제419조, 제436조).

3. 불복

(1) 즉시항고

이송결정과 이송신청의 기각결정에 대하여는 즉시항고를 할 수 있다(제39조).

(2) 제39조의 적용범위

관할위반 이외의 사유에 의한 이송의 경우에는 당사자에게 이송신청권이 인정되기 때문에 이송신청의 기각결정에 대해 즉시항고할 수 있다. 그러나 관할위반에 의한 이송의 경우에는 판례는 당사자에게 이송신청권이 없기 때문에 즉시항고권이 없고 특별항고조차 안 된다고 한다(대판 1996.1.12. 95그59).

Ⅳ 이송의 효과*

*속, 계, 부

> **제38조 [이송결정의 효력]**
> ① 소송을 이송받은 법원은 이송결정에 따라야 한다.
> ② 소송을 이송받은 법원은 사건을 다시 다른 법원에 이송하지 못한다.
>
> **제40조 [이송의 효과]**
> ① 이송결정이 확정된 때에는 소송은 처음부터 이송받은 법원에 계속된 것으로 본다.
> ② 제1항의 경우에는 이송결정을 한 법원의 법원서기관·법원사무관·법원주사 또는 법원주사보 (이하 "법원사무관등"이라 한다)는 그 결정의 정본을 소송기록에 붙여 이송받을 법원에 보내야 한다.

1. 구속력

(1) 원칙

이송결정이 확정되면 이송을 받은 법원은 이에 따라야 한다(제38조 제1항). 따라서 이송받은 법원은 잘못된 이송이라도 다시 이송한 법원으로 되돌리는 반송이나 다른 법원으로 넘기는 전송을 할 수 없다(제38조 제2항).

(2) 전속관할에 관한 규정에 위반하여 이송한 경우

① 판례는 이송결정의 기속력은 원칙적으로 전속관할에 위배한 경우에도 미치지만, 심급관할을 위배한 이송결정의 기속력은 <u>상급심법원</u>에는 미치지 아니하므로 이송받은 상급심법원은 사건을 관할법원에 이송하여야 한다(대결 1995.5.15. 94마1059, 대판 2000.1.14. 99두9735).

② 다만, 그 기속력이 이송받은 하급심 법원에도 미치지 않는다고 한다면 사건이 하급심과 상급심 법원 간에 반복하여 전전이송되는 불합리한 결과를 초래하게 되므로 하급심법원에는 미친다(대결 1995.5.15. 94마1059,1060)고 판시하였다.

17·22사무관 20·22법원직

1 이송결정의 기속력은 원칙적으로 전속관할의 규정을 위배하여 이송한 경우에도 미치므로 전속관할인 심급관할을 위배한 이송결정의 기속력은 이송받은 상급심법원에 미친다. ( )

정답 | 1 ✕

15법원직

1 재심의 소가 재심제기기간 내에 제1심법원에 제기되었으나 재심사유 등에 비추어 항소심판결을 대상으로 한 것이라 인정되어 위 소를 항소심법원에 이송한 경우에 있어서 재심제기기간의 준수 여부는 제1심법원에 제기된 때를 기준으로 한다. ( )

15법원직

2 법원은 소송의 이송결정이 확정된 뒤라도 급박한 사정이 있는 때에는 직권으로 또는 당사자의 신청에 따라 필요한 처분을 할 수 있지만 기록을 보낸 뒤에는 그러하지 아니하다. ( )

2. 소송계속의 이전

(1) 법률상 기간 준수의 효력 유지

이송결정이 확정되었을 때에는 소송은 처음부터 이송을 받은 법원에 계속된 것으로 본다(제40조 제1항). 따라서 처음 소제기에 의한 시효중단·기간준수의 효력은 그대로 유지된다. 즉, 소송을 이송한 경우에 있어서 법률상 기간의 준수 여부는 소송이 이송된 때가 아니라 이송한 법원에 소가 제기된 때를 기준으로 하여야 한다(대판 (전) 1984.2.28. 83다카1981).

(2) 소송행위의 효력 유지

> **제37조 [이송결정이 확정된 뒤의 긴급처분]**
> 법원은 소송의 이송결정이 확정된 뒤라도 급박한 사정이 있는 때에는 직권으로 또는 당사자의 신청에 따라 필요한 처분을 할 수 있다. 다만, 기록을 보낸 뒤에는 그러하지 아니하다.

3. 소송기록의 송부

이송결정이 확정되면 그 결정의 정본을 소송기록에 붙여 이송받은 법원의 법원사무관등에게 보내야 한다(제40조 제2항).

정답 | **1** ○ **2** ○

구분	의의	능력자
당사자확정	현실적으로 소송계속 중인 사건에서 원고가 누구이며 피고가 누구인가를 명확히 하는 것	성명모용소송 사자상대소송
당사자능력	소송의 주체가 될 수 있는 일반적 능력 (민법상 권리능력)	당사자능력자 -자연인, 법인, 법인 아닌 사단·재단 -조합은 ×
당사자적격	특정의 소송사건에서 정당한 당사자로서 소송을 수행하고 본안판결 받기에 적합한 자격 (민법상 관리처분권)	당사자적격자　　일반적인 경우 이행의 소　　　확인의 소 형성의 소 *제3자는 원칙적으로 無 법정소송담당 ○ 임의적 소송담당-규정에 있으면 ○ 합리적 필요 ○
소송능력	당사자로서 유효하게 소송행위를 하거나 소송행위를 받기 위해 갖추어야 할 능력 (민법상 행위능력)	소송능력자 *소송무능력자 미성년자 피성년후견인 피한정후견인
변론능력	법원에 출석해 법원에 대한 관계에서 유효하게 소송행위를 하기 위해 요구되는 능력	변론능력자 *변론무능력자 (제대로 말 못하는 사람이 진술금지 재판 받은 때)
대리권	당사자의 이름으로 소송행위를 하거나 소송행위를 받는 제3자 (민법상 대리권)	대리인 -법정대리인 -임의대리인 *무권대리인

학습 POINT

개념을 정확히 아는 것이 중요
(이해 필요)

학습 POINT

1. 사망시점을 기준으로 효과가 달라짐을 주의
2. 사망자 상대 소송의 보정은 당사자표시정정(판례)
3. 제소 전 사망을 간과한 경우 판결은 당연무효
4. 소송 중 사망의 경우는 중단의 문제
5. 대리인이 있는 경우 중단의 예외 판례정리 중요
6. 소송절차 정지 부분과 연결하여 정리 필요

제1절 당사자확정

제1관 ㅣ 당사자의 사망이 소송에 미치는 영향

Ⅰ 문제점

당사자의 사망은 소송승계의 문제와 소송절차의 중단·수계의 문제를 발생시키는바, 당사자가 언제 사망하였는지에 따라 소송상 효과가 달라지기에 소송절차의 각 단계에서 당사자의 사망이 소송에 미치는 영향에 대해서 검토한다.

Ⅱ 제소 전에 사망한 경우

1. 문제점

소송의 피고인 자가 제소 전에 이미 사자임에도 불구하고 그를 피고로 표시하여 제소한 경우에는 사자와 상속인 중에 누가 당사자인가를 확정하여야 한다.

2. 당사자확정의 기준

(1) 학설

① 의사설은 원고나 법원이 당사자로 삼으려는 사람이 당사자가 된다는 견해이다.

② 행위설은 소송상 당사자로 취급되거나 또는 당사자로 행동하는 사람이 당사자라고 하는 견해이다.

③ 표시설은 소장에 나타난 당사자의 표시를 비롯하여 청구원인 기타의 기재 등 전취지를 기준으로 하여 객관적으로 당사자를 확정하여야 한다는 견해이다.

(2) 판례의 태도

판례는 당사자는 소장에 기재된 표시 및 청구의 내용과 원인사실을 합리적으로 해석하여 확정하여야 하는 것(대판 1996.3.22. 94다61243)이라고 판시하여 표시설의 입장이나, 이미 사망한 자를 사망한 것을 모르고 피고로 하여 제소하였을 경우 사실상의 피고는 사망자의 상속인이고, 다만 그 표시를 그릇한 것에 불과하다고 해석함이 타당하다고 판시하였다(대판 1969.12.9. 69다1230).

(3) 검토

의사설은 객관적인 표준이 없고 행위설의 경우 어떤 행동을 당사자다운 행동을 하였다고 볼 것인가의 기준이 불명확하다. 따라서 객관적으로 명확한 기준을 제시해 준다는 점에서 표시설이 타당하다.

3. 법원의 조치

(1) 사망사실을 모르고 사망자를 피고로 표시하여 소제기한 경우

① 보정방법

판례는 사망사실을 모르고 사망자를 피고로 표시하여 소를 제기한 경우에, 실질적인 피고는 처음부터 사망자의 상속인이고, 다만 그 표시에 잘못이 있는 것에 지나지 않는다고 인정된다면 사망자의 상속인으로 피고의 표시를 정정할 수 있다고 판시하였다(대판 1969.12.9., 69다1230).

② 상속포기의 경우

원고가 사망사실을 모르고 사망자를 피고로 표시하여 소를 제기한 경우, 실질적인 피고로 해석되는 사망자의 상속인은 실제로 상속을 하는 사람을 가리키고, 상속을 포기한 자는 상속 개시시부터 상속인이 아니었던 것과 같은 지위에 놓이게 되므로 제1순위 상속인이라도 상속을 포기한 경우에는 이에 해당하지 아니하며, 후순위 상속인이라도 선순위 상속인의 상속포기 등으로 실제로 상속인이 되는 경우에는 이에 해당한다(대판 2006.7.4. : 따라서 2005마425 상속을 포기한 1순위 상속인으로의 당사자표시정정은 불가하다).

(2) 당사자의 사망 사실을 알고 사망자를 피고로 표시하여 소제기한 경우

판례는 상속인을 찾을 수 없는 상황에서 시효중단을 목적으로 소를 제기한 사안에서 "분쟁을 실질적으로 해결하려는 원고의 소제기 목적, 소제기 후 바로 사실조회신청을 하여 상속인을 확인한 다음 피고표시정정신청서를 제출한 사정 등에 비추어 보면, 이 사건의 실질적인 피고는 당사자능력이 없어 소송당사자가 될 수 없는 사망인 소외인이 아니라 처음부터 사망자의 상속인인 피고이고, 다만 소장의 표시에 잘못이 있었던 것에 불과하므로, 원고는 소외인의 상속인으로 피고의 표시를 정정할 수 있고, 따라서 당초 소장을 제출한 때에 소멸시효중단의 효력이 생긴다고 할 것이다"(대판 2011.3.10.)고 판시하여 일정한 경우 피고의 사 2010다99040 망사실을 안 경우에도 피고의 상속인으로 표시정정을 할 수 있다고 하였다.

(3) 상속인이 피상속과 자신을 공동원고로 하여 소를 제기한 경우

소제기 당시 이미 사망한 당사자와 상속인을 공동원고로 표시된 손해배상청구의 소가 제기된 경우, 이미 사망한 당사자 명의로 제기된 소 부분은 부적법하여 각하되어야 하므로, 상속인이 소의 제기로써 자기 고유의 손해배상청구권뿐 아니라 이미 사망한 당사자의 손해배상청구권에 대한 자신의 상속분에 대해서까지 함께 권리를 행사한 것으로 볼 수는 없다(대판 2015.8.13., 2015다209002).

(4) 사망한 자를 채무자로 한 처분금지가처분결정의 효력(무효)

이미 사망한 자를 채무자로 한 처분금지가처분신청은 부적법하고 그 신청에 따른 처분금지가처분결정이 있었다고 하여도 그 결정은 당연무효로서 그 효력이 상속인에게 미치지 않는다고 할 것이므로, 채무자의 상속인은 일반승계인으로서 무효인 그 가처분결정에 의하여 생긴 외관을 제거하기 위한 방편으로 가처분결정에 대한 이의신청으로써 그 취소를 구할 수 있다(대판 2002.4.26.). 2000다30578

4. 간과하고 본안판결을 한 경우의 효력

(1) 당연무효

① 사자가 당사자로 확정되므로 법원이 피고가 사자임을 간과하여 본안판결을 하였을 때 그

21법원직

1 甲의 乙에 대한 채무를 대위변제한 丙이 甲의 사망사실을 알면서도 그를 피고로 기재하여 소를 제기한 경우, 丙은 甲의 상속인으로 피고의 표시를 정정할 수 없다. ( )

20법원직

2 소제기 당시 이미 사망한 당사자와 상속인이 공동원고로 표시된 손해배상청구의 소가 제기된 경우, 이미 사망한 당사자 명의로 제기된 소 부분은 부적법하여 각하되어야 할 것일 뿐이고, 소의 제기로써 상속인이 자기 고유의 손해배상청구권뿐만 아니라 이미 사망한 당사자의 손해배상청구권에 대한 자신의 상속분에 대해서까지 함께 권리를 행사한 것으로 볼 수는 없다. ( )

21법원직

3 이미 사망한 자를 채무자로 한 처분금지가처분신청은 부적법하고 그 신청에 따른 처분금지가처분결정이 있었다고 하여도 그 결정은 당연무효로서 그 효력이 상속인에게 미치지 않는다고 할 것이므로, 채무자의 상속인은 일반승계인으로서 무효인 그 가처분결정에 의하여 생긴 외관을 제거하기 위한 방편으로 가처분결정에 대한 이의신청으로써 그 취소를 구할 수 없다. ( )

정답 | 1 × **2** ○ **3** ×

1 제소 당시에 이미 사망한 당사자를 상대로 소를 제기하여 사망한 사실을 간과하고 판결이 선고된 경우 그 판결은 당연무효이다. ( )

18주사보

20법원직

2 사망자를 채무자로 하여 지급명령을 신청하거나 지급명령 신청 후 정본이 송달되기 전에 채무자가 사망한 경우에는 지급명령은 효력이 없지만, 지급명령이 상속인에게 송달되어 형식적으로 확정되면 사망자를 상대로 한 지급명령이 상속인에 대하여 유효하게 된다. ( )

판결의 효력은 사자에게 미치지만 그 판결이 확정되어도 그 판결은 2당사자대립구조의 흠결을 간과한 판결로서 당연무효라는 것이 판례의 입장이다(대판 2002.8.23. 2001다69122).

② 이러한 법리는 사망자를 채무자로 한 지급명령에 대해서도 적용된다. 사망자를 채무자로 하여 지급명령을 신청하거나 지급명령 신청 후 정본이 송달되기 전에 채무자가 사망한 경우에는 지급명령은 효력이 없다. 설령 지급명령이 상속인에게 송달되는 등으로 형식적으로 확정된 것 같은 외형이 생겼다고 하더라도 사망자를 상대로 한 지급명령이 상속인에 대하여 유효하게 된다고 할 수는 없다(대판 2017.5.17. 2016다274188).

(2) 제소 전 사망자임을 간과한 판결에 대한 불복방법

① 확정 전에 상소를 제기할 수 있는지 여부에 대해서 판례는 당사자가 소제기 이전에 이미 사망하여 주민등록이 말소된 사실을 간과한 채 본안판단에 나아간 원심판결은 당연무효라 할 것이나, 민사소송이 당사자의 대립을 그 본질적 형태로 하는 것임에 비추어 사망한 자를 상대로 한 상고는 허용될 수 없다 할 것이므로, 이미 사망한 자를 상대방으로 하여 제기한 상고는 부적법하다고 판시하였다(대판 2000.10.27. 2000다33775).

② 당연무효의 판결이므로 형식적으로 확정된 경우라도 기판력이 발생할 여지가 없고 따라서 재심적격이 없어 재심으로 다툴 수 있는 여지는 없다.

Ⅲ 소제기 후 소장부본 송달 전 사망한 경우

사망자를 피고로 하는 소제기는 원고와 피고의 대립당사자구조를 요구하는 민사소송법상의 기본원칙이 무시된 부적법한 것으로서 실질적 소송관계가 이루어질 수 없으므로, 그와 같은 상태에서 제1심판결이 선고되었다 할지라도 판결은 당연무효이며, 판결에 대한 사망자인 피고의 상속인들에 의한 항소나 소송수계신청은 부적법하다. 이러한 법리는 소제기 후 소장부본이 송달되기 전에 피고가 사망한 경우에도 마찬가지로 적용된다(대판 2015.1.29. 2014다34041).

Ⅳ 소송계속 후 변론종결 전에 사망한 경우

1. 문제점

소제기 전에 당사자 일방이 이미 사망한 경우에는 당사자확정의 문제이지만 소송계속 후 당사자가 사망한 경우에는 소송중단, 상속인에게로의 수계가 문제될 뿐 당사자확정의 문제가 아니다. 다만 이 경우 당사자의 지위가 당연승계 되는지가 문제된다.

2. 당사자지위의 당연승계

판례는 일응 대립당사자구조를 갖추고 적법히 소가 제기되었다가 소송 도중 어느 일방의 당사자가 사망함으로 인해서 그 당사자로서의 자격을 상실하게 된 때에는 그 대립당사자구조가 없어져 버린 것이 아니고, 그때부터 그 소송은 그의 지위를 당연히 이어받게 되는 상속인들과의 관계에서 대립당사자구조를 형성하여 존재하게 되는 것이다(대판 (전) 1995.5.23. 94다28444)라고 판시하였다.

정답 | 1 ○ 2 ✕

3. 소송절차의 중단

(1) 요건

당사자의 사망으로 소송절차가 중단되기 위해서는 ① 소송계속 후 변론종결 전에 당사자의 사망일 것, ② 소송물인 권리의무가 일신전속적이지 않고 상속의 대상이 될 것, ③ 사망한 당사자 측에 소송대리인이 선임되어 있지 않아야 한다.

(2) 범위

통상공동소송에서는 일부 당사자에게만 중단사유가 생긴 경우 그 당사자의 절차만 중단되는데 반하여, 필수적 공동소송의 경우에는 모든 당사자의 절차가 중단된다(제67조 제3항).

(3) 효과

소송절차의 중단 중에는 변론종결된 판결의 선고를 제외하고, 소송절차상의 일체의 소송행위를 할 수 없으며, 기간의 진행이 정지된다(제247조).

4. 소송절차의 중단을 간과한 판결의 효력

대법원은 소송계속 중 일방당사자의 사망에 의한 소송절차 중단을 간과하고 변론이 종결되어 판결이 선고된 경우에는 그 판결은 소송에 관여할 수 있는 적법한 수계인의 권한을 배제한 결과가 되는 절차상 위법은 있지만 그 판결이 당연무효라 할 수는 없고, 다만 그 판결은 대리인에 의하여 적법하게 대리되지 않았던 경우와 마찬가지로 보아 대리권흠결을 이유로 상소(제424조 제1항 제4호) 또는 재심(제451조 제1항 제3호)에 의하여 그 취소를 구할 수 있을 뿐이라는 입장이다(대판 (전) 1995.5.23. 94다28444). 따라서 사망자의 승계인에 관한 승계집행문의 부여도 가능하다(대결 1998.5.30. 98그7).

5. 수계신청

(1) 수계신청권자

중단사유가 있는 당사자 측의 신수행자뿐만 아니라 상대방 당사자도 할 수 있다(제241조). 따라서 신수행자에 의해 임의로 수계되거나 상대방의 신청에 의해 강제수계가 되게 된다.

(2) 수계신청법원

① 문제점

중단 당시 소송이 계속된 법원에 하여야 하나(제243조 제2항), 종국판결이 송달된 뒤에 수계신청하는 경우에 원심법원에 수계신청을 해야 하는지, 상소심법원에 해야 하는지 문제가 있다.

② 판례

수계신청을 하여야 할 법원에 관해서 종국판결이 선고된 경우에는 원심법원 또는 상소심법원에 선택적으로 할 수 있다고 판시하였다(대판 1963.5.30. 63다123).

6. 중단의 예외

(1) 소송대리인이 있는 경우

당사자 측에 소송대리인이 있는 경우, 소송절차는 중단되지 않는다(제238조). 이 경우 소

소송의 주체와 객체(소송물) 제2편 2023 해커스소방법직 신정운 S 민사소송법

14·15법원직

1 소송계속 중 어느 일방 당사자의 사망에 의한 소송절차 중단을 간과하고 변론이 종결되어 판결이 선고된 경우에는 그 판결은 소송에 관여할 수 있는 적법한 수계인의 권한을 배제한 결과가 되는 절차상 위법은 있지만 그 판결이 당연무효라 할 수는 없고, 다만 그 판결은 대리인에 의하여 적법하게 대리되지 않았던 경우와 마찬가지로 보아 대리권흠결을 이유로 상소 또는 재심에 의하여 그 취소를 구할 수 있을 뿐이다. (   )

19법원직

2 A가 소송 중 사망하였으나 A에게 소송대리인이 없는 경우에는 소송절차가 중단되는데, 소송절차 중단을 간과하고 변론이 종결되어 판결이 선고된 경우에 그 판결은 절차상 위법하므로, 사망한 A가 당사자로 표시된 판결에 기하여 A의 승계인을 위한 또는 A의 승계인에 대한 강제집행을 실시하기 위하여 승계집행문을 부여할 수 없다. (   )

14법원직

3 소송 중 乙이 사망한 경우 원고 甲도 乙의 상속인 丙, 丁, 戊를 위하여 중단된 소송절차의 수계신청을 할 수 있다. (   )

정답 | 1 ○ 2 × 3 ○

21법원직

1 신탁으로 인한 수탁자의 위탁임무가 끝난 때에 소송절차는 중단되고, 이 경우 새로운 수탁자가 소송절차를 수계하여야 하지만, 소송대리인이 있는 경우에는 소송절차가 중단되지 아니하고, 그 소송대리권도 소멸하지 아니한다. ( )

15·21법원직

2 법인의 대표자가 법원의 결정에 의하여 그 직무집행이 정지된 경우에도 소송대리인이 있는 경우에는 소송절차는 중단되지 아니하지만 종국판결이 소송대리인에게 송달됨으로써 그 소송절차는 중단된다. ( )

19법원직

3 사망한 A의 소송대리인이 상소제기에 관한 특별수권을 부여받은 경우, 그 소송대리인에게 판결정본이 송달되더라도 소송절차는 중단되지 않아 항소기간이 진행되고, 그 소송대리인이 항소를 제기하였다면 항소심은 중단 없이 진행된다. ( )

송대리인은 수계절차를 밟지 아니하여도 신당사자의 소송대리인이 되며 판결의 효력은 신당사자에게 미친다.

(2) 심급대리원칙과의 관계

① 예컨대, 당사자가 사망한 경우에는 소송대리인은 상속인들 전원을 위하여 소송을 수행하게 되며 그 판결은 상속인들 전원에 대하여 효력이 있다. 그 소송대리인의 권한에 관하여는 심급대리의 원칙이 적용되기 때문에 그 심급의 <u>판결정본이 그 소송대리인에게 송달됨과 동시에 소송절차 중단의 효과가 발생하게 된다</u>(대판 1996.2.9. 94다61649).

② 이 경우 상소는 소송수계절차를 밟은 다음에 제기하는 것이 원칙이나, 소송대리인에게 상소제기에 관한 특별수권이 있어 상소를 제기하였다면, 그 상소제기시부터 소송절차가 중단되므로, 이때에는 상소심에서 적법한 소송수계절차를 거쳐야 소송중단이 해소된다(대판 2016.9.8. 2015다39357).

Ⅴ 변론종결 후에 사망한 경우

1. 변론종결 후의 승계인

변론종결 후에 당사자가 죽은 때에 사망자 명의로 된 판결이라도 변론종결한 뒤의 승계인으로 상속인에게 기판력이 미친다(제218조).

2. 상속인에 대한 강제집행

승소한 원고는 상속인에게 집행하려고 하여도 집행권원에는 상속인이 표시되어 있지 아니하므로 상속인에 대한 승계집행문을 부여받아야 강제집행을 할 수 있다.

학습 POINT

1. 피고경정과의 차이점 반드시 정리할 것
2. 동일성 인정, 부정한 판례 정리 필요

제2관 | 당사자표시정정

Ⅰ 서설

1. 의의

당사자표시정정이란 소제기 당시에 확정된 당사자표시에 의문이 있거나 당사자가 정확히 표시되지 않은 경우에 그 표시를 정확히 정정하는 것을 말한다.

2. 구별개념

(1) 피고경정 의의

피고를 잘못 지정하였다는 이유로 당사자의 동일성이 없는 자로 당사자를 바꾸는 것은 피고의 경정(제260조)으로 당사자변경에 해당한다.

14법원직

4 민사소송법은 당사자의 표시정정과 관련한 명문의 규정을 두고 있지 않고, 당사자의 경정에 관해서는 피고의 경정에 대하여만 명문의 규정을 두고 있다. ( )

정답 | 1 ○ 2 ○ 3 × 4 ○

(2) 당사자표시정정과 피고경정의 차이

구분	당사자표시정정	피고의 경정
동일성 유무	동일성 ○	동일성 ×
시기	상급심에서 허용	제1심변론종결시까지 허용(제260조)
시효중단·기간준수	당초의 소제기시의 효과가 유지	경정신청서의 제출시에 시효중단·기간준수 효과 발생(제265조)

> **판례 ┃** 항소심이 임의적 당사자변경에 관한 판단을 그르쳐 소송당사자 아닌 자를 소송당사자로 한 판결을 선고한 경우, 진정한 소송당사자에 대한 관계에서 상고대상이 되는지 여부(소극)
>
> 제1심에서의 당사자표시변경이 당사자 표시정정에 해당하는 것으로서, 제1심이 소송당사자를 제대로 확정하여 판결하였음에도 불구하고, 항소심이 제1심에서의 당사자표시변경이 임의적 당사자변경에 해당하여 허용될 수 없는 것이라고 잘못 판단하여 소송당사자 아닌 자를 소송당사자로 취급하여 변론을 진행시키고 판결을 선고한 경우, 진정한 소송당사자에 대하여는 항소심판결이 아직 선고되지 않았다고 할 것이고, 진정한 소송당사자와 사이의 사건은 아직 항소심에서 변론도 진행되지 않은 채 계속 중이라고 할 것이므로 진정한 소송당사자는 상고를 제기할 것이 아니라 항소심에 그 사건에 대한 변론기일지정신청을 하여 소송을 다시 진행함이 상당하며, 항소심이 선고한 판결은 진정한 소송당사자에 대한 관계에 있어서는 적법한 상고 대상이 되지 아니한다(대판 1996.12.20. 95다26773).

Ⅱ 당사자표시정정이 허용되는 경우

1. 명백히 잘못 표시된 당사자를 정정하는 것

소장에 가족관계등록부, 주민등록표, 법인등기부·부동산등기기록 등 공부상의 기재에 비추어 당사자의 이름을 잘못 기재하거나 누락한 것이 명백한 경우에는 당사자표시정정이 허용된다.*

2. 당사자능력 또는 당사자적격이 없는 자를 당사자로 잘못 표기한 것이 명백한 경우

① 당사자능력이 없는 자를 당사자로 잘못 표시한 경우에 표시정정이 허용된다.**
판례는 피고의 사망사실을 몰랐던 원고가 사망자를 피고로 삼아 소를 제기한 경우에는 소제기 후에 사망자의 상속인으로의 당사자표시정정을 허용한다(대결 2006.7.4. 2005마425).

② 한편 최근 판례는 피고의 사망사실을 알고 있었지만 피고의 상속인이 누구인지 알 수 없어 우선 피상속인을 상대로 소를 제기한 경우에, '당사자가 누구인지는 소장에 기재된 표시 및 청구의 내용과 원인 사실 등 소장의 전취지를 합리적으로 해석하면' 처음부터 실질적인 피고는 사망자의 상속인이므로 소송계속 중 상속인을 확인한 다음 이들을 피고로 하는 표시정정신청을 할 수 있다고 한다(대판 2011.3.10. 2010다99040).

③ 죽은 사람의 이름으로 항고를 제기하였더라도 실제 항고를 제기한 행위자가 그의 상속인이었다면 항고인의 표시를 잘못한 것으로 보고 이를 정정하게 하여야 한다(대결 1971.4.22. 71마279).

15법원직
1 제1심에서의 당사자 표시 변경이 당사자표시정정에 해당하는 것으로서, 제1심이 소송당사자를 제대로 확정하여 판결하였음에도 불구하고, 항소심이 제1심에서의 당사자 표시 변경이 임의적 당사자의 변경에 해당하여 허용될 수 없는 것이라고 잘못 판단하여 소송당사자 아닌 자를 소송당사자로 취급하여 변론을 진행시키고 판결을 선고한 경우, 진정한 소송당사자는 상고를 제기하여 이를 다툴 수 있다. ( )

* 예: 원고의 이름 박종선(朴鍾宣)을 박종의(朴鍾宜)로 잘못기재한 경우

** 예: 점포주인 대신 점포 자체, 학교법인 대신에 학교를 당사자로 표시한 경우에도 올바른 당사자능력자(점포주인, 학교법인)로의 표시정정은 허용된다.

21법원직
2 죽은 사람의 이름으로 항고를 제기하였더라도 실제로 항고를 제기한 행위가 그의 상속인이었다면 항고장에 항고인의 표시를 잘못한 것으로 보고 이를 정정하게 하여야 한다. ( )

정답 ┃ 1 × **2** ○

13법원직

1 피고표시정정의 대상이 되는 것을 피고의 표시정정절차에 의하지 않고 피고경정의 방법을 취하였다 해도 피고표시정정으로서의 법적 성질 및 효과는 잃지 아니한다.
( )

15사무관 21법원직

2 사망자를 피고로 하여 제소한 제1심에서 원고가 상속인으로 당사자표시정정을 함에 있어서 일부상속인을 누락시킨 탓으로 그 누락된 상속인이 피고로 되지 않은 채 제1심판결이 선고된 경우에 원고는 항소심에서 그 누락된 상속인을 다시 피고로 추가할 수 있다. ( )

20사무관

3 소제기 후 소장부본이 송달되기 전에 피고가 사망한 경우 제1심판결이 선고된 이후 항소심에서 피고의 상속인들이 한 당사자표시정정신청은 허용된다. ( )

20사무관

4 甲을 공동선조로 하는 종중을 甲의 후손인 乙을 공동선조로 하는 종중으로 변경하여 주장하는 것은 허용되지 않는다. ( )

14법원직

5 A 회사의 대표이사 B가 A 회사 명의로 제기하였어야 할 소송을 본인의 이름으로 제기한 경우, B가 그 소송에서 원고를 A 회사로 당사자표시정정신청을 하더라도 이는 허용될 수 없다. ( )

정답 | 1 ○ 2 × 3 × 4 ○ 5 ○

④ 채권자가 채무자의 사망 이후 그 1순위 상속인의 상속포기사실을 알지 못하고 1순위 상속인을 상대로 소를 제기한 경우에도 표시정정이 허용된다. 이 경우에 피고의 표시정정절차에 의하지 않고 피고의 경정의 방법(제260조)을 취하였다 하여도 피고표시정정의 법적 성질 및 효과는 잃지 아니한다. 그러므로 당초 소제기 때에 생긴 시효중단의 효과는 유지된다(대판 2009.10.15, 2009다49964).

3. 당사자적격이 없는 사람을 당사자로 잘못 표시한 경우

판례는 원고가 당사자를 정확히 표시하지 못하고 당사자능력이나 당사자적격이 없는 자를 당사자로 잘못 표시하였다면 법원은 당사자를 소장의 표시만에 의할 것이 아니고 청구의 내용과 원인사실을 종합하여 확정한 후 확정된 당사자가 소장의 표시와 다르거나 소장의 표시만으로 분명하지 아니한 때에는 당사자의 표시를 정정보충시키는 조치를 취하여야 하고 이러한 조치를 취함이 없이 단지 원고에게 막연히 보정명령만을 명한 후 소를 각하하는 것은 위법하다고 한다(대판 2013.8.22, 2012다68279).

Ⅲ 당사자의 동일성이 인정되지 않는 예

1. 새로운 당사자 추가

① 사망자를 피고로 소를 제기하였다가 상속인으로 당사자표시정정을 하면서 일부 누락된 상속인을 항소심에서 다시 피고로 정정할 수 없다(대판 1974.7.16, 73다1190).

② 상고하지 아니하였던 다른 당사자를 상고인으로 추가하는 것은 허용되지 않는다(대판 1991.6.14, 91다8333).

③ 사망한 자를 대상으로 소를 제기하여 제1심판결이 선고된 이후 항소심에서 상속인은 당사자표시정정이나 소송수계신청을 할 수 없다. 사망자를 피고로 하는 소제기는 대립당사자 구조를 요구하는 민사소송법상의 기본원칙이 무시된 부적법한 것으로서 실질적 소송관계가 이루어질 수 없으므로 그와 같은 상태에서 제1심판결이 선고되었다 할지라도 판결은 당연무효이며, 판결에 대한 사망인 피고의 상속인들에 의한 항소나 소송수계신청은 부적법하다. 이러한 법리는 소제기 후 소장부본이 송달되기 전에 피고가 사망한 경우에도 마찬가지다(대판 2015.1.29, 2014다34041).

2. 동일성이 전혀 없는 변경

① 원고 "甲"을 원고 "乙"(乙은 甲의 아버지임)로 하는 당사자표시정정신청은 허용되지 않는다(대판 1970.3.10, 69다2161).

② 甲을 공동선조로 하는 종중을 甲의 후손인 乙을 공동선조로 하는 종중으로 변경하여 주장하는 것은 허용되지 않는다(대판 2002.8.23, 2001다58870).

3. 법인이나 법인이 아닌 사단 또는 재단과 그 대표자 개인 간 변경

① 원고 주식회사 ○○ 대표이사 甲을 甲으로 하는 정정신청은 당사자인 원고를 변경하는 것으로 허용될 수 없다(대판 1986.9.23, 85누953). 다만 원고가 피고적격자를 혼동한 것이 명백한 경우에는 피고의 경정이 기능하므로 원고에게 피고 경정신청을 하도록 권고할 수 있다(제260조).

② 회사의 대표이사가 개인 명의로 소를 제기한 후 회사를 당사자로 추가하고 그 개인 명의의 소를 취하함으로써 당사자의 변경을 가져오는 당사자추가신청은 부적법하다(대판 1998.1.23. 96다41496).

③ 정보공개거부처분을 받은 개인이 원고로 취소소송을 제기하였다가 항소심에서 원고 표시를 개인에서 시민단체로 정정하면서 그 대표자로 자신의 이름을 기재한 당자자표시정정신청은 허용될 수 없다(대판 2003.3.11. 2002두8459).

Ⅳ 당사자표시정정이 허용되는 심급

1. 항소심

항소심이 제1심의 속심이고 사실심이라는 점, 당사자의 동일성을 해하지 않는다는 점에서 항소심에서의 당사자표시정정은 상대방의 동의 없이 허용된다(대판 1978.8.22. 78다1205).

2. 상고심

대법원은 법률심인 상고심에 이르러서는 당사자표시정정의 방법으로 흠결을 보정할 수 없다는 입장이다. 즉, 판례는 필수적 공동소송인 공유물분할청구의 소에서 공동소송인 중 1인이 소제기전 사망한 사건에서, 민사소송에서 소송당사자의 존재나 당사자능력은 소송요건에 해당하고, 이미 사망한 자를 상대로 한 소의 제기는 소송요건을 갖추지 않은 것으로서 부적법하며, 상고심에 이르러서는 당사자표시정정의 방법으로 그 흠결을 보정할 수 없다(대판 2012.6.14. 2010다105310)고 하여 제소전 사망을 간과한 원심의 본안판결에 대하여 상고심은 원심판결을 파기하고 전체 소를 각하하여야 한다고 한다.

Ⅴ 당사자표시정정 없이 한 판결의 효력

1. 단순한 오표시의 경우

소장의 당사자표시가 착오로 잘못 기재되었음에도 소송계속 중 당사자표시정정이 이루어지지 않아 잘못 기재된 당사자를 표시한 본안판결이 선고·확정된 경우라 하더라도 그 확정판결을 당연무효라고 볼 수 없을뿐더러, 그 확정판결의 효력은 잘못 기재된 당사자와 동일성이 인정되는 범위 내에서 위와 같이 적법하게 확정된 당사자에 대하여 미친다고 보아야 한다(대판 2011.1.27. 2008다27615).

2. 사망자를 피고로 하는 소제기의 경우

다만, 판례는 사망자를 피고로 하는 소제기 상태에서 선고된 제1심판결은 당연히 무효이고, 사망자의 상속인들이 제기한 추후보완상소는 부적법하며 원고의 상속인들에 대한 당사자표시정정신청도 허용되지 않는다고 한다(대판 2015.1.29. 2014다34041).

15법원직

1 항소심에서 당사자표시정정이 있었다 하여도 당사자의 심급의 이익을 박탈하는 것이 아니므로 상대방의 동의가 필요하지 아니하다.

( )

I 의의 및 문제점

무단히 타인 명의로 소를 제기하여 소송을 수행하거나(원고 측 모용), 타인에 대한 소송에서 무단히 그 타인 명의를 참칭하여 응소하는 경우(피고 측 모용)를 말한다. 표시된 사람(피모용자)과 소송을 수행하는 사람(모용자)이 다른 경우이므로 당사자확정, 법원의 조치, 간과판결의 효력이 미치는 자에 대한 구제책이 문제된다.

II 당사자확정

예를 들어 甲이 丙을 피고로 하여 불법행위에 기한 손해배상청구의 소를 제기하였는데 乙이 丙 대신 기일에 출석하여 마치 丙인 것처럼 변론을 하였을 때(피고 측 모용) 표시된 피모용자(丙)가 당사자이다(대판 1964.11.17. 64다328).

III 성명모용소송 중 발견시 법원의 조치

표시설에 따를 때, 원고 측 모용이 판명된 경우 무권대리에 준하여 피모용자가 소를 추인하지 않는 한 판결로써 소를 각하하여야 하고 소송비용은 모용자가 부담한다(제108조). 위 사안과 같이 피고 측 모용이 판명된 경우는 모용자 乙의 소송행위는 무권대리인의 행위처럼 무효가 되므로 법원은 모용자 乙의 소송관여를 배척하고 진정한 피고 丙에게 기일통지를 하여야 한다.

IV 성명모용사실을 간과한 판결의 효력이 미치는 자 및 구제책

피고 아닌 제3자가 피고를 참칭하여 소송을 진행하여 판결이 선고되었다면 이는 피고 아닌 자가 피고를 참칭하여 소송행위를 하였거나 소송대리권 없는 자가 피고의 소송대리인으로서 소송행위를 하였거나 그간에 아무런 차이가 없는 것이며 피모용자는 상소 또는 재심의 소를 제기하여 그 판결의 취소를 구할 수 있다(대판 1964.11.17. 64다328).

15법원직
1 민사소송에 있어서 제3자가 원고의 소에 의하여 특정된 피고를 참칭한 경우에 법원이 피고 아닌 자가 피고를 모용하여 소송을 진행한 사실을 알지 못하고 판결을 선고하였다고 하면 피모용자는 상소 또는 재심의 소를 제기하여 그 판결의 취소를 구할 수 있다. ( )

정답 | 1 ○

제2절 당사자능력

제52조 [법인이 아닌 사단 등의 당사자능력]
법인이 아닌 사단이나 재단은 대표자 또는 관리인이 있는 경우에는 그 사단이나 재단의 이름으로 당사자가 될 수 있다.

Ⅰ 의의

당사자능력이란 소송의 주체가 될 수 있는 일반적인 능력을 말한다. 소의 적법요건으로서 소송요건이자 소송행위의 유효요건에 해당하며 당사자능력이 있는지는 사실심의 변론종결 시를 기준으로 판단한다(대판 2010.3.25. 2009다95387).

Ⅱ 당사자능력자

1. 자연인

자연인은 민법상 생존하는 동안 권리와 의무를 지닐 수 있는 지위, 즉 권리능력을 가지므로 민사소송법상 당사자능력이 있다(제51조). 따라서 사망자와 도롱뇽과 같은 동물은 당사자능력이 인정되지 않는다(대결 2006.6.2. 2004마1148).

20법원직

1 자연물인 도롱뇽 또는 그를 포함한 자연 그 자체로서는 공사금지가처분 사건을 수행할 당사자능력을 인정할 수 없다.　　　(　　)

2. 법인

법인은 정관의 목적범위 내에서 권리능력이 있으므로 그 범위 내에서 소송법상 당사자능력을 가진다. 따라서 법인의 해산·파산의 경우, 정관의 목적을 벗어나지 않는 범위 내인 청산·파산의 목적범위 내에서 청산이 종결될 때까지는 당사자능력이 있다.

판례 | 학교가 민사소송에서 당사자능력이 인정되는지 여부(원칙적 소극)

1. 학교는 교육시설의 명칭으로서 일반적으로 법인도 아니고 대표자 있는 법인격 없는 사단 또는 재단도 아니기 때문에, 원칙적으로 민사소송에서 당사자능력이 인정되지 않는다. 이러한 법리는 비송사건에서도 마찬가지이다(대결 2019.3.25. 2016마5908).
2. 대학교 학장은 학교법인의 기관의 하나에 지나지 아니하여 민사소송상의 당사자적격이 인정되지 아니한다(대판 1987.4.4. 86다카2479).

20법원직

2 학교는 교육시설의 명칭에 불과하므로 원칙적으로 민사소송에서 당사자능력이 인정되지 않지만, 임시이사 선임신청과 같은 비송사건의 경우에는 민사소송과 달리 당사자능력이 인정된다.　　　(　　)

20법원직

3 대학교 학장은 학교법인의 기관의 하나에 지나지 아니하여 민사소송상의 당사자적격이 인정되지 아니한다.　　　(　　)

3. 법인 아닌 사단·재단

(1) 법인 아닌 사단으로서의 실체

① 판례는 제52조에 의한 당사자능력 인정의 요건을 일정한 목적을 가진 다수인의 결합체로서 그 결합체의 의사를 결정하고 업무를 집행할 기관들 및 대표자 또는 관리인에 관한 정함이 있는 법인 아닌 단체이어야 한다고 판시하고 있다(대판 1997.12.9. 97다18547).

14·20법원직

4 단체가 법인이 아닌 사단으로서 당사자능력을 갖으려면 반드시 대표자 또는 관리인이 있어야 한다.　　　(　　)

정답 | 1 ○ **2** × **3** ○ **4** ○

② 제52조는 소송편의를 위해 실체법상 법인격이 없는 비법인사단이나 비법인재단으로서 대표자 또는 관리인이 있으면 당사자능력을 인정하고 있다. 이처럼 비법인사단이나 비법인재단이 당사자인 경우 그 대표자·관리인은 법정대리인에 준하여 취급된다(제64조).

③ 적법한 대표자 자격이 없는 비법인 사단의 대표자가 한 소송행위는 후에 대표자 자격을 적법하게 취득한 대표자가 그 소송행위를 추인하면 행위시에 소급하여 효력을 갖게 되고, 이러한 추인은 상고심에서도 할 수 있다(대판 2010.6.10.
2010다5373).

판례 | 비법인사단이 원고로 된 경우, 법원은 직권으로 단체의 실체를 파악하여 당사자능력의 존부를 판단하여야 하는지 여부(적극)

> [1] 당사자는 소장에 기재된 표시 및 청구의 내용과 원인사실을 합리적으로 해석하여 확정하여야 하고, 확정된 당사자와의 동일성이 인정되는 범위 내에서라면 항소심에서도 당사자의 표시정정을 허용하여야 한다. 원고가 당사자를 정확히 표시하지 못하고 당사자능력이나 당사자적격이 없는 자를 당사자로 잘못 표시하였다면, 당사자 표시정정신청을 받은 법원으로서는 당사자를 확정한 연후에 원고가 정정신청한 당사자 표시가 확정된 당사자의 올바른 표시이며 동일성이 인정되는지의 여부를 살피고, 그 확정된 당사자로 표시를 정정하도록 하는 조치를 취하여야 한다.
>
> [2] 민사소송법 제52조가 비법인사단의 당사자능력을 인정하는 것은 법인이 아니라도 사단으로서의 실체를 갖추고 그 대표자 또는 관리인을 통하여 사회적 활동이나 거래를 하는 경우에는, 그로 인하여 발생하는 분쟁은 그 단체가 자기 이름으로 당사자가 되어 소송을 통하여 해결하도록 하기 위한 것이다. 그러므로 여기서 말하는 사단이라 함은 일정한 목적을 위하여 조직된 다수인의 결합체로서 대외적으로 사단을 대표할 기관에 관한 정함이 있는 단체를 말하고, 어떤 단체가 비법인사단으로서 당사자능력을 가지는가 하는 것은 소송요건에 관한 것으로서 사실심의 변론종결일을 기준으로 판단하여야 한다. 원래 당사자능력의 문제는 법원의 직권조사사항에 속하는 것이므로 그 당사자능력 판단의 전제가 되는 사실에 관하여는 법원이 당사자의 주장에 구속될 필요 없이 직권으로 조사하여야 하고, 따라서 비법인사단이 원고로 된 경우, 그 성립의 기초가 되는 사실에 관하여 당사자가 다양한 주장을 하는 경우, 구체적인 주장사실에 구속될 필요 없이 직권으로 단체의 실체를 파악하여 당사자능력의 존부를 판단하여야 한다(대판 2021.6.24.
2019다278433).

(2) 구성원 전원의 소송수행

① 공동소송의 형태

민법 제276조 제1항에 따라 총유물의 관리처분권(=소송수행권, 당사자적격)은 비법인사단의 구성원 전원에 귀속(사원총회 결의)되므로 공동소송의 형태는 실체법상 소송공동이 강제되는 고유필수적 공동소송에 해당한다.

② 총회결의의 필요성

비법인사단이 총유재산에 관한 소송을 제기할 때에는 정관에 다른 정함이 있다는 등의 특별한 사정이 없는 한 사원총회 결의를 거쳐야 하므로 비법인사단이 이러한 사원총회 결의 없이 그 명의로 제기한 소송은 소송요건이 흠결된 것으로서 부적법하다(대판 2013.4.25.
2012다118594).

③ 보존행위의 경우

총유의 경우에는 공유나 합유의 경우처럼 보존행위는 구성원 각자가 할 수 있다(민법 제265조 단서, 민법 제272조)는 규정이 없으므로 보존행위를 함에도 민법 제276조 제1항

16·17·19·21법원직

1 적법한 대표자 자격이 없는 비법인 사단의 대표자가 한 소송행위는 후에 대표자 자격을 적법하게 취득한 대표자가 소송행위를 추인하면 행위시에 소급하여 효력을 가지게 되나 이러한 추인은 상고심에서는 할 수 없다. ( )

17법원직

2 비법인사단이 총유재산에 관한 소송을 제기할 때에는 정관에 다른 정함이 있다는 등의 특별한 사정이 없는 한 사원총회 결의를 거쳐야 하므로 비법인사단이 이러한 사원총회 결의 없이 그 명의로 제기한 소송은 소송요건이 흠결된 것으로서 부적법하다. ( )

정답 | 1 × **2** ○

에 따른 사원총회의 결의를 거치거나 정관이 정하는 바에 따른 절차(민법 제275조 제2항)를 거쳐야 한다(대판 2014.2.13, 2012다112299).

④ 대표자 명의의 소송수행 가부(부정)

총유재산에 관한 소송은 법인 아닌 사단이 그 명의로 사원총회의 결의를 거쳐 하거나(제52조) 또는 그 구성원 전원이 당사자가 되어 필수적 공동소송의 형태로 할 수 있을 뿐 그 사단의 구성원은 설령 그가 사단의 대표자라거나 사원총회의 결의를 거쳤다 하더라도 그 소송의 당사자가 될 수 없고, 이러한 법리는 총유재산의 보존행위로서 소를 제기하는 경우에도 마찬가지라 할 것이다(대판 (전) 2005.9.15, 2004다44971). 그럼에도 불구하고 비법인사단의 대표자 개인이 총유재산의 보존행위로서 소를 제기한 때에는 법원은 '당사자적격'(당사자능력이 아님) 흠결을 이유로 부적법 각하하여야 한다.

판례 | 법인 아닌 사단의 당사자능력

비법인사단이 민사소송에서 당사자능력을 가지려면 일정한 정도로 조직을 갖추고 지속적인 활동을 하는 단체성이 있어야 하고 또한 그 대표자가 있어야 하므로, 자연발생적으로 성립하는 고유한 의미의 종중이라도 그와 같은 비법인사단의 요건을 갖추어야 당사자능력이 인정되고 이는 소송요건에 관한 것으로서 사실심의 변론종결시를 기준으로 판단하여야 한다(대판 2013.1.10, 2011다64607).

판례 | 공동선조의 후손 중 특정 범위 내의 종원만으로 조직체를 구성하여 활동하는 단체의 법적 성격(=종중 유사의 권리능력 없는 사단)

[1] 고유 의미의 종중이란 공동선조의 분묘 수호와 제사, 종원 상호간 친목 등을 목적으로 하는 자연발생적인 관습상 종족집단체로서 특별한 조직행위를 필요로 하는 것이 아니고, 공동선조의 후손은 그 의사와 관계없이 성년이 되면 당연히 그 구성원(종원)이 되는 것이며 그중 일부 종원을 임의로 그 종원에서 배제할 수 없다. 따라서 공동선조의 후손 중 특정 범위 내의 자들만으로 구성된 종중이란 있을 수 없으므로, 만일 공동선조의 후손 중 특정 범위 내의 종원만으로 조직체를 구성하여 활동하고 있다면 이는 본래 의미의 종중으로는 볼 수 없고, 종중 유사의 권리능력 없는 사단이 될 수 있을 뿐이다.

[2] 종중 유사의 권리능력 없는 사단(이하 '종중 유사단체'라 한다)은 비록 그 목적이나 기능이 고유 의미의 종중(이하 '고유 종중'이라 한다)과 별다른 차이가 없다 하더라도 공동선조의 후손 중 일부에 의하여 인위적인 조직행위를 거쳐 성립된 경우에는 사적 임의단체라는 점에서 고유 종중과 그 성질을 달리하므로, 그러한 경우에는 사적 자치의 원칙 내지 결사의 자유에 따라 구성원의 자격이나 가입조건을 자유롭게 정할 수 있으나, 어떠한 단체가 고유 의미의 종중이 아니라 종중 유사단체를 표방하면서 그 단체에 권리가 귀속되어야 한다고 주장하는 경우, 우선 권리 귀속의 근거가 되는 법률행위나 사실관계 등이 발생할 당시 종중 유사단체가 성립하여 존재하는 사실을 증명하여야 하고, 다음으로 당해 종중 유사단체에 권리가 귀속되는 근거가 되는 법률행위 등 법률요건이 갖추어져 있다는 사실을 증명하여야 한다(대판 2020.4.9, 2019다216411).

22법원직

1 총유재산에 관한 소송은 비법인사단이 그 명의로 사원총회의 결의를 거쳐 하거나 또는 그 구성원 전원이 당사자가 되어 필수적 공동소송의 형태로 할 수 있을 뿐이며, 비법인사단이 사원총회의 결의 없이 제기한 소송은 소제기에 관한 특별수권을 결하여 부적법하다. ( )

14·22법원직

2 단체가 변론종결 시점에 이르러서야 법인이 아닌 사단이 되었고 소제기 당시에는 법인이 아닌 사단으로서 실체가 없었더라면 그 소는 부적법하다. ( )

정답 | 1 ○ 2 ×

Ⅲ 조합의 소송수행방안

1. 문제점

조합은 실체법상 법인격이 인정되지 않으며 재산의 소유형태는 합유이다. 조합의 소송형태는 보존행위 등의 예외적인 경우를 제외하고는 조합원 전원의 고유필수적 공동소송의 형태가 되므로 소송수행이 매우 불편하다. 따라서 소송수행을 간편하게 할 수 있는 방안을 고찰할 필요가 있다.

2. 조합의 당사자능력 인정 여부

(1) 판례(부정)

대법원은 한국원호복지공단법에 의하여 설립된 원호대상자광주목공조합은 민법상의 조합의 실체를 가지고 있으므로 당사자능력이 없다(대판 1991.6.25. 88다카6358)고 하였고, 부도난 회사의 채권자들이 조직한 채권단에 대해서도 위 채권단이 비법인사단으로서의 실체를 갖추지 못하였다는 이유로 당사자능력을 부정했다(대판 1999.4.23. 99다4504).

(2) 검토

실체법적으로도 조합의 합유관계와 비법인사단의 총유관계는 명확하게 구별되어 있고, 당사자능력을 긍정하더라도 조합 명의의 판결로 어떻게 조합원에 대한 분할책임을 추궁할 수 있을지 문제가 있으므로 부정하는 판례의 태도가 타당하다.

3. 조합원 전원 명의로 한 소송수행

① 합유물의 관리처분권은 전원에게 합유적으로 귀속하므로 이에 관한 소송형태는 고유필수적 공동소송이다(민법 제272조 본문).
② 다만, 합유물의 보존행위는 각자 할 수 있는바 보존행위에 관한 소송은 각자 할 수 있으므로(민법 제272조 단서), 이 경우 소송의 형태는 통상공동소송이 된다.

Ⅳ 당사자능력 흠결의 효과

1. 소제기시 흠결

① 당사자능력을 갖추었는지 여부는 법원의 직권조사사항이다. 소제기시부터 흠결이 있는 경우 법원은 판결로써 소를 각하하는 것이 원칙이나, 예외적으로 제59조의 소송능력에 관한 보정규정을 유추하여 당사자표시정정을 허용하는 것이 판례이다(대판 2011.5.31. 2010다84956 대판 2009.10.15. 2009다49964 등).
② 소장에 표시된 당사자가 잘못된 경우에 정당한 당사자능력이 있는 사람으로 당사자표시를 정정하게 하는 조치를 취함이 없이 바로 소를 각하할 수는 없다(대판 2001.11.13. 99두2017).

2. 소송계속 중 흠결

소송계속 중 당사자의 사망·법인의 합병 등으로 당사자능력이 상실되면 소송은 중단되며(제233조, 제234조), 상속인 등의 승계인이 절차를 수계하여야 한다. 그러나 소송대리인이 있는 경우 소송은 중단되지 않으며(제238조), 청구내용이 일신전속적인 경우에는 소송

20법원직
1 사무관 소장에 표시된 원고에게 당사자능력이 인정되지 않는 경우에는 소장의 전 취지를 합리적으로 해석한 결과 인정되는 올바른 당사자능력자로 그 표시를 정정하는 것은 허용되며, 소장에 표시된 당사자가 잘못된 경우에 당사자표시를 정정케 하는 조치를 취함이 없이 바로 소를 각하할 수는 없다.　(　)

정답 | **1** ○

은 종료한다. 또한 당사자능력은 소송행위의 유효요건이므로 당사자능력을 상실한 자의 소송행위는 (유동적) 무효이나 뒤에 당사자능력자가 이를 추인하면 (확정적) 유효로 된다.

3. 당사자능력에 관하여 다툼이 있는 경우

당사자능력에 관하여 다툼이 있는 경우 피고의 본안전항변이 이유 있다면 법원은 판결로써 소를 각하하면 되고, 이유가 없다면 중간판결(제201조) 또는 종국판결의 이유 중에서 이를 판단하면 된다. 당사자능력의 존재에 대하여는 원고에게 증명책임이 있다.

4. 간과판결의 효력

① 당사자능력의 흠을 간과한 판결은 당연무효는 아니고 상소에 의하여 취소를 구할 수 있다. 일단 판결이 확정되어 기판력이 발생한 경우에는 개별적인 재심 또는 추완상소의 요건을 갖춘 경우에 이를 취소할 수 있다(대판 1992.7.14.
92다2455).

② 다만, 사망자·허무인이 당사자가 되었음에도 이를 간과하고 그 명의로 판결을 선고한 경우 그 판결은 당연무효이다.

> **판례** | 실종자를 당사자로 한 판결이 확정된 후에 실종선고가 확정되어 그 사망간주의 시점이 소제기 전으로 소급하는 경우 위 판결이 소급무효로 되는지 여부(소극)
>
> 실종선고의 효력이 발생하기 전에는 실종기간이 만료된 실종자라 하여도 소송상 당사자능력을 상실하는 것은 아니므로 실종선고 확정 전에는 실종기간이 만료된 실종자를 상대로 하여 제기된 소도 적법하고 실종자를 당사자로 하여 선고된 판결도 유효하며 그 판결이 확정되면 기판력도 발생한다고 할 것이고, 비록 실종자를 당사자로 한 판결이 확정된 후에 실종선고가 확정되어 그 사망간주의 시점이 소 제기 전으로 소급하는 경우에도 위 판결 자체가 소급하여 당사자능력이 없는 사망한 사람을 상대로 한 판결로서 무효가 된다고는 볼 수 없다(대판 1992.7.14.
92다2455).

20법원직

1 실종자를 당사자로 한 판결이 확정된 후에 실종선고가 확정되어 그 사망간주의 시점이 소제기 전으로 소급하는 경우에도 위 판결 자체가 소급하여 당사자능력이 없는 사망한 사람을 상대로 한 판결로서 무효가 된다고는 볼 수 없다. ( )

제3절 당사자적격*

I 의의

① 당사자적격이라 함은 특정의 소송사건에서 정당한 당사자로서 소송을 수행하고 본안판결을 받기에 적합한 자격을 말한다.

② 이는 무의미한 소송을 배제하기 위한 제도로서, 남의 권리에 대하여 아무나 나서서 소송하는 이른바 민중소송을 막는 장치이다.

학습 POINT

1. 매우 중요한 부분이므로 전체를 공부할 필요 있음
2. 민법과 연결하여 이해되어야 정확한 공부가 됨
3. 채권자대위소송의 법적성격은 다른 부분과 연결되므로 꼭 숙지할 것

* 이시윤 154페이지 참고

정답 | **1** ○

Ⅱ 당사자적격을 갖는 자(정당한 당사자)

1. 일반적인 경우

(1) 이행의 소

1) 원칙

이행의 소에서는 자기에게 이행청구권이 있음을 주장하는 자가 원고적격을 가지며, 그로부터 이행의무자로 주장된 자가 피고적격을 갖는다. 이행의 소에서는 주장 자체에 의하여 당사자적격이 판가름이 되므로, 실제로 이행청구권자나 의무자일 것을 요하지 않는다(대판 1994.6.14. 94다14797). 이는 본안심리 끝에 가릴 문제로서, 본안심리 끝에 실제 이행청구권이나 의무자가 아님이 판명되면 청구기각의 판결을 할 것이고, 당사자적격의 흠이라 하여 소를 각하해서는 안 된다.

18법원직 22사무관

1 이행의 소에서는 자기의 급부청구권을 주장하는 자가 정당한 원고이고 급부의무자로 주장된 자가 정당한 피고이다. ( )

16법원직

2 등기의무자(등기명의인이거나 그 포괄승계인)가 아닌 자나 등기에 이해관계가 있는 제3자가 아닌 자를 상대로 한 등기의 말소절차의 이행을 구하는 소는 당사자적격이 없는 자를 상대로 한 부적법한 소이다. ( )

2) 예외

판례는 등기의무자가 아닌 자, 등기에 관한 이해관계 없는 자를 상대방으로 한 등기말소청구는 피고적격을 그르친 부적법이 있다고 한다(대판 1994.2.25. 93다39225).

판례 | 소유자가 허무인 등 명의로 실제 등기행위를 한 자를 상대로 등기의 말소를 구할 수 있는지 여부(적극)

등기부상 진실한 소유자의 소유권에 방해가 되는 불실등기가 존재하는 경우에 그 등기명의인이 허무인 또는 실체가 없는 단체인 때에는 소유자는 그와 같은 허무인 또는 실체가 없는 단체 명의로 실제 등기행위를 한 자에 대하여 소유권에 기한 방해배제로서 등기행위자를 표상하는 허무인 또는 실체가 없는 단체명의 등기의 말소를 구할 수 있다(대판 2019.5.30. 2015다47105).

판례 | 공유물분할청구의 소에서 법원이 등기의무자가 아닌 자를 상대로 등기의 말소절차 이행을 명할 수 있는지 여부(소극)

① 공유물분할청구의 소는 형성의 소로서 법원은 공유물분할을 청구하는 원고가 구하는 방법에 구애받지 않고 재량에 따라 합리적 방법으로 분할을 명할 수 있다.
② 그러나 법원은 등기의무자, 즉 등기부상의 형식상 그 등기에 의하여 권리를 상실하거나 기타 불이익을 받을 자(등기명의인이거나 그 포괄승계인)가 아닌 자를 상대로 등기의 말소절차 이행을 명할 수는 없다(대판 2020.8.20. 2018다241410, 241427).

판례 | 당사자적격 판례입장

① 채권에 대한 압류 및 추심명령이 있으면 제3채무자에 대한 이행의 소는 추심채권자만이 제기할 수 있고 채무자는 피압류채권에 대한 이행소송을 제기할 당사자적격을 상실한다(대판 2000.4.11. 99다23888). 다만, 채무자의 이행소송 계속 중에 추심채권자가 압류 및 추심명령 신청의 취하 등에 따라 추심권능을 상실하게 되면 채무자는 당사자적격을 회복한다(대판 2010.11.25. 2010다64877).

참고판례
㉠ 제3채무자가 복수이고 불가분의 중첩관계에 있는 경우, 당사자적격의 상실은 상대적이다. 예컨대, 2인 이상의 불가분채무자 또는 연대채무자(이하 '불가분채무자 등'이라 한다)가 있는 금전채권의 경우에, 그 불가분채무자 등 중 1인을 제3채무자로 한 채권압류 및 추심명령이 이루어지면 그 채권압류 및 추심명령을 송달받은 불가분채무자 등에 대한 피압류 채권에

16변시 18법원직

3 채권에 대한 압류 및 추심명령이 있으면 제3채무자에 대한 이행의 소는 추심채권자만이 제기할 수 있고 채무자는 피압류채권에 대한 이행소송을 제기할 당사자적격을 상실한다. ( )

정답 | 1 ○ 2 ○ 3 ○

관한 이행의 소는 추심채권자만이 제기할 수 있고 추심채무자는 그 피압류채권에 대한 이행소송을 제기할 당사자적격을 상실하지만, 그 채권압류 및 추심명령의 제3채무자가 아닌 나머지 불가분채무자 등에 대하여는 추심채무자가 여전히 채권자로서 추심권한을 가지므로 나머지 불가분채무자 등을 상대로 이행을 청구할 수 있고, 이러한 법리는 위 금전채권 중 일부에 대하여만 채권압류 및 추심명령이 이루어진 경우에도 마찬가지이다(대판 2013.10.31. 2011다98426).

ⓛ 추심채권자의 제3채무자에 대한 추심소송 계속 중에 채권압류 및 추심명령이 취소되어 추심채권자가 추심권능을 상실하게 되면 추심소송을 제기할 당사자적격도 상실한다. 이러한 사정은 직권조사사항으로서 당사자가 주장하지 않더라도 법원이 직권으로 조사하여 판단하여야 하고, 사실심 변론종결 이후에 당사자적격 등 소송요건이 흠결되거나 그 흠결이 치유된 경우 상고심에서도 이를 참작하여야 한다(대판 2021.9.15. 2020다297843).

② 불법말소된 것을 이유로 한 근저당권설정등기 회복등기청구는 그 <u>등기말소 당시의 소유자를</u> 상대로 하여야 한다(대판 1969.3.18. 68다1617). 말소회복등기와 양립할 수 없는 등기는 회복의 전제로서 말소의 대상이 될 뿐이고, 그 등기명의인은 부동산등기법 제75조 소정의 등기상 이해관계 있는 제3자라고 볼 수 없으므로 그 등기명의인을 상대로 말소회복등기에 대한 승낙의 의사표시를 구하는 청구는 당사자적격이 없는 자에 대한 청구로서 부적법하다(대판 2004.2.27. 2003다35567).

③ 판례에 따르면 저당권의 설정원인의 무효, 부존재나 피담보채무의 변제로 인한 소멸시에 저당권설정등기말소청구의 상대방은 양도인인 근저당권자가 아닌 현재의 등기명의자, 즉, <u>양수인</u>인 저당권이전의 부기등기명의자이다(대판 2000.4.11. 2000다5640).

④ 판례는 (ⅰ) 근저당권의 부기등기는 기존의 주등기인 근저당권설정등기에 종속되어 주등기와 일체를 이루는 것이고 주등기와 별개의 새로운 등기는 아니므로, 그 피담보채무가 변제로 인하여 소멸된 경우 위 주등기의 말소만을 구하면 되고, 그에 기한 부기등기는 별도로 말소를 구하지 않더라도 주등기가 말소되는 경우에는 직권으로 말소되어야 할 성질의 것이므로, 위 부기등기의 말소청구는 권리보호의 이익(소의 이익)이 없는 부적법한 청구라고 한다(대판 2000.10.10. 2000다19526). (ⅱ) 그러나 근저당권의 주등기 자체는 유효하고 단지 부기등기를 하게 된 원인만이 무효로 되거나 취소 또는 해제된 경우에는, 그 부기등기만의 말소를 따로 구할 수 있다(대판 2005.6.10. 2002다15412,15429).

⑤ 불법점유를 이유로 한 건물명도청구소송에 있어서는 <u>현실적으로 그 건물을 불법점유하고 있는 사람</u>을 상대로 하여야 하고, 그 건물을 타에 임대하여 현실적으로 점유하고 있지 않는 사람을 상대로 할 것이 아니다(대판 1969.2.4. 68다1594).

⑥ 판례는 사회통념상 건물은 그 부지를 떠나서는 존재할 수 없는 것이므로 건물의 부지가 된 토지는 그 건물의 소유자가 점유하는 것으로 볼 것이고, 이 경우 건물의 소유자가 현실적으로 건물이나 그 부지를 점거하고 있지 아니하고 있더라도 그 건물의 소유를 위하여 그 부지를 점유한다고 보아야 한다(대판 2003.11.13. 2002다57935). 건물이 그 존립을 위한 토지사용권을 갖추지 못하여 토지의 소유자가 건물의 소유자에 대하여 당해 건물의 철거 및 그 대지의 인도를 청구할 수 있는 경우에라도 건물소유자가 아닌 사람이 건물을 점유하고 있다면 토지소유자는 그 건물 점유를 제거하지 아니하는 한 위의 건물 철거 등을 실행할 수 없다. 따라서 그때 토지소유권은 위와 같은 점유에 의하여 그 원만한 실현을 방해당하고 있다고 할 것이므로, 토지소유자는 자신의 소유권에 기한 방해배제로서 건물점유자에 대하여 건물로부터의 퇴출을 청구할 수 있다. 그리고 이는 건물점유자가 건물소유자로부터의 임차인으로서 그 건물임차권이 이른바 대항력을 가진다고 해서 달라지지 아니한다(대판 2010.8.19. 2010다43801).

⑦ 채권자대위소송에서 대위에 의하여 보전될 채권자의 채무자에 대한 권리가 인정되지 아니할 경우에는 채권자가 스스로 원고가 되어 채무자의 제3채무자에 대한 권리를 행사할 당사자적격이 없게 되므로 그 대위소송은 부적법하여 각하할 것인바, <u>피대위자인 채무자가 실존인물이 아니거나 사망한 사람인 경우</u> 역시 피보전채권인 채권자의 채무자에 대한 권리를 인정할 수 없는 경우에 해당하므로 그러한 채권자대위소송은 당사자적격이 없어 부적법하다(대판 2021.7.21. 2020다300893).

20법원직

1 불법말소된 것을 이유로 한 근저당권설정등기 회복등기청구는 그 등기말소 당시의 소유자를 상대로 하여야 한다. ( )

22법원직

2 말소회복등기와 양립할 수 없는 등기의 명의인은 등기상 이해관계 있는 제3자이므로 그 등기명의인을 상대로 말소회복등기에 대한 승낙의 의사표시를 구하는 청구가 가능하다. ( )

18법원직

3 근저당권이 양도되어 근저당권 이전의 부기등기가 마쳐진 경우, 근저당권설정등기의 말소등기청구는 양도인만을 상대로 하면 족하고, 양수인은 그 말소등기청구에 있어서 피고적격이 없다. ( )

20법원직

4 불법점유를 이유로 한 건물명도청구소송에 있어서는 현실적으로 그 건물을 불법점유하고 있는 사람을 상대로 하여야 하고, 그 건물을 타에 임대하여 현실적으로 점유하고 있지 않는 사람을 상대로 할 것이 아니다. ( )

20법원직

5 甲 소유의 토지 위에 乙이 무단으로 건물을 신축한 후 위 건물에 관하여 乙(임대인)과 丙(임차인)이 임대차계약을 체결하여 현재 丙이 위 건물을 점유하고 있는 경우에, 甲이 불법점유를 이유로 토지인도소송을 제기할 경우의 피고적격자는 丙이 된다. ( )

정답 | **1** ○ **2** × **3** × **4** ○ **5** ×

(2) 확인의 소

1) 확인의 소의 당사자적격

확인의 소에서는 그 청구에 대해서 확인의 이익을 가지는 자가 원고적격자로 되며, 원고의 이익과 대립·저촉되는 이익을 가진 자가 피고적격자로 된다.

2) 단체내부분쟁의 피고적격

① 판례는 '단체피고설'의 입장에서 주주총회결의 취소와 결의무효확인판결은 대세적 효력이 있으므로 그와 같은 소송의 피고가 될 수 있는 자는 그 성질상 <u>회사로 한정</u>된다. 주식회사의 이사회결의는 회사의 의사결정이고 회사는 그 결의의 효력에 관한 분쟁의 실질적인 주체라 할 것이므로 그 효력을 다투는 사람이 회사를 상대로 하여 그 결의의 무효확인을 소구할 있다 할 것이나 그 이사회결의에 참여한 이사들은 그 이사회의 구성원에 불과하므로 특별한 사정이 없는 한 이사 개인을 상대로 하여 그 결의의 무효확인을 소구할 이익은 없다(^{대판 (전) 1982.9.14.}_{80다2425})고 판시하였다.

② 단체 자체가 피고가 되는 이상 회사의 이사선임결의가 무효 또는 부존재임을 주장하여 그 결의의 무효 또는 부존재확인을 구하는 소송에서 회사를 대표할 자는 현재 대표이사로 등기되어 그 직무를 행하는 자라고 할 것이고, 그 대표이사가 무효 또는 부존재확인청구의 대상이 된 결의에 의하여 선임된 이사라고 할지라도 <u>그 소송에서 회사를 대표할 수 있는 자임</u>에는 변함이 없다(^{대판 (전) 1983.3.22.}_{82다카1810}).

③ 법인 아닌 사단인 종교단체의 대표자 또는 구성원의 지위에 관한 확인소송에서 그 대표자 또는 구성원 개인을 상대로 제소하는 경우에는 그 청구를 인용하는 판결이 내려진다 하더라도 그 판결의 효력이 해당 단체에 미친다고 할 수 없기 때문에 대표자 또는 구성원의 지위를 둘러싼 당사자들 사이의 분쟁을 근본적으로 해결하는 가장 유효적절한 방법이 될 수 없으므로, 그 단체를 상대로 하지 않고 대표자 또는 구성원 개인을 상대로 한 청구는 확인의 이익이 없어 부적법하다(^{대판 2015.2.16.}_{2011다101155}).

(3) 형성의 소

① 형성의 소는 법규 자체에서 원고적격자나 피고적격자를 정해 놓고 있는 경우가 많다. 명문의 규정이 없는 경우에는 제3자에게 판결의 대세효가 발생함에 비추어, 당해 소송물과의 관계에서 가장 강한 이해관계를 갖고 있고 충실한 소송수행을 기대할 수 있는 사람을 당사자적격자로 볼 것이다(^{대판 2011.9.8.}_{2009다67115}).

② 채권자가 사해행위의 취소와 함께 책임재산의 회복을 구하는 사해행위취소의 소에 있어서는 <u>수익자 또는 전득자에게만 피고적격</u>이 있고 채무자에게는 피고적격이 없다(^{대판 2009.1.15.}_{2008다72394}).

(4) 고유필수적 공동소송

① 고유필수적 공동소송에서는 여러 사람이 공동으로 원고가 되거나 피고가 되지 않으면 당사자적격의 흠으로 부적법하게 된다.

② 그러나 당사자적격은 변론종결시까지 구비하면 족하므로, (ⅰ) 누락자에 대한 소가 제기되고 법원이 변론을 병합하거나(제141조) (ⅱ) 필수적 공동소송인의 추가규정(제68조)에 의해 누락자를 추가하거나 (ⅲ) 누락자가 공동소송참가(제83조)를 하면 소가 적법해진다.

16법원직 22사무관

1 법인의 이사에 대한 직무집행정지 가처분 신청에 있어서 당해 이사만이 피신청인이 될 수 있지만, 법인의 이사회결의 부존재확인의 소에 있어서는 그 결의에 의해 선임된 이사 및 당해 법인 모두 피고가 될 수 있다. ( )

14주사보 18법원직 22사무관

2 채권자가 채권자취소권을 행사하려면 사해행위로 인하여 이익을 받은 자나 전득한 자를 상대로 그 법률행위의 취소를 청구하는 소송을 제기하여야 하고, 채무자를 상대로 그 소송을 제기할 수는 없다. ( )

정답 | **1** × **2** ○

2. 제3자 소송담당

(1) 의의

권리관계의 주체 이외의 제3자가 당사자적격을 갖는 경우가 있는데 이 경우를 제3자의 소송담당이라 한다. 소송담당자는 자기의 이름으로 소송수행을 하는 사람이기 때문에, 다른 사람의 이름으로 소송수행하는 대리인관계가 아니다.

(2) 법정소송담당

1) 제3자에게 관리처분권이 부여된 결과 소송수행권을 갖게 된 때

① 병행형

제3자가 권리관계의 주체인 사람과 함께 소송수행권을 갖게 된 경우로서, 채권자대위소송을 하는 채권자, 회사대표소송의 주주(상법 제403조) 등이 있다.

② 갈음형

제3자가 권리관계의 주체인 사람에 갈음하여 소송수행권을 갖는 경우로서, (ⅰ) 파산재단에 관한 소송을 하는 파산관재인, (ⅱ) 회생회사의 재산에 관한 소송을 하는 관리인, (ⅲ) 채권추심명령을 받은 압류채권자, (ⅳ) 유언에 관한 소송을 하는 유언집행자 등이 있다.

2) 직무상의 당사자

일정한 직무에 있는 자에게는 법률이 자기와 개인적으로 아무런 관계없는 소송에 관하여 소송수행권을 갖게 하는데, 이러한 자를 직무상의 당사자라고 한다. 가사소송사건에서 피고적격자 사망 후의 검사가 예이다.

(3) 임의적 소송담당

1) 의의

권리관계의 주체인 사람의 의사에 의해 제3자에게 자기의 권리에 대해 소송수행권을 수여하는 경우이다. 명문상 인정한 예로서 제53조의 선정자가 정한 선정당사자, 어음법 제18조의 추심위임배서를 받아 추심에 나서는 피배서인 등이 있다.

2) 한계

① 명문이 없는 경우는 임의적 소송담당은 원칙적으로 허용되지 않는다는 것이 통설·판례이다. 변호사대리의 원칙(제87조)을 탈법할 염려와 신탁법 제6조의 소송신탁금지의 취지에 저촉될 염려가 있기 때문이다.

② 다만, 변호사대리의 원칙이나 소송신탁의 금지를 탈법할 염려가 없고, 또 이를 인정할 합리적 필요 등의 요건을 갖추었을 때에는 예외적으로 임의적 소송담당을 허용하여도 좋을 것이다. 합리적 필요에 대한 판단은 (ⅰ) 권리주체인 사람의 수권과 (ⅱ) 수탁자의 고유한 이익 등을 기준으로 한다.

판례도 업무집행조합원은 조합재산에 관하여 조합원으로부터 임의적 소송신탁을 받아 자기의 이름으로 소송수행하는 것이 허용된다고 하였다(대판 1984.2.14. 83다카1815).

15사무관 16법원직

1 민법상의 조합에 있어서 조합규약이나 조합결의에 의하여 자기 이름으로 조합재산을 관리하고 대외적 업무를 집행할 권한을 수여받은 업무집행조합원은 조합재산에 관한 소송에 관하여 조합원으로부터 임의적 소송신탁을 받아 자기 이름으로 소송을 수행하는 것이 허용된다.
( )

20법원직

2 관리단으로부터 집합건물의 관리업무를 위임받은 위탁관리회사는 특별한 사정이 없는 한 구분소유자 등을 상대로 자기 이름으로 소를 제기하여 관리비를 청구할 당사자적격이 있다.
( )

판례 | 집합건물 관리업무를 위임받은 위탁관리회사에게 당사자적격 인정 여부(적극)

다수의 구분소유자가 집합건물의 관리에 관한 비용 등을 공동으로 부담하고 공용 부분을 효율적으로 관리하기 위하여 구분소유자로 구성된 관리단이 전문 관리업체에 건물 관리업무를 위임하여 수행하도록 하는 것은 합리적인 이유와 필요가 있고, 그러한 관리방식이 일반적인 거래현실이며, 관리비의 징수는 업무수행에 당연히 수반되는 필수적인 요소이다. 또한 집합건물의 일종인 일정 규모 이상의 공동주택에 대해서는 주택관리업자에게 관리업무를 위임하고 주택관리업자가 관리비에 관한 재판상 청구를 하는 것이 법률의 규정에 의하여 인정되고 있다. 이러한 점 등을 고려해 보면 관리단으로부터 집합건물의 관리업무를 위임받은 위탁관리회사는 특별한 사정이 없는 한 구분소유자 등을 상대로 자기 이름으로 소를 제기하여 관리비를 청구할 당사자적격이 있다(대판 2016.12.15. 2014다87885,87892).

(4) 법원허가에 의한 소송담당

증권관련집단소송법이 제정되어, 유가증권의 거래과정에서 각종 불법행위로 인하여 다수의 소액투자자들이 재산적 피해를 입은 경우에 법원의 허가를 요건으로 하는 대표당사자소송을 도입하였다. 소비자단체소송에서도 소비자단체가 법원의 허가를 얻어 소송수행을 하도록 했다.

Ⅲ 제3자의 소송담당과 기판력

1. 문제점

제3자가 소송담당자로서 소송수행한 결과 받은 판결은 권리관계의 주체인 본인에게 미친다(제218조 제3항). 이는 갈음형 소송담당자, 직무상의 당사자, 임의적 소송담당자의 경우에 적용됨은 의문이 없으나, 병행형 소송담당자의 경우에도 제218조 제3항이 적용되어 제3자가 받은 판결의 기판력이 권리주체인 자에게 미치는지가 문제된다.

2. 판례

19법원직

3 채권자가 채권자대위권을 행사하는 방법으로 제3채무자를 상대로 소송을 제기하여 판결을 받은 경우 어떠한 사유로든 채무자가 채권자대위소송이 제기된 사실을 알았을 경우에 한하여 그 판결의 효력이 채무자에게 미친다.
( )

종전 판례는 채권자가 채권자대위권을 행사하여 소송을 제기하여 받은 판결은 채무자에게 미치지 않는 것으로 보았으나, 현재는 채무자가 대위소송이 제기된 사실을 알았을 때, 즉 소송참가로 자기측이 패소되는 것을 막을 기회를 갖는 등 절차보장이 되었을 때 채무자에게도 미치는 것으로 변경된 입장이다(대판 (전) 1975.5.13. 74다1664).

3. 검토

병행형의 경우 권리주체인 자가 기판력을 전면적으로 받는다면 소송담당자가 불성실한 소송수행을 하여 패소판결을 받은 경우에도 기판력을 받아 권리주체인 사람의 소송수행권이 침해 상실되는 결과가 된다. 따라서 판례의 입장처럼 절차보장을 받은 경우에 기판력이 미치는 것으로 보는 것이 타당하다고 본다.

정답 | 1 ○ **2** ○ **3** ○

Ⅳ 당사자적격이 없을 때의 효과

1. 소송요건

당사자적격은 소송요건으로 법원의 직권조사사항이며, 조사결과 그 흠이 발견된 때에는 판결로 소를 각하할 것이다.

2. 당사자적격이 없음을 간과하고 행한 본안판결

당사자적격의 흠결을 간과하고 행한 본안판결은 당사자적격을 갖춘 정당한 당사자로 될 자나 권리관계의 주체인 자에게 그 효력이 미치지 아니하며, 이러한 의미에서 판결은 무효로되는 것이다. 무효인 판결이므로 상소와 재심의 대상이 되지 않는다.

Ⅴ 채권자대위소송의 법적 성질

1. 학설

(1) 법정소송담당설

채권자대위소송을 제3자의 소송담당 중 법정소송담당으로 보는 견해로서 채권자대위권을 행사하는 경우에는 법률상 권리주체와 함께 채권자에게 관리처분권을 부여한 결과 소송수행권을 가지는 법정소송담당으로 본다.

(2) 독립한 대위권설

채권자대위소송은 단순히 채무자의 채권을 행사하는 것이 아니라 채권자 자신의 실체법상권리인 대위권을 행사하는 것이므로 소송담당으로 볼 수 없다는 견해이다.

2. 검토

채권자대위권 행사의 효과는 채무자에게 귀속되며 또 총채권자를 위하여 공동담보가 된다는 점을 고려할 때 소송물은 채무자의 권리이며 그 법적성격은 법률의 규정에 의하여 제3자에게 소송수행권이 인정된 법정소송담당으로 보는 것이 타당하다.

3. 피보전권리 흠결시 법원의 조치

(1) 채권자대위권의 요건

① 피보전채권의 존재, ② 보전의 필요성, ③ 채무자가 권리를 행사하지 않을 것, ④ 피대위권리를 요구한다. 법정소송담당설에 의할 경우 ①, ②, ③은 당사자적격의 문제이고 ④의흠결의 경우는 청구기각판결을 하여야 한다고 한다. 따라서 피보전권리 흠결의 경우 소각하판결을 해야 한다.

(2) 판례

채권자대위소송에 있어서 대위에 의하여 보전될 채권자의 채무자에 대한 권리가 인정되지아니한 경우에는, 채권자가 스스로 원고가 되어 채무자의 제3채무자에 대한 권리를 행사할 원고로서의 적격이 없게 되는 것이어서 그 대위소송은 부적법하여 각하될 수밖에 없다 (대판 1992.7.28. 92다8996).

제4절 소송능력

> **제51조 [당사자능력·소송능력 등에 대한 원칙]**
> 당사자능력, 소송능력, 소송무능력자의 법정대리와 소송행위에 필요한 권한의 수여는 이 법에 특별한 규정이 없으면 민법, 그 밖의 법률에 따른다.
>
> **제55조 [제한능력자의 소송능력]**
> ① 미성년자 또는 피성년후견인은 법정대리인에 의해서만 소송행위를 할 수 있다. 다만, 다음 각 호의 경우에는 그러하지 아니하다.
>   1. 미성년자가 독립하여 법률행위를 할 수 있는 경우
>   2. 피성년후견인이 「민법」 제10조 제2항에 따라 취소할 수 없는 법률행위를 할 수 있는 경우
> ② 피한정후견인은 한정후견인의 동의가 필요한 행위에 관하여는 대리권 있는 한정후견인에 의해서만 소송행위를 할 수 있다.

I 서설

1. 의의

소송능력이라 함은 당사자로서 유효하게 소송행위를 하거나 소송행위를 받기 위해 갖추어야 할 능력을 말한다. 소송상의 행위능력이라 하며, 민법상의 행위능력처럼 소송에서 자기의 권익을 주장·옹호할 수 없는 자를 보호해 주기 위한 제도이다.

2. 법적성격

① 소송행위가 유효하기 위해서는 어느 경우나 막론하고 소송능력이 필요하다. 따라서 소송절차 내의 소송행위는 물론 소송개시 전의 행위·소송 외의 행위(예: 소송대리권의 수여, 관할의 합의 등)에 있어서도 필요하다.

② 소송행위를 유효하게 위해 필요한 능력이기 때문에 증거방법으로서 증거조사의 대상이 되는 경우는 소송능력이 불필요하다(예: 증인·당사자본인으로서 신문을 받는 경우는 무능력자도 된다).

II 소송능력자

민법상 행위능력을 갖는 자는 소송능력을 갖는다(제51조). 그리고 외국인의 경우에는 설령 그의 본국법을 따를 때 소송능력이 없는 경우라도 대한민국의 법률에 따라 소송능력이 있다면 소송능력이 있는 것으로 본다(제57조).

18법원직

1 외국인은 그의 본국법에 따르면 소송능력이 없는 경우라도 대한민국의 법률에 따라 소송능력이 있는 경우에는 소송능력이 있는 것으로 본다. ( )

18법원직

정답 | **1** ○

Ⅲ 성년후견제도의 후속입법에 의한 제한능력자

1. 제한능력자

(1) 의의

장애, 노령 등 도움 필요의 성인에게 후견인이 재산관리 및 일상생활을 지원하는 성년후견제도가 금치산, 한정치산제도에 갈음하여 새로 생겼다.

(2) 내용(제55조)

① 만 19세 미만의 미성년자의 소송행위에 관하여 종전대로 법정대리인의 대리에 의하도록 하였다.
② 피성년후견인의 소송행위는 법정대리인에 의함을 원칙으로 하되 취소할 수 없는 법률행위의 한도(민법 제10조 제2항·제4항)에서는 소송능력을 인정하였다.
③ 피한정후견인의 경우는 원칙적으로 소송능력을 인정하면서, 예외적으로 한정후견인의 동의를 필요로 하는 행위(민법 제13조 제1항)에 관하여는 소송능력을 부정하여 대리권 있는 한정후견인의 대리에 의하여만 소송행위를 할 수 있도록 하였다.

2. 의사능력이 없는 자

① 그의 소송행위는 절대무효이다. 다만, 의사능력의 유무는 개별적으로 판정하여야 할 것이다. 예컨대 성년후견개시의 심판 등을 받지 않은 성년자라도 12, 13세 정도의 지능밖에 없는 자나 치매환자 등이 한 소송행위, 예컨대 항소의 취하는 무효로 된다.
② 제62조의2에서 의사무능력자가 유효하게 소송행위를 할 수 있는 길을 열었다. 그것은 제한능력자를 위한 특별대리인에 준하여 직권 또는 신청에 의하여 선임되는 특별대리인의 대리행위에 의하도록 하는 것이다.

3. 미성년자의 지위

(1) 원칙

민법상 미성년자의 경우에 동의를 얻으면 유효하게 법률행위를 할 수 있는 때에도 소송행위는 대리에 의하여야 한다.

(2) 예외*

예외적으로 ① 미성년자가 혼인한 때에는 완전하게 소송능력을 가지며, ② 미성년자가 독립하여 법률행위를 할 수 있는 경우(예: 법정대리인의 허락을 얻어 영업에 관한 법률행위를 하는 경우(민법 제8조))에는 그 범위 내에서는 소송능력이 인정된다(제55조 제1항 단서). ③ 미성년자는 근로계약의 체결·임금의 청구를 스스로 할 수 있기 때문에, 그 범위의 소송에 대해서는 소송능력이 인정된다.

18법원직

1 피한정후견인은 한정후견인의 동의가 필요한 행위에 관하여는 대리권 있는 한정후견인에 의해서만 소송행위를 할 수 있다. ( )

* 혼, 독, 근

18법원직

2 미성년자는 법정대리인에 의해서만 소송행위를 할 수 있으므로, 미성년자가 독립하여 법률행위를 할 수 있는 경우에도 소송행위는 법정대리인에 의해서 하여야 한다. ( )

16법원직

3 미성년자는 자신의 노무제공에 따른 임금의 청구를 독자적으로 할 수 있는 소송능력이 있다. ( )

정답 | **1** ○ **2** × **3** ○

Ⅳ 소송능력의 소송법상의 효과

> **제59조 [소송능력 등의 흠에 대한 조치]**
> 소송능력·법정대리권 또는 소송행위에 필요한 권한의 수여에 흠이 있는 경우에는 법원은 기간을 정하여 이를 보정하도록 명하여야 하며, 만일 보정하는 것이 지연됨으로써 손해가 생길 염려가 있는 경우에는 법원은 보정하기 전의 당사자 또는 법정대리인으로 하여금 일시적으로 소송행위를 하게 할 수 있다.
>
> **제60조 [소송능력 등의 흠과 추인]**
> 소송능력, 법정대리권 또는 소송행위에 필요한 권한의 수여에 흠이 있는 사람이 소송행위를 한 뒤에 보정된 당사자나 법정대리인이 이를 추인한 경우에는, 그 소송행위는 이를 한 때에 소급하여 효력이 생긴다.

1. 소송행위의 유효요건

소송능력은 개개의 소송행위의 유효요건이다. 따라서 소송무능력자(제한소송무능력자 포함)의 소송행위나 무능력자에 대한 소송행위는 무효이다. 이 점은 취소할 수 있게 되어 있는 민법상 제한능력자의 법률행위와 다른 점이다. 예컨대 소송무능력자에 의한 소의 제기, 소송대리인의 선임, 청구의 포기·인낙은 무효로 된다. 기일통지나 송달 역시 무능력자에게 하면 무효로 되며, 특히 판결정본이 무능력자에게만 송달되고 법정대리인에게 송달되지 않았으면 상소기간은 진행하지 않고, 판결은 확정되지 않는다.

2. 추인

① 소송무능력자의 소송행위나 그에 대한 소송행위라도 확정적 무효는 아니며, 이른바 유동적 무효이다. 따라서 법정대리인이 추인하면 그 행위시에 소급하여 유효로 된다(제60조).
② 추인은 법원 또는 상대방에 대하여 명시·묵시의 의사표시로 할 수 있다. 미성년자가 직접 선임한 변호사의 제1심 소송수행에 대해 제2심에서 법정대리인에 의해 선임된 소송대리인이 아무런 이의를 하지 않으면 묵시의 추인이 된다.
③ 추인의 시기에 관하여는 아무런 제한이 없다.

3. 소송능력의 조사와 보정

① 소송능력의 유무는 법원이 절차의 어느 단계에서도 조사해야 할 직권조사사항이다. 조사의 결과 흠이 있을 때에는 법원은 그 행위를 배척하는 조치가 필요하다.
② 그러나 법원은 이를 즉시 배척할 것이 아니라, 추인의 여지가 있으므로 기간을 정하여 그 보정을 명하여야 하며, 만일 보정하는 것이 지연됨으로써 손해가 생길 염려가 있는 경우에는 법원은 보정하기 전의 당사자 또는 법정대리인으로 하여금 일시적으로 소송행위를 하게 할 수 있다(제59조).

18법원직

1 소송능력에 흠이 있는 경우에는 법원은 기간을 정하여 이를 보정하도록 명하여야 하며, 만일 보정하는 것이 지연됨으로써 손해가 생길 염려가 있는 경우에는 법원은 보정하기 전의 당사자로 하여금 일시적으로 소송행위를 하게 할 수 있다.
( )

정답 | 1 ○

4. 소송능력의 흠이 소송에 미치는 영향

(1) 소제기과정에 소송능력의 흠이 있는 경우

① 소송무능력자 스스로 또는 그가 직접 선임한 소송대리인이 한 소제기나 소송무능력자에 대한 소장부본의 송달은 적법하지 않기 때문에, 변론종결시까지 보정되지 않는 한 소를 부적법각하하지 않으면 안 된다. 이러한 의미에서 소송능력은 본안판결을 받기 위해 갖추어야 할 소송요건이다.

② 다만 소제기 과정에서는 소송능력이 없었으나, 뒤에 법정대리인이 나타나 지금까지 무능력자가 수행한 소송행위를 추인하거나 또는 무능력자가 소송능력을 취득하여 지금까지의 소송행위를 추인한 경우는 보정이 된 것이다.

(2) 소제기 후 소송능력의 흠이 생긴 경우

소제기 뒤 소송계속 중에 소송능력을 상실한 경우에는 소각하를 할 것이 아니라 소송절차는 법정대리인이 수계할 때까지 중단된다(제235조). 그러나 소송대리인이 있는 경우에는 중단되지 않는다(제238조).

(3) 소송능력에 관하여 당사자 간에 다툼이 있는 경우

① 조사결과 능력이 없을 때에는 소를 각하할 것이지만, 그 능력이 긍정되는 경우에는 중간판결이나 종국판결의 이유에서 판단하여야 한다.

② 소송무능력자라 하더라도 소송능력을 다투는 한도 내에서는 유효하게 소송행위를 할 수 있다. 따라서 무능력자라도 소송능력의 흠을 이유로 각하한 판결에 대하여 유효하게 상소를 제기할 수 있다.

(4) 소송무능력을 간과한 판결

소송무능력을 간과하고 본안판결을 하였을 때에 판결이 당연무효라고 할 수 없고, 당사자는 상소로써 다툴 수 있으며, 확정된 뒤에는 재심의 소를 제기할 수 있다(제451조 제1항 제3호). 무능력자 측이 승소한 경우에는 무능력자의 보호가 제도의 취지임에 비추어 무능력자뿐만 아니라 패소한 상대방도 승소자 측의 능력흠결을 주장하며 상소나 재심으로 다툴 수 없다 할 것이다.

제5절 변론능력

제144조 [변론능력이 없는 사람에 대한 조치]
① 법원은 소송관계를 분명하게 하기 위하여 필요한 진술을 할 수 없는 당사자 또는 대리인의 진술을 금지하고, 변론을 계속할 새 기일을 정할 수 있다.
② 제1항의 규정에 따라 진술을 금지하는 경우에 필요하다고 인정하면 법원은 변호사를 선임하도록 명할 수 있다.

③ 제1항 또는 제2항의 규정에 따라 대리인에게 진술을 금지하거나 변호사를 선임하도록 명하였을 때에는 본인에게 그 취지를 통지하여야 한다.

④ 소 또는 상소를 제기한 사람이 제2항의 규정에 따른 명령을 받고도 제1항의 새 기일까지 변호사를 선임하지 아니한 때에는 법원은 결정으로 소 또는 상소를 각하할 수 있다.

⑤ 제4항의 결정에 대하여는 즉시항고를 할 수 있다.

제143조의2 [진술 보조]

① 질병, 장애, 연령, 그 밖의 사유로 인한 정신적·신체적 제약으로 소송관계를 분명하게 하기 위하여 필요한 진술을 하기 어려운 당사자는 법원의 허가를 받아 진술을 도와주는 사람과 함께 출석하여 진술할 수 있다.

② 법원은 언제든지 제1항의 허가를 취소할 수 있다.

③ 제1항 및 제2항에 따른 진술보조인의 자격 및 소송상 지위와 역할, 법원의 허가 요건·절차 등 허가 및 취소에 관한 사항은 대법원규칙으로 정한다.

Ⅰ 의의

변론능력이란 변론장소인 법정에 나가 법원에 대한 관계에서 유효하게 소송행위를 하기 위한 능력을 말한다. 이는 소의 적법요건인 소송요건이 아니라 개개의 소송행위가 갖추어야 할 소송행위의 유효요건일 뿐이라는 점에서, 소송요건이자 유효요건인 '소송능력'과 구별된다.

차이점	소송능력	변론능력
취지	소송무능력자 보호(공익·사익)	소송의 원활 신속도모(공익)
대상	모든 소송행위에 필요	법원에 대한 소송행위에만 필요
무능력자의 소송행위	유동적 무효 (추인 가능 ∵사익 고려)	절대적 무효 (추인 불가 ∵공익 고려)
간과판결	유효한 판결 (상소·재심 가능 ∵위법한 판결)	유효한 판결 (상소·재심 불가 ∵적법한 판결)

Ⅱ 변론무능력자

1. 진술금지의 재판과 변호사 선임명령

16법원직

1 소송관계를 분명하게 하기 위하여 필요한 진술을 할 수 없는 당사자 또는 대리인이라고 하더라도 법원이 위 당사자나 대리인의 진술을 금지하는 것은 허용되지 아니한다.
( )

① 당사자 또는 대리인이 소송관계를 분명하게 하기 위해 필요한 진술을 하지 못하는 경우가 있다. 이때에는 법원은 더 이상 진술을 못하게 하는 재판을 할 수 있다(제144조 제1항). 이러한 진술금지의 재판을 받은 자는 변론능력을 상실하여 변론무능력자가 되는데, 그 효력은 당해 변론기일에만 한정하는 것이 아니라 그 심급에 있어서는 그 뒤의 변론 전부에 미친다.

② 진술금지의 재판의 경우에 법원은 변호사의 선임을 명할 수 있다(제144조 제2항). 대리인에게 진술을 금하거나 변호사의 선임을 명하였을 때에는 본인에게 그 취지를 통지하여야 한다(제144조 제3항).

정답 | 1 ×

2. 변론능력 보충을 위한 진술보조인

① 제143조의2에서는 질병, 장애, 노령 그 밖의 사유로 인한 정신적·신체적 제약으로 소송관계를 분명하게 하기 위하여 필요한 진술을 하기 어려운 당사자를 위하여 그 진술을 도와주는 진술보조인제도를 신설하였다. 이는 피성년후견인의 법정대리인과는 다르다. 사회적 약자의 변론능력의 보완을 목적으로 한다. 이때에 당사자는 법원의 허가를 얻어 진술조력인과 함께 출석하여 진술할 수 있다.

② 진술보조인의 자격 및 소송상 지위와 허가 및 취소에 관한 사항 등 세칙은 대법원규칙으로 정해지는데, 가족관계·고용관계 및 신뢰관계에 있는 사람이 진술보조인이 될 수 있도록 하였다.

Ⅲ 변론능력 없을 때의 효과

1. 무효와 기일불출석의 불이익

① 변론능력은 소송행위의 유효요건이다. 변론무능력자의 소송행위는 무효이며, 소급추인은 안 된다.

② 진술금지의 재판을 한 경우에는 변론속행을 위한 새 기일을 정할 것이나, 그 새 기일에 당사자가 거듭 출석하여도 기일에 불출석한 것으로 취급되어 기일불출석의 불이익을 받게 된다.

2. 소·상소각하

① 진술금지의 재판과 함께 변호사선임명령을 받은 사람이 새 기일까지 변호사를 선임하지 아니한 때에는 법원은 결정으로 소 또는 상소를 각하할 수 있다. 이 결정에 대하여는 즉시항고를 할 수 있다(제144조 제4항·제5항).

② 다만, 대리인과 유사한 선정당사자가 진술금지와 함께 변호사선임명령을 받았지만 이 사실을 선정자에게 통지하지 아니한 경우에는 변호사의 불선임을 이유로 소각하할 수 없다 ($\binom{대결\ 2000.10.18.}{2000마2999}$).

3. 간과와 그 흠의 치유

법원이 변론능력에 흠이 있음을 간과 또는 묵과하고 종국재판을 한 경우에는, 이를 이유로 상소나 재심에 의하여 취소를 구할 수는 없다.

학습 POINT

1. 매년 출제되는 부분
2. 제한능력자를 위한 특별대리인의 선임요건과 절차
3. 법정대리인의 지위와 소멸통지 내용이 중요
4. 임의대리에서 비변호대리에 대리가 가능한 경우, 소송대리인의 권한범위
5. 무권대리의 추인, 일부추인 여부, 대리권 흠결의 효과

제6절 소송상 대리인

I 의의

① 소송상의 대리인이란 당사자의 이름으로 소송행위를 하거나 소송행위를 받는 제3자를 말하는바, 대리인의 행위는 본인에게만 효력이 미치고, 대리인에게는 미치지 않는다.
② 소송상의 대리는 소송절차의 원활·안정을 위해 대리권의 존재와 범위를 획일적으로 처리할 필요가 있으므로 민법상의 대리와 달리 (ⅰ) 대리권의 서면증명(제58조, 제89조), (ⅱ) 대리권범위의 법정(제56조, 제90조), (ⅲ) 대리권소멸의 통지(제63조, 제97조), (ⅳ) 민법상 표현대리의 배제(판례) 등이 요청된다.

II 법정대리인

1. 의의

본인의 의사에 관계없이 법률의 규정 또는 법원의 재판에 의하여 정해지는 대리인을 말한다.

2. 종류

(1) 실체법상 법정대리인

법정대리인이 되는 자는 민법 기타 법률에 따르므로(제51조), 실체법상 법정대리인의 지위에 있는 자, 즉 미성년자의 친권자 또는 미성년후견인, 성년후견인, 한정후견인, 법원이 선임한 부재자 재산관리인 등은 소송법상으로도 법정대리인이 된다.

(2) 제한능력자를 위한 소송상의 특별대리인

> **제62조 [제한능력자를 위한 특별대리인]**
> ① 미성년자·피한정후견인 또는 피성년후견인이 당사자인 경우, 그 친족, 이해관계인(미성년자·피한정후견인 또는 피성년후견인을 상대로 소송행위를 하려는 사람을 포함한다), 대리권 없는 성년후견인, 대리권 없는 한정후견인, 지방자치단체의 장 또는 검사는 다음 각 호의 경우에 소송절차가 지연됨으로써 손해를 볼 염려가 있다는 것을 소명하여 수소법원에 특별대리인을 선임하여 주도록 신청할 수 있다.
> 1. 법정대리인이 없거나 법정대리인에게 소송에 관한 대리권이 없는 경우
> 2. 법정대리인이 사실상 또는 법률상 장애로 대리권을 행사할 수 없는 경우
> 3. 법정대리인의 불성실하거나 미숙한 대리권 행사로 소송절차의 진행이 현저하게 방해받는 경우
> ② 법원은 소송계속 후 필요하다고 인정하는 경우 직권으로 특별대리인을 선임·개임하거나 해임할 수 있다.
> ③ 특별대리인은 대리권 있는 후견인과 같은 권한이 있다. 특별대리인의 대리권의 범위에서 법정대리인의 권한은 정지된다.
> ④ 특별대리인의 선임·개임 또는 해임은 법원의 결정으로 하며, 그 결정은 특별대리인에게 송달하여야 한다.

⑤ 특별대리인의 보수, 선임 비용 및 소송행위에 관한 비용은 소송비용에 포함된다.

제62조의2 [의사무능력자를 위한 특별대리인의 선임 등]

① 의사능력이 없는 사람을 상대로 소송행위를 하려고 하거나 의사능력이 없는 사람이 소송행위를 하는 데 필요한 경우 특별대리인의 선임 등에 관하여는 제62조를 준용한다. 다만, 특정후견인 또는 임의후견인도 특별대리인의 선임을 신청할 수 있다.

② 제1항의 특별대리인이 소의 취하, 화해, 청구의 포기·인낙 또는 제80조에 따른 탈퇴를 하는 경우 법원은 그 행위가 본인의 이익을 명백히 침해한다고 인정할 때에는 그 행위가 있는 날부터 14일 이내에 결정으로 이를 허가하지 아니할 수 있다. 이 결정에 대해서는 불복할 수 없다.

1) 선임신청의 요건

① 소송절차에서 미성년자·피한정후견인 또는 피성년후견인이 당사자인 경우에 (i) 법정대리인이 없거나 법정대리인에게 소송에 관한 대리권이 없는 경우, (ii) 법정대리인이 사실상 또는 법률상 장애로 대리권을 행사할 수 없는 경우, (iii) 법정대리인의 불성실하거나 미숙한 대리권 행사로 소송절차의 진행이 현저하게 방해받는 경우(제62조 제1항)

② 의사능력이 없는 사람을 상대로 소송행위를 하려고 하거나 의사능력이 없는 사람이 소송행위를 하는 데 필요한 경우(제62조의2)

③ 법인 또는 법인 아닌 사단·재단의 대표자나 관리인이 없거나 있더라도 사실상 또는 법률상 장애로 대표권을 행사할 수 없는 경우(제64조, 제62조)

판례 | 사실상 또는 법률상 장애를 긍정한 판례

1. 식물인간 상태의 남편이 남편의 후견인인 배우자를 상대로 간통이혼청구를 함에 있어서 어머니를 특별대리인으로 선임신청할 수 있다(대판 2010.4.8. 2009므3652).

2. 양모가 미성년의 양자를 상대로 한 소유권이전등기청구소송은 이해상반행위에 해당하고, 양자의 친생 부모는 친권자가 되지 못하므로 법원으로서는 특별대리인을 선임해야 한다(대판 1991.4.12. 90다17491).

3. 비법인 사단과 그 대표자 사이의 이익이 상반되는 사항에 있어서는 위 대표자에게 대표권이 없으므로(민법 제64조 유추), 달리 위 대표자를 대신하여 비법인사단을 대표할 자가 없는 한 이해관계인은 특별대리인의 선임을 신청할 수 있고 이에 따라 선임된 특별대리인이 비법인사단을 대표하여 소송을 제기할 수 있다(대판 1992.3.10. 91다25208).

판례 | 사실상 또는 법률상 장애를 부정한 판례

1. 도시 및 주거환경정비법에 따른 조합(명칭은 조합이나 비법인사단임)의 이사가 자기를 위하여 조합을 상대로 소를 제기하는 경우 그 소송에 관하여는 감사가 조합을 대표하므로, 조합에 감사가 있는 때에는 조합장이 없거나 조합장이 대표권을 행사할 수 없는 사정이 있더라도 조합은 특별한 사정이 없는 한 민사소송법 제64조, 제62조에 정한 '법인의 대표자가 없거나 대표자가 대표권을 행사할 수 없는 경우'에 해당하지 아니하여 특별대리인을 선임할 수 없다. 나아가 수소법원이 이를 간과하고 특별대리인을 선임하였더라도 특별대리인은 이사가 제기한 소에 관하여 조합을 대표할 권한이 없다(대판 2015.4.9. 2013다89372).

2. 주식회사의 대표이사가 사임하여 공석 중이더라도 후임 대표이사가 적법하게 선출될 때까지는 종전 대표이사가 대표권을 가지므로 특별대리인을 선임할 경우에 해당하지 않는다(대판 1974.12.10. 74다428).

15·22법원직

1 사실상 의사능력을 상실한 상태에 있어 소송능력이 없는 사람에 대하여 소송을 제기하는 경우에도 특별대리인을 선임할 수 있다. ( )

12주사보 14사무관 15법원직

2 비법인사단인 원고가 그 대표자인 피고 명의로 신탁한 부동산에 대하여 위 피고에게 명의신탁해지를 원인으로 그 소유권의 환원을 구하는 경우에 있어서는 달리 위 피고를 대신하여 원고를 대표할 자가 없는 한 이해관계인은 특별대리인의 선임을 신청할 수 있고 이에 따라 선임된 특별대리인이 원고를 대표하여 소송을 제기할 수 있다.( )

19법원직

3 조합장이 공석이고 이사와 감사 각 1명씩만 유효하게 선임되어 있는 재건축조합과 관련하여, 조합의 이사 개인이 자기를 위하여 조합을 상대로 소를 제기한 경우 법원은 특별한 사정이 없는 한 피고 조합을 위하여 특별대리인을 선임할 수 있다. ( )

13사무관 15법원직 16주사보

4 새로이 선임된 대표이사가 주식회사의 적법한 대표자의 자격이 없는 경우 당초의 대표이사가 적법한 대표이사가 새로 선임되어 취임할 때까지 회사의 대표이사의 권리의무를 지므로 당해 회사는 대표자가 없거나 대표자가 대표권을 행사할 수 없는 경우에 해당하지 않아 특별대리인을 선임할 수 없다. ( )

정답 | 1 ○ 2 ○ 3 × 4 ○

3. 법인 대표자의 자격이나 대표권에 흠이 있어 그 법인이 또는 그 법인에 대하여 소송행위를 하기 위하여 민사소송법 제64조, 제62조에 따라 수소법원에 의하여 선임되는 특별대리인은 법인의 대표자가 대표권을 행사할 수 없는 흠을 보충하기 위하여 마련된 제도이므로, 이러한 제도의 취지에 비추어 보면 특별대리인이 선임된 후 소송절차가 진행되던 중에 법인의 대표자 자격이나 대표권에 있던 흠이 보완되었다면 특별대리인에 대한 수소법원의 해임결정이 있기 전이라 하더라도 그 대표자는 법인을 위하여 유효하게 소송행위를 할 수 있다(대판 2011.1.27. 2008다85758).

2) 선임신청권자

① 제한능력자를 위한 특별대리인은 제한능력자의 친족, 이해관계인(미성년자·피한정후견인 또는 피성년후견인을 상대로 소송행위를 하려는 사람을 포함한다), 대리권 없는 성년후견인, 대리권 없는 한정후견인, 지방자치단체의 장 또는 검사가 선임을 신청할 수 있고(제62조 제1항), 의사무능력자를 위한 특별대리인은 위 사람들 이외에도 특정후견인 또는 임의후견인도 선임을 신청할 수 있다(제62조의2 제1항).

② 대표자 없는 법인 등을 상대로 소송행위를 하고자 하는 경우에는 그 상대방 당사자(소제기의 경우에는 원고)가 신청권자이고, 대표자 없는 법인 등이 소송행위를 하고자 하는 경우에는 이해관계인 또는 검사가 신청권자이다(제62조 제1항, 제64조).

3) 선임신청절차 및 선임재판

① 신청인은 지연으로 인하여 손해를 볼 염려가 있음을 소명하여야 하여야 하고, 선임신청은 수소법원에 하여야 하는데, 여기의 수소법원이란 본안사건이 장래에 계속될 또는 현재 계속되어 있는 법원을 말하며, 반드시 이미 계속된 본안사건의 담당재판부를 가리키는 것은 아니다(대판 1969.3.25. 68.그21).

② 특별대리인의 선임·개임 또는 해임은 법원의 결정으로 하며, 그 결정은 특별대리인에게 송달하여야 한다(제62조 제4항). 선임신청의 기각결정에 대해서는 항고할 수 있지만(제439조), 선임결정에 대해서는 항고할 수 없다(대결 1963.5.2. 63마4).

③ 또한 개정법은 법원은 소송계속 후 필요하다고 인정하는 경우 직권으로 특별대리인을 선임·개임하거나 해임할 수 있다고 규정하였다(제62조 제2항).

(3) 법인 등의 대표자

> **제64조 [법인 등 단체의 대표자의 지위]**
> 법인의 대표자 또는 제52조의 대표자 또는 관리인에게는 이 법 가운데 법정대리와 법정대리인에 관한 규정을 준용한다.

1) 의의

대표자란 법인 등의 대표기관으로서 법인 등의 이름으로 자기의 의사에 따라 행위를 하는 자로 그 행위의 효과가 직접 법인 등에 귀속되는 자를 말하는데, 법인 또는 비법인사단·재단의 소송행위는 그 대표자에 의하고, 법인 등의 대표자에게는 법정대리인에 관한 규정을 준용한다(제64조).

2) 법인 등의 대표자로 되는 자

① 민법상 법인의 경우는 이사이고, 비법인사단인 종중·문중의 경우는 대표자의 선임에 관

15법원직 18사무관
1 법인 대표자의 자격이나 대표권에 흠이 있어 그 법인이 또는 그 법인에 대하여 소송행위를 하기 위하여 수소법원에 의하여 특별대리인이 선임된 후 소송절차가 진행되던 중에 법인의 대표자 자격이나 대표권에 있던 흠이 보완되었다고 하더라도 특별대리인에 대한 수소법원의 해임결정이 있기 전에는 그 대표자는 법인을 위하여 유효하게 소송행위를 할 수 없다. ( )

19법원직
2 법정대리인이 없는 미성년자가 소송을 당한 경우 지방자치단체의 장 또는 검사는 해당 법원에 특별대리인 선임을 신청할 수 있다.( )

19·22법원직
3 법원이 특별대리인을 선임하기로 하는 결정을 한 경우 그 결정에 대해서는 항고할 수 없다. ( )

20사무관
4 제한능력자를 위한 특별대리인은 친족·이해관계인 등의 신청에 따라 선임되고, 법원이 직권으로 특별대리인을 선임할 수 없다. ( )

정답 | 1 × 2 ○ 3 ○ 4 ×

94 해커스공무원 학원·인강 gosi.Hackers.com

한 종중규약이나 일반관례가 없으면 종장 또는 문장이 종중원을 소집하여 출석자의 과반수 결의로 선출한다(대판 1983.8.24.
92다54180).

② 국가를 당사자로 하는 소송에 있어서는 법무부장관이 국가를 대표하는데, 법무부장관은 법무부의 직원, 각급 검찰청의 검사 또는 공익법무관을 지정하여 국가소송을 수행하게 할 수 있으므로, 비변호사도 소송수행자가 될 수 있다.

3. 법정대리인의 권한

> **제56조 [법정대리인의 소송행위에 관한 특별규정]**
> ① 미성년후견인, 대리권 있는 성년후견인 또는 대리권 있는 한정후견인이 상대방의 소 또는 상소 제기에 관하여 소송행위를 하는 경우에는 그 후견감독인으로부터 특별한 권한을 받을 필요가 없다.
> ② 제1항의 법정대리인이 소의 취하, 화해, 청구의 포기·인낙 또는 제80조(독립당사자참가)에 따른 탈퇴를 하기 위해서는 후견감독인으로부터 특별한 권한을 받아야 한다. 다만, 후견감독인이 없는 경우에는 가정법원으로부터 특별한 권한을 받아야 한다.

(1) 친권자

① 법정대리인인 친권자는 자(子)의 재산에 관한 소송을 수행함에 있어서 일체의 소송행위를 할 수 있다(민법 제920조).

② 부모가 이혼한 때에는 부모의 협의나 가정법원에 의하여 친권자가 정해지는데, 단독친권자로 정해진 부모의 일방이 사망한 경우에는 가정법원이 미성년후견인을 선임하거나 생존하는 부 또는 모 일방을 친권자로 지정하여야 하고, 친권자가 지정되거나 미성년후견인이 선임될 때까지 그 임무를 대행할 사람을 선임할 수 있다(민법 제909조의2).

③ 법정대리인 표시에는 공동으로 친권을 행사하는 부모를 기재하여야 하지만, 송달은 부모 중 일방에게만 하면 된다(제180조).

(2) 후견인

① 후견인이 피후견인을 대리하여 소송행위를 함에 있어서는 후견감독인이 있으면 그의 동의를 받아야 하지만(민법 제950조 제1항 제5호), 미성년후견인, 대리권 있는 성년후견인 또는 대리권 있는 한정후견인이 상대방의 소 또는 상소 제기에 관하여 소송행위를 하는 경우에는 그 후견감독인으로부터 특별한 권한을 받을 필요가 없다(제56조 제1항).

② 그러나 위 후견인이 소의 취하, 화해, 청구의 포기·인낙, 독립당사자참가소송에서 탈퇴하기 위해서는 후견감독인으로부터 특별한 권한을 받아야 한다. 다만, 후견감독인이 없는 경우에는 가정법원으로부터 특별한 권한을 받아야 한다(제56조 제2항).

③ 한편, 부재자재산관리인이 제56조 제2항 소정의 소송행위를 함에 있어서는 법원의 허가가 필요하다(대판 1968.4.30.
67다2117).

(3) 법인 등의 대표자의 권한

① 법인 등의 대표자는 법정대리인에 준하므로(제64조), 그 권한도 민법 기타 실체법에 따른다(제51조). 따라서 민법상 법인의 대표자는 일체의 소송행위를 할 수 있다(민법 제59조, 제60조).

12주사보
1 피후견인이 제소된 경우 후견인은 후견감독인의 수권을 받아야 응소할 수 있다. (　　)

정답 | 1 ×

20사무관 22법원직

1 법인 또는 법인 아닌 사단의 소송법상 특별대리인은 그 대표자와 동일한 권한을 가지게 되므로, 특별한 사정이 없는 한 법인을 대표하여 수행하는 소송에 관하여 상소를 제기하거나 이를 취하할 권리가 있다. ( )

* 공익법인이 주무관청의 허가를 받지 않고 기본재산을 처분하면 그 처분행위가 무효로 된다고 하더라도 공익법인이 제기한 기본재산에 관한 소송에서 본안에 대한 종국판결이 있은 후 소를 취하하였다고 하여 실체법상 권리의 포기라고는 할 수 없으므로 그 소의 취하에 주무관청의 허가를 요하는 것은 아니다.

** 필, 경, 달, 중, 증

14법원직

2 법정대리인의 표시는 소장·판결의 필요적 기재사항이다. ( )

② 대법원도 법인 또는 법인 아닌 사단의 대표자가 없거나 대표권을 행사할 수 없는 경우에 제64조, 제62조의 규정에 따라 선임된 특별대리인은 법인 또는 법인 아닌 사단의 대표자와 동일한 권한을 가져 그 소송수행에 관한 일체의 소송행위를 할 수 있다(대판 2010.6.10. 2010다5373)고 판시하였다. 따라서 소송법상 특별대리인은 특별한 사정이 없는 한 법인을 대표하여 수행하는 소송에 관하여 상소를 제기하거나 이를 취하할 권리가 있다(대판 2018.12.13. 2016다210849,210856).

③ 판례는 공익법인이 제기한 기본재산에 관한 소의 취하에 대하여는 주무관청의 허가가 필요 없다고 본다(대판 1989.7.11. 87다카2406).*

4. 법정대리인의 지위

(1) 제3자의 지위

법정대리인은 당사자 본인은 아니므로 법관의 제척과 재판적을 정하는 기준이 되지 못하고, 기판력·집행력·형성력 등 판결의 효력을 받지도 않는다.

(2) 본인에 유사한 지위**

법정대리인은 당사자 본인은 아니지만 본인에게 유효한 소송수행권이 없으므로 본인에 유사한 지위가 인정된다.

① 법정대리인의 성명은 소장과 판결의 필요적 기재사항이다(제249조 제1항, 제208조 제1항).

② 법정대리인은 소송수행에 있어서 당사자본인의 간섭이나 견제를 받지 않는다. 즉, 경정권(제94조)이 인정되지 않는다.

③ 법정대리인 경우에 송달은 반드시 법정대리인에게 하여야 한다(제179조).

④ 법정대리인의 사망 또는 대리권의 소멸은 소송절차 중단사유가 된다(제235조).

⑤ 법정대리인은 증인 능력이 없으므로 당사자 신문방식에 의한다(제372조).

(3) 법정대리인이 수인인 경우(공동대리원칙)

① 능동대리(공동대리)

수인의 법정대리인이 하는 소송행위, 즉 능동대리는 원칙적으로 공동으로 하여야만 본인에게 효력이 있다(민법 제909조 제2항, 상법 제389조 제2항).

② 수동대리(개별대리)

상대방이 하는 소송행위를 받아들이는 수령, 즉 수동대리의 경우에는 단독으로 할 수 있으며(상법 제208조 제2항), 여러 사람이 공동으로 대리권을 행사하는 경우의 송달은 그 가운데 한 사람에게 하면 된다(제180조).

(4) 대리권의 서면증명

법정대리권이 있는 사실 또는 소송행위를 위한 권한을 받은 사실은 서면으로 증명하여야 한다(제58조 제1항). 따라서 가족관계증명서·법인등기부등본·초본 등을 제출하여야 하고, 법원은 이를 소송기록에 붙여야 한다(동조 제2항).

5. 법정대리권의 소멸

(1) 대리권의 소멸원인

법정대리권은 본인의 사망, 법정대리인의 사망, 성년후견의 개시 또는 파산으로 소멸한다

정답 | 1○ 2○

(제51조, 민법 제127조). 본인이 소송능력을 갖게 된 때 또는 법정대리인이 자격을 상실한 때에도 법정대리권이 소멸한다.

(2) 대리권의 소멸통지

> **제63조 [법정대리권의 소멸통지]**
> ① 소송절차가 진행되는 중에 법정대리권이 소멸한 경우에는 본인 또는 대리인이 상대방에게 소멸된 사실을 통지하지 아니하면 소멸의 효력을 주장하지 못한다. 다만, 법원에 법정대리권의 소멸사실이 알려진 뒤에는 그 법정대리인은 제56조 제2항의 소송행위를 하지 못한다.
> ② 제53조(선정당사자)의 규정에 따라 당사자를 바꾸는 경우에는 제1항의 규정을 준용한다.

① 원칙

소송절차 진행 중 법정대리권이 소멸하였더라도 소송능력을 취득하거나 회복한 본인 또는 신대리인이나 구대리인이 상대방에게 그 사실을 통지하지 아니하면 소멸 효력을 주장하지 못한다(제63조 제1항 본문). 본 규정은 소송대리권이 소멸한 경우(제97조), 대표권이 소멸한 경우(제64조), 선정당사자의 자격이 소멸한 경우(제63조 제2항)의 경우에 준용된다.

판례 | 법정대리권 소멸통지의 취지

구 민사소송법 제60조, 제59조 제1항의 취지는 법인(법인 아닌 사단도 포함, 이하 같다) 대표자의 대표권이 소멸하였다고 하더라도 당사자가 그 대표권의 소멸 사실을 알았는지의 여부, 모른 데에 과실이 있었는지의 여부를 불문하고 그 사실의 통지 유무에 의하여 대표권의 소멸 여부를 획일적으로 처리함으로써 소송절차의 안정과 명확을 기하기 위함에 있으므로, 법인 대표자의 대표권이 소멸된 경우에도 그 통지가 있을 때까지는 다른 특별한 사정이 없는 한 소송절차상으로는 그 대표권이 소멸되지 아니한 것으로 보아야 하므로, 대표권 소멸사실의 통지가 없는 상태에서 구 대표자가 한 소취하는 유효하고, 상대방이 그 대표권 소멸사실을 알고 있었다고 하여 이를 달리 볼 것은 아니다(대판 (전) 1998.2.19. 95다52710).

② 예외

법원에 법정대리권의 소멸사실이 알려진 뒤에는 그 법정대리인은 소의 취하, 화해, 청구의 포기·인낙 또는 독립당사자참가소송에서의 탈퇴 등 소송의 목적을 처분하는 소송행위를 하지 못한다(제63조 제1항).

(3) 소송절차의 중단

소송계속 중 법정대리권이 소멸되면 수계절차를 밟을 때까지 소송절차는 중단된다(제235조). 다만, 소송대리인이 있는 경우에는 그러하지 아니하다(제238조).

Ⅲ 임의대리인(소송대리인)

1. 의의

임의대리인은 본인의 의사에 기하여 대리권이 수여된 대리인을 말하는데, 수여된 대리권의 범위에 따라 개별적 대리인과 포괄적 대리인으로 나뉜다. 특히 포괄대리권을 가진 임의대

19법원직
1 소송절차의 진행 중 법인 대표자의 대표권이 소멸된 경우에도 이를 상대방에게 통지하지 아니하면 소송절차가 중단되지 않으므로 대표권 소멸의 통지가 없는 상태에서 구 대표자가 한 소취하는 유효하지만, 상대방이 그 대표권 소멸사실을 이미 알고 있었던 경우에는 그러한 소취하는 효력이 없다. (　)

정답 | 1 ×

리인을 소송대리인이라고 하는데, 소송대리인에는 법률상 소송대리인과 소송위임에 의한 소송대리인이 있다.

2. 법률상 소송대리인

① 법률상 본인을 위해 일정한 범위의 업무에 관한 일체의 재판상의 행위를 할 수 있는 것으로 규정되어 있는 사람이다.＊

② 대표적인 것은 상법에 규정된 지배인(상법 제11조), 선적항 외에서의 선장(제749조 제1항), 국가를 당사자로 하는 소송에서의 소송수행자(국당 제7조) 등이 이에 속한다.

③ 다만, 지방자치단체는 국가를 당사자로 하는 소송에 관한 법률에서 정한 바와 같이 소송수행자를 지정할 수 없으므로, 변호사대리의 원칙에 따른 소송위임에 의한 소송대리만 가능하고, 변호사 아닌 지방자치단체 소속 공무원으로 하여금 소송수행자로서 소송대리를 하도록 할 수 없다(대판 2006.6.9. 2006두4035).

④ 민사소송법 제87조가 정하는 변호사대리의 원칙에 따라 변호사 아닌 사람의 소송대리는 허용되지 않는 것이므로, 변호사 아닌 피고 소속 공무원으로 하여금 소송수행자로서 피고의 소송대리를 하도록 한 것은 민사소송법 제424조 제1항 제4호가 정하는 '소송대리권의 수여에 흠이 있는 경우'에 해당하는 위법이 있는 것이다(대판 2006.6.9. 2006두4035).

3. 소송위임에 의한 소송대리인

(1) 소송위임의 의의

① 소송위임이란 특정인에게 소송대리권을 수여하는 소송행위인데 대리인으로 될 사람의 승낙을 요하지 않는 단독행위이며 원인행위(민법상의 위임계약 등)와 동시에 행해지는 것이 보통이지만 그 원인행위와는 별개의 행위로 파악되고 있다.

② 따라서 본인이 소송위임을 함에 있어서는 소송능력이 있어야 한다. 대리권 수여의 방식은 자유이므로, 서면 또는 말로 할 수 있다(제89조 제2항).

> **판례 |** 제출된 소송대리위임장이 법원의 잘못 등으로 기록에 편철되지 아니하거나 다른 기록에 편철된 경우, 소송대리인의 소송대리행위의 효력(유효)

> 민사소송법 제89조 제1항에 의하면, 소송대리인의 권한은 서면으로 증명하여야 하는 것이지만, 소송대리인이 소송대리위임장을 법원에 제출한 이상 소송대리권이 있다고 할 것이고, 법원의 잘못 등으로 그 소송대리위임장이 기록에 편철되지 아니하거나 다른 기록에 편철되었다고 하여 소송대리인의 소송대리행위가 무효가 되는 것은 아니다(대판 2005.12.8. 2005다36298).

(2) 변호사대리원칙

> **제87조 [소송대리인의 자격]**
> 법률에 따라 재판상 행위를 할 수 있는 대리인 외에는 변호사가 아니면 소송대리인이 될 수 없다.

① 원칙적으로 소송위임에 의한 소송대리인은 변호사 또는 변호사의 업무를 행하는 법무법인 등이어야 하는데, 이를 변호사대리의 원칙이라 한다.

② 변리사법 제8조에 의하여 변리사에게 허용되는 소송대리의 범위는 특허심판원의 심결에 대한 심결취소소송으로 한정되고, 특허 등의 침해를 청구원인으로 하는 침해금지청구 또는

＊법률상 소송대리인은 임면이 본인의 의사에 따라 이루어지는 점에서는 성질상 임의대리인이다.

4·19법원직 21사무관
1 지방자치단체를 당사자로 하는 소송에는 국가를 당사자로 하는 소송에 관한 법률에 의한 국가소송수행자의 지위가 인정되지 아니한다.
( )

21법원직
2 소송대리인의 권한은 서면으로 증명하여야 하는 것이지만, 소송대리인이 소송대리위임장을 법원에 제출한 이상 소송대리권이 있다고 할 것이고, 법원의 잘못 등으로 그 소송대리위임장이 기록에 편철되지 아니하거나 다른 기록에 편철되었다고 하여 소송대리인의 소송대리행위가 무효가 되는 것은 아니다.
( )

정답 | 1 ○ 2 ○

손해배상청구 등과 같은 민사사건에서 변리사의 소송대리는 허용되지 아니한다(대판 2012.10.25. 2010다108104).

(3) 변호사대리원칙의 예외

> **제88조 [소송대리인의 자격의 예외]**
> ① 단독판사가 심리·재판하는 사건 가운데 그 소송목적의 값이 일정한 금액 이하인 사건에서, 당사자와 밀접한 생활관계를 맺고 있고 일정한 범위안의 친족관계에 있는 사람 또는 당사자와 고용계약 등으로 그 사건에 관한 통상사무를 처리·보조하여 오는 등 일정한 관계에 있는 사람이 법원의 허가를 받은 때에는 제87조를 적용하지 아니한다.
> ② 제1항의 규정에 따라 법원의 허가를 받을 수 있는 사건의 범위, 대리인의 자격 등에 관한 구체적인 사항은 대법원규칙으로 정한다.
> ③ 법원은 언제든지 제1항의 허가를 취소할 수 있다.

1) 단독사건(법원의 허가 필요)

① 단독사건 중 비변호사대리가 허용되기 위한 요건

비변호사대리가 허용되려면 (ⅰ) 단독사건 중 소가가 일정 금액 이하의 사건일 것, (ⅱ) 당사자의 배우자 또는 4촌 이내의 친족으로서 당사자와의 생활관계에 비추어 상당하다고 인정되는 자 또는 당사자와 고용관계 등 계약을 맺고 그 사건에 관한 통상업무를 처리·보조하는 자로서 그 담당사무 등에 비추어 상당하다고 인정되는 자가(규칙 제15조 제2항) (ⅲ) 서면 신청에 따른 법원의 허가를 받을 것을 요한다(제88조 제1항). 다만, 법원은 언제든지 취소할 수 있다(동조 제3항).

② 구체적인 예

㉠ 민사 및 가사소송의 사물에 관한 규칙 제2조 단서 각 호의 어느 하나에 해당하는 사건(수표·어음금 청구사건, 금융기관이 원고인 대여금 등의 사건, 자동차손해배상보장법상 손해배상사건 및 근로자의 업무상 재해로 인한 손해배상사건, 재정단독사건 등)은 소가가 5억 원을 초과하여도 여전히 단독사건이므로 비변호사대리가 허용된다.

㉡ 소가 5억 원 이하의 단독사건 중 소가가 1억 원을 초과하지 아니하는 사건에 한하여 비변호사대리가 가능하므로, 고액단독사건은 비변호사대리가 허용되지 않는다.

㉢ 한편 단독사건이라도 상소심에서는 합의사건이 되므로 상소심에서는 비변호사대리가 허용되지 않는 것이 원칙이다.

㉣ 단독판사가 심판하는 사건에 있어서 소송대리 허가신청에 의한 소송대리권은 법원의 허가를 얻은 때로부터 발생하는 것이므로 소송대리인이 대리인의 자격으로 변론기일 소환장을 수령한 날짜가 법원이 허가한 날짜 이전이라면 그 변론기일 소환장은 소송대리권이 없는 자에 대한 송달로서 부적법하다(대판 1982.7.27. 82다68).

2) 소액사건(3,000만 원 이하의 사건: 법원의 허가 불요)

① 소액사건에서는 절차의 간이화를 위하여 민사소송법 제88조의 특칙으로 당사자의 배우자·직계혈족 또는 형제자매는 법원의 허가 없이 소송대리인이 될 수 있다(소액 제8조 제1항). 다만, 상소심에서는 이 예외가 적용되지 않으므로 변호사대리의 원칙에 의한다.

② 소액사건에 해당하는지 여부는 소제기 당시를 기준으로 하는 것이므로, 대체물이나 유가증권의 청구 등에 있어서 소제기 후 교환가격의 상승으로 3,000만 원을 초과하게 되거나, 2개 이상의 소액사건을 병합함으로써 소송목적의 값의 합산액이 3,000만 원을 초과하게 된 경우라도 여전히 소액사건임에 변함이 없다(대판 1992.7.24. 91다43176).

20법원직
1 변호사 외에도 당사자의 가족 등이 소송대리를 할 수 있는 경우가 있다. ( )

15·17주사보
2 소송목적의 값이 2억 원을 초과하는 경우에도 단독판사가 심판할 것으로 합의부가 결정한 사건은 비변호사의 소송대리가 가능하다. ( )

21법원직
3 단독판사가 심판하는 사건에 있어서 소송대리 허가신청에 의한 소송대리권은 법원의 허가를 얻은 때로부터 발생하는 것이므로 소송대리인이 대리인의 자격으로 변론기일 소환장을 수령한 날짜가 법원이 허가한 날짜 이전이라면 그 변론기일 소환장은 소송대리권이 없는 자에 대한 송달로서 부적법하다.( )

17주사보 19법원직
4 소액사건에서는 법원의 허가가 없더라도 당사자의 형제자매는 소송대리인이 될 수 있다. ( )

정답 | 1 ○ **2** ○ **3** ○ **4** ○

4. 소송대리권의 범위

> **제90조 [소송대리권의 범위]**
> ① 소송대리인은 위임을 받은 사건에 대하여 반소·참가·강제집행·가압류·가처분에 관한 소송행위 등 일체의 소송행위와 변제의 영수를 할 수 있다.
> ② 소송대리인은 다음 각 호의 사항에 대하여는 특별한 권한을 따로 받아야 한다.
> 1. 반소의 제기
> 2. 소의 취하, 화해, 청구의 포기·인낙 또는 제80조(독립당사자참가)의 규정에 따른 탈퇴
> 3. 상소의 제기 또는 취하
> 4. 대리인의 선임

(1) 원칙

① 소송대리인은 위임을 받은 사건에 대하여 반소에 관한 소송행위 등 일체의 소송행위와 변제의 영수를 할 수 있다(제90조 제1항). 여기서 반소는 제90조 제2항의 반소의 제기와의 관계에 비추어 <u>반소에 대한 응소</u>를 의미한다.

② 위임에 의한 소송대리인이 가지는 대리권의 범위에는 특별수권을 필요로 하는 사항을 제외한 소송수행에 필요한 일체의 소송행위를 할 권한뿐만 아니라 소송목적인 채권의 변제를 채무자로부터 수령하는 권한을 비롯하여 위임을 받은 사건에 관한 실체법상 사법행위를 하는 권한도 포함된다(대판 2015.10.29. 2015다32585).

③ 항소심의 변호사 또는 법률상 소송대리인이 아닌 1심 소송대리인은 당사자에게 특별수권사항을 위임받지 않았다면 상소장을 제출할 수 없다(대판 2007.2.8. 2006다67893).

④ 소송대리권의 범위는 원칙적으로 당해 심급에 한정되지만, 소송대리인이 상소제기에 관한 특별한 권한을 따로 받았다면 특별한 사정이 없는 한 상소장을 제출할 권한과 의무가 있으므로, 상소장에 인지를 붙이지 아니한 흠이 있다면 소송대리인은 이를 보정할 수 있고 원심재판장도 소송대리인에게 인지의 보정을 명할 수 있다(대결 2013.7.31. 2013마670).

⑤ 다만, 소송대리인에게 상소제기에 관하여 특별수권이 있다고 하여도 실제로 소송대리인이 아닌 <u>당사자 본인이 상소장을 작성하여 제출하였다면 소송대리인에게 상소장과 관련한 인지 보정명령을 수령할 권능이 있다고 볼 수 없으므로, 소송대리인에게 인지 보정명령을 송달하는 것은 부적법한 송달이어서 송달의 효력이 발생하지 않는다</u>(대결 2016.12.27. 2016무745).

(2) 특별수권사항

① 반소의 제기(제1호)

② 소의 취하, 화해, 청구의 포기·인낙 또는 독립당사자참가소송에서의 탈퇴(제2호)

③ 상소의 제기 또는 취하(제3호)

④ 복대리인의 선임(제4호)

판례 | 소취하에 대한 동의가 특별수권사항인지 여부

소취하에 대한 소송대리인의 동의는 민사소송법 제82조 제2항 소정의 특별수권사항이 아닐 뿐 아니라, 소송대리인에 대하여 특별수권사항인 소취하를 할 수 있는 대리권을 부여한 경우에도 상대방의 소취하에 대한 동의권도 포함되어 있다고 봄이 상당하므로 그같은 소송대리인이 한 소취하의 동의는 소송대리권의 범위내의 사항으로서 본인에게 그 효력이 미친다(대판 1984.3.13. 82므40).

14·16법원직

1 소송대리인은 위임받은 사건에 대하여 강제집행, 가압류·가처분에 관한 절차 등 일체의 소송행위와 변제의 영수를 할 수 있다. (　)

20법원직

2 소송대리인은 특별수권을 받지 않는 한 위임을 받은 사건에 관하여 상대방으로부터 변제를 받을 수 없다. (　)

16법원직 17주사보

3 소송대리인이 상소제기에 관한 특별한 권한을 따로 받았다면 상소장에 인지를 붙이지 아니한 흠이 있는 경우 특별한 사정이 없는 한 소송대리인은 이를 보정할 수 있고 원심재판장도 소송대리인에게 인지의 보정을 명할 수 있다. (　)

18시무관

4 상소제기에 관한 특별한 권한을 받은 소송대리인이 작성하여 제출한 상소장에 인지를 붙이지 아니한 흠이 있는 때에는 원심 재판장은 그 소송대리인에게 인지의 보정을 명할 수 있지만, 당사자 본인이 상소장을 작성하여 제출한 경우에는 소송대리인에게 인지 보정명령을 송달할 수 없다. (　)

16·22법원직

5 소송대리인이 소취하에 동의를 함에 있어서는 본인으로부터 특별한 권한을 따로 받아야 한다. (　)

정답 | 1 ○ **2** × **3** ○ **4** ○ **5** ×

판례 | 소송상 화해나 청구의 포기에 관한 특별수권이 있는 경우, 당해 소송물인 권리의 처분이나 포기에 대한 권한도 수여되어 있다고 볼 것인지 여부(적극)

소송상 화해나 청구의 포기에 관한 특별수권이 되어 있다면, 특별한 사정이 없는 한 그러한 소송행위에 대한 수권만이 아니라 그러한 소송행위의 전제가 되는 당해 소송물인 권리의 처분이나 포기에 대한 권한도 수여되어 있다고 봄이 상당하다(대결 2000.1.31. 99마6205).

(3) 심급대리원칙

1) 인정 여부
판례는 소송대리권의 범위는 특별한 사정이 없는 한 당해 심급에 한정되어, 소송대리인의 소송대리권의 범위는 수임한 소송사무가 종료하는 시기인 당해 심급의 판결을 송달받은 때까지라고 할 것(대결 2000.1.31. 99마6205)이라고 하여 심급대리원칙을 인정한다(즉, 상소에 피상소인으로서 응소하는 것도 특별수권사항으로 보아야 한다).

2) 대리권의 부활이 긍정된 판례(파기환송되어 사실심에 계속 중인 사건)
① 상고심에서 환송되어 다시 항소심에 계속하게 된 경우

판례는 환송의 경우 상고 전의 항소심에서의 소송대리인의 대리권은 그 사건이 항소심에 계속되면서 다시 부활하는 것이므로 환송받은 항소심에서 환송 전의 항소심에서의 소송대리인에게 한 송달은 소송당사자에게 한 송달과 마찬가지의 효력이 있다(대판 1984.6.14. 84다카744)고 하여 부활을 긍정한다.

② 이 경우 소송대리인의 보수 – 항소심 사건의 소송사무까지 처리하여야 청구 가능

판례는 항소심판결이 상고심에서 파기되고 사건이 환송되는 경우에는 사건을 환송받은 항소심법원이 환송 전의 절차를 속행하여야 하고 환송 전 항소심에서의 소송대리인인 변호사 등의 소송대리권이 부활하므로, 환송 후 사건을 위임사무의 범위에서 제외하기로 약정하였다는 등의 특별한 사정이 없는 한 변호사 등은 환송 후 항소심 사건의 소송사무까지 처리하여야만 비로소 위임사무의 종료에 따른 보수를 청구할 수 있게 된다(대판 2016.7.7. 2014다1447)고 판시하였다.

3) 대리권의 부활이 부정된 판례(파기환송되어 법률심에 계속 중인 사건, 재심사건)
① 재상고의 경우

상고심에서 항소심으로 파기환송된 사건이 다시 상고된 경우에는 항소심의 소송대리인은 그 대리권을 상실하고, 이때 환송 전 상고심 대리인의 대리권이 그 사건이 다시 상고심에 계속되면서 부활하게 되는 것은 아니라고 할 것이어서, 새로운 상고심은 변호사보수의 소송비용산입에 관한 규칙에서는 환송 전 상고심과는 별개의 심급으로 보아야 한다(대결 1996.4.4. 96마148)고 판시한 경우도 있다.

② 재심의 경우

재심은 신소제기의 형식을 취하는 것이므로 재심절차에서는 사전 또는 사후의 특별수권이 없는 이상 재심 전의 소송의 소송대리인이 당연히 소송대리인이 되는 것은 아니다(대결 1991.3.27. 90마970).

22법원직

1 소송상 화해나 청구의 포기에 관한 특별수권이 되어 있다면 특별한 사정이 없는 한 그러한 소송행위에 대한 수권만이 아니라 그러한 소송행위의 전제가 되는 당해 소송물인 권리의 처분이나 포기에 대한 권한도 수여되어 있다고 봄이 상당하다. ( )

16주사보 20법원직

2 소송대리인의 소송대리권은 특별한 사정이 없는 한 당해 심급의 판결을 송달받은 때까지만 유지된다. ( )

16법원직

3 사건이 상고심에서 환송되어 다시 항소심에 계속하게 된 경우, 환송받은 항소심에서 환송 전의 항소심에서의 소송대리인에게 한 송달은 적법하다. ( )

20법원직 21사무관

4 재심 전의 소송의 소송대리인에게 당연히 재심소송의 소송대리권이 있는 것은 아니다. ( )

정답 | 1 ○ **2** ○ **3** ○ **4** ○

5. 소송대리인의 지위

(1) 제3자의 지위

소송행위자로서 행동하나 당사자가 아니므로 판결의 효력을 받지 않는다. 법정대리인과 달리 송달은 반드시 소송대리인에게 하지 않아도 된다. 즉, 소송대리인이 있는 경우에도 당사자 본인에게 한 송달은 유효하다(대결 1970.6.5. 70마325).

(2) 당사자 본인의 지위 및 경정권

21사무관
1 본인의 경정권의 대상은 재판상 자백 같은 사실관계에 관한 진술에 한하므로 대리인이 한 신청과 취하·포기·인낙·화해 같은 소송을 처분하는 행위, 법률상의 의견 등은 본인이 취소하거나 경정할 수 없다.
( )

> **제94조 [당사자의 경정권]**
> 소송대리인의 사실상 진술은 당사자가 이를 곧 취소하거나 경정한 때에는 그 효력을 잃는다.

본인이 소송대리인과 같이 법정에 나와 소송대리인의 '사실상 진술'을 경정하면 그 진술은 효력이 없다(제94조). 사실상 진술에 한하며(신청, 소송물의 처분행위, 법률상 진술, 경험칙 등은 포함되지 않는다), 지체 없이 행사되어야 하므로 본인이 소송대리인과 '함께' 변론에 출석한 경우에만 행사할 수 있다.

(3) 소송대리인이 수인인 경우(개별대리의 원칙)

17주사보 21법원직
2 여러 소송대리인이 있는 때에는 각자가 당사자를 대리한다. 당사자가 이에 어긋나는 약정을 한 경우 그 약정은 효력을 가지지 못한다.
( )

① 법정대리와 달리 여러 소송대리인이 있는 때에는 각자가 당사자를 대리한다(제93조 제1항). 개별대리원칙에 어긋나는 약정을 한 경우에도 이는 효력을 가지지 못한다(동조 제2항).
② 여러 대리인의 행위가 모순될 경우, (ⅰ) 동시에 모순된 행위가 이루어진 경우에는 어느 것도 효력이 발생하지 않으나, (ⅱ) 때를 달리 해 모순된 행위가 이루어진 경우에는 앞의 행위가 철회할 수 있는 것(주장, 부인, 증거신청 등)이면 뒤의 행위(소취하, 청구포기·인낙, 화해, 자백 등)에 의하여 철회된 것이 되며, 앞의 행위가 철회될 수 없는 것(자백 등)이면 뒤의 행위(부인 등)가 효력이 없게 된다.

(4) 대리권의 서면증명

소송대리인의 권한은 서면으로 증명하여야 한다(제89조 제1항). 이러한 서면이 사문서인 경우에는 법원은 공증인, 그 밖의 공증업무를 보는 사람의 인증을 받도록 소송대리인에게 명할 수 있다(동조 제2항). 그러나 당사자가 말로 소송대리인을 선임하고, 법원사무관등이 조서에 그 진술을 적어 놓은 경우에는 그러하지 아니하다(동조 제3항).

6. 소송대리권의 소멸

> **제95조 [소송대리권이 소멸되지 아니하는 경우]**
> 다음 각 호 가운데 어느 하나에 해당하더라도 소송대리권은 소멸되지 아니한다.
> 1. 당사자의 사망 또는 소송능력의 상실
> 2. 당사자인 법인의 합병에 의한 소멸
> 3. 당사자인 수탁자의 신탁임무의 종료
> 4. 법정대리인의 사망, 소송능력의 상실 또는 대리권의 소멸·변경
>
> **제96조 [소송대리권이 소멸되지 아니하는 경우]**
> ① 일정한 자격에 의하여 자기의 이름으로 남을 위하여 소송당사자가 된 사람에게 소송대리인이 있는 경우에 그 소송대리인의 대리권은 당사자가 자격을 잃더라도 소멸되지 아니한다.
> ② 제53조의 규정에 따라 선정된 당사자가 그 자격을 잃은 경우에는 제1항의 규정을 준용한다.

정답 | **1** ○ **2** ○

(1) 소멸사유

① 소송대리인의 사망·성년후견의 개시 또는 파산(민법 제127조 제2호)

② 소송사건의 종료

　　소송대리권은 특별한 의사표시가 없는 한 당해 심급에 한한다는 것이 통설·판례의 견해이다(심급대리의 원칙). 따라서 소송대리권은 당해 심급에서의 심판절차의 종료로써(전형적으로는 종국판결이 소송대리인에게 송달됨으로써) 소멸된다. 다만, 상소의 제기에 관한 특별수권이 되어 있는 때에는 소송대리인의 상소의 제기에 관하여는 소송대리권이 존속한다고 본다.

③ 기본관계의 소멸

　　소송위임의 원인이 된 위임계약은 각 당사자가 언제든지 해지할 수 있고(민법 제689조) 또 위임인의 파산에 의해서도 당연히 종료되며, 수임인이 성년후견개시의 심판을 받은 경우에도 이와 같다(민법 제690조).

(2) 소멸원인이 되지 않는 사유

소송대리권은, ① 당사자의 사망 또는 소송능력의 상실, ② 당사자인 법인의 합병에 의한 소멸, ③ 당사자인 수탁자의 신탁임무의 종료, ④ 당자사인 법정대리인의 사망, 소송능력 상실, 법정대리권의 소멸·변경(법인 대표자의 교체 등)에 해당하여도 소멸되지 않는다(제95조, 제96조).

(3) 소멸의 통지

① 법정대리권이 소멸한 경우와 마찬가지로 소송절차가 진행되는 중에 소송대리권이 소멸한 경우에는 본인 또는 대리인이 상대방에게 소멸된 사실을 통지하지 아니하면 소멸의 효력을 주장하지 못한다(제97조, 제63조 제1항 본문).

② 다만, 법원에 소송대리권의 소멸사실이 알려진 뒤에는 그 소송대리인은 소의 취하, 화해, 청구의 포기·인낙 또는 독립당사자참가소송에서의 탈퇴의 소송행위를 하지 못한다(제97조, 제63조 제1항 단서).

Ⅳ 무권대리인

1. 의의

'무권대리'란 대리권이 없는 대리를 말한다. 대리권을 수여받지 못한 경우, 특별수권 없는 대리행위, 대리권을 서면증명하지 못한 경우, 법정대리인의 무자격, 대표권 없는 자의 대표행위가 이에 해당한다.

2. 소송상 취급

(1) 소송행위의 유효요건

1) 무권대리인의 소송행위는 원칙적 무효(유동적 무효)

　　대리권의 존재는 대리인의 소송행위의 유효요건이다. 그러나 무권대리인의 소송행위는 당사자나 정당한 대리인이 추인하면 소급하여 유효하게 되므로(제60조), 유동적 무효이다.

14·21법원직 17주사보

1 당사자가 사망하면 소송위임에 의한 소송대리인의 대리권은 소멸한다. (　)

16사무관

2 소송대리인의 소송대리권은 대리권을 수여한 법인의 대표자의 교체 내지 자격상실에 의해서 소멸된다. (　)

정답 | 1 × 2 ×

2) 추인(확정적 유효)

제60조 [소송능력 등의 흠과 추인]
소송능력, 법정대리권 또는 소송행위에 필요한 권한의 수여에 흠이 있는 사람이 소송행위를 한 뒤에 보정된 당사자나 법정대리인이 이를 추인한 경우에는, 그 소송행위는 이를 한 때에 소급하여 효력이 생긴다.

---

① 항소의 제기에 관하여 특별수권을 받지 아니한 1심 소송대리인이 제기한 항소는 무권대리인에 의해 제기된 것으로서 위법하다 할 것이나, 그 당사자의 적법한 소송대리인이 항소심에서 본안에 관하여 변론하였다면 이로써 그 항소제기 행위를 추인하였다고 할 것이므로 그 항소는 당사자가 적법하게 제기한 것으로 된다(대판 2007.2.8. 2006다67893).

② 일단 추인거절의 의사표시가 있는 이상 그 무권대리행위는 확정적으로 무효로 귀착되므로 그 후에 다시 이를 추인할 수는 없다(대판 2008.8.21. 2007다79480).

3) 묵시적 추인

① 추인은(사전추인을 제외하면) 시기의 제한이 없어 상급심에서도 하급심에서 한 무권대리인의 소송행위를 추인할 수 있고 묵시적 의사표시로도 가능하다.

② 판례는 미성년자가 직접 소송대리인을 선임하여 제1심의 소송수행을 하게 하였으나 제2심에 이르러서는 미성년자의 친권자인 법정대리인이 소송대리인을 선임하여 소송행위를 하면서 아무런 이의를 제기한 바 없이 제1심의 소송결과를 진술한 경우에는 무권대리에 의한 소송행위를 묵시적으로 추인한 것으로 보아야 한다고 보았다(대판 1980.4.22. 80다308).

4) 일부 추인

① 무권대리인이 행한 소송행위의 추인은 특별한 사정이 없는 한 소송행위의 전체를 대상으로 하여야 하고, 그중 일부의 소송행위만을 추인하는 것은 허용되지 아니한다(대판 2008.8.21. 2007다79480).

② 그러나 무권대리인이 변호사에게 위임하여 소를 제기하여서 승소하고 상대방의 항소로 소송이 2심에 계속 중 그 소를 취하한 일련의 소송행위 중 소취하 행위만을 제외하고 나머지 소송행위를 추인함은 소송의 혼란을 일으킬 우려가 없고 소송경제상으로도 적절하여 그 추인은 유효하다(대판 1973.7.24. 69다60)고 하여 소송의 혼란을 가져올 염려가 없는 경우에는 일부추인도 허용된다고 한다.

(2) 소송요건(대리권 흠결을 간과한 판결의 효력)

1) 소제기시 흠결

대리권에 흠결이 있는 경우 법원은 기간을 정하여 이를 보정하도록 명하여야 하며, 만일 보정하는 것이 지연됨으로써 손해가 생길 염려가 있는 경우에는 법원은 보정하기 전의 당사자 또는 법정대리인으로 하여금 일시적으로 소송행위를 하게 할 수 있다(제59조).

2) 소송계속 중 흠결

다른 법정대리인 등이 수계할 때까지 소송절차는 중단된다(제235조). 기일에 무권대리인이 출석하여 변론을 하더라도 그 자의 소송관여는 배척되고 본인에게는 기일불출석의 불이익을 입힐 수 있다.

3) 대리권에 관하여 다툼이 있는 경우

법원이 심리하여 대리권이 존재한다고 판단되면 중간판결이나 판결이유 중에서 판시하면

19법원직
1 항소의 제기에 관하여 특별수권을 받지 아니한 1심 소송대리인이 제기한 항소는 위법하나, 그 당사자의 적법한 소송대리인이 항소심에서 본안에 대하여 변론하였다면 그 항소는 당사자가 적법하게 제기한 것으로 된다. ( )

21법원직
2 무권대리인이 행한 소송행위에 대하여 추인거절의 의사표시가 있는 이상, 무권대리행위는 확정적으로 무효가 되어 그 후에 다시 이를 추인할 수는 없다. ( )

21법원직
3 미성년자가 직접 변호인을 선임하여 제1심의 소송수행을 하게 하였으나 제2심에 이르러서는 미성년자의 친권자인 법정대리인이 소송대리인을 선임하여 소송행위를 하면서 아무런 이의를 제기한 바 없이 제1심의 소송결과를 진술한 경우에는 무권대리에 의한 소송행위를 묵시적으로 추인된 것으로 보아야 한다. ( )

21법원직
4 무권대리인이 행한 소송행위의 추인은 소송행위의 전체를 일괄하여 하여야 하는 것이나 무권대리인이 변호사에게 위임하여 소를 제기하여서 승소하고 상대방의 항소로 소송이 2심에 계속 중 그 소를 취하한 일련의 소송행위 중 소취하 행위만을 제외하고 나머지 소송행위를 추인하는 것은 유효하다. ( )

19주사보
5 대리권의 유무는 법원의 직권조사사항이므로, 조사결과 대리권의 흠이 발견되면 기간을 정하여 대리권의 보정을 명하여야 하고 보정을 명한 후 이에 불응하면 소장각하명령을 하게 된다. ( )

정답 | 1 ○ 2 ○ 3 ○ 4 ○ 5 ×

족하고 흠이 있다고 판단되면 보정을 명하고 보정하지 않으면 소각하 판결을 한다.

4) 간과판결의 효력

① 간과판결은 당연무효의 판결이 아니므로 확정 전에는 상소(제424조 제1항 제4호)로써 확정 후에는 재심(제451조 제1항 제3호)으로써 취소를 구할 수 있다. 다만 판결 후에 추인이 있으면 상소나 재심은 허용되지 않는다(제424조 제2항, 제451조 제1항 제3호 단서).

② 판례는 무권대리인이 소송행위를 한 사건에 관하여 판결이 확정된 경우(원고가 청구인용을 받은 경우), 그 소송에서의 상대방이 이를 재심사유로 삼기 위하여는 그러한 사유를 주장함으로써 이익을 받을 수 있는 경우(피고가 원고청구기각을 받을 수 있는 경우)에 한한다고 하였다(대판 2000.12.22. 2000재다513).

3. 표현대리 인정 여부

① 예컨대, 甲이 乙법인을 상대방으로 하여 소를 제기하면서 법인등기부에 등재된 대표자 A를 현재의 진정한 대표자로 믿고 그를 상대로 소송수행하여 승소하였는데 나중에 A가 진정한 대표자가 아님이 판명되었을 때, 등기부를 믿은 당사자 甲이 민법상의 표현대리의 법리에 의하여 보호를 받게 되는가이다.

생각건대 실체법상의 표현대리 법리는 거래안전에 이바지하기 위한 규정이므로, 실체적 거래행위가 아니고 절차의 안정을 중요시하는 소송행위에는 적용될 수 없다고 본다.

② 판례도 집행증서를 작성할 때에 강제집행인낙의 의사표시는 공증인에 대한 소송행위이고 이러한 소송행위에는 민법상의 표현대리 규정은 적용 또는 유추적용될 수 없다고 한다(대판 2006.3.24. 2006다2803).

19법원직

1 법원이 대리권이 없음을 간과하고 본안판결을 하였을 때에는 그 판결은 당연무효이므로 당사자 본인에 대해 효력을 미치지 않는다.

( )

정답 | **1** ×

제3장 | 소송의 객체(소송물)

학습 POINT

1. 이행의 소에서 집행불능과 소의 이익 부분 판례정리
2. 시효중단을 위한 후소형태는 출제가 유력한 부분
3. 장래이행의 소에서 장래 계속적 불법행위 부당이득청구 요건 정리
4. 확인의 이익은 앞으로 출제가 계속될 부분('21기출)

제1절 | 소의 이익

제1관 | 소의 이익의 의의

소의 이익이란 청구의 내용이 본안판결을 받기에 적합한 일반적 자격인 권리보호자격(각종 소에 공통된 소의 이익, 즉 청구적격)과 청구에 대하여 판결을 구할 구체적·개별적 이익인 권리보호이익(각종 소의 특수한 소의 이익)을 말한다.

제2관 | 권리보호의 자격(공통적인 소의 이익)

Ⅰ 청구가 소구할 수 있는 구체적인 권리 또는 법률관계에 대한 것일 것

1. 권리 또는 법률관계에 대한 청구일 것

'법률상 쟁송'이어야 하므로, 단순한 사실 존부의 다툼은 원칙적으로 소의 이익이 없다.

(1) 권리관계주장이 아닌 청구의 적법 여부(소극)

판례는 ① 지적도의 경계오류정정청구(대판 1965.12.28. 65다2172), ② 족보에 특정인의 등재금지청구(대판 1975.7.8. 75다296) 내지 족보기재사항의 변경·삭제청구(대판 1992.9.13. 92다756), ③ 제사주재자 지위 확인청구(대판 2012.9.13. 2010다88699), ④ 통일교가 기독교종교단체인지에 관한 청구(대판 1980.1.29. 79다1124) 내지 어떤 사찰이 특정 종파에 속한다는 확인청구(대판 1984.10.17. 83다325) 등의 경우 권리관계주장이 아니라고 하여 소의 이익을 부정하였다.

(2) 대장상 명의말소청구의 적법 여부(소극)

판례는 임야대장, 토지대장, 가옥대장 등은 조세의 부과징수의 편의를 도모하기 위하여 작성된 장부에 불과한 것으로서 부동산에 관한 권리변동의 공시방법이 아닌 만큼 위의 대장 등에 진실한 소유권자가 아닌 자의 명의로 등재되어 있다고 하더라도 이것만으로는 소유권의 방해가 된다고 할 수 없어 소유권을 부인하는 자에 대하여 소유권의 확인을 청구함으로써 충분하고 대장상의 명의말소를 청구할 필요가 없다고 하였다(대판 1979.2.27. 78다913).

2. 구체적 사건성을 갖춘 청구일 것

법률문제라도 구체적 이익분쟁과 관계없는 추상적인 법령의 해석이나 효력을 다투는 소는

22법원직

1 단체의 구성원이 단체내부규정의 효력을 다투는 소는 당사자 사이의 구체적인 권리 또는 법률관계의 존부 확인을 구하는 것이 아니므로 부적법하다. ( )

정답 | 1 ○

소의 이익이 없다. 따라서 ① 법률·명령 자체의 위헌확인청구(대판 1992.3.10.
91누12639), ② 정관 등의 무효 여부(대판 1992.8.18.
92다13875) 등은 권리보호자격이 없다.

3. 재판상 소구할 수 있는 청구일 것

① 자연채무에 대한 청구, ② 소로써만 행사할 수 있는 형성권 이외의 형성권에 관한 청구, ③ 약혼의 강제이행(민법 제803조) 등의 경우에는 소구할 수 없는 청구이므로 권리보호자격이 없다.

4. 법원의 권한에 속하는 법률상 쟁송일 것

정당·종교단체·대학 등 부분사회의 내부분쟁도 원칙적으로 청구적격이 없다. 판례도 일반 국민으로서의 특정한 권리의무나 법률관계와 관련된 분쟁에 관한 것이 아닌 이상 종교단체의 내부관계에 관한 사항은 원칙적으로 법원에 의한 사법심사의 대상이 되지 않는다(대판 2015.4.23.
2013다20311)고 한다.

Ⅱ 법률상·계약상의 소제기금지사유가 없을 것

① 법률상 금지사유로 중복소제기금지(제259조), 재소금지(제267조 제2항)가 있으며,
② 계약상 금지사유로 부제소특약이 있다. 부제소특약이란 당사자 사이에 일정한 권리 또는 법률관계에 관하여 법원에 소를 제기하지 아니하기로 정하는 합의를 의미한다. 부제소특약은 사법계약이므로, 합의에 위반하여 소를 제기한 경우 피고가 본안 전 항변으로 계약의 존재를 주장하면 법원은 소의 이익의 흠결로 소각하판결을 하여야 한다.

Ⅲ 특별구체절차(소제기장애사유)가 없을 것

1. 법률상 간이한 구제절차가 있는 소송비용확정절차나 등기관의 직권사항에 대해 소를 제기하는 경우 소의 이익이 부정된다.

2. 소의 이익이 없는 경우

① 소송비용액 확정절차(제110조)에 의하지 않고 소송비용상환청구의 소를 제기한 경우
(대판 2011.3.24.
2010다96997)
② 공탁금출급절차를 밟아야 함에도 공탁공무원을 상대로 민사소송으로 지급을 청구한 경우
(대판 1991.7.12.
91다15447)
③ 상소로 다툴 것을 다투지 아니하여 확정시켜 놓고 별도의 소를 제기하는 경우(대판 2002.9.4.
98다17145)

3. 어느 분쟁해결을 위하여 적정한 판단을 받을 수 있도록 마련된 보다 더 간편한 절차를 이용할 수 있었음에도 그 절차를 이용하지 않았다는 사정은 소송제기에 있어 소극적 권리보호요건인 직권조사사항이라 할 것이다(대판 2002.9.4.
98다17145).

18법원직
1 어느 분쟁해결을 위하여 적정한 판단을 받을 수 있도록 마련된 보다 더 간편한 절차를 이용할 수 있었음에도 그 절차를 이용하지 않았다는 사정은 소송제기에 있어 소극적 권리보호요건인 직권조사사항이다.
( )

정답 | 1 ○

18법원직
1 패소확정판결을 받은 당사자가 전소의 상대방을 상대로 다시 전소와 동일한 청구의 소를 제기하는 경우, 특별한 사정이 없는 한 후소는 권리보호의 이익이 없어 부적법하다.
( )

17법원직
2 이행판결이 확정되었는데 판결 내용이 특정되지 아니하여 집행을 할 수 없는 경우에는 소송물이 동일한 경우라도 다시 소송을 제기할 권리보호의 이익이 있다. ( )

19법원직
3 시효중단을 위한 재소에서 후소의 판결이 전소의 승소 확정판결의 내용에 저촉되어서는 아니 되므로, 후소 법원으로서는 그 확정된 권리를 주장할 수 있는 모든 요건이 구비되어 있는지 여부에 관하여 다시 심리할 수 없다. ( )

19법원직 19주사보
4 승소확정판결을 받은 당사자가 그 상대방을 상대로 다시 승소확정판결의 전소와 동일한 청구의 소를 제기하는 경우 그 후소는 권리보호의 이익이 없어 부적법하므로, 확정판결에 의한 채권의 소멸시효기간인 10년의 경과가 임박한 경우에는 그 시효중단을 위한 재소(再訴)는 예외적으로도 그 소의 이익을 인정할 수 없다. ( )

19·22법원직
5 시효중단을 위한 후소로서 이행소송 외에 전소판결로 확정된 채권의 시효를 중단시키기 위한 조치, 즉 '재판상의 청구'가 있다는 점에 대하여만 확인을 구하는 형태의 확인소송도 허용된다. ( )

19법원직 19주사보
6 확정된 전소가 이행소송이었던 경우 채권자는 이행소송과 확인소송 중 어느 하나를 임의로 선택하여 제기할 수는 없고, 이행소송을 할 수 없는 부득이한 사정이 있는 경우에만 '재판상의 청구'가 있다는 점에 대하여 확인을 구하는 형태의 확인소송을 제기할 수 있다. ( )

정답 | 1 ✕ 2 ○ 3 ○ 4 ✕ 5 ○
6 ✕

Ⅳ 원고가 동일청구에 대하여 승소확정의 판결을 받은 경우가 아닐 것

① 판례는 승소판결을 받은 경우에 원고가 같은 신소를 제기하는 것은 권리보호의 이익에 흠이 있는 것이며 이 때문에 소각하를 하여야 한다고 했다. 그러나 패소판결을 받은 때에 원고가 신소를 제기하면 전의 판결내용과 모순되는 판단을 하여서는 아니 되는 구속력 때문에 전소판결의 판단을 원용하여 청구기각의 판결을 하여야 하고, 소각하할 것이 아니라는 입장이다(대판 1989.6.27. 87다카2478).

② 원고가 승소확정판결을 받은 후에 상대방이 불이행하면 강제집행을 하면 되기 때문에 또 다시 이행판결을 받을 소의 이익이 없다(대판 (전) 2018.7.19. 2018다22008). 다만, 판결원본의 멸실, 판결채권의 시효중단의 필요, 판결내용의 불특정 등 특별한 사정이 있는 경우에는 예외적으로 소의 이익이 인정된다.

판례 | 시효중단의 필요성이 있는 경우

> 확정판결의 기판력에 의하여 당사자는 확정판결과 동일한 소송물에 기하여 신소를 제기할 수 없는 것이 원칙이나, 시효중단 등 특별한 사정이 있는 경우에는 예외적으로 신소가 허용된다. 그러나 이러한 경우에도 신소의 판결이 전소의 승소확정판결의 내용에 저촉되어서는 안 되므로, 후소 법원으로서는 그 확정된 권리를 주장할 수 있는 모든 요건이 구비되어 있는지에 관하여 다시 심리할 수 없다.
> 다만, 전소의 변론종결 후에 새로 발생한 변제, 상계, 면제 등과 같은 채권소멸사유는 후소의 심리대상이 되어 채무자인 피고는 후소절차에서 위와 같은 사유를 들어 항변할 수 있으나, 법률이나 판례의 변경은 전소 변론종결 후에 발생한 새로운 사유에 해당한다고 할 수 없다(대판 2019.8.29. 2019다215272).

판례 | 소멸시효 중단을 위한 후소로서 기존의 '이행소송' 외에 이른바 '새로운 방식의 확인소송'을 허용할 것인지 여부(긍정)

> 종래 대법원은 시효중단사유로서 재판상의 청구에 관하여 반드시 권리 자체의 이행청구나 확인청구로 제한하지 않을 뿐만 아니라, 권리자가 재판상 그 권리를 주장하여 권리 위에 잠자는 것이 아님을 표명한 것으로 볼 수 있는 때에는 널리 시효중단사유로서 재판상의 청구에 해당하는 것으로 해석하여 왔다.
> 이와 같은 법리는 이미 승소확정판결을 받은 채권자가 그 판결상 채권의 시효중단을 위해 후소를 제기하는 경우에도 동일하게 적용되므로, 채권자가 전소로 이행청구를 하여 승소확정판결을 받은 후 그 채권의 시효중단을 위한 후소를 제기하는 경우, 후소의 형태로서 항상 전소와 동일한 이행청구만이 시효중단사유인 '재판상의 청구'에 해당한다고 볼 수는 없다.
> 따라서 시효중단을 위한 후소로서 이행소송 외에 전소판결로 확정된 채권의 시효를 중단시키기 위한 조치, 즉 '재판상의 청구'가 있다는 점에 대하여만 확인을 구하는 형태의 '새로운 방식의 확인소송'이 허용되고, 채권자는 두 가지 형태의 소송 중 자신의 상황과 필요에 보다 적합한 것을 선택하여 제기할 수 있다고 보아야 한다(대판 (전) 2018.10.18. 2015다232316). *
>
> 참고 판결로 확정된 채권의 소멸시효 중단을 위한 재판상의 청구가 있다는 점에 대하여만 확인을 구하는 소송을 제기한 경우 그 소가는 그 대상인 전소 판결에서 인정된 권리의 가액(이행소송으로 제기할 경우에 그에 해당하는 소가)의 10분의 1이다. 다만, 그 권리의 가액이 3억 원을 초과하는 경우에는 이를 3억 원으로 본다(인지규 제18조의3). 그 권리의 가액이 3억 원을 초과하는 경우에는 이를 3억 원으로 본다."에서 '이를'은 '전소 판결에서 인정된 권리의 가액'을 지칭하는 것으로서 결국 후소의 소가의 상한액은 3,000만 원이 된다.

V 신의칙위반의 소제기가 아닐 것

① 신의칙위반의 소제기는 권리보호의 가치가 없는 소로써 소의 이익이 부정된다.

② 판례는 학교법인의 경영권을 타에 양도하기로 결의함에 따라 그 법인 이사직을 사임한 사람이 현 이사로부터 지급받은 금원에 대한 분배금을 받지 못하자 학교법인의 이사로서의 직무수행의사는 없으면서 오로지 학교법인이나 현 이사들로부터 다소의 금원을 지급받을 목적만으로 학교법인의 이사회결의부존재확인을 구하는 것은 권리보호의 자격 내지 소의 이익이 없는 부적법한 것이다(대판 1974.9.24. 74다767)라고 하였다.

제3관 | 권리보호이익(각종 소의 특수한 소의 이익)

I 이행의 소

1. 현재이행의 소

(1) 의의

'현재이행의 소'란 현재(변론종결시) 이행기가 도래하였으나 이행되지 아니한 이행청구권의 존재를 주장하는 소로서, 이행기가 도래한 청구권을 강제집행하려면 승소확정판결을 얻어야 하므로 판결을 받기 위한 현재이행의 소는 원칙적으로 권리보호이익이 인정된다.

(2) 집행이 불가능하거나 현저하게 곤란한 경우(소의 이익 긍정)

판결절차는 분쟁의 관념적 해결절차로서 강제집행절차와는 별도로 독자적인 존재 의의를 갖는 것으로서 집행권원의 보유는 피고에 대한 심리적 압박이 되어 장래 집행이 가능하게 될 수도 있으므로 소의 이익이 인정된다.

1) 순차로 경료된 등기들의 말소를 청구하는 소송

순차경료된 소유권이전등기의 각 말소청구소송은 통상의 공동소송이므로 그중의 어느 한 등기명의자만을 상대로 말소를 구할 수 있고, 최종 등기명의자에 대하여 등기말소를 구할 수 있는지에 관계없이 중간의 등기명의자에 대하여 등기말소를 구할 소의 이익이 있다(대판 1998.9.22. 98다23393).

2) 가압류된 금전채권에 대한 이행청구

채권에 가압류가 있더라도 이는 가압류채무자가 제3채무자로부터 현실로 급부를 추심하는 것만을 금지하는 것이므로 가압류채무자는 제3채무자를 상대로 그 이행의 소를 제기할 수 있고, 법원은 가압류가 되어 있음을 이유로 이를 배척할 수 없다(대판 2000.4.11. 99다23888).

3) 추심명령과 전부명령

① 채권에 대한 압류 및 추심명령이 있으면 제3채무자에 대한 이행의 소는 추심채권자만이 제기할 수 있고 채무자는 피압류채권에 대한 이행소송을 제기할 당사자적격을 상실한다(대판 2000.4.11. 99다23888). 이는 소각하의 본안 전 항변사유이다.

② 전부명령이 있는 때 압류된 채권은 지급에 갈음하여 압류채권자에게 이전된다(민집 제

17법원직

1 같은 부동산에 관하여 순차로 여러 사람의 명의로 마쳐진 소유권이전등기의 각 말소를 청구하는 소송에서 최종 등기명의인에 대하여 이미 패소판결이 확정되었다면 중간의 등기명의인에게 말소를 구할 소의 이익이 없다. ( )

16변시 22사무관 22법원직

2 甲이 乙에게 소구하고 있는 채권을 丙이 가압류한 경우 법원은 甲의 소를 각하하여야 한다. ( )

16변시

3 甲의 乙에 대한 대여금채권에 대해 丙이 압류 및 추심명령을 받아 그 명령이 甲과 乙에게 송달된 후, 甲이 위와 같이 제소하였다면 법원은 甲의 소를 각하하여야 한다. ( )

정답 | 1 × 2 × 3 ○

229조 제3항). 따라서 전부채권자(A)는 추심채권과는 달리 자신의 권리를 행사하는 것이므로 갈음형 제3자 소송담당이 아니어서, 전부채무자(B)의 소송수행권은 유지된다. 그리고 이행의 소는 주장 자체로 원고적격을 가지기 때문에 전부채무자(B)의 제3채무자(C)에 대한 소제기는 적법하다. 다만, 전부채무자(B)의 제3채무자(C)에 대한 이행청구소송은 실체법상의 이행청구권이 상실되었으므로(집행채권이 B에게서 A로 이전됨), 이는 본안에서 기각되어야 할 '본안에 관한 항변'사유에 해당한다.

4) 가압류·가처분된 '소유권이전등기청구권'에 대한 이행청구

① 가압류·가처분된 소유권이전등기청구권에 대한 이행청구도 소의 이익이 있다(대판 (전) 1992.11.10. 92다4680).

② 다만, 대법원은 소유권이전등기청구권에 대한 압류나 가압류가 있더라도 채무자는 제3채무자를 상대로 그 이행을 구하는 소송을 제기할 수 있고 법원은 가압류가 되어 있음을 이유로 이를 배척할 수는 없는 것이지만, 소유권이전등기를 명하는 판결(민법 제389조 제2항)은 의사의 진술을 명하는 판결로서 이것이 확정되면 채무자는 일방적으로 이전등기를 신청할 수 있고 제3채무자는 이를 저지할 방법이 없게 되므로 위와 같이 볼 수는 없고 이와 같은 경우에는 가압류의 해제를 조건으로 하지 않는 한 법원은 이를 인용하여서는 안 된다(대판 (전) 1992.11.10. 92다4680)고 판시하고 있다(원고일부승소).

(3) 목적이 실현되었거나 아무런 실익이 없는 경우

1) 사해행위의 취소에 의해 복귀를 구하는 재산이 이미 채무자에게 복귀한 경우

판례는 채권자가 채무자의 부동산에 관한 사해행위를 이유로 수익자를 상대로 그 사해행위의 취소 및 원상회복을 구하는 소송을 제기하여 그 소송계속 중 위 사해행위가 해제 또는 해지되고 채권자가 그 사해행위의 취소에 의해 복귀를 구하는 재산이 벌써 채무자에게 복귀한 경우에는, 특별한 사정이 없는 한, 그 채권자취소소송은 이미 그 목적이 실현되어 더 이상 그 소에 의해 확보할 권리보호의 이익이 없어지는 것이라고 하였다(대판 2008.3.27. 2007다85157). 이러한 법리는 사해행위취소소송이 제기되기 전에 사해행위의 취소에 의해 복귀를 구하는 재산이 채무자에게 복귀한 경우에도 마찬가지이다(대판 (전) 2015.5.21. 2012다952).

2) 등기관련소송 중 등기경료·목적물멸실·저당권실행으로 등기말소된 경우

① 원고의 소유권이전등기청구소송 중에 다른 원인에 의하여 원고 앞으로 소유권이전등기가 된 경우(대판 1996.10.15. 96다11785), 건물이 전부멸실된 경우 그 건물에 대한 등기청구(대판 1976.9.14. 75다399), 근저당권설정등기의 말소등기절차의 이행을 구하는 소송 중에 그 근저당권설정등기가 경락을 원인으로 말소된 경우(대판 2003.1.10. 2002다57904)에도 권리보호이익이 부정된다.

② 그러나 소유권보존등기가 되었던 종전건물의 소유자가 이를 헐어 내고 건물을 신축한 경우에 있어 종전건물에 대한 멸실등기를 하고 새 건물에 대한 소유권보존등기를 하기 위하여 종전건물에 대한 소유권보존등기에 터 잡아 마쳐진 원인무효의 소유권이전등기 등의 말소를 청구할 소의 이익이 있다(대판 1992.3.31. 91다39184).

판례 | 소유권보존등기는 이루어졌으나 그 적법한 사용을 위해 필요한 건축법상의 각종 신고나 신청 등의 모든 절차를 마치지 않은 건물에 대하여, 건축주 명의변경절차의 이행을 구할 소의 이익이 있는지 여부(적극)

> 건축공사가 완료되어 건축법상 최종적인 절차로서 건축허가상 건축주 명의로 사용검사승인까지 받아 소유권보존등기가 마쳐진 경우와는 달리, 비록 건축공사 자체는 독립한 건물로 볼 수 있을 만큼 완성되었으나 그 적법한 사용에 이르기까지 필요한 건축법상의 각종 신고나 신청 등의 모든 절차를 마치지 않은 채 소유권보존등기가 이루어진 경우에는, 그 건물의 원시취득자는 자신 앞으로 건축주 명의를 변경하여 그 명의로 건축법상 남아 있는 각종 신고나 신청 등의 절차를 이행함으로써 건축법상 허가된 내용에 따른 건축을 완료할 수 있을 것이므로, 이러한 경우 그 건물의 정당한 원시취득자임을 주장하여 건축주 명의변경절차의 이행을 구하는 소는 그 소의 이익을 부정할 수 없다(대판 2009.2.12. 2008다72844).

3) 경계확정의 소 심리 도중에 진실한 경계에 관한 당사자의 주장이 일치하게 된 경우

서로 인접한 토지의 경계선에 관하여 다툼이 있어서 토지경계확정의 소가 제기되면 법원은 당사자 쌍방이 주장하는 경계선에 구속되지 않고 스스로 진실하다고 인정되는 바에 따라 경계를 확정하여야 하고, 소송 도중에 당사자 쌍방이 경계에 관하여 합의를 도출해냈다고 하더라도 원고가 그 소를 취하하지 않고 법원의 판결에 의하여 경계를 확정할 의사를 유지하고 있는 한, 법원은 그 합의에 구속되지 아니하고 진실한 경계를 확정하여야 하는 것이므로, 소송 도중에 진실한 경계에 관하여 당사자의 주장이 일치하게 되었다는 사실만으로 경계확정의 소가 권리보호의 이익이 없어 부적법하다고 할 수 없다(대판 1996.4.23. 95다54761).

4) 의사의 진술을 명하는 판결

이행을 구하는 아무런 실익이 없어 법률상 이익이 부정되는 경우까지 소의 이익이 인정된다고 볼 수는 없다. 특히 의사의 진술을 명하는 판결은 확정과 동시에 그러한 의사를 진술한 것으로 간주되므로(민집 제263조 제1항), 의사의 진술이 간주됨으로써 어떤 법적 효과를 가지는 경우에는 소로써 구할 이익이 있지만 그러한 의사의 진술이 있더라도 아무런 법적 효과가 발생하지 아니할 경우에는 소로써 청구할 법률상 이익이 있다고 할 수 없다(대판 2016.9.30. 2016다200552).

2. 장래이행의 소

제251조 [장래의 이행을 청구하는 소]
장래에 이행할 것을 청구하는 소는 미리 청구할 필요가 있어야 제기할 수 있다.

(1) 의의 및 인정취지

① 장래이행의 소는 변론종결시를 표준으로 하여 이행기가 장래에 도래하는 이행청구권을 주장하는 소이기 때문에 '미리 청구할 필요'가 있는 경우에 한하여 허용된다(제251조).
② 장래이행의 소는 이행기에 이르거나 조건이 성취된 경우에 채무자의 임의이행의 거부에 대비하는 것이고, 무자력으로 강제집행의 곤란에 대비하기 위한 것이 아니다. 따라서 집행이 곤란해질 사유가 있으면 가압류·가처분 사유는 될지언정, 장래이행의 소를 제기할 사유는 되지 아니한다(대판 2000.8.22. 2000다25576).

21법원직
1 건축법상의 각종 신고나 신청 등의 모든 절차를 마치지 않은 채 소유권보존등기가 이루어진 경우, 그 건물의 정당한 원시취득자임을 주장하여 건축주 명의변경절차의 이행을 구하는 소는 그 소의 이익을 부정할 수 없다. ( )

14법원직
2 토지경계확정의 소가 제기되어 소송이 계속되던 중 진실한 경계에 관하여 당사자의 주장이 일치하게 되었다면 경계확정의 소는 권리보호의 이익이 없게 된다. ( )

18법원직
3 원인 없이 말소된 근저당권설정등기의 회복등기절차 이행과 회복등기에 대한 승낙의 의사표시를 구하는 소송 도중에 근저당목적물인 부동산에 관하여 경매절차가 진행되어 매각허가결정이 확정되어 매수인이 매각대금을 완납한 경우, 회복등기절차 이행이나 회복등기에 대한 승낙의 의사표시를 구할 법률상 이익이 없게 된다. ( )

18·19법원직
4 장래의 이행을 청구하는 소에서 이행기에 이르거나 조건이 성취될 때에 채무자의 무자력으로 말미암아 집행이 곤란해진다던가 또는 이행불능에 빠질 사정이 있다는 것만으로는 미리 청구할 필요가 있다고 할 수 없다. ( )

정답 | 1 ○ **2** × **3** ○ **4** ○

(2) 장래이행의 소에서 청구적격

1) 기한부, 정지조건부 청구권

① 장래 발생할 채권이라도 그 기초되는 법률상·사실상 관계가 성립되어 있고, 조건성취에 의하여 청구권 발생의 개연성이 충분한 경우에는 이행의 소의 대상이 된다(대판 1997.11.11. 95누4902,4919).

② 다만, 판례는 아직 거래허가를 얻지 못한 토지거래계약은 유동적 무효라고 하여, 거래규제구역의 토지매수인이 매도인을 상대로 장차 허가받을 것을 조건으로 하여 소유권이전등기청구를 하는 것을 불허하는 입장이다(대판 (전) 1991.12.24. 90다12243).

2) 선이행청구

① 원고가 먼저 자기 채무의 이행을 하여야 비로소 그 이행기가 도래하는 이행청구권을 대상으로 하는 선이행청구는 원칙적으로 허용되지 않는다.

② 다만, 채권자가 피담보채무의 액수를 다투거나, 양도담보·가등기담보에 있어서 상대방이 그 등기가 담보목적으로 경료된 것이 아니라고 주장하는 경우에는 피담보채무를 변제한다고 하더라도 채권자가 등기말소에 협력할 것으로 기대할 수 없으므로 채무자는 피담보채무의 변제를 조건으로 그 등기말소를 미리 청구할 수 있다(대판 1992.7.10. 92다15376,15383).

3) 장래의 계속적 불법행위·부당이득청구

① 장래의 계속적인 불법행위·부당이득청구권도 장래이행의 소의 대상적격이 있으며, 다만 판례는 원고가 주장하는 장래의 시점까지 침해(채무불이행사유 등)가 존속될 것이 확정적으로 예정되어야 한다는 입장이다. 또 변론종결 당시에 확정적으로 채무자가 책임질 기간을 예정할 수 없다면 장래이행의 판결을 할 수 없다(대판 2018.7.26. 2018다227551).

② 따라서 판례는 지방자치단체가 사유지를 무단 점유·사용하는 경우에, '시가 토지를 매수할 때까지'로 기간을 정한 장래의 부당이득반환청구는 허용되지 않는다고 하고(대판 1991.10.8. 91다17139), '도로폐쇄에 의한 점유종료일 또는 토지소유자의 소유권 상실일'까지의 장래의 부당이득반환청구는 허용된다고 한 바 있다(대판 1993.3.9. 91다46717).

판례 | 점유로 인한 장래부당이득반환청구

1. 사인의 불법점유

사인이 토지를 무단으로 점유하여 사용·수익하고 있은 경우에는 부당이득청구의 기초가 되는 사실상·법률상 관계인 불법점유 상태가 변론종결 당시 존재하고 있으며, 장래의 이행기인 토지인도시까지 침해 상태가 계속하여 존속한다는 것을 변론종결 당시에 확정적으로 예정할 수 있으므로 부당이득반환청구의 소는 적법하다(대판 (전) 1975.4.22. 74다1184).

2. 임대차종료 후의 관계 – 동시이행관계(적법점유)

판례는 피고의 계쟁 토지에 대한 점유는 동시이행항변권 또는 유치권의 행사에 따른 것이어서 적법한 것이기는 하나 피고가 토지를 그 본래의 목적에 따라 사용·수익함으로써 실질적인 이득을 얻고 있다는 이유로 임료 상당의 금원의 부당이득을 명하고 있는 경우, 피고가 원고에게 토지를 인도하지 아니하더라도 원심이 이행을 명한 '인도하는 날' 이전에 토지의 사용·수익을 종료할 수도 있기 때문에 의무불이행사유가 '인도하는 날까지' 존속한다는 것을 변론종결 당시에 확정적으로 예정할 수 없는 경우에 해당한다 할 것이어서 그때까지 이행할 것을 명하는 판결을 할 수 없다(대판 2002.6.14. 2000다37517)고 하여 장래이행판결을 부정하였다.

19법원직

1 장래에 채무의 이행기가 도래할 예정인 경우에도 채무불이행 사유가 언제까지 존속할 것인지가 불확실하여 변론종결 당시에 확정적으로 채무자가 책임을 지는 기간을 예정할 수 없다면 장래의 이행을 명하는 판결을 할 수 없다. ( )

정답 | 1 ○

3. **국가나 지방자치단체의 무단점유 사안**[*]

서울특별시가 사실심 변론종결 무렵까지 타인 소유의 토지들을 도로부지로 점유·사용하면서도 이에 대한 임료 상당의 부당이득금의 반환을 거부하고 있으며 그로 인한 계속적, 반복적 이행의무에 관하여 현재의 이행기 도래분에 대하여 그 이행을 하지 아니하고 있다면, 그 토지들에 개설된 도로의 폐쇄에 의한 서울특별시의 점유종료일 또는 그 토지소유자가 토지들에 대한 소유권을 상실하는 날까지의 이행기 도래분에 대하여도 서울특별시가 그 채무를 자진하여 이행하지 아니할 것이 명백히 예견되므로, 토지소유자로서는 장래에 이행기가 도래할 부당이득금 부분에 대하여도 미리 청구할 필요가 있다(대판 1994.9.30. 94다32085).

(3) 미리 청구할 필요(권리보호이익)

1) **의의**

장래이행의 소는 '미리 그 청구할 필요가 있는 때'(제251조)에 한하여 소의 이익이 있다. 이는 이행의무의 성질, 의무자의 태도를 고려하여 개별적으로 판정해야 한다.

2) **내용**

① **정기행위**

이행이 제때에 이루어지지 않는다면 채무본지에 따른 이행이 되지 않는다든지 또는 이행지체를 하면 회복할 수 없는 손해가 발생할 경우에는 미리 청구할 필요가 있다.

② **계속적·반복적 이행청구**

현재 이미 이행기 도래분에 대해 불이행한 이상, 장래의 분도 자진 이행을 기대할 수 없기 때문에 현재의 분과 합쳐서 미리 청구할 수 있다(대판 1994.9.30. 94다32085).

③ **이행기 미도래의 부작위채무**

채무자가 이미 의무위반을 하였다든가 의무위반의 염려가 있을 때에는 미리 청구할 필요가 있다.

④ **미리 의무의 존재를 다투는 경우**

의무자가 미리 의무의 존재를 다투기 때문에 이행기에 이르거나 조건이 성취되어도 즉시 이행을 기대할 수 없음이 명백한 경우에는 미리 청구할 필요가 있다(대판 2004.1.15. 2002다3891).

⑤ **현재이행의 소와 병합한 장래의 이행의 소**

㉠ 원금청구와 함께 원금을 다 갚을 때까지의 지연이자청구 등 주된 청구가 다투어지는 이상 이행기에 가서 그 이행을 기대할 수 없으므로 미리 청구할 필요가 있다.

㉡ 목적물인도청구와 집행불능에 대비한 대상청구의 병합(예컨대, 쌀 100가마의 인도청구와 집행불능시 1가마당 1만 원을 지급하라는 청구)은 현재이행의 소와 장래이행의 소의 병합에 해당한다. 대상청구는 본래적 급부청구가 집행불능이 되는 경우에 대비하여 미리 청구하는 것으로서(대판 2011.1.27. 2010다77781), 하나의 이익을 놓고 두 번 소제기 해야 하는 비경제를 피할 수 없기 때문에 허용한다(대판 2006.3.10. 2005다55411).

⑥ **형성의 소와 장래의 이행소송의 병합**

부정하는 것이 판례이다. 즉, 공유물분할청구와 병합하여 분할판결이 날 경우에 대비한 분할 부분에 대한 등기청구는 허용되지 않는다고 한다(대판 1969.12.29. 68다2425).

[*] 지방자치단체가 개인의 토지를 도로로 무단사용하는 경우에는 ① 구 토지수용법상 수용절차에 따라 토지를 수용하여 위 토지에 대한 소유권을 취득할 수도 있고, ② 이 사건 토지를 수용하지 아니하고 소유자에게 반환하고 도로의 점유를 폐지할 수도 있으며, ③ 토지소유자가 소유권을 상실할 수도 있다.

* 공시최고절차를 거쳐서 기존에 발행된 어음·수표의 실효를 선고하고 상실자에게 자격을 회복시키는 판결을 말한다. 배서로 양도할 수 있는 증권(지시증권)이나 교부로 양도할 수 있는 증권(무기명증권)이 도난당하거나 분실 또는 멸실된 경우에는 공시최고의 절차에 의하여 증권의 실효를 선고하는 것이 전통적인 조치이다(상법 제65조·제360조, 민법 제521조·제524조).

19법원직

1 제권판결에 대한 취소판결의 확정을 조건으로 한 수표금 청구도 장래이행의 소로서 허용된다.(   )

19법원직

2 이행기가 장래에 도래하는 청구권이더라도 미리 청구할 필요가 있는 경우에는 장래이행의 소를 제기할 수 있으므로, 이행판결의 주문에서 변론종결 이후 기간까지 급부의무의 이행을 명한 이상 확정판결의 기판력은 주문에 포함된 기간까지의 청구권의 존부에 대하여 미치는 것이 원칙이다.   (   )

판례 | 제권판결*에 대한 취소판결의 확정을 조건으로 한 수표금 청구가 장래이행의 소로서 허용되는지 여부(소극)

제권판결 불복의 소와 같은 형성의 소는 그 판결이 확정됨으로써 비로소 권리변동의 효력이 발생하게 되므로 이에 의하여 형성되는 법률관계를 전제로 하는 이행소송 등을 병합하여 제기할 수 없는 것이 원칙이다. 또한 제권판결에 대한 취소판결의 확정 여부가 불확실한 상황에서 그 확정을 조건으로 한 수표금 청구는 장래이행의 소의 요건을 갖추었다고 보기 어려울 뿐만 아니라, 제권판결 불복의 소의 결과에 따라서는 수표금 청구소송의 심리가 무위에 그칠 우려가 있고, 제권판결 불복의 소가 인용될 경우를 대비하여 방어하여야 하는 수표금 청구소송의 피고에게도 지나친 부담을 지우게 된다는 점에서 이를 쉽사리 허용할 수 없다(대판 2013.9.13. 2012다36661).

(4) 장래이행판결과 사정변경

① 문제점

장래 임대료 상당의 부당이득반환청구를 하여 판결이 확정된 뒤 그 동안의 경제변동으로 임대료가 대폭 증액되어 판결내용이 현저히 부당하게 되어 형평을 잃게 된 경우에 그 증액분 상당의 차액청구를 할 수 있는가 하는 점이 문제된다.

② 종전 판례의 태도

확정판결은 주문에 포함한 것에 대하여 기판력이 있고, 변론종결시를 표준으로 하여 이행기가 장래에 도래하는 청구권이더라도 미리 그 청구할 필요가 있는 경우에는 장래이행의 소를 제기할 수 있으므로, 이행판결의 주문에서 그 변론종결 이후 기간까지의 급부의무의 이행을 명한 이상 그 확정판결의 기판력은 그 주문에 포함된 기간까지의 청구권의 존부에 대하여 미치는 것이 원칙이고, 다만 장래 이행기 도래분까지의 정기금의 지급을 명하는 판결이 확정된 경우 그 소송의 사실심 변론종결 후에 그 액수 산정의 기초가 된 사정이 뚜렷하게 바뀜으로써 당사자 사이의 형평을 크게 해할 특별한 사정이 생긴 때에는 전소에서 명시적인 일부청구가 있었던 것과 동일하게 평가하여 전소판결의 기판력이 그 차액 부분에는 미치지 않는다(대판 1999.3.9. 97다58194).

③ 정기금판결에 대한 변경의 소

정기금의 지급을 명하는 판결이 확정된 뒤에 그 액수산정의 기초가 된 사정이 현저하게 바뀐 경우에 장차 지급할 정기금의 액수를 바꾸어 달라는 소를 말한다(제252조).

Ⅱ 확인의 소

1. 청구적격(권리보호자격)

(1) 권리 또는 법률관계일 것

확인의 대상은 권리·법률관계이어야 하기 때문에 사실관계는 허용될 수 없다. 사실 가운데 현재의 권리관계를 발생케 하는 법률요건사실도 확인의 대상이 될 수 없다. 다만, 예외가 증서의 진정 여부를 확인하는 소이다(제250조).

정답 | 1 × 2 ○

(2) 현재의 권리 또는 법률관계일 것

1) 과거의 권리 또는 법률관계

① 과거의 권리관계의 존부확인은 청구할 수 없다. 과거의 권리관계가 현재의 권리관계에 영향을 미치면 차라리 현재의 권리관계로 고쳐서 확인을 구하는 것이 직접적이고 간명한 방법이기 때문이다.

② 다만, 판례는 매매계약무효확인의 소에 있어서 과거의 법률행위인 매매계약무효확인을 구하는 것으로 볼 것이 아니라 현재 매매계약에 기한 채권·채무가 존재하지 않는다는 확인을 구하는 취지를 간결하게 표현한 것으로 선해하여야 한다고 했다(대판 1966.3.15. 66다17).

③ 2개월 정직처분의 무효확인을 구하는 사건에서 그 정직 2개월이 경과되었지만, 정직기간 동안의 임금 미지급처분의 실질을 갖는 징계처분의 무효 여부에 관한 다툼이라 보아 적법하다고 했다(대판 2010.10.14. 2010다36407). 과거의 당연해직조치라도 근로기준법 제23조의 정당한 해고이유가 없음을 들어 근로자가 사용자 상대의 당연퇴직처분 무효확인의 소를 허용한다(대판 2018.5.30. 2014다9632).

④ 판례는 신분관계, 사단관계, 행정소송관계처럼 포괄적 법률관계인 경우에 과거의 것이라도 일체 분쟁의 직접적 획일적 해결에 유효적절한 수단이 되는 때에는 확인의 이익이 인정된다고 했다(대판 1995.3.28. 94므1447).

2) 장래의 권리 또는 법률관계

장래의 권리관계의 확인도 허용되지 않는다. 장차 바뀔 수도 있는 불확실한 권리관계이기 때문이다. 그러나 조건부권리나 기한부권리는 확인의 대상이 된다.

(3) 자기의 권리 또는 법률관계일 것

① 원고의 권리 또는 법적 지위에 불안·위험이 없다면 확인의 소를 제기할 이유가 없는 것이다.

② 확인의 대상은 원고·피고 당사자 간의 권리관계가 아니라 타인 간의 권리관계라 하여도 당사자의 권리관계에 대한 불안이나 위험을 제거할 수 있는 유효하고 적절한 수단이 되는 경우에 확인의 이익이 있다.

2. 권리보호이익(즉시 확정의 법률상 이익)

확인의 이익은 권리 또는 법률상의 지위에 현존하는 불안·위험이 있고, 그 불안·위험을 제거함에는 확인판결을 받는 것이 가장 유효·적절한 수단일 때에 인정된다.

(1) 법률상의 이익

① 반사적으로 받게 될 사실적·경제적 이익은 포함되지 않는다. 따라서 판결에 의하여 불안을 제거함으로써 원고의 법률상의 지위에 영향을 줄 수 있는 경우이어야 한다.

② 회사의 자산이 늘어나는 데 대한 주주로서의 경제적 이익 등 사실상의 이익만으로는 확인의 이익이 있다고 할 수 없다. 누가 제사를 주재할 것인가 등과 관련된 제사주재자지위의 확인도 법률상 이익이 없다(대판 2012.9.13. 2010다88699).

22법원직
1 과거의 법률관계에 대한 확인을 구하는 것이 허용되는 예외가 있다.
( )

정답 | 1 ○

(2) 현존하는 불안

1) 적극적 확인의 소의 이익

① 자기의 권리 또는 법적 지위가 다른 사람으로부터 부인되거나, 이와 양립하지 않는 주장을 당하게 되는 경우가 현존하는 불안이 있는 전형적인 경우이다. 그러나 당사자 간에 다툼이 없어도 소멸시효의 완성단계에 이른 경우, 원고의 주장과 반대되는 공부(등기부·가족등록부)상의 기재 등이 불확실할 때는 법적 불안이 있는 것으로 보아야 한다.

22법원직

1 피고가 권리관계를 다투어 원고가 확인의 소를 제기하였고 당해 소송에서 피고가 권리관계를 다툰 바 있더라도 항소심에 이르러 피고가 권리관계를 다투지 않는다면 더 이상 확인의 이익이 있다고 할 수 없다. ( )

판례 | 확인의 소 제기 전·후에 권리관계를 다투던 피고가 항소심에서 그 권리관계를 다투지 않는 경우, 확인의 이익이 있는지 여부(적극)

권리관계에 대하여 당사자 사이에 아무런 다툼이 없어 법적 불안이 없으면 원칙적으로 확인의 이익이 없다고 할 것이나, 피고가 권리관계를 다투어 원고가 확인의 소를 제기하였고 당해 소송에서 피고가 권리관계를 다툰 바 있다면 특별한 사정이 없는 한 항소심에 이르러 피고가 권리관계를 다투지 않는다는 사유만으로 확인의 이익이 없다고 할 수 없다(대판 2009.1.15. 2008다74130).

② 판례는 국가 상대의 토지소유권확인청구는 어느 토지가 미등기이고 대장상에 등록명의자가 없거나 등록명의자가 누구인지를 알 수 없을 때와 그 밖에 국가가 등록명의자의 소유를 부인하면서 계속 국가소유를 주장하는 등 특별한 사정이 있는 경우에 확인의 이익이 있다(대판 2009.10.15. 2009다48633).

③ 또한 건물의 경우 가옥대장이나 건축물관리대장의 비치·관리업무는 당해 지방자치단체의 고유사무로서 국가사무라고 할 수도 없는데다가 당해 건물의 소유권에 관하여 국가가 이를 특별히 다투고 있지도 아니하다면, 국가는 그 소유권 귀속에 관한 직접 분쟁의 당사자가 아니어서 이를 확인해 주어야 할 지위에 있지 않으므로, 국가를 상대로 미등기 건물의 소유권 확인을 구하는 것은 그 확인의 이익이 없어 부적법하다(대판 1999.5.28. 99다2188).

판례 | 현존하는 위험·불안을 인정한 예

1. 판례는 하나의 채권에 관하여 2인 이상이 서로 채권자라고 주장하고 있는 경우, 스스로 채권자라고 주장하는 어느 한쪽이 상대방에 대하여 그 채권이 자기에게 속한다는 채권의 귀속에 관한 확인을 구할 이익을 긍정하였다(대판 1988.9.27. 87다카2269).
2. 보험계약의 당사자 사이에 계약상 채무의 존부나 범위에 관하여 다툼이 있는 경우 그로 인한 법적 불안을 제거하기 위하여 보험회사는 먼저 보험수익자를 상대로 소극적 확인의 소를 제기할 확인의 이익이 있다고 할 것이다(대판 (전) 2021.6.17. 2018다257958·257965).

21법원직

2 甲 소유의 부동산에 관하여 乙 명의의 소유권이전등기청구권가등기가 마쳐진 후 위 부동산에 관하여 가압류등기를 한 丙은 위 가등기가 담보목적 가등기인지 여부를 청구할 확인의 이익이 없다. ( )

판례 | 현존하는 위험·불안을 부정한 예

甲 소유의 부동산에 관하여 乙 명의의 소유권이전등기청구권가등기가 마쳐진 후 위 부동산에 관하여 가압류등기를 마친 丙 주식회사가 위 가등기가 담보목적 가등기인지 확인을 구한 사안에서, 부동산등기법 제92조 제1항에 따라 丙 회사의 위 가압류등기가 직권으로 말소되는지가 위 가등기가 순위보전을 위한 가등기인지 담보가등기인지에 따라 결정되는 것이 아니므로, 丙 회사의 법률상 지위에 현존하는 불안·위험이 존재한다고 볼 수 없다(대판 2017.6.29. 2014다30803).

정답 | 1 × 2 ○

2) 소극적 확인의 소의 이익

① 다른 사람이 권리가 없는데도 있다고 주장하며 자기의 지위를 위협하는 경우도 불안이 있는 경우이다.

② 법률관계에 관한 다툼이 없다고 할 수 없는 甲과 乙이 서로 상대방의 계약위반을 이유로 해제의 의사표시를 한 경우 계약상 채무의 부존재확인을 구할 이익이 있다(대판 2017.3.9, 2016다256968,256975).

(3) 불안제거에 유효·적절한 수단(방법선택의 적절)

1) 적극적 확인의 소

① 자기의 소유권을 상대방이 다투는 경우에는 특별한 사정이 없는 한 자기에게 소유권 있다는 적극적 확인을 구할 것이고, 상대방이나 제3자에게 소유권 없다는 소극적 확인을 구할 것이 아니다.

② 당사자 일방과 제3자 사이의 권리관계 또는 제3자 사이의 권리관계에 관해서도 당사자 사이에 다툼이 있어서 당사자 일방의 권리관계에 불안이나 위험이 초래되고 있고, 다른 일방에 대한 관계에서 그 법률관계를 확정시키는 것이 당사자의 권리관계에 대한 불안이나 위험을 제거할 수 있는 유효적절한 수단이 되는 경우에는 당사자 일방과 제3자 사이의 권리관계 또는 제3자 사이의 권리관계에 관해서도 확인의 이익이 있다(대판 1997.6.10, 96다25449,25456).

2) 당해 소송 내에서 재판받는 것이 예정되어 있는 절차문제

이 경우에는 별도의 소로 확인을 구하는 것은 소송경제를 해치는 것이고 확인의 이익이 없다. 소취하의 유·무효 등의 소송상의 다툼 등은 당해 소송에서 심판받을 일이지, 별도의 소로써 확인을 구할 것이 아니다.

3) 확인의 소의 보충성

① 이행의 소를 바로 제기할 수 있는데도 이행청구권 자체의 존재확인의 소를 제기하는 것은 적절치 못하므로 원칙적으로 허용되지 않는다. 확인판결을 받아도 집행력이 없어 분쟁의 근본적 해결에 실효성이 없고 소송경제에 도움이 안 되기 때문이다.

② 그럼에도 (ⅰ) 현재 손해액수의 불판명 (ⅱ) 확인판결이 나면 피고의 임의이행을 기대할 수 있을 때에는 예외적으로 확인의 이익이 있다. (ⅲ) 기본되는 권리관계로부터 파생하는 청구권을 주장하여 이행의 소가 가능한 경우라도, 당해 기본되는 권리관계 자체에 대하여 확인의 소가 허용된다.

③ 매매계약해제의 효과로서 이미 이행한 것의 반환을 구하는 이행의 소를 제기할 수 있을지라도 그 기본되는 매매계약의 존부에 대하여 다툼이 있어 즉시 확정의 이익이 있는 때에는 계약이 해제되었음의 확인을 구할 수도 있는 것이므로 매매계약이 해제됨으로써 현재의 법률관계가 존재하지 않는다는 취지의 소는 확인의 이익이 있다(대판 1982.10.26, 81다108).

④ 그런데 판례는 근저당권설정자가 근저당권설정계약에 기한 피담보채무가 존재하지 아니함의 확인을 구함과 함께 그 근저당권설정등기의 말소를 구하는 경우 피담보채무의 부존재를 이유로 그 등기말소를 청구하면 되므로 그 채무부존재확인의 청구는 확인의 이익이 없다(대판 2000.4.11, 2000다5640)고 판시하였다.

3. 소송상 취급

확인의 이익은 소송요건의 일종으로 직권조사사항이고 본안판결의 요건이다. 따라서 이의

21법원직

1 매매계약해제의 효과로서 이미 이행한 것의 반환을 구하는 이행의 소를 제기할 수 있는 경우에는 그 기본되는 매매계약의 존부에 대하여 다툼이 있어 즉시 확정의 이익이 있는 경우라도 계약이 해제되었음의 확인을 구할 수 없다. ( )

17·22법원직

2 근저당권설정등기의 말소청구를 구하면서 그 근저당권설정계약에 기한 피담보채무의 부존재확인청구를 함께 한 경우에 그 채무부존재확인의 청구는 확인의 이익이 없다. ( )

정답 | 1 × **2** ○

흠이 있을 때에는 소가 부적법하다 하여 각하판결하여야 한다.

판례 | 확인의 이익 등 소송요건이 법원의 직권조사사항인지 여부(적극)

[1] 확인의 소는 원고의 권리 또는 법률상의 지위에 현존하는 불안·위험이 있고, 확인판결을 받는 것이 그 분쟁을 근본적으로 해결하는 가장 유효·적절한 수단일 때에 허용된다. 그리고 확인의 이익 등 소송요건은 직권조사사항으로서 당사자가 주장하지 않더라도 법원이 직권으로 조사하여 판단하여야 하고, 사실심 변론종결 이후에 소송요건이 흠결되거나 그 흠결이 치유된 경우 상고심에서도 이를 참작하여야 한다.

[2] 근저당권자에게 담보목적물에 관하여 각 유치권의 부존재 확인을 구할 법률상 이익이 있다고 보는 것은 경매절차에서 유치권이 주장됨으로써 낮은 가격에 입찰이 이루어져 근저당권자의 배당액이 줄어들 위험이 있다는 데에 근거가 있고, 이는 소유자가 그 소유의 부동산에 관한 경매절차에서 유치권의 부존재 확인을 구하는 경우에도 마찬가지이다. 위와 같이 경매절차에서 유치권이 주장되었으나 소유부동산 또는 담보목적물이 매각되어 그 소유권이 이전되어 소유권을 상실하거나 근저당권이 소멸하였다면, 소유자와 근저당권자는 유치권의 부존재 확인을 구할 법률상 이익이 없다.

[3] 경매절차에서 유치권이 주장되지 아니한 경우에는, 담보목적물이 매각되어 그 소유권이 이전됨으로써 근저당권이 소멸하였더라도 채권자는 유치권의 존재를 알지 못한 매수인으로부터 민법 제575조, 제578조 제1항, 제2항에 의한 담보책임을 추급당할 우려가 있고, 위와 같은 위험은 채권자의 법률상 지위를 불안정하게 하는 것이므로, 채권자인 근저당권자로서는 위 불안을 제거하기 위하여 유치권 부존재 확인을 구할 법률상 이익이 있다. 반면 채무자가 아닌 소유자는 위 각 규정에 의한 담보책임을 부담하지 아니하므로, 유치권의 부존재 확인을 구할 법률상 이익이 없다(대판 2020.1.16. 2019다247385).

4. 증서진부확인의 소

제250조 [증서의 진정 여부를 확인하는 소]
확인의 소는 법률관계를 증명하는 서면이 진정한지 아닌지를 확정하기 위하여서도 제기할 수 있다.

(1) 의의

법률관계를 증명하는 서면(처분문서)이 진정한지 아닌지 확정하기 위한 소로써 민사소송법이 예외적으로 사실관계의 확인을 구하는 소를 허용하는 경우이다(제250조). 예외적으로 허용하고 있는 이유는 법률관계를 증명하는 서면의 진정 여부가 확정되면 당사자가 그 서면의 진정 여부에 관하여 더 이상 다툴 수 없게 되는 결과, 법률관계에 관한 분쟁 그 자체가 해결되거나 적어도 분쟁 자체의 해결에 크게 도움이 된다는 데 있다(대판 2007.6.14. 2005다29290,29306).

(2) 대상적격

증서의 진정 여부를 확인하는 소의 대상이 되는 서면은 직접 법률관계를 증명하는 서면에 한한다.

1) 법률관계를 증명하는 서면

① '법률관계를 증명하는 서면'이란 그 기재 내용으로부터 직접 일정한 현재의 법률관계의 존부가 증명될 수 있는 서면을 말한다(대판 2007.6.14. 2005다29290,29306).

② 판례는 임대차계약금으로 일정한 금원을 받았음을 증명하기 위하여 작성된 영수증($\frac{대판\ 2007.6.14.}{2005다29290,29306}$), 세금계산서($\frac{대판\ 2001.12.14.}{2001다53714}$), 당사자본인신문조서($\frac{대판\ 1974.11.23.}{74다24}$)는 처분문서에 해당하지 않는다고 본다.

2) 증서의 진정 여부(성립의 진정)

진정여부는 서면작성자라고 주장된 자의 의사에 의하여 작성되었는지 아니면 위조되었는지(성립의 진정)에 관한 것이고, 서면에 기재된 내용이 객관적 진실에 합치하는지(내용의 진정)에 관한 것이 아니다($\frac{대판\ 1991.12.10.}{91다15317}$). 따라서 법률관계를 증명하는 서면이 형식적 증거력을 갖는 것인지 확정하기 위한 경우에만 대상적격이 있다.

(3) 확인의 이익

① 서면으로 증명될 법률관계가 합의에 의하여 이미 소멸되었다는 취지로 주장하고 있다면, 그 서면의 진부가 확정되어도 이에 의하여 원고 주장의 위 권리관계 내지 법률적 지위의 불안이 제거될 수 없고, 그 법적불안을 제거하기 위하여서는 당해 권리 또는 법률관계 자체의 확인을 구하여야 할 필요가 있는 경우에 해당한다 할 것이므로, 진부확인의 소는 즉시 확정의 이익이 없어 부적법하다($\frac{대판\ 1991.12.10.}{91다15317}$).

② 어느 서면에 의하여 증명되어야 할 법률관계를 둘러싸고 이미 소가 제기되어 있는 경우에는 그 소송에서 분쟁을 해결하면 되므로 그와 별도로 그 서면에 대한 진정 여부를 확인하는 소를 제기하는 것은 특별한 사정이 없는 한 확인의 이익이 없다. 그러나 진부확인의 소가 제기된 후에 그 법률관계에 관련된 소가 제기된 경우에는 진부확인의 소의 확인의 이익이 소멸되지 않는다($\frac{대판\ 2007.6.14.}{2005다29290}$).

제2절 소송물

학습 POINT

판례가 인정하는 소송물을 유형별로 정리 필요

I 서설

1. 의의

민사소송에 있어서 소송의 객체를 소송물, 소송상의 청구 혹은 심판의 대상이라 한다.

2. 견해의 일치를 보고 있는 것

① 처분권주의(제203조)에 의하여 소송물은 원고가 특정할 책임이 있다.
② 청구의 목적물 혹은 계쟁물 자체는 소송물이 아니다. 따라서 토지인도소송에 있어서 토지, 건물철거소송에 있어서 건물은 소송물일 수 없다.
③ 소송에 이르게 된 사실관계 자체는 소송물이 아니다.

Ⅱ 소송물이론

1. 구소송물이론

실체법상의 권리 또는 법률관계의 주장을 소송물로 보고, 실체법상의 권리마다 소송물이 별개로 된다는 입장이다.

2. 신소송물이론

신청(청구취지)만으로 또는 신청과 사실관계에 의해서 소송물을 구성된다는 주장이다. 실체법상의 권리는 소송물이 이유 있는가를 가리는 데 전제가 되는 법률적 관점 내지는 공격방어방법에 지나지 않는다.

Ⅲ 소송물의 특정

1. 이행의 소

(1) 별개의 소송물인지 구별기준

1) 등기청구의 소송물

① 이전등기청구권

매매를 원인으로 한 소유권이전등기청구소송과(민법 제568조) 취득시효완성을 원인으로 한 소유권이전등기청구소송은(민법 제245조) 이전등기청구권의 발생원인을 달리하는 별개의 소송물이므로 전소의 기판력은 후소에 미치지 아니한다(대판 1981.1.13. 80다204).

② 말소등기청구권

말소등기청구소송의 소송물은 민법 제214조의 말소등기청구권 자체이고, 소송물의 동일성 식별표준이 되는 청구원인, 즉 말소등기청구권의 발생원인은 당해 '등기원인의 무효'에 국한된다. 따라서 등기원인의 무효를 뒷받침하는 개개의 사유는 독립된 공격방어방법에 불과하여 별개의 청구원인을 구성하는 것이 아니다(대판 1993.6.29. 93다11050).

③ 진정명의회복을 원인으로 한 소유권이전등기청구권

진정명의회복을 원인으로 한 소유권이전등기청구권과 무효등기의 말소청구권은 실질적으로 그 목적이 동일하고, 두 청구권 모두 소유권에 기한 방해배제청구권으로서 그 법적 근거와 성질이 동일하므로, 소송물은 실질상 동일하다(대판 (전) 2001.9.20. 99다37894).

2) 금전청구의 소송물

① 동일한 사고로 인한 손해배상청구권

불법행위를 원인으로 한 손해배상(민법 제750조)을 청구한 데 대하여 채무불이행을 원인으로 한 손해배상(민법 제390조)을 인정한 것은 당사자가 신청하지 아니한 사항에 대하여 판결한 것으로서 위법이다(대판 1963.7.25. 63다241).

② 부당이득반환청구권과 불법행위로 인한 손해배상청구권

부당이득반환청구권과 불법행위로 인한 손해배상청구권은 서로 실체법상 별개의 청구권으로 존재하고 그 각 청구권에 기초하여 이행을 구하는 소는 소송법적으로도 소송물을 달리하므로, 채권자로서는 어느 하나의 청구에 관한 소를 제기하여 승소확정판결을 받

17법원직

1 동일 부동산에 대하여 이전등기를 구하면서 그 등기청구권의 발생원인을 처음에는 매매로 하였다가 후에 취득시효의 완성을 선택적으로 추가하는 것은 별개의 청구를 추가시킨 것이다. (   )

20법원직

2 매매계약 무효를 원인으로 한 말소등기청구와 매매계약 해제를 원인으로 하는 말소등기청구는 소송물이 동일하다. (   )

20법원직

3 소유권이전등기말소청구소송에서 패소판결의 기판력은 청구취지가 다른 진정명의회복을 위한 소유권이전등기청구의 소에는 미치지 않는다. (   )

17법원직

4 부당이득반환청구권과 불법행위로 인한 손해배상청구권은 서로 소송물을 달리하므로 채권자로서는 어느 하나의 청구권에 관한 소를 제기하여 승소 확정판결을 받았다고 하더라도 아직 채권의 만족을 얻지 못한 경우에는 다른 나머지 청구권에 관한 이행판결을 얻기 위하여 그에 관한 이행의 소를 제기할 수 있다. (   )

정답 | 1 ○ 2 ○ 3 × 4 ○

았다고 하더라도 아직 채권의 만족을 얻지 못한 경우에는 다른 나머지 청구권에 관한 이행판결을 얻기 위하여 그에 관한 이행의 소를 제기할 수 있다. 그리고 채권자가 먼저 부당이득반환청구의 소를 제기하였을 경우 특별한 사정이 없는 한 손해 전부에 대하여 승소판결을 얻을 수 있었을 것임에도 우연히 손해배상청구의 소를 먼저 제기하는 바람에 과실상계 또는 공평의 원칙에 기한 책임제한 등의 법리에 따라 그 승소액이 제한되었다고 하여 그로써 제한된 금액에 대한 부당이득반환청구권의 행사가 허용되지 않는 것도 아니다 (대판 2013.9.13. 2013다45457).

③ **부당이득반환청구권과 계약해제로 인한 원상회복청구권(동일소송물)**

계약해제의 효과로서의 원상회복은 부당이득에 관한 특별규정의 성격을 가지는 것이고, 부당이득반환청구에서 법률상의 원인 없는 사유를 계약의 불성립, 취소, 무효, 해제 등으로 주장하는 것은 공격방법에 지나지 아니하므로 그중 어느 사유를 주장하여 패소한 경우에 다른 사유를 주장하여 청구하는 것은 기판력에 저촉되어 허용할 수 없다 (대판 2000.5.12. 2000다5978).

(2) 일부청구의 허용 여부

판례는 "가분채권의 일부에 대한 이행청구의 소를 제기하면서 나머지를 유보하고 일부만을 청구한다는 취지를 명시하지 아니한 이상 그 확정판결의 기판력은 청구하고 남은 잔부청구에까지 미치는 것이므로 그 나머지 부분을 별도로 다시 청구할 수 없다."(대판 1993.6.25. 92다33008)고 판시하여 명시적 일부청구설의 입장이다.

(3) 손해배상청구의 소송물(손해3분설)

판례는 불법행위로 신체의 상해를 입었기 때문에 가해자에 대하여 손해배상을 청구할 경우에 있어서는 그 소송물인 손해는 통상의 치료비 따위와 같은 (i) 적극적 재산상 손해와 (ii) 일실수익 상실에 따르는 소극적 재산상 손해 및 (iii) 정신적 고통에 따르는 정신적 손해(위자료)의 3가지로 나누어진다고 볼 수 있다고 하여 손해3분설의 입장이다(대판 1976.10.12. 76다1313).

> **판례 | 적극적 손해의 배상을 명한 전 소송의 변론종결 후에 발생한 새로운 적극적 손해와 전 소송의 기판력**
>
> 불법행위로 인한 적극적 손해의 배상을 명한 전 소송의 변론종결 후에 새로운 적극적 손해가 발생한 경우에 그 소송의 변론종결 당시 그 손해의 발생을 예견할 수 없었고 또 그 부분의 청구를 포기한 것으로 볼 수 없는 사정이 있다면 전 소송에서 그 부분에 대한 청구가 유보되어 있지 않았더라도 이는 전 소송의 소송물과는 별개의 소송물이므로 전 소송의 기판력에 저촉되는 것이 아니다 (대판 2007.4.13. 2006다78640).

(4) 재심사유 차이

재심사유는 그 하나하나의 사유가 별개의 청구원인을 이루는 것이므로, 여러 개의 유죄판결이 재심대상판결의 기초가 되었는데 이후 각 유죄판결이 재심을 통하여 효력을 잃고 무죄판결이 확정된 경우, 어느 한 유죄판결이 효력을 잃고 무죄판결이 확정되었다는 사정은 특별한 사정이 없는 한 별개의 독립된 재심사유라고 보아야 한다(대판 2019.10.17. 2018다300470).

20법원직

1 원고가 10억 원의 대여금 중 1억 원만 청구한다는 취지를 밝혀 승소한 뒤 다시 9억 원을 청구하는 소를 제기하는 것도 가능하다. (   )

20법원직

2 불법행위로 인해 치료비 손해를 청구했다가 패소한 경우 다시 같은 불법행위를 원인으로 위자료를 청구하는 소를 제기하는 것은 기판력에 반한다. (   )

17법원직

3 불법행위로 인한 적극적 손해의 배상을 명한 전소의 변론종결 후에 새로운 적극적 손해가 발생한 경우 전소의 변론종결 당시 그 손해의 발생을 예견할 수 없었고 또 그 부분 청구를 포기하였다고 볼 수 없는 등 특별한 사정이 있다면 그 부분에 대한 손해배상의 청구는 전소의 소송물과는 별개의 소송물이다. (   )

17법원직

4 재심사건에서 재심원고가 민사소송법 제451조에 규정된 재심사유 중 어느 한 가지 사유를 주장하였다가 다른 재심사유를 추가로 주장하는 것은 공격방법의 추가에 불과하다. (   )

정답 | 1 ○ 2 × 3 ○ 4 ×

2. 확인의 소

판례는 소유권확인의 청구원인으로 매매, 시효취득, 상속 등을 주장하는 경우 확인의 소의 기판력의 범위에 대해서는 특정토지에 대한 소유권확인의 본안판결이 확정되면 그에 대한 권리 또는 법률관계가 그대로 확정되는 것이므로 변론종결 전에 그 확인 원인이 되는 다른 사실이 있었다 하더라도 그 확정판결의 기판력은 거기까지도 미치는 것이다(대판 1987.3.10. 84다카2132)고 하여 청구취지만으로 특정된다고 본 입장이 있다.

3. 형성의 소

① 기존 법률관계의 변동 형성의 효과를 발생함을 목적으로 하는 형성의 소는 법률에 명문의 규정이 있는 경우에 한하여 인정되는 것이고 법률상의 근거가 없는 경우에는 허용될 수 없다(대판 1993.9.14. 92다35462).
② 각 이혼사유(대판 1963.1.31. 62다812. 민법 제840조 제1호 내지 제6호) 및 각 재심사유(대판 1970.1.27. 69다1888. 민사소송법 제451조 제1호 내지 제11호)는 개개의 사유마다 독립된 소송물이 된다.
③ 채권자취소소송의 소송물은 '채권자 자신의 채권자 취소권(민법 제406조)'이며, 채권자가 사해행위 취소를 청구하면서 그 피보전채권을 추가하거나 교환하는 것은 그 사해행위 취소권(소송물)을 이유 있게 하는 공격방법을 변경하는 것일 뿐이지 소송물 자체를 변경하는 것이 아니므로 소의 변경이라 할 수 없다(대판 2003.5.27. 2001다13532).

14법원직
1 형성의 소는 법률에 규정이 있는 경우에 한하여 제기할 수 있고, 법률의 규정에 따라 제기가 되었다면 소의 이익도 인정됨이 원칙이다.
( )

제3절 소송구조

Ⅰ 총설

1. 의의

소송구조는 소송비용을 지출할 자금능력이 부족한 사람에 대하여 법원이 신청 또는 직권으로 재판에 필요한 일정한 비용의 납입을 유예 또는 면제시킴으로써 그 비용을 내지 않고 재판을 받을 수 있도록 하는 제도이다.

2. 취지

소송구조는 사법절차에 대한 접근을 가로막는 경제적 장애요인을 제거하여, 경제적 무자력자도 소송에 의하여 권리를 실현하고 상대방으로부터 제기된 부당한 소송을 방어할 수 있도록 하는 제도이다.

학습 POINT
1. 구조요건과 절차를 조문 중심으로 정리
2. 비송사건은 소송구조대상이 아님
3. 소송구조신청시 인지 비보정을 이유로 소장각하 불가(판례)

정답 | **1** ○

판례 │ 소송구조의 대상

민사소송의 본안사건이 기본적인 소송구조의 대상이고, 가압류·가처분절차, 독촉절차 및 강제집행사건도 모두 구조대상이 된다. 행정사건, 가사사건 및 도산사건은 각 민사소송법이 준용되므로(행소 제8조 2항, 가소 제12조, 채무자회생 제33조) 소송구조의 대상이 되지만, 비송사건은 소송사건과 그 목적 및 절차구조를 달리하며 비송사건절차법에서 민사소송법상 소송구조에 관한 규정을 준용하지 않고 있으므로 소송구조 대상이 아니다(대결 2009.9.10. 2009스89).

Ⅱ 요건

'소송비용'을 지출할 '자금능력이 부족한 사람'이 '패소할 것이 분명한 경우가 아닐 때' 법원으로부터 소송구조를 받을 수 있다(제128조 제1항).

(1) 소송비용

민사소송비용법 소정의 법정비용뿐만 아니라 소송을 수행하면서 당연히 지출을 필요로 하는 경비, 나아가 조사연구비나 변호사비용도 포함한다.

(2) 자금능력이 부족한 사람

자금능력이 부족한 사람이란 반드시 무자력자나 극빈자에 한하지 않고 소송비용을 전부 지출하게 되면 그 동거가족이 통상의 경제활동에 위협을 받게 될 경우를 말한다.

(3) 패소할 것이 분명한 경우가 아닐 것

판례는 패소할 것이 명백하지 않다는 것은 소송상 구조신청의 소극적 요건이므로 신청인이 승소의 가능성을 적극적으로 진술하고 소명하여야 하는 것은 아니고 법원이 소송구조 신청 당시까지의 재판절차에서 나온 자료를 기초로 하여 패소할 것이 명백하다고 판단할 수 있는 경우가 아니면 구조요건을 구비한 것으로 보아야 한다고 판시하였다(대결 2001.6.9. 2001마1044).

Ⅲ 소송구조절차

제128조 [구조의 요건]
① 법원은 소송비용을 지출할 자금능력이 부족한 사람의 신청에 따라 또는 직권으로 소송구조를 할 수 있다. 다만, 패소할 것이 분명한 경우에는 그러하지 아니하다.
② 제1항의 신청인은 구조의 사유를 소명하여야 한다.
③ 소송구조에 대한 재판은 소송기록을 보관하고 있는 법원이 한다.
④ 제1항에서 정한 소송구조요건의 구체적인 내용과 소송구조절차에 관하여 상세한 사항은 대법원규칙으로 정한다.

1. 신청인

① 소송을 제기하려는 당사자와 소송계속 중의 당사자는 소송구조를 신청할 수 있다. 소송계속 중의 당사자에는 원고·피고·참가인·소송승계인 등이 포함된다.

17법원직 18·19주사보

1 민사소송의 본안사건뿐 아니라 강제집행사건도 소송구조 대상이 되며, 비송사건도 소송구조 대상이 된다. ( )

18법원직

2 법원은 소송비용을 지출할 자금능력이 부족한 사람의 신청에 따라 또는 직권으로 소송구조를 할 수 있지만, 패소할 것이 분명한 경우에는 그러하지 아니하다. ( )

16법원직

3 신청인이 패소할 것이 분명한 경우에는 법원이 소송구조를 할 수 없으므로, 신청인은 승소의 가능성을 적극적으로 진술하고 소명하여야 한다. ( )

18주사보

4 소송계속 중의 당사자는 물론, 소송을 제기하려는 자도 소송구조 신청을 할 수 있다. ( )

정답 │ 1 ✕ 2 ○ 3 ✕ 4 ○

② 외국인도 소송구조의 요건을 구비하면 소송구조를 받을 수 있고(소송구조예규 제3조 제3항) 법인도 공법인·사법인, 영리법인·비영리법인을 구분하지 않고 소송구조가 허용된다. 제3자의 소송담당에 의하여 소송당사자가 되는 자도 소송구조를 신청할 수 있다.

2. 관할

① 소송구조에 대한 재판은 소송기록을 보관하고 있는 법원이 한다(제128조 제3항). 따라서 소를 제기하기 전에는 소를 제기하려는 법원, 소제기 후에는 수소법원이 관할한다. 가압류·가처분 신청에 대한 구조신청은 목적물의 소재지를 관할하는 지방법원이나 본안의 관할법원, 강제집행에 대한 구조신청은 집행법원이 관할법원이 된다.

② 단독사건으로 소송계속 중 사물관할의 변동을 가져오는 소변경 신청을 하면서 소송구조 신청을 한 경우 이송 전의 단독판사가 관할한다(대결 1997.12.26. 97마1706).

3. 신청방식

① 구조신청은 서면으로 하여야 하고 그 신청서에는 신청인 및 그와 같이 사는 가족의 자금능력을 적은 서면을 붙여야 한다(제128조 제4항, 규칙 제4조).

② 다만, 자금능력에 대한 서면의 제출은 신청인이 소송비용을 지출할 자금능력이 부족한 사람이라는 점을 소명하기 위한 하나의 방법으로 예시된 것이므로 다른 방법으로 자금능력의 부족에 대한 소명을 하는 것도 가능하고, 법원은 자유심증에 따라 그 소명 여부를 판단하여야 한다(대결 2003.5.23. 2003마89).

4. 소송구조의 재판

(1) 소송구조결정 및 불복

① 구조결정은 당사자의 신청에 따라 또는 직권으로 할 수 있다(제128조 제1항). 소송구조의 신청이 적법하고 이유 있는 때에는 소송구조결정을 한다. 일부 구조결정을 하는 때에는 구조결정의 범위를 명확하게 기재하여야 하고, 나머지 신청을 기각하는 주문을 추가한다.

② 소송구조결정의 상대방은 소송비용의 담보면제의 소송구조결정에 대하여만 즉시항고할 수 있다(제133조 단서). 위 즉시항고는 집행정지의 효력이 있으므로(제447조) 법원은 피고의 담보제공신청에 따라 원고에게 담보제공명령을 내릴 수 있다(제117조).

③ 소송구조신청을 기각하는 결정에 대하여 신청인은 즉시항고를 할 수 있다(제133조 본문). 그러나 소송구조결정의 상대방은 소송비용의 담보를 면제하는 소송구조결정에 대해서만 즉시항고를 할 수 있다(제133조 단서).

④ 소송구조를 받은 사람이 소송비용을 납입할 자금능력이 있다는 것이 판명되거나, 자금능력이 있게 된 때에는 소송기록을 보관하고 있는 법원은 직권으로 또는 이해관계인의 신청에 따라 언제든지 구조를 취소하고, 납입을 미루어 둔 소송비용을 지급하도록 명할 수 있다(제131조).

(2) 기각결정

소송구조신청이 이유 없는 때에는 기각결정을 한다.

① 소장에 인지를 첨부하지 않고 소송상 구조신청을 한 경우에, 즉시항고기간 경과 등의 사

15·17주사보 16사무관

1 외국인, 법인, 제3자의 소송담당에 의하여 소송당사자가 되는 자도 소송구조를 신청할 수 있다. (   )

16법원직 22사무관

2 소송구조에 대한 재판은 소송기록을 보관하고 있는 법원이 한다. (   )

14·17주사보

3 단독사건으로 소송계속 중 사물관할의 변동을 가져오는 소변경 신청을 하면서 소송구조 신청을 한 경우 이송 전의 단독판사가 관할한다. (   )

14주사보 18법원직

4 소송구조신청은 서면으로 하여야 하고, 그 신청서에는 신청인뿐만 아니라 그와 같이 사는 가족의 자금능력을 적은 서면을 붙여야 한다. (   )

19주사보

5 소송구조신청은 서면으로 하여야 하고, 그 신청서에는 신청인 및 그와 같이 사는 가족의 자금능력을 적은 서면을 붙여야 한다. 자금능력의 부족에 관하여는 법원이 자유심증에 따라 그 소명 여부를 판단할 수 있다. (   )

17법원직

6 소송구조결정의 상대방은 소송비용의 담보를 면제하는 소송구조결정에 대해서만 즉시항고를 할 수 있다. (   )

16·17법원직

7 소송구조를 받은 사람이 소송비용을 납입할 자금능력이 있다는 것이 판명되거나 자금능력이 있게 된 때에는 법원은 직권으로 또는 이해관계인의 신청에 따라 구조를 취소할 수 있다. (   )

정답 | 1 ○ 2 ○ 3 ○ 4 ○ 5 ○
    6 ○ 7 ○

유로 기각결정이 확정되기 전에는 인지첩부의무의 발생이 저지되어 인지첩부의무 이행이 정지·유예된다고 할 것이므로, 인지보정명령을 발하거나 인지 미보정을 이유로 소장을 각하할 수 없다(대결 2008.6.2. 2007무77).

② 소송구조신청 후 그에 대한 기각결정 확정 전에 발한 인지보정명령의 위법성은 소송구조신청 기각결정이 확정되더라도 치유되지 아니하므로 소송구조신청 기각결정 확정 후에 그 인지보정명령에서 정한 보정기간이 경과하였다고 하더라도 이를 이유로 소장을 각하할 수 없고 다시 인지보정명령을 하여야 한다(대결 2009.5.19. 2009마558).

③ 소송구조신청이 있는 경우 인지첩부의무의 발생이 저지된다는 것은 소송구조신청을 기각하는 재판이 확정될 때까지 인지첩부의무의 이행이 정지 또는 유예되는 것을 의미하고, 소송구조신청이 있었다고 하여 종전에 이루어진 인지보정명령의 효력이 상실된다고 볼 근거는 없으므로, 종전의 인지보정명령에 따른 보정기간 중에 제기된 소송구조신청에 대하여 기각결정이 확정되면 재판장으로서는 다시 인지보정명령을 할 필요는 없지만 종전의 인지보정명령에 따른 보정기간 전체가 다시 진행되어 그 기간이 경과한 때에 비로소 소장 등에 대한 각하명령을 할 수 있다(대결 2008.6.2. 2007무77).

Ⅳ 소송구조의 효과

1. 객관적 범위

제129조 [구조의 객관적 범위]
① 소송과 강제집행에 대한 소송구조의 범위는 다음 각호와 같다. 다만, 법원은 상당한 이유가 있는 때에는 다음 각호 가운데 일부에 대한 소송구조를 할 수 있다.
  1. 재판비용의 납입유예
  2. 변호사 및 집행관의 보수와 체당금의 지급유예
  3. 소송비용의 담보면제
  4. 대법원규칙이 정하는 그 밖의 비용의 유예나 면제
② 제1항 제2호의 경우에는 변호사나 집행관이 보수를 받지 못하면 국고에서 상당한 금액을 지급한다.

판례 | 민사소송법 제129조 제1항 제2호에서 규정한 '변호사의 보수'의 의미 및 변호사의 보수에 소송구조를 받을 사람의 상대방을 위한 변호사 보수까지 포함되는지 여부(소극)

변호사의 보수에 대한 소송구조는 쟁점이 복잡하거나 당사자의 소송수행능력이 현저히 부족한 경우 또는 소송의 내용이 공익적 성격을 지니고 있는 경우에 소송수행과정에서 변호사의 조력이 필요한 사건을 위해 마련된 것이다. 여기에서 말하는 '변호사의 보수'는 변호사가 소송구조결정에 따라 소송구조를 받을 사람을 위하여 소송을 수행한 대가를 의미하고 소송구조를 받을 사람의 상대방을 위한 변호사 보수까지 포함된다고 볼 수는 없다(대판 2017.4.7. 2016다251994).

16사무관

1 소송구조신청 후 그에 대한 기각결정 확정 전에 인지보정명령을 한 경우에는 소송구조신청 기각결정 확정 후에 그 인지보정명령에서 정한 보정기간이 경과하였다면 이를 이유로 소장을 각하할 수 있다. ( )

14·17주사보 17법원직 12·19사무관

2 종전의 인지보정명령에 따른 보정기간 중에 제기된 소송구조신청에 대하여 기각결정이 확정되면 재판장으로서는 다시 인지보정명령을 할 필요는 없지만 종전의 인지보정명령에 따른 보정기간이 경과한 때에 비로소 소장 등에 대한 각하명령을 할 수 있으므로 "명령 송달일로부터 7일 이내에 인지 등을 보정하라."는 보정명령이 2017.1.5. 원고에게 송달되었고, 원고가 2017.1.10. 소송구조신청을 하여 소송구조기각결정이 2017.2.15. 확정되었다면 2017.2.20. 무렵에는 적법하게 소장각하명령을 할 수 있다. ( )

18법원직

3 소송구조의 대상인 변호사의 보수는 변호사가 소송구조결정에 따라 소송구조를 받을 사람을 위하여 소송을 수행한 대가를 의미하고, 소송구조를 받을 사람의 상대방을 위한 변호사 보수는 포함되지 않는다. ( )

정답 | 1 × 2 × 3 ○

2. 주관적 범위

제130조 [구조효력의 주관적 범위]
① 소송구조는 이를 받은 사람에게만 효력이 미친다.
② 법원은 소송승계인에게 미루어 둔 비용의 납입을 명할 수 있다.

3. 추심 등

제132조 [납입유예비용의 추심]
① 소송구조를 받은 사람에게 납입을 미루어 둔 비용은 그 부담의 재판을 받은 상대방으로부터 직접 지급받을 수 있다.
② 제1항의 경우에 변호사 또는 집행관은 소송구조를 받은 사람의 집행권원으로 보수와 체당금에 관한 비용액의 확정결정신청과 강제집행을 할 수 있다.
③ 변호사 또는 집행관은 보수와 체당금에 대하여 당사자를 대위하여 제113조 또는 제114조의 결정신청을 할 수 있다.

① 소송구조결정은 원칙적으로 비용의 지급유예이지 비용면제가 아니므로 나중에 구조받은 자가 패소하여 소송비용부담의 재판을 받았으면 이를 지급하여야 하며, 무자력이라면 결국 국고부담이 된다.

② 만약 구조받은 자가 승소하여 상대방이 소송비용을 부담하는 재판을 받은 경우에는 국가가 상대방에 대해 직접 추심권을 갖는다(제132조 제1항). 변호사나 집행관도 추심권이 인정된다(제132조 제2항·제3항). 이들이 보수를 받지 못하는 때에는 마치 국선변호인처럼 국고에서 상당한 금액을 지급한다(제129조 제2항). 지급시기는 이들의 신청에 따라 그 심급의 소송절차가 완결된 때 또는 강제집행절차가 종료된 때에 지급한다(규칙 제26조 제1항).

gosi.Hackers.com

해커스공무원 학원 · 인강
gosi.Hackers.com

제3편
병합소송

제1장 | 병합청구소송

구분	원시적 병합	후발적 병합
의의	원고가 소제기 당시부터 여러 개의 청구를 하나의 소송절차에 묶어서 제기하는 경우	이미 계속 중인 소송에 새로운 청구를 덧붙여서 제기한 경우
종류	청구의 병합(소의 객관적 병합)	소의 변경·중간확인의 소·반소
요건	1) 동종의 소송절차에 의하여 심판될 수 있어야 하며, 2) 수소법원에 공통의 관할권이 있어야 한다.	
		3) 사실심에 계속되고 변론종결 전에 제기하여야 하고, 4) 구청구와의 관련성이 있어야 하며, 5) 소송절차를 현저히 지연시키지 않을 것

학습 POINT

1. 청구의 병합을 이해하여야 뒤의 논점들을 이해 가능
2. 선택적 병합과 예비적 병합의 구분(양립가능성이 기준)
3. 절차와 심판 부분이 핵심(종국판결 부분이 가장 중요)

＊이시윤 699페이지 참고

제1절 청구의 병합(소의 객관적 병합)＊

> **제253조 [소의 객관적 병합]**
> 여러 개의 청구는 같은 종류의 소송절차에 따르는 경우에만 하나의 소로 제기할 수 있다.

I 서설

1. 의의

청구의 병합이라 함은 원고가 하나의 소송절차에서 여러 개의 청구를 하는 경우를 말한다(제253조). 하나의 소송절차에서 복수의 청구에 대한 심판을 구한다는 점에서 소의 객관적 병합은 소의 주관적 병합인 공동소송에 대응한다.

2. 구별개념

① 청구의 병합은 하나의 소송절차에 있어서 청구(소송물)가 복수로 묶인 경우를 뜻함에 대하여, 공격방법의 복수는 1개의 청구를 떠받치는 공격방법이 복수로 묶인 경우인 점에서 구별된다.

② 판례에 의하면 소유권확인청구에서 권리의 발생원인을 여러 개 주장하는 경우(대판 1987.3.10. 84다카2132),

말소등기청구에서 원인무효사유를 여러 개 주장하는 경우(대판 2009.1.15. 2007다51703), 부당이득반환청구에서 법률상 원인이 없다는 이유로 여러 사유를 주장하는 경우(대판 2000.5.12. 2000다5978) 등은 공격방법이 복수로서 1개의 소송물(청구)을 뒷받침하는 법적 근거가 여러 개일 뿐 소송물(청구)이 여러 개는 아니라고 본다.

Ⅱ 병합요건

1. 동종의 소송절차

① 민사본안사건과 가압류·가처분사건, 민사사건과 비송사건은 절차의 종류를 달리하는 것이므로 병합이 허용되지 않는다.

② 가사소송(이혼소송)과 가사비송(재산분할청구)은 병합이 가능하지만(가소 제14조 제1항), 여기에 민사소송(명의신탁해지를 원인으로 한 소유권이전등기청구)을 병합할 수는 없다(대판 2006.1.13. 2004므1378).

③ 행정소송에서 민사상의 관련청구인 손해배상·부당이득·원상회복 등의 병합은 허용된다(행소 제10조 제1항). 그러나 그 외의 민사소송은 병합할 수 없다.

④ 재심의 소에 통상의 민사상 청구를 병합할 수 있는지 문제되는데, 판례는 서로 다른 종류의 소송절차라는 이유로 원칙적으로 허용하지 않는다(대판 2009.9.10. 2009다41977).

> **판례 │ 부작위채무에 관한 판결절차에서 장래의 채무불이행에 대비한 배상을 명할 수 있는지 여부(적극)**
>
> 부작위채무를 명하는 판결의 실효성 있는 집행을 보장하기 위하여는, 부작위채무에 관한 소송절차의 변론종결 당시에서 보아 집행권원이 성립하더라도 채무자가 이를 단기간 내에 위반할 개연성이 있고, 또한 그 판결절차에서 민사소송법 제693조에 의하여 명할 적정한 배상액을 산정할 수 있는 경우에는, 그 부작위채무에 관한 판결절차에서도 위 법조에 의하여 장차 채무자가 그 채무를 불이행할 경우에 일정한 배상을 할 것을 명할 수 있다(대판 1996.4.12. 93다40614,40621).

2. 공통의 관할권이 있을 것

수소법원이 병합된 청구 가운데 어느 하나의 청구에 대하여 토지관할권을 갖고 있으면 다른 청구에 대하여도 관련재판적(제25조)에 의하여 관할권을 갖게 되므로 관할의 공통이 이루어져, 이 요건은 크게 문제되지 아니한다. 그러나 다른 법원에 전속관할이 있는 경우에는 병합이 허용되지 않는다.

3. 청구 사이의 관련성 유무

① 단순병합의 경우에는 청구 사이에 관련성을 요하지 않는다. 다만 선택적·예비적 병합의 경우는 병합된 청구 사이에 관련성이 있어야 하며, 논리적으로 전혀 관계가 없어 순수하게 단순병합으로 구하여야 할 수개의 청구를 선택적 또는 예비적 청구로 병합하여 청구하는 것은 부적법하여 허용되지 않는다(대판 2008.12.11. 2005다51495).

22법원직
1 통상의 민사사건과 가처분에 대한 이의사건은 절차의 성격이 유사하므로 병합할 수 있다. ( )

18주사보
2 재심의 소에 일반 민사상 청구를 병합할 수 있다. ( )

15법원직
3 부작위채무를 명하는 판결과 그 불이행시의 간접강제는 같은 종류의 소송절차라고 할 수 없으므로 양자를 병합하여 부작위채무에 관한 판결절차에서 장차 채무자가 그 채무를 불이행할 경우에 일정한 배상을 할 것을 명할 수는 없다. ( )

14·15법원직
4 판례는 논리적으로 전혀 관계가 없어 순수하게 단순병합으로 구하여야 할 수개의 청구를 선택적 또는 예비적 청구로 병합하여 청구하는 것은 부적법하여 허용되지 않는다고 보고 있다. ( )

정답 │ **1** × **2** × **3** × **4** ○

② 따라서 원고가 그와 같은 형태로 소를 제기한 경우 제1심법원이 본안에 관하여 심리·판단하기 위해서는 소송지휘권을 적절히 행사하여 이를 단순병합청구로 보정하게 하는 등의 조치를 취하여야 하는바, 법원이 이러한 조치를 취함이 없이 본안판결을 하면서 그 중 하나의 청구에 대하여만 심리·판단하여 이를 인용하고 나머지 청구에 대한 심리·판단을 모두 생략하는 내용의 판결을 하였다 하더라도 그로 인하여 청구의 병합 형태가 선택적 또는 예비적 병합관계로 바뀔 수는 없으므로, 이러한 판결에 대하여 피고만이 항소한 경우 제1심법원이 심리·판단하여 인용한 청구만이 항소심으로 이심될 뿐, 나머지 심리·판단하지 않은 청구는 여전히 제1심에 남아 있게 된다(대판 2008.12.11. 2005다51495).

Ⅲ 병합의 모습

1. 단순병합

(1) 의의

① 원고가 여러 개의 청구에 대하여 차례로 심판을 구하는 형태의 병합이다. 병합된 모든 청구에 대하여 법원의 심판을 필요로 한다.

② 불법행위에 의한 손해배상청구에서 적극손해·소극손해·위자료를 함께 청구하는 경우에, 판례처럼 소송물3분설을 따르면 3개 청구의 단순병합으로 된다.

(2) 부진정예비적 병합

예컨대 매매계약의 무효확인청구와 그 매매계약이 무효이므로 넘어간 목적물의 반환청구를 병합한 경우에는 매매계약의 무효확인청구가 인용될 때를 대비하여 목적물 반환청구에 대해서도 심판을 구하는 것이므로 원고가 두 개의 승소판결을 구하는 것이어서 단순병합에 해당한다.

(3) 대상청구

① 소유권이전등기청구와 함께 대상청구는 본래의 급부청구권의 현존을 전제로 판결확정 후에 집행불능이 되는 경우를 대비하여 전보배상을 미리 청구하는 것으로 현재의 이행의 소와 장래의 이행의 소의 단순병합이다(대판 2011.1.27. 2010다77781).

② 본래의 급부청구가 인용된다는 이유만으로 대상청구에 대한 판단을 생략할 수 없다. 본래의 급부청구의 인용, 대상청구의 기각의 사안에서 예비적 병합의 경우처럼 원고에게 항소의 이익이 없다고 할 수 없다(대판 2011.8.18. 2011다30666,30673; 동 2006.3.10. 2005다55411). 물론 물건인도청구 자체가 이유 없는 때에는 대상청구에 대하여 심리할 필요 없이 배척하면 된다(대판 1969.10.28. 68다158).

2. 선택적 병합

(1) 의의

① 양립할 수 있는 여러 개의 청구를 하면서 그중에 어느 하나가 인용되면 원고의 소의 목적을 달할 수 있기 때문에 다른 청구에 대해서는 심판을 바라지 않는 형태의 병합이다. 법원은 이유 있는 청구 어느 하나를 선택하여 원고청구를 인용하면 된다. 논리적으로 양립할 수 없는 여러 개의 청구는 예비적 병합청구는 할 수 있지만 선택적 병합청구를 할 수 없다(대판 1982.7.13. 81다카1120).

② 선택적 병합인지 예비적 병합인지는 당사자의 의사가 아닌 병합청구의 성질을 기준으로 판단하여야 한다. 손해배상청구가 주위적으로는 채무불이행, 예비적으로는 불법행위를 원인으로 하는 청구는, 모두 동일목적을 달성하기 위한 것으로 하나의 채권이 변제소멸되면 나머지 채권도 목적달성이 되기 때문에 선택적 병합관계에 있다고 할 것이다(대판 2018.2.28, 2013다26425).

(2) 소송물이론과의 관계

① 소송물 이론 중 구이론(판례)에 의할 경우 청구취지는 하나이고 이를 뒷받침하는 권리발생규정(청구원인)이 여러 개인 경우 선택적 병합이 된다.

② 예컨대 손해배상청구를 불법행위와 계약불이행에 기하여 구하거나 이혼소송을 부정행위와 혼인을 계속하기 어려운 중대한 사유에 기하여 구하는 경우 및 동일 가옥의 인도를 점유권과 소유권에 기하여 청구하는 것처럼 청구권의 경합이 존재할 때가 전형적으로 이에 해당한다.

3. 예비적 병합

(1) 의의

양립될 수 없는 여러 개의 청구를 하면서 주위적 청구(제1차적 청구)가 기각·각하될 때를 대비하여 예비적 청구(제2차적 청구)에 대하여 심판을 구하는 경우이다. 예컨대 주위적 청구로서 매매계약이 유효함을 전제로 매매대금의 지급을 청구하고, 예비적 청구로서 매매계약이 무효인 때를 대비하여 이미 인도해 간 매매목적물의 반환을 청구하는 경우이다. 법원은 당사자가 청구한 심판의 순서에 구속받게 된다(대판 1993.3.23, 92다51204).

(2) 요건

1) 양립될 수 없는 관계일 것

① 예비적 청구는 주위적 청구와 사이에서 양립할 수 없는 서로 배척관계가 있어야 한다. 따라서 주위적 청구의 수량만을 감축한 예비적 청구, 소유권이전등기청구 중 주위적으로 무조건의 청구, 예비적으로 상환이행청구로 하는 것은 예비적 병합이 아니므로 나누어 판단할 필요 없다(대판 1994.4.23, 98다61463).

② 다만, 판례는 논리적으로 양립할 수 있는 수개의 청구라 하더라도 당사자가 심판의 순위를 붙여 청구를 할 합리적 필요성이 있는 경우에는 당사자가 붙인 순서에 따라서 당사자가 먼저 구하는 청구를 심리하여 이유가 없으면 다음 청구를 심리하여야 한다고 하였다(대판 2002.2.8, 2001다17633).

2) 관련성

주위적 청구와 예비적 청구는 기초되는 사실관계가 관련성이 있어야 한다(법률적·경제적으로 동일목적의 추구일 것). 따라서 주위적 청구로 가옥인도를, 예비적 청구로 이와 무관한 대여금을 청구하거나, 독립된 별개의 손해배상청구를 주위적·예비적으로 청구함은 부적법하다.

22법원직

1 병합의 형태가 선택적 병합인지 예비적 병합인지는 당사자의 의사가 아닌 병합청구의 성질을 기준으로 판단한다. ( )

15법원직

2 법원은 매매대금의 지급을 구하는 청구에 대하여 먼저 심리하여 보고 인용되면 매매목적물의 반환을 구하는 청구를 심판할 필요가 없다. ( )

18법원직

3 주위적 청구와 동일한 목적물에 관하여 동일한 청구원인을 내용으로 하면서 주위적 청구를 양적이나 질적으로 일부 감축하여 하는 청구는 주위적 청구에 흡수되는 것일 뿐 소송상의 예비적 청구라고 할 수 없다. ( )

정답 | 1 ○ 2 ○ 3 ○

Ⅳ 병합청구의 절차와 심판

1. 소가의 산정과 병합요건의 조사

① 단순병합의 경우에는 병합된 청구의 가액을 합산함이 원칙이며, 선택적·예비적 병합의 경우는 중복청구의 흡수의 법리를 따른다.

② 병합요건은 소송요건이므로, 법원의 직권조사사항이다. 병합요건의 흠이 있을 때에는 변론을 분리하여 별도의 소로 분리 심판하여야 하며, 병합된 청구 중 어느 하나가 다른 법원의 전속관할에 속하는 때에는 결정으로 이송하여야 한다(제34조).

2. 심리의 공통

변론·증거조사·판결은 같은 기일에 여러 개의 청구에 대하여 공통으로 행하며, 여기에서 나타난 증거자료나 사실자료는 모든 청구에 대한 판단의 자료가 된다.

3. 종국판결

(1) 단순병합의 경우

① 모든 청구에 대하여 판단하여야 하기 때문에 어느 하나의 청구에 대한 재판누락을 하면 추가판결의 대상이 된다(제212조). 그러나 병합청구 중 어느 하나의 청구가 판결하기에 성숙하면 일부판결을 할 수 있다.

② 일부판결에 대하여 상소한 때에는 나머지 부분과 별도로 이심의 효력이 생긴다. 그러나 전부판결의 일부에 대하여 상소하면 모든 청구에 대해 이심과 확정차단의 효력이 생긴다(대판 1966.6.28. 66다711).

(2) 선택적·예비적 병합의 경우

1) 변론의 분리 가부

선택적·예비적 병합의 경우에는 여러 개의 청구가 하나의 소송절차에 불가분적으로 결합되기 때문에 변론의 분리·일부판결을 할 수 없다(대판 1998.7.24. 96다99).

2) 판단방법

① 선택적 병합의 경우에 원고승소판결에 있어서는 어느 하나를 선택하여 판단하면 되며, 나머지 청구에 관하여는 심판을 요하지 않는다. 그러나 원고패소판결을 할 때에는 병합된 청구 전부에 대하여 배척하는 판단을 요한다. 청구의 선택적 병합에서 선택적 청구 중 하나의 청구만 기각하고, 다른 선택적 청구는 남겨놓으면 안 된다(대판 2018.6.15. 2016다229478).

② 예비적 병합의 경우에 주위적 청구가 인용될 때에는 예비적 청구에 대하여 심판할 필요가 없지만, 그것이 기각되는 때에는 예비적 청구에 대하여 심판하여야 한다. 주된 청구를 배척하고 예비적 청구를 인용한 때에는, 판결의 주문에 주된 청구를 기각한다는 뜻과 예비적 청구를 인용한다는 뜻을 다 같이 표시하지 않으면 안 된다(대판 1974.5.28. 73다1942).

3) 판단누락

① 문제점

선택적 병합에서 원고패소판결을 하면서 병합된 청구 중 어느 하나를 판단하지 않거나, 예비적 병합에서 주위적 청구를 먼저 판단하지 아니하거나 주위적 청구만을 배척하고 예비적

14법원직

1 판례는 청구의 예비적 병합에서 주위적 청구를 배척하고 예비적 청구를 인용하는 경우에는 판결의 주문에 주위적 청구를 기각한다는 뜻과 예비적 청구를 인용한다는 뜻을 다 같이 표시하지 않으면 안 된다고 하고 있다. ( )

17법원직 18주사보

2 제1심법원이 원고의 선택적 청구 중 하나만을 판단하여 기각하고 나머지 청구에 대하여는 아무런 판단을 하지 아니하였고, 원고가 제1심판결에 대하여 항소를 제기한 경우 선택적 청구 중 판단되지 않은 청구 부분은 재판의 탈루로서 제1심법원에 그대로 계속되고 있다고 보아야 한다. ( )

정답 | 1 ○ 2 ○

청구는 판단하지 않는 경우에, 누락시킨 청구 부분이 판단누락(제451조 제1항)인가 재판누락(제212조)인가가 문제된다.

② 판례
　㉠ 선택적 병합
　　판례는 선택적 병합의 경우는 판단누락을 전제로 원고가 이와 같은 판결에 항소한 이상 누락된 부분까지 선택적 청구 전부가 항소심으로 이심하는 것이고 재판누락은 아니라고 본다(대판 1998.7.24. 96다99).

　㉡ 예비적 병합
　　판례는 종전에는 재판누락으로 보아 추가판결의 대상이 된다고 보았으나, 최근 전원합의체 판결에서 "주위적 청구를 배척하면서 예비적 청구에 대하여 판단하지 아니하는 판결을 한 경우에는 그 판결에 대한 상소가 제기되면 판단이 누락된 예비적 청구 부분도 상소심으로 이심이 되고 그 부분이 재판의 누락에 해당하여 원심에 계속 중이라고 볼 것은 아니다."라고 판시하였다(대판 (전) 2000.11.16. 98다22253).

판례 | 주위적 청구를 배척하면서 예비적 청구에 대하여 판단하지 않은 경우, 상소가 제기되면 판단이 누락된 예비적 청구 부분도 상소심으로 이심이 되는지 여부(적극) / 이러한 법리는 부진정 예비적 병합의 경우에도 마찬가지인지 여부(적극)

[1] 청구의 예비적 병합은 논리적으로 양립할 수 없는 수개의 청구에 관하여 주위적 청구의 인용을 해제조건으로 예비적 청구에 대하여 심판을 구하는 형태의 병합이다. 그러나 논리적으로 양립할 수 있는 수개의 청구라고 하더라도, 주위적으로 재산상 손해배상을 청구하면서 그 손해가 인정되지 않을 경우에 예비적으로 같은 액수의 정신적 손해배상을 청구하는 것과 같이 수개의 청구 사이에 논리적 관계가 밀접하고, 심판의 순위를 붙여 청구를 할 합리적 필요성이 있다고 인정되는 경우에는, 당사자가 붙인 순위에 따라서 당사자가 먼저 구하는 청구를 심리하여 이유가 없으면 다음 청구를 심리하는 이른바 부진정 예비적 병합청구의 소도 허용된다.

[2] 예비적 병합의 경우에는 수개의 청구가 하나의 소송절차에 불가분적으로 결합되어 있기 때문에 주위적 청구를 먼저 판단하지 않고 예비적 청구만을 인용하거나 주위적 청구만을 배척하고 예비적 청구에 대하여 판단하지 않는 등의 일부판결은 예비적 병합의 성질에 반하는 것으로서 법률상 허용되지 않는다. 그런데도 주위적 청구를 배척하면서 예비적 청구에 대하여 판단하지 않은 판결을 한 경우에는 그 판결에 대한 상소가 제기되면 판단이 누락된 예비적 청구 부분도 상소심으로 이심이 되고 그 부분이 재판의 누락에 해당하여 원심에 계속 중이라고 볼 것은 아니다. 이러한 법리는 부진정 예비적 병합의 경우에도 달리 볼 이유가 없다(대판 2021.5.7. 2020다292411).

4) 항소심의 심판대상
① 원고승소판결의 경우
　㉠ 선택적 병합
　　수개의 청구가 제1심에서 선택적으로 병합되고 그중 어느 하나의 청구에 대한 인용판결이 선고되어 피고가 항소를 제기한 때에는 제1심이 판단하지 아니한 나머지 청구까지도 항소심으로 이심되어 항소심의 심판범위가 되므로, 항소심이 원고의 청구를 인용할 경우에는 선택적으로 병합된 수개의 청구 중 어느 하나를 임의로 선택하여 심판할 수 있으나, 원고의 청구를 모두 기각할 경우에는 원고의 선택적 청구 전부에 대하여 판단하여야 한다(대판 2010.5.27. 2009다12580).

ⓛ 예비적 병합에서 주위적 청구가 인정된 경우

원심에서 주위적 청구를 인용한 때에는 다음 순위인 예비적 청구에 대하여 심판할 필요가 없으므로, 이에 대하여 피고가 항소하면 제1심에서 심판을 받지 않은 다음 순위의 예비적 청구도 모두 이심되고 항소심이 제1심에서 인용되었던 주위적 청구를 배척할 때에는 다음 순위의 예비적 청구에 관하여 심판을 하여야 한다(대판 (전) 2000.11.16. 98다22253).

또한 실질적으로 선택적 병합관계의 두 청구를 순위를 매겨 예비적 병합으로 청구하였는데, 제1심법원의 주위적 청구기각, 예비적 청구인용의 판결에 피고만이 항소한 경우에도 항소심으로서는 두 청구 모두를 심판의 대상으로 삼아야 한다(대판 2014.5.29. 2013다96868).

② 예비적 병합의 경우에 주위적 청구의 기각, 예비적 청구의 인용의 원판결에 대하여 피고만이 그 패소 부분에 상소한 때에, 불복하지 않은 주위적 청구에 관한 부분도 이심은 되지만, 상소심의 심판의 대상이 되지 아니한다. 이는 불이익변경금지의 원칙(제415조)상 당연한 것이라 본다(대판 1995.2.10. 94다31624).

이러한 경우 피고의 항소에 이유가 있는 때에는 항소심은 제1심판결 가운데 예비적 청구에 관한 피고 패소 부분만 취소하여야 하고, 취소의 대상이 되지 아니한 주위적 청구 부분은 예비적 청구에 관한 취소판결의 선고와 동시에 확정된다(대판 2007.1.11. 2005다67971).

판례 | 원고의 주위적 청구를 기각하고 예비적 청구만을 인용하는 판결을 선고한 데 대하여 피고만 항소를 제기한 뒤 피고가 항소심 변론에서 주위적 청구를 인낙한 경우 그 조서의 효력 및 이 경우 예비적 청구에 관한 심판의 필요성 유무(소극)

제1심법원이 원고의 주위적 청구와 예비적 청구를 병합심리한 끝에 주위적 청구는 기각하고 예비적 청구만을 인용하는 판결을 선고한 데 대하여 피고만 항소를 하더라도, 항소의 제기에 의한 이심의 효력은 피고의 불복신청의 범위와는 관계없이 사건 전부에 미쳐 주위적 청구에 관한 부분도 항소심에 이심되는 것이므로, 피고가 항소심의 변론에서 원고의 주위적 청구를 인낙하여 그 인낙이 조서에 기재되면 그 조서는 확정판결과 동일한 효력이 있는 것이고, 따라서 그 인낙으로 인하여 주위적 청구의 인용을 해제조건으로 병합심판을 구한 예비적 청구에 관하여는 심판할 필요가 없어 사건이 그대로 종결되는 것이다(대판 1992.6.9. 92다12032).

③ 원고 패소의 제1심판결에 대하여 원고가 항소한 후 항소심에서 예비적 청구를 추가하면 항소심이 종래의 주위적 청구에 대한 항소가 이유 없다고 판단한 경우에는 예비적 청구에 대하여 제1심으로 판단하여야 한다(대판 2017.3.30. 2016다253297).

판례 | 항소심에 이르러 새로운 청구가 추가된 경우, 항소심이 기존의 청구와 추가된 청구를 모두 배척할 때의 주문 표시 방법

항소심에 이르러 새로운 청구가 추가된 경우 항소심은 추가된 청구에 대해서는 실질상 제1심으로서 재판하여야 한다. 제1심이 기존의 청구를 기각한 데 대하여 원고가 항소하였고 항소심이 기존의 청구와 항소심에서 추가된 청구를 모두 배척할 경우 단순히 "원고의 항소를 기각한다."라는 주문 표시만 해서는 안 되고, 이와 함께 항소심에서 추가된 청구에 대하여 "원고의 청구를 기각한다."라는 주문 표시를 해야 한다(대판 2021.5.7. 2020다292411).

15·18·19법원직

1 원심이 주위적 청구를 배척하였음에도 예비적 청구에 대한 판단을 누락하였다면 누락된 예비적 청구 부분은 아직 원심에 소송이 계속 중이라 할 것이므로 이 부분에 대한 상고는 그 대상이 없어 부적법하다. ( )

14·15·22법원직

2 판례는 선택적 병합의 경우 그중 하나의 청구를 받아들여 청구를 인용한 판결에 대하여 피고가 항소한 경우 제1심이 판단하지 않은 나머지 청구도 항소심으로 이심되어 항소심의 심판대상이 된다고 보고 있다. ( )

15·18법원직

3 주위적·예비적 병합사건에서 주위적 청구를 인용하는 제1심판결에 대하여 항소하면 제1심에서 심판을 받지 않은 예비적 청구도 모두 이심된다. ( )

17법원직

4 실질적으로 선택적 병합관계에 있는 두 청구에 관하여 당사자가 주위적·예비적으로 순위를 붙여 청구하였고, 그에 대하여 제1심법원이 주위적 청구를 기각하고 예비적 청구만을 인용하는 판결을 선고하여 피고만이 항소를 제기한 경우에도 항소심으로서는 두 청구 모두를 심판의 대상으로 삼아 판단하여야 한다. ( )

14법원직

5 판례는 예비적 병합의 경우에 주위적 청구 기각·예비적 청구 인용의 1심판결에 대하여 피고만이 항소한 경우 불복하지 아니한 주위적 청구도 항소심으로 이심되어 항소심의 심판대상이 된다고 보고 있다. ( )

15법원직

6 주위적인 매매대금의 지급을 구하는 청구를 기각하면서 예비적인 매매목적물의 반환을 구하는 청구를 인용한 항소심판결에 대하여 피고만이 상고하고 원고는 상고도 부대상고도 하지 않은 경우에, 매매대금의 지급을 구하는 청구는 상고심판결 선고시에 확정된다. ( )

정답 | 1 × 2 ○ 3 ○ 4 ○ 5 ×
6 ○

학습 POINT

1. 청구변경의 모습은 교환적 변경과 추가적 변경이 있음
2. 교환적 변경의 법적 성질(신소제기와 구소취하)
3. 항소심에서 교환적 변경 후 재변경X, 전부승소자가 소변경을 위한 항소X(예외적 인정됨)
4. 신소제기의 성질이 있으므로 서면제출과 송달이 필요(소송계속은 송달시)

＊ 이시윤 709페이지 참고

제262조 [청구의 변경]
① 원고는 청구의 기초가 바뀌지 아니하는 한도 안에서 변론을 종결할 때(변론 없이 한 판결의 경우에는 판결을 선고할 때)까지 청구의 취지 또는 원인을 바꿀 수 있다. 다만, 소송절차를 현저히 지연시키는 경우에는 그러하지 아니하다.
② 청구취지의 변경은 서면으로 신청하여야 한다.
③ 제2항의 서면은 상대방에게 송달하여야 한다.

제263조 [청구의 변경의 불허가]
법원이 청구의 취지 또는 원인의 변경이 옳지 아니하다고 인정한 때에는 직권으로 또는 상대방의 신청에 따라 변경을 허가하지 아니하는 결정을 하여야 한다.

Ⅰ 서설

1. 의의

청구의 변경은 소송물의 변경을 말하는데, 법원과 당사자의 동일성을 유지하면서 오로지 청구가 변경되는 경우만을 가리킨다. 이와 같이 청구의 변경은 청구, 즉 소송물의 변경을 뜻하기 때문에 청구의 취지와 원인의 변경에 의하여 이루어진다.

2. 취지

원고 측의 편의와 피고 측의 방어권을 보장하고 소송경제를 도모한다.

Ⅱ 청구변경의 범위

1. 청구취지의 변경

(1) 원칙

청구취지의 변경은 원칙적으로 소의 변경이 된다. 따라서 청구원인은 동일하게 두고 소의 종류를 달리하기 위하여 청구취지를 바꾸거나, 심판의 대상이나 내용을 바꾸는 경우에도 청구의 변경이 된다.

(2) 심판범위의 변경

① 청구의 확장

상환이행청구에서 단순이행청구로 바꾸는 경우와 같은 질적 확장이 있고, 금전채권 중 일부를 청구하다가 나머지 부분까지 전부청구하는 양적 확장이 있다. 일부청구에서 전부청구로 확장될 경우에, 청구의 원인에 변경이 없음을 근거로 소의 변경이 아니라는 견해가 있으나(일부청구부정설), 명시적 일부청구에서 전부청구로 확장될 때는 소송물의 변동이 생기므로 소의 추가적 변경으로 해석할 것이다(대판 1963.12.12. 63다689).

12·13주사보 15·20사무관
1 청구의 감축도 소의 일부취하에 해당하므로 상대방의 동의가 필요하고, 이때 동의는 명시적으로 표시되어야 한다.   ( )

② **청구의 감축**

청구의 감축이 소의 변경은 아니나, 감축된 한도에서 일부취하로 볼 것인지 일부포기로 볼 것인지 견해가 대립하고, 불분명하면 원고에게 유리한 소의 일부취하로 본다는 것이 다수설·판례이다. 따라서 상대방이 본소에 응소한 경우에는 명시적 또는 묵시적으로라도 상대방의 동의를 얻어야 한다(대판 2005.7.14. 2005다19477).

(3) 청구취지의 보충·정정

청구취지를 청구원인대로 변경하는 것 등은 불명한 것을 명확하게 하는 것이어서 소의 변경이 아니다.

2. 청구원인의 변경

(1) 원칙

청구취지를 그대로 두고 청구원인의 실체법상의 권리, 즉 법률적 관점만을 변경하는 데 그치는 경우이다. 신이론은 공격방어방법의 변경으로 보나, 구이론은 청구의 변경으로 본다.

(2) 손해배상소송의 소송물

손해배상소송에서 재산상손해액의 일부를 위자료로 바꾸는 경우에 판례의 입장인 3분설에 의하면 소의 변경이 되지만, 손해1개설에 의하면 단순한 손해항목의 변경으로 된다.

3. 공격방어방법의 변경

17법원직
2 채권자가 사해행위의 취소를 청구하면서 그 보전하고자 하는 채권을 추가하거나 교환하는 것은 청구의 변경에 해당한다.   ( )

① 원고가 같은 권리를 주장하면서 이를 이유 있게 하기 위한 주장의 변경은 소의 변경이 아니라 단지 공격방법의 변경에 그친다고 함은 신·구이론의 견해가 일치한다.

② 예를 들면 사해행위취소청구의 채권자가 그 보전하고자 하는 채권의 추가·교환은 공격방법의 변경에 해당한다(대판 2003.5.27. 2001다13532).

20법원직
3 가등기에 기한 본등기청구를 하면서 위 가등기의 피담보채권을 처음에는 대여금채권이라고 주장하였다가 나중에는 손해배상채권이라고 주장한 경우 이는 공격방법의 변경이 아닌 청구의 변경에 해당한다.   ( )

③ 가등기에 기한 본등기청구를 하면서 그 등기원인을 매매예약완결이라고 주장하는 한편 위 가등기의 피담보채권을 처음에는 대여금채권이라고 주장하였다가 나중에는 손해배상채권이라고 주장한 경우 가등기에 기한 본등기청구의 등기원인은 위 주장의 변경에 관계없이 매매예약완결이므로 등기원인에 변경이 없어 청구의 변경에 해당하지 아니하고, 위 가등기로 담보되는 채권이 무엇인지는 공격방어방법에 불과하다(대판 1992.6.12. 92다11848).

Ⅲ 청구변경의 모습

1. 교환적 변경

(1) 의의

구청구에 갈음하여 신청구를 제기하는 경우로서, 신청구 추가와 구청구의 취하의 결합형태이다. 결합설이 통설·판례이다(대판 2003.1.24. 2002다56987).

(2) 피고가 본안에 관해 응소한 경우 피고동의 요부

① 판례는 청구기초의 동일성에 영향이 없다 하여 피고의 동의가 없어도 취하의 효력이 생기는 것으로 본다(대판 1970.2.24. 69다2172).

정답 | 1 × 2 × 3 ×

② 청구기초의 동일성을 요구함으로써 피고의 이익은 보호되고, 교환적 변경의 경우 제262조만 적용하면 되고 제266조를 중첩적으로 적용할 필요가 없다고 할 것이므로 피고의 동의가 없더라도 구청구의 취하의 효력이 발생하여 교환적 변경이 된다고 보는 판례의 입장이 타당하다고 본다.

2. 추가적 변경

구청구를 유지하면서 신청구를 추가 제기하는 경우로서 청구의 후발적 병합에 해당하므로 청구의 병합요건(제253조)을 필요로 한다. 단순병합, 선택적 병합, 예비적 병합의 형태로 소의 추가적 변경이 행하여진다.

3. 변경형태가 불분명한 경우

① 소의 변경이 교환적인가 추가적인가는 원칙적으로 당사자의 의사해석에 의하지만, 그 변경형태가 불명한 때에는 법원은 석명하여야 한다.
② 판례는 신청구가 부적법한 경우까지 구청구가 취하되는 교환적 변경이라 할 수 없다고 판시하였다(대판 1975.5.13. 73다1449).

Ⅳ 요건

1. 청구의 기초가 바뀌지 아니할 것(청구기초의 동일성)

청구기초의 동일성은 피고의 방어 목표가 예상 밖으로 변경되어 입는 불이익을 보호하기 위한 요건이므로 사익적 요건이라 할 것이다. 따라서 피고가 소변경에 동의하거나 이의 없이 응소하는 때에는 이 요건을 갖추지 않아도 소의 변경을 허용할 것이다(대판 2011.2.24. 2009다33655).

(1) 동일성의 의미

판례는 동일한 생활사실 또는 동일한 경제적 이익에 관한 분쟁이고 그 해결방법에 차이가 있음에 불과한 청구취지 및 청구원인의 변경은 청구의 기초에 변경이 없고, 새로운 청구의 심리를 위하여 종전의 소송자료를 대부분 이용할 수 있는 경우에는 소송절차를 지연케 함이 현저하다고 할 수 없다고 판시하여 이익설의 입장에 있다(대판 1998.4.24. 97다44416).

(2) 청구기초에 동일성을 인정한 경우

① 청구원인은 동일한데 청구취지만을 변경한 경우
소유권이전등기말소청구에 추가하여 건물인도청구를 구한 경우(대판 1992.10.23. 92다29962)나, 대지인도 및 그 지상의 방해물 철거를 구하면서 철거의 대상만을 바꾼 경우(대판 1962.4.18. 4294민상1145) 등이다.
② 청구의 목적은 같은데 법률적 구성만을 달리하는 경우
증여받았음을 원인으로 소유권이전등기를 청구하다가 예비적으로 상속을 원인으로 이전등기를 구하는 것으로 변경한 경우(대판 1992.2.25. 91다34103), 손해배상청구를 불법행위(민법 제750조)를 원인으로 구하다가 채무불이행(민법 제390조)으로 바꾸는 경우 등이다.
③ 신·구청구 중 한편이 다른 쪽의 변형물이거나 부수물인 경우
소유권이전등기를 청구하다가 그 등기의무가 이행불능임을 전제로 손해배상청구로 바꾼 경우(대판 1969.7.22. 69다413) 등이다.

17법원직

1 당사자가 구청구를 취하한다는 명백한 의사표시 없이 새로운 청구로 변경하는 등으로 그 변경형태가 불분명한 경우에는 사실심법원으로서는 과연 청구변경의 취지가 교환적인가 추가적인가 또는 선택적인가의 점을 석명할 의무가 있다.
( )

19법원직

2 청구의 변경에 의하여 청구의 기초가 바뀌었다고 하더라도, 그 청구의 변경에 대하여 상대방이 지체 없이 이의하지 아니하고 변경된 청구에 관한 본안의 변론을 한 때에는 상대방은 더 이상 그 청구 변경의 적법 여부에 대하여 다투지 못한다.
( )

정답 | 1 ○ 2 ○

④ 동일한 생활사실이나 경제적 이익에 관한 분쟁인데 해결방법만을 달리하는 경우

매매계약에 의한 이전등기청구에서 매매계약해제에 의한 계약금반환청구로 변경한 경우(대판 1972.6.27. 72다546), 채권자대위권에 기해 청구를 하다가 피대위채권 자체를 양수하여 양수금청구로 변경한 경우(대판 2010.6.24. 2010다17284), 매매를 원인으로 한 소유권이전등기청구에서 대물변제를 원인으로 한 소유권이전등기청구로의 변경(대판 1997.4.25. 96다32133) 등이다.

(3) 청구의 기초에 동일성을 인정하지 않은 경우

건축공사보수금채권의 부존재확인청구를 건물소유권확인청구로 변경하는 경우(대판 1957.9.2. 4290민상230), 행정소송에서 압류처분의 취소청구를 압류해제신청에 대한 보류처분의 취소처분청구로 변경하는 경우(대판 1979.5.22. 79누37)에는 청구의 기초에 변경이 있어 동일성이 인정되지 않는다고 보았다.

2. 소송절차를 현저히 지연시키지 않을 것

① 판례는 2회에 걸쳐 상고심으로부터 파기환송된 후 항소심 변론종결시에 비로소 소의 변경을 함은 소송절차를 현저히 지연시키는 경우라 하였다(대판 1964.12.29. 64다1025).
② 새로운 청구의 심리를 위하여 종전의 소송자료를 대부분 이용할 수 있는 경우에는 소송절차를 지연케 함이 현저하다고 할 수 없다(대판 1998.4.24. 97다44416).
③ 이 요건은 청구의 기초의 동일성과 달리 공익적 요건이므로 피고의 이의가 없어도 직권조사를 요한다.

3. 사실심에 계속되고 변론종결 전일 것

(1) 소장부본송달 전

소장부본이 피고에게 송달 전이면 소송계속 전이기 때문에 원고는 자유롭게 소장기재를 보충·정정할 수 있다.

(2) 항소심에서 소의 교환적 변경

17법원직

1 상고심에서는 청구의 변경이 허용되지 않는다. ( )

17법원직

2 본안에 대한 종국판결이 있은 후 구청구를 신청구로 교환적 변경을 한 다음 다시 본래의 구청구로 교환적 변경을 하는 것은 종국판결이 있은 후 소를 취하하였다가 동일한 소를 다시 제기한 경우에 해당하여 부적법하다. ( )

19법원직

3 피고만이 항소한 항소심에서 소의 교환적 변경이 적법하게 이루어진 후에 피고가 항소를 취하한 경우 제1심판결은 소의 교환적 변경에 의한 소취하로 실효되고, 항소심은 교환된 새로운 소송을 사실상 제1심으로 재판하는 것이 되므로 항소취하하는 그 대상이 없어 아무런 효력을 발생할 수 없다. ( )

정답 | 1 ○ 2 ○ 3 ○

① 상고심에서는 소의 변경이 허용되지 않지만, 항소심에서는 상대방 동의 없이 소의 변경을 할 수 있다. 다만, 소의 교환적 변경은 신청구의 추가적 병합과 구청구의 취하의 결합형태로 볼 것이므로 본안에 대한 종국판결이 있은 후 구청구를 신청구로 교환적 변경을 한 다음 다시 본래의 구청구로 교환적 변경을 한 경우에는 종국판결이 있은 후 소를 취하하였다가 동일한 소를 다시 제기한 경우에 해당하여 부적법하다(대판 1987.11.10. 87다카1405).
② 항소심에서 청구가 교환적으로 변경된 경우 구청구의 취하의 효력이 발생하면 그 부분에 대하여는 소가 처음부터 계속되지 아니한 것으로 보므로(제267조 제1항) 항소심에서는 구 청구에 대한 제1심판결을 취소할 필요 없이 신청구에 대하여만 제1심으로서 판결을 하게 된다(대판 1989.3.28. 87다카2372).
③ 피고의 항소로 인한 항소심에서 소의 교환적 변경이 적법하게 이루어졌다면 제1심판결은 소의 교환적 변경에 의한 소취하로 실효되고, 항소심의 심판대상은 새로운 소송으로 바뀌어지고 항소심이 사실상 제1심으로 재판하는 것이 되므로, 그 뒤에 피고가 항소를 취하한다 하더라도 항소취하하는 그 대상이 없어 아무런 효력을 발생할 수 없다(대판 1995.1.24. 93다25875).
④ 항소심에 이르러 소가 추가적으로 변경된 경우와 소가 교환적으로 변경된 경우에는 항소심은 신청구에 대하여 재판하여야 하고, 위 두 경우에 제1심이 원고의 청구를 기각하였

고, 항소심이 추가된 신소와 교환적으로 변경된 신 청구를 기각할 경우라 하더라도 '원고의 청구를 기각한다'는 주문 표시를 하여야 하고, '항소를 기각한다'는 주문 표시를 하여서는 아니 된다(대판 1997.6.10. 96다25449,25456).

(3) 원고가 전부승소한 경우에 소의 변경만을 목적으로 한 항소

원칙적으로 항소의 이익이 없어 허용되지 않는다. 그러나 명시하지 않은 일부청구에 있어서 전부승소한 원고가 잔부에 대해 확장청구하기 위해 독립항소를 하는 것은 예외적으로 허용된다(대판 1997.10.24. 96다12276).

4. 소의 병합의 일반요건을 갖출 것

각 청구가 동종절차에 의하여 심판될 수 있어야 하며, 공통관할권이 인정되어야 한다.

Ⅴ 절차

1. 신청

소의 변경은 원고의 신청에 의하여야 한다. 따라서 소를 변경할 것인가의 여부는 원고의 자유이며, 법원이 이를 강제할 수 없다.

2. 방식

① 청구취지를 변경하는 경우에는 서면으로 신청하여야 한다(제262조 제2항). 다만, 청구취지의 변경을 서면으로 하지 않았다고 하더라도 상대방이 지체 없이 이의를 하지 않으면 소송절차에 관한 이의권의 상실로 그 잘못은 치유된다(대판 1993.3.23. 92다51204).
② 반대해석상 청구원인의 변경은 반드시 서면에 의할 필요가 없고 말로 해도 된다.

3. 송달

① 소변경서는 상대방에게 바로 송달하여야 한다(제262조 제3항). 그 서면송달을 한 때 신청구에 대해 소송계속의 효력이 발생하며, 소의 변경에 의한 시효중단·기간준수 효과는 소변경의 서면을 법원에 제출하였을 때에 발생한다(제265조).
② 다만, 채권자대위권에 기해 청구를 하다가 피대위채권 자체를 양수하여 양수금청구로 변경한 경우에는 당초의 채권자대위소송으로 인한 시효중단의 효력이 소멸하지 않는다는 것이 판례의 입장이다(대판 2010.6.24. 2010다17284).

Ⅵ 심판

1. 직권조사사항

소의 변경인가 여부와 적법 여부는 직권조사사항이다.

20법원직

1 제1심이 원고의 청구를 기각한 판결에 대하여 원고가 항소한 후 항소심에서 청구가 교환적으로 변경된 경우, 항소심이 교환적으로 변경된 신청구를 기각할 때에는 '항소를 기각한다'는 주문 표시를 하여야 한다. ( )

12주사보

2 청구원인의 변경은 서면이 아닌 말로 해도 무방하다. ( )

16주사보 20사무관

3 소의 추가적 변경이 있는 경우 추가된 소의 소송계속의 효력은 소변경신청서를 제출한 때에 발생한다. ( )

12주사보 13·15사무관

4 시효중단이나 법률상 기간준수의 효력은 소변경신청서의 부본이 송달된 때가 아니라 소변경신청서를 법원에 제출한 때 발생한다. ( )

19법원직

5 원고가 채권자대위권에 기해 청구를 하다가 당해 피대위채권 자체를 양수하여 양수금청구로 소를 변경한 경우 이는 청구원인의 교환적 변경으로서 채권자대위권에 기한 구청구는 취하된 것으로 보아야 하므로 당초의 채권자대위소송으로 인한 시효중단의 효력은 소멸한다. ( )

정답 | **1** × **2** ○ **3** × **4** ○ **5** ×

2. 소변경의 부적법

① 변경요건을 갖추지 못하여 부적법하다고 인정할 때에는 법원은 상대방의 신청 또는 직권으로 소의 변경을 허용하지 않는다는 불허결정을 하여야 한다(제263조). 불허결정은 중간적 재판인바, 독립하여 항고할 수 없고, 종국판결에 대한 상소로써만 다툴 수 있다.

② 항소심이 제1심의 소변경불허결정이 부당하다고 보면 원결정을 명시적·묵시적으로 취소하고 변경을 허용하여 신청구에 대해 심리를 개시할 수 있다.

3. 소변경의 적법과 신청구의 심판

① 소의 변경이 적법하다고 인정할 때에는 법원은 따로 소변경을 허가한다는 뜻의 명시적 재판은 요하지 않으나, 상대방이 다툴 때에는 제263조를 준용하여 결정으로 변경의 적법성을 중간적 재판이나 종국판결의 이유 속에서 판단할 수 있다.

② 적법한 소의 변경으로 인정되면 신청구에 대해 심판하여야 한다. 교환적 변경의 경우는 구청구의 소송계속이 소멸되므로 신청구만이 심판의 대상이 되고, 추가적 변경의 경우는 구청구와 함께 신청구가 그 대상이 된다.

4. 소변경의 간과

20법원직

2 소의 교환적 변경으로 구청구는 취하되고 신청구가 심판의 대상이 되었음에도 신청구에 대하여는 아무런 판단도 하지 아니한 채 구청구에 대하여 심리·판단한 제1심판결에 대하여 항소한 경우 항소심법원은 제1심판결을 취소하고 구청구에 대하여는 소송종료선언을 하여야 한다. ( )

(1) 교환적 변경을 간과

교환적 변경을 간과하여 신청구에 대한 심판을 누락하고 구청구만을 심판한 경우에는 이를 발견한 상급심으로서는 없어진 구청구에 대해서는 소송종료선언을 하고(대판 2003.1.24. 2002다56987), 누락된 신청구는 원심에 계속 중이므로 원심법원이 추가판결하여야 한다.

(2) 추가적 변경을 간과

① 단순병합의 경우

누락된 신청구에 대하여 원심법원 자신이 추가판결로써 정리하여야 할 것이다.

② 선택적·예비적 병합의 경우

선택적·예비적 병합의 경우 판단누락에 준하는 것으로 보아 항소에 의해 선택적·예비적 청구 전부가 항소심으로 이심되어 항소심의 심판대상이 된다(대판 1998.7.24. 96다99).

제3절 중간확인의 소*

제264조 [중간확인의 소]
① 재판이 소송의 진행 중에 쟁점이 된 법률관계의 성립 여부에 매인 때에 당사자는 따로 그 법률관계의 확인을 구하는 소를 제기할 수 있다. 다만, 이는 그 확인청구가 다른 법원의 관할에 전속되지 아니하는 때에 한한다.
② 제1항의 청구는 서면으로 하여야 한다.
③ 제2항의 서면은 상대방에게 송달하여야 한다.

Ⅰ 서설

1. 의의

① 중간확인의 소라 함은 소송계속 중에 본소 청구의 판단에 대해 선결관계에 있는 법률관계의 존부에 기판력이 생기는 판단을 받기 위하여 추가적으로 본소법원에 제기하는 소이다 (제264조).

② 예컨대 원고의 가옥명도소송에서 피고가 먼저 짚고 넘어갈 선결적 법률관계인 소유권이 원고에게 없다고 다툴 때에, 원고가 이 가옥명도소송에 편승하여 소유권확인의 소를 병합 제기하는 따위이다.

2. 법적 성격

① 중간확인의 소를 원고가 제기하는 것은 청구의 추가적 변경에 해당하며, 피고가 제기하는 경우에는 일종의 반소이다.

② 중간확인의 소는 단순한 공격방어방법이 아니며, 일종의 소이다. 따라서 종국판결의 주문에 기재하여야 한다.

Ⅱ 요건

1. 다툼 있는 선결적 법률관계의 확인을 구할 것

(1) 법률관계의 확인을 구하여야 한다(법률관계)

본소의 선결적인 사실관계나 증서의 진정여부(제250조)는 확인청구의 목적이 될 수 없다. 또 현재의 권리·법률관계이어야 하기 때문에 과거의 권리·법률관계는 그 대상이 될 수 없다.

(2) 본소 청구의 전부 또는 일부와 선결적 관계에 있어야 한다(선결성)

① 예를 들면 등기말소소송에 있어서의 소유권, 이자청구소송에 있어서의 원본채권 따위가 이에 속한다.

② 재심의 소송절차에서 중간확인의 소를 제기하는 것은 재심청구가 인용될 것을 전제로 하여 재심대상소송의 본안청구에 대하여 선결관계에 있는 법률관계의 존부 확인을 구하는 것이므로, 재심사유가 인정되지 않아서 재심청구를 기각하는 경우에는 중간확인의 소를 각하하고 이를 판결 주문에 기재하여야 한다(대판 2008.11.27. 2007다69834).

(3) 당사자 간에 다툼이 있는 법률관계라야 한다(계쟁성)

중간확인의 소의 제기 전부터 당사자 간에 다투어 왔다고 하여도 무방하다. 현재는 비록 다툼이 없어도 장래 다툴 전망이 서면 허용하여야 할 것이다. 확인의 이익은 소송상 다툼이 있고 선결관계인 것으로 당연히 충족되며 별도로 확인의 이익이 필요 없다.

2. 사실심에 계속되고 변론종결 전일 것

상고심에서는 제기할 수 없으나, 항소심에서는 상대방의 동의가 없어도 중간확인의 소를 제기할 수 있다.

22법원직

1 재심의 소송절차에서 중간확인의 소를 제기하는 것은 재심청구가 인용될 것을 전제로 하여 재심대상소송의 본안청구에 대하여 선결관계에 있는 법률관계의 존부의 확인을 구하는 것이므로, 재심사유가 인정되지 않아서 재심청구를 기각하는 경우에는 중간확인의 소의 심판대상인 선결적 법률관계의 존부에 관하여 심리할 필요가 없다. ( )

22법원직

2 중간확인의 소는 항소심에서도 제기할 수 있다. ( )

정답 | 1 ○ 2 ○

3. 중간확인의 청구가 다른 법원의 전속관할에 속하지 않을 것(관할의 공통)

4. 중간확인청구가 본소 청구와 같은 종류의 소송절차에 의할 것(소송절차의 공통)

Ⅲ 절차와 심판

1. 절차

① 중간확인의 소는 소송계속중의 소의 제기이기 때문에 소에 준하는 서면을 제출하여야 하며, 그 서면은 바로 상대방에 송달하여야 한다(제264조 제2항·제3항). 서면의 송달시에 소송계속이 생기며, 제출시에 시효중단·기간준수의 효력이 발생한다.

② 피고가 중간확인의 소를 제기하는 경우에는 반소의 제기에 준하므로 그 소송대리인에게 특별한 권한수여가 있어야 하나, 원고가 이를 제기하는 경우에는 소의 추가적 변경에 준하는 것이기 때문에 특별한 권한수여가 필요없다고 볼 것이다.

22법원직

1 중간확인의 소를 제기할 때에는 서면으로 하여야 하고, 해당 서면은 상대방에게 송달하여야 한다. ( )

2. 심판

중간확인의 소에 대한 조치와 심판에 대해서는 추가적 변경 또는 반소의 경우에 준한다. 먼저 병합요건을 심리할 것이고, 만일 그에 흠이 있으면 독립한 소로서 취급할 수 없는 한 이를 부적법 각하하여야 한다. 그것이 갖추어 졌으면 본소 청구와 병합심리할 것이며, 1개의 전부판결에 의하여 동시에 재판하여야 한다.

22법원직

2 중간확인의 소에 대한 판단은 종국판결의 주문이 아닌 판결의 이유에 기재하여도 무방하다. ( )

학습 POINT

1. 반소 법적 성질이 중요(소송으로서의 요건구비 필요)
2. 제3자반소 예외적 인정(판례)
3. 예비적 반소 개념 숙지 필요, 재반소 인정 판례 정리
4. 항소심에서도 반소제기는 가능. but 요건충족 필요(동의 or 심급이익 해할 우려X)

제4절 반소

제269조 [반소]

① 피고는 소송절차를 현저히 지연시키지 아니하는 경우에만 변론을 종결할 때까지 본소가 계속된 법원에 반소를 제기할 수 있다. 다만, 소송의 목적이 된 청구가 다른 법원의 관할에 전속되지 아니하고 본소의 청구 또는 방어의 방법과 서로 관련이 있어야 한다.

② 본소가 단독사건인 경우에 피고가 반소로 합의사건에 속하는 청구를 한 때에는 법원은 직권 또는 당사자의 신청에 따른 결정으로 본소와 반소를 합의부에 이송하여야 한다. 다만, 반소에 관하여 제30조의 규정에 따른 관할권이 있는 경우에는 그러하지 아니하다.

정답 | 1 ○ 2 ×

I 서설

1. 의의

반소라 함은 소송계속 중에 피고가 그 소송절차를 이용하여 원고에 대하여 제기하는 소이다. 피고가 제기하는 소송 중의 소로서 이에 의하여 청구의 추가적 병합으로 된다.

2. 취지

반소제도를 인정하는 것은 ① 원고에게 소의 변경을 인정한 것에 대응하여 피고에게도 원고에 대한 청구의 심판을 위하여 본소절차를 이용케 하는 것이 공평한 취급이고(무기평등의 원칙), ② 원·피고 사이에 서로 관련된 분쟁을 같은 절차 내에서 심판하는 것이 별도의 소송에 의한 심판보다도 소송경제에 부합하고 재판의 불통일을 피할 수 있기 때문이다.

II 법적 성질

1. 반소는 독립의 소이고 방어방법이 아니다

① 반소는 피고가 자기의 신청에 대하여 판결을 구하는 소의 일종이며, 본소를 기각시키기 위한 방어방법과는 다르다.

② ㉠ 반소에는 본소의 방어방법 이상의 적극적 내용이 포함되어야 한다. 반소청구의 내용이 실질적으로 본소청구의 기각을 구하는 것과 다를 바 없다면, 반소청구로서의 이익이 없다(대판 2007.4.13. 2005다40709,40716).

㉡ 그러나 甲이 乙에게 교통사고로 인한 손해배상채무가 없다고 하여 그 부존재의 본소를 제기한 후에, 바로 乙이 甲을 상대로 그 손해배상의무이행의 적극적인 반소를 제기한 사안에서 본소는 반소의 소송물 속에 흡수되는 관계이기 때문에 소의 이익이 없다고 할 수 있는지가 문제된다.

㉢ 이에 대하여 판례는 적법하게 제기된 본소가 그 뒤 피고의 반소로 인하여 소송요건의 흠결이 생겨 부적법하게 되는 것은 아니라고 하여 적법한 본소로 보았다(대판 1999.6.8. 99다17401).

③ 반소는 방어방법이 아니라 소이므로 재정기간의 제한(제147조), 실기한 방어방법의 각하(제149조), 변론준비기일의 종결의 효과(제285조)의 실권효 규정이 적용되지 않으며, 판결서의 주문 및 청구의 취지란에 기재된다. 다만, 반소도 소송절차를 현저히 지연시키지 아니하는 경우에만 허용된다.

2. 반소의 당사자

① 본소의 피고가 원고를 상대로 한 반소가 통상적이나, 독립당사자참가나 참가승계의 경우에 참가인과의 관계에서 피고의 지위에 서는 종전의 원·피고도 참가인 상대의 반소를 제기할 수 있다.

② 본소의 당사자가 아닌 자 사이의 반소, 예를 들면 보조참가인의 또는 보조참가인에 대한 반소제기는 부적법하다.

19법원직 19주사보 20사무관

1 어떤 채권에 기한 이행의 소에 대하여 동일 채권에 관한 채무부존재확인의 반소를 제기하는 것은 그 청구의 내용이 실질적으로 본소청구의 기각을 구하는 데 그치는 것이므로 부적법하다. ( )

14·19법원직 18·22사무관

2 원고가 피고에 대하여 손해배상채무의 부존재확인을 구할 이익이 있어 본소로 그 확인을 구하였다 하더라도, 피고가 그 후에 그 손해배상채무의 이행을 구하는 반소를 제기하였다면 본소청구에 대한 확인의 이익이 소멸하여 본소는 부적법하게 된다. ( )

16·19법원직 20사무관

3 피고가 원고 이외의 제3자를 추가하여 반소피고로 하는 반소는 허용되지 아니하고, 피고가 제기하려는 반소가 필수적 공동소송이 될 때에도 마찬가지이다. ( )

정답 | **1** ○ **2** × **3** ×

③ 제3자 반소, 즉 피고가 원고 이외의 제3자를 추가하여 반소피고로 하는 반소는 원칙적으로 허용되지 아니하고, 다만 피고가 제기하려는 반소가 필수적 공동소송이 될 때에는 민사소송법 제68조의 필수적 공동소송인 추가의 요건을 갖추면 허용될 수 있다(대판 2015.5.29. 2014다235042).

Ⅲ 모습

1. 단순반소와 예비적 반소

① 단순반소는 본소청구가 인용되든 기각되든 관계없이 반소청구에 대하여 심판을 구하는 경우이다.

② 예비적 반소는 본소청구가 인용될 때를 대비하여 조건부로 반소청구에 대하여 심판을 구하는 경우이다. 이 경우 본소청구가 각하·취하되면 반소청구는 소멸되며, 본소청구가 기각되면 반소청구에 아무런 판단을 요하지 않는다(대판 1991.6.25. 91다1615,91다1622).

판례 | 원고의 본소청구를 배척하면서 피고의 예비적 반소에 대하여도 판단한 제1심판결의 효력

피고의 예비적 반소는 본소청구가 인용될 것을 조건으로 심판을 구하는 것으로서 제1심이 원고의 본소청구를 배척한 이상 피고의 예비적 반소는 제1심의 심판대상이 될 수 없는 것이고, 이와 같이 심판대상이 될 수 없는 소에 대하여 제1심이 판단하였다고 하더라도 그 효력이 없다고 할 것이므로, 피고가 제1심에서 각하된 반소에 대하여 항소를 하지 아니하였다는 사유만으로 이 사건 예비적 반소가 원심의 심판대상으로 될 수 없는 것은 아니라고 할 것이고, 따라서 원심으로서는 원고의 항소를 받아들여 원고의 본소청구를 인용한 이상 피고의 예비적 반소청구를 심판대상으로 삼아 이를 판단하였어야 한다(대판 2006.6.29. 2006다19061,19078).

판례 | 점유권을 기초로 한 본소에 대하여 본권자가 본소청구 인용에 대비하여 본권에 기초한 장래이행의 소로서 예비적 반소를 제기하고 양 청구가 모두 이유 있는 경우, 법원은 위 본소와 예비적 반소를 모두 인용하여야 하는지 여부(적극)

점유권을 기초로 한 본소에 대하여 본권자가 본소청구의 인용에 대비하여 본권에 기초한 장래이행의 소로서 예비적 반소를 제기하고 양 청구가 모두 이유 있는 경우, 법원은 점유권에 기초한 본소와 본권에 기초한 예비적 반소를 모두 인용해야 하고 점유권에 기초한 본소를 본권에 관한 이유로 배척할 수 없다. 이러한 법리는 점유를 침탈당한 자가 점유권에 기한 점유회수의 소를 제기하고, 본권자가 그 점유회수의 소가 인용될 것에 대비하여 본권에 기초한 장래이행의 소로서 별소를 제기한 경우에도 마찬가지로 적용된다(대판 2021.3.25. 2019다208441).

2. 재반소

① 반소에 대한 재반소도 기존의 소송절차를 현저히 지연시키지 않는 등 반소로서의 요건을 충족하였으면 이를 허용할 것으로 봄이 타당하다.

② 원고가 본소의 이혼청구에 병합하여 재산분할청구를 제기한 후 피고가 반소로서 이혼청구를 한 경우, 원고가 반대의 의사를 표시하였다는 등의 특별한 사정이 없는 한, 원고의

17주사보 18·20사무관 19법원직

1 제1심에서 원고의 본소청구에 대하여 피고가 본소청구가 인용될 것을 조건으로 하는 예비적 반소를 제기한 경우, 제1심이 원고의 본소청구를 배척한다면 피고의 예비적 반소는 제1심의 심판대상이 될 수 없다. ( )

15·20법원직

2 원고의 본소청구를 배척하면서 피고의 예비적 반소에 대하여도 판단한 제1심판결에 대하여 원고만이 항소하고 피고는 제1심에서 각하된 반소에 대하여 항소를 하지 아니하였는데 항소심이 원고의 항소를 받아들여 원고의 본소청구를 인용하는 경우, 항소심은 피고의 예비적 반소청구를 심판대상으로 삼아 판단할 필요가 없다. ( )

22사무관

3 점유권을 기초로 한 본소에 대하여 본권자가 본소청구의 인용에 대비하여 본권에 기초한 장래이행의 소로서 예비적 반소를 제기하고 양 청구가 모두 이유 있는 경우 법원은 점유권에 기초한 본소를 본권에 관한 이유로 배척할 수 있다. ( )

20법원직 22사무관

4 원고가 본소의 이혼청구에 병합하여 재산분할청구를 제기한 후 피고가 반소로서 이혼청구를 하였는데, 본소의 이혼청구가 받아들여지지 않고 피고의 반소청구에 의하여 이혼이 명하여지는 경우에는 원고의 재산분할청구에 대해서는 판단할 필요가 없다. ( )

정답 | 1 ○ 2 × 3 × 4 ×

재산분할청구 중에는 본소의 이혼청구가 받아들여지지 않고 피고의 반소청구에 의하여 이혼이 명하여지는 경우에도 재산을 분할해 달라는 취지의 청구가 포함된 것으로 봄이 상당하다고 할 것이므로(이때 원고의 재산분할청구는 피고의 반소청구에 대한 재반소로서의 실질을 가지게 된다), 이러한 경우 사실심으로서는 원고의 본소 이혼청구를 기각하고 피고의 반소청구를 받아들여 원·피고의 이혼을 명하게 되었다고 하더라도, 마땅히 원고의 재산분할청구에 대한 심리에 들어가 원·피고가 협력하여 이룩한 재산의 액수와 당사자 쌍방이 그 재산의 형성에 기여한 정도 등 일체의 사정을 참작하여 원고에게 재산분할을 할 액수와 방법을 정하여야 한다(대판 2001.6.15. 2001므626,633).

Ⅳ 요건

1. 상호관련성

반소청구는 본소의 청구 또는 본소의 방어방법과 서로 관련성이 있어야 한다(제269조 제1항 단서). 상호 관련성 요건은 다른 반소 요건과 달리 직권조사사항이라 할 수 없고, 원고가 동의하거나 이의 없이 응소한 경우에는 상호관련성이 없어도 반소는 적법한 것으로 보아야 할 것이므로(사익적 요건) 이의권 상실의 대상이 된다(대판 1968.11.26. 68다1886).

(1) 본소청구와 상호관련성

① 본소청구와 반소청구와의 상호관련성이라 함은 양자가 소송물 혹은 그 대상·발생원인에 있어서 공통성이 있다는 것을 뜻한다.

② 반소청구가 본소청구와 같은 법률관계의 형성을 목적으로 하는 경우(예: 원고의 이혼청구에 피고가 이혼청구의 반소를 하는 경우), 청구원인이 같은 경우(예: 원고의 매매를 원인으로 한 소유권이전등기청구에 피고가 매매를 원인으로 잔대금지급을 구하는 반소를 하는 경우), 양자의 청구원인이 일치하지 아니하여도 그 대상·발생원인에 있어서 주된 부분이 공통인 경우(예: 원고가 본소로서 교통사고를 원인으로 한 손해배상청구를 하는데 피고가 같은 사고를 원인으로 한 손해배상의 반소를 제기하는 경우) 등이다.

(2) 본소의 방어방법과 상호관련성

① 본소의 방어방법과 상호관련성이라 함은 반소청구가 본소청구의 항변사유와 대상·발생원인에 있어서 사실상 또는 법률상 공통성이 있는 경우를 말한다.

② 예컨대 원고의 대여금청구에 대하여 피고가 상계항변을 하면서 상계초과채권의 이행을 구하는 반소, 원고의 건물인도청구에 대하여 피고가 항변으로 유치권을 주장하면서 그 건물에 관하여 생긴 피담보채권의 지급을 청구하는 반소 등이 이에 해당한다.

③ 본소의 방어방법과 상호관련된 반소는 그 방어방법이 반소제기 당시에 현실적으로 제출되어야 하며 또 법률상 허용되어야 한다. 따라서 소송법상 실기한 공격방어방법으로 각하된 항변에 바탕을 둔 반소는 부적법하다.

2. 본소절차를 현저히 지연시키지 않을 것

반소청구가 상호관련성이 있다 하여도 반소청구의 심리를 위해 본소절차가 지연되게 되어 별도의 소송에 의하는 것이 오히려 적절할 경우에는 법원은 반소를 허용하지 않을 수 있다.

20법원직

1 단순반소가 적법히 제기된 이상 그 후 본소가 취하되더라도 반소의 소송계속에는 아무런 영향이 없다. ( )

정답 | 1 ○

이는 소송촉진이라는 공익적 요건이므로 이의권의 포기·상실의 대상이 될 수 없으며 직권조사사항인 것이다.

3. 본소가 사실심에 계속되고 변론종결 전일 것

① 본소의 소송계속은 반소제기의 요건이고 그 존속요건은 아니다. 따라서 반소제기 후에 본소가 각하·취하되어 소멸되어도 예비적 반소가 아닌 한 반소에 영향이 없다. 그러나 본소가 취하되면 피고는 원고의 응소 후라도 그의 동의 없이 반소를 취하할 수 있다(제271조). 다만, 본소가 각하된 경우까지 이 규정이 유추적용되지는 아니한다(대판 1984.7.10. 84다카298).

판례 | 추완항소가 부적법 각하된 경우 추완항소시에 제기된 반소에 대한 소송종료 여부 (적극)

> 피고가 본소에 대한 추완항소를 하면서 항소심에서 비로소 반소를 제기한 경우에 항소가 부적법 각하되면 반소도 소멸한다(대판 2003.6.13. 2003다16962,16979).

② 반소는 사실심인 항소심의 변론종결시까지 제기할 수 있다. 항소심에서 반소의 제기는 상대방의 심급의 이익을 해할 우려가 없는 경우 또는 상대방의 동의를 얻은 경우라야 한다(제412조 제1항). 상대방이 이의 없이 반소에 대해 본안변론을 한 때는 반소제기에 동의한 것으로 본다(제412조 제2항).

판례는 항소심에서 피고가 반소장을 진술한 데 대하여 원고가 '반소기각 답변'을 한 것만으로는 '이의 없이 반소의 본안에 관하여 변론을 한 때'에 해당한다고 볼 수 없다고 하였다(대판 1991.3.27. 91다1783,1790).

③ 원고의 심급의 이익을 해할 우려가 없는 경우에는 ㉠ 중간확인의 반소, ㉡ 본소와 청구원인을 같이하는 반소, ㉢ 제1심에서 이미 충분히 심리한 쟁점과 관련된 반소(대판 1996.3.26. 95다45545), ㉣ 제1심에서 제기한 반소를 주위적 청구로 하고 항소심에서 추가된 예비적 반소(대판 1969.3.25. 68다1094) 등이 해당될 것으로, 이때는 원고의 동의 없이 제기할 수 있다고 볼 것이다.

판례 | 제1심에서 적법하게 반소를 제기한 당사자가 항소심에서 반소를 교환적으로 변경하는 경우, 그와 같은 청구 변경이 허용되는지 여부

> 제1심에서 적법하게 반소를 제기하였던 당사자가 항소심에서 반소를 교환적으로 변경하는 경우에 변경된 청구와 종전 청구가 실질적인 쟁점이 동일하여 청구의 기초에 변경이 없으면 그와 같은 청구의 변경도 허용된다(대판 2012.3.29. 2010다28338,28345).

④ 변론종결 후이면 반소제기를 위하여 변론재개를 신청할 수 있다. 그러나 법원이 이를 허용해야 할 의무는 없다. 사실심 변론종결 후인 상고심에서는 반소제기가 허용되지 않는다.

4. 본소와 같은 종류의 소송절차에 의할 것(소송절차의 공통)

반소는 본소계속 중에 그 소송절차를 이용하여 신소를 제기하는 것이기 때문에, 청구의 병합요건을 갖추지 않으면 안 된다.

1 본소가 취하된 때에는 피고는 원고의 동의 없이 반소를 취하할 수 있지만, 본소가 부적법 각하된 경우에는 원고의 동의가 있어야 반소취하의 효력이 생긴다. ( )

2 피고가 본소에 대한 추완항소를 하면서 항소심에서 비로소 반소를 제기한 경우에 항소가 부적법 각하되면 반소도 소멸한다. ( )

3 항소심에서 피고가 반소장을 진술한 데 대하여 원고가 "반소기각 답변"을 한 것만으로는 민사소송법 제412조 제2항 소정의 "이의를 제기하지 아니하고 반소의 본안에 관하여 변론을 한 때"에 해당하지 않는다. ( )

4 반소 청구의 기초를 이루는 실질적인 쟁점에 관하여 제1심에서 본소의 청구원인 또는 방어방법과 관련하여 충분히 심리되어 항소심에서의 반소 제기를 상대방의 동의 없이 허용하더라도 상대방에게 제1심에서의 심급의 이익을 잃게 하거나 소송절차를 현저하게 지연시킬 염려가 없는 경우에는 상대방의 동의 여부와 관계없이 항소심에서의 반소 제기를 허용하여야 한다. ( )

5 제1심에서 적법하게 반소를 제기하였던 당사자가 항소심에서 반소를 교환적으로 변경하는 경우에 변경된 청구와 종전 청구가 그 실질적인 쟁점이 동일하여 청구의 기초에 변경이 없으면 그와 같은 청구의 변경도 허용된다. ( )

정답 | 1 ○ 2 ○ 3 ○ 4 ○ 5 ○

5. 반소가 다른 법원의 전속관할에 속하지 아니할 것(관할의 공통)

① 지법단독판사는 본소심리 중에 피고가 합의사건에 속하는 청구를 반소로 제기한 경우에는 본소와 반소를 모두 합의부로 이송하여야 한다(제269조 제2항).

② 다만, 이 경우에 원고가 이제 합의부관할 사건이 되었다고 관할위반의 항변을 하지 아니하고 반소에 대해 변론하면 단독판사에 변론관할(제30조)이 생겨 이송할 필요가 없다(제269조 제2항 단서).

16법원직

1 본소가 단독사건인 경우에 피고가 반소로 합의사건에 속하는 청구를 한 때에는 법원은 직권 또는 당사자의 신청에 따른 결정으로 본소와 반소를 합의부에 이송하여야 하나, 반소에 관하여 변론관할권을 가지는 경우에는 그러하지 아니하다.
( )

Ⅴ 절차와 심판

1. 반소의 제기

반소는 본소에 관한 규정을 따른다(제270조). 따라서 반소를 제기함에 있어서는 반소장을 제출하지 않으면 안 된다. 반소장에는 소장의 필요적 기재사항과 인지를 붙여야 한다.

2. 반소요건 등의 조사

① 반소요건의 흠이 있는 부적법한 반소에 대해서는 그것이 독립의 소로서의 요건을 갖춘 것이면 본소와 분리하여 심판할 것이라는 분리심판설이 타당하다고 본다. 다만 일반소송요건의 흠이 있는 경우에는 보정되면 별론이로되 판결로써 반소를 각하하여야 한다.

② 판례는 항소심에서 상대방의 동의 없이 제기한 반소는 그 반소 자체가 부적법한 것이어서 단순히 관할법원을 잘못한 소제기와는 다른 것이므로 이를 각하하여야 한다고 본다(대판 1965.12.7. 65다2034,2035).

3. 본안심판

본소와 반소는 심리의 중복·재판의 불통일을 피하기 위하여 원칙적으로 병합심리를 하여야 한다. 1개의 전부판결을 하는 경우라도 본소와 반소에 대해 판결주문을 따로 내야 하나, 소송비용의 부담에 관하여는 소송비용불가분의 원칙상 본소비용과 반소비용을 나누어 판단할 것이 아니다.

> **판례 ┃ 반소 청구에 대한 판결이 확정되지 않았더라도 사해행위인 법률행위가 취소되었음을 전제로 원고의 본소 청구를 심리하여 판단할 수 있는지 여부(적극)**
>
> 원고가 매매계약 등 법률행위에 기하여 소유권을 취득하였음을 전제로 피고를 상대로 일정한 청구를 할 때, 피고는 원고의 소유권 취득의 원인이 된 법률행위가 사해행위로서 취소되어야 한다고 다투면서, 동시에 반소로써 그 소유권 취득의 원인이 된 법률행위가 사해행위임을 이유로 법률행위의 취소와 원상회복으로 원고의 소유권이전등기의 말소절차 등의 이행을 구하는 것도 가능하다. 위와 같이 원고의 본소청구에 대하여 피고가 본소청구를 다투면서 사해행위의 취소 및 원상회복을 구하는 반소를 적법하게 제기한 경우, 사해행위의 취소 여부는 반소의 청구원인임과 동시에 본소청구에 대한 방어방법이자, 본소청구 인용 여부의 선결문제가 될 수 있다. 그 경우 법원이 반소청구가 이유 있다고 판단하여, 사해행위의 취소 및 원상회복을 명하는 판결을 선고하는 경우, 비록 반소청구에 대한 판결이 확정되지 않았다고 하더라도, 원고의 소유권 취득의 원인이 된 법률행위가 취소되었음을 전제로 원고의 본소청구를 심리하여 판단할 수 있다고 봄이 타당하다. 그때에는 반소 사해행위취소 판결의 확정을 기다리지 않고, 반소 사해행위취소 판결을 이유로 원고의 본소청구를 기각할 수 있다(대판 2019.3.14. 2018다277785·277792).*

＊ 차량 소유자가 본소로 저당권의 말소를 청구하자 저당권자가 차량 소유권 취득의 원인이 된 매매계약이 사해행위라고 주장하면서 반소로 그 취소를 청구한 사건에서 사해행위의 취소를 명하는 한편 이를 이유로 본소청구를 기각한 원심의 판단을 수긍한 사안

정답 ┃ **1** ○

제2장 | 다수당사자 소송

다수당사자 소송형태에는, 2인 이상의 당사자가 원고 또는 피고 측에서 공동으로 소송에 관하여는 '공동소송', 종전의 소송에 제3자가 적극적으로 가입하는 '제3자의 소송참가', 그리고 '당사자의 변경'이 있다.

제1절 공동소송

제65조 [공동소송의 요건]
소송목적이 되는 권리나 의무가 여러 사람에게 공통되거나 사실상 또는 법률상 같은 원인으로 말미암아 생긴 경우에는 그 여러 사람이 공동소송인으로서 당사자가 될 수 있다. 소송목적이 되는 권리나 의무가 같은 종류의 것이고, 사실상 또는 법률상 같은 종류의 원인으로 말미암은 것인 경우에도 또한 같다.

1. 공동소송의 의의

공동소송이라 함은 1개의 소송절차에 여러 사람의 원고 또는 피고가 관여하는 소송형태를 말한다. 공동소송을 소의 주관적 병합이라고도 한다.

2. 공동소송의 일반요건*

* 윤동환 510페이지 참고

공동소송의 요건			구체적인 예
주관적 요건 (제65조)	전문 - 관련재판적(제25조 제2항) - 선정당사자선정(제53조) - 공동소송인독립의 원칙수정	권리/ 의무의 공통	① 공유자·합유자·총유자 간의 소송 ② 연대채무자·연대채권자 간의 소송 ③ 불가분채무자·불가분채권자 간의 소송
		같은 원인	① 동일사고에 의한 가해자·피해자 간의 소송 ② 주채무자와 보증인을 공동피고로 하는 소송
	후문	같은 종류	① 수인의 임차인(임대인)의 보증금반환(차임청구)소송 ② 여러 통의 어음발행인에 대한 각 별개의 어음청구
객관적 요건(제253조)			동종절차·공통관할

제1관 | 통상공동소송*

학습 POINT

1. 독립의 원칙 내용 정리가 중요
2. 예외로서 주장공통원칙은 부정됨(판례)

* 이시윤 738페이지 참고

> **제66조 [통상공동소송인의 지위]**
> 공동소송인 가운데 한 사람의 소송행위 또는 이에 대한 상대방의 소송행위와 공동소송인 가운데 한 사람에 관한 사항은 다른 공동소송인에게 영향을 미치지 아니한다.

I 통상공동소송의 의의

통상공동소송이라 함은 공동소송인 사이에 합일확정이 필수적인 아닌 공동소송으로서, 공동소송인 사이에서 승패가 일률적으로 될 필요가 없는 공동소송의 형태를 말한다.

II 공동소송인 독립의 원칙

1. 의의

통상공동소송에 있어서는 각 공동소송인은 다른 공동소송인에 의한 제한이나 간섭을 받지 않고 각자 독립하여 소송수행을 할 수 있는 권리를 갖고, 상호간에 연합관계나 협력관계가 없는데 이를 공동소송인 독립의 원칙이라 한다.

2. 내용**

** 요,자,진,당,재

(1) 소송요건의 개별처리

소송요건의 존부는 각 공동소송인마다 개별심사 처리하여야 한다. 따라서 일부 공동소송인에 대해서는 소송요건이 존재하나 나머지 공동소송인에 대해서는 그 흠이 있으면, 흠이 있는 공동소송인에 한하여만 소를 각하하여야 한다.

(2) 소송자료의 불통일

① 공동소송인의 한 사람의 소송행위는 유리·불리를 가리지 않고 원칙적으로 다른 공동소송인에게 영향을 미치지 않는다.

② 따라서 각 공동소송인은 각자 청구의 포기·인낙, 자백, 화해, 소 또는 상소의 취하, 상소의 제기 등의 소송행위를 할 수 있으며, 그 행위를 한 자에 대해서만 효력이 미치고 다른 공동소송인에 대하여는 영향이 없다.

(3) 소송진행의 불통일

① 공동소송인의 한 사람에 관한 사항은 다른 공동소송인에 영향이 없다. 한 사람에 대해 생긴 사망 등 중단이나 중지의 사유는 그 자의 소송관계에 대해서만 절차를 정지하게 하고, 기일에 불출석한 공동소송인만이 자백간주(제150조)·소취하간주(제268조)의 불이익을 입게 된다.

② 공동소송인에 대한 판결의 상소기간도 개별적으로 진행된다.

18·22법원직

1 통상의 공동소송에서 공동소송인 가운데 한 사람의 소송행위는 다른 공동소송인에게 영향을 미치지 아니한다. ( )

정답 | 1 ○

합동소송 제3편 2023 해커스법원직 신정운 S 민사소송법

(4) 당사자지위의 독립

다른 공동소송인의 대리인·보조참가인이 될 수 있고 또 그에게 소송고지를 할 수 있다. 또 자기의 주장사실에는 관계가 없고 다른 공동소송인의 이해에만 관계있는 사항에 대해서는 증인능력이 있다.

(5) 재판의 불통일

① 공동소송인의 한 사람에 대해 판결하기에 성숙한 때에는 변론의 분리·일부판결을 할 수 있다. 공동소송인 간에 재판통일이 필요없으며, 판결내용이 공동소송인마다 구구하게 되어도 상관없다.

② 공동소송인의 상소기간은 개별적으로 진행되며, 상소의 효력은 상소한 자에게만 미친다. 즉, 상소불가분원칙이 적용되지 않는다. 판례도 통상의 공동소송에 있어 공동당사자 일부만이 상고를 제기한 때에는 피상고인은 상고인인 공동소송인 이외의 다른 공동소송인을 상대방으로 하거나 상대방으로 보태어 부대상고를 제기할 수는 없다(대판 1994.12.23. 94다40734)고 판시하였다.

Ⅲ 공동소송독립원칙의 수정

1. 문제점

공동소송인독립의 원칙을 기계적으로 관철하면 공동소송인 간에 재판의 통일이 보장되기 어렵다. 특히 공동소송인 간에 실질적인 견련관계가 있는 제65조 전문의 공동소송의 경우에 재판의 모순 저촉은 매우 부자연스럽다. 따라서 이 원칙을 부분적으로 수정하려는 논의가 제기된다.

2. 증거공통의 원칙

(1) 의의

변론 전체의 취지 및 증거조사결과 얻은 심증은 각 공동소송인에 대해 공통으로 되기 때문에, 한 사람의 공동소송인이 제출한 증거는 다른 공동소송인의 원용이 없어도 그를 위한 유리한 사실인정의 자료로 사용할 수 있는데 이를 공동소송인 간의 증거공통의 원칙이라 한다.

(2) 예외

① 공동소송인 간에 이해상반의 경우에까지 확장되는 것은 아니며, 이때에는 다른 공동소송인의 명시적인 원용을 요한다.

② 자백한 공동소송인에 대하여는 증거조사결과 얻은 심증에도 불구하고 자백한 대로 사실확정을 해야 하며 1인의 자백은 다른 공동소송인에 대하여 변론 전체의 취지로 평가될 수 있을 뿐이다(대판 1976.8.24. 75다2152).

3. 주장공통의 원칙

(1) 문제점

공동소송인 중의 한 사람이 상대방의 주장사실을 다투며 항변하는 등 다른 공동소송인에게 유리한 행위를 할 때 다른 공동소송인의 원용이 없어도 그에 대하여 효력이 미치는지가 문제된다.

(2) 판례

① 판례는 공동소송인 가운데 한 사람이 상대방의 주장사실을 다투며 항변하는 등 다른 공동소송인에게 유리한 행위를 한 경우라도 다른 공동소송인이 이를 원용하지 않는 한 그에 대한 효력이 미치지 않는다고 하여 공동소송인 간의 주장공통의 원칙을 부정하고 있다(대판 1994.5.10. 93다47196).

② 예컨대 주채무자와 그 보증인을 공동피고로 하여 대여금청구를 한 경우에, 주채무자의 변제항변을 받아들여 주채무자에 대한 청구를 기각하더라도 보증인이 변제항변을 하지 아니하면 그로 인한 혜택을 받을 수 없어 보증인에 대하여는 원고의 청구를 인용하게 된다. 이와 같이 통상공동소송에서는 공동당사자들 상호간의 공격방어방법의 차이에 따라 모순되는 결론이 발생할 수 있고, 이는 변론주의를 원칙으로 하는 소송제도 아래서는 부득이한 일로서 판결의 이유모순이나 이유불비가 된다고 할 수 없다(대판 1991.4.12. 90다9872).

제2관 | 필수적 공동소송*

I 의의

필수적 공동소송이라 함은 공동소송인 사이에 합일확정을 필수적으로 하는 공동소송이다(제67조). 소송공동이 강제되느냐의 여부에 의하여 고유필수적 공동소송과 유사필수적 공동소송으로 분류된다.

II 고유필수적 공동소송

1. 의의

① 소송공동이 법률상 강제되고, 또 합일확정의 필요가 있는 공동소송이다. 즉, 여러사람이 공동으로 원고 또는 피고가 되지 않으면 당사자적격을 잃어 부적법해지는 경우이다.

② 고유필수적 공동소송은 실체법상 관리처분권, 즉 소송수행권이 여러 사람에게 공동귀속되는 때이므로 실체법상 이유에 의한 필수적 공동소송이라고 한다.

2. 형성권이 여러 사람에 의하여 또는 여러 사람에 대하여 행사되어야 할 경우

(1) 의의

타인 사이의 권리관계의 변동을 목적으로 하는 형성의 소(또는 이와 동일시할 확인의 소)에

18사무관

1 통상공동소송에서는 공동소송인 가운데 한 사람이 상대방의 주장사실을 다투며 항변하는 등 다른 공동소송인에게 유리한 행위를 한 경우라도 다른 공동소송인이 이를 원용하지 않는 한 그에 대한 효력이 미치지 않는다. ( )

학습 POINT

1. 고필공으로 인정되는 경우 판례정리
2. 공유관계는 예외적으로만 인정되므로 반드시 정리 필요 (원칙과 예외 구분)
3. 심판 부분에서 보정방법, 제67조 조문정리 필요
4. 항소심 논점은 별도로 정리 필요

* 이시윤 741페이지 참고

20사무관

2 고유필수적 공동소송이 모든 관계자에 의하여 또는 모든 관계자에 대하여 제기되지 않은 경우에는 그 소는 부적법하다. ( )

정답 | 1 ○ **2** ○

있어서는 원칙적으로 그 권리관계의 주체인 사람 모두를 공동피고로 하여야 한다.

(2) 판례에 의하여 인정된 사례

① 공유물분할청구는 분할을 구하는 공유자가 다른 공유자 모두를 공동피고로 하여야 하고 (대판 2014.1.29. 2013다78556),

② 제3자가 제기하는 혼인무효·취소의 소는 부부를 공동피고로 하여야 하고(가소 제24조 제2항, 대판 1965.10.26. 65므46),

③ 제3자가 제기하는 친자관계부존재확인의 소는 생존 부모 및 자를(대결 1983.9.15. 83스2) 모두 공동피고로 하여야 한다.

3. 합유 또는 총유관계소송

(1) 재산권이 합유인 경우

1) 의의

합유자 개개인에게 관리처분권이 없는 합유의 경우가 이에 해당한다. 즉, 합유물을 처분·변경함에 있어서는 합유자 전원의 동의가 있어야 하며 전원의 동의가 있어야 지분처분권을 갖게 되므로(민법 제272조, 제273조), 합유물에 관한 소송은 원칙적으로 고유필수적 공동소송이 된다.

2) 판례에 의하여 인정된 사례

① 합유인 조합재산(민법 제271조, 제704조)에 관한 소송, 예컨대 조합재산으로 매수한 부동산에 관한 소유권이전등기청구의 소(대판 1994.10.25. 93다54064), 조합재산에 속하는 채권에 관한 소송 (대판 1967.8.29. 66다2200)

② 공동광업권에 관한 소송(대판 1995.5.23. 94다23500)

③ 지식재산권이 공유일 때 이에 관한 심판청구(특허법 제99조, 실용신안법 제28조, 디자인보호법 제46조, 상표법 제54조)는 형식은 공유이나 지분양도가 불가능하여 실질은 합유로서 고유필수적 공동소송이다(대판 1982.6.22. 81후43).
다만, 상표권의 공유자가 그 상표권의 효력에 관한 심판에서 패소한 경우에 제기할 심결취소소송은 고유필수적 공동소송이 아니다(대판 2004.12.9. 2002후567).

④ 여러 사람의 공동명의로 얻은 허가권이나 면허권(예컨대, 주류 공동제조면허의 경우 공동 명의자의 상호관계는 민법상 조합)에 관한 소송(대판 1993.7.13. 93다12060)

3) 예외

그러나 합유물에 관한 것이라도 예외적으로 ① 합유물에 관하여 경료된 원인무효의 소유권이전등기의 말소를 구하는 소송과 같이 보존행위에 관한 소송(대판 1997.9.9. 96다16896), ② 조합의 채권자가 조합원에 대하여 조합재산에 의한 공동책임을 묻는 것이 아니라 각 조합원의 개인적 책임에 기하여 당해 채권을 행사하는 소송은 고유필수적 공동소송이 아니다(대판 1991.11.22. 91다30705).

19법원직

1 공유물분할청구의 소는 분할을 청구하는 공유자가 원고가 되어 다른 공유자 전부를 공동피고로 하여야 하는 고유필수적 공동소송이다. ( )

19법원직 20사무관

2 동업약정에 따라 동업자 공동으로 토지를 매수하였다면 그 토지는 동업자들을 조합원으로 하는 동업체에서 토지를 매수한 것이므로, 그 매매계약에 기하여 소유권이전등기의 이행을 구하는 소를 제기하려면 동업자들이 공동으로 하여야 한다. ( )

16법원직

3 조합재산에 속하는 채권에 관한 소송은 합유물에 관한 소송으로서 특별한 사정이 없는 한 조합원 전원이 공동으로 제기하여야 한다. ( )

정답 | 1 ○ 2 ○ 3 ○

판례 | 민법상 조합인 공동수급체가 경쟁입찰에 참가하였으나 다른 경쟁업체가 낙찰자로 선정되자 그 공동수급체의 구성원 중 1인이 낙찰자 선정 무효확인의 소를 제기하는 것이 합유재산의 보존행위에 해당하는지 여부(적극)

> 민법상 조합인 공동수급체가 경쟁입찰에 참가하였다가 다른 경쟁업체가 낙찰자로 선정된 경우, 그 공동수급체의 구성원 중 1인이 그 낙찰자 선정이 무효임을 주장하며 무효확인의 소를 제기하는 것은 그 공동수급체가 경쟁입찰과 관련하여 갖는 법적 지위 내지 법률상 보호받는 이익이 침해될 우려가 있어 그 현상을 유지하기 위하여 하는 소송행위이므로 이는 합유재산의 보존행위에 해당한다(대판 2013.11.28. 2011다80449).

(2) 재산권의 관리처분권 또는 소송수행권이 합유인 경우

① 파산관재인(회생채무자 관리인이 여러 사람인 경우에는 관리처분권이 파산관재인(회생채무자 관리인) 모두에게 합유적으로 귀속되므로(채무자회생 제75조, 제360조), 파산재단(회생채무자 재산)에 관한 소송은 고유필수적 공동소송이 된다(대판 2014.4.10. 2013다95995).

② 같은 선정자단에서 여러 선정당사자를 선임하였을 때에는 선정당사자 모두가 소송수행권을 합유하는 관계에 있기 때문에 그 소송은 필수적 공동소송이 된다.
위와 같이 관리처분권 또는 소송수행권을 합유하는 사람들 중 일부가 그 자격을 상실한 때에는 남아 있는 사람에게 관리처분권이 귀속된다(제54조, 대판 2008.4.24. 2006다14363).

(3) 총유관계

판례는 총유물의 보존행위에 해당하는 소송이라도 공유 합유의 경우와 달리 비법인사단의 구성원이 개별적으로 제소할 수는 없고 사원총회의 결의를 거쳐 사단 명의로 제소하거나 또는 그 구성원 전원이 당사자가 되어 필수적 공동소송의 형태로 제소하여야 한다(대판 (전) 2005.9.15. 2004다44971).

4. 공유관계

판례는 '공유는 소유권이 지분의 형식으로 공존할 뿐 관리처분권이 공동귀속하는 것이 아님'을 내세우거나 또는 '보존행위'를 근거로 삼아 공유관계소송에 대해 고유필수적 공동소송으로 보는 범위를 좁히고 있다.

(1) 공유자 측이 소를 제기하는 경우(능동소송)

1) 원칙(통상공동소송)

① 공동상속재산은 상속인들의 공유이고, 또 부동산의 공유자인 한 사람은 그 공유물에 대한 보존행위로서 그 공유물에 관한 원인무효의 등기 전부의 말소를 구할 수 있다(대판 1996.2.9. 94다61649).

② 공동상속재산의 지분에 관한 지분권존재확인을 구하는 소송은 필수적 공동소송이 아니라 통상의 공동소송이다(대판 2010.2.25. 2008다96963).

③ 공유자 중 한 사람은 공유물에 경료된 원인무효의 등기에 관하여 각 공유자에게 해당 지분별로 진정명의회복을 원인으로 한 소유권이전등기를 이행할 것을 단독으로 청구할 수 있다(대판 2005.9.29. 2003다40651).

22법원직

1 민법상 조합인 공동수급체가 경쟁입찰에 참가하였다가 다른 경쟁업체가 낙찰자로 선정된 경우, 그 공동수급체의 구성원 중 1인이 그 낙찰자 선정이 무효임을 주장하며 단독으로 무효확인의 소를 제기하는 것은 부적법하다. ( )

20사무관

2 같은 선정자단에서 여러 선정당사자를 선임하였을 때에는 선정당사자 모두가 소송수행권을 합유하는 관계에 있기 때문에 그 소송은 고유필수적 공동소송이 된다. ( )

16법원직

3 비법인사단의 총유재산에 관한 소송을 사단 자체의 명의로 하지 않고 그 구성원 전원의 명의로 하는 경우 필요적 공동소송이 되나, 총유물의 보존행위에 관한 소송은 구성원 개인이 제기할 수 있다. ( )

17법원직

4 부동산 공유자의 1인은 당해 부동산에 관하여 제3자 명의로 원인무효의 소유권이전등기가 경료되어 있는 경우 공유물에 관한 보존행위로서 제3자에 대하여 그 등기 전부의 말소를 구할 수 있다. ( )

정답| 1 × 2 ○ 3 × 4 ○

17법원직

1 공유자의 1인은 단독 명의로 등기를 경료하고 있는 공유자에 대하여 공유물의 보존행위로서 공유지분 전부에 관하여 소유권이전등기 말소등기절차의 이행을 구할 수 있다. ( )

> 부동산의 공유자의 1인은 당해 부동산에 관하여 제3자 명의로 원인무효의 소유권이전등기가 경료되어 있는 경우 공유물에 관한 보존행위로서 제3자에 대하여 그 등기 전부의 말소를 구할 수 있다고 할 것이나, 그 제3자가 당해 부동산의 공유자 중의 1인인 경우에는 그 소유권이전등기는 동인의 공유지분에 관하여는 실체관계에 부합하는 등기라고 할 것이므로, 이러한 경우 공유자의 1인은 단독 명의로 등기를 경료하고 있는 공유자에 대하여 그 공유자의 공유지분을 제외한 나머지 공유지분 전부에 관하여만 소유권이전등기 말소등기절차의 이행을 구할 수 있다(대판 2015.4.9. 2012다2408).

2) 예외(필수적 공동소송)

① 공유물 전체에 대한 소유관계 확인도 이를 다투는 제3자를 상대로 공유자 전원이 하여야 하는 것이지 공유자 일부만이 그 관계를 대외적으로 주장할 수 있는 것이 아니므로, 아무런 특별한 사정이 없이 다른 공유자의 지분의 확인을 구하는 것은 확인의 이익이 없다(대판 1994.11.11. 94다35008).

17·19·22법원직 19주사보 21사무관

2 공동상속인이 다른 공동상속인을 상대로 어떤 재산이 상속재산임의 확인을 구하는 소는 고유필수적 공동소송이므로 원고들 일부의 소취하 또는 피고들 일부에 대한 소취하는 특별한 사정이 없는 한 그 효력이 생기지 않는다. ( )

② 공동상속인이 다른 공동상속인을 상대로 어떤 재산이 상속재산임의 확인을 구하는 소는 이른바 고유필수적 공동소송이라고 할 것이고, 고유필수적 공동소송에서는 원고들 일부의 소취하 또는 피고들 일부에 대한 소취하는 특별한 사정이 없는 한 그 효력이 생기지 않는다(대판 2007.8.24. 2006다40980).

③ 목적물 전체에 대한 등기절차를 청구하는 경우에는 매수자 전원이 공동으로 청구하여야 한다(대판 1960.7.7. 4292민상462).

④ 수인의 채권자가 각자의 지분별로 별개의 독립적인 매매예약완결권을 가지는 경우는 채권자 중 1인이 단독으로 자신의 지분에 관하여 본등기절차이행청구를 할 수 있다고 하면서 종래의 판례를 제한적으로 변경하였다(대판 (전) 2012.2.16. 2010다82530).

16법원직 18주사보

3 공유물분할청구는 다른 나머지 공유자 전원을 공동피고로 하여야 하고, 공유자가 경계확정의 소를 제기할 때에는 공유자가 모두 공동원고가 될 것을 요한다. ( )

⑤ 토지의 경계는 토지 소유권의 범위와 한계를 정하는 중요한 사항으로서, 그 경계와 관련되는 인접 토지의 소유자 전원 사이에서 합일적으로 확정될 필요가 있으므로, 인접하는 토지의 한편 또는 양편이 여러 사람의 공유에 속하는 경우에, 그 경계의 확정을 구하는 소송은, 관련된 공유자 전원이 공동하여서만 제소하고 상대방도 관련된 공유자 전원이 공동으로서만 제소될 것을 요건으로 하는 고유필수적 공동소송이다(대판 2001.6.26. 2000다24207).

(2) 공유자 측을 상대로 소가 제기된 경우(수동소송)

① 타인 소유의 토지 위에 설치되어 있는 공작물을 철거할 의무가 있는 수인을 상대로 그 공작물의 철거를 청구하는 소송은 필수적 공동소송이 아니다(대판 1993.2.23. 92다49218).

19주사보 22법원직

4 공유건물의 철거청구는 공유자 각자에 대하여 그 지분권의 한도 내에서 철거를 구할 수 있다. ( )

② 건물의 공동상속인 전원을 피고로 하여서만 건물의 철거청구를 할 수 있는 것은 아니고 공동상속인 중의 한 사람만을 상대로 그 상속분의 한도에서만 건물의 철거를 청구할 수 있다(대판 1968.7.31. 68다1102).

③ 토지를 수인이 공유하는 경우에 공유자들의 소유권이 지분의 형식으로 공존하는 것뿐이고, 그 처분권이 공동에 속하는 것은 아니므로 공유토지의 일부에 대하여 취득시효완성을 원인으로 공유자들을 상대로 그 시효취득 부분에 대한 소유권이전등기절차의 이행을 청구하는 소송은 필수적 공동소송이라고 할 수 없다(대판 1994.12.27. 93다32880).

④ 공동점유물의 인도를 청구하는 경우 상반된 판결이 나는 때에는 사실상 인도청구의 목적

을 달성할 수 없을 때가 있을 수 있으나 그와 같은 사실상 필요가 있다는 것만으로 그것을 필수적 공동소송이라고는 할 수 없는 것이다(대판 1966.3.15, 65다2455).

Ⅲ 유사필수적 공동소송

1. 의의

여러 사람이 공동으로 원고 또는 피고가 되어야 하는 것은 아니고 개별적으로 소송을 할 수 있지만, 일단 공동소송인으로 된 이상 합일확정이 요청되어 승패를 일률적으로 하여야 할 공동소송을 의미한다. 이는 소송법상 판결의 효력이 제3자에게 확장될 경우에 인정되는 공동소송이다.

2. 인정되는 경우

(1) 판결의 효력이 직접 제3자에게 확장되는 경우

(ⅰ) 여러 사람이 제기하는 회사설립 무효·취소의 소(상법 제184조), (ⅱ) 회사합병무효의 소(상법 제236조), (ⅲ) 주주총회결의 취소·무효·부존재 확인의소(상법 제376조, 제380조), (ⅳ) 여러 주주에 의한 회사대표소송(상법 제403조)과 (ⅴ) 여러 사람이 제기하는 혼인무효·취소의 소(가소 제21조, 제23조, 제24조)가 있다.

(2) 판결의 반사효가 제3자에게 미치는 경우

다수설은 판결의 반사효가 제3자에게 미치는 경우 유사필수적 공동소송을 인정한다. 각 채권자대위권에 기하여 공동하여 채무자의 권리를 행사하는 다수의 채권자들의 채권자대위의 소(대판 1991.12.27, 91다23486)가 그 예이다.

> **판례 | 주주총회결의의 부존재 또는 무효 확인을 구하는 소를 여러 사람이 공동으로 제기한 경우, 민사소송법 제67조가 적용되는 필수적 공동소송에 해당하는지 여부 (적극)**
>
> [다수의견] 주주총회결의의 부존재 또는 무효 확인을 구하는 소의 경우, 상법 제380조에 의해 준용되는 상법 제190조 본문에 따라 청구를 인용하는 판결은 제3자에 대하여도 효력이 있다. 이러한 소를 여러 사람이 공동으로 제기한 경우 당사자 1인이 받은 승소판결의 효력이 다른 공동소송인에게 미치므로 공동소송인 사이에 소송법상 합일확정의 필요성이 인정되고, 상법상 회사관계소송에 관한 전속관할이나 병합심리 규정(상법 제186조, 제188조)도 당사자 간 합일확정을 전제로 하는 점 및 당사자의 의사와 소송경제 등을 함께 고려하면, 이는 민사소송법 제67조가 적용되는 필수적 공동소송에 해당한다(대판 (전) 2021.7.22. 2020다284977).

Ⅳ 필수적 공동소송의 심판

제67조 [필수적 공동소송에 대한 특별규정]
① 소송목적이 공동소송인 모두에게 합일적으로 확정되어야 할 공동소송의 경우에 공동소송인 가운데 한 사람의 소송행위는 모두의 이익을 위하여서만 효력을 가진다.

1 공동점유물의 인도청구나 공유건물의 철거청구는 공동점유자나 공유자 전원을 상대로 하여 승소판결을 받지 않으면 집행이 불가능하므로 이는 고유필수적 공동소송에 해당한다.
(   )

19법원직

2 법원은 필수적 공동소송인 가운데 일부가 누락된 경우에는 제1심의 변론종결시까지 원고의 신청에 따라 결정으로 원고 또는 피고를 추가하도록 허가할 수 있다. 다만, 원고의 추가는 추가될 사람의 동의를 받은 경우에만 허가할 수 있다.
(   )

정답 | 1 × 2 ○

② 제1항의 공동소송에서 공동소송인 가운데 한 사람에 대한 상대방의 소송행위는 공동소송인 모두에게 효력이 미친다.

③ 제1항의 공동소송에서 공동소송인 가운데 한 사람에게 소송절차를 중단 또는 중지하여야 할 이유가 있는 경우 그 중단 또는 중지는 모두에게 효력이 미친다.

제68조 [필수적 공동소송인의 추가]

① 법원은 제67조 제1항의 규정에 따른 공동소송인 가운데 일부가 누락된 경우에는 제1심의 변론을 종결할 때까지 원고의 신청에 따라 결정으로 원고 또는 피고를 추가하도록 허가할 수 있다. 다만, 원고의 추가는 추가될 사람의 동의를 받은 경우에만 허가할 수 있다.

1. 소송요건의 조사와 누락된 필수적 공동소송인의 보정

(1) ① 소송요건은 각 공동소송인별로 독립하여 조사하여야 한다. 고유필수적 공동소송에 있어서는 공동소송인 중 한 사람에 소송요건의 흠이 있으면 전 소송을 부적법 각하하여야 한다. 예를 들면 공유물분할청구소송에서 공유자를 누락하였거나, 이미 사망한 공유자 상대로 하였거나(대판 2012.6.14. 2010다105310), 공유자지분이 제3자에게 이전되었는데 제3자가 당사자참가하지 아니한 경우(대판 2014.1.29. 2013다78556)는 부적법해 진다.

② 그러나 유사필수적 공동소송에 있어서는 그 경우에 당해 공동소송인의 부분에 대하여서만 일부각하하면 된다.

(2) 소송공동이 강제되는 고유필수적 공동소송에 있어서는 공동소송인으로 될 자를 한 사람이라도 누락한 때는 소는 당사자적격의 흠으로 부적법하게 된다.

이 경우 누락된 자를 보정하는 방법에는 ① 별도의 소를 제기하고 계속 중인 소송에 변론병합(제141조), ② 필수적 공동소송인의 추가(제68조), ③ 공동소송참가(제83조) 등이 있다.

2. 소송자료의 통일

(1) 공동소송인이 상대방에게 한 소송행위

① 공동소송인에게 유리한 경우

공동소송인 중 한 사람의 소송행위 가운데 유리한 것은 전원에 대하여 효력이 생긴다. 공동소송인 중 한 사람이 상대방의 주장사실을 다투면 전원이 다툰 것으로 되고, 공동소송인 중 한 사람이 기일에 출석하여 변론하였으면 다른 공동소송인이 결석하여도 기일불출석의 효과가 발생하지 않는다. 다만, 유사필수적 공동소송에 있어서는 일부취하가 허용됨에 비추어 취하간주의 규정이 적용된다.

② 공동소송인에게 불리한 경우

불리한 것은 공동소송인 전원이 함께 하지 않으면 안 되며, 그 한 사람이 하여도 전원을 위하여 효력이 없다. 따라서 자백, 청구의 포기·인낙 또는 재판상 화해는 불리한 소송행위이기 때문에 전원이 함께 하지 않으면 그 효력이 생기지 않는다.

(2) 상대방이 공동소송인에게 한 소송행위

공동소송인 중 한 사람에 대한 상대방의 소송행위는 이익 불이익을 불구하고 다른 공동소송인 전원에 대해 효력이 발생한다(제67조 제2항). 따라서 공동소송인 중 한 사람이라도

17법원직

1 공유물분할청구의 소는 분할을 청구하는 공유자가 원고가 되어 다른 공유자 전부를 공동피고로 하여야 하는 필수적 공동소송으로서 공유자 전원에 대하여 판결이 합일적으로 확정되어야 하므로 공동소송인 중 1인에 소송요건의 흠이 있으면 전 소송이 부적법하게 된다.
( )

18법원직

2 소송목적이 공동소송인 모두에게 합일적으로 확정되어야 할 공동소송의 경우에 공동소송인 가운데 한 사람의 소송행위는 모두에게 효력을 미친다. ( )

19법원직 19주사보

3 고유필수적 공동소송 가운데 한 사람이 한 소취하는 모두에게 효력이 있다. ( )

21사무관 22법원직

4 필수적 공동소송에서 공동소송인 가운데 한 사람이 한 유리한 소송행위는 모두를 위하여 효력이 생기지만, 불리한 소송행위는 모두 함께 하지 않으면 효력이 생기지 않는다. 그러나 상대방의 소송행위는 공동소송인 가운데 한 사람에 대하여 하더라도 모두에게 효력이 있다. ( )

정답 | 1 ○ 2 × 3 × 4 ○

기일에 출석했으면 상대방은 비록 그 자에 대하여 준비서면으로 예고하지 않은 사실이라도 주장할 수 있다.

3. 소송진행의 통일

(1) 기일의 진행

① 변론 및 변론의 준비, 증거조사, 판결은 공동소송인 전체를 상대로 진행하여야 하므로 변론을 분리하거나 일부판결을 할 수 없다.

② 공동소송인 중 한 사람에 대하여 중단 중지의 원인이 발생하면 다른 공동소송인 전원에 대하여 중단·중지의 효과가 생겨 전 소송절차의 진행이 정지된다(제67조 제3항).

(2) 상소

① 상소기간은 각 공동소송인에게 판결정본의 송달이 있는 때부터 개별적으로 진행되나, 공동소송인 전원에 대하여 상소기간이 만료되기까지는 판결은 확정되지 않는다. 공동소송인 중 한 사람이 상소를 제기하면 전원에 대하여 판결의 확정이 막혀 차단되고 전 소송이 상급심으로 이심이 된다.

② 패소한 공동소송인 중 한 사람만이 상소를 제기한 경우에 상소의 효력을 받는 다른 공동소송인의 지위에 대해서는 상소인설, 선정자설, 단순한 상소심당사자설이 대립한다. 생각건대 그 지위를 상소인이라기보다는 합일확정의 요청 때문에 소송관계가 상소심으로 이심되는 특수지위라고 보는 단순한 상소심당사자설이 타당하다고 본다(대판 1995.1.12. 94다33002). 따라서 실제 상소를 제기한 공동소송인만이 상소인지를 붙여야 하고, 패소한 경우에 상소비용을 부담하게 되고, 상소심의 심판범위는 그에 의하여 특정 변경되게 되며, 상소 취하 여부도 그에 의하여 결정된다.

4. 본안재판의 통일

필수적 공동소송에 대하여 본안판결을 할 때에는 공동소송인 모두에 대한 하나의 전부판결을 선고하여야 하고, 그 판결결과가 모순 없이 합일되게 하여야 한다. 착오로 일부판결을 하여도 추가판결을 할 수 없고(대판 2011.6.24. 2011다1323), 전부판결을 한 것으로 보아 상소로써 시정하여야 한다.

22법원직

1 공유물분할판결에서 상소기간은 각 공동소송인 개별로 진행되는 것이므로, 일부 공유자에 대하여 상소기간이 만료된 경우 그 공유자에 대한 판결 부분이 분리·확정된다.
（ ）

18법원직 21사무관

2 고유필수적 공동소송에 대하여 본안판결을 할 때에는 공동소송인 전원에 대한 하나의 종국판결을 선고하여야 하는 것이 공동소송인 일부에 대해서만 판결하거나 남은 공동소송인에 대해 추가판결을 하는 것은 모두 허용될 수 없다.（ ）

제3관 | 예비적·선택적 공동소송*

제70조 [예비적·선택적 공동소송에 대한 특별규정]
① 공동소송인 가운데 일부의 청구가 다른 공동소송인의 청구와 법률상 양립할 수 없거나 공동소송인 가운데 일부에 대한 청구가 다른 공동소송인에 대한 청구와 법률상 양립할 수 없는 경우에는 제67조 내지 제69조를 준용한다. 다만, 청구의 포기·인낙, 화해 및 소의 취하의 경우에는 그러하지 아니하다.
② 제1항의 소송에서는 모든 공동소송인에 관한 청구에 대하여 판결을 하여야 한다.

학습 POINT

1. 요건으로 양립불가능성 필요
2. 심판에서 제67조를 준용하면서 예외를 인정함(조문에서 확인 필요)
3. 심판대상은 불이익변경금지원칙의 예외가 인정됨

* 이시윤 753페이지 참고

정답 | 1 ✕ 2 ○

Ⅰ 서설

1. 의의

① 공동소송인의 청구나 공동소송인에 대한 청구가 법률상 양립할 수 없는 관계에 있고 어느 것이 인용될 것인가 쉽게 판정할 수 없을 때에 필수적 공동소송의 규정을 준용하여 서로 모순 없는 통일적인 재판을 구하는 공동소송의 형태를 말한다(제70조).

② 예를 들면 공작물의 설치·보존에 흠이 있음을 이유로 점유자를 제1차적 피고(주위적 피고)로, 그것이 인용되지 아니할 경우를 대비하여 소유자를 예비적 피고로 하여 각 청구하는 경우(민법 제758조), 혹은 대리인을 상대로 거래한 경우에 거래상대방이 본인을 주위적 피고로 하여 계약이행을 구하고, 만일 무권대리가 된다면 무권대리인을 예비적 피고로 하여 청구(민법 제135조)를 하는 경우이다.

2. 형태

(1) 수동형과 능동형

피고 측이 공동소송인이 되는 경우가 수동형이고(제70조 제1항 후문), 원고 측이 공동소송인이 되는 경우가 능동형이다(제70조 제1항 전문).

(2) 예비형과 선택형

심판의 순서를 붙여서 청구하는 유형이 예비형이고, 심판의 순서를 붙이지 않고 청구하는 경우가 선택형이다. 예비형의 경우에는 당사자가 원하는 심판의 순서에 따라 판단을 하여야 한다. 선택형의 경우에는 심판의 순서가 없으므로 어느 것이든 먼저 판단을 할 수 있다.

(3) 원시형과 후발형

제70조의 규정에서는 공동소송인의 추가에 관한 규정(제68조)도 준용하도록 함으로써, 소제기 당초부터 제기하는 원시적인 형태뿐 아니라 당초에는 단일소송이었다가 뒤에 소송계속 중 예비적 당사자나 선택적 당사자를 추가하는 후발적인 형태도 가능하다.

Ⅱ 허용요건

1. 법률상 양립 불가능할 것

20·22법원직

1 부진정연대채무의 관계에 있는 채무자들을 공동피고로 하는 이행의 소는 민사소송법 제70조 제1항 소정의 예비적·선택적 공동소송이라고 할 수 없다. ( )

(1) ① 어느 하나가 인용되면 법률상 다른 청구는 기각될 관계에 있어야 하며, 두 청구 모두 인용될 수 있는 경우이면 안 된다. 부진정연대채무관계는 일방의 채무가 변제 등에 의하여 소멸되면 타방의 채무도 소멸되는 관계이므로 이러한 관계의 채무자 A, B를 공동피고로 한 각 청구는 법률상 양립할 수 없는 경우가 아니므로 예비적 공동소송이 될 수 없다(대판 2009.3.26. 2006다47677).

② 예비적 피고에 대한 청구가 주위적 피고에 대한 청구와 전부가 아니라 일부와 양립하지 아니하는 관계라도 된다. 판례는 주위적 피고에 대한 주위적·예비적 청구 중 주위적 청구부분만을 인용하지 아니할 경우 그의 법률상 양립할 수 없는 관계에 있는 예비적 피고에 대한 청구를 인용해 달라는 취지로 결합하여 소를 제기할 수 있다고 본다(대판 2014.3.27. 2009다104960,104977).

정답 | 1 ○

(2) 양립하지 않는 관계이면 소송물이 동일하지 않아도 무방하다. 판례는 주위적으로는 B가 A에게 차량대금지급하였음을 전제로 주위적 피고 A에 대하여 차량미인도로 인한 채무불이행책임을 묻는 청구 등을 하고, 예비적으로는 B가 A에게 차량대금불지급을 전제로 예비적 피고 B에 대하여 채무 없음의 부존재확인·납입대금반환청구를 구하는 사안에서 서로 간에 법률상 양립할 수 없는 경우로 보고 예비적 공동소송에 해당된다고 보았다(대판 2008.7.10. 2006다57872).

(3) ① 법률상 양립할 수 없는 경우이기 때문에, 사실상 양립할 수 없는 경우는 해당될 수 없다. 판례는 민사소송법 제70조 제1항에 있어서 '법률상 양립할 수 없다'는 것은, 실체법적으로 서로 양립할 수 없는 경우뿐 아니라 소송법상으로 서로 양립할 수 없는 경우를 포함된다고 했다.

즉, 법인 또는 비법인 등 당사자능력이 있는 단체의 대표자 또는 구성원의 지위에 관한 확인소송에서 그 대표자 또는 구성원 개인뿐 아니라 그가 소속된 단체를 공동피고로 하여 소가 제기된 경우에 있어서는, 누가 피고적격을 가지는지에 관한 법률적 평가에 따라 어느 한 쪽에 대한 청구는 부적법하고 다른 쪽의 청구만이 적법하게 될 수 있으므로 이는 민사소송법 제70조 제1항 소정의 예비적·선택적 공동소송의 요건인 각 청구가 서로 법률상 양립할 수 없는 관계에 해당한다고 보았다(대판 2007.6.26. 2007마515).

② 주위적 피고에 대하여는 통정허위표시 또는 반사회질서의 법률행위임을 이유로 소유권이전등기말소청구를, 예비적 피고에 대하여는 그것이 인정되지 않으면 이행불능을 이유로 전보배상청구가 허용되는 것으로 보았다(대판 2008.3.27. 2005다49430).

2. 공동소송의 요건을 갖출 것

공동소송의 일종이므로, 공동소송의 주관적·객관적 요건을 갖출 것을 요한다(제65조, 제253조). 예비적 공동소송인의 추가는 제1심 변론종결시까지 제기할 수 있으며, 원고의 추가는 추가될 사람의 동의를 받은 경우에만 허가할 수 있다(제70조, 제68조 제1항).

Ⅲ 심판방법

1. 소송자료의 통일

(1) 원칙

공동소송인 중 한 사람의 소송행위는 전원의 이익을 위하여서만 효력이 발생한다(제67조 제1항 준용). 따라서 제1차적 피고, 예비적 피고 중 한 사람의 소송행위 중 유리한 것은 전원에 대하여 효력이 생긴다.

(2) 예외

제70조 제1항 단서에서는 소송당사자가 각자 청구의 포기·인낙, 화해 및 소의 취하를 할 수 있도록 하였다.

2. 소송진행의 통일

(1) 원칙

변론·증거조사·판결은 같은 기일에 함께 하여야 하며, 변론의 분리·일부판결은 할 수 없

20법원직

1 아파트 입주자대표회의 구성원 개인을 피고로 삼아 제기한 동대표 지위 부존재확인의 소의 계속 중에 아파트 입주자대표회의를 피고로 추가하는 예비적 추가는 실체법적으로 서로 양립할 수 없는 경우가 아니므로 허용되지 않는다.
( )

16법원직

2 예비적 공동소송인의 추가는 제1심의 변론을 종결할 때까지 가능하다.
( )

16법원직

3 예비적 원고의 추가에는 원고로 추가될 사람의 동의가 필요하다.
( )

18·20사무관

4 민사소송법은 예비적·선택적 공동소송에 관하여 원칙적으로 필수적 공동소송의 특칙을 준용하면서도 청구의 포기·인낙, 화해 또는 소의 취하의 경우에는 그 예외를 인정하여 공동소송인 각자가 할 수 있도록 규정하고 있다.
( )

정답 | 1 × **2** ○ **3** ○ **4** ○

다. 따라서 주위적 피고·예비적 피고 중 한사람에 대하여 중단·중지의 원인이 발생하면 다른 사람에게도 영향을 미쳐 전체 소송절차의 진행이 정지된다(제67조 제3항, 제70조 제1항).

(2) 예외

① 공동소송인 중 일부가 소를 취하하거나 일부 공동소송인에 대한 소를 취하할 수 있고, 이 경우 소를 취하하지 않은 나머지 공동소송인에 관한 청구 부분은 여전히 심판의 대상이 된다(대판 2018.2.13. 2015다242429).

② 조정을 갈음하는 결정이 확정된 경우에는 재판상 화해와 동일한 효력이 있으므로 그 결정에 대하여 일부 공동소송인이 이의하지 않았다면 원칙적으로 그 공동소송인에 대한 관계에서는 조정을 갈음하는 결정이 확정될 수 있다(대판 2008.7.10. 2006다57872). 그리고 이러한 법리는 이의신청 기간 내에 이의신청이 없으면 재판상 화해와 동일한 효력을 가지는 화해권고결정의 경우에도 마찬가지로 적용된다(대판 2015.3.20. 2014다75202).

판례 | 주위적 피고에 대한 화해권고결정으로 주위적·예비적 청구의 분리 확정 가능 여부(원칙적 적극)

[1] 민사소송법 제70조에서 정한 주관적·예비적 공동소송에서 화해권고결정에 대하여 일부 공동소송인이 이의하지 않았다면, 원칙적으로 그 공동소송인에 대한 관계에서는 위 결정이 확정될 수 있다. 다만, 화해권고결정에서 분리 확정을 불허하고 있거나, 그렇지 않더라도 그 결정에서 정한 사항이 공동소송인들에게 공통되는 법률관계를 형성함을 전제로 하여 이해관계를 조절하는 경우 등과 같이 결정 사항의 취지에 비추어 볼 때 분리 확정을 허용할 경우 형평에 반하고 또한 이해관계가 상반된 공동소송인들 사이에서의 소송 진행 통일을 목적으로 하는 민사소송법 제70조 제1항 본문의 입법 취지에 반하는 결과가 초래되는 경우에는 분리 확정이 허용되지 않는다. 이는 주관적·예비적 공동소송에서 화해권고결정에 대하여 일부 공동소송인만이 이의신청을 한 후 그 공동소송인 전원이 분리 확정에 대하여는 이의가 없다는 취지로 진술하였더라도 마찬가지이다.
주위적·예비적 피고 사이의 권리의무관계가 상호 관련되어 있고, 분리 확정을 허용할 경우 형평에 반할 뿐만 아니라, 이해관계가 상반된 공동소송인들 사이에서의 소송 진행 통일을 목적으로 하는 민사소송법 제70조 제1항 본문의 입법 취지에 반하는 결과가 초래될 수 있는 화해권고결정에 대해서는 당사자들의 의사에 관계없이 분리 확정이 허용되지 않는다.

[2] 원심은 수분양권의 포괄적 양수인에게 부당이득금반환의무가 인정되는 사업시행자가 예비적 피고라고 판단하였으므로, 예비적 피고에 대한 청구에 관한 판단을 누락한 위법이 있는 제1심 판결을 직권으로 취소하고, 주위적 피고에 대한 청구를 기각하며, 예비적 피고에 대한 청구를 인용하였어야 한다(대판 2022.4.14. 2020다224975).

---

3. 본안재판의 통일

(1) 법원은 모든 공동소송인에 관한 청구에 대하여 판결하여야 한다(제70조 제2항). 따라서 예비적 공동소송에서는 주위적 피고에 대한 청구가 이유 있고 예비적 피고에 대한 청구가 이유 없을 때에 주위적 피고에 대한 인용판결과 함께 예비적 피고에 대한 기각판결의 주문을 내야 한다.

(2) 일부 공동소송인에 대해서만 판결하거나 남겨진 공동소송인을 위한 추가판결은 허용되지

18·20사무관 20법원직

1 예비적 공동소송의 경우 주위적 공동소송인에 대한 청구를 받아들이면 예비적 공동소송인에 대한 청구에 대하여는 판단하지 않아도 된다. ( )

16법원직

2 예비적 공동소송의 경우, 주위적 피고에 대한 청구를 받아들이면 예비적 피고에 대한 청구를 기각하는 판결을 하여야 하고, 법원이 착오로 예비적 피고에 대한 판결을 누락한 경우에는 그 예비적 피고에 대하여 추가판결을 하여야 한다. ( )

정답 | 1 × **2** ×

162 해커스공무원 학원·인강 · gosi.Hackers.com

아니한다. 착오로 일부 공동소송인에 대하여서만 일부판결을 하더라도 전부 판결을 한 것으로 취급하여 상소로써 다투어야 하고, 누락된 예비적·선택적 공동소송인은 착오로 인한 일부판결을 시정하기 위하여 상소를 제기할 이익이 있다(대판 2008.3.27. 2005다49430).

4. 상소심에서의 소송진행 통일

(1) 이심의 범위 및 상소심의 심판대상

공동소송인 중 한 사람이 상소를 제기하면 전원에 대하여 판결확정이 차단되고 상급심으로 이심되는 효과가 생긴다. 또한 불이익변경금지 원칙이 적용되지 않으므로 모든 청구가 심판대상이 된다.

(2) 불이익변경금지 원칙 배제

원고가 주위적 피고에 대하여는 패소하고 예비적 피고에 대하여는 승소하였는데 예비적 피고만이 항소한 경우에 ① 불복하지 않은 주위적 피고에 대한 청구도 항소법원의 심리대상이 되고(대판 2008.3.27. 2006두17765), ② 항소법원은 주위적 피고에 대한 청구의 기각판결에 불복하지 않았음에도 불구하고 주위적 피고에 대한 청구를 인용하고 대신 예비적 피고에 대한 청구를 기각하는 판결을 할 수 있다.

16·20법원직 20사무관

1 예비적 공동소송에서 주위적 공동소송인과 예비적 공동소송인 중 어느 한 사람이 상소를 제기하면 다른 공동소송인에 관한 청구 부분도 확정이 차단되고 상소심에 이심되어 심판대상이 된다. ( )

제4관 | 선정당사자*

제53조 [선정당사자]
① 공동의 이해관계를 가진 여러 사람이 제52조의 규정(권리능력 없는 사단 재단)에 해당되지 아니하는 경우에는, 이들은 그 가운데에서 모두를 위하여 당사자가 될 한 사람 또는 여러 사람을 선정하거나 이를 바꿀 수 있다.
② 소송이 법원에 계속된 뒤 제1항의 규정에 따라 당사자를 바꾼 때에는 그 전의 당사자는 당연히 소송에서 탈퇴한 것으로 본다.

학습 POINT
1. 공동의 이해관계는 제65조 전문이 원칙, 다만 후문 중 쟁점공통은 인정
2. 심급한정도 가능(단 제1심 소송절차에 관하여는 사건특정에 불과)
3. 선정당사자는 대리인이 아님 (특별수권불요)
4. 선정자에게 기판력이 미치므로 강제집행가능

* 이시윤 764페이지 참고

Ⅰ 서설

1. 의의

선정당사자라 함은 공동의 이해관계 있는 여러 사람이 공동소송인이 되어 소송을 하여야 할 경우에, 그 가운데서 모두를 위해 소송을 수행할 당사자로 선출된 자를 말한다. 선정당사자를 선출한 자를 선정자라고 한다.

2. 선정당사자와 선정자와의 관계

선정당사자와 선정자의 관계는 선정자의 소송수행권을 선정당사자에게 신탁시킨 신탁관계이다. 따라서 선정당사자제도는 임의적 소송담당의 일종이다.

정답 | 1 ○

Ⅱ 요건(제53조)

1. 공동소송을 할 여러 사람이 있을 것

여기의 여러 사람은 원고 측에 한하지 아니하며, 피고 측이라도 무방하다. 여러 사람이 비법인사단(제52조)을 구성하고 있을 때에는 선정의 여지가 없다. 그러나 민법상의 조합과 같이 그 자체에 당사자능력이 인정되지 않는 경우에는 선정당사자제도를 활용할 수 있다.

2. 공동의 이해관계가 있을 것

(1) 원칙

소송의 목적인 권리·의무가 공통인 경우에만 국한시킬 것이 아니라, 널리 다수자 서로 간에 공동소송인이 될 관계에 있고 또 주요한 공격방어방법을 공통으로 하는 경우라면 공동의 이해관계가 있는 경우로 볼 것이다. 따라서 여러 사람이 제65조 전문의 "권리·의무가 공통되거나 같은 원인으로 생긴" 관계에 있을 때에는 이에 해당된다.

(2) 예외

① 임차인들이 甲을 임대차계약상의 임대인이라고 주장하면서 甲에게 그 각 보증금의 전부 내지 일부의 반환을 청구하는 경우, 그 사건의 쟁점은 甲이 임대차계약상의 임대인으로서 계약당사자인지 여부에 있으므로, 그 임차인들은 상호간에 공동소송인이 될 관계가 있을 뿐 아니라 주요한 공격방어 방법을 공통으로 하는 경우에 해당함이 분명하다고 할 것이어서, 민사소송법 제53조 소정의 공동의 이해관계가 있어 선정당사자를 선정할 수 있다 (대판 1999.8.24. 99다15474). 여러 사람 사이의 쟁점공통의 경우도 공동의 이해관계가 있는 경우로 보았다.

② 그러나 여러 사람이 제65조 후문의 "권리·의무가 같은 종류이며 그 발생원인이 같은 종류"인 관계인 때에는 특별히 쟁점에 공통성이 없으면 공격방어방법이 공통적일 것을 기대하기 어려울 것이므로 그 선정을 허용해서는 아니 될 것이다(대판 2007.7.12. 2005다10470).

3. 공동의 이해관계 있는 사람 중에서 선정할 것

만일 제3자도 선정할 수 있게 하면 변호사대리의 원칙을 잠탈할 수 있기 때문이다. 선정당사자는 동시에 선정자이어야 한다. 선정당사자도 선정행위를 하였다는 의미에서 선정자단에 포함시킬 것이다(대판 2011.9.8. 2011다17090).

Ⅲ 선정의 방법

1. 선정의 성질

(1) 단독소송행위

선정당사자를 뽑는 선정은 선정자가 자기의 권리이익에 대해 소송수행권을 수여하는 단독소송행위이다. 소송행위이기 때문에 선정을 함에는 소송능력이 필요하며, 선정에 조건을 붙여서는 안 된다.

(2) 제1심 한정의 선정 인정 여부

① 당사자 선정은 총원의 합의로써 장래를 향하여 이를 취소·변경할 수 있는 만큼 당초부터

14법원직
1 판례는 다수자의 권리·의무가 동종이며 그 발생원인이 동종인 관계에 있는 것만으로는 공동의 이해관계가 있다고 할 수 없어 선정당사자의 선정을 허용할 것이 아니라는 입장이다. ( )

정답ㅣ **1** ○

어떠한 심급을 한정해 당사자인 자격을 보유하게 할 목적으로 선정하는 것도 허용된다.

② 선정당사자의 제도가 당사자 다수의 소송에 있어서 소송절차를 간소화·단순화하여 소송의 효율적인 진행을 도모하는 것을 목적으로 하고, 선정된 자가 당사자로서 소송의 종료에 이르기까지 소송을 수행하는 것이 그 본래의 취지임에 비추어 보면, 제1심에서 제출된 선정서에 사건명을 기재한 다음에 '제1심 소송절차에 관하여' 또는 '제1심 소송절차를 수행하게 한다'라는 문언이 기재되어 있는 경우라 하더라도 특단의 사정이 없는 한, 그 기재는 사건명 등과 더불어 선정당사자를 선정하는 사건을 특정하기 위한 것으로 보아야 하고, 따라서 그 선정의 효력은 제1심의 소송에 한정하는 것이 아니라 소송의 종료에 이르기까지 계속하는 것으로 해석함이 상당하다고 판시하였다(대결 1995.10.5. 94마2452).

2. 선정의 시기

선정의 시기는 소송계속 전이거나 계속 후이거나 불문한다. 소송계속 후 선정하면 선정자는 당연히 소송에서 탈퇴하게 되고(제53조 제2항), 선정당사자가 그 지위를 승계하게 된다.

3. 선정의 방법

선정은 각 선정자가 개별적으로 하여야 하며, 다수결로 정할 수 없다. 따라서 전원이 공동으로 같은 사람을 선정할 필요는 없다. 이때 일단의 선정자들에 의해 선출된 선정당사자와 스스로 당사자가 된 자와의 관계는 원래의 소송이 필수적 공동소송의 성질이 아닌 한, 통상 공동소송으로 보아야 할 것이다.

4. 서면 증명

선정당사자의 자격은 대리인의 경우와 같이 서면증명이 필요하기 때문에 선정서를 작성·제출하는 것이 보통이며, 이를 소송기록에 붙여야 한다(제58조).

Ⅳ 선정의 효과

1. 선정당사자의 지위

(1) 당사자 본인으로서의 지위

1) ① 선정당사자는 선정자의 대리인이 아니고 당사자 본인이므로 소송수행에 있어서 소송대리인에 관한 제90조 제2항과 같은 제한을 받지 않는다. 따라서 선정당사자는 일체의 소송행위에 대하여 포괄적 수권을 받은 자이므로, 예컨대 소의 취하, 화해 청구의 포기·인낙, 상소의 제기를 할 수 있으며, 소송수행에 필요한 모든 사법상의 행위를 할 수 있다.

② 선정자와의 사이에 선정당사자가 권한행사에 관한 내부적인 제한계약을 맺었다 하더라도 그와 같은 제한으로써 법원이나 상대방에 대항할 수 없다.

2) ① 甲 등의 선정당사자 丙이 乙 등을 상대로 소송수행 중에 乙 등으로부터 소송을 취하하고 민·형사상 책임을 묻지 않겠다는 취지로 금원을 지급받고 소취하합의를 하여 취하한 경우, 이는 선정당사자가 소송수행에 필요한 사법상의 행위에 해당하고 선정자 甲 등으로부터 개별적 동의 여부에 관계없이 甲 등에게 그 효력이 미친다(대판 2012.3.15. 2011다105966).

15·17법원직 18사무관 19주사보

1 제1심에 제출된 선정서에 사건명을 기재한 다음에 '제1심 소송절차에 관하여' 또는 '제1심 소송절차를 수행하게 한다'라는 문언이 기재되어 있는 경우에는 그 선정의 효력은 제1심의 소송에 한정된다. ( )

13사무관 19주사보

2 선정당사자는 그 소송에 관한 일체의 소송행위, 즉 소취하, 화해, 청구의 포기·인낙, 상소제기와 소송수행을 위해 필요한 모든 사법상의 행위를 할 수 있다. ( )

17·19법원직

3 선정당사자는 선정자들로부터 소송수행을 위한 포괄적인 수권을 받은 것이므로 선정자들의 개별적인 동의 없이 체결한 변호사인 소송대리인과의 보수에 관한 약정은 선정자들에게 그 효력이 미친다. ( )

정답 | 1 × 2 ○ 3 ×

1 가처분신청절차에서 이루어진 선정행위의 효력은 그에 기한 제소명령신청 사건에는 미친다고 할 것이나 가처분결정취소신청 사건에는 그 선정의 효력이 미치지 아니한다.　　　　　(　)

2 등기말소소송의 원고 선정당사자가 피고 측으로부터 돈을 받는 것으로 합의하고 당해 소송의 소취하 및 부제소합의까지 한 경우, 그러한 합의에 대해 선정자들의 개별적인 동의를 받지 아니한 이상, 그 합의의 효력은 선정자들에게 미치지 아니한다.　　　　　(　)

3 선정당사자는 공동의 이해관계가 있는 자 중에서 선정하여야 하고, 선정당사자가 선정되면 선정자는 소송에서 탈퇴한다.　(　)

4 선정당사자가 받은 판결은 선정자에 대해서도 그 효력이 미친다.　　　　　(　)

5 당사자 선정은 언제든지 장래를 위하여 이를 취소·변경할 수 있으나, 선정을 철회한 경우 선정자 또는 당사자가 상대방에게 선정 철회 사실을 통지하지 아니하면 철회의 효력을 주장하지 못한다.　(　)

정답 | 1 ○ 2 × 3 ○ 4 ○ 5 ○

② 그러나 가처분신청절차에서 이루어진 선정행위의 효력은 그에 기한 제소명령신청 사건에는 미친다고 할 것이나 가처분결정취소신청 사건에서는 그 선정의 효력이 미치지 아니한다(대판 2001.4.10. 99다49170).

3) 선정당사자는 선정자들로부터 소송수행을 위한 포괄적인 수권을 받은 것으로서 일체의 소송행위는 물론 소송수행에 필요한 사법상의 행위도 할 수 있는 것이고 개개의 소송행위를 함에 있어서 선정자의 개별적인 동의가 필요한 것은 아니라 할 것이므로, 자신과 선정자들을 위한 공격이나 방어를 위하여 필요한 범위에서 특정한 법률관계에 실체법적 효과를 발생시키는 행위나 변제의 수령 등을 할 수 있다고 할 것이지만, 변호사인 소송대리인과 사이에 체결하는 보수약정은 소송위임에 필수적으로 수반되어야 하는 것은 아니므로 선정당사자가 그 자격에 기한 독자적인 권한으로 행할 수 있는 소송수행에 필요한 사법상의 행위라고 할 수 없다(대판 2010.5.13. 2009다105246).

(2) 복수의 선정당사자의 지위

같은 선정자단에서 여러 사람의 선정당사자가 선정되었을 때에는 그 여러 사람이 소송수행권을 합유하는 관계에 있기 때문에 그 소송은 필수적 공동소송으로 된다. 그러나 별개의 선정자단에서 각기 선정된 여러 사람의 선정당사자간의 소송관계는 원래의 소송이 필수적 공동소송의 형태가 아니면 통상공동소송관계라고 할 것이다.

2. 선정자의 지위

(1) 소송탈퇴

소송계속 후에 선정을 하면 선정자는 당연히 소송에서 탈퇴한다(제53조 제2항).

(2) 판결의 효력

① 판결서의 원·피고는 선정당사자만 표시하고 말미에 별지로 선정자 목록을 붙인다. 선정당사자도 공동의 이해관계를 가진 사람으로서 선정행위를 하였다면 선정자목록에 함께 표기할 수 있다(대판 2011.9.8. 2011다17090).

② 선정당사자가 받은 판결을 선정자에 대해서도 그 효력이 미친다(제218조 제3항). 선정당사자가 이행판결을 받았으면 이에 의하여 선정자를 위해 또는 선정자에 대해 강제집행을 할 수 있다. 집행을 위하여 선정자와의 관계에서는 승계집행문이 필요하다.

3. 선정당사자의 자격상실

(1) 선정당사자의 사망, 선정의 취소

선정당사자의 자격은 선정당사자의 사망, 선정의 취소에 의하여 상실된다. 선정자는 어느 때나 취소할 수 있다. 선정당사자자격의 상실은 대리권의 소멸의 경우처럼 상대방에 통지를 요하며, 그렇지 않으면 그 효력이 발생하지 않는다(제63조 제2항).

(2) 수인의 선정당사자의 경우

여러 사람의 선정당사자 중 일부가 그 자격을 상실하는 경우라도 소송절차는 중단되지 않으며, 다른 선정당사자가 소송을 속행한다(제54조). 선정당사자 전원이 그 자격을 상실한 경우에는, 소송절차는 중단된다(제237조 제2항). 그러나 소송대리인이 있으면 그러하지 아니하다(제238조).

(3) 선정당사자의 공동의 이해관계 소멸

민사소송법 제53조의 선정당사자는 공동의 이해관계를 가진 여러 사람 중에서 선정되어야 하므로, 선정당사자 본인에 대한 부분의 소가 취하되거나 판결이 확정되는 등으로 공동의 이해관계가 소멸하는 경우에는 선정당사자는 선정당사자의 자격을 당연히 상실한다(대판 2006.9.28. 2006다28775).

Ⅴ 선정당사자의 자격 없을 때의 효과

1. 직권조사사항

선정당사자의 자격의 유무는 당사자적격의 문제이므로 직권조사사항이다. 선정행위에 흠이나 서면에 의한 자격증명이 없는 때에는 보정명령을 하여야 한다.

2. 흠결시

적법하게 선정되지 아니한 선정당사자나 자격증명이 없는 자의 소송행위에 의하여 선고된 판결은 무효이며, 선정자에게 그 효력이 미치지 않는다. 그러나 뒤에 자격증명을 보정하거나 선정자가 추인하면 소급하여 유효하게 될 수 있다(제61조, 제60조). 만일 보정이나 추인을 얻지 못하면 판결로써 소를 각하하지 않으면 안 된다.

3. 간과판결

간과하고 본안판결을 하였을 때에는 상소와 재심사유로는 되지 아니한다(대판 2007.7.12. 2005나10470). 이러한 판결은 판결로서 무효이며 선정자에게 그 효력이 미치지 아니한다.

제2절 제3자 소송참가

제3자의 소송참가라 함은, 현재 계속중인 다른 사람 사이의 소송에 제3자가 자기의 이익을 옹호하기 위하여 관여하는 것을 가리킨다.

당사자X	① 보조참가:	단순히 법률상의 이해관계를 갖는 자가 참가
	② 공동소송적 보조참가:	판결의 효력은 받으나 당사자적격이 없는 자가 참가
당사자O	① 공동소송참가:	종전 당사자와 연합관계
	② 독립당사자참가:	종전 당사자와 대립견제관계

1 판례는 선정당사자 본인에 대한 부분의 소가 취하된 경우에도 선정자가 선정을 취소하지 않는 한 선정당사자의 자격이 당연히 상실되는 것은 아니라고 하고 있다. ( )

학습 POINT

1. 보조참가인은 모든 소송행위를 할 수 있음이 원칙
2. 종속적 지위 때문에 제한을 받음(정,어,불,변,사)
3. 참가적 효력 개념, 주관적 범위, 기판력과 차이 정리 필요

정답 | **1** ✕

* 이시윤 786페이지 참고

제1관 | 보조참가*

> **제71조 [보조참가]**
> 소송결과에 이해관계가 있는 제3자는 한 쪽 당사자를 돕기 위하여 법원에 계속 중인 소송에 참가할 수 있다. 다만, 소송절차를 현저하게 지연시키는 경우에는 그러하지 아니하다.

I 서설

1. 의의

① 보조참가라 함은 타인 간의 소송계속 중 소송결과에 이해관계가 있는 제3자가 한쪽 당사자의 승소를 돕기 위하여 그 소송에 참가하는 것을 말한다(제71조).

② 예를 들면 채권자 甲이 보증채무자 乙을 상대로 제기한 소송에서 보증채무자가 패소하면 주채무자 丙에게 구상청구를 할 것이므로 주채무자 丙이 보증채무자 乙의 승소를 위해 참가하는 따위이다.

2. 취지

보조참가인은 당사자가 아니므로 자기의 이름으로 판결을 구하지 않지만 자기의 이익옹호를 위하여 자기의 이름과 비용으로 소송을 수행하므로 당사자로부터 요청을 받지 않아도, 심지어 당사자의 의사에 반해서도 참가할 수 있다. 또한 보조참가인은 당사자의 대리인이 아니므로 스스로 소송대리인을 선임할 수도 있다.

II 요건

1. 다른 사람 사이의 소송이 계속중일 것

(1) 다른 사람 사이의 소송일 것

보조참가는 타인간의 소송에 한하여 허용되며, 한쪽 당사자는 자기소송의 상대방에는 참가할 수 없다. 그러나 자기의 공동소송인이나 그 공동소송인의 상대방을 위하여 보조참가하는 것은 가능하다. 또 법정대리인은 소송수행상 당사자에 준하기 때문에 본인의 소송에 보조참가할 수 없다.

(2) 소송계속 중일 것

① 상고심에서도 허용되지만, 상고심에서 참가하면 제76조 제1항 단서에 의한 제약 때문에 사실상의 주장, 증거의 제출이 허용되지 않는다. 또한 추후보완항소나 재심의 소에서도 참가가 허용된다.

② 판례는 대립당사자 구조가 아닌 결정절차에 있어서 보조참가가 허용되지 않는다고 한다 (대결 1994.1.20. 93마1701).

19사무관
1 대립하는 당사자구조를 갖지 못한 결정절차나 법률심인 상고심에서는 보조참가를 할 수 없다. ( )

정답 | 1 ×

2. 소송결과에 대하여 이해관계가 있을 것

(1) 소송결과

판결의 결과가 참가인 자신의 법적지위, 즉 권리의무에 영향을 미칠 경우라야 한다.

1) ① '이해관계'란 법률상의 이해관계를 말하는 것으로, 당해 소송의 판결의 기판력이나 집행력을 당연히 받는 경우(이때는 공동소송적 보조참가가 된다) 또는 적어도 그 판결을 전제로 하여 보조참가를 하려는 자의 법률상의 지위가 결정되는 관계에 있는 경우를 의미한다(대판 2007.4.26. 2005다19156).

   ② 참가인의 법적 지위가 본소송의 승패에 논리적으로 의존관계에 있을 때, 즉 판결주문에서 판단되는 소송물인 권리관계의 존부에 의하여 직접적으로 영향을 받는 관계에 있을 때라고 할 것이다. 구체적으로는 피참가인이 패소할 경우 참가인이 구상당하거나 손해배상을 청구당할 가능성이 있는 때이다.

2) 판결주문이 아니라 판결이유 속에서 판단되는 중요쟁점에 의하여 영향받는 것만으로는 소송결과에 대한 이해관계로 볼 수 없다는 것이 통설적 견해이다.

(2) 법률상 이해관계일 것

   ① 법률상 이해관계라면 재산법상의 관계에 한하지 않고, 가족법상의 관계, 공법상의 관계도 포함된다.

   ② 법률상의 이해관계이기 때문에 단지 사실상 경제상 또는 감정상의 이해관계만으로는 참가할 수 없다(대판 2000.9.8. 99다26924). 다른 법률상 구제수단이 있더라도 보조참가를 하는 데 장애가 되지는 않는다.

3. 소송절차를 현저히 지연시키지 않을 것

제3자가 이 제도를 남용하여 소송지연책으로 삼는 것을 방지하기 위함으로서, 공익적 요건으로 직권조사사항이다.

4. 소송행위로서 유효요건을 갖출 것

참가인은 당사자능력과 소송능력이 있어야 하며, 그 대리인은 대리권이 존재하여야 한다. 이 요건도 법원의 직권조사사항이다.

Ⅲ 참가절차

제72조 [참가신청의 방식]
① 참가신청은 참가의 취지와 이유를 밝혀 참가하고자 하는 소송이 계속된 법원에 제기하여야 한다.
② 서면으로 참가를 신청한 경우에는 법원은 그 서면을 양쪽 당사자에게 송달하여야 한다.
③ 참가신청은 참가인으로서 할 수 있는 소송행위와 동시에 할 수 있다.

18법원직

1 특정 소송사건에서 당사자 일방을 보조하기 위하여 보조참가를 하려면 당해 소송의 결과에 대하여 이해관계가 있어야 하고, 여기서 말하는 이해관계라 함은 사실상, 경제상 또는 감정상의 이해관계가 아니라 법률상의 이해관계를 가리킨다. ( )

정답 | 1 ○

> **제73조 [참가허가 여부에 대한 재판]**
> ① 당사자가 참가에 대하여 이의를 신청한 때에는 참가인은 참가의 이유를 소명하여야 하며, 법원은 참가를 허가할 것인지 아닌지를 결정하여야 한다.
> ② 법원은 직권으로 참가인에게 참가의 이유를 소명하도록 명할 수 있으며, 참가의 이유가 있다고 인정되지 아니하는 때에는 참가를 허가하지 아니하는 결정을 하여야 한다.
> ③ 제1항 및 제2항의 결정에 대하여는 즉시항고를 할 수 있다.
>
> **제74조 [이의신청권의 상실]**
> 당사자가 참가에 대하여 이의를 신청하지 아니한 채 변론하거나 변론준비기일에서 진술을 한 경우에는 이의를 신청할 권리를 잃는다.
>
> **제75조 [참가인의 소송관여]**
> ① 참가인은 그의 참가에 대한 이의신청이 있는 경우라도 참가를 허가하지 아니하는 결정이 확정될 때까지 소송행위를 할 수 있다.
> ② 당사자가 참가인의 소송행위를 원용한 경우에는 참가를 허가하지 아니하는 결정이 확정되어도 그 소송행위는 효력을 가진다.

1. 참가신청

① 보조참가신청은 서면 또는 말로 할 수 있다(제161조). 참가의 취지와 이유를 명시하여 현재 소송이 계속된 법원에 신청하여야 한다(제72조 제1항). 참가신청서는 양쪽 당사자에게 송달하여야 한다(제72조 제2항).

② 참가신청은 참가인으로서 할 수 있는 소송행위와 동시에 할 수 있다(제72조 제3항).

③ 보조참가신청의 취하에 관하여는 아무런 규정이 없지만 소의 취하의 규정(제266조)을 유추하여 참가신청의 취하는 소송의 어느 단계에서도 허용된다. 다만, 보조참가인은 참가신청의 취하 후에도 참가적 효력을 받게 되므로 어느 당사자의 동의도 필요하지 않다.

2. 참가의 허부

① 신청의 방식 참가이유의 유무에 대해서는 당사자의 이의가 있는 경우에 조사함이 원칙이다(제73조 제1항). 참가신청에 대하여는 피참가인의 상대방은 물론 피참가인 자신도 이의신청을 할 수 있다. 다만, 이의신청 없이 변론하거나 변론준비기일에서 진술한 때에는 이의신청권을 상실한다(제74조).
신법은 당사자의 이의 없는 경우라도 필요하다면 직권으로 참가의 이유를 소명하도록 명할 수 있게 하였는데(제73조 제2항), 변호사대리의 원칙을 잠탈하기 위한 편법으로 이용되는 경우를 직권방지하기 위함이다.

② 이의신청이 있으면 참가인은 참가의 이유를 소명하여야 하며, 법원은 참가를 허가하거나 허가하지 않는 결정을 하여야 한다(제73조 제1항). 이 결정에 대하여는 즉시항고를 할 수 있다(제73조 제3항). 다만 결정이 아닌 종국판결로 심판하더라도 위법한 것은 아니다(대판 2007.11.16. 2005두15700).

③ 이의신청이 있더라도 본 소송의 절차는 정지되지 않으며, 불허결정이 있어도 그 확정시까지는 참가인으로서의 소송행위를 제한 없이 할 수 있다(제75조 제1항). 참가불허의 결정이 확정되면 그 때까지 참가인이 한 소송행위는 효력을 잃게 되지만, 피참가인이 원용하면 그 효력이 유지된다(제75조 제2항).

13주사보
1 보조참가신청은 서면 또는 말로 할 수 있다. ( )

17사무관 19주사보
2 참가신청의 취하는 소송의 어느 단계에서도 허용되며, 참가신청의 취하에 있어서는 어느 당사자의 동의도 필요하지 않다. ( )

17사무관
3 참가신청에 대하여는 피참가인의 상대방은 물론 피참가인 자신도 이의신청을 할 수 있지만, 이의신청 없이 변론하거나 변론준비기일에서 진술할 때에는 이의신청권을 상실한다. ( )

17법원직 19사무관
4 보조참가에 대한 불허결정이 있어도 그 확정시까지 참가인은 참가인으로서의 소송행위를 제한 없이 할 수 있고, 그 불허결정이 확정되더라도 참가인이 한 소송행위를 피참가인이 원용하면 그 소송행위는 효력을 가진다. ( )

정답 | **1** ○ **2** ○ **3** ○ **4** ○

Ⅳ 참가인의 소송상 지위

1. 종속적 지위

참가인은 피참가인을 보조하기 위하여 참가하는 자이므로, 피참가인과의 관계에서 그 지위가 종속적이다. 따라서 참가인의 이름으로 판결을 받지 아니하며, 제3자로서의 증인 감정 인능력을 갖는다.

2. 독립적 지위

① 참가인은 자기의 이익을 옹호하기 위해 독자적인 권한으로서 소송에 관여하는 자이므로, 이점에서 독자성이 인정된다. 따라서 보조참가신청이 있으면 이를 기각하는 결정이 있기 전에는 보조참가인에게도 기일통지나 송달을 빠짐없이 행하여야 한다.

② 그러나 기일통지서를 송달받지 못한 보조참가인이 변론기일에 직접 출석하여 변론할 기회를 가졌고, 위 변론 당시 기일통지서를 송달받지 못한 점에 관하여 이의를 하지 아니하였다면, 기일통지를 하지 않은 절차진행상의 흠이 치유된다(대판 2007.2.22. 2006다75641).

3. 참가인이 할 수 있는 소송행위

> **제76조 [참가인의 소송행위]**
> ① 참가인은 소송에 관하여 공격·방어·이의·상소, 그 밖의 모든 소송행위를 할 수 있다. 다만, 참가할 때의 소송의 진행 정도에 따라 할 수 없는 소송행위는 그러하지 아니하다.
> ② 참가인의 소송행위가 피참가인의 소송행위에 어긋나는 경우에는 그 참가인의 소송행위는 효력을 가지지 아니한다.

(1) 원칙

참가인은 피참가인의 승소를 위하여 필요한 공격·방어·이의·상소, 그 밖의 모든 소송행위를 할 수 있다(제76조 제1항 본문).

(2) 제한*

그러나 참가인은 어디까지나 다른 사람의 소송의 보조자에 그치기 때문에 다음과 같은 행위는 할 수 없다.

1) 참가 당시의 소송 정도에 따라 피참가인도 할 수 없는 행위(제76조 제1항 단서)

① 피참가인이 한 자백의 취소, 실기한 공격방어방법의 제출, 이의권을 포기·상실한 행위에 대한 이의, 피참가인이 본안변론을 하여 변론관할이 생긴 뒤의 관할위반의 항변, 상고심에서 참가한 경우 새로운 사실의 주장이나 새로운 증거의 제출 등을 할 수 없다.

② 또한 보조참가인의 상소기간은 피참가인의 상소제기기간에 한한다. 따라서 보조참가인이 판결송달을 받은 날로부터 기산하면 상소기간 내의 상소라 하더라도 피참가인이 상소기간을 어긴 때에는 보조참가인의 상소 역시 상소기간 경과 후의 것으로서 그 상소는 부적법하다(대판 1969.8.19. 69다949).

③ 판결 확정 후 재심사유가 있을 때에는 보조참가인이 피참가인을 보조하기 위하여 보조참가신청과 함께 재심의 소를 제기할 수 있다. 그러나 보조참가인의 재심청구 당시 피참가

12사무관 16·17주사보
1 보조참가신청에 대한 허가결정이 있은 후부터 보조참가인에게 기일통지와 송달을 하면 된다. (　)

17법원직
2 보조참가인에게 기일통지서 또는 출석요구서를 송달하지 아니함으로써 변론의 기회를 부여하지 아니한 채 행하여진 기일의 진행은 적법한 것으로 볼 수 없으나, 기일통지서를 송달받지 못한 보조참가인이 변론기일에 직접 출석하여 변론할 기회를 가졌고 위 변론 당시 기일통지서를 송달받지 못한 점에 관하여 이의를 하지 아니하였다면 기일통지를 하지 않은 절차진행상의 흠이 치유된다. (　)

＊정,어,불,변,사
18법원직
3 보조참가인은 소송에 관하여 공격·방어·이의·상소, 그 밖의 모든 소송행위를 할 수 있지만, 참가할 때의 소송의 진행정도에 따라 할 수 없는 소송행위는 그러하지 아니하다. (　)

13주사보
4 보조참가인의 상소기간은 피참가인의 상소기간에 한한다. (　)

정답 | **1** × **2** ○ **3** ○ **4** ○

인인 재심청구인이 이미 사망하여 당사자능력이 없다면, 이를 허용하는 규정 등이 없는 한 보조참가인의 재심청구는 허용되지 않는다(대판 2018.11.29. 2018므14210).

2) 피참가인의 행위와 어긋나는 행위(제76조 제2항)

① 피참가인이 이미 행한 행위와 모순되는 행위를 할 수 없다. 예컨대 피참가인이 자백한 뒤에 참가인이 이의 부인, 피참가인이 상소포기한 뒤에 참가인의 상소제기는 할 수 없다. 다만, 참가인의 소송행위가 피참가인의 행위에 명백히 어긋나지 않고 소극적으로만 어긋나는 때에는 무효로 되지 않는다. 예를 들어 피참가인이 상소의 의사가 없더라도 상소권을 포기하지 않는 한 참가인이 상소할 수 있고(대판 1999.7.9. 99다12796), 피참가인이 명백히 다투지 아니하여 민사소송법 제150조에 의하여 그 사실을 자백한 것으로 보게 될 경우라도 참가인이 보조참가를 신청하면서 그 사실을 다툴 수 있다(대판 2007.11.29. 2007다53310).

② 참가인의 행위와 어긋나는 행위를 피참가인이 뒤에 한 경우에도 참가인의 행위는 무효로 된다. 따라서 참가인이 제기한 항소를 피참가인이 포기 또는 취하를 할 수 있다(대판 2010.10.14. 2010다38168).

3) 피참가인에 불이익한 행위

① 참가인은 피참가인의 승소보조자이므로 소의 취하, 청구의 포기·인낙, 화해, 상소의 포기와 취하 등은 허용되지 아니한다.

② 그러나 보조참가인의 증거신청행위가 피참가인의 소송행위와 어긋나지 아니하고 그 증거들이 적법한 증거조사절차를 거쳐 법원에 현출되었다면 법원이 이들 증거에 터 잡아 피참가인에게 불이익한 사실을 인정하였다 하여 그것이 민사소송법 제76조 제2항에 위배된다고 할 수 없다(대판 1994.4.29. 94다3629).

4) 소를 변경하거나 확장하는 행위

참가인은 소의 변경, 반소, 중간확인의 소를 제기할 수 없다.

5) 사법상의 권리행사

참가인은 소송수행상 필요하다 하더라도 피참가인의 사법상의 권리를 행사할 수 없다. 따라서 피참가인의 채권을 가지고 상계권을 행사해서는 안 되며, 피참가인의 계약상의 취소권, 해제·해지권 등을 행사할 수 없다.

Ⅴ 판결의 참가인에 대한 효력

> **제77조 [참가인에 대한 재판의 효력]**
> 재판은 다음 각호 가운데 어느 하나에 해당하지 아니하면 참가인에게도 그 효력이 미친다.
> 1. 제76조의 규정에 따라 참가인이 소송행위를 할 수 없거나, 그 소송행위가 효력을 가지지 아니하는 때
> 2. 피참가인이 참가인의 소송행위를 방해한 때
> 3. 피참가인이 참가인이 할 수 없는 소송행위를 고의나 과실로 하지 아니한 때

1. 효력의 성질

① 보조참가가 있는 경우의 판결은 특별한 경우를 제외하고는 참가인에게도 그 효력이 미치

14주사보 14·15사무관
1 피참가인이 명백히 다투지 아니하여 그 사실을 자백한 것으로 보게 될 경우라도 참가인이 보조참가를 신청하면서 그 사실을 다툴 수 있다. ( )

17법원직 19주사보
2 원고와 피고 사이의 1심 원고 패소 판결에 대하여 乙가 보조참가신청을 하며 항소장을 제출한 경우 원고는 보조참가인 乙가 제기한 항소를 임의로 포기하거나 취하할 수 없다. ( )

16법원직
3 보조참가인의 증거신청행위가 피참가인의 소송행위와 저촉되지 아니하고, 그 증거들이 적법한 증거조사절차를 거쳐 법원에 현출되었더라도, 보조참가인은 피참가인에게 불리한 행위를 할 수 없으므로 법원이 이들 증거에 터잡아 피참가인에게 불이익한 사실을 인정할 수 없다. ( )

19사무관
4 보조참가인은 소송수행상 필요하고 적절한 경우라면 피참가인이 가진 상계권, 취소권, 해지·해제권 등을 행사할 수 있다. ( )

정답 | 1 ○ 2 × 3 × 4 ×

는바(제77조), 이때의 판결의 효력은 기판력이 아니라 피참가인이 패소한 경우 보조참가인과 피참가인 사이에 서로 그 판결이 부당하다고 주장할 수 없는 구속을 받게 되는 구속력(판결의 참가적 효력)일 뿐이다(대판 1988.12.13. 86다카2289).

② 보조참가신청이 취하되어도 참가적 효력의 발생에는 영향이 없으나(대판 1974.6.4. 73다1030), 신청각하결정을 한 때에는 참가적 효력이 미치지 않는다. 또한 전소가 확정판결이 아닌 화해권고결정에 의하여 종료된 경우에는 확정판결에서와 같은 법원의 사실상 및 법률상의 판단이 이루어졌다고 할 수 없으므로 참가적 효력이 인정되지 아니한다(대판 2015.5.28. 2012다78184).

2. 범위

(1) 주관적 범위

① 참가적 효력은 피참가인과 참가인 사이에만 미치고, 피참가인과 상대방과 참가인 사이에는 미치지 아니한다.

② 피참가인이 패소하고 난 뒤에 피참가인과 참가인 사이에 소송이 된 때, 참가인은 피참가인에 대한 관계에서 이전의 판결의 내용이 부당하다고 다툴 수 없다.

(2) 객관적 범위

참가이유는 판결주문에서 판단할 사항과 관계가 되어야 하지만, 참가적 효력은 판결주문에 대해서만 아니라 판결이유 중 패소이유가 되었던 사실상 법률상의 판단에 미친다. 따라서 피참가인이 패소하고 나서 참가인을 상대로 다시 소송을 하였을 때에, 전소송의 판결의 기초가 되었던 사실인정이나 법률판단에 법관은 구속을 받게 되고, 참가인도 전소송의 사실인정이나 법률판단이 부당하다고 다툴 수 없게 된다.

3. 기판력과의 차이점*

구별기준	기판력	참가적 효력
성질	직권조사사항	항변사항
주관적 범위	당사자 간	참가인과 피참가인 간
객관적 범위	주문 (판결주문의 판단에만 미침)	주문+이유 (판결이유 중의 판단에도 미침)
발생원인	승소+패소 (승소·패소를 묻지 않고 일률적으로 발생)	패소 (피참가인이 패소하고 피참가인이 참가인을 상대로 후소를 제기하는 경우에만 발생)
주장 요부	직권조사사항	항변사항
배제 예	예외 × (법적 안정성을 위한 제도이므로 배제되는 경우 없음)	예외 ○ (참가적 효력은 판결기초의 공동형성에 대한 참가인의 자기책임에 그 근거를 두고 있기 때문에 그러한 책임이 없는 경우에는 참가적 효력 배제 가능)

14주사보
1 보조참가신청이 취하되거나 신청각하결정을 받은 때에도 참가적 효력이 발생한다. ( )

17법원직
2 A와 B 사이의 소송에 C가 보조참가인으로 참가한 후 A와 B 사이의 소송이 화해권고결정에 의하여 종료된 경우에는 참가적 효력이 인정되지 아니한다. ( )

16법원직
3 보조참가인에 대한 전소 확정판결의 참가적 효력은 피참가인과 참가인 사이뿐만 아니라 피참가인의 상대방과 참가인 사이에도 미친다. ( )

* 윤동환 556페이지 참고

정답 | 1 × 2 ○ 3 ×

4. 참가적 효력의 배제

참가인은 다음 경우 중 어느 하나에 해당하면 참가적 효력을 면하게 된다.

(1) 참가할 때의 소송진행정도에 따라 참가인이 소송행위를 할 수 없거나, 그 소송행위가 효력을 가지지 아니하는 경우(제77조 제1호)

상고심에서 참가한 경우에는 사실자료를 제출할 수 없으므로 판결의 사실인정에 구속되지 않는다.

(2) 피참가인이 참가인의 소송행위를 방해한 경우(제77조 제2호)

피참가인이 청구의 포기·인낙을 하여 참가인의 소송수행 가능성이 박탈된 경우(대판 1988.12.13. 86다카2289), 참가인이 부인한 사실을 피참가인이 자백한 경우(대판 1974.6.4. 73다1030), 참가인이 제기한 상소를 취하하거나 참가인이 신청한 증인을 철회한 경우 등에는 참가인은 이와 같은 소송행위를 할 수 있었다면 판결결과가 달라졌을 것이라는 것을 주장하여 참가적 효력에서 면제될 수 있다.

(3) 피참가인이 참가인이 할 수 없는 소송행위를 고의 또는 과실로 하지 않은 경우(제77조 제3호)

참가인에게 알려지지 않은 유리한 사실 또는 증거를 주장·제출하지 않은 경우, 피참가인만이 행사할 수 있는 사법상의 권리 행사를 태만히 한 경우 등에도 참가인은 피참가인이 이러한 행위를 하였으면 소송결과가 달라졌을 것임을 주장하여 참가적 효력을 면제받을 수 있다.

5. 그 밖의 효과

소송에서 보조참가인으로 참가하여 상대방의 주장을 적극적으로 다투고 자신의 권리를 주장하면서 권리 위에 잠자는 것이 아님을 표명한 경우에는 소멸시효 중단사유로서의 재판상 청구로 볼 수 있다(대판 2014.4.24. 2012다105314).

18법원직

1 피참가인이 참가인이 할 수 없는 소송행위를 고의로 하지 아니한 때에는 이를 과실로 하지 아니한 때와는 달리 재판의 효력이 참가인에게 미치지 않는다. ( )

학습 POINT

1. 소송고지의 목적은 참가적 효력 발생을 위함이 원칙
2. 실체법상 효과로 시효중단(최고) 효력 발생(소송고지서 제출시)

* 이시윤 800페이지 참고

제2관 | 소송고지*

제84조 [소송고지의 요건]
① 소송이 법원에 계속된 때에는 당사자는 참가할 수 있는 제3자에게 소송고지를 할 수 있다.
② 소송고지를 받은 사람은 다시 소송고지를 할 수 있다.

제85조 [소송고지의 방식]
① 소송고지를 위하여서는 그 이유와 소송의 진행정도를 적은 서면을 법원에 제출하여야 한다.
② 제1항의 서면은 상대방에게 송달하여야 한다.

제86조 [소송고지의 효과]
소송고지를 받은 사람이 참가하지 아니한 경우라도 제77조의 규정을 적용할 때에는 참가할 수 있었을 때에 참가한 것으로 본다.

정답 | 1 ×

I 의의

① 소송계속 중에 당사자가 소송참가를 할 이해관계 있는 제3자에 대하여 일정한 방식에 따라서 소송계속의 사실을 통지하는 것이다.

② 피고지자에게 소송참가하여 그 이익을 옹호할 기회를 주고, 고지에 의하여 피고지자에게 그 소송의 판결의 참가적 효력을 미치게 할 수 있는 점에 실익이 있다.

II 소송고지의 요건

1. 소송계속 중일 것

① 소송이 법원에 계속된 때에는 당사자는 참가할 수 있는 제3자에게 소송고지를 할 수 있다(제84조 제1항). 소송계속이란 판결절차·독촉절차·재심절차 등의 국내소송을 말한다. 따라서 상고심에서도 소송고지를 할 수 있다.

② 대립당사자구조를 가지지 않는 제소전 화해절차, 조정절차, 중재절차, 가압류·가처분절차는 소송고지가 허용되지 않는다(대결 1994.1.20. 93마1701).

2. 고지자

(1) 고지할 수 있는 자

고지를 할 수 있는 사람은 당사자인 원·피고, 보조참가인 및 이들로부터 고지받은 피고지자이다(제84조).

(2) 소송고지의 행사

① 소송고지를 하고 아니하고는 고지자의 자유이며 그 권한임이 원칙이다.

② 예외적으로 추심의 소, 주주의 대표소송, 재판상의 대위, 회사관계소송에 있어서 공고의무, 채권자대위권행사의 통지의무 등은 소송고지가 의무인 경우에 해당한다.

이 경우에 고지하지 않으면 고지자는 손해배상의무를 부담하고, 채권자대위소송의 경우에는 판결의 효력이 피고지자인 채무자에게 미치지 않는다.

3. 피고지자

① 당사자 이외에 그 소송에 참가할 수 있는 제3자이다. 여기서 제3자라 함은 주로 보조참가할 이해관계인이라고 할 것이다. 따라서 고지자가 패소하게 되면 그로부터 손해배상·구상청구를 당할 처지의 제3자가 대표적으로 해당한다고 할 것이다.

② 다만, 동일인이 양쪽 당사자로부터 이중으로 소송고지를 받은 경우도 있을 것이다. 이때에는 두 당사자 중 패소자와의 사이에 참가적 효력이 생긴다.

13주사보
1 계속중인 소송의 당사자, 보조참가인 및 이들로부터 고지를 받은 사람이 소송고지를 할 수 있다.(   )

정답 | 1 ○

Ⅲ 소송고지의 방식

1. 소송고지서

고지서에는 고지이유 및 소송의 진행정도를 기재하지 않으면 안 된다(제85조 제1항). 고지이유에는 청구의 취지와 원인을 기재하여 계속 중인 소송의 내용을 명시하고, 이 소송에 피고지자가 참가의 이익을 갖는 사유를 밝혀야 한다. 소송의 진행정도에는 소송의 현재의 진행단계를 명시하여야 한다.

2. 고지서의 송달

소송고지서는 피고지자만이 아니고 상대방 당사자에 대하여도 송달하지 않으면 안 된다(제85조 제2항). 소송고지의 효력은 피고지자에게 적법하게 송달된 때에 비로소 생기고, 소송고지서가 송달불능이면 소송고지의 효력이 발생하지 않는다.

Ⅳ 소송고지의 효과

1. 소송법상의 효과

(1) 피고지자의 지위

① 소송고지를 받은 자가 참가하느냐의 여부는 피고지자의 자유이다. 피고지자가 참가신청을 한 경우에 고지자는 참가에 대하여 이의를 진술할 수는 없으나, 상대방은 이의를 진술할 수 있다.

② 피고지자가 고지를 받고도 소송에 참가하지 아니한 이상, 당사자가 아님은 물론 보조참가인도 아니기 때문에 피고지자에게 변론기일을 통지하거나 판결문에 피고지자의 이름을 표시할 필요가 없다.

(2) 참가적 효력

① 피고지자가 고지자에게 보조참가할 이해관계가 있는 한 고지자가 패소한 경우에는 소송고지에 의하여 참가할 수 있을 때에 참가한 것과 마찬가지로 제77조의 참가적 효력을 받는다(제86조). 피고지자가 소송에 참가하지 아니하거나 늦게 참가한 경우도 마찬가지이다. 참가적 효력 때문에 피고지자는 뒤에 고지자와의 소송에서 본소판결의 결론의 기초가 된 사실상·법률상의 판단과 상반하는 주장을 할 수 없다(^{대판 2009.7.9.}_{2009다14340}).

② 주장할 수 없는 것은 피고지자가 참가하였다면 고지자와 공동이익으로 주장할 수 있었던 사항에 한할 뿐이므로, 고지자와 피고지자 사이에서 이해가 대립되는 사항에 대하여는 참가적 효력이 생기지 않는다(^{대판 1986.2.25.}_{85다카2091}).

(3) 기판력의 확장

소송고지제도는 참가적 효력을 미치게 하는 데 주안을 두고 출발한 제도이나 기판력이 확장되는 경우도 있다. 즉 채권자대위소송에 있어서 제84조 등에 의해 채무자에게 고지하여 소송계속 사실이 알려졌으면 제3채무자가 승소시에 기판력이 채무자에게 미치는 것으로 볼 것으로 채무자가 신소제기하는 것을 막을 수 있다는 것이 판례의 입장이다(^{대판 (전) 1975.5.13.}_{74다1664}).

15주사보 19사무관

1 소송고지의 효력은 소송고지서가 피고지자에게 적법하게 송달된 때에 발생한다. ( )

15·17주사보

2 피고지자가 소송에 참가하지 않았더라도 판결에는 피고지자의 이름을 표시하여야 한다. ( )

13·15·17주사보

3 소송고지를 받은 사람이 소송에 참가하지 않은 경우에는 판결의 참가적 효력이 미치지 않는다. ( )

15법원직

4 소송고지의 피고지자는 후일 고지자와의 소송에서 전소확정판결에서의 결론의 기초가 된 사실상·법률상의 판단에 반하는 것을 주장할 수 없게 된다. ( )

16법원직

5 보조참가인에 대한 전소 확정판결의 참가적 효력은 전소 확정판결의 결론의 기초가 된 사실상 및 법률상의 판단으로서 보조참가인이 피참가인과 공동이익으로 주장하거나 다툴 수 있었던 사항에 한하여 미친다. ( )

정답 | 1 ○ 2 × 3 × 4 ○ 5 ○

2. 실체법상의 효과

① 소송고지에 시효중단의 효력을 인정할 것인지에 관해 우리 법은 단지 어음·수표법상의 상환청구권에 대해서만 시효중단의 효력을 인정하는 데 그친다. 그 외에 민법 제174조에 정한 시효중단사유로서 최고의 효력이 인정된다.

② 소송고지에 의한 최고의 경우에 시효중단효력의 발생시기는 소송고지서를 법원에 제출한 때이다(대판 2015.5.14. 2014다16494).

③ 당해 소송이 계속되는 동안은 최고에 의한 권리행사의 상태가 지속되는 것으로 보아 민법 제174조에 규정된 6월의 기산점은 당해 소송이 종료된 때로부터 기산되어야 한다(대판 2009.7.9. 2009다14340).

16·19사무관

1 소송고지에 의한 최고의 경우, 시효중단의 효력이 발생하는 시점은 소송고지서가 송달된 때이다.(   )

12변시 16법원직 17주사보

2 소송고지의 요건이 갖추어진 경우, 그 소송고지서에 고지자가 피고지자에 대하여 채무의 이행을 청구하는 의사가 표명되어 있으면 시효중단사유로서의 최고의 효력이 인정되고, 이 경우 고지자가 6월 내에 재판상의 청구 등을 하면 시효중단의 효력이 생기는데, 위 6월의 기간의 기산점은 소송고지서가 피고지자에게 송달된 때이다.   (   )

제3관 | 공동소송적 보조참가

> **제78조 [공동소송적 보조참가]**
> 재판의 효력이 참가인에게도 미치는 경우에는 그 참가인과 피참가인에 대하여 제67조 및 제69조를 준용한다.

1. 의의

공동소송적 보조참가란 타인 간 소송계속 중 판결의 효력을 받는 제3자가 당사자적격자가 아닌 보조참가인으로 당사자 일방에 참가하는 것을 가리킨다.

2. 제도적 취지

이는 단순히 소송결과에 이해관계가 있는 자가 참가하는 통상의 보조참가와 달리 판결의 효력을 받는 자가 참가하기에 필수적 공동소송에 준하는 지위를 인정할 필요가 있어 생겨난 것이고, 개정법에서도 제67조 필수적 공동소송의 특칙을 준용하도록 하였다.

3. 인정되는 경우

제3자의 소송담당의 경우에는 소송담당자가 받는 판결의 효력은 권리귀속주체에게 미치므로(제218조 제3항), 권리귀속주체인 자가 보조참가하면 공동소송적 보조참가가 된다. 따라서 권리관계 주체에 갈음해 소송수행권을 갖는 경우 예컨대 유언집행자 등의 소송에서 상속인들이 소송에 가입할 때에는 당사자적격이 없지만 법 제218조 제3항에 의해 기판력을 받기에 공동소송적 보조참가가 된다.

4. 공동소송적 보조참가인의 지위

(1) 독립적 지위

① 참가인은 피참가인의 행위와 어긋나는 행위를 할 수 있다(제67조 제1항 준용). 따라서 통상의 보조참가의 경우에 참가인에 적용되는 제76조 제2항의 제한은 배제된다. 참가인

정답 | 1 × **2** ×

이 상고를 제기한 경우에 피참가인이 상고권포기나 상고취하를 하여도 상고의 효력은 지속된다.

② 참가인의 상소기간은 피참가인과 관계없이 참가인에 대한 판결송달시로부터 독자적으로 계산된다(제396조).

③ 참가인에게 소송절차의 중단·중지의 사유가 발생하여 참가인의 이익을 해할 우려가 있으면 소송절차는 정지된다(제67조 제3항 준용).

(2) 종속적 지위

제67조가 준용되어 피참가인의 행위와 어긋나는 행위를 할 수 있다 하더라도(제76조 제2항의 제한 배제) 공동소송적 보조참가인은 피참가자의 참가인이지 당사자는 아니므로 소의 취하, 청구의 포기·인낙, 화해 등 피참가인에게 불이익한 행위를 할 수 없다(제76조 제1항). 자백에 관하여는 필수적 공동소송인조차 이를 단독으로 할 수 없고, 자백은 승소의 보조가 아니라는 점에서 무효로 본다.

5. 피참가인의 지위

(1) 유사필수적 공동소송에 준하는 지위

민사소송법 제78조의 공동소송적 보조참가에는 필수적 공동소송에 관한 민사소송법 제67조 제1항이 준용되므로, 피참가인의 소송행위는 모두의 이익을 위하여서만 효력을 가지고, 그 반대로 공동소송적 보조참가인에게 불이익이 되는 것은 효력이 없다고 할 것이다(대판 2013.3.28. 2012아43). 따라서 공동소송적 보조참가는 그 성질상 필수적 공동소송 중에서는 이른바 유사필수적 공동소송에 준한다(대판 2013.3.28. 2012아43).

(2) 피참가인이 할 수 없는 행위(공동소송적 보조참가인에 불이익한 행위)

판례는 ① 소의 취하의 경우 공동소송적 보조참가인에 불이익한 행위에 해당하지 않으므로 피참가인이 공동소송적 보조참가인의 동의 없이 소를 취하하였다 하더라도 유효하다고 판시한 반면(대판 2013.3.28. 2012아43), ② 재심의 소의 취하는 공동소송적 보조참가인에 대하여 불리한 행위로서 공동소송적 보조참가인의 동의가 없는 한 효력이 없다고 보았다(대판 2015.10.29. 2014다13044).

18법원직

1 재심의 소에 공동소송적 보조참가인이 참가한 후에도 피참가인이 재심의 소를 취하하면 공동소송적 보조참가인의 동의가 없어도 효력이 있다. ( )

학습 POINT

1. 권리주장참가는 양립불가능성 필요
2. 사해행위취소 사례 정리 필요(상대적 효력)
3. 심판절차는 필공(67)준용
4. 불이익변경금지 원칙 예외가 적용
5. 종전 당사자 탈퇴시 상대방 승낙 필요(명시적 승낙에 국한)

＊이시윤 805페이지 참고

정답 | 1 ×

제4관 | 독립당사자참가＊

제79조 [독립당사자참가]
① 소송목적의 전부나 일부가 자기의 권리라고 주장하거나, 소송결과에 따라 권리가 침해된다고 주장하는 제3자는 당사자의 양 쪽 또는 한 쪽을 상대방으로 하여 당사자로서 소송에 참가할 수 있다.
② 제1항의 경우에는 제67조 및 제72조의 규정을 준용한다.

I 서설

1. 의의

타인 간의 소송계속 중에 원·피고 양쪽 또는 한쪽을 상대방으로 하여 원·피고 간의 청구와 관련된 자기의 청구에 대하여 함께 심판을 구하기 위하여 그 소송절차에 참가하는 것을 말한다(제79조). 3면분쟁을 일거에 해결하여 소송경제·분쟁해결의 1회성에 기여하고, 심판의 모순·저촉을 방지하며 제3자에게 참가의 기회를 보장하기 위함이다.

2. 독립당사자참가소송의 구조

판례는 독립당사자참가는 제3자가 당사자로서 소송에 참가하여 3당사자 사이의 3면적 소송관계를 하나의 판결로써 모순 없이 일시에 해결하려는 것이다(대판 1995.6.16.
95다5905,5912)라고 하여 3면소송설의 입장이다.

II 요건

1. 타인 간 소송계속 중일 것

(1) 타인 간

보조참가인은 본소송의 제3자이므로 독립당사자참가를 할 수 있지만, 그때에는 보조참가가 종료하게 된다(대판 1993.4.27.
93다5727,93다5734). 통상공동소송에서 공동소송인은 다른 공동소송인과 상대방과의 소송에 참가할 수 있다.

(2) 소송일 것

여기서 소송이란 판결절차 또는 이에 준하는 절차를 가리키며, 강제집행절차·증거보전절차·중재절차 등은 여기에 포함되지 않는다.

(3) 사실심에서 계속 중일 것

① 타인 간의 소송은 항소심에서도 가능하나, 독립당사자참가는 실질에 있어서 소송제기의 성질을 가지고 있으므로 상고심에서는 독립당사자참가를 할 수 없다(대판 1994.2.22.
93다43682).

② 타인 간의 재심의 소에서는 참가인에게 재심사유가 있음이 인정되어 본안사건이 부활되기 전에는 참가이유를 주장할 여지가 없으므로 본안소송이 부활되는 단계를 위한 조건부로 참가할 수 있다(대판 1994.12.27.
92다22473,22480).

2. 참가이유가 있을 것

(1) 권리주장참가(제79조 제1항 전단)

1) 의의

제3자가 '소송목적의 전부나 일부가 자기의 권리임을 주장하는' 경우이다. 참가인이 원고의 본소청구와 양립되지 않는 권리 또는 우선할 법률관계를 주장할 것을 요한다. 이러한 주장을 하나의 판결로서 서로 모순 없이 일시에 해결하려는 것이다.

15·20법원직

1 독립당사자참가는 실질에 있어서 소송제기의 성질을 가지고 있으므로 상고심에서는 독립당사자참가를 할 수 없다. ( )

21사무관

2 권리주장 참가의 경우 원고가 본소에서 주장하는 권리와 독립당사자참가인이 주장하는 권리가 논리적으로 양립할 수 없는 관계에 있어야 한다. ( )

정답 | 1 ○ 2 ○

2) 양립불가능의 의미

① 본소청구와 참가인의 청구가 주장 자체에서 양립하지 않는 관계에 있으면 그것만으로 참가가 허용된다. 이것은 제79조 제1항 전단에서 참가요건으로서 참가인이 소송목적의 전부 또는 일부가 자기의 권리임을 주장하면 되도록 규정하여, 주장 자체로서 참가인 적격을 판가름하게 되어 있기 때문이다. 따라서 본안심리 결과 본소청구와 참가인의 청구가 실제로 양립된다 하여도 그것 때문에 독립참가가 부적법하게 되지 않는다 할 것이다(대결 2005.10.17. 2005마814).

20법원직

1 甲이 건물의 증축 부분의 소유권에 터잡아 증축 부분을 점유하고 있는 乙을 상대로 그 명도를 구하는 소송에서 丙이 그 증축부분이 자신의 소유임을 이유로 독립당사자참가 신청을 한 것은 적법하다. (   )

판례 | 건물 증축 부분에 대한 소유권에 기한 명도청구소송에서 참가인이 증축 부분이 자기 소유임을 이유로 독립당사자참가신청

> 원고가 건물의 증축 부분의 소유권에 터잡아 명도를 구하는 소송에서 참가인이 증축 부분이 자기 소유임을 이유로 독립당사자참가신청을 한 경우 주장 자체에 의해서는 원고가 주장하는 권리와 참가인이 주장하는 권리가 양립할 수 없는 관계에 있다 할 것이므로, 비록 본안에 들어가 심리한 결과 증축 부분이 기존건물에 부합하여 원고의 소유로 되었고 참가인의 소유로 된 것이 아니라고 판단되더라도 이는 참가인의 청구가 이유 없는 사유가 될 뿐 참가신청이 부적법한 것은 아니므로 이를 각하하여서는 아니 된다(대판 1992.12.8. 92다26772,26789).

15법원직

2 참가하려는 소송에 수개의 청구가 병합된 경우 그중 어느 하나의 청구라도 독립당사자참가인의 주장과 양립하지 않는 관계에 있으면 그 본소청구에 대한 참가가 허용된다.
(   )

② 독립당사자참가 중 권리주장참가는 소송목적의 전부나 일부가 자기의 권리임을 주장하면 되는 것이므로 참가하려는 소송에 여러 개의 청구가 병합된 경우 그중 어느 하나의 청구라도 독립당사자참가인의 주장과 양립하지 않는 관계에 있으면 그 본소청구에 대한 참가가 허용된다고 할 것이고, 따라서 주위적 청구와 예비적 청구 병합의 본소청구 중 어느 하나의 청구와 참가인의 청구가 양립되지 아니하는 관계이면 된다(대판 2007.6.15. 2006다80322,80339).

판례 | 독립당사자참가인이 원고가 자신의 주장과 양립할 수 없는 제3자에 대한 권리 또는 는 법률관계를 주장한다는 이유만으로 원고를 상대로 원고의 제3자에 대한 권리 또는 법률관계의 부존재 확인을 구할 수 있는지 여부(소극)

> 독립당사자참가인의 권리 또는 법률상의 지위가 원고로부터 부인당하거나 또는 그와 저촉되는 주장을 당함으로써 위협을 받거나 방해를 받는 경우에는 독립당사자참가인은 원고를 상대로 자기의 권리 또는 법률관계의 확인을 구하여야 하고, 원고 주장의 그 제3자에 대한 권리 또는 법률관계가 부존재 한다는 것만의 확인을 구하는 것은 확인의 이익이 없다(대판 2012.6.28. 2010다54535, 대판 2013.11.28. 2011다74192, 대판 2014.11.13. 2009다71312).

21사무관

3 독립당사자참가인의 권리 또는 법률상 지위가 원고로부터 부인당하거나 또는 그와 저촉되는 주장을 당함으로써 위협을 받거나 방해를 받는 경우에는 독립당사자참가인은 원고를 상대로 자기의 권리 또는 법률관계의 확인을 구하여야 하며, 그렇지 않고 원고가 자신의 주장과 양립할 수 없는 제3자에 대한 권리 또는 법률관계를 주장한다고 하여 원고에 대하여 원고의 그 제3자에 대한 권리 또는 법률관계가 부존재한다는 확인을 구하는 것은 확인의 이익이 있다고 할 수 없다. (   )

정답 | 1 ○ 2 ○ 3 ○

3) 독립당사자참가를 적법하다고 본 판례

① **소유권에 기한 인도청구**

원고가 피고에 대해 소유권에 기한 건물인도를 구하고 있는 소송에 참가인이 자기가 소유자라고 주장하며 원고에 대해서는 소유권확인청구를, 피고에 대해서는 소유권에 기한 건물인도청구를 하는 경우, 일물일권주의상 소유권은 1개이므로, 원고의 본소청구와 참가인의 참가는 '양립할 수 없는 관계'이므로 참가는 적법하다(대판 1993.4.27. 93다5727).

② **매매사실이 1개인 경우**

원고의 피고에 대한 소유권이전등기청구권과 참가인의 피고에 대한 소유권이전등기청구권은, 당사자참가가 인정되지 아니하는 이중매매 등 통상의 경우와는 달리 하나의 계약에 기초한 것으로서 어느 한쪽의 이전등기청구권이 인정되면 다른 한쪽의 이전등기청구권은

인정될 수 없는 것이므로 그 각 청구가 서로 양립할 수 없는 관계에 있음은 참가인이 주장하는 권리가 등기청구권 같은 채권적 권리라 하여도 하나의 매매사실로부터 진정한 매수인은 1인이라는 점에서 양립할 수 없는 관계에 있어 참가는 적법하다고 보았다(대판 1988.3.8. 86다148).

4) 독립당사자참가가 부적법하다고 본 판례

원고의 피고에 대한 본소청구인 1975.7.4 매매를 원인으로 한 소유권이전등기절차 이행청구와 참가인의 피고에 대한 청구인 1977.9.10 취득시효완성을 원인으로 한 소유권이전등기절차 이행청구는 합일확정을 요하는 동일한 권리관계에 관한 것이 아니어서 서로 양립될 수 있으므로 독립당사자참가는 부적법하다(대판 1982.12.14. 80다1872,1873).

(2) 사해방지참가(제79조 제1항 후단)

1) 의의

제3자가 소송결과에 따라 권리가 침해된다고 주장하는 경우이다. 참가인의 청구가 본소청구와 양립할 수 있더라도 상관없고, 또 권리주장참가를 하여 각하된 뒤에 사해방지참가를 해도 기판력을 받지 아니한다(대판 1992.5.26. 91다4669·4679).

2) 권리침해의 의미

① 판례는 원·피고가 당해 소송을 통해 사해의사를 갖고 있다고 객관적으로 인정되고, 그 소송의 결과로 참가인의 권리가 침해될 염려가 있다고 인정될 경우라고 판시하여 사해의 사설 입장을 취하고 있다(대판 2011.5.13. 2010다106245).

참고정리 **사해방지참가 사례**

[사례]
甲이 乙을 피고로 A 부동산에 관한 매매를 원인으로 한 소유권이전등기청구의 소를 제기하자, 丙은 독립당사자 참가를 하면서 동일한 부동산에 관하여 乙에 대하여 취득시효 완성을 원인으로 한 소유권이전등기청구를 하고, 甲에 대하여 원·피고 간의 매매계약의 무효확인을 청구하였다. 丙이 乙의 A 부동산에 관하여 취득시효가 완성되자 乙은 丙에 대한 소유권이전등기 의무를 면탈하고자 甲과 통모하여 매매계약을 체결하였던 것이었다.

[해결]
1. 권리주장참가 여부
위 사례에서 丙과 甲은 양립할 수 없는 관계가 아니므로 다른 요건을 살필 필요 없이 丙의 권리주장참가는 부적법하다.
2. 사해방지참가
丙의 참가는 타인간의 소송계속 중의 참가이며, 甲과 乙이 통모하여 乙의 丙에 대한 소유권이전등기 의무를 면탈하고자 한 점으로 미루어 소송을 통하여 丙을 해할 사해의사가 객관적으로 인정되며, 본소에서 甲이 승소하는 경우 丙의 소유권이전등기청구권이 침해될 우려가 있으므로 권리침해의 염려도 인정된다. 소의 병합요건이나 소송요건은 특별히 문제되지 않으므로 丙의 사해방지참가는 적법하다.

② 다만, 판례는 원고의 피고에 대한 청구의 원인행위가 사해행위라는 이유로 원고에 대하여 사해행위취소를 구하면서 독립참가신청을 한 경우, 독립참가인의 청구가 그대로 받아진다 하여도 원·피고 사이의 법률관계에는 영향이 없어 참가신청은 사해방지의 목적을 달성할 수 없어 부적법하다고 본다(대판 2014.6.12. 2012다47548). 사해행위 취소의 판결의 효과는 채권자와 수

20법원직

1 甲이 乙을 상대로 매매를 원인으로 한 소유권이전등기를 구하는 본소가 계속 중, 위 매매 이후 점유취득시효가 완성되었음을 원인으로 丙이 乙을 상대로 소유권이전등기를 구하는 독립당사자참가는 적법하다. ( )

18법원직

2 독립당사자참가 중 권리주장참가는 원고의 본소청구와 참가인의 청구가 주장 자체에서 양립할 수 없는 관계라고 볼 수 있는 경우에 허용될 수 있고, 사해방지참가는 본소의 원고와 피고가 소송을 통하여 참가인의 권리를 침해할 의사가 있다고 객관적으로 인정되고 소송의 결과 참가인의 권리 또는 법률상 지위가 침해될 우려가 있다고 인정되는 경우에 허용될 수 있다. ( )

19법원직

3 원고의 피고에 대한 청구의 원인행위가 사해행위라는 이유로 원고에 대하여 사해행위취소를 청구하면서 독립당사자참가신청을 하는 경우, 그러한 참가신청은 부적법하다. ( )

정답 | 1 × 2 ○ 3 ○

익자나 전득자 사이에만 미칠 뿐, 채권자와 채무자 사이에서 취소의 효력이 소급하여 채무자의 책임재산으로 복구하는 것이 아니라고 보기 때문이다(상대적 효력).

3. 참가의 취지

(1) 쌍면참가

참가인은 원고·피고 쌍방에 대하여 각기 자기 청구를 하여야 하며, 각 청구는 모두 적법해야 한다.

(2) 편면참가

구법하의 판례는 쌍방에 대한 소의 이익과 주장자체에 의하여 이유 있을 것을 요구하여 편면참가를 허용하지 않았으나 신법은 편면참가를 명문(제79조)으로 허용하였다.

4. 소의 객관적 병합요건을 갖출 것

참가신청은 본소청구에 참가인의 청구를 병합제기하는 것이므로 소의 객관적 병합요건인 동종절차(제253조), 공통관할이라는 요건을 갖추어야 한다.

5. 소송요건을 구비할 것

① 독립당사자참가는 당사자참가로서 신소제기의 실질을 가지고 있으므로, 일반적인 소송요건도 가지고 있어야 한다.
② 독립당사자참가 소송진행중에 참가인이 본소송 당사자의 일방 또는 쌍방을 상대로 같은 청구를 별소로 제기하는 경우에 3개소송 병합설 입장에서는 중복소송이 된다.

Ⅲ 참가절차

1. 참가신청

(1) 서면에 의할 것

① 참가신청은 실질적 신소제기이므로 서면에 의하여야 하고(제248조), 참가신청의 방식은 보조참가의 신청(제72조)에 준한다(제79조 제2항). 따라서 참가취지와 이유를 명시하여 본소가 계속된 법원에 신청하여야 하며 종전 당사자가 상소하지 않을 때에는 참가인이 상소제기와 동시에 참가신청을 할 수 있다(제79조 제2항, 제72조 제3항).
② 다만, 판례는 독립당사자참가를 하면서 예비적으로 보조참가를 하는 것은 부적법하다고 한다(대판 1994.12.27. 92다22473,22480).

(2) 참가신청의 효과

① 소제기의 실질을 갖기 때문에 소제기의 효과인 시효중단, 기간준수의 효력이 있다(제265조). 편면적 참가인지 여부에 관계없이 양쪽 당사자에게 지체 없이 신청서 부본을 송달하여야 한다(제79조 제2항, 제72조 제2항, 규칙 제64조 제2항).
② 보조참가와 달리 종전 당사자는 참가자에 이의할 수 없다. 그러나 종전 당사자는 참가인에 대한 관계에서 피고의 지위에 서게 되므로, 참가인을 상대로 반소를 제기할 수 있다(대판 1969.5.13. 68다656,657,658).

17주사보 21사무관
1 독립당사자 참가신청은 소의 일종이므로 소액사건을 제외하고는 반드시 서면에 의하여야 하며, 서면으로 참가신청을 한 경우에는 법원은 편면적 참가인지 여부에 관계없이 양쪽 당사자에게 지체 없이 신청서 부본을 송달하여야 한다.　　(　)

정답 | 1 ○

2. 중첩적 참가와 4면소송

판례는 일단 독립당사자참가가 있은 뒤 제3자가 본소의 원고·피고 쌍방에 대해 별도의 중첩적 독립소송참가를 하는 것은 허용되나, 제1참가인과 제2참가인 사이에 어떠한 판결도 할 수 없다고 판시하여 4면소송은 허용하지 않고 있다(대판 1958.11.20. 4290민상308,309,310,311).

Ⅳ 심판

1. 참가요건과 소송요건조사

① 참가요건은 직권으로 조사하고 흠결이 있으면 참가신청을 각하한다(대판 1960.5.26. 4292민상524).

② 참가인의 청구가 소송요건을 갖추었는가도 직권조사사항이며, 흠결이 있으면 판결로써 참가신청을 각하하여야 한다(대판 2011.5.13. 2010다106245).

2. 본안심판

(1) 제67조 규정 준용(필수적 공동소송의 규정 준용)

분쟁을 일거에 모순 없이 해결할 필요성이 있으므로, 이를 위해 필수적 공동소송의 특칙인 제67조를 준용하도록 하고 있다(제79조 제2항).

(2) 본안심리

1) 소송자료의 통일(제67조 제1항 준용)

① 원고·피고, 참가인 3자 중 어느 한 사람의 유리한 소송행위는 나머지 1인에 대해서도 효력이 생긴다. 그러나 두 당사자 간 사이의 소송행위는 나머지 1인에게 불이익이 되는 한 두 당사자 간에도 효력이 발생하지 않는다.

② 예를 들어 참가인의 피고에 대한 청구를 피고가 인낙을 해도 무효이고(대판 1968.12.24. 64다1574), 원고의 청구에 대해 피고가 자백을 하더라도 참가인에게는 효력이 없다(대판 2009.1.30. 2007다9030). 또 원·피고 사이에만 재판상 화해를 하는 것은 3자간의 합일확정의 목적에 반하기 때문에 허용되지 않는다(대판 2005.5.26. 2004다25901,25918).

2) 소송진행의 통일(제67조 제3항 준용)

기일은 공통으로 정하여야 하며, 1인에 대하여 중단·중지사유가 발생하면 전 소송절차가 정지된다(제67조 제3항). 다만 상소기간과 같은 소송행위를 위한 기간은 개별적으로 진행한다.

(3) 본안판결

모순없는 해결을 위해 변론의 분리가 허용되지 않고 1개의 전부판결을 하여야 하며 일부판결을 한 경우 추가판결로 보충할 수 없다. 소송비용은 한 당사자가 승소하면 나머지 두 당사자가 분담하고(제102조), 패소한 두 당사자 간에는 적극적 당사자가 부담한다.

3. 판결에 대한 상소

(1) 이심 여부

① 패소한 두 당사자 중 일부만이 상소를 제기한 경우, 다른 패소자에 상소의 효력이 인정되

법원소송

제3편

2023 해커스법원직 신정운 S 민사소송법

12주사보
1 본안심리에 있어서 당사자 3인 중 2인간의 소송행위가 다른 1인에게 불이익이 될 때에는 효력이 발생하지 않는다. ( )

20법원직
2 독립당사자참가에 의한 소송에서 원·피고 사이에만 재판상 화해를 하는 것은 허용되지 않는다. ( )

정답 | 1 ○ 2 ○

는지 여부와 상소하지 않은 당사자의 지위가 문제된다.

② 판례는 독립당사자참가인의 청구와 원고의 청구가 모두 기각되고 원고만이 항소한 경우에 제1심판결 전체의 확정이 차단되고 사건 전부에 관하여 이심의 효력이 생기는 것이라고 할 것이다(대판 1991.3.22. 90다19329,19336)고 하여 이심설의 입장이다.

판례 | 제1심판결에서 독립당사자참가신청을 각하하고 원고의 청구를 기각한데 대하여 참가인은 항소기간 내에 항소를 제기하지 아니하고, 원고만이 항소한 경우 위 독립당사자참가신청을 각하한 부분이 본소청구와는 별도로 확정되는지 여부(적극)

> 제1심판결에서 참가인의 독립당사자참가신청을 각하하고 원고의 청구를 기각한 데 대하여 참가인은 항소기간 내에 항소를 제기하지 아니하였고, 원고만이 항소한 경우 위 독립당사자참가신청을 각하한 부분은 원고의 항소에도 불구하고 피고에 대한 본소청구와는 별도로 이미 확정되었다 할 것이다(대판 1992.5.26. 91다4669,91다4676).

(2) 상소하지 않은 당사자의 지위

① 상소인설, 피상소인설, 상대적 이중지위설의 견해 대립이 있으나 합일확정의 요청상 불가피하게 상소심에 관여하여야만 하는 단순한 상소심당사자라고 보는 단순한 상소심당사자설이 통설·판례(대판 1981.12.8. 80다577)로 타당하다 할 것이다.

② 상소제기하지 않은 자는 (i) 상소취하권이 없고, (ii) 인지첩부의무도 없으며, (iii) 상소심의 심판범위는 합일확정의 필요성이 있는 경우가 아니라면 실제로 상소를 제기한 당사자의 불복범위에 국한되며, (iv) 상소비용을 부담하지 않는다.

(3) 심판의 범위

① 상소를 제기하지 않은 당사자의 판결부분이 상소인의 불복범위의 한도 내에서 유리한 내용으로 변경될 수 있는지가 문제된다.

판례는 본안판결에 대하여 일방이 항소한 경우 항소심의 심판대상은 실제 항소를 제기한 자의 항소 취지에 나타난 불복범위에 한정하되 세 당사자 사이의 결론의 합일확정의 필요성을 고려하여 그 심판의 범위를 판단하여야 하고, 이에 따라 항소심에서 심리·판단을 거쳐 결론을 내림에 있어 세 당사자 사이의 결론의 합일확정을 위하여 필요한 경우에는 그 한도 내에서 항소 또는 부대항소를 제기한 바 없는 당사자에게 결과적으로 제1심판결보다 유리한 내용으로 판결이 변경되는 것도 배제할 수는 없다(대판 2007.10.26. 2006다86573,86580).

② 생각건대, 독립당사자참가의 경우에는 패소하고도 불복상소를 제기하지 않은 당사자의 판결부분이 원고·피고·참가인 3자간의 합일확정의 요청 때문에 이익으로 변경될 수 있는 등 불이익변경금지원칙이 배제된다고 본다.

V 단일 또는 공동소송으로 환원

1. 본소의 취하·각하

① 판례는 참가로 인하여 참가인에게 본소 유지의 이익이 생겼다고 할 것이므로 독립당사자참가소송에 있어 원고의 본소 취하에는 피고의 동의 외에 당사자 참가인의 동의를 필요로 한다고 한다(대결 1972.11.30. 72마787).

여백 주석:

22법원직
1 1심 판결에서 참가인의 독립당사자참가신청을 각하하고 원고의 청구를 기각한 데 대하여 참가인은 항소기간 내에 항소를 제기하지 아니하였고 원고만이 항소한 경우, 위 독립당사자참가신청을 각하한 부분도 항소심으로 이심된다. (   )

15주사보 15사무관
2 원고 및 참가인 패소, 피고 승소의 본안판결에 대하여 원고만이 항소한 경우에 참가인에 대한 판결도 항소심으로 이심되어 심판의 대상이 된다. (   )

② 본소가 취하, 각하된 경우 참가소송은 원·피고 쌍방에 대한 일반공동소송으로 변경된다는 것이 판례이다(대판 2007.2.8, 2006다62188). 다만, 편면참가는 단일 소송으로 남는다.

판례 | 독립당사자참가소송에서 본소가 취하된 경우의 소송관계

독립당사자참가소송에서 본소가 적법하게 취하된 경우에는 삼면소송관계는 소멸하고, 그 이후부터는 당사자참가인의 원·피고들에 대한 청구가 일반 공동소송으로 남아 있게 되므로, 당사자참가인의 원·피고에 대한 소가 독립의 소로서의 소송요건을 갖춘 이상, 그 소송계속은 적법하며, 종래의 삼면소송 당시에 필요하였던 당사자 참가요건의 구비여부는 가려 볼 필요가 없다(대판 1991.1.25, 90다4723).

2. 참가의 취하·각하

① 참가신청의 취하는 소취하에 준하므로 본소의 원고나 피고가 본안에 관하여 응소한 경우 쌍방의 동의를 필요로 한다(제266조 제2항).

② 참가신청이 취하·각하된 경우 본소만이 남는다. 다만, 쌍면참가의 경우 한쪽만 취하·각하되면 편면참가가 된다.

Ⅵ 소송탈퇴(제80조)

1. 의의 및 취지

제3자가 참가함으로써 종전의 원고 또는 피고가 소송에 머물 필요가 없게 된 때에는 상대방의 승낙을 얻어 소송에서 탈퇴할 수 있다(제80조). 본소의 당사자로서 더 이상 머물러 있을 이익이 없는 경우 그 소송에서 벗어날 수 있게 하여 소송관계를 간명하게 하려는 것이다.

2. 요건

(1) 상대방 당사자의 승낙

① 법정대리인이나 소송대리인이 탈퇴하려면 특별수권이 있어야 하며(제56조 제2항, 제90조 제2항), 참가 전의 당사자가 탈퇴하는 경우 탈퇴로 인하여 상대방의 권리나 이익을 침해할 우려가 있기 때문에 상대방의 승낙을 필요로 하는 것이므로(제80조) 상대방에게 불측의 손해가 생길 염려가 없으면 상대방의 승낙이 불필요하다고 할 것이다.

② 다만, 소의 취하에 있어서와 같은 동의간주는 인정되지 아니하므로(제266조 제6항) 명시적인 승낙이 없으면 탈퇴의 효력이 발생하지 않는다.

(2) 참가인의 동의

이때 참가인의 동의도 요하는지 여부에 관하여 참가인이 승소한 경우 판결의 효력이 탈퇴자에게도 미친다는 점과 상대방의 승낙만을 요하도록 한 제80조의 법문으로 보아 탈퇴에 의하여 참가인의 이익을 해치지 않는다는 점에서 참가인의 동의는 불필요하다고 봄이 타당하다.

3. 효과

① 탈퇴자는 당사자지위를 상실하게 되어 소송은 2당사자소송구조로 환원된다.

② 참가승계와 인수승계의 경우는 원칙적으로 새로운 당사자가 탈퇴자의 지위를 승계하나,

22법원직

1 독립당사자참가소송에서, 본소가 피고 및 당사자참가인의 동의를 얻어 적법하게 취하되면 그 경우 3면소송관계는 소멸하고, 당사자참가인의 원·피고에 대한 소가 독립의 소로서 소송요건을 갖춘 이상 그 소송계속은 적법하며, 이 때 당사자참가인의 신청이 비록 참가신청 당시 당사자참가의 요건을 갖추지 못하였다고 하더라도 이미 본소가 소멸되어 3면소송관계가 해소된 이상 종래의 3면소송 당시에 필요하였던 당사자참가요건의 구비 여부는 더 이상 가려볼 필요가 없다.
( )

12·15주사보 16사무관

2 참가로 인해 종래의 원고 또는 피고가 더 이상 소송을 계속할 필요가 없게 된 때에는 상대방의 승낙을 얻어 탈퇴할 수 있다. 다만, 소의 취하에 있어서와 같이 동의간주가 인정된다.
( )

정답 | **1** ○ **2** ×

독립당사자참가의 경우에는 참가인은 원고·피고 쌍방과 대립하게 되므로 참가인은 탈퇴자의 소송상 지위를 승계할 수 없다고 보아야 할 것이다.

③ 참가인과 상대방과의 판결의 효력은 탈퇴자에게 미친다(제80조 단서). 이 경우 판결의 효력의 의미에 대해 견해가 대립하나 기판력 외에 집행력까지 포함한다고 보는 것이 통설이다.

학습 POINT

1. 공동소송참가는 항소심에서도 가능
2. 참가인과 합일확정관계(대위소송에서 다른 채권자 참가)
3. 고필공관계도 인정됨(판례)

＊ 이시윤 822페이지 참고

제5관 | 공동소송참가＊

제83조 [공동소송참가]
① 소송목적이 한 쪽 당사자와 제3자에게 합일적으로 확정되어야 할 경우 그 제3자는 공동소송인으로 소송에 참가할 수 있다.
② 제1항의 경우에는 제72조의 규정을 준용한다.

I 의의

공동소송참가라 함은 소송계속 중에 당사자 간의 판결의 효력을 받는 제3자가 원고 또는 피고의 공동소송인으로서 참가하는 것을 말한다(제83조). 이는 판결의 효력을 받는 제3자가 별소를 제기하는 것보다 직접 당사자로 참가하는 것이 자기의 이익을 옹호하는 데 적합하고 소송경제에도 부합하기 때문에 인정된다.

II 참가의 요건

1. 소송계속 중일 것

소송계속 중이라면 상급심에서도 참가할 수 있다. 다만, 판례는 공동소송참가가 신소제기의 실질을 갖기 때문에 법률심인 상고심에서는 허용되지 않는다는 입장이다(대결 1961.5.4. 4292민상853).

2. 당사자적격이 있을 것

① 공동소송참가를 하는 제3자는 별도의 소를 제기하는 대신에 계속중의 소송에 공동소송인으로서 참가하는 것이므로, 자기 자신도 소를 제기할 수 있는 당사자적격을 구비하지 않으면 안 된다.

② 추심명령을 받은 압류채권자가 제3채무자에 대하여 추심소송을 제기하고 있는 때에는 소송을 제기하지 않은 경합채권자는 그 소송에 공동소송참가를 할 수 있다(민집 제249조 2항).

21사무관

1 소송목적이 한 쪽 당사자와 제3자에게 합일적으로 확정되어야 할 경우 그 제3자는 공동소송인으로 소송에 참가할 수 없다. (　　)

13·14·22사무관

2 공동소송참가는 참가인과 피참가인 간에는 필수적 공동소송의 관계가 생기므로 민사소송법 제68조의 필수적 공동소송인의 추가와 같이 제1심의 변론종결시까지 허용된다. (　　)

정답 | 1 × **2** ×

판례 | 주주의 대표소송에 회사가 참가하는 경우

주주의 대표소송에 있어서 원고 주주가 원고로서 제대로 소송수행을 하지 못하거나 혹은 상대방이 된 이사와 결탁함으로써 회사의 권리 보호에 미흡하여 회사의 이익이 침해될 염려가 있는 경우 그 판결의 효력을 받는 권리귀속주체인 회사가 이를 막거나 자신의 권리를 보호하기 위하여 소송수행권한을 가진 정당한 당사자로서 그 소송에 참가할 필요가 있으며, 회사가 대표소송에 당사자로서 참가하는 경우 소송경제가 도모될 뿐만 아니라 판결의 모순·저촉을 유발할 가능성도 없다는 사정과, 상법 제404조 제1항에서 특별히 참가에 관한 규정을 두어 주주의 대표소송의 특성을 살려 회사의 권익을 보호하려 한 입법취지를 함께 고려할 때, 상법 제404조 제1항에서 규정하고 있는 회사의 참가는 공동소송참가를 의미하는 것으로 해석함이 타당하고, 나아가 이러한 해석이 중복제소를 금지하고 있는 민사소송법의 규정에 반하는 것도 아니다(대판 2002.3.15. 2000다9086).

1 주주의 1인이 주주총회결의취소의 소를 제기하고 그 소의 판결의 효력을 받을 다른 주주가 공동원고로서 소송에 참가하는 경우, 상법 제404조 제1항 소정의 회사가 주주대표소송에 참가하는 경우 등은 공동소송참가에 해당하고, 공동소송참가는 항소심에서도 할 수 있다.
( )

3. 합일확정의 경우일 것

① 참가하는 제3자는 한쪽 당사자와 합일적으로 확정될 경우라야 한다. 이는 그 당사자와 제3자가 같이 소를 제기한다면 합일확정소송의 대표격인 필수적 공동소송으로 될 경우이다. 본소송의 판결의 효력이 제3자에게 확장되는 유사필수적 공동소송이 여기에 해당될 것이다.

판례는 채권자대위소송의 계속중 다른 채권자가 동일채무자를 대위하여 채권자대위권을 행사하면서 공동소송참가신청을 할 경우, 양 청구의 소송물이 동일하다면 제83조 제1항의 합일확정의 경우에 해당하여 적법하다고 하였다(대판 2015.7.23. 2013다30301,30325).

② 고유필수적 공동소송으로 될 경우에도 포함된다고 할 것인지 문제이다. 생각건대 고유필수적 공동소송도 합일확정소송인 점, 제68조에서 고유필수적 공동소송의 경우에 일부 누락된 공동소송인을 추가하는 제도가 마련되었지만, 제1심에서만 허용하므로 항소심에서까지 허용되는 공동소송참가는 허용함이 옳을 것이다.

판례도 필수적 공동소송인 공유물분할청구소송이 항소심 계속중 당사자인 공유자의 일부 지분이 제3자에게 이전되었고 그 제3자가 당사자로 참가하지 않은 상태에 변론종결하였으면 공유물분할소송이 적법하다 볼 수 없다 하며, 항소심에서 소송참가로 소를 적법하게 할 수 있음을 비추어, 같은 입장으로 보여진다(대판 2014.1.29. 2013다78556).

18·19·22법원직

2 채권자가 자신의 채권을 보전하기 위하여 채무자의 금전채권을 대위행사하는 채권자대위소송의 계속 중에 다른 채권자도 자신의 채권을 보전하기 위하여 채무자의 동일한 금전채권을 대위행사하면서 공동소송참가신청을 한 경우에는 소송목적이 채권자들인 원고와 참가인에게 합일적으로 확정되어야 할 필요성이 있음을 인정하기 어려우므로 공동소송참가신청은 부적법하다.
( )

판례 | 학교법인의 이사회결의무효확인의 소에 제3자가 공동소송참가를 할 수 있는지 여부(소극)

공동소송참가는 타인 간의 소송의 목적이 당사자 일방과 제3자에 대하여 합일적으로 확정될 경우 즉, 타인 간의 소송의 판결의 효력이 제3자에게도 미치게 되는 경우에 한하여 그 제3자에게 허용되는바, 학교법인의 이사회의 결의에 하자가 있는 경우에 관하여 법률에 별도의 규정이 없으므로 그 결의에 무효사유가 있는 경우에는 이해관계인은 언제든지 또 어떤 방법에 의하든지 그 무효를 주장할 수 있고, 이와 같은 무효주장의 방법으로서 이사회결의무효확인소송이 제기되어 승소확정 판결이 난 경우, 그 판결의 효력은 위 소송의 당사자 사이에서만 발생하는 것이지 대세적 효력이 있다고 볼 수는 없으므로, 이사회결의무효확인의 소는 그 소송의 목적이 당사자 일방과 제3자에 대하여 합일적으로 확정될 경우가 아니어서 제3자는 공동소송참가를 할 수 없다(대판 2001.7.13. 2001다3013).

22사무관

3 학교법인의 이사회결의무효확인의 소는 그 소송의 목적이 당사자 일방과 제3자에 대하여 합일적으로 확정될 경우가 아니어서 제3자는 공동소송참가를 할 수 없다.
( )

정답 | 1 ○ 2 × 3 ○

Ⅲ 참가절차와 효과

1. 참가신청의 방식

참가신청의 방식에는 제72조가 준용된다(제83조 제2항). 다만, 참가신청은 소의 제기(원고 측) 또는 청구기각의 판결을 구하는 것(피고 측)이기 때문에 소장 또는 답변서에 준하여 서면으로 하지 않으면 안 된다.

2. 직권심사

참가신청은 일종의 소의 제기이기 때문에, 당사자가 이의를 신청할 수 없다. 법원은 직권으로 참가의 적부를 심사하고 그 요건에 흠이 있을 때에는 종국판결로써 각하하지 않으면 안 된다. 요건에 흠이 있는 공동소송참가신청이라도, 단순보조참가 또는 공동소송적 보조참가의 요건을 갖추었으면 부적법한 소송행위의 전환으로 후자의 참가로 보아도 무방할 것이다.

학습 POINT

1. 임당변은 제1심까지, 원고신청만 가능
2. 피고경정신청시 피고에게 송달 필요(소장부본 송달하지 않은 경우 제외)
3. 피고경정허가결정에 즉시항고는 종전피고 부동의만 가능
4. 피고경정기각결정은 통상항고 가능(특별항고X)
5. 피고경정 시효중단은 경정신청서 제출시 발생
6. 고유필수적 공동소송추가시 시효중단 등은 처음 제소시로 소급됨

＊이시윤 825페이지 참고

제3절 당사자의 변경

제1관 | 임의적 당사자변경＊

임의적 당사자변경 (당사자적격 승계 × / 소송상태 승인의무 ×)		피고의 경정(제260조)
		누락된 고유필수적 공동소송인의 추가(제68조)
		예비적·선택적 공동소송인의 추가(제70조, 제68조)
소송승계 (당사자적격 승계 ○ / 소송상태 승인의무 ○)	특정승계	승계인의 소송참가(제81조 참가승계)
		승계인의 소송인수(제82조 인수승계)
	당연승계(중단·수계의 규정 제233조 이하)	

Ⅰ 서설

1. 의의

임의적 당사자의 변경이란 당사자의 의사에 의하여 종전의 피고에 갈음하여 제3자를 가입시키거나 종전의 원고나 피고에 추가하여 제3자를 가입시키는 것을 말한다.

2. 구별개념

(1) 소송승계

임의적 당사자의 변경은 소송계속 중에 분쟁주체인 지위가 포괄적으로 승계되거나(당연승계), 특정적으로 승계되는 경우(참가승계 및 인수승계)에 피승계인이 물러나고 승계인이 들어섬으로써 생기게 되는 소송승계와는 구별된다. 임의적 당사자의 변경은 당사자적격의 승계가 없는 경우이다.

(2) 당사자 표시의 정정

임의적 당사자의 변경은 당사자의 동일성을 해치는 것이므로 이를 유지하는 전제의 당사자 표시의 정정과 다르다.

3. 법적성질[신소제기·구소취하설(복합설)]

① 새로 가입하는 신당사자에 대해서는 신소의 제기이고 탈퇴하는 구당사자에 대해서는 구소의 취하라고 할 것으로 이러한 두 개의 복합적 소송행위라고 보는 견해이다.

② 생각건대 제68조 제3항에 의하면 공동소송인의 추가는 신소의 제기로 되어 그 효과를 최초의 소를 제기한 때로 소급시키고 있고, 또 제260조, 제261조에서는 종전의 피고가 본안에 관하여 응소한 때에는 그의 동의를 얻게 하는 한편 경정허가결정이 된 때에는 종전의 피고에 대한 소는 취하된 것으로 보고 있다. 따라서 복합설이 입법을 통해 채택된 것으로 본다.

Ⅱ 피고의 경정

제260조 [피고의 경정]

① 원고가 피고를 잘못 지정한 것이 분명한 경우에는 제1심 법원은 변론을 종결할 때까지 원고의 신청에 따라 결정으로 피고를 경정하도록 허가할 수 있다. 다만, 피고가 본안에 관하여 준비서면을 제출하거나, 변론준비기일에서 진술하거나 변론을 한 뒤에는 그의 동의를 받아야 한다.

② 피고의 경정은 서면으로 신청하여야 한다.

③ 제2항의 서면은 상대방에게 송달하여야 한다. 다만, 피고에게 소장의 부본을 송달하지 아니한 경우에는 그러하지 아니하다.

④ 피고가 제3항의 서면을 송달받은 날부터 2주 이내에 이의를 제기하지 아니하면 제1항 단서와 같은 동의를 한 것으로 본다.

제261조 [경정신청에 관한 결정의 송달 등]

① 제260조 제1항의 신청에 대한 결정은 피고에게 송달하여야 한다. 다만, 피고에게 소장의 부본을 송달하지 아니한 때에는 그러하지 아니하다.

② 신청을 허가하는 결정을 한 때에는 그 결정의 정본과 소장의 부본을 새로운 피고에게 송달하여야 한다.

③ 신청을 허가하는 결정에 대하여는 동의가 없었다는 사유로만 즉시항고를 할 수 있다.

④ 신청을 허가하는 결정을 한 때에는 종전의 피고에 대한 소는 취하된 것으로 본다.

1. 총설

피고의 경정(제260조)과 필수적 공동소송인의 추가(제68조)의 요건상 특색은 다음과 같다.

① 원고의 신청에 의하여만 당사자를 변경하도록 되어 있다. 제1심에 계속 중이고 변론종결 전까지만 허용된다.

② 경정은 피고나 피신청인의 경정만이 가능하며 소제기자인 원고나 신청인의 경정은 허용되지 아니한다. 따라서 법인이 아닌 사단인 부락의 구성원 중 일부가 제기한 소송에서 당사자인 원고의 표시를 부락으로 정정하거나, 또는 회사의 대표이사가 개인 명의로 소를 제기한 후 회사를 당사자로 추가하고 그 개인 명의의 소를 취하함으로써 당사자의 변경을 가져오는 당사자추가신청은 허용되지 않는다(대판 1998.1.23, 96다41496).

13·15주사보

1 피고경정은 원고 또는 피고의 신청에 의하여 가능하다. ( )

2. 요건

(1) 원고가 피고를 잘못 지정한 것이 분명한 경우일 것

① 피고의 경정은 피고의 동일성을 바꾸는 것이므로 그 동일성의 유지를 전제로 피고표시를 바로잡는 당사자 표시정정과는 다르다.

② 판례는 청구취지나 청구원인의 기재내용 자체로 보아 원고가 법률평가를 그르치거나 또는 법인격의 유무에 착오를 일으킨 것이 명백하여 피고를 잘못 지정한 때가 이에 해당된다고 보고, 뒤에 증거조사결과 판명된 사실관계로 미루어 피고의 지정이 잘못된 경우는 포함되지 않는 취지로서 경정요건을 좁히고 있다(대판 1997.10.17, 97마1632).

16법원직 19사무관

2 판례는 청구취지나 청구원인의 기재 내용 자체로 보아 원고가 법률적 평가를 그르치는 등의 이유로 피고의 지정이 잘못된 것이 명백한 경우, 증거조사결과 판명된 사실관계로 미루어 피고의 지정이 잘못된 경우임이 분명한 경우에 피고의 경정이 허용된다는 입장이다.( )

(2) 변경 전후의 소송상 청구가 같을 것

당사자를 변경함으로써 소송상 청구(소송물)의 내용이 달라지면 전혀 다른 사건이 된다.

(3) 피고의 동의

피고가 본안에 관하여 준비서면을 제출하거나, 변론준비기일에서 진술하거나 변론을 한 뒤에는 피고의 동의를 요한다(제260조 제1항 단서). 피고가 경정신청서를 송달받은 날로부터 2주 이내에 이의하지 않으면 동의한 것으로 본다(제260조 제4항).

17주사보 17·19사무관

3 피고를 경정하기 위하여는 피고에게 소장부본 송달 이후라면 피고의 동의를 요한다. ( )

(4) 제1심 변론종결 전에 신청할 것

① 새 당사자의 심급의 이익을 위하여 항소심에서의 피고의 경정은 허용되지 않는다(제260조 제1항).

② 다만, 가사소송법 및 행정소송법에서는 사실심의 변론종결시까지 피고의 경정이 가능하도록 완화하고 있다(가소 제15조 제1항, 행소 제14조 제1항).

12·15사무관 13·15주사보

4 피고의 경정은 사실심 변론종결시까지만 가능하다. ( )

3. 신청 및 허가 여부의 결정

① 피고의 경정은 신소제기와 구소취하의 실질을 가지므로, 소제기 후 제1심 변론종결시까지 원고가 서면으로 신청할 것을 요한다(제260조 제2항).

② 경정신청에 대한 허부결정은 피고에게 소장부본을 송달하지 않은 경우를 제외하고는 피고에게 송달하여야 하고(제261조 제1항), 신청을 허가하는 결정을 한 때에는 그 결정정본과 소장부본을 새로운 피고에게도 송달하여야 하기 때문이다(제261조 제2항).

③ 신청을 허가하는 결정에 대하여는 동의권을 가진 종전의 피고가 이에 대한 동의가 없었다는 사유로만 즉시항고를 할 수 있을 뿐이고(제261조 제3항) 그 밖의 사유로는 불복할 수

17·18주사보

5 원고의 피고경정신청에 대하여 법원은 결정으로 허부의 재판을 하여야 하며, 그 허부의 결정은 종전의 피고에게 소장부본을 송달하지 아니한 경우에도 종전의 피고에게 송달해야 한다. ( )

정답 | 1 × 2 × 3 × 4 × 5 ×

없으며, 더욱이 피고경정신청을 한 원고가 그 허가결정의 부당함을 내세워 불복하는 것은 허용될 수 없다(대판 1992.10.9, 92다25533).

④ 피고경정신청을 기각하는 결정에 대하여 불복이 있는 원고는 민사소송법 제439조의 규정에 의한 통상항고를 제기할 수 있으므로 그 결정에 대하여 특별항고를 제기할 수는 없다(대결 1997.3.3, 97으1).

4. 효과

① 경정허가결정이 있는 때에는 종전의 피고에 대한 소는 취하된 것으로 본다(제261조 제4항).

② 피고의 경정도 새 피고에 대하여는 소의 제기이므로 이에 의한 시효중단·기간준수의 효과는 경정신청서의 제출시에 발생한다(제265조).

③ 피고의 경정은 구소의 취하 및 신소의 제기이므로 종전 피고의 소송진행의 결과는 새로운 피고가 원용하지 않은 한 새로운 피고에게 효력이 없다.

Ⅲ 필수적 공동소송인의 추가

제68조 [필수적 공동소송인의 추가]

① 법원은 제67조 제1항의 규정에 따른 공동소송인 가운데 일부가 누락된 경우에는 제1심의 변론을 종결할 때까지 원고의 신청에 따라 결정으로 원고 또는 피고를 추가하도록 허가할 수 있다. 다만, 원고의 추가는 추가될 사람의 동의를 받은 경우에만 허가할 수 있다.

② 제1항의 허가결정을 한 때에는 허가결정의 정본을 당사자 모두에게 송달하여야 하며, 추가될 당사자에게는 소장부본도 송달하여야 한다.

③ 제1항의 규정에 따라 공동소송인이 추가된 경우에는 처음의 소가 제기된 때에 추가된 당사자와의 사이에 소가 제기된 것으로 본다.

④ 제1항의 허가결정에 대하여 이해관계인은 추가될 원고의 동의가 없었다는 것을 사유로 하는 경우에만 즉시항고를 할 수 있다.

⑤ 제4항의 즉시항고는 집행정지의 효력을 가지지 아니한다.

⑥ 제1항의 신청을 기각한 결정에 대하여는 즉시항고를 할 수 있다.

1. 요건

① 필수적 공동소송인 중 일부가 누락된 경우일 것을 요한다. 고유필수적 공동소송에서 공동소송인으로 될 자를 일부 빠뜨림으로써 당사자적격에 흠이 생긴 경우이다. 유사필수적 공동소송 및 통상공동소송에서는 공동소송인을 일부 빠뜨려도 당사자적격의 흠의 문제가 생기지 않으므로 입법취지상 이 경우까지는 추가의 대상이 되지 않는다.

② 추가된 신당사자가 종전의 당사자와의 관계에서 공동소송인이 되므로 공동소송의 요건을 갖추어야 한다.

③ 원고 측이든 피고 측이든 추가가 허용되지만, 원고 측을 추가하는 경우에는 추가될 신당사자의 동의가 있어야 한다(제68조 제1항 단서).

12·17사무관

1 피고경정신청을 허가하는 결정이 있는 경우, 종전 피고는 자신이 경정에 동의하지 않았음을 사유로만 통상항고를 제기할 수 있다. ( )

13·19사무관 17주사보

2 피고경정신청을 기각하는 결정에 대하여 불복이 있는 원고는 통상항고를 제기할 수 없으므로 그 결정에 대하여 특별항고를 제기할 수 있다. ( )

12·15주사보 17사무관

3 피고경정 허가결정의 효력은 소급하므로, 시효 중단과 기간준수의 효력은 최초 소장 제출시에 발생한다. ( )

18주사보

4 법원은 고유필수적 공동소송인 가운데 일부가 누락된 경우에는 제1심의 변론을 종결할 때까지 신청에 따라 결정으로 원고 또는 피고를 추가하도록 허가할 수 있다. ( )

정답 | 1 × 2 × 3 × 4 ○

18주사보

1 고유필적 공동소송인의 추가신청은 원고와 피고 모두에게 신청권이 있다. ( )

18주사보

2 필수적 공동소송인의 추가를 허가하는 결정을 한 때에는 허가결정의 정본을 당사자 모두에게 송달하여야 하며, 추가될 당사자에게는 소장부본도 송달하여야 한다. ( )

18사무관

3 고유필적 공동소송인 가운데 일부가 누락된 경우에 법원은 제1심의 변론을 종결할 때까지 원고의 신청에 따라 결정으로 원고 또는 피고를 추가하도록 허가할 수 있고, 법원의 허가결정에 의하여 공동소송인의 추가가 있는 때에는 처음 소가 제기된 때에 추가된 당사자와의 사이에 소가 제기된 것으로 본다. ( )

2. 신청 및 허가 여부의 결정

① 공동소송인의 추가는 추가된 당사자와의 사이에 신소의 제기이므로, 추가신청은 서면에 의하여야 한다.

② 신청서에는 추가될 당사자의 이름·주소와 추가신청이유를 적어야 한다. 원고의 추가신청에 대하여 법원은 결정으로 그 허가 여부를 재판한다(제68조 제1항).

③ 법원이 필수적 공동소송인의 추가를 허가하는 결정을 한 때에는 허가결정의 정본을 당사자 모두에게 송달하여야 하며, 추가될 당사자에게는 소장부본도 송달하여야 한다(제68조 제2항).

④ 허가결정에 대하여는 원칙적으로 불복을 할 수 없으나, 추가될 원고의 부동의는 이해관계인의 즉시항고사유가 된다(제68조 제4항). 피고경정신청의 기각결정과 달리, 추가신청의 기각결정에 대하여는 즉시항고할 수 있다(제68조 제6항).

3. 효과

① 처음 소가 제기된 때에 추가된 당사자와의 사이에 소가 제기된 것으로 보기 때문에, 시효중단·기간준수의 효과는 처음 제소시에 소급한다(제68조 제3항).

② 필수적 공동소송인의 추가이므로 종전의 공동소송인의 소송수행의 결과는 유리한 소송행위인 범위 내에서 신당사자에게도 효력이 미친다.

Ⅳ 예비적·선택적 공동소송인의 추가

제70조는 예비적·선택적 공동소송을 신설하였는데, 여기에 제68조의 필수적 공동소송인의 추가규정을 준용토록 하였다. 따라서 원·피고 간의 단일소송이 계속 중에 제68조의 규정에 맞추어 새로운 당사자를 예비적 당사자 또는 선택적 당사자로 추가병합함으로써, 소송형태를 예비적·선택적 공동소송으로 바꿀 수 있도록 길을 열어 놓았다.

학습 POINT

1. 소송 중 승계된 경우임(상고심X)
2. 승계참가는 의무승계도 가능 (승계사실 불인정시 청구기각의 본안판결)
3. 종전 당사자와 참가인의 청구는 필수적 공동소송(제67조 적용됨)

제2관 | 소송승계

Ⅰ 소송승계의 의의 및 유형

소송승계란 소송의 계속 중에 소송의 목적물인 권리관계의 변동으로 당사자적격이 종래의 당사자로부터 제3자로 이전되는 경우에 새로운 승계인이 종전의 당사자의 지위를 이어받는 것을 의미한다. 소송승계의 유형으로는 당연승계와 특정승계가 있다.

정답 | 1 × **2** ○ **3** ○

Ⅱ 당연승계

1. 의의

당연승계란 소송계속 중 당사자의 지위가 제3자에게 포괄적으로 승계되는 것을 말한다.

1 소송의 승계란 소송계속 중에 당사자의 사망이나 소송목적물의 양도 등으로 소송물인 권리 또는 법률관계의 변동이 생긴 결과 당사자적격이 제3자에게 이전되는 경우 그 제3자가 새 당사자로서 전 당사자의 소송상 지위를 승계하는 것을 말한다.   (   )

2. 인정 여부

판례는 소송 도중 어느 일방의 당사자가 사망함으로 인해서 그 당사자로서의 자격을 상실하게 된 때에는 그때부터 그 소송은 그의 지위를 당연히 이어 받게 되는 상속인들과의 관계에서 대립당사자구조를 형성하여 존재하게 되는 것($^{대판 (전) 1995.5.23.}_{94다28444}$)이라고 판시하여 당연승계를 긍정한다.

3. 당연승계사유

당연승계의 사유로는 (ⅰ) 당사자의 사망·소멸(제33조, 제234조), (ⅱ) 법인 등의 합병에 의한 소멸(제234조), (ⅲ) 수탁자의 임무 종료(제236조), (ⅳ) 당사자의 자격 상실(제237조 제1항·제2항), (ⅴ) 선정당사자의 소송 중 선정당사자 전원의 사망 또는 자격의 상실(제250조), (ⅵ) 파산 또는 파산절차 해지(제239조, 240조) 등이 있다.

4. 당연승계의 효과

(1) 절차의 중단

당연승계의 원인이 발생하면 소송절차가 중단된다(제233조 이하). 다만, 당연승계의 원인이 발생하였더라도 소송대리인이 있는 경우에는 소송절차가 중단되지 않는다(제238조).

(2) 중단해소사유로서 수계신청

1) 소송수계신청과 법원의 조치

승계하여야 할 자가 수계신청을 하거나 상대방으로부터 신청이 있으면(제241조 참고), 법원은 그 적격을 조사하여 적격이 인정될 때에는 승계인에 의한 소송승계를 허용하거나 승계하지 않는 경우에는 직권으로 그 속행을 명할 수 있고, 승계이유가 없을 때에는 신청기각의 결정을 한다.

2) 수계를 인정하고 절차를 진행하다가 승계인이 아님이 밝혀진 경우 법원의 처리

① 수계신청이 있었을 때 법원은 승계인의 적격을 직권조사하여 상속인이 아닌 점 등 적격자가 아님이 밝혀지면 결정으로 수계신청을 기각하는바(제243조), 이때 수계를 인정하고 절차를 진행하다가 승계인이 아님이 밝혀진 경우(참칭승계인)에 관하여 법원의 처리 여하가 문제된다.

② 판례는 당사자의 사망으로 인한 소송수계 신청이 이유 있다고 하여 소송절차를 진행시켰으나 그 후에 신청이 그 자격 없음이 판명된 경우에는 수계재판을 취소하고 신청을 각하하여야 한다($^{대판 1981.3.10.}_{80다1895}$)고 판시하였다(참가승계의 청구기각판결과 구별).

정답 | **1** ○

* 이시윤 832페이지 참고

Ⅲ 특정승계(소송물의 양도)*

1. 의의

소송물의 양도라 함은 소송계속중에 소송물인 권리관계에 대한 당사자적격이 특정적으로 제3자에게 이전되는 경우를 말한다.

2. 참가승계·인수승계의 요건

(1) 타인 간의 소송계속 중일 것

19법원직

1 승계참가인이 소송당사자로부터 계쟁 부동산에 대한 지분 중 일부를 양도받은 권리승계인이라 하여 상고심에 이르러 승계참가신청을 한 경우, 이러한 참가신청은 허용되지 아니한다. ( )

19법원직

2 청구이의의 소가 제기되기 전에 그 집행권원에 표시된 청구권을 양수한 사람이 한 승계참가신청은 허용된다. ( )

참가승계(인수)신청은 사실심의 변론종결 전에 한하며, 상고심에서 허용되지 않는다(대판 2002.12.10. 2002다48399). 사실심 변론종결 후의 승계인은 제218조에 의하여 판결의 효력이 미치므로 소송승계를 인정할 이익이 없기 때문이다.

> **판례 | 소송이 제기되기 전에 청구권을 양수한 경우(승계참가 부적법)**
>
> 민사소송법 제81조의 권리승계참가는 소송의 목적이 된 권리를 승계한 경우뿐만 아니라 채무를 승계한 경우에도 이를 할 수 있으나, 다만 그 채무승계는 소송의 계속 중에 이루어진 것임을 요함은 위 법조의 규정상 명백하다. 그러므로 청구 이의의 소의 계속 중 그 소송에서 집행력배제를 구하고 있는 집행권원에 표시된 청구권을 양수한 자는 소송의 목적이 된 채무를 승계한 것이므로 승계집행문을 부여받은 여부에 관계없이 위 청구 이의의 소에 민사소송법 제81조에 의한 승계참가를 할 수 있으나, 다만 위 소송이 제기되기 전에 그 집행권원에 표시된 청구권을 양수한 경우에는 특단의 사정이 없는 한 승계참가의 요건이 결여된 것으로서 그 참가인정은 부적법한 것이라고 볼 수밖에 없다(대판 1983.9.27. 83다카1027).

(2) 소송목적인 권리·의무의 전부나 일부의 승계가 있을 것

1) 승계의 범위
   ① 인수승계가 인정되려면 소송의 목적인 권리·의무의 승계, 즉 소송물의 양도가 있을 것을 요한다(제82조). 이에는 소송물인 권리관계 자체가 제3자에게 특정승계된 경우뿐만 아니라 소송물인 권리관계의 목적물건, 즉 계쟁물의 양도도 포함된다.
   ② 계쟁물의 양도에 있어서 승계인의 범위는 특정적인 권리관계의 변동에 의하여 종전당사자가 당사자적격을 잃고 신당사자가 당사자적격을 취득하는 당사자적격의 이전이므로, 제81조와 제82조의 소송승계인은 제218조 제1항의 변론종결한 뒤의 승계인에 준하여 취급하여야 한다는 것이 판례이다.

2) 계쟁물양도에 있어서 승계인의 범위
   ① 변론종결 후의 승계인의 경우처럼 구이론은 채권적 청구권에 기한 소송 중 계쟁물을 취득한 자, 예를 들면 매매계약의 매수인이 매도인에게 소유권이전등기청구를 한 경우에 소송 도중에 매도인으로부터 목적물에 대해 등기이전을 받은 제3자는 여기의 승계인에 포함되지 아니한다고 본다(대결 1983.3.22. 80마283).
   ② 그러나 물권적 청구권에 기한 소송 중 계쟁물을 양수한 자, 예를 들면 소유권에 기한 이전등기말소소송의 계속 중에 당해 부동산을 매수하여 등기이전을 받은 제3자는 승계인에 포함시키고 있다(대판 1972.7.25. 72다935).

정답 | 1 ○ **2** ×

3. 참가승계

제81조 [승계인의 소송참가]

소송이 법원에 계속되어 있는 동안에 제3자가 소송목적인 권리 또는 의무의 전부나 일부를 승계하였다고 주장하며 제79조의 규정에 따라 소송에 참가한 경우 그 참가는 소송이 법원에 처음 계속된 때에 소급하여 시효의 중단 또는 법률상 기간준수의 효력이 생긴다.

(1) 의의

① 소송계속 중 소송의 목적인 권리·의무의 전부나 일부의 승계인이 독립당사자참가신청의 방식으로 스스로 참가하여 새로운 당사자가 되는 것을 의미한다.

② 예컨대 甲이 乙을 상대로 소유권에 기한 건물인도청구소송 중에 甲이 그 건물을 丙에게 양도한 경우 丙이 승계를 신청하여 새로운 원고가 되는 경우 등을 말한다. 권리승계뿐만 아니라 의무승계도 가능하므로 피고의 채무를 승계한 자도 자신이 참가함으로써 승소의 가능성이 있다면 참가할 수 있다.

(2) 신청절차와 심판

1) 신청절차

① **편면참가**

전주(피승계인)와 참가인 간에 이해가 대립되지 않은 경우가 보통인데 이 경우에는 참가인이 전주에게 아무런 청구를 하지 않아도 무방하다.

② **쌍면참가**

권리의무의 승계에 관해 전주와 승계인 간에 다툼이 있는 경우에는 승계인은 전주에 대하여도 일정한 청구를 하여야 한다. 이때는 3면소송형태가 된다.

2) 신청에 대한 심판

① 참가신청은 소제기에 해당하고 참가요건은 소송요건에 해당하므로, 이 신청에 대하여는 피참가인과 그 상대방은 이의를 제기하지 못하며 참가요건에 흠이 있는 때에는 변론을 거쳐 판결로 참가신청을 각하하여야 하고, 이때 승계참가인의 부적법한 참가신청을 각하하는 판결을 반드시 원래의 당사자 사이의 소송에 대한 판결과 함께 하여야 하는 것은 아니다(대판 2012.4.26. 2011다85789).

② 소송계속 중에 소송목적인 의무의 승계가 있다는 이유로 하는 소송인수신청이 있는 경우 신청의 이유로서 주장하는 사실관계 자체에서 그 승계적격의 흠결이 명백하지 않는 한 결정으로 그 신청을 인용하여야 하는 것이고, 그 승계인에 해당하는가의 여부는 피인수신청인에 대한 청구의 당부와 관련하여 판단할 사항으로 심리한 결과 승계사실이 인정되지 않으면 청구기각의 본안판결을 하면 되는 것이지 인수참가신청 자체가 부적법하게 되는 것은 아니다(대판 2005.10.27. 2003다66691).

(3) 효과

1) 시효중단 기간준수의 효과

참가승계를 하면 참가시기에 관계없이 그 참가는 소송이 법원에 처음 계속된 때에 소급하여 시효의 중단 또는 법률상 기간준수의 효력이 생긴다(제81조).

19사무관 21법원직

1 승계참가는 소송의 목적이 된 권리를 승계한 경우뿐만 아니라 채무를 승계한 경우에도 이를 할 수 있다. ( )

14법원직

2 A가 원고가 되어 B를 상대로 한 소송이 계속 중에 C가 A의 승계인이라고 주장하면서 참가신청을 할 경우, A가 승계를 다투지 않는다면 C는 B에 대해서만 청구를 하면 된다. ( )

19주사보 20사무관

3 승계참가의 신청은 소제기에 해당하고 참가요건은 소송요건에 해당하므로, 이러한 신청에 대해서는 피참가인과 그 상대방이 이의를 제기할 수 있고, 이러한 이의신청에 따라 심리한 결과 참가요건에 흠이 있는 때에는 변론 없이 판결로 참가신청을 각하할 수 있다. ( )

21법원직

4 소송계속중에 소송목적인 의무의 승계가 있다는 이유로 하는 소송인수신청이 있는 경우 신청의 이유로서 주장하는 사실관계 자체에서 그 승계적격의 흠결이 명백하지 않는 한 결정으로 그 신청을 인용하여야 하나, 피인수신청인에 대한 청구의 당부를 판단하여 심리한 결과 승계사실이 인정되지 않으면 인수참가신청 자체가 부적법하게 되어 인수참가신청을 각하하는 판결을 하여야 한다. ( )

21법원직

5 A가 B를 상대로 대여금청구소송을 하던 중에 C가 A로부터 대여금채권을 양수하여 위 소송에 승계참가를 하였다. C에 대하여도 A가 소를 제기한 때에 소급하여 대여금채권의 시효가 중단된다. ( )

정답 | 1 ○ **2** ○ **3** × **4** × **5** ○

2) 종전당사자의 소송수행의 결과

고유의 독립당사자참가와 달리 전주의 소송상 지위를 승계하므로, 참가시까지 전주가 한 소송수행의 결과에 구속된다. 다만 일단 승계참가가 이루어진 이상, 기존의 청구와 사이에 청구의 기초에 변경이 없는 한 상대방에 대한 자기 고유의 권리를 주장하는 것도 무방하므로 민사소송법 제81조의 시효중단 또는 법률상 기간준수의 효력이 처음 소가 제기된 때에 소급하여 생긴다고 한 부분은 권리승계를 주장하는 청구에 한정하여 적용된다(대판 2012.7.5. 2012다25449).

4. 인수승계

> **제82조 [승계인의 소송인수]**
> ① 소송이 법원에 계속되어 있는 동안에 제3자가 소송목적인 권리 또는 의무의 전부나 일부를 승계한 때에는 법원은 당사자의 신청에 따라 그 제3자로 하여금 소송을 인수하게 할 수 있다.
> ② 법원은 제1항의 규정에 따른 결정을 할 때에는 당사자와 제3자를 심문하여야 한다.
> ③ 제1항의 소송인수의 경우에는 제80조의 규정 가운데 탈퇴 및 판결의 효력에 관한 것과 제81조의 규정 가운데 참가의 효력에 관한 것을 준용한다.

(1) 의의

① 인수승계란 소송의 목적인 권리 의무의 전부나 일부의 승계가 있는 때에 종전당사자의 인수신청에 의하여 승계인인 제3자를 새로운 당사자로 소송에 강제로 끌어들이는 것을 말한다(제82조).

② 예컨대 甲이 乙을 상대로 소유권에 기한 건물인도청구소송중에 乙이 丙에게 건물의 점유를 승계시킨 것이 밝혀져 甲의 신청에 의하여 丙을 새로운 피고로 소송에 끌어들이는 경우이다. 주로 채무승계인이 승계적격자가 될 것이나 권리승계인이 패소를 우려하여 참가하지 않는 경우도 있을 수 있으므로 이 경우에도 인수승계가 허용된다.

(2) 유형

1) 교환적 인수

면책적 채무인수가 있는 경우와 같이 당사자적격이 제3자에게로 완전히 이전되는 경우이다. 피고적격자가 새 사람으로 이전되어 교환적 인수가 이루어지는 경우로 인수승계가 허용된다.

2) 추가적 인수

① 문제점

소송의 목적인 채무 자체를 승계한 것이 아니라, 소송의 목적이 된 채무를 전제로 새로운 채무가 생김으로써 제3자가 새로 피고적격을 취득한 경우와 같은 추가적 인수의 경우에 인수승계를 인정할 수 있는지 문제된다.

② 판례의 태도

판례는 소송당사자가 제3자로 하여금 그 소송을 인수하게 하기 위하여서는 그 제3자에 대하여 인수한 소송의 목적된 채무이행을 구하는 경우에만 허용되고 그 소송의 목적된 채무와는 전혀 별개의 채무의 이행을 구하기 위한 경우에는 허용될 수 없다고 하여 추가적 인수를 부정하고 있다(대결 1971.7.6. 71다726).

③ 검토

생각건대, 이를 불허하여 별도의 소를 또 제기하게 하는 불경제를 막고 하나의 절차에서 관련 분쟁의 1회적 해결을 위하여는 이때에도 인수시킴이 다수설이며 타당하다고 본다.

(3) 신청절차

1) 신청권자

① 제82조의 당사자에 전주가 포함되는지 문제되나, 단순히 당사자로 규정한 점과 전주가 자기의 지위를 인수시켜 채무를 면할 수 있으므로 포함된다고 봄이 타당하다.

② 채무승계인도 여기의 신청권자에 포함시킬 것이라는 견해가 있으나, 채무승계인은 제81조에 의한 참가신청을 하여야 할 것이다.

2) 법원의 허가결정

① 법원은 신청인과 제3자를 심문하고 결정으로 그 허가 여부를 재판한다(제82조 제2항).

② 인수를 명하는 결정에 대하여는 독립하여 항고할 수 없고($\frac{대결\ 1990.9.26.}{90.그30}$), 종국판결에 대한 상소로 다툴 수 있을 뿐이다(제392조). 다만, 인수신청을 기각하는 결정에 대하여는 민사소송법 제439조에 의하여 통상의 항고를 할 수 있다.

판례 | 채무승계사실에 관한 상대방 당사자의 주장을 자백한 인수참가인이 채무승계 사실을 다툴 수 있는지 여부

> 인수참가인이 인수참가요건인 채무승계사실에 관한 상대방 당사자의 주장을 모두 인정하여 이를 자백하고 소송을 인수하여 이를 수행하였다면, 위 자백이 진실에 반한 것으로서 착오에 인한 것이 아닌 한 인수참가인은 위 자백에 반하여 인수참가의 전제가 된 채무승계사실을 다툴 수는 없다($\frac{대판\ 1987.11.10.}{87다카473}$).

---

(4) 효과

① 지위의 승계

인수한 신당사자는 유리 불리를 불문하고 전주의 소송상의 지위를 그대로 승계한다. 다만 추가적 인수의 경우는 소송물을 승계하여 소송에 인입된 것이 아니므로 전주의 행위와 모순되는 승계인의 독자적인 소송행위를 넓게 인정할 필요가 있다.

② 시효중단·기간준수의 효과

인수승계를 하면 참가시기에 관계없이 그 참가는 소송이 법원에 처음 계속된 때에 소급하여 시효의 중단 또는 법률상 기간준수의 효력이 생긴다(제82조 제3항, 제81조).

5. 전주의 지위와 소송탈퇴

(1) 탈퇴의 경우의 소송관계

① 원칙적으로 전주는 당사자적격이 없어지므로 상대방의 승낙을 얻어 탈퇴할 수 있다. 그러나 탈퇴에도 불구하고 판결의 효력은 탈퇴한 당사자에게 미친다(제82조 제3항, 제81조, 제80조).

② 판례는 제1심에서 원고가 승소하였으나 항소심에서 원고에 대한 승계참가가 이루어졌고 원고가 적법하게 탈퇴한 경우에 있어서 원심으로서는 제1심판결을 변경하여 승계참가인의 청구에 대하여 판단을 하였어야 할 것임에도, 원심은 단순히 피고의 항소를 기각함으

12사무관 14법원직 17주사보

1 A가 원고가 되어 B를 상대로 한 소송이 계속 중에 A가 "C가 B의 승계인이다."고 주장하면서 C를 상대로 인수신청을 하였는데, 법원이 C에 대한 심문을 하지 않고 C에 대하여 인수를 명하는 결정을 하였다면 이는 위법하다. ( )

13사무관 21법원직

2 인수참가인이 인수참가요건인 채무승계사실에 관한 상대방 당사자의 주장을 모두 인정하여 이를 자백하고 소송을 인수하여 이를 수행하였다면, 위 자백이 진실에 반한 것으로서 착오에 인한 것이 아닌 한 인수참가인은 위 자백에 반하여 인수참가의 전제가 된 채무승계사실을 다툴 수는 없다. ( )

19법원직

3 제1심에서 원고가 승소하였으나 항소심에서 승계참가인이 승계참가신청을 하고 원고가 적법하게 탈퇴한 경우 항소심으로서는 제1심판결을 변경하여 승계참가인의 청구에 대한 판단을 하여야 하고 단순히 피고의 항소를 기각하는 것은 위법하다. ( )

21법원직

4 A가 B를 상대로 대여금 청구 소송을 하던 중에 C가 A로부터 대여금 채권을 양수하여 위 소송에 승계참가를 하였다. A는 B가 동의하지 않으면 소송에서 탈퇴할 수 없다. ( )

정답 | 1 ○ 2 ○ 3 ○ 4 ○

로써 원고의 청구를 전부 인용한 제1심판결을 그대로 유지하고 말았으니, 원심판결에는 소송탈퇴 및 승계참가에 관한 법리를 오해하여 판결에 영향을 미친 위법이 있다고 하였다 (대판 2004.1.27. 2000다63639).

(2) 불탈퇴의 경우의 소송관계

종전 당사자가 승계의 효력을 다투거나, 권리·의무의 일부승계, 추가적 인수의 경우, 상대방이 승낙하지 않는 경우에는 전주가 소송을 탈퇴하지 않는다.

판례 | 승계로 인해 중첩된 원고와 원고 승계참가인의 청구 사이에 필수적 공동소송에 관한 민사소송법 제67조가 적용되는지 여부(적극)

승계참가에 관한 민사소송법 규정과 2002년 민사소송법 개정에 따른 다른 다수당사자 소송제도와의 정합성, 원고 승계참가인(이하 '승계참가인'이라 한다)과 피참가인인 원고의 중첩된 청구를 모순 없이 합일적으로 확정할 필요성 등을 종합적으로 고려하면, 소송이 법원에 계속되어 있는 동안에 제3자가 소송목적인 권리의 전부나 일부를 승계하였다고 주장하며 민사소송법 제81조에 따라 소송에 참가한 경우, 원고가 승계참가인의 승계 여부에 대해 다투지 않으면서도 소송탈퇴, 소취하 등을 하지 않거나 이에 대하여 피고가 부동의하여 원고가 소송에 남아 있다면 승계로 인해 중첩된 원고와 승계참가인의 청구 사이에는 필수적 공동소송에 관한 민사소송법 제67조가 적용된다(대판 (전) 2019.10.23. 2012다46170).

14법원직

1 A가 원고가 되어 B를 상대로 한 소송이 계속 중에 C가 A의 승계인이라고 주장하면서 참가신청을 하였고, A가 탈퇴를 신청하였으나 B가 동의를 하지 않은 경우, A의 청구와 C의 청구는 통상의 공동소송으로서 모두 유효하게 존속하게 되므로 법원은 양 청구 모두에 대하여 판단을 하여야 한다. ( )

20사무관 21법원직

2 A가 B를 상대로 대여금 청구 소송을 하던 중에 C가 A로부터 대여금 채권을 양수하여 위 소송에 승계참가를 하였다. A가 소송에서 탈퇴하지 않으면 A의 청구에 대해서도 판결을 해야 하고, C가 일부 승소하여 B, C만 항소하면 A의 B에 대한 청구는 분리하여 확정된다.( )

gosi.Hackers.com

해커스공무원 학원 · 인강
gosi.Hackers.com

제4편
제1심의 소송절차

제1장 | 소제기의 효과

학습 POINT

1. 시효중단을 위한 후소제기 형태는 이행소송에 국한되지 않음
2. 중단의 대상 판례는 민법에서도 중요한 부분이므로 정리 필요

제1절 총설

소가 제기되면 소송법상 소송계속의 효과가 발생하고, 실체법상 권리의 시효중단과 법률상의 기간준수의 효과 등이 생긴다.

I 소제기의 소송법상 효과(소송계속)

1. 의의

소송계속이라 함은 특정한 청구에 대하여 법원에 판결절차가 현실적으로 걸려 있는 상태, 다시 말하면 법원이 판결하는 데 필요한 행위를 할 수 있는 상태를 말한다.

① 소송계속은 판결절차에 의하여 처리되는 상태를 말하기 때문에, 판결절차가 아닌 강제집행절차, 가압류·가처분절차, 증거보전절차, 중재절차에 걸려 있을 때에는 소송계속이라 할 수 없다.

② 재판절차가 현존하면 소송계속은 있다고 할 것이며, 그 소가 소송요건을 갖추고 있지 못하더라도 상관없다. 다만, 피고나 그 대리인에게 소장의 부본이 송달되면 된다.

③ 소송계속은 특정한 소송상의 청구(소송물)에 대하여 성립하는 것이므로, 공격방법인 선결적 법률관계, 방어방법인 항변관계에 대하여서는 소송계속이 발생하지 않는다.

2. 발생시기

소송계속의 발생시기는 소장부본의 송달시로 본다(대판 1989.4.11. 87다카3155).

3. 효과

중복소제기금지(후술)

4. 소송계속의 종료

판결확정시에 소송계속이 종료된다. 또한 소각하결정(제144조 제1항), 이행권고결정·화해권고결정의 확정, 화해조서나 청구의 포기·인낙조서의 작성 또는 소의 취하·취하간주(제268조)에 의하여 소송계속은 소멸한다.

II 실체법상의 효과

1. 시효의 중단

> **제265조 [소제기에 따른 시효중단의 시기]**
> 시효의 중단 또는 법률상 기간을 지킴에 필요한 재판상 청구는 소를 제기한 때 또는 제260조 제2항·제262조 제2항 또는 제264조 제2항의 규정에 따라 서면을 법원에 제출한 때에 그 효력이 생긴다.

(1) 개념

① 재판상 청구란 자기 권리를 재판상 주장하는 것을 말한다. 민사소송이기만 하면, 그것이 본소이든 반소이든, 이행·형성·확인의 소이든, 재심의 소(대판 1996.9.24. 96다11334)이든 이를 묻지 않는다.

② 민사소송법 제472조 2항은 "채무자가 지급명령에 대하여 적법한 이의신청을 한 경우에는 지급명령을 신청한 때에 이의신청된 청구목적의 값에 관하여 소가 제기된 것으로 본다."라고 규정하고 있는바, 지급명령 사건이 채무자의 이의신청으로 소송으로 이행되는 경우에 지급명령에 의한 시효중단의 효과는 소송으로 이행된 때가 아니라 <u>지급명령을 신청한 때</u>에 발생한다(대판 2015.2.12. 2014다228440).

> **판례 │ 확인판결을 선고하더라도 지연손해금 산정에 대하여 소송촉진 등에 관한 특례법 제3조의 법정이율을 적용할 수 있는지 여부(소극)**
>
> 소송촉진 등에 관한 특례법(이하 '소송촉진법'이라 한다) 제3조는 금전채권자의 소제기 후에도 상당한 이유 없이 채무를 이행하지 아니하는 채무자에게 지연이자에 관하여 불이익을 가함으로써 채무불이행 상태의 유지 및 소송의 불필요한 지연을 막고자 하는 것을 그 중요한 취지로 한다. 또한 소송촉진법 제3조의 문언상으로도 '금전채무의 전부 또는 일부의 이행을 명하는 판결을 선고할 경우'에 금전채무 불이행으로 인한 손해배상액 산정의 기준이 되는 법정이율에 관하여 정하고 있다(또한 같은 조 제2항도 '채무자에게 그 이행의무가 있음을 선언하는 사실심 판결이 선고'되는 것을 전제로 하여 규정한다). 따라서 금전채무에 관하여 채무자가 채권자를 상대로 채무부존재확인소송을 제기하였을 뿐 이에 대한 채권자의 이행소송이 없는 경우에는, 사실심의 심리 결과 채무의 존재가 일부 인정되어 이에 대한 확인판결을 선고하더라도 이는 금전채무의 전부 또는 일부의 이행을 명하는 판결을 선고한 것은 아니므로, 이 경우 지연손해금 산정에 대하여 소송촉진법 제3조의 법정이율을 적용할 수 없다(대판 2021.6.3. 2018다276768).

(2) 중단의 대상

1) 원인채권과 어음금채권의 청구

① 원인채권의 지급을 확보하기 위한 방법으로 어음이 수수된 경우에 원인채권에 기하여 청구를 한 것만으로는 어음채권 그 자체를 행사한 것으로 볼 수 없어 어음채권의 소멸시효를 중단시키지 못한다. 반대로, 채권자가 어음채권에 기하여 청구를 하는 경우에는 원인채권의 소멸시효를 중단시키는 효력이 있다(대판 1999.6.11. 99다16378).

② 만기는 기재되어 있으나 지급지, 지급을 받을 자 등과 같은 어음요건이 백지인 약속어음의 소지인이 그 백지 부분을 보충하지 않은 상태에서 어음금을 청구하는 것은 어음상의 청구권에 관하여 잠자는 자가 아님을 객관적으로 표명한 것이고 그 청구로써 어음상의 청구권에 관한 소멸시효는 중단된다(대판 (전) 2010.5.20. 2009다48312).

18법원직

1 지급명령 사건이 채무자의 이의신청으로 소송으로 이행되는 경우에 그 지급명령에 의한 시효중단의 효과는 소송으로 이행된 때가 아니라 지급명령을 신청한 때에 발생한다. ( )

17법원직

2 甲이 乙에게 금전을 대여함과 동시에 대여금채권의 지급을 확보하기 위한 방법으로 약속어음을 교부받은 경우 甲이 乙을 상대로 약속어음금의 지급을 구하는 소를 제기한 때에 위 대여금채권의 소멸시효도 중단된다. ( )

정답 │ 1○ 2○

2) 행정소송과 시효중단

위법한 행정처분의 취소·변경을 구하는 행정소송은 사권을 행사하는 것으로 볼 수 없으므로 시효중단사유가 되지 못한다. 다만, 판례는 오납한 조세에 대한 부당이득반환청구권을 실현하기 위한 수단이 되는 '과세처분의 취소 또는 무효확인을 구하는 소'는 비록 행정소송일지라도 그것은 (민사상) 부당이득반환청구권에 관한 재판상 청구에 해당한다고 한다(대판 (전) 1992.3.31. 91다32053).

3) 채권양도와 시효중단

① 채권의 양수인이 채권양도의 대항요건을 갖추지 못한 상태에서 채무자를 상대로 소를 제기한 경우에도 소멸시효중단사유인 재판상 청구에 해당한다.

② 채권양도 후 대항요건이 구비되기 전의 양도인은 채무자에 대한 관계에서는 여전히 채권자의 지위에 있으므로 채무자를 상대로 시효중단의 효력이 있는 재판상의 청구를 할 수 있고, 이 경우 양도인이 제기한 소송 중에 채무자가 채권양도의 효력을 인정하는 등의 사정으로 인하여 양도인의 청구가 기각됨으로써 민법 제170조 제1항에 의하여 시효중단의 효과가 소멸된다고 하더라도, 양도인의 청구가 당초부터 무권리자에 의한 청구로 되는 것은 아니므로, 양수인이 그로부터 6월 내에 채무자를 상대로 재판상의 청구 등을 하였다면, 민법 제169조 및 제170조 제2항에 의하여 양도인의 최초의 재판상 청구로 인하여 시효가 중단된다(대판 2009.2.12. 2008두20109).

4) 채권자대위청구

① 채권자가 채무자를 대위하여 피대위채권을 대위행사한 경우(제404조), 채권자대위권 행사의 효과는 채무자에게 귀속되는 것이므로 채권자대위소송의 제기로 인한 소멸시효의 중단의 효과 역시 채무자에게 생긴다(대판 2011.10.13. 2010다80930). 즉, 피대위채권이 시효중단됨은 물론이다.

② 원고가 채권자대위권에 기해 청구를 하다가 당해 피대위채권 자체를 양수하여 양수금청구로 소를 변경한 경우 당초의 채권자대위소송으로 인한 시효중단의 효력이 소멸하지 않는다(대판 2010.6.24. 2010다17284).

5) 기본적 법률관계에 관한 청구와 그에 포함되는 권리

① 기본적 법률관계에 관한 확인청구의 소 제기는 그 법률관계로부터 생기는 개개의 권리에 대한 소멸시효의 중단사유가 된다. 예컨대, 파면처분무효확인의 소(또는 고용관계존재확인의 소)는 파면 후의 임금채권에 대한 재판상 청구에 해당하여 시효중단의 효력이 있다(대판 1978.4.11. 77다2509).

② 저당권이 설정되어 있더라도 저당권의 피담보채권이 시효중단되는 것은 아니다. 마찬가지로 채권자가 담보목적의 가등기를 취득한 후 그 목적토지를 인도받아 점유하더라도 담보가등기의 피담보채권의 소멸시효가 중단되는 것은 아니다(대판 2007.3.15. 2006다12701).
다만, 근저당권설정등기청구권의 행사는 그 피담보채권이 될 금전채권의 실현을 목적으로 하는 것으로 근저당권설정등기청구의 소에는 그 피담보채권에 관한 주장이 당연히 포함되어 있으므로, 근저당권설정등기청구의 소의 제기는 그 피담보채권의 재판상의 청구에 해당한다(대판 2004.2.13. 2002다7213).

6) 추심채권자

채무자가 제3채무자를 상대로 금전채권의 이행을 구하는 소를 제기한 후 채권자가 위 금전

17법원직

1 원고가 채권자대위권에 기해 청구를 하다가 당해 피대위채권 자체를 양수하여 양수금청구로 소를 변경한 경우 채권자대위권에 기한 구청구는 취하된 것으로 보아야 하므로 당초의 채권자대위소송으로 인한 시효중단의 효력은 소멸한다.
( )

16법원직

2 해고무효확인의 소의 제기는 그 고용관계에서 파생하는 보수채권의 시효중단사유가 되지 않는다.
( )

14법원직

3 판례는 근저당권설정등기청구의 소 제기가 그 피담보채권이 될 채권에 대한 소멸시효 중단사유가 될 수 있다고 보고 있다. ( )

정답 | 1 × 2 × 3 ○

채권에 대하여 압류 및 추심명령을 받으면 채무자와 제3채무자 간의 소송은 당사자적격을 상실하여 각하되지만, 이 경우 채무자가 권리주체의 지위에서 한 시효중단의 효력은 추심권능을 부여받아 채권을 추심하는 추심채권자에게도 미치며, 추심채권자가 채무자와 제3채무자 간의 소송이 각하되어 확정된 날로부터 6개월 내에 추심의 소를 제기하였다면 시효중단의 효력이 유지된다(대판 2019.7.25. 2019다212945).

7) 복수의 채권

채권자가 동일한 목적을 달성하기 위하여 복수의 채권을 갖고 있는 경우, 채권자로서는 그 선택에 따라 권리를 행사할 수 있되, 그중 어느 하나의 청구를 한 것만으로는 다른 채권 그 자체를 행사한 것으로 볼 수는 없으므로, 특별한 사정이 없는 한 그 다른 채권에 대한 소멸시효중단의 효력은 없는 것이고, 채권자가 채무자를 상대로 공동불법행위자에 대한 구상금 청구의 소를 제기하였다고 하여 이로써 채권자의 사무관리로 인한 비용상환청구권의 소멸시효가 중단될 수는 없다(대판 2001.3.23. 2001다6145).

8) 응소

① 민법 제168조 제1호, 제170조 제1항에서 시효중단사유의 하나로 규정하고 있는 재판상의 청구라 함은, 통상적으로는 권리자가 원고로서 시효를 주장하는 자를 피고로 하여 소송물인 권리를 소의 형식으로 주장하는 경우를 가리키지만, 이와 반대로 시효를 주장하는 자가 원고가 되어 소를 제기한 데 대하여 피고로서 응소하여 그 소송에서 적극적으로 권리를 주장하고 그것이 받아들여진 경우도 마찬가지로 이에 포함되는 것으로 해석함이 타당하다(대판 (전) 1993.12.21. 92다47861).

② 그러나 물상보증인이 그 피담보채무의 부존재 또는 소멸을 이유로 제기한 저당권설정등기 말소등기절차이행청구소송에서 채권자 겸 저당권자가 청구기각의 판결을 구하고 피담보채권의 존재를 주장하였다고 하더라도 이로써 직접 채무자에 대하여 재판상 청구를 한 것으로 볼 수는 없는 것이므로 피담보채권의 소멸시효에 관하여 규정한 민법 제168조 제1호 소정의 '청구'에 해당하지 아니한다(대판 2004.1.16. 2003다30890).

③ 점유자가 소유자를 상대로 소유권이전등기청구소송을 제기하면서 그 청구원인으로 '취득시효 완성'이 아닌 '매매'를 주장함에 대하여, 소유자가 이에 응소하여 원고 청구기각의 판결을 구하면서 원고의 주장사실을 부인하는 경우에는, 이는 원고 주장의 매매사실을 부인하여 원고에게 그 매매로 인한 소유권이전등기청구권이 없음을 주장함에 불과한 것이고 소유자가 자신의 소유권을 적극적으로 주장한 것이라 볼 수 없으므로 시효중단사유의 하나인 재판상의 청구에 해당한다고 할 수 없다(대판 1997.12.12. 97다30288).

④ 권리자인 피고가 응소하여 권리를 주장하였으나 그 소가 각하되거나 취하되는 등의 사유로 본안에서 그 권리주장에 관한 판단 없이 소송이 종료된 경우에도 민법 제170조 2항을 유추적용하여 그때부터 6월 이내에 재판상의 청구 등 다른 시효중단조치를 취하면 응소 시에 소급하여 시효중단의 효력이 있는 것으로 봄이 상당하다(대판 2010.8.26. 2008다42416,42423).

⑤ 변론주의 원칙상 피고가 응소행위를 하였다고 하여 바로 시효중단의 효과가 발생하는 것은 아니고 시효중단의 주장을 하여야 그 효력이 생기는 것이지만, 시효중단의 주장은 반드시 응소시에 할 필요는 없고 소멸시효기간이 만료된 후라도 사실심 변론종결 전에는 언제든지 할 수 있다(대판 2010.8.26. 2008다42416,42423).

14법원직

1 채권자가 동일한 목적을 달성하기 위하여 복수의 채권을 갖고 있는 경우 특별한 사정이 없는 한 그중 어느 하나의 채권을 행사하는 것이 다른 채권에 대한 소멸시효 중단의 효력이 있다고 할 수 없다는 것이 판례의 기본입장이다. ( )

14법원직

2 판례는 권리자가 피고로서 응소하여 적극적으로 권리를 주장하고 그것이 받아들여진 경우 시효중단사유인 재판상의 청구에 해당한다고 보고 있다. ( )

16법원직

3 물상보증인이 제기한 저당권설정등기 말소청구소송에서 채권자가 청구기각을 구하면서 피담보채권의 존재를 적극 주장하더라도 그 피담보채권에 관하여 소멸시효 중단의 효력이 생기지 않는다. ( )

20법원직

4 시효를 주장하는 자가 원고가 되어 소를 제기한 경우에 있어서, 피고가 시효중단사유가 되는 응소행위를 한 경우에는 응소행위로서 시효가 중단되었다고 주장하지 않더라도 바로 시효중단의 효과가 발생한다. ( )

정답 | 1 ○ 2 ○ 3 ○ 4 ×

제1장 소제기의 효과 **205**

14법원직

1 시효중단의 효력은 소장 부본이 피고에게 송달된 때에 발생한다.
( )

(3) 효력발생 및 소멸시기

① 시효중단·법률상의 기간준수의 효력은 소의 제기시, 즉 <u>소장을 법원에 제출한 때</u>에 발생한다(제265조).

② 시효중단·기간준수의 효력의 소의 취하·각하로 소급하여 소멸한다(민법 제170조 제1항). 다만 소의 취하·각하에 의하여 소멸되어도 6월 내에 소의 제기, 압류 또는 가압류·가처분을 하면 최초의 소제기시에 중단된 것으로 본다(민법 제170조 제2항). 다만, 이미 사망한 자를 피고로 하여 제기된 소에 대해서 법원이 이를 간과하고 판결을 하여 결국 무효인 판결인 경우에는 민법 제170조 제2항이 적용되지 않는다(대판 2014.2.27. 2013다94312).

(4) 효과가 미치는 범위

① 채권양도의 대항요건을 갖추지 못한 상태에서 '채권양도인'이 채무자를 상대로 소를 제기(시효중단 인정)

이 경우 시효중단이 되는데, 그 소송 중에 채무자가 채권양도의 효력을 인정하는 등의 사정으로 인하여 채권양도인의 청구가 기각된 경우 시효중단의 효력이 없어지나, 이 경우에도 채권양수인이 그로부터 6월 내에 채무자를 상대로 재판상의 청구 등을 하면 채권양도인이 최초의 재판상 청구를 한 때부터 시효가 중단된다(대판 2009.2.12. 2008두20109).

② 채권양도의 대항요건을 갖추지 못한 상태에서 '채권양수인'이 채무자를 상대로 소를 제기(시효중단 인정)

판례는 채권양도에 의하여 채권은 그 동일성을 잃지 않고 양도인으로부터 양수인에게 이전되며, 이러한 법리는 채권양도의 대항요건을 갖추지 못하였다고 하더라도 마찬가지인 점 등에서 비록 '대항요건을 갖추지 못하여' 채무자에게 대항하지 못한다고 하더라도 '채권의 양수인'이 채무자를 상대로 재판상의 청구를 하였다면 이는 소멸시효 중단사유인 재판상의 청구에 해당한다(대판 2005.11.10. 2005다41818)고 한다.

20사무관 21법원직

2 인수참가인의 소송목적 양수 효력이 부정되어 인수참가인에 대한 청구기각 또는 소각하 판결이 확정된 날부터 6개월 내에 탈퇴한 원고가 다시 탈퇴 전과 같은 재판상의 청구 등을 한 때에는, 탈퇴 전에 원고가 제기한 재판상의 청구로 인하여 발생한 시효중단의 효력은 그대로 유지된다.
( )

③ 승계인의 소송인수와 시효중단

소송목적인 권리를 양도한 원고는 법원이 소송인수 결정을 한 후 피고의 승낙을 받아 소송에서 탈퇴할 수 있는데(제82조 제3항, 제80조), 그 후 법원이 인수참가인의 청구의 당부에 관하여 심리한 결과 인수참가인의 청구를 기각하거나 소를 각하하는 판결을 선고하여 그 판결이 확정된 경우에는 원고가 제기한 최초의 재판상 청구로 인한 시효중단의 효력은 소멸한다. 다만, 소송탈퇴는 소취하와는 그 성질이 다르며, 탈퇴 후 잔존하는 소송에서 내린 판결은 탈퇴자에 대하여도 그 효력이 미친다(제82조 제3항, 제80조 단서). 이에 비추어 보면 인수참가인의 소송목적 양수 효력이 부정되어 인수참가인에 대한 청구기각 또는 소각하 판결이 확정된 날부터 6개월 내에 탈퇴한 원고가 다시 탈퇴 전과 같은 재판상의 청구 등을 한 때에는, 탈퇴 전에 원고가 제기한 재판상의 청구로 인하여 발생한 시효중단의 효력은 그대로 유지된다고 봄이 타당하다(대판 2017.7.18. 2016다35789).

④ 연대채무자 또는 부진정연대채무자

판례에 따르면 부진정연대채무에서 채무자 1인에 대한 재판상 청구 또는 채무자 1인이 행한 채무의 승인 등 소멸시효의 중단사유나 시효이익의 포기는 다른 채무자에게 효력을 미치지 않는다(대판 2017.9.12. 2017다865)고 하는바, 시효중단의 효과는 당사자 외에 승계인에게만 미치기 때문이며(제169조 참조), 시효이익의 포기 또한 상대적인 효과만 있기 때문이다(대판 1995.7.11. 95다12446).

정답 | 1 × 2 ○

2. 법률상의 기간준수

법률상의 기간이라 함은 출소기간 그 밖의 청구를 위한 제척기간 등 권리나 법률상태를 보존하기 위하여 일정한 기간 안에 소를 제기하지 않으면 안 되며, 그것이 지나면 권리 등이 제쳐져서 없어지게 되는 기간을 말한다. 민법상의 점유소송의 제소기간(민법 제204조 제3항), 채권자취소소송(민법 제406조 제2항), 상속회복소송(민법 제999조)에 있어서 제소기간 등이 그 예이다.

제2절 중복된 소제기의 금지*

학습 POINT

1. 대위소송과 중복소송 판례 정리(채권자취소소송과 비교정리 필요)
2. 상계항변은 소송계속에 해당되지 않음
3. 전소는 소송요건 흠결이라도 적용됨

* 이시윤 286페이지 참고

> **제259조 [중복된 소제기의 금지]**
> 법원에 계속되어 있는 사건에 대하여 당사자는 다시 소를 제기하지 못한다.

Ⅰ 서설

1. 의의

이미 사건이 계속되어 있을 때는 그와 동일한 사건에 대하여 당사자는 다시 소를 제기하지 못한다(제259조). 이를 중복된 소제기의 금지 또는 이중소송의 금지원칙이라 한다.

2. 취지

동일사건에 대하여 다시 소제기를 허용하는 것은 소송제도의 남용으로서, 소송경제상 좋지 않고, 판결이 서로 모순·저촉될 우려가 있기 때문이다.

Ⅱ 요건

1. 당사자의 동일

(1) 원칙

당사자가 동일하면 원고와 피고가 전소와 후소에서 서로 바뀌어도 무방하다. 그러나 계쟁물이 동일하더라도 당사자가 다르면 전소와 후소가 동일사건이라고 할 수 없다.

(2) 예외

전후 양소의 당사자가 동일하지 아니할지라도 후소의 당사자가 기판력의 확장으로 전소의 판결의 효력을 받게 될 경우에는 동일사건이라 할 수 있다(제218조). 따라서 선정당사자가 소제기한 뒤에 선정자가 또 별도로 소를 제기한 경우에는 동일사건에 해당한다.

(3) 채권자대위소송과 중복소송

통설·판례는 채권자대위소송을 제3자의 소송담당 중 법정소송담당으로 보는 견해로서 채권자대위권을 행사하는 경우에는 법률상 권리주체와 함께 채권자에게 관리처분권을 부여한 결과 소송수행권을 가지는 법정소송담당으로 본다.

1) 채권자대위소송의 계속 중 채무자가 같은 내용의 후소 제기

대법원은 채권자가 채무자를 대위하여 제3채무자를 상대로 제기한 채권자대위소송은 법원에 계속 중 채무자와 제3채무자 사이에 채권자대위소송과 소송물을 같이하는 내용의 소송이 제기된 경우, 양 소송은 동일소송이므로 후소는 중복소송금지원칙에 위배되어 제기된 부적법한 소송이라 할 것이다(대판 1992.5.22. 91다41187)고 판시하였다.

2) 채무자 자신이 자기 권리에 관한 소송계속 중에 채권자대위소송의 제기

① 전후 양 소가 동일한 소송이면 후소가 전소와 동일한 법원에 제기되었든 다른 법원에 제기되었든 중복소송의 문제가 발생하는데, 채권자가 채무자를 상대로 제기한 소송이 계속 중인데 제3자가 민법 제404조 제1항에 의하여 채권자를 대위하여 같은 채무자를 상대로 청구취지 및 청구원인을 같이 하는 내용의 소송을 제기한 경우에는 위 양 소송은 비록 당사자는 다를지라도 실질상으로는 동일소송이라 할 것이므로 후소는 민사소송법 제259조의 중복소송금지규정에 위배되어 제기된 부적법한 소송이다(대판 1981.7.7. 80다2751).

② 또한 판례는 채권자대위권은 채무자가 제3채무자에 대한 권리를 행사하지 아니하는 경우에 한하여 채권자가 자기의 채권을 보전하기 위하여 행사할 수 있는 것이어서, 채권자가 대위권을 행사할 당시에 이미 채무자가 그 권리를 재판상 행사하였을 때에는 채권자는 채무자를 대위하여 채무자의 권리를 행사할 수 없다(대판 2009.3.12. 2008다65839).

판례 | 채무자의 권리행사 여부

> 비법인사단이 사원총회의 결의 없이 제기한 소는 소제기에 관한 특별수권을 결하여 부적법하고, 그 경우 소제기에 관한 비법인사단의 의사결정이 있었다고 할 수 없다. 따라서 비법인사단인 채무자 명의로 제3채무자를 상대로 한 소가 제기되었으나 사원총회의 결의 없이 총유재산에 관한 소가 제기되었다는 이유로 각하판결을 받고 그 판결이 확정된 경우에는 채무자가 스스로 제3채무자에 대한 권리를 행사한 것으로 볼 수 없다(대판 2018.10.25. 2018다210539).

3) 채무자 자신의 소송계속 중 압류채권자의 추심금청구소송

판례는 채무자의 제3채무자 상대의 소송계속 중 압류채권자가 제3채무자 상대의 추심금청구소송의 제기는 이를 본안심리한다 하여 제3채무자에 과도한 이중응소의 부담, 심리중복으로 당사자·법원에 소송경제에 반하지 않고 판결의 모순저촉의 위험이 크지 않다고 하여 중복소송금지의 예외라고 하였다(대판 (전) 2013.12.18. 2013다202120).

4) 채권자대위소송의 계속 중에 다시 다른 채권자의 소송제기

채권자대위소송이 이미 법원에 계속 중에 있을 때 같은 채무자의 다른 채권자가 동일한 소송물에 대하여 채권자대위권에 기한 소를 제기한 경우 시간적으로 나중에 계속하게 된 소송은 중복제소금지의 원칙에 위배하여 제기된 부적법한 소송이 된다(대판 1994.2.8. 93다53092).

19법원직

1 채권자가 대위권을 행사할 당시에 이미 채무자가 그 권리를 재판상 행사하였을 때에는 채권자는 채무자를 대위하여 채무자의 권리를 행사할 수 없다. ( )

19법원직

2 비법인사단인 채무자 명의로 제3채무자를 상대로 한 소가 제기되었으나 사원총회의 결의 없이 총유재산에 관한 소가 제기되었다는 이유로 각하판결을 받고 그 판결이 확정된 경우에는 채무자가 스스로 제3채무자에 대한 권리를 행사한 것으로 볼 수 없다. ( )

16·22법원직

3 채무자가 제3채무자를 상대로 제기한 이행의 소가 법원에 계속되어 있는 상태에서 압류채권자가 제3채무자를 상대로 추심의 소를 제기하는 것은 중복제소에 해당한다. ( )

14·17·18·20법원직

4 채권자대위소송 계속 중 다른 채권자가 같은 채무자를 대위하여 같은 제3채무자를 상대로 법원에 출소한 경우 두개 소송의 소송물이 같다면 나중에 계속된 소는 중복제소금지의 원칙에 위배하여 제기된 부적법한 소가 된다. ( )

정답 | 1 ○ 2 ○ 3 × 4 ○

5) 채권자취소소송

① 판례는 채권자취소소송의 계속 중 다른 채권자가 동일한 사해행위에 대하여 채권자취소소송을 제기한 경우에 중복제소가 아니라고 본다($\frac{\text{대판 } 2003.7.11.}{2003\text{다}19558}$). 각 채권자는 고유권리로서 채권자취소권을 행사한다는 이유에서이다.

② 채권자가 보전하고자 하는 채권을 달리하여 동일한 법률행위의 취소 및 원상회복을 구하는 채권자취소의 소를 이중으로 제기하는 경우 전소와 후소는 소송물이 동일하다고 보아야 하고, 이는 전소나 후소 중 어느 하나가 승계참가신청에 의하여 이루어진 경우에도 마찬가지이다($\frac{\text{대판 } 2012.7.5.}{2010\text{다}80503}$).

2. 청구(소송물)의 동일

(1) 청구취지가 같은 경우

청구취지가 같아도 청구원인을 이루는 실체법상의 권리가 다르면 동일사건이 아니라는 것이 구소송물이론이나, 실체법상의 권리를 소송물의 요소로 보지 않는 신소송물이론에서는 청구의 동일성에는 아무런 변함이 없다 하여 중복소송에 해당되는 것으로 본다.

(2) 청구취지가 다른 경우

청구취지가 다르면 원칙적으로 동일사건이 아닌 점에 관하여는 신·구이론 간에 견해의 차이가 없다. 청구취지가 서로 다른 경우 문제되는 것은 다음 몇 가지이다.

1) 항변으로 주장된 권리

① 문제점

소송계속은 특정한 소송물에 대하여 성립되는 것이므로 항변으로 주장한 권리에 대하여는 소송계속이 발생되지 아니함이 원칙이나 현재 계속 중인 소송에서 상계항변으로 주장한 채권을 갖고 별도의 소 또는 반소로서 청구하거나 그 역의 경우가 허용되는지가 문제된다.

② 판례

상계의 항변을 제출할 당시 이미 자동채권과 동일한 채권에 기한 소송을 별도로 제기하여 계속 중인 경우, 사실심의 담당재판부로서는 전소와 후소를 같은 기회에 심리·판단하기 위하여 이부, 이송 또는 변론병합 등을 시도함으로써 기판력의 저촉·모순을 방지함과 아울러 소송경제를 도모함이 바람직하였다고 할 것이나, 그렇다고 하여 특별한 사정이 없는 한 별소로 계속 중인 채권을 자동채권으로 하는 소송상 상계의 주장이 허용되지 않는다고 볼 수는 없다($\frac{\text{대판 } 2001.4.27.}{2000\text{다}4050}$).

2) 일부청구와 잔부청구

판례는 전소에서 일부청구임을 명시하지 않는 경우는 중복소송이지만, 명시적 일부청구의 소송계속 중 유보된 나머지 청구의 후소제기는 중복소송이 아니라는 입장이다($\frac{\text{대판 } 1996.3.8.}{95\text{다}46319}$).

> **판례 | 채권자가 채무인수자를 상대로 제기한 채무이행청구소송(전소)과 채무인수자가 채권자를 상대로 제기한 원래 채무자의 채권자에 대한 채무부존재확인소송(후소)의 동일성 여부(소극)**
>
> 채권자가 채무인수자를 상대로 제기한 채무이행청구소송(전소)과 채무인수자가 채권자를 상대로 제기한 원래 채무자의 채권자에 대한 채무부존재확인소송(후소)은 그 청구취지와 청구원인이 서로 다르므로 중복제소에 해당하지 않는다($\frac{\text{대판 } 2001.7.24.}{2001\text{다}22246}$).

14·18·20법원직

1 채권자취소소송 계속 중 다른 채권자가 동일한 사해행위에 대하여 채권자취소소송을 제기한 경우 중복제소에 해당하지 아니한다.( )

14·17·22법원직

2 별소로 계속 중인 채권을 자동채권으로 하는 소송상 상계의 주장은 허용되지 아니한다. ( )

14법원직

3 일부만을 특정하여 청구하는 그 이외의 부분은 별도소송으로 청구하겠다는 취지를 명시적으로 유보한 때에는 그 명시적 일부청구소송의 계속 중 유보된 나머지 청구를 별도 소송으로 제기하더라도 중복제소에 해당하지 아니한다. ( )

16법원직

4 중복제소에 있어서 전소와 후소의 판별기준은 소장이 법원에 제출된 때의 선후에 의한다. ( )

18법원직

5 동일한 소송물에 관하여 전소가 제기되었다고 하더라도 그 전소가 소송요건을 흠결하여 부적법하다면 후소는 중복제소금지의 원칙에 위배되지 아니한다. ( )

22법원직

6 채권자가 채무인수자를 상대로 한 채무이행청구소송이 계속 중, 채무인수자가 별소로 그 채무의 부존재확인을 구하는 소를 제기하는 것은 중복제소에 해당하여 부적법하다. ( )

정답 | 1 ○ **2** × **3** ○ **4** × **5** ×
6 ×

18·20법원직

1 당사자와 소송물이 동일한 소송이 시간을 달리하여 제기된 경우 전소가 후소의 변론종결 시까지 취하·각하 등에 의하여 소송계속이 소멸되지 않으면 후소는 중복제소금지에 위반하여 제기된 소송으로서 부적법하다.　　　　　　(　　)

3. 전소의 계속 중에 후소를 제기하였을 것

소송계속의 발생시기는 소장부본의 송달시로 보는 것이 판례의 입장이다(대판 1994.11.25. 94다12517,94다12524).

(1) 후소요건

후소가 단일한 독립의 소일 것에 한하지 아니하며, 다른 청구와 병합되어 있든지 다른 소송에서 소의 변경·반소 또는 소송참가의 방법으로 제기되었든지 문제되지 않는다.

(2) 전소요건

전소가 소송요건을 구비하지 못한 부적법한 소라도 무방하다. 후소의 변론종결시까지 전소가 취하·각하 등에 의하여 그 계속이 소멸되지 아니하면 후소는 중복제소에 해당되어 각하를 면치 못한다(대판 1998.2.27. 97다45532).

Ⅲ 효과

20법원직

2 소가 중복제소에 해당하지 아니한다는 당사자의 주장에 관하여 판단하지 않더라도 판단유탈에 해당하지 않는다.　　　　　　(　　)

1. 소의 부적법 각하판결

중복소제기금지는 소극적 소송요건으로 직권조사사항이기 때문에, 이에 해당하면 피고의 항변을 기다릴 필요없이 판결로써 후소를 부적법 각하하지 않으면 안 된다.

2. 중복소송임을 간과한 판결

22법원직

3 중복제소금지의 원칙에 위배되어 제기된 소에 대한 판결이나 그 소송절차에서 이루어진 화해라도 확정된 경우에는 당연무효라고 할 수는 없다.　　　　　　(　　)

법원이 간과하고 본안판결을 하였을 때에는 상소로 다툴 수 있다. 그러나 판결이 확정되었을 때에는 당연히 재심사유가 되는 것은 아니며, 그렇다고 당연무효의 판결도 아니다. 다만, 전후 양소의 판결이 모두 확정되었으나 서로 모순저촉이 되는 때에는 어느 것이 먼저 제소되었는가에 관계없이 뒤의 확정판결이 재심사유가 될 뿐이다(제451조 제1항 제10호). 그러나 재심판결에 의하여 취소되기까지는 뒤의 판결이 새로운 것이기 때문에 존중되어야 할 것이다(대판 1997.1.24. 96다32706).

학습 POINT
1. 소송물(허용성)에 대한 이해 필요
2. 개별 쟁점들은 반복해서 나오는 부분이므로 연결하여 이해 필요

제3절 일부청구

Ⅰ 일부청구의 허용성(소송물)

(1) 문제점

일부청구를 한 경우에 전체를 소송물로 볼 것인지, 일부만 소송물이라고 볼 것인지가 문제된다.

정답 | **1** ○ **2** ○ **3** ○

(2) 학설

① 일부청구 긍정설

그 일부임을 명시한 바 없었다 하여도 잔부와의 관계에서 일부청구 부분만이 독립의 소송물로 된다는 견해이다.

② 일부청구 부정설

그 일부가 일정한 표준으로 특정되지 않는 한 일부청구에 불구하고 전부를 소송물로 제시한 것으로 보아야 하며, 일부청구는 단지 인용한도액을 획정한 것에 그친다는 견해이다.

③ 명시적 일부청구설

원고가 일부청구임을 명시한 경우에는 일부청구 부분만이 독립의 소송물로 되지만, 그렇지 않은 경우에는 전부를 소송물로 보아야 한다는 견해이다.

(3) 판례

불법행위의 피해자가 일부청구임을 명시하여 그 손해의 일부만을 청구한 사건에서 "그 경우 그 일부청구에 대한 판결의 기판력은 잔부청구에 미치지 아니하는 것"이라고 하여 명시설을 따르면서 "일부청구의 명시방법으로 전체 손해액을 특정하여 그 중 일부만을 청구하고 나머지 손해액 청구를 유보하는 취지임을 밝혀야 할 필요는 없고 일부청구부분을 잔부청구와 구별하여 그 심리범위를 특정할 수 있는 정도로 표시하여 전체액의 일부로서 우선 청구하고 있다는 것임을 밝히는 것으로 충분하다."고 한다(대판 1989.6.27. 87다카2478).

(4) 검토

생각건대 일부청구의 문제는 분쟁의 1회적 해결의 요청과 분할청구의 자유존중의 필요 등을 비교형량하여 결정할 사항이라고 본다면 명시설이 타당하다고 본다.

Ⅱ 일부청구와 시효중단

(1) 문제점

일부청구의 경우에 그 일부청구에 포함된 채권 부분에 대하여 시효중단의 효력이 미치는 것은 당연하다. 그러나 잔부채권에 대해서도 시효중단의 효력이 미치는가에 대해서는 문제된다.

(2) 판례

① 일부청구임을 명시하여 청구한 경우는 나머지 부분에 대한 시효중단의 효력이 없다는 것이 판례의 기본적인 입장이다(대판 1967.5.23. 67다529).

② 예외적으로 청구의 대상으로 삼은 채권 중 일부만을 청구한 경우에도 그 취지로 보아 채권 전부에 관하여 판결을 구하는 것으로 해석되는 경우에는 그 동일성의 범위 내에서 그 전부에 관하여 시효중단의 효력이 발생하고, 이러한 법리는 특정 불법행위로 인한 손해배상채권에 대한 지연손해금청구의 경우에도 마찬가지로 적용된다(대판 2001.9.28. 99다72521).

20법원직

1 청구의 대상으로 삼은 채권 중 일부만을 청구한 경우에도 그 취지로 보아 채권 전부에 관하여 판결을 구하는 것으로 해석되는 경우에는 그 동일성의 범위 내에서 그 전부에 관하여 시효중단의 효력이 발생하고, 이러한 법리는 특정 불법행위로 인한 손해배상채권에 대한 지연손해금청구의 경우에도 마찬가지로 적용된다. ( )

정답 | 1 ○

판례 | 소장에서 청구의 대상으로 삼은 채권 중 일부만을 청구하면서 소송의 진행경과에 따라 장차 청구금액을 확장할 뜻을 표시하였으나 그 후 채권의 특정 부분을 청구 범위에서 명시적으로 제외한 경우, 그 부분에 대하여 재판상 청구로 인한 시효중 단의 효력이 발생하는지 여부(소극)

> 하나의 채권 중 일부에 관하여만 판결을 구한다는 취지를 명백히 하여 소송을 제기한 경우에는 소 제기에 의한 소멸시효중단의 효력이 그 일부에 관하여만 발생하고, 나머지 부분에는 발생하지 않 는다. 다만 소장에서 청구의 대상으로 삼은 채권 중 일부만을 청구하면서 소송의 진행경과에 따라 장차 청구금액을 확장할 뜻을 표시하고 해당 소송이 종료될 때까지 실제로 청구금액을 확장한 경 우에는 소제기 당시부터 채권 전부에 관하여 재판상 청구로 인한 시효중단의 효력이 발생하나, 소 장에서 청구의 대상으로 삼은 채권 중 일부만을 청구하면서 소송의 진행경과에 따라 장차 청구금 액을 확장할 뜻을 표시하였더라도 그 후 채권의 특정 부분을 청구범위에서 명시적으로 제외하였 다면, 그 부분에 대하여는 애초부터 소의 제기가 없었던 것과 마찬가지이므로 재판상 청구로 인한 시효중단의 효력이 발생하지 않는다(대판 2021.6.10. 2018다44114).

Ⅲ 일부청구와 중복소송

(1) 문제점

일부청구의 소송계속 중 별소로 잔부청구를 하는 경우 중복된 소제기에 해당하는지가 문제 된다.

(2) 판례

판례는 전소에서 일부청구임을 명시하지 않는 경우는 중복소송이지만, 명시적 일부청구의 소송계속 중 유보된 나머지 청구의 후소제기는 중복소송이 아니라는 입장이다(대판 1996.3.8. 95다46319).

Ⅳ 일부청구와 과실상계

(1) 문제점

법원은 당사자가 신청하지 아니한 사항에 대하여는 판결하지 못한다(제203조). 따라서 일 부만 청구한 경우에는 그 범위를 넘어서 판결하지 못하는데, 과실상계를 인정하는 경우에 어떤 방법으로 참작할지 문제된다. 예컨대 1억 원의 채권 중 6천만 원을 일부청구한 경우 에 과실상계의 비율이 30%라고 가정한다.

(2) 판례

1개의 손해배상청구권 중 일부가 소송상 청구되어 있는 경우에 과실상계를 함에 있어서는 손해의 전액에서 과실비율에 의한 감액을 하고 그 잔액이 청구액을 초과하지 않을 경우에 는 그 잔액을 인용할 것이고 잔액이 청구액을 초과할 경우에는 청구의 전액을 인용하는 것 으로 해석하여야 할 것이며, 이와 같이 풀이하는 것이 일부청구를 하는 당사자의 통상적 의 사라고 할 것이고, 이러한 방식에 따라 원고의 청구를 인용한다고 하여도 처분권주의에 위 배되는 것이라고 할 수는 없다(대판 2008.12.24. 2008다51649).

20법원직

1 전소에서 불법행위를 원인으로 치 료비청구를 하면서 일부만을 특정 하여 청구하고 그 이외의 부분은 별도소송으로 청구하겠다는 취지를 명시적으로 유보한 때에는 전소의 계속 중에 동일한 불법행위를 원인 으로 유보한 나머지 치료비청구를 별도소송으로 제기하였다 하더라도 중복제소에 해당하지 아니한다.
( )

20법원직

2 1개의 손해배상청구권 중 일부를 소송상 청구하는 경우 과실상계를 함에 있어서는 일부청구금액을 기 준으로 과실비율에 따른 감액을 한 다. ( )

정답 | 1 ○ **2** ×

Ⅴ 일부청구와 상계항변

(1) 문제점

원고의 총액 중 일부만 청구하였는데, 피고가 자신의 자동채권으로 상계항변을 한 경우 그 상계항변이 이유 있을 때 인용하는 방법이 문제된다.

(2) 판례

원고가 피고에게 금전채권 중 그 일부를 소송상 청구하는 경우에 이를 피고의 반대채권으로써 상계함에 있어서는 위 금전채권 전액에서 상계를 하고 그 잔액이 청구액을 초과하지 아니할 경우에는 그 잔액을 인용할 것이고 그 잔액이 청구액을 초과할 경우에는 청구의 전액을 인용하는 것으로 해석하는 것이 일부청구를 하는 당사자의 통상적인 의사이고 원고의 청구액을 기초로 하여 피고의 반대채권으로 상계하여 그 잔액만을 인용한 원심판결은 상계에 관한 법리를 오해한 위법이 있다 할 것이다($\binom{대판\ 1984.3.27.}{83다323,83다카1037}$).

Ⅵ 일부청구와 후유증에 의한 손해배상청구

(1) 문제점

불법행위의 경우에 전소의 사실심 변론종결시를 기준으로 예측하지 못하였던 후유증에 의한 손해가 발생하는 일이 있는데, 이 경우에 후유증에 의한 손해배상청구를 허용하기 위한 근거가 문제된다.

(2) 판례

판례는 불법행위로 인한 적극적 손해의 배상을 명한 전 소송의 변론종결 후에 새로운 적극적 손해가 발생한 경우에 그 소송의 변론종결 당시 그 손해의 발생을 예견할 수 없었고 또 그 부분의 청구를 포기한 것으로 볼 수 없는 사정이 있다면 전 소송에서 그 부분에 대한 청구가 유보되어 있지 않았더라도 이는 전 소송의 소송물과는 별개의 소송물이므로 전 소송의 기판력에 저촉되는 것이 아니라고 하여 별개소송물설을 따르고 있다($\binom{대판\ 2007.4.13.}{2006다78640}$).

Ⅶ 일부청구와 기판력

(1) 문제점

가분채권의 일부청구에 대하여 판결한 경우에 잔부청구에 대하여 기판력이 미치는지가 문제다.

(2) 판례

① 불법행위의 피해자가 일부청구임을 명시하여 그 손해의 일부만을 청구한 경우 그 일부청구에 대한 판결의 기판력은 청구의 인용 여부에 관계없이 청구의 범위에 한하여 미치는 것이고, 잔부청구에는 미치지 아니하는 것이라고 판시하였다($\binom{대판\ 1993.6.25.}{92다33008}$).
그러나 전소에서 일부청구를 명시하지 않았다면 잔액이 남아 있다는 이유로 후소를 청구함은 기판력에 저촉된다($\binom{대판\ 2008.12.24.}{2008다6083,6090}$).
② 다만, 후유증에 의한 손해배상청구의 경우에 판례는 불법행위로 인한 적극적 손해의 배상

15법원직

1 원고가 1억원의 금전채권 중 일부청구임을 명시하여 4,000만 원만 먼저 청구하여 승소판결을 받은 후, 금전채권 6,000만 원의 잔부청구를 하는 것은 가능하다.　　（　　）

정답 | 1 ○

을 명한 전 소송의 변론종결 후에 새로운 적극적 손해가 발생한 경우에 그 소송의 변론종결 당시 그 손해의 발생을 예견할 수 없었고 또 그 부분의 청구를 포기한 것으로 볼 수 없는 사정이 있다면 전 소송에서 그 부분에 대한 청구가 유보되어 있지 않았더라도 이는 전 소송의 소송물과는 별개의 소송물이므로 전 소송의 기판력에 저촉되는 것이 아니다 라고 한다(대판 1993.6.25. 92다33008).

Ⅷ 일부청구와 상소의 이익

(1) 문제점

상소의 이익은 상소를 제기함에 있어 그 재판에 의하여 불복을 주장하는 이익을 말한다. 상소의 이익은 당사자의 신청과 판결주문을 비교하여 후자가 전자보다 적은 때에 인정된다고 이해하는 것이 통설·판례이다(형식적 불복설). 형식적 불복설에 따르면 신청이 전부 인용된 당사자에게는 상소의 이익이 없다.

(2) 판례

가분채권에 대한 이행청구의 소를 제기하면서 그것이 나머지 부분을 유보하고 일부만 청구하는 것이라는 취지를 명시하지 아니한 경우에는 그 확정판결의 기판력은 나머지 부분에까지 미치는 것이어서 별소로써 나머지 부분에 관하여 다시 청구할 수 없으므로 이러한 경우에는 예외적으로 전부승소한 판결에 대해서도 나머지 부분에 관하여 청구를 확장하기 위하여 항소할 수 있다(대판 1997.10.24. 96다12276).

* 이시윤 302페이지 참고

20법원직

1 묵시적 일부청구를 하여 1심에서 전부승소한 자는 1심에서 청구하지 않은 나머지 부분에 관하여 청구를 확장하기 위한 항소의 이익이 인정된다. ( )

제4절 배상명령*

Ⅰ 의의

배상명령이라 함은 형사소송절차에서 유죄판결을 선고하면서 동시에 피고사건의 범죄행위로 인하여 발생한 손해나 피고인과 피해자간에 합의된 배상액에 대해 피고인에게 배상을 명하는 것이다. 예를 들면 상해사건 같은 것이 형사재판절차로 계속되어 있을 때에 그 범죄행위로 인하여 발생한 피해까지 그 절차에서 병합심판함으로써 분쟁의 1회적 해결을 도모하고 손해배상청구를 별도의 민사소송절차에 의할 때에 생길 재판의 모순저촉의 방지에 제도적 취지가 있다.

Ⅱ 배상명령의 요건

① 배상명령은 제1, 2심 형사소송절차에서 일정한 범죄에 한하여 유죄선고한 때에 한한다.

정답 | 1 ○

당사자의 신청 또는 직권으로 한다.

② 배상명령의 대상은 재산상 손해 및 위자료이다. 피해금액이 불특정, 피고인의 배상책임
의 유무 또는 그 범위의 불명, 형사공판절차가 현저히 지연될 우려가 있는 경우 등에는
배상명령을 할 수 없다.

③ 이미 집행권원을 가지고 있는 경우에도 배상명령을 할 수 없다(소촉 제25조).

Ⅲ 배상신청 및 배상명령

① 배상명령은 서면으로, 배상청구액에 해당하는 사물관할을 고려함이 없이 계속된 법원에
신청하여야 한다. 배상명령신청은 소제기와 동일한 효력(시효중단·기간준수의 효력이 있
다)이 있다(소촉 제26조). 그러나 기판력이 없기 때문에 중복소송에는 해당하지 않는다.
피해자는 법원의 허가를 얻어 일정한 신분관계 있는 자에게 소송대리하게 할 수 있다(소촉
제27조).

② 배상신청이 부적법 또는 이유 없는 경우 형사판결의 선고와 동시에 각하하여야 한다(소촉
제32조). 배상명령에 대하여는 가집행선고할 수 있다(소촉 제31조). 피고인이 유죄판결
에 대한 상소시 배상명령에도 확정차단 및 이심의 효력이 있다.

제2장 | 변론

* 윤동환 208페이지 참고

제1절 변론의 의의와 종류*

Ⅰ 의의

변론이라 함은 기일에 수소법원의 공개법정에서 당사자 양쪽이 말로 판결의 기초가 될 소송자료, 즉 사실과 증거를 제출하는 방법으로 소송을 심리하는 절차이다.

Ⅱ 변론의 종류

1. 필요적 변론

> 제134조 [변론의 필요성]
> ① 당사자는 소송에 대하여 법원에서 변론하여야 한다. 다만, 결정으로 완결할 사건에 대하여는 법원이 변론을 열 것인지 아닌지를 정한다.

(1) 의의

재판의 전제로서 반드시 변론을 열지 않으면 안되며 변론에서 행한 구술진술만이 재판의 자료로 참작되는 경우이다. 판결로 재판할 경우 원칙적으로 필요적 변론에 의하지 않으면 안 된다(제134조).

(2) 예외

① 소송요건이나 상소요건에 보정할 수 없는 흠이 있어 각하판결을 하는 경우(제219조, 제413조)
② 소액사건에서 청구가 이유 없음이 명백하여 청구기각판결을 하는 경우(소액 제9조 제1항)
③ 소송비용에 대한 담보제공 결정을 받고도 이행하지 않아 소각하판결을 하는 경우(제124조)
④ 답변서를 제출기한 내에 제출치 않아 무변론 원고승소판결을 하는 경우(제257조 제1항·제2항)
⑤ 상고심판결의 경우(제430조 제1항)

2. 임의적 변론

① 변론을 열 것을 요하지 않는 경우에 법원의 재량에 의하여 임의적으로 열 수 있는 변론이다. 결정으로 완결된 사건에 대하여는 법원이 변론의 여부를 정한다(제134조 제1항 단서).
② 임의적 변론의 경우는 변론기일에 불출석하여도 진술간주(제148조), 자백간주(제150조), 소취하간주(제268조) 등의 규정이 적용되지 않는다.

제2절 심리에 관한 제원칙

제1관 | 공개심리주의

I 의의

공개심리주의란 누구든지 심리와 판결선고에 참여할 수 있다는 원칙을 말한다(헌법 제109조 본문, 법원조직법 제57조 제1항 본문).

II 예외

① 심리는 국가의 안전보장, 안녕질서 또는 선량한 풍속을 해칠 우려가 있는 경우에는 결정으로 공개하지 아니할 수 있다(헌법 제109조 단서, 법원조직법 제57조 제1항 단서). 반면, 판결의 선고는 항상 공개해야 한다.
② 원칙적으로 당사자·이해관계인은 소송기록에 대하여 열람·복사를 신청할 수 있고, 공익적 목적 등의 경우에는 일반인도 열람신청을 할 수 있으나(제162조), 사생활의 비밀과 영업비밀의 보호를 위하여 열람을 제한할 수 있다(제163조).
③ 변론준비절차, 심판의 합의(법원조직법 제65조), 수명법관의 법원 밖에서의 증거조사, 결정으로 완결할 사건, 비송사건, 조정절차는 공개주의 원칙이 적용되지 않는다.

제2관 | 쌍방심리주의

I 의의

재판의 심리과정에서 양 당사자에게 공격방어방법 등의 제출기회를 평등하게 부여하는 것을 말한다.

II 예외

① 결정으로 완결할 사건에 대하여는 임의적 변론에 의하므로(제134조 제1항 단서) 반드시 쌍방심리주의가 적용되지는 않으며, 강제집행절차는 당사자가 대등하게 맞서는 절차가 아니므로 역시 쌍방심리주의가 적용되지는 않는다.
② 독촉절차는 쌍방심리주의를 채택하지 않고 있으나 지급명령에 이의를 하면 소가 제기된 것으로 보아 쌍방심리주의가 적용된다(제472조 제2항).

제3관 | 구술심리주의

당사자와 법원의 소송행위, 특히 변론(제134조) 및 증거조사(제331조, 제339조, 제372조)를 말로 행하는 원칙을 말한다. 판결의 선고도 재판장이 판결원본에 따라 주문을 읽어 말로써 한다(제206조).

제4관 | 직접심리주의

제204조 [직접주의]
① 판결은 기본이 되는 변론에 관여한 법관이 하여야 한다.
② 법관이 바뀐 경우에 당사자는 종전의 변론결과를 진술하여야 한다.
③ 단독사건의 판사가 바뀐 경우에 종전에 신문한 증인에 대하여 당사자가 다시 신문신청을 한 때에는 법원은 그 신문을 하여야 한다. 합의부 법관의 반수 이상이 바뀐 경우에도 또한 같다.

I 의의

판결을 하는 법관이 직접 변론을 듣고 증거조사를 행하여야 한다는 원칙이다(제204조 제1항). 증인신문의 경우 단독사건의 판사가 바뀐 경우, 또는 합의부 법관의 반수 이상이 바뀐 경우에는 종전에 신문한 증인에 대하여 당사자가 다시 신문신청을 하면 법원은 그 증인을 재신문하여야 한다(제204조 제3항).

II 예외

1. 변론의 갱신

① 법관이 바뀐 경우에 당사자는 새로운 법관 앞에서 변론을 처음부터 다시하지 않고 종전의 변론결과를 진술하는 것으로 갈음한다(제204조).
② 소액사건에는 변론갱신 없이 판결할 수 있는 특칙을 두고 있다(소액 제9조 제2항).

2. 수명법관·수탁판사에 의한 증거조사

증거조사를 법정 내에서 실시하기 어려운 사정이 있을 때 수명법관·수탁판사에게 증거를 조사하게 하고 그 결과를 기재한 조서를 판결의 자료로 사용할 수 있다(제297조, 제298조). 외국에서 증거조사를 하는 때에 외국주재 우리나라 대사·공사·영사 또는 그 나라의 관할 공공기관에 촉탁할 수도 있다(제296조).

제5관 | 처분권주의*

학습 POINT

1. 기출은 일부인용 부분이 많지만 나머지 대상과 범위, 절차의 종결부분도 중요한 부분임
2. 단순이행과 상환이행 부분이 중요(지상물매수청구권 판례)

* 이시윤 317페이지 참고
** 개, 대, 결

> **제203조 [처분권주의]**
> 법원은 당사자가 신청하지 아니한 사항에 대하여는 판결하지 못한다.

I 서설**

1. 의의

처분권주의라 함은 절차의 개시, 심판의 대상과 범위 그리고 절차의 종결에 대하여 당사자에게 주도권을 주어 그의 처분에 맡기는 입장이다. 처분권주의는 사적자치의 소송법적인 측면이라 할 수 있다.

2. 구별개념

처분권주의는 당사자의 소송물에 대한 처분자유를 의미함에 대하여, 변론주의는 당사자의 소송자료에 대한 수집책임을 뜻하는 것이다.***

II 절차의 개시

1. 원칙

민사소송절차는 당사자의 소의 제기에 의하여 비로소 개시되며 법원의 직권에 의하여 개시되지 않음이 원칙이다.

2. 예외

예외적으로 당사자의 신청 없이 직권으로 재판할 수 있는 경우가 있는데, 판결의 경정(제211조 제1항), 소송비용재판(제104조), 가집행선고(제213조 제1항), 배상명령, 추가판결(제212조 제1항) 등이다.

III 심판의 대상과 범위

1. 개설

심판의 대상도 원고의 의사에 맡겼기 때문에 원고는 이를 특정하여야 하며, 법원은 당사자가 특정하여 판결신청한 사항에 대하여 그 신청의 범위 내에서만 판단하여야 한다(제203조). 따라서 당사자가 신청한 것보다 적게 판결하는 것은 허용되나, 신청한 사항과 별개의 사항에 대해서나, 신청의 범위를 넘어서 판결하여서는 안 된다. 이러한 법리는 상소심에서는 불이익변경금지로 나타난다(제415조).

***

구분	당사자주의	직권주의
소송의 개시·소송물의 범위 특정·종료	처분권주의	직권조사주의
소송자료 수집 제출의 책임	변론주의	직권탐지주의

2. 질적 동일

(1) 소송물

① 제203조의 신청사항이라 함은 좁게는 소송물을 뜻하기 때문에, 원고가 심판을 구한 소송물과 별개의 소송물에 대한 판단을 해서는 안 된다.

② 예를 들어 (ⅰ) 합의약정이 불공정한 법률행위로서 무효(민법 제104조)라는 취지의 주장에 대하여 착오에 기한 의사표시로서 취소(민법 제109조)를 구하는 취지로 해석하거나 (대판 1993.7.13. 93다19962), (ⅱ) 소유권상실을 원인으로 한 손해배상청구(민법 제750조)에 소유권보존등기말소의무 불이행을 원인으로 한 손해배상청구(민법 제390조)를 인정한 것(대판 (전) 2012.5.17. 2010다28604), (ⅲ) 매매를 원인으로 한 소유권이전등기를 청구한 데 대하여 양도담보약정을 원인으로 한 소유권이전등기를 명한 것(대판 1992.3.27. 91다40696)은 당사자가 신청하지 아니한 사항에 대하여 판결한 것으로서 처분권주의에 반하여 위법하다.

22법원직

1 불법행위를 원인으로 한 손해배상청구에 대하여 채무불이행을 인정하여 손해배상을 명한 것은 위법하다.　　　(　)

(2) 소의 종류·순서

① 원고가 특정한 이행·확인·형성 등 소의 종류에 법원은 구속이 된다. 따라서 원고가 확인청구를 한 경우에 같은 금액의 이행판결을 할 수 없다.

② 당사자의 권리구제의 순서에도 법원은 구속된다. 따라서 예비적 병합에서 순서대로 주위적 청구에 대하여 먼저 심판함이 없이 예비적 청구를 받아들이는 판결은 제203조에 위반된다(대판 1959.10.15. 4291민상793).

(3) 제203조의 예외

① 형식적 형성의 소에는 제203조가 적용되지 아니한다. 즉, 경계확정의 소에 있어서 원고의 A·B 양 토지의 경계를 구한다는 신청에는 구속되나, A·B 양 토지의 경계선은 X선이다 라는 신청에는 구속되지 아니하며 그 경계선을 Y선 또는 Z선 등으로 자유로이 정할 수 있다(대판 1993.11.23. 93다41792,41808).

② 공유물분할청구의 소에서도 분할방법에 대한 당사자의 신청은 법원을 구속할 수 없다. 원고가 현물분할을 청구하여도 경매에 의한 가격분할을 명할 수 있다(대판 2004.10.14. 2004다30583).

3. 양적 동일

(1) 양적 상한

심판의 범위도 원고의 의사에 일임되어 있으므로 원고는 심판의 양적인 한도를 명시하여야 한다. 법원은 그 상한을 넘어서 판결할 수 없다.

1) 생명·신체 사고에 의한 손해배상청구

① 문제점

피해자가 적극적 손해·소극적 손해·위자료 등 세 가지 손해항목에 걸쳐서 배상을 구한 경우에 배상청구 총액을 초과하지 않으면, 항목별로 청구액을 초과하여 인용하여도 무방한지가 문제된다.

② 판례의 입장

판례처럼 적극적 손해·소극적 손해·위자료로 소송물이 3개라는 3분설에 의하면, 법원은 각 손해항목의 청구액에 구속되어 각 항목의 청구액을 초과하여 인용하는 것은 허용되지 아니하며, 비록 초과하여 인용하였지만 청구총액을 벗어나지 않는 경우까지도 처분권

정답 | **1** ○

주의의 위배로 본다.

그러나 불법행위로 인한 손해배상에 있어서 재산상 손해나 위자료는 단일한 원인에 근거한 것인데 편의상 이를 별개의 소송물로 분류한 것에 지나지 아니한 것이므로 재산상 손해 전부승소 위자료 일부패소의 판결에서 원고가 그 패소부분인 위자료에 대하여 항소하였다 하여도 전부 승소한 재산상 손해에 대하여도 상소의 이익이 있다고 판시하여 손해1개설의 입장을 취한 바 있다(대판 1994.6.28.
94다3063).

2) 이자채권

① 원금청구와 이자(지연손해금도 같다)청구는 별개의 소송물이므로 원리금을 합산한 전체청구금액의 범위 내라도 원금청구액을 넘어선 원금의 인용은 허용되지 아니한다(대판 2009.6.11.
2009다12399).

② 판례는 이 경우에 소송물은 원금·이율·기간 등 3개의 인자에 의하여 정해진다고 보고, 비록 원고의 이자청구액을 초과하지 않았지만 3개의 기준 중 어느 것에서나 원고 주장의 기준보다 넘어서면 처분권주의에 반한다는 입장이다(대판 1960.9.29.
4293민상18).

3) 일부청구와 과실상계

한개의 손해배상청구권 중 일부가 소송상 청구되어 있는 경우에 과실상계를 함에 있어서는 손해의 전액에서 과실비율에 의한 감액을 하고 그 잔액이 청구액을 초과하지 않을 경우에는 그 잔액을 인용할 것이고 잔액이 청구액을 초과할 경우에는 청구의 전액을 인용하는 것으로 해석하여야 할 것이며, 이와 같이 풀이하는 것이 일부청구를 하는 당사자의 통상적 의사라고 할 것이고, 이러한 방식에 따라 원고의 청구를 인용한다고 하여도 처분권주의에 위배되는 것이라고 할 수는 없다(대판 2008.12.24.
2008다51649).

4) 채무부존재확인청구

① **채무의 상한이 청구취지에 표시된 때**

채무부존재확인청구의 경우에는 부존재하는 채무 부분이 소송물이 된다. 따라서 예컨대 1,000만 원에 대한 부존재확인을 구하는 데 대하여 법원이 채무의 일부인 100만 원의 채무의 존재를 인정하는 때에는 1,000만 원의 채무 중 100만 원을 초과하는 채무의 부존재를 확인하고, 나머지 청구를 기각한다.

② **채무의 상한이 청구취지에 표시되지 않은 경우**

원고가 채무의 상한을 표시하지 않은 채 채무가 없음을 확인해 달라고 청구하거나 100만 원을 자인하고 이를 초과하는 채무의 부존재확인을 구하는 경우에 법원은 부존재확인을 구하는 채무의 총액을 청구원인 등으로부터 명확히 하여 상한이 표시된 소라고 해석하여 채무가 존재하는 것으로 인정된다면 위의 경우와 같이 일부인용·일부기각판결을 하여야 한다는 것이 판례의 입장이다. 즉 이 경우에 심리결과 원고가 자인하는 채무금액을 초과한다고 해서 바로 청구전체를 기각하면 안 된다.

(2) 일부인용

법원은 신청한 소송물의 전부를 받아들일 수 없으면 일부를 받아들이는 일부인용의 판결을 하여야 한다.

1) 분량적 일부인용

분량적 일부인용은 처분권주의에 반하지 않는다. 분량적으로 가분인 채무부존재확인의 소에서 일부인용의 판결이 가능하며, 전부의 소유권확인청구에는 지분에 대한 소유권확인의

15법원직

1 한개의 손해배상청구권 중 일부가 소송상 청구되어 있는 경우에 과실상계를 함에 있어서는 손해의 전액에서 과실비율에 의한 감액을 하고 그 잔액이 청구액을 초과하지 않을 경우에는 그 잔액을 인용할 것이고 잔액이 청구액을 초과할 경우에는 청구의 전액을 인용하는 것으로 해석하여야 할 것이며 이와 같이 풀이하는 것이 일부청구를 하는 당사자의 통상적 의사라고 할 것이므로 이에 따라 원고의 청구를 인용하는 것이 당사자 처분권주의에 위배되는 것이라고 할 수는 없다. ( )

15·21법원직

2 원고가 상한을 표시하지 않고 일정액을 초과하는 채무의 부존재의 확인을 청구하는 사건에 있어서 일정액을 초과하는 채무의 존재가 인정되는 경우에는, 특단의 사정이 없는 한, 법원은 그 청구의 전부를 기각하여야 한다. ( )

정답 | 1 ○ 2 ×

취지가 포함되어 있으므로 그 범위에서 원고청구를 일부인용할 수 있다.

판례 | 채무불이행으로 인한 손해배상 예정액의 청구에 채무불이행으로 인한 손해배상액의 청구가 포함되어 있다고 볼 수 있는지 여부(소극)

채무불이행으로 인한 손해배상 예정액의 청구와 채무불이행으로 인한 손해배상액의 청구는 그 청구원인을 달리 하는 별개의 청구이므로 손해배상 예정액의 청구 가운데 채무불이행으로 인한 손해배상액의 청구가 포함되어 있다고 볼 수 없고, 채무불이행으로 인한 손해배상액의 청구에 있어서 손해의 발생 사실과 그 손해를 금전적으로 평가한 배상액에 관하여는 손해배상을 구하는 채권자가 주장·입증하여야 하는 것이므로, 채권자가 손해배상책임의 발생 원인 사실에 관하여는 주장·입증을 하였더라도 손해의 발생 사실에 관한 주장·입증을 하지 아니하였다면 변론주의의 원칙상 법원은 당사자가 주장하지 아니한 손해의 발생 사실을 기초로 하여 손해액을 산정할 수는 없다(대판 2000.2.11. 99다49644).

2) 단순이행청구에 대한 상환이행판결
① 원칙
원고가 단순이행청구를 하고 있는데 피고의 동시이행의 항변 또는 유치권항변이 이유 있을 때에 원고가 반대의 의사표시를 하지 않는 한 원고청구기각이 아니라, 원고의 채무이행을 받음과 상환으로 피고의 채무이행을 명하는 판결을 하여야 한다.

판례도 매매계약 체결과 대금완납을 청구원인으로 하여 (무조건) 소유권이전등기를 구하는 청구취지에는 대금 중 미지급금이 있을 때에는 위 금원의 수령과 상환으로 소유권이전등기를 구하는 취지도 포함되어 있다고 할 것이다(대판 1979.10.10. 79다1508)고 하여 같은 입장이다.

② 문제되는 경우
대지임대인 甲이 그 임차인 乙을 상대로 건물철거와 그 대지인도를 청구하는 소송에서 乙이 적법하게 건물매수청구권을 행사하였을 때에 피고는 원고로부터 건물대금을 지급받음과 동시에 건물을 명도하라는 판결을 허용할 것인지가 문제된다.

판례는 건물철거 및 토지인도청구 속에 건물의 매수대금지급과 상환으로 건물의 명도를 구하는 청구가 포함되어 있다고 볼 수 없으므로, 원고의 건물매수대금지급과 상환으로 피고에게 건물명도를 명하는 판결은 허용될 수 없다는 입장이다.

다만, 법원으로서는 임대인이 종전의 청구를 계속 유지할 것인지 아니면 대금지급과 상환으로 지상물의 명도를 청구할 의사가 있는 것인지를 석명하고 임대인이 그 석명에 응하여 소를 변경한 때에는 지상물 명도의 판결을 함으로써 분쟁의 1회적 해결을 꾀하여야 한다는 입장이다(대판 (전) 1995.7.11. 94다34265).

3) 채권자취소소송에서 인도청구의 경우에 가액배상판결
판례는 채권자취소소송에서 사해행위의 전부취소와 원상회복청구의 주장에는 사해행위의 일부취소와 가액배상청구의 주장도 포함되어 있으므로, 원상회복으로 물건인도만 구하여도 가액배상을 명할 수 있다고 했다(대판 2001.9.4. 2000다66416).

4) 현재의 이행의 소의 경우에 장래의 이행판결
① 현재의 이행의 소에서 심리결과 원고에게 청구권은 있는데 이행기의 미도래·이행조건의 미성취일 때 바로 기각할 것이 아니다. 장래의 소로서 '미리 청구할 필요'(제251조)가 있

1 15법원직
채무불이행으로 인한 손해배상 예정액의 청구와 채무불이행으로 인한 손해배상액의 청구는 그 청구원인을 달리 하는 별개의 청구이므로 손해배상 예정액의 청구 가운데 채무불이행으로 인한 손해배상액의 청구가 포함되어 있다고 볼 수 없다. ( )

2 18법원직
원고가 매매계약 체결과 대금완납을 청구원인으로 하여 소유권이전등기를 구하는 청구취지에는 대금 중 미지급금이 있을 때에는 위 금원의 수령과 상환으로 소유권이전등기를 구하는 취지도 포함되어 있다. ( )

3 18·22법원직
대지임대차 종료시 대지임대인이 그 임차인에 대하여 건물철거 및 그 대지의 인도를 청구한 데 대하여 임차인이 적법하게 건물매수청구권을 행사한 경우, 대지임대인의 건물철거와 그 대지인도 청구에는 건물매수대금지급과 동시에 건물명도를 구하는 청구가 포함되어 있다고 볼 수 없다. ( )

4 17법원직
임대인이 임차인을 상대로 제기한 지상물철거 및 토지인도청구소송에서 임차인이 지상물매수청구권을 행사한 경우에 법원은 임대인에게 대금지급과 상환으로 지상물의 인도청구로 소변경의 의사가 있는지 여부에 대한 석명의무가 있다. ( )

5 18·22법원직
채무자인 원고가 피담보채무 전액을 변제하였다고 주장하면서 근저당권설정등기에 대한 말소등기절차의 이행을 청구하였으나 피담보채무의 범위 등에 관한 다툼으로 잔존채무가 있는 것으로 밝혀진 경우에는, 원고의 청구 중에는 확정된 잔존채무를 변제한 후에 위 등기의 말소를 구한다는 취지까지 포함되어 있다고 볼 수 없다. ( )

정답 | 1 ○ 2 ○ 3 ○ 4 ○ 5 ×

고 원고의 의사에 반하는 것이 아니면 장래의 이행판결을 해도 좋을 것이다.

② 판례는 저당권설정등기말소 또는 양도담보에 있어서 소유권이전등기말소청구의 경우에 심리결과 원고에게 아직 채무가 남아 있는 것으로 밝혀졌을 때 원고의 남은 채무의 변제를 조건으로 등기말소를 하도록 판결하는 것이 상당하다고 하였다(대판 2008.4.10.
2007다83694).

③ 다만, 피담보채무가 발생하지 아니한 것을 전제로 한 근저당권설정등기의 말소등기절차 이행청구 중에 피담보채무의 변제를 조건으로 장래의 이행을 청구하는 취지가 포함된 것으로는 볼 수 없으므로 선이행판결을 할 수 없다(대판 1991.4.23.
91다6009).

5) 일시금 청구에 대한 정기금 지급판결

연차적으로 발생할 손해에 대하여 당사자가 치료비 등을 일시적으로 청구한 경우 법원이 그 연차적(정기금) 지급을 명했다고 해도 손해배상의 범위와 한계에 관한 법리를 위반했다거나 당사자가 청구하지 아니한 사항에 대하여 판결한 위법이 있다고 할 수 없다(대판 1970.7.24.
70다621).

6) 상속채무

부동산을 단독으로 상속하기로 분할협의하였다는 이유로 그 부동산 전부가 자기 소유임의 확인을 구하는 청구에는 그와 같은 사실이 인정되지 아니하는 경우 자신의 상속받은 지분에 대한 소유권의 확인을 구하는 취지가 포함되어 있다고 보아야 하므로, 이러한 경우 법원은 특단의 사정이 없는 한 그 청구의 전부를 기각할 것이 아니라 그 소유로 인정되는 지분에 관하여 일부승소의 판결을 하여야 한다(대판 1995.9.29.
95다22849,22856).

Ⅳ 절차의 종결

1. 원칙

개시된 절차를 종국판결에 의하지 않고 종결시킬 것인가의 여부도 당사자의 의사에 일임되어 있다. 따라서 당사자는 어느 때나 소의 취하, 청구의 포기·인낙 또는 화해에 의하여 절차를 종결시킬 수 있다.

2. 예외

(1) 행정소송·가사소송

① 행정소송 가운데 항고소송(취소소송·무효등확인소송)의 경우에는 원고승소 확정판결의 기판력이 제3자에게 미치므로, 이와 동일한 효력이 있는 청구의 인낙이 허용되지 않으며, 당사자가 행정처분을 임의처분 내지 임의변경하는 것이 허용되지 않으므로, 청구의 포기·재판상 화해도 불가하다.

② 다만 이러한 절차에서도 절차의 개시·소송물의 특정은 당사자의 의사에 일임되며, 원고의 소취하의 자유도 인정된다.

(2) 회사관계소송

① 회사관계소송 중에서 회사설립무효·취소소송, 주주총회결의 취소·무효·부존재확인소송의 경우에는 원고승소 확정판결의 기판력이 제3자에게 미치므로 청구의 인낙, 재판상 화해는 허용되지 않는다. 청구의 포기는 원고패소판결에 해당하여 제3자에게 효력이 없으므로 허용된다.

21법원직

1 피담보채무가 발생하지 아니한 것을 전제로 한 근저당권설정등기의 말소등기절차이행청구 중에는 피담보채무의 변제를 조건으로 장래의 이행을 청구하는 취지가 포함된 것으로 보아야 한다. ( )

15법원직

2 원고가 계속적으로 필요로 하는 향후치료비 상당 손해를 일시금 지급으로 청구한 데 대하여 법원이 그 치료비를 정기금으로 지급하여야 한다고 판단하더라도 위법하지 않다. ( )

21법원직

3 부동산을 단독으로 상속하기로 분할협의 하였다는 이유로 그 부동산 전부가 자기 소유임의 확인을 구하는 청구에는 그와 같은 사실이 인정되지 아니하는 경우 자신의 상속받은 지분에 대한 소유권의 확인을 구하는 취지가 포함되어 있다고 보아야 한다. ( )

제4편 2023 해커스법원직 신정운 S 민사소송법

제2의 소송절차

② 한편 주주대표소송의 경우에는 소의 취하, 화해, 청구의 포기·인낙은 법원의 허가를 받아야 한다(상법 제403조 제6항).

(3) 증권관련집단소송

증권관련집단소송의 경우 소의 제기, 소의 취하, 화해, 청구의 포기는 법원의 허가를 받아야 한다. 소비자단체소송에서 소의 제기는 법원의 허가를 받아야 하고, 원고의 청구기각 확정판결은 대세효가 있으므로, 원고패소판결에 해당하는 청구의 포기는 허용되지 않는다.

Ⅴ 처분권주의 위배의 효과

① 처분권주의에 위배된 판결은 상소 등으로 불복하여 취소를 구할 수 있을 뿐이고 당연무효라고는 할 수 없다.
② 처분권주의 위배는 판결의 내용에 관한 것이고 소송절차에 관한 것이 아니므로 이의권의 대상이 아니다.

학습 POINT

1. 주요사실 개념 정리 필요(소송물과 관련하여 기억하는게 중요)
2. 소멸시효와 취득시효의 주요 사실 차이 이해 필요
3. 대리인에 의한 행위 부분은 곧 출제가 예상됨

* 이시윤 326페이지 참고

* 사,자,증

제6관 | 변론주의*

Ⅰ 서설

1. 의의

변론주의라 함은 소송자료, 즉 사실과 증거의 수집·제출의 책임을 당사자에게 맡기고, 당사자가 수집하여 변론에서 제출한 소송자료만을 재판의 기초로 삼아야 한다는 원칙을 말한다.

2. 구별개념

(1) 직권탐지주의

소송자료의 수집·제출책임을 당사자가 아닌 법원이 지게 되어 있는 입장이다.

(2) 처분권주의

절차의 개시, 심판의 대상, 절차의 종결에 대하여 당사자에게 주도권을 주어 그의 처분에 맡기는 입장이다.

Ⅱ 변론주의의 내용*

1. 사실의 주장책임

(1) 주장책임의 원칙

주요사실은 당사자가 변론에서 주장하여야 하며, 당사자에 의하여 주장되지 않은 사실은 법원은 판결의 기초로 삼을 수 없다. 따라서 당사자가 자기에게 유리한 사실을 주장하지 아니하면 그 사실은 없는 것으로 취급되어 불이익한 판단을 받게 되는데, 이를 주장책임이라 한다. 그러나 어느 당사자이든 변론에서 주장하였으면 되고 반드시 주장책임을 지는 당사자가 진술해야 하는 것은 아니다.

(2) 주요사실과 간접사실의 구별

1) 의의
① 주요사실은 권리의 발생·변경·소멸이라는 법률효과를 발생시키는 법규의 직접 요건사실을 말하고, 간접사실은 경험칙, 논리칙의 도움을 받아 주요사실의 존부를 추인케 하는 사실이다. 소송상으로 간접사실에 준하는 사실을 보조사실이라고 하는 바 이는 증거능력이나 증거력에 관계되는 사실을 말한다.
② 변론주의는 주요사실에 대해서만 인정되고, 간접사실과 보조사실에는 그 적용이 없다. 따라서 간접사실 등은 변론에서 당사자의 주장이 없어도 또 주장과는 달리 증거로써 이를 인정할 수 있으며, 자백이 되어도 구속력이 없다.

2) 주요사실과 간접사실의 구별의 효과
① 주요사실과 달리 간접사실·보조사실은 당사자의 주장이 없어도 법원은 증거로 인정할 수 있다.
② 간접사실·보조사실의 자백은 법원도 당사자도 구속할 수 없다.
③ 유일한 증거가 주요사실에 관한 것일 때는 조사거부할 수 없지만, 간접·보조사실에 관한 것일 때는 그러하지 아니하다.
④ 상고이유, 재심사유에 해당되는 판단누락이 되는 사실은 주요사실뿐이고 간접사실·보조사실은 해당되지 아니한다.

(3) 주요사실의 범위

1) 일반조항
판례는 신의칙위반 또는 권리남용은 강행규정에 위반되므로 당사자의 주장이 없어도 판단할 수 있다는 입장이고(대판 1989.9.29. 88다카17181), 과실을 인정하는 경우에 구체적인 사실에서 과실이나 인과관계를 '사실상 추정'하는 방법을 사용하는 것으로 보아 구체적인 사실은 간접사실이고 일반조항인 과실이나 인과관계를 주요사실로 보는 입장에 있다.

2) 주요사실에 대한 경위·내력
① 판례는 법률효과의 존부판단에 직접 필요한 사실은 판결의 기초가 되는 주요사실이지만 주요사실의 경위나 내력 등은 간접사실이므로 당사자의 주장 여부에 관계없이 법원이 증거에 의하여 자유로이 인정할 수 있다고 본다(대판 1993.9.14. 93다28379).
② 다만, 경위 자체를 주요사실로 보아야 하는 경우도 있는데, 어느 재산이 종중재산임을 주장하는 당사자는 그 재산이 종중재산으로 설정된 경위에 관하여 주장·입증하여야 한다고 하였다(대판 1997.10.10. 95다44283).

3) 과실상계의 주요사실
민법 제396조 및 제763조에서 채무불이행 또는 손해발생 및 확대에 관하여 채권자의 과실이 있는 때에는 법원이 손해배상의 범위를 정함에 있어서 이를 참작하도록 명하고 있어, 법원은 채무자의 과실상계항변이 없더라도 직권으로 채권자의 과실을 참작하여야 하는 것이고(대판 1995.6.30. 94다23920), 이 경우 채권자의 과실을 구성하는 사실에 대하여는 주장책임이 존재하지 아니한다.

14법원직

1 판례는 민사소송에 있어서 변론주의는 주요사실에 대하여서만 인정될 뿐 주요사실의 존부를 추인케 하는 간접사실에 대하여는 그 적용이 없다고 보고 있다. ( )

20법원직

2 중도금을 직접 지급하였느냐 또는 그 수령권한 수임자로 인정되는 자를 통하여 지급하였느냐는 결국 변제사실에 대한 간접사실에 지나지 않는 것이어서 반드시 당사자의 구체적인 주장을 요하는 것은 아니다. ( )

정답 | **1** ○ **2** ○

18법원직

1 민사소송절차에서 변론주의 원칙은 권리의 발생·변경·소멸이라는 법률효과 판단의 요건이 되는 주요사실에 관한 주장·증명에 적용되므로, 권리를 소멸시키는 소멸시효 항변은 변론주의 원칙에 따라 당사자의 주장이 있어야만 법원의 판단대상이 된다. ( )

18법원직

2 당사자가 민법에 따른 소멸시효기간을 주장한 경우 변론주의 원칙상 법원이 직권으로 상법에 따른 소멸시효기간을 적용할 수는 없다. ( )

18법원직

3 본래의 소멸시효 기산일과 당사자가 주장하는 기산일이 서로 다른 경우에는 변론주의의 원칙상 법원은 당사자가 주장하는 기산일을 기준으로 소멸시효를 계산하여야 한다. ( )

17법원직

4 취득시효의 기산점은 간접사실에 불과하므로 법원으로서는 이에 관한 당사자의 주장에 구속되지 아니하고 소송상 나타난 자료에 의하여 점유의 시기를 인정할 수 있다. ( )

4) **소멸시효와 취득시효의 기산점**

① 민사소송절차에서 변론주의 원칙은 권리의 발생·변경·소멸이라는 법률효과 판단의 요건이 되는 주요사실에 관한 주장·증명에 적용된다. 따라서 권리를 소멸시키는 소멸시효 항변은 변론주의 원칙에 따라 당사자의 주장이 있어야만 법원의 판단대상이 된다.

그러나 이 경우 어떤 시효기간이 적용되는지에 관한 주장은 권리의 소멸이라는 법률효과를 발생시키는 요건을 구성하는 사실에 관한 주장이 아니라 단순히 법률의 해석이나 적용에 관한 의견을 표명한 것이다. 당사자가 민법에 따른 소멸시효기간을 주장한 경우에도 법원은 직권으로 상법에 따른 소멸시효기간을 적용할 수 있다(대판 2017.3.22. 2016다258124).

② 소멸시효의 기산일은 채권의 소멸이라고 하는 법률효과 발생의 요건에 해당하는 소멸시효기간 계산의 시발점으로서 시효소멸 항변의 법률요건을 구성하는 구체적인 사실에 해당하므로 이는 변론주의의 적용대상이라 할 것이고, 따라서 본래의 소멸시효 기산일과 당사자가 주장하는 기산일이 서로 다른 경우에는 변론주의의 원칙상 법원은 당사자가 주장하는 기산일을 기준으로 소멸시효를 계산하여야 하는데, 이는 당사자가 본래의 기산일보다 뒤의 날짜를 기산일로 하여 주장하는 경우는 물론이고, 특별한 사정이 없는 한 그 반대의 경우에 있어서도 마찬가지라고 보아야 할 것이다(대판 2009.12.24. 2009다60244).

③ 취득시효의 기산점은 법률효과의 판단에 관하여 직접 필요한 주요사실이 아니고 간접사실에 불과하므로 법원으로서는 이에 관한 당사자의 주장에 구속되지 아니하고 소송자료에 의하여 점유의 시기를 인정할 수 있다(대판 1998.5.12. 97다34037).

④ 부동산의 시효취득에 있어서 그 점유가 자주점유인지의 여부를 가리는 기준이 되는 점유의 권원은 간접사실에 지나지 아니하는 것이므로, 법원은 당사자의 주장에 구애됨이 없이 소송자료에 의하여 인정되는 바에 따라 진정한 점유의 권원을 심리하여 취득시효의 완성 여부를 판단할 수 있다(대판 1997.2.28. 96다53789).

5) **대리인에 의한 법률행위**

① 대리행위는 법률효과를 발생시키는 실체법상의 구성요건 해당 사실에 속하므로 법원은 변론에서 당사자가 주장하지 않은 이상 이를 인정할 수 없다고 보아 본인에 의하여 계약이 체결되었는지, 대리인에 의하여 계약이 체결되었는지는 별개의 주요사실이라고 한다(대판 1996.2.9. 95다27998).

다만, 이와 같은 주장은 반드시 명시적인 것이어야 하는 것은 아니므로 대리인이 증인으로 출석하여 대리행위를 진술하는 경우에도 간접적 주장을 한 것으로 보아 대리에 의한 행위의 주장이 있는 것으로 볼 수 있고(대판 1994.10.11. 94다24626), 주장공통의 원칙상 상대방이 대리행위를 주장한 경우에도 허용된다고 본다(대판 1990.6.26. 89다카15359).

② 유권대리에 있어서는 본인이 대리인에게 수여한 대리권의 효력에 의하여 법률효과가 발생하는 반면 표현대리에 있어서는 대리권이 없음에도 불구하고 법률이 특히 거래상대방 보호와 거래안전유지를 위하여 본래 무효인 무권대리 행위의 효과를 본인에게 미치게 한 것으로서 표현대리가 성립된다고 하여 무권대리의 성질이 유권대리로 전환되는 것은 아니므로, 양자의 구성요건 해당사실, 즉 주요사실은 다르다고 볼 수 밖에 없으니 유권대리에 관한 주장 속에 무권대리에 속하는 표현대리의 주장이 포함되어 있다고 볼 수 없다(대판 (전) 1983.12.13. 83다카1489).

정답 | **1** ○ **2** × **3** ○ **4** ○

(4) 소송자료와 증거자료의 준별

1) 원칙

변론주의하의 민사사건에서 소송자료와 증거자료는 준별된다. 즉, 법원이 증거에 의하여 주요사실을 알았다고 하더라도 당사자가 법정변론에서 주장한 바 없으면 이를 기초로 심판할 수 없으며 또한 당사자의 주장과 달리 심판할 수도 없다. 이는 증거자료를 함부로 판결의 기초로 삼는다면 상대방은 제대로 방어를 못한 채 뜻밖의 재판을 받게 될 수 있기 때문이다.

2) 간접적 주장

① 당사자가 법원에 서증을 제출하며 그 증명취지를 진술함으로써 서증에 기재된 사실을 '주장'한 경우(대판 1999.7.27. 98다46167),

② 당사자의 변론을 전체적으로 관찰하여 간접적으로 주장한 것으로 볼 수 있는 경우(대판 2006.6.30. 2005다21531),

③ 감정서나 서증을 이익으로 원용한 경우(대판 1993.2.12. 91다33384)에 주요사실의 주장이 있는 것으로 볼 수 있다고 하였다.

④ 금원을 변제공탁하였다는 취지의 공탁서를 증거로 제출하면서 그 금액 상당의 변제 주장을 명시적으로 하지 않은 경우, 비록 당사자가 공탁서를 제출하였을 뿐 그에 기재된 금액 상당에 대한 변제 주장을 명시적으로 하지 않았다고 하더라도 공탁서를 증거로 제출한 것은 그 금액에 해당하는 만큼 변제되었음을 주장하는 취지임이 명백하므로, 법원으로서는 그와 같은 주장이 있는 것으로 보고 그 당부를 판단하거나 아니면 그렇게 주장하는 취지인지 석명을 구하여 당사자의 진의를 밝히고 그에 대한 판단을 하여야 한다(대판 2002.5.31. 2001다42080).

⑤ 피고가 본안전 항변으로 채권양도사실을 내세워 당사자적격이 없다고 주장하는 경우 그와 같은 주장 속에는 원고가 채권을 양도하였기 때문에 채권자임을 전제로 한 청구는 이유가 없는 것이라는 취지의 본안에 관한 항변이 포함되어 있다(대판 1992.10.27. 92다18597).

판례 | 묵시적 주장을 부정한 경우

① 증여를 원인으로 한 소유권이전등기청구에 대하여 피고가 시효취득을 주장하였다고 하여도 그 주장 속에 원고의 위 이전등기청구권이 시효소멸하였다는 주장까지 포함되었다고 할 수 없다(대판 1982.2.9. 81다534).

② 변제로 채무가 소멸했다는 주장에 상계의 주장이 포함된다고 할 수 없다(대판 2009.10.29. 2008다51359).

③ 채무불이행으로 인한 손해배상청구권에 대한 소멸시효 항변이 불법행위로 인한 손해배상청구권에 대한 소멸시효 항변을 포함한 것으로 볼 수는 없다(대판 1998.5.29. 96다51110).

④ 채권자가 동일한 목적을 달성하기 위하여 복수의 채권을 가지고 이를 행사하는 경우 각 채권이 발생시기와 발생원인 등을 달리하는 별개의 채권인 이상 별개의 소송물에 해당하므로, 이에 대하여 채무자가 소멸시효 완성의 항변을 하는 경우에 그 항변에 의하여 어떠한 채권을 다투는 것인지 특정하여야 하고 그와 같이 특정된 항변에는 특별한 사정이 없는 한 청구원인을 달리하는 채권에 대한 소멸시효 완성의 항변까지 포함된 것으로 볼 수는 없다(대판 2013.2.15. 2012다68217).

⑤ 의사표시가 강박에 의한 것이어서 당연무효라는 주장 속에 강박에 의한 의사표시이므로 취소한다는 주장이 당연히 포함되어 있다고는 볼 수 없다(대판 1996.12.23. 95다40038).

20법원직

1 피고가 본안전 항변으로 채권양도사실을 내세워 당사자적격이 없다고 주장하는 경우 그와 같은 주장 속에는 원고가 채권을 양도하였기 때문에 채권자임을 전제로 한 청구는 이유가 없는 것이라는 취지의 본안에 관한 항변이 포함되어 있다. ( )

20법원직

2 증여를 원인으로 한 부동산소유권이전등기청구에 대하여 피고가 시효취득을 주장하였다고 하여도 그 주장 속에 원고의 위 이전등기청구권이 시효소멸하였다는 주장까지 포함되었다고 할 수 없다. ( )

정답 | 1 ○ 2 ○

2. 자백의 구속력

당사자 간에 다툼이 없는 주요사실은 증거조사 없이 그대로 판결의 기초로 해야 하는 구속력이 인정된다. 변론주의에 의하는 한 자백이 있으면 그 사실에 관해서는 법원의 사실인정권이 배제되기 때문이다. 그러나 현저한 사실에 반하는 자백은 구속력이 없다.

판례 | 피고와 제3자 사이에 있었던 민사소송의 확정판결의 존재를 넘어서 판결의 이유를 구성하는 사실관계들까지 법원에 현저한 사실로 볼 수 있는지 여부(소극)

> 피고와 제3자 사이에 있었던 민사소송의 확정판결의 존재를 넘어서 그 판결의 이유를 구성하는 사실관계들까지 법원에 현저한 사실로 볼 수는 없다. 민사재판에 있어서 이미 확정된 관련 민사사건의 판결에서 인정된 사실은 특별한 사정이 없는 한 유력한 증거가 되지만, 당해 민사재판에서 제출된 다른 증거 내용에 비추어 확정된 관련 민사사건 판결의 사실인정을 그대로 채용하기 어려운 경우에는 합리적인 이유를 설시하여 이를 배척할 수 있다는 법리도 그와 같이 확정된 민사판결 이유 중의 사실관계가 현저한 사실에 해당하지 않음을 전제로 한 것이다(대판 2019.8.9. 2019다222140).

3. 증거의 제출책임

① 증거도 당사자가 세워야 하기 때문에 당사자가 신청한 증거에 대해서만 증거조사하며, 원칙적으로 법원은 직권으로 증거조사해서는 안 된다. 다른 사건판결문에서 인정된 사실이라도 증거로 제출하지 않았다면 재판부가 이를 토대로 판단을 내리는 것은 변론주의의 위배이다(대판 2019.8.9. 2019다222140).

② 직권증거조사는 당사자가 신청한 증거에 의하여 심증을 얻을 수 없을 때에 보충적으로 할 수 있을 뿐이다(제292조).

Ⅲ 변론주의의 한계와 보완·수정

1. 변론주의의 한계

① 변론주의의 지배는 사실과 증거방법에만 국한되고 그 주장된 사실관계에 관한 법적 판단과 제출된 증거의 가치 평가는 법원의 직책에 속한다. 또한 사실판단의 전제가 되는 경험법칙도 변론주의의 적용범위 밖이다.

② 어떤 권리의 소멸시효기간이 얼마나 되는지에 관한 주장은 단순한 법률상의 주장에 불과하므로 변론주의의 적용대상이 되지 않고 법원이 직권으로 판단할 수 있다 할 것이다(대판 2013.2.15. 2012다68217).

*진, 리, 석, 권

2. 변론주의의 보완*

변론주의를 형식적으로 관철시킨다면 소송수행능력의 불완전으로 인하여, 승소할 사안인데도 패소를 당하는 경우가 있을 수 있다. 그러므로 당사자 간의 실질적인 평등을 보장하여 국민의 재판청구권을 보장하기 위하여 일정한 보완방법이 필요하다.

(1) 당사자의 진실의무

① 의의

변론주의에 의하여 사실주장의 책임이 당사자에게 있다 하여도 진실에 반하는 것으로 알고 있는 사실을 주장해서는 안 되며, 진실에 맞는 것으로 알고 있는 상대방의 주장을 다투어서는 안 되는 의무를 말한다.

② 기능

진실의무위반의 경우에 승소한 경우라도 상대방에 대한 소송비용의 부담, 소송사기로 인한 손해배상책임의 문제가 생길 수 있고 또 사실인정에 있어서 변론 전체의 취지(제202조)로서 당해 당사자에게 불리한 영향을 줄 수 있다.

(2) 대리인 선임명령

제144조에서는 대리인의 선임을 명할 수 있도록 하였는데 이는 변호사 강제주의를 인정하지 않는 현행 법제하에서 변론주의의 문제점인 당사자의 소송수행능력의 불평등을 완화하기 위해 부분적인 변호사 강제주의를 도입한 것으로 볼 수 있다.

(3) 석명권

소송관계의 명료를 위해 당사자에게 입증을 촉구하는 법원의 석명권 행사가 결과적으로 변론주의의 문제를 보완하는 의미를 지니게 된다.

(4) 직권증거조사

직권에 의한 증거조사는 변론주의와 상대되는 개념이지만 변론주의의 문제점에 비추어 본다면 기능적으로 이를 보완하는 의미를 가진다고 하겠다. 제292조에서는 당사자가 신청한 증거에 의하여 심증을 얻을 수 없거나 기타 필요하다고 인정한 때에 보충적으로 법원이 직권으로 증거조사를 할 수 있도록 규정하고 있다.

Ⅳ 변론주의의 예외(제한)

1. 직권탐지주의

(1) 의의

직권탐지주의라 함은 소송자료, 즉 사실과 증거의 수집, 제출 책임을 당사자가 아닌 법원에 일임하는 입장을 말한다.

(2) 내용

① 사실의 직권탐지

당사자가 주장하지 않은 사실이라도 법원은 직권으로 수집하여 판결의 기초로 삼아야 한다. 판례는 법원이 아무런 제한 없이 당사자가 주장하지 아니한 사실을 판단할 수 있는 것은 아니고, 기록상 현출되어 있는 사항에 관하여서만 직권으로 증거조사를 하고 이를 기초로 하여 판단할 수 있을 따름이다(대판 1994.4.26. 92누17402)고 판시하였다.

② 자백의 구속력 배제

당사자가 주요사실에 대해 자백하더라도 법원은 이에 구속되지 않으며, 증거자료에 그칠 뿐이다.

③ **직권증거조사**

변론주의의 보충적인 직권증거조사(제292조)와 달리 법원은 직권탐지한 사실에 대해서는 당사자의 증거신청 여부를 불문하고 직권으로 조사한다.

④ **공격방어방법의 제출시기 무제한**

당사자의 공격방어방법은 참고자료에 불과하므로 실기한 공격방어방법의 각하(제149조), 변론종결 후의 공격방어의 제출불허(제285조) 규정의 적용이 없다.

⑤ **처분권주의의 제한**

청구의 포기·인낙이나 화해가 불허된다.

(3) 당사자의 절차권 보장

직권으로 탐지한 사실이나 증거를 곧바로 판결의 자료로 삼는다면 예상 밖의 불리한 재판이 될 수 있으므로, 이의 방지를 위하여 미리 당사자에게 알려 그에 관한 의견진술의 기회를 부여하여야 한다.

(4) 적용범위

14법원직
1 판례는 재심사유의 존부에 대하여도 변론주의가 적용되어 자백이 허용된다고 보고 있다. (　)

재판권·재심사유의 존재는 고도의 공익성 때문에, 알려지지 않은 경험법칙·외국법규·관습법 따위는 법관이 직책상 규명해야 할 사항이기 때문에 직권탐지가 필요하다.

2. 직권조사사항

(1) 의의

당사자의 신청 또는 이의에 관계없이 법원이 반드시 직권으로 조사하여 판단을 하여야 할 사항을 말한다. 항변사항과 대립된다.

(2) 구체적 내용

① 직권조사사항은 공익에 관한 것이기 때문에 항변이 없어도 법원이 직권으로 문제삼아 판단한다는 것을 뜻하는 것이지, 판단의 기초될 사실과 증거에 관한 직권탐지의무는 없다.

② 직권조사사항은 이의권의 포기(제151조)는 허용되지 아니한다.

③ 그 존부 자체는 재판상의 자백이나 자백간주의 대상이 될 수 없다.

④ 피고의 답변서 제출이 없어도 무변론판결을 할 수 없다(제257조 제1항 단서). 공격방어방법과 상고이유서의 제출에 시기적 제한이 없다.

22법원직
2 당사자가 주장하였거나 그 조사를 촉구하지 아니한 직권조사사항은 이를 판단하지 아니하였다고 하여도 민사소송법 제451조 제9호에서 정한 재심사유(판결에 영향을 미칠 중요한 사항에 관하여 판단을 누락한 때)에 해당하지 않는다. (　)

판례 | 당사자가 주장하지 아니한 직권조사사항에 관한 판단유탈이 민사소송법 제422조 제1항 제9호 소정의 재심사유에 해당하는지 여부(소극)

> 민사소송법 제422조 제1항 제9호의 판결에 영향을 미칠 중요한 사항이라 함은 직권조사사항이건 아니건 불문하나 다만 당사자가 주장하였거나 그 조사를 촉구하지 아니한 직권조사 사항은 이를 판단하지 아니하였다고 하여도 위 법조항 소정의 재심사유에 해당하지 않는다(대결 1983.12.29. 82사19).

(3) 적용범위

① 소송법적 요소로서 소송요건, 상소요건, 상고심의 심리불속행사유,

② 실체법적 요소로서 소송계속의 유무(대판 1982.1.26. 81다849), 과실상계(대판 2011.7.14. 2011다21143), 손익상계(대판 2001.5.10. 2000다37296), 위자료의 액수(대판 2014.3.13. 2012다45603), 신의칙·권리남용(대판 1998.8.21. 97다37821),

③ 법률의 적용으로서 절차적 강행법규의 준수, 실체법의 해석적용은 직권조사사항이다.

판례 | 전소 확정판결의 존재가 직권조사사항인지 여부(적극) 및 당사자가 확정판결의 존재를 상고심에서 새로이 주장·증명할 수 있는지 여부(적극)

전소 확정판결의 존부는 당사자 주장이 없더라도 법원이 직권으로 조사하여 판단하지 않으면 안 되고, 더 나아가 당사자가 확정판결의 존재를 사실심 변론종결 시까지 주장하지 아니하였더라도 상고심에서 새로이 주장·증명할 수 있다(대판 2011.5.13. 2009다94384,94391,94407).

22법원직

1 전소 확정판결의 존재는 당사자 주장이 없더라도 법원이 직권으로 조사하여 판단해야 하나, 당사자가 확정판결의 존재를 사실심 변론종결 시까지 주장하지 않은 경우에는 상고심에서 새로이 주장·증명할 수는 없다. ( )

제7관 | 석명권

학습 POINT

1. 적극적 석명은 원칙적 부정, 예외적 인정됨을 주의
2. 지적의무 판례정리 중요

제136조 [석명권·구문권 등]

① 재판장은 소송관계를 분명하게 하기 위하여 당사자에게 사실상 또는 법률상 사항에 대하여 질문할 수 있고, 증명을 하도록 촉구할 수 있다.
② 합의부원은 재판장에게 알리고 제1항의 행위를 할 수 있다.
③ 당사자는 필요한 경우 재판장에게 상대방에 대하여 설명을 요구하여 줄 것을 요청할 수 있다.
④ 법원은 당사자가 간과하였음이 분명하다고 인정되는 법률상 사항에 관하여 당사자에게 의견을 진술할 기회를 주어야 한다.

I 의의

소송관계(신청, 주장, 증명)를 분명하게 하기 위하여 사실상·법률상 사항에 대하여 당사자에게 질문하고 증명촉구를 할 뿐만 아니라, 당사자가 간과한 법률상 사항을 지적하여 의견 진술의 기회를 주는 법원(재판장, 합의부원)의 권능이다(제136조). 변론주의의 결함을 시정하고 실질적 당사자평등을 보장하는 기능을 한다.

21법원직

2 법원의 석명권 행사는 당사자의 주장에 모순된 점이 있거나 불완전·불명료한 점이 있을 때에 이를 지적하여 정정·보충할 수 있는 기회를 주고, 계쟁 사실에 대한 증거의 제출을 촉구하는 것을 그 내용으로 한다. ( )

II 석명권의 범위(한계)

1. 소극적 석명

석명권의 행사는 당사자가 밝힌 소송관계의 테두리를 벗어날 수 없으며, 이 한도 내에서 사실적 법률적 측면에서 당사자의 신청이나 주장에 불분명·불완전·모순 있는 점을 제거하는 방향으로 행사하여야 한다. 이를 소극적 석명이라 하며 이 경우는 석명권의 과도한 행사가 문제되지 않는다.

정답 | 1 × **2** ○

2. 적극적 석명

(1) 문제점

석명권의 행사에 의하여 새로운 신청·주장·공격방어방법의 제출을 권유하는 석명을 적극적 석명이라 하는데, 이의 인정 여부가 문제된다.

(2) 판례

소극적 석명은 허용되지만, 새로운 신청이나 주장 또는 공격방어방법을 시사하여 그 제출을 권유하는 적극적 석명은 변론주의에 위반되며 석명권의 범위를 넘어선 것이라고 하였다. 다만, ① 손해배상책임이 인정되는 경우 법원은 손해액에 관한 당사자의 주장과 증명이 미흡하더라도 적극적으로 석명권을 행사하여 증명을 촉구하여야 하고, 경우에 따라서는 직권으로 손해액을 심리·판단하여야 한다(대판 2020.3.26. 2018다301336).

② 토지임대인의 임차인 상대의 지상물철거 및 토지인도청구소송에서, 임차인이 지상물매수청구권을 적법하게 행사한 경우에 그대로는 원고청구기각을 당할 수밖에 없을 때 법원은 임대인이 종전의 청구를 계속 유지할 것인지, 아니면 대금지급과 상환으로 지상물의 명도청구로 소변경의 의사가 있는 것인지의 여부에 대해 석명의무가 있다고 하였다(대판 1995.7.11. 94다34265).

Ⅲ 석명의 대상

1. 청구취지의 석명

(1) 의의

청구취지가 불분명, 불특정, 법률적으로 부정확·부당한 경우에는 원고가 소로써 달하려는 진정한 목적이 무엇인가를 석명하여야 한다.

(2) 긍정되는 경우

① 청구변경의 취지가 불분명한 경우 교환적인가 또는 추가적인가의 점에 대하여 석명할 의무가 있다(대판 2003.1.10. 2002다41435).

② 재산적 손해로 인한 배상청구와 정신적 손해로 인한 배상청구는 각각 소송물을 달리하는 별개의 청구이므로 소송당사자로서는 그 금액을 각각 특정하여 청구하여야 하고, 법원으로서도 그 내역을 밝혀 각 청구의 당부에 관하여 판단하여야 한다(대판 1989.10.24. 88다카29269).

(3) 부정되는 경우

① 등기부취득시효(민법 제245조 제2항)에 의한 소유권이전등기를 청구하는 것이 분명한 경우에 점유취득시효 주장(민법 제245조 제1항)이 들어가 있는지 석명할 의무가 없고(대판 1997.3.11. 96다49902),

② 소유권에 기하여 미등기 무허가건물의 반환을 구하는 청구취지 속에는 점유권에 기한 반환청구권을 행사한다는 취지가 당연히 포함되어 있다고 볼 수는 없고, 소유권에 기한 반환청구만을 하고 있음이 명백한 이상 법원에 점유권에 기한 반환청구도 구하는지의 여부를 석명할 의무가 있는 것은 아니다(대판 1996.6.14. 94다53006).

③ 소유권확인(민법 제211조)을 구하는 사건에서 소유권이전등기청구(민법 제568조)를 하는 것인지 석명할 의무가 없다(대판 1969.1.28. 68다1467).

21법원직

1 손해배상책임이 인정되는 경우 법원은 손해액에 관한 당사자의 주장과 증명이 미흡하더라도 적극적으로 석명권을 행사하여 증명을 촉구하여야 하고, 경우에 따라서는 직권으로 손해액을 심리·판단하여야 한다. (　　)

15·21법원직

2 청구변경의 형태가 교환적인지 추가적인지 불분명한 경우임에도 교환적 변경으로 단정하여 재판하였다면 석명의무위반이다. (　　)

18법원직

3 소유권에 기하여 미등기 무허가건물의 반환을 구하는 청구취지 속에 점유권에 기한 반환청구권을 행사한다는 취지가 당연히 포함되어 있다고 볼 수는 없다. (　　)

정답 | **1** ○ **2** ○ **3** ○

2. 소송물의 특정을 위한 석명

예를 들면 여러 개의 손해배상 채권자가 총 손해액 중 일부청구의 경우에 어느 채권에 대한 것인지 특정되지 아니한 때에도 석명의 대상이다(대판 2007.9.20. 2007다25865).

3. 주장의 석명

(1) 인정되는 경우

청구원인이 불분명·모순·결함·불완전한 경우 이를 사실적 측면과 법률적 측면에서 정리하도록 석명할 수 있다.

① 손해배상의 법률적 근거가 불법행위인지 계약책임인지 불분명한 경우(대판 2009.11.12. 2009다42765),

② 문서가 위조되었다는 취지로 다투다가 서증의 인부절차에서 갑자기 진정성립을 인정한 경우(대판 2003.4.8. 2001다29254),

③ 피고 명의의 등기말소를 청구취지에서는 직접이행으로 구하고 청구원인에서는 채권자대위권의 행사로 청구하는 경우(대판 1999.12.24. 99다35393) 등이다.

④ 법원의 석명권 행사는 당사자의 주장에 모순된 점이 있거나 불완전, 불명료한 점이 있을 때에 이를 지적하여 정정·보충할 수 있는 기회를 주고 계쟁사실에 대한 증거의 제출을 촉구하는 것을 그 내용으로 하는 것으로서 당사자가 주장하지도 아니한 법률효과에 관한 요건사실이나 독립된 공격방어방법을 시사하여 그 제출을 권유함과 같은 행위를 하는 것은 변론주의의 원칙에 위배되는 것으로서 석명권 행사의 한계를 일탈하는 것이지만, 당사자가 어떠한 법률효과를 주장하면서 미처 깨닫지 못하고 그 요건사실 일부를 빠뜨린 경우에는 법원은 그 누락사실을 지적하고, 당사자가 이 점에 관하여 변론을 하지 아니하는 취지가 무엇인지를 밝혀 당사자에게 그에 대한 변론을 할 기회를 주어야 할 의무가 있다(대판 2005.3.11. 2002다60207).

(2) 부정되는 경우

① 피고가 매매계약이 체결된 바 없다고 주장하고 있는데 변제에 대하여 석명할 의무가 없고(대판 2001.10.9. 2001다5576),

② 시효완성에 의하여 이익을 받을 자가 구태여 시효완성의 항변을 하고 있지 않은 경우 석명할 의무가 없으며(대판 1962.10.11. 62다466),

③ 피고가 원고인 채권자의 수령지체책임을 주장한 것에 상계항변주장이 포함되어 있는지에 대해 석명할 의무가 없다(대판 2004.3.12. 2001다79013).

4. 증명촉구

① 다툼이 있는 사실에 대하여 증명이 안 된 경우에는 법원은 증명촉구의무를 진다. 다만, 소송 정도로 보아 증명책임 있는 당사자의 무지·부주의·오해로 인하여 증명하지 않음이 명백한 경우에 한한다. 증명촉구는 어디까지나 증명책임을 진 당사자에게 주의를 환기시키는 것이며, 법원은 구체적으로 증명방법까지 지시하면서 증거신청을 종용할 필요는 없다.

② 판례도 배상액에 관한 증명이 없다 하여 청구기각을 할 것이 아니라 적극적으로 석명권을 발동하여 증명을 촉구할 의무가 있다는 입장이다(대판 2008.2.14. 2006다37892).

15법원직

1 원고가 손해배상청구의 법률적 근거가 계약책임인지 불법행위책임인지 이를 명시하지 아니하였는데 불법행위책임을 묻는 것으로 단정하여 재판하였다면 석명의무위반이다. ( )

17법원직

2 당사자가 어떠한 법률효과를 주장하면서 미처 깨닫지 못하고 그 요건사실 일부를 빠뜨린 경우 법원이 그 누락사실을 지적하는 것은 변론주의의 원칙에 위배되는 것으로서 석명권 행사의 한계를 일탈하는 것이다. ( )

15·21법원직

3 원고의 매매대금청구에 대하여 피고가 주장하지 아니하는 변제의 항변에 관한 석명을 하지 않고 재판하였다면 석명의무위반이다. ( )

정답 | **1** ○ **2** × **3** ×

Ⅳ 지적의무

1. 의의 및 취지

법원은 당사자가 간과하였음이 분명하다고 인정되는 법률상 사항에 관하여 당사자에게 의견을 진술할 기회를 주어야 한다(제136조 제4항). 이를 게을리하여 당사자가 전혀 예상밖의 법률적 관점에 기한 재판으로 불의의 타격을 받는 것을 막아 당사자의 절차적 기본권을 보장하려 한 것이다.

2. 요건

(1) 당사자가 간과하였음이 분명할 것

통상인의 주의력을 기준으로 당사자가 소송목적에 비추어 당연히 변론에서 고려 또는 주장되어야 할 법률상의 사항을 부주의 또는 오해로 빠뜨리고 넘어간 경우를 뜻한다. 다만, 간과하였음이 분명한 것인가의 여부를 판단함에 있어서는 당사자의 법률지식 정도를 고려하여야 하며, 본인소송은 변호사대리소송과는 달리 후하게 판단하여야 할 것이다.

(2) 당사자가 간과한 법률상 사항일 것

(3) 판결의 결과에 영향이 있는 것일 것

3. 판례

① 원고가 소유권에 기하여 건물의 인도를 구하는 경우에 채권자대위권에 기하여 건물인도 청구를 인용할 것인가 여부를 판단함에 있어서는 그에 관한 피고의 견해를 듣고 반대주장을 할 수 있는 기회를 부여하여야 한다고 했다(대판 2007.7.26. 2007다19006,19013).

② 특정한 권리나 법률관계에 관하여 분쟁이 있어도 제소하지 아니하기로 합의(이하 '부제소 합의'라고 한다)한 경우 이에 위배되어 제기된 소는 권리보호의 이익이 없고, 또한 당사자와 소송관계인은 신의에 따라 성실하게 소송을 수행하여야 한다는 신의성실의 원칙(민사소송법 제1조 2항)에도 어긋나는 것이므로, 소가 부제소 합의에 위배되어 제기된 경우 법원은 직권으로 소의 적법 여부를 판단할 수 있으나, 당사자들이 부제소 합의 효력·범위에 관하여 다투지 아니하는데도, 법원이 직권으로 부제소 합의의 위배를 이유로 소각하하는 것은 예상 외의 재판으로 당사자 일방에게 불의의 타격이 되므로 석명의무위반으로 보았다(대판 2013.11.28. 2011다80449).

③ 채권자대위소송에서 보전의 필요성이 없다는 이유로 소각하하고자 할 때에도 지적석명을 필요로 한다(대판 2014.10.27. 2013다25217).

④ 당사자가 부주의한 나머지 자신에게 유리한 주장을 제대로 주장하지 않은 탓에 더 많은 돈을 물어주게 되었다면 석명권을 행사하여 주장과 증명을 다할 수 있도록 하여야 한다고 했다(대판 2015.4.23. 2013다100774).

⑤ 당사자가 부주의 또는 오해로 인하여 청구취지가 특정되지 아니한 것을 명백히 간과한 채 본안에 관하여 공방을 하고 있는데도 보정의 기회를 부여하지 아니한 채 당사자가 전혀 예상하지 못하였던 청구취지 불특정을 이유로 소를 각하하는 것은 석명의무를 다하지 아니하여 심리를 제대로 하지 아니한 것으로서 위법하다(대판 2014.3.13. 2011다111459).

15법원직

1 당사자들이 부제소 합의의 효력이나 그 범위에 관하여 쟁점으로 삼아 소의 적법 여부를 다투지 아니하는데도 법원이 직권으로 부제소 합의에 위배되었다는 이유로 소가 부적법하다고 판단하였다면 석명의무위반이다. ( )

17법원직

2 청구취지가 특정되지 않았는데도 당사자가 부주의 또는 오해로 인하여 이를 명백히 간과한 채 본안에 관하여 공방을 하고 있는 경우 보정의 기회를 부여하지 아니한 채 청구취지 불특정을 이유로 소를 각하하는 것은 석명의무를 다하지 아니한 것으로서 위법하다. ( )

정답 | 1 ○ 2 ○

⑥ 또한, 법원으로서는 다툼 있는 사실을 증명하기 위하여 제출한 증거가 당사자의 부주의 또는 오해로 인하여 불완전·불명료한 경우에는 당사자에게 그 제출된 증거를 명확·명료하게 할 것을 촉구하거나 보충할 수 있는 기회를 주어야 하고, 만약 이를 게을리한 채 제출된 증거가 불완전·불명료하다는 이유로 그 주장을 배척하는 것은 석명의무 또는 심리를 다하지 아니한 것으로서 위법하다(대판 2021.3.11. 2020다273045).

4. 내용

지적의무는 불이익을 받을 자에게 의견진술기회를 주는 것이며, 법원이 자신의 견해를 밝힐 필요는 없다. 만약 법원이 사실상 또는 법률상 사항에 관한 석명의무나 지적의무 등을 위반한 채 변론을 종결하였는데 당사자가 그에 관한 주장·증명을 제출하기 위하여 변론재개신청을 한 경우에는 법원으로서는 변론을 재개하고 심리를 속행할 의무가 있다(대판 2011.7.28. 2009다64635).

5. 지적의무의 위반

지적의무를 어기고 판결한 경우에는 당연히 절차위배로 상고이유가 된다. 다만 절대적 상고이유가 되는 것이 아니고 일반상고이유(제423조)가 된다. 따라서 의무위반이 판결에 영향을 미칠 것을 요한다.

Ⅴ 석명권의 행사

1. 주체

석명권은 소송지휘권의 일종이므로 재판장 또는 단독판사가 행사한다. 합의부원도 재판장에게 알리고 할 수 있다(제136조).

2. 석명불응에 대한 조치

당사자는 석명에 응할 의무는 없다. 단, 불응하는 경우 주장 입증이 없는 것으로 취급되어 불이익한 재판을 받을 수 있다.

Ⅵ 석명처분

법원은 소송관계를 분명하게 하기 위하여 석명권 행사 외에 일정한 처분을 할 수 있는데 이를 석명처분이라 한다(제140조 제1항). 이 경우 검증·감정과 조사의 촉탁에는 증거조사에 관한 규정을 준용한다(제140조 제2항). 그러나 석명처분에 의해 얻은 자료는 사건의 내용을 이해하기 위한 것이어서 증거자료의 수집만을 목적으로 한 증거조사와 다르다. 때문에 변론의 전체의 취지로 참작될 뿐이며, 이를 증거로 원용하여야 증거자료로 삼을 수 있다.

제8관 | 적시제출주의*

제146조 [적시제출주의]
공격 또는 방어의 방법은 소송의 정도에 따라 적절한 시기에 제출하여야 한다.

I 서설

1. 의의

적시제출주의라 함은 당사자가 공격방어방법을 소송의 정도에 따라 적절한 시기에 제출하여야 한다는 입장을 말한다(제146조).

2. 연혁

(1) 동시제출주의 또는 법정순서주의

공격방어방법의 제출에 있어서 엄격한 순서를 정하여 그 순서를 놓치면 뒤에 보충제출을 허용하지 아니하고 실권되게 하는 것을 의미한다. 그러나 이는 당사자로 하여금 가정주장이나 가정항변을 하게 만들어 사건의 복잡화, 심리의 경직화라는 폐해를 낳았다.

(2) 수시제출주의

공격방어방법을 변론종결시까지 자유롭게 제출할 수 있는 것을 의미한다. 그러나 수시제출주의는 악의의 당사자에 의하여 소송지연의 도구로 남용되는 폐해가 있었다.

II 적시제출주의의 실효성 확보를 위한 제도 - 실권효

1. 재정기간제도(공격방어방법의 제출기간제한)

제147조 [제출기간의 제한]
① 재판장은 당사자의 의견을 들어 한 쪽 또는 양 쪽 당사자에 대하여 특정한 사항에 관하여 주장을 제출하거나 증거를 신청할 기간을 정할 수 있다.
② 당사자가 제1항의 기간을 넘긴 때에는 주장을 제출하거나 증거를 신청할 수 없다. 다만, 당사자가 정당한 사유로 그 기간 이내에 제출 또는 신청하지 못하였다는 것을 소명한 경우에는 그러하지 아니하다.

(1) 의의

신법은 당사자가 특정한 공격방어방법을 적절한 시기에 제출하도록 재판장이 제출기간을 정하는 한편, 그 기간 내에 제출하지 못하고 넘기면 그 공격방어방법을 제출할 수 없게 하는 제도를 신설하였다(제147조).

(2) 내용

① 재판장은 당사자의 의견을 들어 한쪽 또는 양쪽 당사자에 대하여 특정한 사항에 관하여

주장제출·증거신청의 기간을 정할 수 있다(제147조 제1항). 제출기간이나 신청기간을 정하기에 앞서 재판장은 당사자의 의견을 들어야 한다. 재판장은 또한 주장제출·증거신청을 요하는 사항과 그 기간 및 어느 당사자에 대한 기간인지를 명확하게 특정하여야 한다.

② (ⅰ) 만일 당사자가 정해진 기간을 지키지 못하고 넘긴 때에는 이후에 재정기간에서 정한 특정한 사항에 관하여 주장을 제출하거나 증거를 신청할 수 없다(제147조 제2항 본문). 즉 실권효의 제재가 따르도록 한 것이다.

(ⅱ) 다만 당사자가 정당한 사유로 제출기간 이내에 제출·신청하지 못하였음을 소명한 경우에는 면책받게 되는 길을 열어 놓았다(제147조 2항 단서).

(ⅲ) 재정기간에 관한 제147조는 변론절차에 적용되지만 변론준비절차에도 준용된다(제286조).

22법원직

1 재판장은 당사자의 의견을 들어 한 쪽 또는 양 쪽 당사자에 대하여 특정한 사항에 관하여 주장을 제출하거나 증거를 신청할 기간을 정할 수 있다.　　　(　)

2. 실기한 공격방어방법의 각하

제149조 [실기한 공격·방어방법의 각하]
① 당사자가 제146조의 규정을 어기어 고의 또는 중대한 과실로 공격 또는 방어방법을 뒤늦게 제출함으로써 소송의 완결을 지연시키게 하는 것으로 인정할 때에는 법원은 직권으로 또는 상대방의 신청에 따라 결정으로 이를 각하할 수 있다.
② 당사자가 제출한 공격 또는 방어방법의 취지가 분명하지 아니한 경우에, 당사자가 필요한 설명을 하지 아니하거나 설명할 기일에 출석하지 아니한 때에는 법원은 직권으로 또는 상대방의 신청에 따라 결정으로 이를 각하할 수 있다.

(1) 의의

당사자의 고의 또는 중과실로 공격방어방법이 시기에 늦게 제출된 경우 소송의 완결을 지연시킬 것으로 인정되는 때 법원이 직권 또는 상대방의 신청에 의하여 그 공격방어방법을 각하시키는 것을 의미한다(제149조).

(2) 각하요건

1) 시기에 늦은 공격방어방법의 제출일 것
① 시기에 늦었다 함은 소송의 진행정도로 보아 과거에 제출을 기대할 수 있었음에도 이를 하지 아니함으로써 적절한 시기를 넘긴 경우를 말한다.
판례는 제1심에서도 주장할 수 있었던 유치권의 항변을 항소심 제4회 기일에 비로소 제출한 경우를 실기한 공격방어방법이라고 보았다(대판 1962.4.4. 4294민상1122).
② 증거방법 중 유일한 증거방법을 실기하였다고 각하할 수 있는지가 문제되나, 유일한 증거방법이라고 해서 예외로 취급할 것이 아니다.
③ 항소심에서 새로운 공격방어방법이 제출되었을 때, 시기에 늦었느냐의 여부는 항소심이 속심이므로 1, 2심 전체를 살펴 판단한다(대판 1962.4.4. 4294민상1122).

2) 당사자에게 고의 또는 중과실이 있을 것
① 고의나 중과실의 유무를 판단함에 있어서는 법률지식의 정도를 고려하여야 하며, 공격방어방법의 종류도 고려하여야 할 것이다.

22법원직

2 실기한 공격·방어방법인지 여부를 판단할 때, 항소심에서 새로운 공격·방어방법이 제출된 경우에는 특별한 사정이 없는 한 항소심뿐만 아니라 제1심까지 통틀어 시기에 늦었는지 여부를 판단해야 한다.　(　)

정답 | 1 ○ 2 ○

② 따라서 제1심에서 패소한 후 항소심에서 비로소 약정해제권을 행사하더라도 뒤늦게 제출한 것이 아니다(대판 2004.12.9.
2004다51054).

③ 항소심에 이르러 동일한 쟁점에 관한 대법원판결이 선고되자 그 판결의 취지를 토대로 새로운 주장을 제기하는 것은 실기한 공격방어방법이 아니다(대판 2006.3.10.
2005다46363,46370,46394).

3) 당해 공격방어방법을 심리하면 각하할 때보다 소송의 완결이 지연될 것

별도의 증거조사가 불필요한 항변과 같이 그 내용이 이미 심리를 마친 소송자료의 범위 안에 포함되어 있는 경우나 당해 기일에 즉시 조사할 수 있는 증거의 신청은 소송의 완결을 지연시킨다고 할 수 없다.

4) 각하의 대상

각하의 대상은 공격방어방법, 즉 주장·부인·항변·증거신청 등이고, 반소·소의 변경·참가신청 등 판결신청은 해당되지 않는다.

(3) 각하절차

① 각하는 직권 또는 상대방의 신청에 따라 한다. 각하 여부는 법원의 재량적 사항으로 볼 것이다.

② 각하당한 당사자는 독립하여 항고할 수 없고, 종국판결에 대한 상소와 함께 불복하여야 한다(제392조). 그러나 각하신청이 배척된 경우에는 법원의 소송지휘에 관한 사항이기 때문에 불복신청이 허용되지 않는다.

3. 변론준비기일을 거친 경우의 새로운 주장의 제한

변론준비기일까지 거친 경우에 그 기일에서 미처 제출하지 않은 공격방어방법은 적절한 시기를 놓친 것이므로 원칙적으로 변론에서 제출할 수 없는 실권을 당하게 된다(제285조).

4. 기타

(1) 석명에 불응하는 공격방어방법의 각하

당사자가 제출한 공격방어방법의 취지가 분명하지 아니한 경우 법원의 석명권 행사나 석명처분에도 불구하고 당사자가 필요한 설명을 하지 않거나 설명할 기일에 출석하지 않은 때에는 법원은 실기한 공격방어방법과 같은 절차에 의하여 당해 공격방어방법을 각하할 수 있다(제149조 제2항).

(2) 중간판결의 내용과 저촉되는 주장의 제한

중간판결을 한 때에는 기속력 때문에 그 판단사항에 관한 공격방어방법은 당해 심급에서는 제출할 수 없다.

(3) 상고이유서제출기간이 지난 뒤의 새로운 상고이유의 제한

상고심에서는 상고이유서제출기간 안에 이에 기재하여 제출하지 않은 상고이유는 원칙적으로 고려하지 않는다(제427조, 제431조).

(4) 답변서제출의무와 방소항변

신법은 피고에게 소장부본을 송달받은 날부터 30일 이내에 답변서를 제출할 의무를 지우고 있다(제256조). 임의관할위반(제30조), 소송비용의 담보제공 등의 방소항변을 본안에 관한 변론 전까지 제출케 한 것도 적시제출주의를 실현하기 위한 것이다.

22법원직

1 당사자가 민사소송법 제146조의 규정을 어기어 고의 또는 중대한 과실로 공격 또는 방어방법을 뒤늦게 제출함으로써 소송의 완결을 지연시키게 하는 것으로 인정할 때에 법원은 상대방의 신청에 따라 결정으로 이를 각하할 수 있지만 직권으로 이를 각하할 수는 없다.
( )

22법원직

2 당사자가 제출한 공격 또는 방어방법의 취지가 분명하지 아니한 경우에, 당사자가 필요한 설명을 하지 아니하거나 설명할 기일에 출석하지 아니하면 법원은 상대방의 신청에 따라 결정으로 이를 각하할 수 있다.
( )

정답 | 1 × 2 ○

Ⅲ 적시제출주의의 예외

적시제출주의는 변론주의가 적용되는 범위에 한정되며, 직권탐지주의나 직권조사사항에 관하여는 그 적용이 배제된다.

제9관 │ 집중심리주의

Ⅰ 의의

하나의 사건만을 놓고 모든 증거조사를 하고 변론을 마친 다음 다른 사건으로 들어가는 심리방식을 말하는데 계속심리주의라고도 한다. 소송촉진을 도모함은 물론 직접주의와 구술주의라는 심리의 대원칙을 회복하기 위해서 집중심리방식이 요구되는바, 개정 민사소송법은 집중심리주의의 실효성을 보장하기 위해 여러 제도를 도입하였다.

Ⅱ 집중심리주의의 내용

1. 소송자료의 조기충실화와 사건분류

소제기의 초기단계에서부터 소장·답변서 기재의 충실화로 변론의 집중을 지향한다. 즉, 피고에게 소장부본을 송달받은 후 30일 이내에 답변서 제출의무를 부과하되 불이행하면 무변론판결제도로 끝내고, 답변서를 제출한 사건이라면 바로 사건을 검토하여 가능한 최단기간 안의 날로 제1회 변론기일을 지정하도록 했다.

2. 변론집중을 위한 쟁점정리절차

① 변론준비절차에 부쳐져서 변론준비기일까지 거쳤으면 뒤에 제출하는 자료에 대해서는 실권의 제재를 가함으로써(제285조) 이 과정에서 공격방어방법을 모두 쏟아내는 집중제출을 유도한 것이다.

② 개정민소규칙은 당사자 본인출석명령 나아가 법원과 당사자 사이에서 절차진행계획에 관한 협의(쟁점계약)까지 하는 등(개정규칙 제70조 제3항 내지 제5항) 쟁점정리를 보다 충실하게 하고, 법원에게 정리된 쟁점의 확인의무를 지웠다(개정규칙 제70조의2).

3. 1회변론기일과 집중증거조사

① 필요에 의하여 변론준비절차에 부쳐진 사건이면 변론은 1회의 변론기일로 종결되도록 법원이 노력하고 당사자는 이에 협력하여야 한다고 규정하였다(제287조).

② 변론기일에서는 변론준비절차에서 정리된 쟁점에 맞추어 양쪽 신청의 증인과 당사자신문을 집중시행하는 집중증거조사를 하여야 한다(제293조).

4. 계속심리주의

변론준비절차를 거친 사건에 있어서 변론기일을 1일로 마치지 못하고 그 심리가 2일 이상 소요되는 때에는 종결에 이르기까지 매일 변론을 진행하여야 하는 계속심리주의까지 채택하였다(규칙 제72조 제1항).

제10관 | 직권진행주의

Ⅰ 의의

소송절차의 진행과 정리를 법원에 맡겨 그 주도하에 소송심리가 진행되게 함으로써 소송이 신속하고 원활하게 진행되도록 하는 것을 말한다.

Ⅱ 소송절차에 대한 이의권

1. 의의

법원이나 상대방의 소송행위가 소송절차에 관한 규정에 어긋난 경우 당사자가 이의를 제기하여 그 효력을 다툴 수 있는 권능을 말한다.

2. 대상

① 소송절차에 관한 규정에 위배된 경우이어야 하므로 소송행위의 내용이나 소송상의 주장에 관한 규정은 제외된다.
② 소송절차에 관한 규정 중에서도 임의규정 위반에 한정된다. 이때 임의규정이란 당사자의 소송진행상의 이익보장과 편의를 목적으로 한 사익규정을 말한다.
③ 훈시규정은 이의권의 포기·상실과 무관하다. 즉 종국판결의 선고기일이 소제기일로부터 5개월을 초과하였다거나(제199조), 변론종결일로부터 2주 또는 4주를 초과하였다고 하여(제207조) 다툴 수 없는 것은 훈시규정의 본질에서 나오는 것이지 이의권의 포기·상실로 인한 것이 아니다.

3. 이의권의 포기·상실

제151조 [소송절차에 관한 이의권]
당사자는 소송절차에 관한 규정에 어긋난 것임을 알거나, 알 수 있었을 경우에 바로 이의를 제기하지 아니하면 그 권리를 잃는다. 다만, 그 권리가 포기할 수 없는 것인 때에는 그러하지 아니하다.

(1) 의의

① 이의권의 포기란 당사자가 절차규정의 위반에 관해 다투지 않을 것임을 표시하는 것이고, ② 이의권의 상실이란 당사자가 절차규정의 위반을 알았거나 알 수 있었을 경우 지체

없이 이의권을 행사하지 않음으로써 이의권을 잃게 되는 것을 말한다(제151조).

(2) 요건 및 방식

① 이의권의 포기는 변론 또는 변론준비절차에서 법원에 대한 의사표시로 하며, 상대방에 대해서 하거나 사전에 할 수 없다.

② 이의권의 상실은 법원이나 상대방의 소송행위가 소송절차에 관한 규정에 어긋난 것임을 알았거나 알 수 있었어야 하고, 그럼에도 불구하고 바로 이의를 제기하지 않았어야 한다.

(3) 대상

소송절차에 관한 규정 중에서도 임의규정 위반에 한정된다. 판결정본의 송달은 상소제기기간의 기산점이 되므로(제396조), 강행규정에 해당한다. 따라서 판결정본상의 하자는 이에 대한 이의권의 상실로 인하여 치유된다고 볼 수 없다(대판 2002.11.8, 2001다84497).

(4) 효과

소송법규에 위배된 소송행위는 이의권의 포기·상실로 그 하자가 치유되어 완전히 유효하게 되지만, 법원의 행위로 양 당사자 모두에게 이의권이 생긴 경우에는 양자 모두의 이의권이 포기·상실되어야 유효하게 된다.

제3절 변론의 준비(기일전의 절차)

Ⅰ 준비서면

1. 총설

(1) 의의

준비서면이라 함은 당사자가 변론에서 말로 하고자 하는 사실상·법률상 사항을 기일 전에 예고적으로 기재하여 법원에 제출하는 서면을 말한다. 통상의 준비서면 외에 답변서와 요약준비서면(제278조) 등 3가지가 있다.

(2) 준비서면의 교환

① 지방법원합의부 이상의 절차에서는 준비서면의 제출이 반드시 필요하지만, 단독판사의 심판사건에서는 제출하지 아니할 수 있다. 다만, 단독사건이라도 상대방이 준비하지 않으면 진술할 수 없는 사항은 예외로 한다(제272조 제2항).

② 준비서면을 법원에 제출하면 법원은 그 부본을 상대방에게 송달함으로써 교환하게 되는데, 새로운 공격방어방법을 포함한 준비서면은 상대방이 이에 대하여 준비할 기간이 필요하므로 변론기일 또는 변론준비기일의 7일 전까지 상대방에게 송달될 수 있도록 제출하여야 한다(규칙 제69조의3).

학습 POINT

1. 준비서면 제출, 부제출의 효과 정리 필요
2. 변론준비절차 조문 중심으로 정리

22법원직

1 단독사건의 변론은 서면으로 준비하지 아니할 수 있으나, 상대방이 준비하지 아니하면 진술할 수 없는 사항은 서면으로 준비하여야 한다.
( )

22법원직

2 준비서면은 그것에 적힌 사항에 대하여 상대방이 준비하는 데 필요한 기간을 두고 제출하여야 하며, 법원은 상대방에게 그 부본을 송달하여야 한다.
( )

정답 | 1 ○ 2 ○

2. 준비서면 기재

준비서면에는 사실상의 주장, 법률상의 주장, 증거신청, 증거항변, 상대방 제출의 증거방법에 대한 의견 등을 기재한다(제274조).

판례 | 변론기일에 진술하지 아니한 준비서면에 기재된 항변을 판단하지 아니한 것이 판단누락인지 여부(소극)

> 준비서면에 취득시효완성에 관한 주장사실이 기재되어 있다 하더라도 그 준비서면이 변론기일에서 진술된 흔적이 없다면 취득시효완성의 주장에 대한 판단누락의 위법이 있다 할 수 없다 (대판 1983.12.27. 80다1302).

3. 준비서면의 부제출·제출의 효과

(1) 부제출의 효과*

1) 무변론 패소판결의 위험

준비서면의 일종인 답변서를 피고가 소장부본을 송달받은 날부터 30일 이내에 제출하지 아니한 때에는 원고의 청구원인 사실에 대하여 자백한 것으로 보고 변론 없이 피고 패소판결을 선고할 수 있다(제257조 제1항).

2) 예고 없는 사실주장의 금지

출석한 당사자가 준비서면에 적지 아니한 사실은 상대방이 출석하지 아니한 때에는 변론에서 주장하지 못한다. 다만 단독사건으로서 준비서면을 필요로 하지 않는 경우에는 예외이다(제276조). 이 경우에 새로운 주장을 허용하면, 출석하지 아니한 상대방은 예고받지 못한 사실에 반론을 펼 기회도 갖지 못한 채 자백간주로 되는 불공평이 생기기 때문이다.

3) 변론준비절차의 종결

변론준비절차가 열렸을 때에 법원이 기간을 정하여 당사자로 하여금 준비서면을 제출하게 하였는데, 당사자가 그 기간 내에 준비서면을 제출하지 아니한 때에는 상당한 이유가 없는 한 변론준비절차를 종결하여야 한다(제284조 제1항 제2호, 제280조).

4) 소송비용의 부담

미리 예고하지 아니하여 상대방이 즉시 답변할 수 없고 그 결과 기일을 속행할 수밖에 없는 경우에는 당사자는 승소에 불구하고 소송비용부담의 재판을 받을 수 있다(제100조).

(2) 제출의 효과**

1) 자백간주의 이익

미리 준비서면을 제출하였으면 상대방이 이를 받고 불출석한 경우라도 주장할 수 있으며, 그 기재부분에 대해서는 상대방이 명백히 다투지 않은 것으로 되어 자백간주의 이익을 얻을 수 있다(제150조 제3항·제1항).

2) 진술간주의 이익

준비서면을 제출하였으면 그 제출자가 불출석하여도 그 사항에 관하여 진술간주의 이익을 얻을 수 있다(제148조 제1항).

---

*무, 예, 준, 비

**자, 진, 실, 소

22법원직

1 준비서면에 취득시효완성에 관한 주장사실이 기재되어 있다 하더라도 그 준비서면이 변론기일에서 진술된 흔적이 없다면 취득시효완성의 주장에 대한 판단누락의 위법이 있다 할 수 없다. ( )

22법원직

2 단독사건에서는 미리 준비서면에 기재하지 아니한 증인을 상대방이 변론기일에 출석하지 아니한 채 재정증인으로 증거조사를 하고 증거로 채택하면 위법하다. ( )

정답 | **1** ○ **2** ×

3) 실권효의 배제

변론준비절차가 열리기 전에 준비서면을 제출하였으면 변론준비기일에서 제출하지 아니하였다 하더라도 그 사항에 관하여 변론에서 주장할 수 있다(제285조 제3항).

4) 소의 취하 등에 대한 동의권

피고가 본안에 관한 사항을 기재한 준비서면을 제출하였으면 그 뒤에는 소의 취하에 있어서 피고의 동의를 얻어야 한다(제266조 제2항). 피고의 경정 때에도 같은 경우에 구피고의 동의를 요한다(제260조 제1항 단서).

Ⅱ 변론준비절차*

* 이시윤 372페이지 참고

1. 의의

① 변론준비절차라 함은 변론기일에 앞서 변론이 효율적이고 집중적으로 실시될 수 있도록 당사자의 주장과 증거를 정리하는 절차를 말한다(제279조).

② 2008년 개정법률 이전에는 변론준비절차는 원칙적으로 모든 사건에 있어서 변론에 앞서 거쳐야 할 절차였으나, 개정법률 제258조 제1항 본문에 의하여 예외적으로 필요한 경우에 한하여 변론에 앞서 회부하는 절차로 되었다.

③ 변론절차에 들어간 후에도 특별한 사정이 있는 경우에는 새로 변론준비절차에 부칠 수 있으며, 항소심에서도 가능하다. 다만, 사실심리를 하지 않는 상고심에서는 허용되지 않는다.

2. 변론준비절차의 진행

제280조 [변론준비절차의 진행]
② 변론준비절차의 진행은 재판장이 담당한다.
③ 합의사건의 경우 재판장은 합의부원을 수명법관으로 지정하여 변론준비절차를 담당하게 할 수 있다.
④ 재판장은 필요하다고 인정하는 때에는 변론준비절차의 진행을 다른 판사에게 촉탁할 수 있다.

(1) 진행법관의 권한

1) 진행법관

변론준비절차의 진행은 재판장이 담당함을 원칙으로 한다(제280조 제2항). 다만 합의사건의 경우 재판장은 합의부원을 수명법관으로 지정하여 변론준비절차의 진행을 담당시킬 수 있고(제280조 제3항), 합의사건과 단독사건을 불문하고 재판장은 필요하다고 인정할 때에는 그 진행을 다른 판사에게 맡길 수 있다(제280조 제4항).

2) 증거조사의 가능

① 변론준비절차에서 재판장의 권한은 쟁점정리, 증거결정 그리고 증거조사 등이다. 따라서 재판장은 쟁점정리를 위하여 필요한 경우 증거채택여부의 결정(증거결정)을 할 수도 있고(제281조 제1항), 쟁점정리를 위하여 필요한 범위 안에서 증인신문과 당사자신문을 제외한 모든 증거조사를 할 수 있다(제281조 제3항).

18주사보
1 변론준비절차에서는 아무런 증거조사를 할 수 없다. (   )

정답 | **1** ×

② 다만 합의사건의 증거결정에 대하여 당사자는 이의신청을 할 수 있으며, 이에 대하여는 법원이 결정으로 재판한다(제281조 제2항). 쟁점정리와 증거조사 후 이를 토대로 화해권고(제145조)나 조정, 나아가 화해권고결정을 할 수 있다(제225조).

3) 재판의 불가능

재판장등은 여기에서 중간·종국을 막론하고 판결을 할 수는 없으며, 이송결정 등 소송상의 재판도 할 수 없다.

(2) 서면에 의한 변론준비절차

> **제280조 [변론준비절차의 진행]**
> ① 변론준비절차는 기간을 정하여, 당사자로 하여금 준비서면, 그 밖의 서류를 제출하게 하거나 당사자 사이에 이를 교환하게 하고 주장사실을 증명할 증거를 신청하게 하는 방법으로 진행한다.

1) 내용

변론준비절차에 부쳐지면 먼저 서면방식에 의하여야 하는데, 제280조 제1항은 기간을 정하여 준비서면, 그 밖의 서류를 제출·교환하게 하고 증거를 신청하게 하는 방법으로 진행한다고 규정하고 있다.

2) 서면공방의 기간과 기간축소

서면에 의한 변론준비절차는 부쳐진 뒤에 4월을 넘어설 수 없도록 하였다. 주장 증거의 정리 등이 아직도 제대로 되지 아니하였다면 즉시 변론준비기일을 지정하여야 한다.

(3) 변론준비기일

> **제282조 [변론준비기일]**
> ① 재판장등은 변론준비절차를 진행하는 동안에 주장 및 증거를 정리하기 위하여 필요하다고 인정하는 때에는 변론준비기일을 열어 당사자를 출석하게 할 수 있다.
> ② 사건이 변론준비절차에 부쳐진 뒤 변론준비기일이 지정됨이 없이 4월이 지난 때에는 재판장등은 즉시 변론준비기일을 지정하거나 변론준비절차를 끝내야 한다.
> ③ 당사자는 재판장등의 허가를 얻어 변론준비기일에 제3자와 함께 출석할 수 있다.
> ④ 당사자는 변론준비기일이 끝날 때까지 변론의 준비에 필요한 주장과 증거를 정리하여 제출하여야 한다.
> ⑤ 재판장등은 변론준비기일이 끝날 때까지 변론의 준비를 위한 모든 처분을 할 수 있다.

1) 내용

① 변론준비기일은 변론준비절차를 진행하는 동안에 좀 더 주장 및 증거의 정리를 위하여 필요하다고 인정하는 때에 양쪽 당사자 본인을 출석하게 하여 최종적으로 쟁점과 증거를 정리하는 기일이다(제282조 제1항).

② 당사자는 변론준비기일이 끝날 때까지 변론의 준비에 필요한 주장과 증거를 제출하여야 한다(제282조 제4항). 내야 할 주장과 증거를 변론준비기일이 끝날 때까지 내지 아니하면 실권의 제재를 면치 못한다.

③ 변론준비기일을 주재하는 재판장 등은 변론준비기일이 끝날 때까지 변론의 준비를 위한 모든 처분을 할 수 있다(제282조 제5항).

2) 당사자 본인의 출석문제

당사자에게 일반적인 출석의무는 없으나 재판장등이 필요하다고 인정하는 때에는 당사자 본인 또는 그 법정대리인에 대하여 출석명령을 발할 수 있으며, 소송대리인에게 당사자 본인 또는 그 법정대리인을 출석시키라고 요청할 수 있다(제282조 제1항).

3) 당사자의 불출석

① 변론준비기일에 당사자가 출석하지 아니한 때에는 재판장등은 변론준비절차를 종결하여야 함이 원칙이나, 변론의 준비를 계속하여야 할 상당한 이유가 있을 경우에는 종결함이 없이 진행시킬 수 있다(제284조 제1항 제3호).

② 이 경우에 한쪽 당사자가 변론준비기일에 불출석하였으면 진술간주와 자백간주의 법리를 준용한다. 출석한 당사자는 상대방이 불출석했을 때 준비서면의 제출로써 예고하지 아니한 사항도 진술할 수 있다(제276조 부준용).

③ 양쪽 당사자가 불출석하였을 때에는 변론준비기일을 종결할 수도 있고, 다시 기일을 정하여 양쪽 당사자에게 통지할 수도 있다. 계속적 불출석일 때는 변론기일에 양쪽 2회 불출석의 경우처럼 소의 취하간주의 법리가 준용된다(제286조, 제268조).

15사무관

1 양쪽 당사자가 변론준비기일에 한 번, 변론기일에 두 번 불출석한 경우 소의 취하가 있는 것으로 보아야 한다. (   )

판례 | 변론기일과의 구별

① 변론준비절차는 원칙적으로 변론기일에 앞서 주장과 증거를 정리하기 위하여 진행되는 변론 전 절차에 불과할 뿐이어서 변론준비기일을 변론기일의 일부라고 볼 수 없고 변론준비기일과 그 이후에 진행되는 변론기일이 일체성을 갖는다고 볼 수도 없는 점, ② 변론준비기일이 수소법원 아닌 재판장 등에 의하여 진행되며 변론기일과 달리 비공개로 진행될 수 있어서 직접주의와 공개주의가 후퇴하는 점, ③ 변론준비기일에 있어서 양쪽 당사자의 불출석이 밝혀진 경우 재판장 등은 양쪽의 불출석으로 처리하여 새로운 변론준비기일을 지정하는 외에도 당사자 불출석을 이유로 변론준비절차를 종결할 수 있는 점, ④ 나아가 양쪽 당사자 불출석으로 인한 취하간주제도는 적극적 당사자에게 불리한 제도로서 적극적 당사자의 소송유지의사 유무와 관계없이 일률적으로 법률적 효과가 발생한다는 점까지 고려할 때 변론준비기일에서 양쪽 당사자 불출석의 효과는 변론기일에 승계되지 않는다(대판 2006.10.27, 2004다69581).

3. 변론준비절차의 종결

제284조 [변론준비절차의 종결]
① 재판장등은 다음 각호 가운데 어느 하나에 해당하면 변론준비절차를 종결하여야 한다. 다만, 변론의 준비를 계속하여야 할 상당한 이유가 있는 때에는 그러하지 아니하다.
  1. 사건을 변론준비절차에 부친 뒤 6월이 지난 때
  2. 당사자가 제280조 제1항의 규정에 따라 정한 기간 이내에 준비서면 등을 제출하지 아니하거나 증거의 신청을 하지 아니한 때
  3. 당사자가 변론준비기일에 출석하지 아니한 때
② 변론준비절차를 종결하는 경우에 재판장등은 변론기일을 미리 지정할 수 있다.

제285조 [변론준비기일을 종결한 효과]
① 변론준비기일에 제출하지 아니한 공격방어방법은 다음 각호 가운데 어느 하나에 해당하여야만 변론에서 제출할 수 있다.

정답 | **1** ×

1. 그 제출로 인하여 소송을 현저히 지연시키지 아니하는 때
2. 중대한 과실 없이 변론준비절차에서 제출하지 못하였다는 것을 소명한 때
3. 법원이 직권으로 조사할 사항인 때
② 제1항의 규정은 변론에 관하여 제276조의 규정을 적용하는 데에 영향을 미치지 아니한다.
③ 소장 또는 변론준비절차전에 제출한 준비서면에 적힌 사항은 제1항의 규정에 불구하고 변론에서 주장할 수 있다. 다만, 변론준비절차에서 철회되거나 변경된 때에는 그러하지 아니하다.

(1) 종결원인

변론준비절차에서 쟁점이 뚜렷이 된 것으로 인정되는 때에는 이를 종결한다. 그 외에도 ① 변론준비절차에 부친 뒤 6월이 지난 때, ② 재판장등이 정한 기간 이내에 준비서면을 제출하지 아니하거나 증거를 신청하지 아니한 때, ③ 당사자가 변론준비기일에 출석하지 아니한 때 등 변론준비절차가 성공적이 못한 경우에도 종결사유가 된다. 다만 이와 같은 사유가 있어도 변론준비를 계속할 상당한 이유가 있을 때에는 종결하지 아니할 수 있다(제284조 제1항).

(2) 변론준비기일종결의 효과

1) 실권효

변론준비기일에 제출하지 아니한 공격방어방법은 원칙적으로 그뒤 변론에서 제출하지 못하도록 하였다(제285조 제1항). 이와 같은 실권효과는 항소심에서도 유지된다(제410조). 그러나 직권탐지주의에 의하는 절차에서는 전면적으로 배제되며, 서면에 의한 변론준비절차로 종결한 사건에 대하여도 적용되지 아니한다.

2) 예외사항

① 직권조사사항, ② 제출하여도 현저하게 소송을 지연시키지 아니할 사항, ③ 중대한 과실 없이 변론준비절차에서 제출하지 못하였다는 것을 소명한 사항, ④ 소장 또는 변론준비절차 전에 제출한 준비서면에 적힌 사항 등은 뒤에 변론에서 제출할 수 있으며 실권되지 아니한다.

4. 변론준비절차 뒤의 변론의 운영

제287조 [변론준비절차를 마친 뒤의 변론]
① 법원은 변론준비절차를 마친 경우에는 첫 변론기일을 거친 뒤 바로 변론을 종결할 수 있도록 하여야 하며, 당사자는 이에 협력하여야 한다.
② 당사자는 변론준비기일을 마친 뒤의 변론기일에서 변론준비기일의 결과를 진술하여야 한다.
③ 법원은 변론기일에 변론준비절차에서 정리된 결과에 따라서 바로 증거조사를 하여야 한다.

(1) 변론에의 상정

변론준비기일을 마친 뒤의 변론기일에서는 양쪽 당사자가 변론준비기일의 결과를 진술하여야 한다(제287조 제2항). 서면에 의한 변론준비절차를 마친 경우에는 제출된 소장·답변서·준비서면에 따라 변론하면 된다.

(2) 1회의 변론기일주의와 계속심리주의

법원은 필요에 의하여 변론준비절차를 마친 경우에는 첫 변론기일을 거친 뒤 바로 변론종

결할 수 있도록 하여야 하며 당사자는 이에 협력하여야 한다(제287조 제1항). 만일 1일의 변론기일로 변론종결이 안 되어 그 심리에 2일 이상 소요될 때에는 가능한 한 종결에 이르기까지 매일 변론을 진행하여야 하며, 특단의 사정이 있는 경우라도 최단기간 안의 날로 다음 변론기일을 지정하여야 하는 계속심리주의를 원칙으로 하였다(규칙 제72조 제1항).

(3) 집중적인 증거조사

법원은 변론기일에 변론준비절차에서 정리된 결과에 따라서 바로 증거조사를 하여야 한다(제287조 제3항). 주로 증인신문과 당사자신문이 이에 해당할 것이다(제293조).

5. 비디오 등 중계장치 등에 의한 기일

제287조의2 [비디오 등 중계장치 등에 의한 기일]
① 재판장·수명법관 또는 수탁판사는 상당하다고 인정하는 때에는 당사자의 신청을 받거나 동의를 얻어 비디오 등 중계장치에 의한 중계시설을 통하거나 인터넷 화상장치를 이용하여 변론준비기일 또는 심문기일을 열 수 있다.
② 법원은 교통의 불편 또는 그 밖의 사정으로 당사자가 법정에 직접 출석하기 어렵다고 인정하는 때에는 당사자의 신청을 받거나 동의를 얻어 비디오 등 중계장치에 의한 중계시설을 통하거나 인터넷 화상장치를 이용하여 변론기일을 열 수 있다. 이 경우 법원은 심리의 공개에 필요한 조치를 취하여야 한다.
③ 제1항과 제2항에 따른 기일에 관하여는 제327조의2(비디오 등 중계장치에 의한 증인신문) 제2항 및 제3항을 준용한다.

제4절 | 변론의 내용

I 변론에 있어서의 당사자의 소송행위

1. 본안의 신청

변론은 먼저 원고가 낸 소장의 청구의 취지에 따라 특정한 내용의 판결을 구하는 진술을 함으로써 시작되는데 이를 본안의 신청이라 한다. 피고는 원고의 본안신청에 대응하여 답변서에 의하여 소각하·청구기각의 판결을 구하는 신청, 즉 반대신청을 하지만 이는 소송상의 신청이다.

2. 공격방어방법의 의의 및 성질

(1) 의의

① 당사자는 변론주의 때문에 본안의 신청을 뒷받침하기 위해 소송자료를 제출하여야 하는데 이를 공격방어방법이라 한다. 원고가 자기의 청구를 이유 있게 하기 위해 제출하는

소송자료를 공격방법, 피고가 원고의 청구를 배척하기 위해 제출하는 소송자료를 방어방법이라 하는데, 이를 합하여 공격방어방법이라고 부른다.

② 공격방어방법은 소송물의 존부판단자료이므로 소송물자체와 달리 소송계속이나 기판력이 미치는 사항이 아니다. 공격방어방법의 제출시기는 적시제출주의에 의한다(제146조).

(2) 주장

1) 의의
당사자가 법원에 대하여 특별한 법률효과 또는 사실의 존부에 관한 인식을 나타내는 소송행위를 말한다.

2) 법률상의 주장
① 넓은 의미로는 법규의 존부·내용 또는 그 해석적용에 관한 의견진술을 포함하며, 좁은 의미로는 구체적인 권리관계의 존부에 관한 자기의 판단의 보고를 의미한다.

② 법률상의 주장에 대하여 상대방이 다투는 경우에는 그 법률상의 주장을 뒷받침할 구체적 사실을 주장하지 않으면 안 된다. 법률상 주장이 불리함에도 상대방이 시인하는 경우에는 권리자백이 되는데 원칙적으로 구속력이 없다. 다만, 소송물인 권리관계 자체에 관한 법률상의 주장을 시인하는 때는 권리자백이지만 청구의 포기·인낙으로써 구속력이 있다(제220조).

3) 사실상의 주장
① 구체적인 사실의 존부에 대한 당사자의 지식이나 인식의 진술을 말한다. 당사자주장의 사실은 주요사실, 간접사실, 보조사실로 구별된다. 변론주의하에서는 주요사실에 관한 변론에서 주장되지 아니하였으면 판결의 기초로 할 수 없다.

② 변론주의하에서 주요사실은 당사자가 변론에서 주장하여야만 판결의 기초로 할 수 있다. 자료제출의 책임을 지는 자가 변론에서 주요사실을 주장하지 않으면 소송상 불리한 지위에 서게 된다.

③ 당사자는 일단 사실상의 주장을 하였다 하여도 사실심의 변론종결시까지 이를 임의로 철회·정정할 수 있다. 다만 자기에게 불리한 사실상의 주장을 상대방이 원용한 때에는 재판상의 자백이 되어 그 취소요건을 갖추지 않는 한 취소가 허용되지 않는다.

④ 사실상의 주장은 조건이나 기한을 붙일 수 없다. 다만 제1차적 주장이 배척될 것을 염려하여 제2차적 주장을 하는 예비적 주장은 비록 조건부 주장의 일종이나 허용된다. 이러한 예비적 주장이 나와 동일 목적의 주장이 수개 있을 때에는 법원은 어느 것을 선택하여 당사자를 승소시켜도 무방하다. 다만, 상계항변과 지상물매수청구권행사 항변은 판단의 순서를 최후로 미루어야 한다.

4) 상대방의 답변태도
① 사실상의 주장에 대한 상대방의 태도는 부인·부지·자백·침묵 및 대항할 수 있는 새로운 사실을 주장하는 항변이 있을 수 있다.

② 부지는 부인으로 추정되며(제150조 제2항), 침묵은 변론 전체의 취지상 다툰 것으로 인정될 경우를 제외하고는 자백한 것으로 본다(제150조 제1항). 자기가 관여한 것으로 주장된 행위나 서증에 대하여는 인부절차에 있어서 원칙적으로 부지라는 답변은 있을 수 없으며 부인만이 가능하다.

(3) 증거신청

① 증거신청은 다툼이 있는 사실에 대하여 필요하다. 상대방이 부인이나 부지로 답변한 사실에 대해 법관으로 하여금 사실상의 주장이 진실이라는 확신을 얻게 하기 위한 행위이다.

② 법원에 의한 증거조사가 개시되기까지는 임의로 철회할 수 있다. 증거신청에 대하여 상대방에게 의견을 진술할 기회를 주어야 한다.

3. 항변

(1) 의의

피고가 원고의 청구를 배척하기 위하여 소송상 또는 실체상의 이유를 들어 적극적인 방어행위로 하는 사실상의 진술을 말한다.

(2) 소송상의 항변(실체법상 효과와 관계 없는 항변)

1) 본안전 항변

① 원고가 제기한 소에 소송요건의 흠결이 있어 소가 부적법하다는 피고의 주장이다. 그러나 소송요건의 대부분은 법원의 직권조사사항이므로 이러한 항변은 법원의 직권발동을 촉구하는 의미가 있을 뿐이다.

② 다만, 임의관할위반(제30조), 소송비용담보제공(제119조), 부제소특약 등의 항변은 피고의 주장을 기다려 고려하는 것이므로 진정한 의미의 항변이 된다.

2) 증거항변

상대방의 증거신청에 대하여 부적법·불필요·증거능력 흠결 등의 이유로 각하를 구하거나 증거력이 없다는 이유로 증거조사 결과를 채용하지 말아달라는 진술이다. 그러나 증거신청의 채택 여부는 법원의 직권사항이고, 증거력의 있고 없고의 문제도 법관의 자유심증에 의해 결정되므로 진정한 의미의 항변이 아니다.

(3) 본안의 항변(실체법상 효과와 관계 있는 항변)

1) 의의

원고의 청구를 배척하기 위하여 원고의 주장사실이 진실임을 전제로 하여 이와 양립가능한 별개의 사항에 대한 피고의 사실상의 진술이다.

2) 항변의 종류

주장형태에 따라 제한부자백과 가정항변으로 나눌 수 있고, 반대규정의 성질에 따라서 권리장애사실, 권리멸각사실, 권리저지사실 등으로 나눌 수 있다.

① 권리장애사실

권리근거규정의 법률효과의 발생을 방해하는 규정의 요건사실로서 강행법규의 위반, 의사능력의 결여, 불공정법률행위, 통정허위표시, 공서양속위반, 원시적 이행불능, 불법원인급여 등이다. 권리장애규정은 권리근거규정의 요건이 존재함에도 불구하고 예외적으로 권리발생을 방해하는 사유에 대하여 규정한 경우로서, 권리근거규정에 대한 예외규정의 관계에 있다.

② 권리소멸사실

권리근거규정의 법률효과인 권리가 발생한 다음에 이를 소멸·종료시키는 규정의 요건사실로서 변제, 면제, 경개, 혼동, 소멸시효완성, 해제, 취소, 해제조건의 성취, 제3자에의

14법원직

1 원고의 소비대차에 기한 대여금반환청구에 대하여 피고가 소멸시효의 완성을 주장하는 것은 항변에 해당한다. ( )

정답 | 1 ○

권리양도, 상계 등이다.

③ **권리저지사실**

권리근거규정의 법률효과인 권리가 발생한 다음에 그 권리의 행사를 저지 또는 배제하는 규정의 요건사실로서 기한유예의 항변 목적물인도청구에 있어서 정당한 점유권원 항변(민법 제213조 단서), 한정승인, 최고·검색의 항변권, 정지조건부 법률행위, 동시이행의 항변권, 유치권에 기한 항변 등이다.

(4) 부인과의 구별

1) 부인의 의의

① 원고의 청구를 배척하기 위한 피고의 사실상의 진술인 점에서 항변과 부인은 차이가 없다. 그러나 항변은 원고의 주장사실이 진실함을 전제로 이와 별개의 사실을 주장하는 것으로 답변태도가 '그렇다. 하지만'임에 대하여, 부인은 원고의 주장사실이 진실이 아니다라는 주장이므로 그 답변태도가 '아니다'인 점에서 차이가 있다.

② 간접부인(이유부부인)은 상대방의 주장사실과 양립되지 않는 사실을 적극적으로 진술하며 상대방의 주장을 부정하는 경우이다.

2) 구별기준

간접부인은 원고의 주장사실과 양립되지 않는 별개의 사실을 진술하는 것임에 대하여, 항변은 원고의 주장사실이 진실임을 전제로 이와 논리적으로 양립할 수 있는 진술을 하는 점에서 차이가 있다.

3) 구별실익

① **증명책임**

예를 들어 소비대차로 인한 대여금청구소송에서 대주인 원고가 금전대여사실을 주장한 데 대하여, 차주인 피고가 그와 같은 금원의 수령은 인정하면서 증여를 주장하였을 경우에 피고의 증여의 주장은 양립할 수 없으므로 부인이며, 원·피고 사이에 소비대차계약이 성립된 사실은 원고에게 증명책임이 있는 것이다.

그러나 이 경우에 피고가 소비대차계약의 성립을 모두 인정하면서 그 변제(또는 면제 등)를 주장하는 때에는 그 주장은 양립할 수 있는 진술이므로 항변이며, 그것은 피고에게 증명책임이 있는 것이다(예컨대 피고가 영수증을 내놓아야 한다).

② **판결이유의 설시**

원고의 청구를 인용하는 경우 피고의 부인에 대하여 배척하는 판단이 포함되어 있으므로 따로 판단할 필요가 없으나, 항변이 있었던 경우에는 일단 원고의 청구원인사실이 인정된다는 판단을 마친 다음 새로 그 항변을 배척한다는 판단이 판결이유에 설시되어야 한다. 그렇지 않으면 판단누락의 위법이 있게 된다.

③ **원고의 추가적 증명부담의 문제**

원고의 청구원인이 피고로부터 부인당한 경우에는 원고가 청구원인 사실을 구체적으로 밝혀야 할 부담이 따른다. 그러나 피고의 항변제출의 경우는 원고에게 이러한 부담이 없다.

14법원직
1 피고의 정지조건부 법률행위에 해당한다는 사실의 주장은 항변에 해당한다. ( )

15법원직
2 피고는 증여에 대한 증명책임을 부담한다. ( )

14·15법원직
3 원고는 대여하였다고 주장하고 피고는 증여받았다고 주장하고 있는데, 어느 쪽의 주장이 진실인지 불명확한 경우에는 돈을 대여하였다는 사실은 없는 것으로 취급하여야 한다. ( )

15법원직
4 원고의 청구가 인용될 때에는 판결이유에 피고가 증여받았다는 주장을 배척하는 판단을 할 필요는 없다. ( )

정답 | 1 ○ 2 × 3 ○ 4 ○

(5) 항변과 부인의 사례

사례(대여금 항변과 부인)

【항　변】원고의 대여금 채권은 시효로 소멸하였다.

【단순부인】피고는 원고로부터 돈을 대여받은 적이 없다.

【적극부인】피고는 丙이 자금을 필요로 하기 때문에 丙에게 원고를 소개하여 주었고, 원고가 丙에게 돈을 대여하겠다고 하여 중간에서 자금을 받아 丙에게 전달하는 심부름을 하였다.

4. 재항변과 재재항변

(1) 재항변

재항변·재재항변은 원칙적으로 청구원인, 항변의 경우에 준해 취급하면 된다. 즉 재항변은 상대방이 '항변'으로 주장하는 요건사실 자체는 인정한 다음 이와 반대효과를 생기게 하는 별개의 요건사실을 주장함으로써 상대방의 주장을 배척하게 하려는 공격방어방법을 말하며, 증명책임은 항변에 준하여 재항변을 주장하는 자가 부담한다.

판례 | 어떠한 법률행위가 정지조건부 법률행위에 해당한다는 사실에 대한 주장입증책임

어떠한 법률행위가 조건의 성취시 법률행위의 효력이 발생하는 소위 정지조건부 법률행위에 해당한다는 사실은 그 법률행위로 인한 법률효과의 발생을 저지하는 사유로서 그 법률효과의 발생을 다투려는 자에게 주장·입증책임이 있다. 따라서 피고의 정지조건부 법률행위의 주장에 대해 원고의 정지조건부가 아니라는 주장은 부인, 정지조건성취의 주장은 재항변이 된다(대판 1993.9.28. 93다20832).

(2) 재재항변

재재항변은 상대방이 '재항변'으로 주장하는 요건사실 자체는 인정한 다음, 이와 반대 효과를 생기게 하는 별개의 요건사실을 주장함으로써 상대방의 주장을 배척하게 하려는 공격방어방법을 말하며, 증명책임은 재재항변을 주장하는 자가 부담한다.

(3) 재항변과 재재항변의 사례

사례(재항변·재재항변)

【항변-피고】원고의 대여금 채권은 시효로 소멸하였다.

【재항변-원고】원고는 소멸시효기간 만료 전인 2010. 10. 1. 피고 소유의 부동산에 대하여 가압류를 함으로써 위 소멸시효가 중단되었다.

【재재항변-피고】피고는 위 가압류결정에 대하여 이의신청을 하였는데, 2011. 5. 1. 법원에서 위 가압류결정을 취소하는 판결이 선고되어 확정됨으로써 위 가압류에 의한 소멸시효 중단의 효력은 상실되었다.

5. 소송에 있어서 형성권 행사

(1) 문제점

사법상 형성권 행사와 소송상 항변이 동시에 이루어지는 경우, 소취하, 실기한 공격방어방법 각하 등으로 실질적인 판단을 받지 못할 때 사법상 효력이 유지되는지 문제이다.

14법원직

1 피고의 정지조건부 법률행위에 해당한다는 주장에 대해 원고의 정지조건부 법률행위가 아니라는 주장은 재항변, 정지조건성취의 주장은 부인에 해당한다. （　　）

정답 | **1** ×

(2) 판례

1) 해제의 항변(병존설)

대법원은 해제권을 행사한 사안에서, "소제기로써 계약해제권을 행사한 후 그 뒤 그 소송을 취하하였다 하여도 해제권은 형성권이므로 그 행사의 효력에는 아무런 영향을 미치지 아니한다."(대판 1982.5.11.80다916)고 하여 병존설로 평가되는 입장이다.

2) 상계의 항변(신병존설)

소송상 방어방법으로서의 상계항변은 그 수동채권의 존재가 확정되는 것을 전제로 하여 행하여지는 일종의 예비적 항변으로서 당사자가 소송상 상계항변으로 달성하려는 목적, 상호 양해에 의한 자주적 분쟁해결수단인 조정의 성격 등에 비추어 볼 때 당해 소송절차 진행 중 당사자 사이에 '조정'이 성립됨으로써 수동채권의 존재에 관한 법원의 실질적인 판단이 이루어지지 아니한 경우에는 그 소송절차에서 행하여진 소송상 상계항변의 사법상 효과도 발생하지 않는다(대판 2013.3.28. 2011다3329)고 하여 신병존설의 입장으로 판시하였다.

Ⅱ 소송행위

1. 의의

소송행위란 당사자 및 법원의 행위로서 소송절차를 형성하고 요건과 효과가 소송법에 의하여 규율되는 행위이다.

2. 소송행위의 특질

(1) 인적 요건

소송행위가 유효하려면 당사자능력, 소송능력, 변론능력을 갖추어야 하고, 일정한 경우에는 법정대리권 및 소송대리권이 필요할 때도 있다. 민법상 표현대리가 소송행위에 대해서도 적용되는지에 관하여, 판례는 이를 부정하고 있다(대판 1994.2.22. 93다42047).

(2) 소송행위의 방식

소송행위는 변론준비절차 내지 변론절차에서 말로 하는 것이 원칙이다. 그러나 예외적으로 소·상소, 재심·항고의 제기, 청구의 변경, 소의 취하, 소송고지 등은 서면으로 하여야 한다. 또한 사법상의 법률행위와는 달리 법원에 대한 단독행위가 원칙이다.

3. 소송행위의 철회와 의사의 하자

(1) 철회 여부

① 소송행위에 의하여 상대방이 어떤 소송상의 지위를 취득하지 아니한 상태에서는 철회, 정정, 변경이 허용된다.

② 그러나 소송행위로 인하여 일단 상대방에게 법률상 지위가 형성된 경우에는 상대방의 절차상 지위의 안정을 고려하여 원칙적으로 자유롭게 철회할 수 없다. 여기에는 재판상의 자백, 피고가 응소한 뒤의 소의 취하, 청구의 포기·인낙, 화해 등이 있다.

(2) 민법상 의사표시의 하자 적용 여부

① 소송행위에 의사표시의 하자에 관한 민법규정 적용(소극)

판례는 원래 민법상 법률행위에 관한 규정은 민사소송법상의 소송행위에는 특별한 규정 기타 특별한 사정이 없는 한 적용이 없는 것이므로 소송행위가 강박에 의하여 이루어진 것임을 이유로 취소할 수는 없다고 하여 의사표시의 하자에 관한 민법규정이 적용되지 않는다는 입장이다(대판 1980.8.26. 80다76).

19법원직

1 민사소송법상의 소송행위에는 특별한 규정이나 특별한 사정이 없는 한 민법상의 법률행위에 관한 규정이 적용될 수 없다. (   )

② 제451조 제1항 제5호 유추적용(유죄판결의 확정＋의사에 부합하지 않을 것)

판례는 소송행위가 사기·강박 등 형사상 처벌을 받을 타인의 행위로 인하여 이루어졌다고 하여도 그 타인의 행위에 대하여 유죄판결이 확정되고 또 그 소송행위가 그에 부합되는 의사없이 외형적으로만 존재할 때에 한하여 민사소송법 제451조 제1항 제5호의 규정을 유추해석하여 그 효력을 부인할 수 있다고 해석함이 상당하므로 타인의 범죄행위가 소송행위를 하는데 착오를 일으키게 한 정도에 불과할 뿐 소송행위에 부합되는 의사가 존재할 때에는 그 소송행위의 효력을 다툴 수 없다고 판시하였다(대판 1984.5.29. 82다카963).

4. 소송행위의 조건과 기한

(1) 원칙

소송행위에 대해서는 행위의 명확성이 확보되어야 하므로 조건이나 기한 같은 부관을 붙일 수 없다.

(2) 예외

다만, 소송외적이 아니라 소송내적인 조건을 붙이는 것은 허용된다. 예컨대 원고가 A와 B의 청구를 예비적으로 병합하는 경우에는 A의 청구가 법원에 의하여 인정되는 것을 해제조건으로 B의 청구를 신청하는 것이므로 적법하다.

19법원직

2 소송행위에는 조건을 붙일 수 없으므로, 재판상 화해에서 제3자의 이의가 있을 때에 화해의 효력을 실효시키기로 하는 약정은 허용되지 않는다. (   )

판례 | 실효조건부 화해에 있어 그 조건이 성취된 경우의 화해의 효력 및 실효의 주장시기

재판상의 화해가 성립되면 그것은 확정판결과 같은 효력이 있는 것이므로 그것을 취소변경하려면 재심의 소에 의해서만 가능하다할 것이나 재판상의 화해의 내용은 당사자의 합의에 따라 자유로 정할 수 있는 것이므로 화해조항 자체로서 특정한 제3자의 이의가 있을 때에는 화해의 효력을 실효시키기로 하는 내용의 재판상의 화해가 성립되었다면 그 조건의 성취로써 화해의 효력은 당연히 소멸된다 할 것이고 그 실효의 효력은 언제라도 주장할 수 있다(대판 1988.8.9. 88다카2332).

---

5. 소송행위의 흠과 그 치유

(1) 소송행위의 흠

소송행위의 인적 요건을 갖추지 못하고, 방식과 내용에 있어 소송법규에 합치하지 않는 소송행위는 하자 있는 소송행위로서 부적법 각하의 대상이 되거나 무효이다.

(2) 흠의 치유

1) 하자치유

소송행위에 흠이 있는 경우에 흠 없는 새로운 행위를 하거나(소장부본의 재송달 등), 추인을 한 경우(소송무능력자의 행위를 법정대리인이 추인), 보정한 경우, 이의권의 포기·상실이 있는 경우(제151조)에는 치유가 된다.

2) 무효행위의 전환

① 부적법한 독립당사자참가의 경우 보조참가신청으로 인정하거나(대판 1960.5.26. 4292민상524),

② 불복할 수 없는 결정·명령에 대해 항고법원에 항고했을 때 특별항고로 보아 대법원에 소송기록을 송부하거나(대결 1981.8.21. 81마292),

③ 항소기간의 도과가 그 책임질 수 없는 사유에 기인한 것으로 인정되는 이상 추후보완의 항소라는 기재가 없어도 추후보완의 항소로 보고(대판 1980.10.14. 80다795),

④ 항소심판결에 대한 재심의 소를 제기할 것을 제1심판결을 대상으로 제기한 경우 관할법원인 항소법원으로의 이송을 허용하는 등(대판 (전) 1984.2.28. 83다카1981) 무효행위의 전환을 판례는 인정한다.

6. 소송행위의 해석

19법원직
1 소송행위의 해석은 일반 실체법상의 법률행위와는 달리 내심의 의사가 아닌 그 표시를 기준으로 하여야 하고, 표시된 내용과 저촉되거나 모순되어서는 안 된다. (   )

일반적으로 소송행위의 해석은 실체법상의 법률행위와는 달리 철저한 표시주의와 외관주의에 따르도록 되어 있고 표시된 내용과 저촉되거나 모순되는 해석을 할 수 없는 것이지만, 표시된 어구에 지나치게 구애되어 획일적으로 형식적인 해석에만 집착한다면 도리어 당사자의 권리구제를 위한 소송제도의 목적과 소송경제에 반하는 부당한 결과를 초래할 수 있으므로 그 소송행위에 관한 당사자의 주장 전체를 고찰하고 그 소송행위를 하는 당사자의 의사를 참작하여 객관적이고 합리적으로 소송행위를 해석할 필요가 있는 것이다(대판 (전) 1984.2.28. 83다카1981).

Ⅲ 소송상 합의

1. 의의

소송상의 합의라 함은 현재 계속 중이거나 또는 장래 계속될 특정의 소송에 대해 직접 또는 간접으로 어떠한 영향을 미치는 법적 효과의 발생을 목적으로 한 당사자간의 합의를 말한다. 명문상 인정되는 경우로는, 예컨대 관할의 합의(제29조), 담보제공방법에 관한 합의(제122조 단서), 담보물변경의 합의(제126조 단서), 기일변경의 합의(제165조 제2항), 불항소합의(제390조 제1항 단서) 등이 있다.

2. 명문규정이 없는 경우에 허용 여부

종전에는 편의소송이 금지된다는 것을 강조한 나머지 그 적법성을 부정하는 것이 지배적이었다. 그러나 현재에는 전속관할에 관한 합의 등과 같이 공익에 직결되는 강행법규를 변경하거나 배제하려는 합의는 무효로 보더라도, 당사자의 의사결정의 자유가 확보된 소송행위에 관한 계약은 적법하다고 본다. 적법설에 의할 때에 그 법적 성질에 관하여는 견해가 대립된다.

3. 법적 성질

(1) 학설

① 사법계약설은 소송상의 사항에 관하여 약정대로 작위·부작위의무를 발생케 하는 사법상의 계약이라고 보며, 이를 위반하여 소를 제기한 경우 구제방법에 관하여 의무이행소구설

과 항변권발생설로 나뉜다.

② 소송계약설은 소송에 관한 합의는 소송상 사항인 만큼 여기에 사법상의 작위·부작위 의무가 발생할 여지가 없고, 직접적으로 소송법상의 효과를 발생케 하는 소송계약으로 보아야 한다는 견해이다.

(2) 판례

① 강제집행취하계약의 경우에 그 취하이행의 소송상 청구는 허용되지 않는다(대판 1966.5.31. 66다564)고 하여 사법계약설 중 의무이행소구설을 배척하였으며,

② 부제소특약과 소취하계약을 어긴 경우에 권리보호이익이 없다고 하여 소각하를 구하는 본안전 항변권이 발생한다고 하여 항변권발생설에 의하고 있다(대판 1997.9.5. 96후1743).

③ 판례는 "특정한 권리나 법률관계에 관하여 분쟁이 있어도 제소하지 아니하기로 합의한 경우 이에 위배되어 제기된 소는 권리보호의 이익이 없고, 또한 당사자와 소송관계인은 신의에 따라 성실하게 소송을 수행하여야 한다는 신의성실의 원칙(민사소송법 제1조 2항)에도 어긋나는 것이므로, 소가 부제소 합의에 위배되어 제기된 경우 법원은 직권으로 소의 적법 여부를 판단할 수 있다"고 판시하였다. 또한 부제소 합의는 직권조사사항이라 하면서, 당사자들이 부제소 합의 효력·범위에 관하여 다투지 아니하는데도, 법원이 직권으로 부제소 합의의 위배를 이유로 소각하하는 것은 예상 외의 재판으로 당사자 일방에게 불의의 타격이 되므로 석명의무위반으로 보았다(대판 2013.11.28. 2011다80449).

4. 소송상 합의의 유효요건

① 특약 자체가 불공정한 방법(민법 제104조)으로 이루어져서는 아니 되며, 또 합의시에 예상할 수 있는 상황에 관한 것이어야 한다(대판 1999.3.26. 98다63988).

② 당사자가 자유로이 처분할 수 있는 권리관계, 즉 처분권주의에 의하는 경우이어야 한다. 공법적 권리관계나 강행법규에 관한 경우이면 안 된다.

③ 특정한 권리관계에 관한 것이어야 한다. 당사자 간에 앞으로 민사상의 일체의 소송을 제기하지 않는다는 포괄적 합의조항은 헌법상 보장된 '재판을 받을 권리'를 미리 일률적으로 박탈하는 것이 되어 무효가 된다(대판 2002.2.22. 2000다65086).

④ 부제소 합의는 헌법상 보장된 재판청구권의 포기라는 중대한 효과를 발생시키므로 합의의 존부에 관한 당사자의 의사가 불분명하다면 가급적 소극적 입장에서 그러한 합의의 존재를 부정할 수밖에 없다(대판 2019.8.14. 2017다217151).

5. 소송상 합의의 방식

소송상 합의는 원칙적으로 말 또는 서면으로 할 수 있으나, 관할 합의와 불항소 합의는 서면으로 하여야 한다(제29조 제2항, 제390조 제2항).

6. 효력

(1) 주관적 범위

소송상 합의는 당사자와 당사자의 포괄승계인에게 미친다. 다만, 특정승계인의 경우 소송의 목적인 권리관계가 당사자간에 자유로이 정할 수 있는 경우는 그 효력이 미치나 물권과

21법원직

1 강제집행 당사자 사이에 그 신청을 취하하기로 하는 약정은 사법상으로는 유효하다 할지라도 이를 위배하였다 하여 직접소송으로서 그 취하를 청구하는 것은 허용되지 않는다. ( )

15·21법원직

2 구체적인 사건의 소송계속 중 그 소송 당사자 쌍방이 판결선고 전에 미리 상소하지 아니하기로 합의하는 경우 반드시 서면에 의하여야 한다. ( )

정답 | 1 ○ **2** ○

같이 그 내용이 정형화 된 것은 승계되지 않는다.

(2) 객관적 범위

소송상 합의는 대상으로 된 분쟁에 한하여 그 효력이 미친다. 단, 합의 후에 법률관계에 분쟁이 생겨 새로운 분쟁이 된 경우에는 합의의 효력이 미치지 않는다.

판례 │ 소취하 합의의 묵시적 해제 여부

> 환송판결 전에 소취하 합의가 있었지만, 환송 후 원심의 변론기일에서 이를 주장하지 않은 채 본안에 관하여 변론하는 등 계속 응소한 피고가 환송 후 판결에 대한 상고심에 이르러서야 위 소취하 합의 사실을 주장하는 경우에 위 소취하 합의가 묵시적으로 해제되었다(대판 2007.5.11, 2005후1202).

21법원직

1 환송판결 전에 소취하 합의가 있었지만, 환송 후 원심의 변론기일에서 이를 주장하지 않은 채 본안에 관하여 변론하는 등 계속 응소한 피고가 환송 후 판결에 대한 상고심에 이르러서야 위 소취하 합의 사실을 주장하는 경우에 위 소취하 합의가 묵시적으로 해제되었다고 봄이 상당하다. ( )

학습 POINT

1. 기일해태 부분이 중요
2. 양쪽 불출석 요건 정리, 상소심도 동일하지만 효과는 상소취하로 됨
3. 진술간주는 재량사항, 진술간주가 적용되지 않는 경우 (변론관할, 증거신청)
4. 자백간주는 항소심에서 다투면 효과가 배제됨

제5절 변론의 개시

Ⅰ 변론의 경과

① 기일은 직권으로 또는 당사자의 신청에 따라 재판장이 지정한다(제165조 제1항). 변론기일에 사건과 당사자의 이름을 부름으로써 기일이 개시되며(제169조), 재판장의 지휘하에 변론이 진행된다(제135조).

② 변론은 변론준비기일을 마친 사건에서는 변론준비기일의 결과의 진술로써 하며, 통상의 사건은 원고가 이미 제출된 소장의 청구취지대로 본안의 신청을 말로 진술함으로써 개시하고, 이어서 피고가 소각하·청구기각의 신청 등을 하게 되며, 법원에 의한 쟁점확인 등으로 진행한다. 이미 제출된 소장의 청구취지대로 본안의 신청을 말로 진술함으로써 개시된다.

Ⅱ 변론의 정리

법원은 변론의 제한·분리 또는 병합을 명하거나, 그 명령을 취소할 수 있다(제141조).

1. 변론의 제한

하나의 소송절차에 여러 개의 청구가 병합되거나 또는 여러 개의 독립한 공격방어방법이 제출되어 쟁점이 복잡다단할 경우에는 이를 정리하기 위하여 변론의 대상인 사항을 한정하는 조치를 취할 수 있는데, 이를 변론의 제한이라 한다.

2. 변론의 분리

청구의 병합이나 공동소송 등으로 청구가 여러 개인 경우에 법원이 그중 어느 청구에 대하

여 별개의 소송절차로 심리할 뜻을 표명하는 것을 변론의 분리라 한다.

3. 변론의 병합

분리와 역으로, 한 법원에 따로따로 계속되어 있는 복수의 소송을 법원이 직권으로 하나의 소송절차에 몰아서 심리할 뜻을 명하는 것을 변론의 병합이라 한다. 법원에 의한 병합이라는 점에서 당사자에 의한 병합(청구의 병합, 소의 주관적 병합)과 구별된다.

4. 변론의 재개

① 법원은 일단 변론을 종결한 후라도 심리가 덜 되어(미진) 있음이 발견되거나 그 밖에 필요하다고 인정할 때에는 자유재량으로 변론을 재개할 수 있다(제142조).

② 변론을 재개해 달라는 당사자의 신청은 법원의 직권발동을 촉구하는 의미만 있으므로 이에 대해 허부의 결정을 할 필요가 없다(대판 2007.4.26.
2005다53866).

다만, (ⅰ) 재심사유를 제출하였을 때, (ⅱ) 판결의 결론을 좌우하는 중요한 요증사실을 제출하는 것을 재개사유로 하는 경우(대판 1996.2.9.
95다2333), (ⅲ) 재개를 하지 않으면 절차적 정의에 반하는 경우에는 법원에 재기의무가 인정된다(대판 2010.10.28.
2010다20532).

판례 | 변론종결 후 당사자의 변론재개신청을 받아들일지가 법원의 재량에 속하는지 여부(원칙적 적극) 및 법원의 변론재개의무가 인정되는 예외적인 경우

당사자가 변론종결 후 주장·증명을 제출하기 위하여 변론재개신청을 한 경우 당사자의 변론재개신청을 받아들일지 여부는 원칙적으로 법원의 재량에 속한다. 그러나 변론재개신청을 한 당사자가 변론종결 전에 그에게 책임을 지우기 어려운 사정으로 주장·증명을 제출할 기회를 제대로 갖지 못하였고, 그 주장·증명의 대상이 판결의 결과를 좌우할 수 있는 관건적 요증사실에 해당하는 경우 등과 같이, 당사자에게 변론을 재개하여 그 주장·증명을 제출할 기회를 주지 않은 채 패소의 판결을 하는 것이 민사소송법이 추구하는 절차적 정의에 반하는 경우에는 법원은 변론을 재개하고 심리를 속행할 의무가 있다. 또한 법원이 사실상 또는 법률상 사항에 관한 석명의무나 지적의무 등을 위반한 채 변론을 종결하였는데 당사자가 그에 관한 주장·증명을 제출하기 위하여 변론재개신청을 한 경우 등과 같이 사건의 적정하고 공정한 해결에 영향을 미칠 수 있는 소송절차상의 위법이 드러난 경우에는, 사건을 적정하고 공정하게 심리·판단할 책무가 있는 법원으로서는 그와 같은 소송절차상의 위법을 치유하고 그 책무를 다하기 위하여 변론을 재개하고 심리를 속행할 의무가 있다(대판 2021.3.25.
2020다277641).

Ⅲ 변론조서

1. 의의

제152조 [변론조서의 작성]

① 법원사무관등은 변론기일에 참여하여 기일마다 조서를 작성하여야 한다. 다만, 변론을 녹음하거나 속기하는 경우 그 밖에 이에 준하는 특별한 사정이 있는 경우에는 법원사무관등을 참여시키지 아니하고 변론기일을 열 수 있다.

② 재판장은 필요하다고 인정하는 경우 법원사무관등을 참여시키지 아니하고 변론기일 및 변론준비기일 외의 기일을 열 수 있다.

③ 제1항 단서 및 제2항의 경우에는 법원사무관등은 그 기일이 끝난 뒤에 재판장의 설명에 따라 조서를 작성하고, 그 취지를 덧붙여 적어야 한다.

(1) 변론의 경과를 명확히 하기 위하여 법원사무관 등이 작성하는 문서를 변론조서라고 한다. 변론조서는 소송절차의 진행을 밝혀 절차의 안정·명확을 기하는 동시에 상급법원이 원심판결의 잘잘못을 판단하는 데 이바지한다. 변론조서는 기일마다 작성하여 소송기록에 편철하여 보존한다(제152조 제1항).

21법원직
1 법원사무관등은 변론기일에 참여하여 기일마다 조서를 작성하여야 한다. 변론을 녹음하거나 속기하는 경우에도 법원사무관등을 참여시키지 아니하고 변론기일을 여는 것은 위법하다. ( )

(2) 법원사무관 등은 원칙적으로 기일에 참여하여야 하나, 예외적으로 변론기일·변론준비기일은 녹음·속기에 의하는 경우에, 그 밖의 기일인 화해기일·조정기일·증거조사기일·심문기일 등은 재판장이 필요하다고 인정하는 경우에 법원사무관등의 참여 없이 기일을 열 수 있는데, 이 경우에는 기일이 끝난 뒤 재판장의 설명에 따라 조서를 작성하고 그 취지를 적어야 한다(제152조 제1항·제2항).

2. 조서의 기재사항

(1) 형식적 기재사항

제153조 [형식적 기재사항]
조서에는 법원사무관등이 다음 각 호의 사항을 적고, 재판장과 법원사무관등이 기명날인 또는 서명한다. 다만, 재판장이 기명날인 또는 서명할 수 없는 사유가 있는 때에는 합의부원이 그 사유를 적은 뒤에 기명날인 또는 서명하며, 법관 모두가 기명날인 또는 서명할 수 없는 사유가 있는 때에는 법원사무관등이 그 사유를 적는다.
  1. 사건의 표시
  2. 법관과 법원사무관등의 성명
  3. 출석한 검사의 성명
  4. 출석한 당사자·대리인·통역인과 출석하지 아니한 당사자의 성명
  5. 변론의 날짜와 장소
  6. 변론의 공개 여부와 공개하지 아니한 경우에는 그 이유

(2) 실질적 기재사항

제154조 [실질적 기재사항]
조서에는 변론의 요지를 적되, 특히 다음 각호의 사항을 분명히 하여야 한다.
  1. 화해, 청구의 포기·인낙, 소의 취하와 자백
  2. 증인·감정인의 선서와 진술
  3. 검증의 결과
  4. 재판장이 적도록 명한 사항과 당사자의 청구에 따라 적는 것을 허락한 사항
  5. 서면으로 작성되지 아니한 재판
  6. 재판의 선고

정답 | 1 ×

3. 조서의 기재방식

(1) 통상의 방식

법원공문서규칙에 의하여 조서작성의 간편을 위해 변론조서를 ① 본적 변론조서, ② 증거조사에 관한 조서(증인 등 신문조서·검증조서), ③ 증거목록 등 세 가지로 나누었다. 그리고 변론조서에 증거조사에 관한 것을 기재할 때에는 변론조서의 일부(제156조)로서 증거조사에 관한 조서와 증거목록을 인용기재 하도록 하였다. 서면, 사진(영상 포함), 그 밖에 법원이 적당하다고 인정한 것도 이를 인용하고 기록에 덧붙여 조서의 일부로 할 수 있다(제156조).

(2) 조서에 갈음하는 녹음·속기화

제159조 [변론의 속기와 녹음]

① 법원은 필요하다고 인정하는 경우에는 변론의 전부 또는 일부를 녹음하거나, 속기자로 하여금 받아 적도록 명할 수 있으며, 당사자가 녹음 또는 속기를 신청하면 특별한 사유가 없는 한 이를 명하여야 한다.
② 제1항의 녹음테이프와 속기록은 조서의 일부로 삼는다.
③ 제1항 및 제2항의 규정에 따라 녹음테이프 또는 속기록으로 조서의 기재를 대신한 경우에, 소송이 완결되기 전까지 당사자가 신청하거나 그 밖에 대법원규칙이 정하는 때에는 녹음테이프나 속기록의 요지를 정리하여 조서를 작성하여야 한다.
④ 제3항의 규정에 따라 조서가 작성된 경우에는 재판이 확정되거나, 양 쪽 당사자의 동의가 있으면 법원은 녹음테이프와 속기록을 폐기할 수 있다. 이 경우 당사자가 녹음테이프와 속기록을 폐기한다는 통지를 받은 날부터 2주 이내에 이의를 제기하지 아니하면 폐기에 대하여 동의한 것으로 본다.

규칙 제36조 [조서의 작성 등]

① 법원사무관등이 법 제152조 제3항에 따라 조서를 작성하는 때에는 재판장의 허가를 받아 녹음테이프 또는 속기록을 조서의 일부로 삼을 수 있다. 이 경우 녹음테이프와 속기록의 보관 등에 관하여는 제34조 제1항·제2항을 준용한다.
② 제1항 전문 및 법 제159조 제1항·제2항에 따라 녹음테이프 또는 속기록을 조서의 일부로 삼은 경우라도 재판장은 법원사무관등으로 하여금 당사자, 증인, 그 밖의 소송관계인의 진술 중 중요한 사항을 요약하여 조서의 일부로 기재하게 할 수 있다.
③ 제1항 전문 및 법 제159조 제1항·제2항에 따라 녹음테이프를 조서의 일부로 삼은 경우 다음 각 호 가운데 어느 하나에 해당하면 녹음테이프의 요지를 정리하여 조서를 작성하여야 한다. 다만, 제2항의 조서 기재가 있거나 속기록 또는 제35조에 따른 녹취서가 작성된 경우에는 그러하지 아니하다.
  1. 상소가 제기된 때
  2. 법관이 바뀐 때
④ 제3항 및 법 제159조 제3항에 따라 조서를 작성하는 때에는, 재판장의 허가를 받아, 속기록 또는 제35조에 따른 녹취서 가운데 필요한 부분을 그 조서에 인용할 수 있다.
⑤ 제3항 및 법 제159조 제3항에 따른 조서는 변론 당시의 법원사무관등이 조서를 작성할 수 없는 특별한 사정이 있는 때에는 당해 사건에 관여한 다른 법원사무관등이 작성할 수 있다.

21법원직

1 법원은 필요하다고 인정하는 경우에는 변론의 전부 또는 일부를 녹음하거나, 속기자로 하여금 받아 적도록 명할 수 있으며, 당사자가 녹음 또는 속기를 신청하면 특별한 사유가 없는 한 이를 명하여야 한다. 이 경우 녹음테이프와 속기록은 조서의 일부로 삼는다. ( )

12주사보

2 녹음테이프·속기록으로 조서의 기재를 대신한 경우에 항소가 제기되면 이를 별도로 정리할 필요 없이 기록과 함께 항소심에 송부하면 된다. ( )

정답 | 1 ○ 2 ×

4. 조서의 공개

(1) 사건관계인에 대한 공개

당사자나 이해관계를 소명한 제3자는 대법원규칙이 정하는 바에 따라, 소송기록의 열람·복사신청권, 재판서·조서의 정본·등본·초본의 교부신청권과 소송에 관한 사항의 증명서의 교부를 법원사무관 등에게 신청할 수 있다(제162조 제1항).

(2) 일반에 대한 공개

일반인도 권리구제·학술연구 또는 공익적 목적이 있으면 확정된 소송기록의 열람을 신청할 수 있다. 그러나 심리가 비공개로 진행된 사건이나 당해소송관계인이 동의하지 아니하는 경우에는 열람이 제한된다.

(3) 비밀보호를 위한 열람권의 제한

① 소송기록 중에 당사자의 사생활에 관한 중대한 비밀이 적혀 있고 제3자에 열람허용이 당사자의 사회생활에 큰 지장을 줄 우려가 있다거나 당사자가 갖는 영업비밀이 적혀 있다는 소명이 있는 경우에는, 법원은 당사자의 신청으로 소송기록 중 비밀기재 부분의 열람·복사, 재판서·조서 중 비밀기재 부분의 정본·등본·초본의 교부의 신청자를 당사자로 한정하는 결정을 할 수 있도록 하였다(제163조 제1항).

② 이러한 조치는 당사자의 신청에 따른 재판에 의해 이루어지며, 신청한 당사자는 그 사유가 존재하고 있다는 점을 소명하여야 한다. 당사자의 신청이 있으면 그 신청에 관한 재판이 확정될 때까지 제3자는 비밀 기재부분의 열람 등을 신청할 수 없다(제163조 제2항). 제3자는 법원에 그 사유가 소멸되었음을 이유로 열람 등 제한결정을 취소해 달라는 신청을 할 수 있으며, 취소결정은 확정되어야 효력을 가진다. 제한결정 및 취소결정에 대하여는 즉시항고할 수 있다(제163조 제3항·제4항·제5항).

5. 확정판결서의 열람·복사

*재판부로 하여금 판결이 선고된 사건의 판결서 공개를 용이하게 하고, 열람 및 복사의 대상이 되는 판결서는 컴퓨터 등을 통해 검색 가능한 형태로 제공하도록 함으로써 재판 공개라는 헌법적 요청을 충족시키고, 판결의 공정성과 투명성을 확보하며, 사법부에 대한 국민의 신뢰를 회복할 수 있도록 하려는 것임.

제163조의2 [판결서의 열람·복사]*

① 제162조에도 불구하고 누구든지 판결이 선고된 사건의 판결서(확정되지 아니한 사건에 대한 판결서를 포함하며, 「소액사건심판법」이 적용되는 사건의 판결서와 「상고심절차에 관한 특례법」 제4조 및 이 법 제429조 본문에 따른 판결서는 제외한다. 이하 이 조에서 같다)를 인터넷, 그 밖의 전산정보처리시스템을 통한 전자적 방법 등으로 열람 및 복사할 수 있다. 다만, 변론의 공개를 금지한 사건의 판결서로서 대법원규칙으로 정하는 경우에는 열람 및 복사를 전부 또는 일부 제한할 수 있다.

② 제1항에 따라 열람 및 복사의 대상이 되는 판결서는 대법원규칙으로 정하는 바에 따라 판결서에 기재된 문자열 또는 숫자열이 검색어로 기능할 수 있도록 제공되어야 한다.

③ 법원사무관등이나 그 밖의 법원공무원은 제1항에 따른 열람 및 복사에 앞서 판결서에 기재된 성명 등 개인정보가 공개되지 아니하도록 대법원규칙으로 정하는 보호조치를 하여야 한다.

④ 제3항에 따라 개인정보 보호조치를 한 법원사무관등이나 그 밖의 법원공무원은 고의 또는 중대한 과실로 인한 것이 아니면 제1항에 따른 열람 및 복사와 관련하여 민사상·형사상 책임을 지지 아니한다.

⑤ 제1항의 열람 및 복사에는 제162조제4항·제5항 및 제163조를 준용한다.

⑥ 판결서의 열람 및 복사의 방법과 절차, 개인정보 보호조치의 방법과 절차, 그 밖에 필요한 사항은 대법원규칙으로 정한다.

6. 조서의 정정

① 조서에 적힌 사항에 관하여 관계인이 이의를 제기하였으나 이유 없다고 인정될 경우에는 조서에 그 취지를 적어야 한다(제164조). 이의가 없어도 조서의 기재에 명백한 오류가 있을 때에는 판결의 경정(제211조)에 준하여 정정할 수 있다.

② 관계인이 변론조서에 잘못된 기재가 있다는 이유로 법원사무관 등의 처분에 대한 이의신청(제223조)을 하는 것은 허용되지 않는다(대결 1989.9.7. 89마694).

7. 조서의 증명력

21법원직

① 변론방식에 관한 규정이 지켜졌다는 것은 조서로만 증명할 수 있다. 다만, 조서가 없어진 때에는 그러하지 아니하다(제158조).

1 변론방식에 관한 규정이 지켜졌다는 것은 조서로만 증명할 수 있다. 다만, 조서가 없어진 때에는 그러하지 아니하다. ( )

② 이때 변론의 방식이란 변론의 일시 및 장소, 변론의 공개 유무, 관여법관, 당사자와 대리인의 출석 여부, 판결의 선고일자와 선고사실 등 변론의 외형적 형식을 말하는 것으로서 주로 민사소송법 제153조의 형식적 기재사항에 대응한다.

이러한 사항에 관한 규정이 지켜졌다는 것은 조서의 기재에 의하여만 증명할 수 있으며 다른 증거방법이나 반증을 들어 다툴 수 없다. 자유심증주의를 버리고 법정증거주의를 채택한 것이다.

* 이시윤 412페이지 참고

③ 변론의 방식이 아니라 변론의 내용, 즉 당사자의 공격방어방법, 자백 또는 증인의 진술 등 민사소송법 제154조의 실질적 기재사항은 법정증명력이 인정되지 않고 조서는 일응의 증거가 되는 데 그치므로 다른 증거로 번복할 수 있다.

다만, 판례는 변론의 내용에 대하여도 조서에 기재되어 있다면 특별한 사정이 없는 한 그 내용이 진실하다는 데에 강한 증명력을 부여한다(대판 1972.2.29. 71다2770).

IV 변론기일에 있어서의 당사자의 결석*

1. 의의

기일의 해태라 함은 당사자가 적법한 기일통지를 받고도 필요적 변론기일에 불출석하거나 출석하여도 변론하지 않은 경우를 말한다. 민사소송법은 당사자의 결석에 대하여 진술간주(제148조), 자백간주(제150조), 취하간주(제268조) 등의 효과를 규정하고 있다.

2. 당사자의 결석(기일해태의 요건)

(1) 필요적 변론기일에 한정

임의적 변론에 있어서의 기일 불출석은 문제되지 않는다. 판결선고기일에는 당사자 쌍방이 결석해도 문제되지 않는다(제207조 제2항). 판례는 법정 외에서 한다는 특별한 사정이 없는 한 증거조사기일은 필요적 변론기일에 포함된다고 한다(대판 1966.1.31. 65다2296).

(2) 적법한 기일통지를 받고 불출석

17주사보

당사자가 적법한 기일통지를 받고 불출석한 경우라야 한다. 기일통지서의 송달불능·송달무효이면 기일해태가 아니다. 공시송달에 의한 기일통지를 받고 불출석한 경우에는 자백간주(제150조 제3항)의 기일해태효과가 생기지 않는다.

2 공시송달에 의하여 기일이 통지된 경우에는 출석하지 아니한 당사자에게 그 책임을 물을 수 없으므로 자백간주의 효과가 발생하지 않는다. ( )

정답 | 1 ○ **2** ○

판례 | 제1심에서 피고에 대하여 공시송달로 재판이 진행되어 피고에 대한 청구가 기각 되었는데, 원고가 항소한 항소심에서 피고가 공시송달이 아닌 방법으로 송달받고 도 다투지 아니한 경우, 민사소송법 제150조의 자백간주가 성립하는지 여부 (적극)

> 제1심에서 피고에 대하여 공시송달로 재판이 진행되어 피고에 대한 청구가 기각되었다고 하여도 피고가 원고 청구원인을 다툰 것으로 볼 수 없으므로, 원고가 항소한 항소심에서 피고가 공시송달 이 아닌 방법으로 송달받고도 다투지 아니한 경우에는 민사소송법 제150조의 자백간주가 성립된 다(대판 2018.7.12. 2015다36167).

판례 | 주소변경불신고로 인한 공시송달과 당사자의 귀책사유

> 법인인 소송당사자가 법인이나 그 대표자의 주소가 변경되었는데도 이를 법원에 신고하지 아니하 여 2차에 걸친 변론기일소환장이 송달불능이 되자 법원이 공시송달의 방법으로 재판을 진행한 결 과 쌍방불출석으로 취하 간주되었다면, 이는 그 변론기일에 출석하지 못한 것이 소송당사자의 책 임으로 돌릴 수 없는 사유로 인하여 기일을 해태한 경우라고는 볼 수 없다(대판 1987.2.24. 86누509).

판례 | 변론기일의 송달절차가 적법하지 아니한 경우 쌍방 불출석의 효과가 발생하는지 여부(소극)

> '변론기일에 양 쪽 당사자가 출석하지 아니한 때'란 양쪽 당사자가 적법한 절차에 의한 송달을 받 고도 변론기일에 출석하지 않는 것을 가리키므로, 변론기일의 송달절차가 적법하지 아니한 이상 비록 그 변론기일에 양쪽 당사자가 출석하지 아니하였다고 하더라도, 소 또는 상소를 취하한 것으 로 보는 효과는 발생하지 않는다(대판 2022.3.17. 2020다216462).

(3) 사건의 호명을 받고 변론이 끝날 때까지 불출석·무변론

① 당사자도 대리인도 모두 법정에 나오지 않은 경우이다(대판 1979.9.25. 78다153,154). 비록 당사자가 출석하 였으나, (ⅰ) 진술금지의 재판(제144조), 퇴정명령, (ⅱ) 임의퇴정의 경우에도 불출석으 로 된다.

② 출석하여도 변론하지 아니하면 기일의 해태로 된다. 단지 피고가 청구기각의 판결만을 구하고 사실상의 진술을 하지 아니한 경우는 변론하였다고 할 수 없다(대판 1989.7.25. 89다카4045).

3. 양쪽 당사자의 결석 – 소의 취하간주

제268조 [양쪽 당사자가 출석하지 아니한 경우]
① 양쪽 당사자가 변론기일에 출석하지 아니하거나 출석하였다 하더라도 변론하지 아니한 때에 는 재판장은 다시 변론기일을 정하여 양쪽 당사자에게 통지하여야 한다.
② 제1항의 새 변론기일 또는 그 뒤에 열린 변론기일에 양쪽 당사자가 출석하지 아니하거나 출 석하였다 하더라도 변론하지 아니한 때에는 1월 이내에 기일지정신청을 하지 아니하면 소를 취하한 것으로 본다.
③ 제2항의 기일지정신청에 따라 정한 변론기일 또는 그 뒤의 변론기일에 양쪽 당사자가 출석 하지 아니하거나 출석하였다 하더라도 변론하지 아니한 때에는 소를 취하한 것으로 본다.

21사무관

1 제1심에서 피고에 대하여 공시송달 로 재판이 진행되어 피고에 대한 청 구가 기각되어 원고가 항소한 항소 심에서, 피고가 공시송달이 아닌 방 법으로 송달받고도 다투지 아니한 경우 자백간주가 성립하지 않는다.
( )

19법원직

2 법인인 소송당사자가 법인이나 그 대표자의 주소가 변경되었는데도 이를 법원에 신고하지 아니하여 2 차에 걸친 변론기일소환장이 송달 불능이 되자 법원이 공시송달의 방 법으로 재판을 진행한 결과 쌍방불 출석으로 취하 간주되었다면, 이는 그 변론기일에 출석하지 못한 것이 소송당사자의 책임으로 돌릴 수 없 는 사유로 인하여 기일을 해태한 경 우라고는 볼 수 없다. ( )

정답 | 1 × **2** ○

④ 상소심의 소송절차에는 제1항 내지 제3항의 규정을 준용한다. 다만, 상소심에서는 상소를 취하한 것으로 본다.

(1) 의의

양쪽 당사자가 총 2회 결석하고 1월 이내에 기일지정신청을 하지 않거나 총 3회 결석한 경우 소취하간주의 효력이 생긴다. 상소심에서는 상소를 취하한 것으로 간주한다(제268조).

(2) 취하간주의 요건

1) 양쪽 당사자의 1회 결석

양쪽 당사자가 변론기일에 1회 불출석이거나 출석무변론이었을 것을 요한다. 이 경우 재판장은 반드시 속행기일을 정하여 양쪽 당사자에게 통지하여야 하며, 판결하기에 성숙하였다 하여도 변론을 종결하고 소송기록에 의하여 판결할 수 없다.

2) 양쪽 당사자의 2회 결석

양쪽 당사자의 1회 결석 후의 새기일 또는 그 뒤의 기일에 불출석이거나 출석무변론이었을 것을 요한다.

① 2회 내지 3회 결석은 반드시 연속적이어야 하지 않고, 단속적이어도 무방하다.

② 같은 심급의 같은 종류의 기일에 2회 내지 3회 불출석일 것을 요한다(대판 1968.8.30. 68다1241). 따라서 제1심에서 1회, 제2심에서 1회와 같이 전소송과정을 통해 2회 불출석하였을 때에는 기일지정신청이 없어도 취하의 효과가 생기지 않는다. 같은 심급이라도 환송 전의 항소심에서 1회, 환송 후의 항소심에서 1회의 쌍방 기일해태가 있는 경우에는 이에 해당되지 않는다고 보는 것이 판례이다(대판 1963.6.20. 63다166).
변론기일과 변론준비기일은 같은 종류의 기일이 아니므로 변론준비기일 1회, 변론기일 1회 불출석하고 기일지정신청을 하지 아니하여도 소취하간주의 효과가 생기지 아니한다(대판 2006.10.27. 2004다69581).

③ 같은 소가 유지되는 상태에서 2회 내지 3회 결석일 것을 요한다. 따라서 소의 교환적 변경에 앞서 한 차례, 변경 후 한 차례 불출석한 때에는 2회 결석이 아니다.

④ 배당이의의 소의 원고가 '첫 변론기일'에 출석하지 아니한 경우에는 소를 취하한 것으로 간주되는데(민집 제158조), 변론준비기일의 제도적 취지, 그 진행방법과 효과, 규정의 형식 등에 비추어 볼 때, 여기서의 '첫 변론기일'에 '첫 변론준비기일'은 포함되지 않는다(대판 2006.11.10. 2005다41856).

3) 기일지정신청이 없거나 또는 기일지정신청 후의 양쪽 결석

① 양쪽 당사자가 2회 결석 후 그로부터 1월 내에 당사자가 기일지정신청을 하지 아니하면 소의 취하가 있는 것으로 본다(제268조 제2항). 이 기간은 2회 결석한 기일로부터 기산하며, 불변기간은 아니므로 기일지정신청의 추후보완은 허용될 수 없다(대결 1992.4.21. 92마175).

② 기일지정신청에 의하여 정한 기일 또는 그 후의 기일에 양쪽 당사자가 결석한 때에도 소의 취하가 있는 것으로 본다(제268조 제3항).

13주사보
1 양쪽 당사자가 변론기일에 1회 출석하지 아니한 때에는, 재판장은 다시 변론기일을 정하여 양쪽 당사자에게 통지하여야 한다. (   )

17사무관
2 기일해태는 동일 심급의 동종의 기일에서 2회 있어야 하나 반드시 연속하여 2회 계속될 필요는 없으므로, 환송 전의 항소심에서 1회, 환송 후의 항소심에서 1회의 쌍방 기일해태가 있는 경우에도 2회 기일해태의 효과가 발생한다. (   )

14·17주사보 15·17사무관 19법원직
3 변론준비기일에서 이미 1차례 모두 불출석한 양쪽 당사자가 변론기일에 이르러 다시 모두 불출석하였다면, 변론준비기일에서의 불출석 효과가 변론기일에 승계되므로 1개월 이내에 기일지정신청을 하지 않으면 소를 취하한 것으로 본다. (   )

13사무관 19법원직
4 배당이의소송에서는 첫 변론준비기일에 출석한 원고라고 하더라도 첫 변론기일에 출석하지 않으면, 곧바로 배당이의의 소를 취하한 것으로 본다. (   )

18사무관
5 양쪽 당사자가 2회 불출석한 후 1월 내에 기일지정 신청을 하지 않으면 소를 취하한 것으로 보는데, 이때의 1월은 양쪽 당사자가 불출석한 변론기일 다음 날부터 기산된다. (   )

정답 | **1** ○ **2** × **3** × **4** ○ **5** ○

(3) 취하간주의 효과

1) 제1심에서의 효과

① 취하간주의 효과는 법률상 당연히 발생하는 효과이며, 당사자나 법원의 의사로 그 효과를 좌우할 수는 없다(대판 1982.10.12. 81다94).

② 소의 취하간주는 원고의 의사표시에 의한 소의 취하와 그 효과가 같다. 따라서 소송계속의 효과는 소급적으로 소멸하며 소송은 종결된다. 소의 취하간주가 있음에도 이를 간과한 채 본안판결을 한 경우에는 상급법원은 소송종료선언을 하여야 한다(대판 1968.11.5. 68다773).

③ 본래의 소의 계속 중 1회 결석한 뒤에 추가적 변경·반소·중간확인의 소·당사자참가 등 소송 중의 소가 제기되었는데, 다시 1회 결석 후에 기일지정신청이 없을 때 취하의 효과가 미치는 것은 본래의 소 부분뿐이고 소송 중의 소 부분은 해당되지 아니한다. 이 경우는 가분적인 일부취하간주가 된다.

2) 상소심에서의 효과

상소심에서 기일해태의 경우에는 상소의 취하로 본다(제268조 제4항). 이로써 상소심절차가 종결되고, 원판결이 그대로 확정된다.

판례 | 항소취하 간주의 효력을 다투는 방법

민사소송법 제268조 제4항에서 정한 항소취하 간주는 그 규정상 요건의 성취로 법률에 의하여 당연히 발생하는 효과이고 법원의 재판이 아니므로 상고의 대상이 되는 종국판결에 해당하지 아니한다. 항소취하 간주의 효력을 다투려면 민사소송규칙 제67조, 제68조에서 정한 절차에 따라 항소심 법원에 기일지정신청을 할 수는 있으나 상고를 제기할 수는 없다(대판 2019.8.30. 2018다259541).

4. 한쪽 당사자의 결석

(1) 진술간주

제148조 [한 쪽 당사자가 출석하지 아니한 경우]
① 원고 또는 피고가 변론기일에 출석하지 아니하거나, 출석하고서도 본안에 관하여 변론하지 아니한 때에는 그가 제출한 소장·답변서, 그 밖의 준비서면에 적혀 있는 사항을 진술한 것으로 보고 출석한 상대방에게 변론을 명할 수 있다.
② 제1항의 규정에 따라 당사자가 진술한 것으로 보는 답변서, 그 밖의 준비서면에 청구의 포기 또는 인낙의 의사표시가 적혀 있고 공증사무소의 인증을 받은 때에는 그 취지에 따라 청구의 포기 또는 인낙이 성립된 것으로 본다.
③ 제1항의 규정에 따라 당사자가 진술한 것으로 보는 답변서, 그 밖의 준비서면에 화해의 의사표시가 적혀 있고 공증사무소의 인증을 받은 경우에, 상대방 당사자가 변론기일에 출석하여 그 화해의 의사표시를 받아들인 때에는 화해가 성립된 것으로 본다.

1) 의의

한쪽 당사자가 변론기일에 불출석이거나 출석무변론인 경우에는 그가 제출한 소장·답변서, 그 밖의 준비서면에 기재한 사항을 진술한 것으로 간주하고 출석한 상대방에 대하여 변론을 명할 수 있도록 하였는데 이를 진술간주라 한다(제148조).

13사무관

1 본래의 소의 계속 중 양쪽 당사자가 1회 결석한 뒤에 소의 추가적 변경, 반소 등 소송중의 소가 제기된 뒤에 다시 1회 불출석한 경우에 2회 불출석의 효과가 미치는 것은 본래의 소에 한하며, 뒤에 제기된 소송중의 소는 1회 불출석으로 보아야 한다.
( )

12주사보 13사무관

2 항소심에서 양쪽 당사자의 2회 기일해태 후 기일지정신청이 없거나 그 기일지정신청에 의해 정해진 변론기일에 양쪽 당사자가 불출석하면 소의 취하가 있는 것으로 본다.
( )

20사무관

3 항소취하 간주는 그 규정상 요건의 성취로 법률에 의하여 당연히 발생하는 효과이고 법원의 재판이 아니므로 상고의 대상이 되는 종국판결에 해당하지 아니하고, 항소취하 간주의 효력을 다투려면 항소심 법원에 기일지정신청을 할 수는 있으나 상고를 제기할 수는 없다. ( )

12주사보

4 한쪽 당사자가 변론기일에 출석하지 아니하거나, 출석하여도 본안에 관하여 변론하지 아니한 때에는 그가 제출한 소장·답변서, 그 밖의 준비서면에 적혀 있는 사항을 진술한 것으로 보고 출석한 상대방에게 변론을 명할 수 있다. ( )

정답 | 1 ○ 2 × 3 ○ 4 ○

2) 요건

① 제148조의 변론기일은 첫 기일뿐만 아니라, 속행기일을 포함한다. 항소심기일은 물론 파기환송 후의 항소심기일에도 적용된다. 또한 단독사건이든 합의사건이든 불문하며, 원·피고에게 공평하게 적용된다.

② 진술한 것으로 간주되는 서면은 소장·답변서, 그 밖의 준비서면이다. 명칭에 불구하고 실질적으로 준비서면인 것으로 인정되면 그 기재사항은 진술한 것으로 간주된다.

3) 효과

① 제148조의 적용 여부는 법원의 재량이다. 법원은 변론을 진행할 수도 있고 기일을 연기할 수도 있다. 다만, 출석한 당사자만으로 변론을 진행할 때에는 반드시 불출석한 당사자가 그때까지 제출한 준비서면에 기재한 사항을 진술한 것으로 보아야 한다(대판 2008.5.8. 2008다2890).

② 진술간주된다는 것 이외에는 당사자 쌍방이 출석한 것과 동일하게 취급된다. 따라서 서면에서 원고의 주장사실을 자백한 경우 재판상 자백이 성립하고, 명백히 다투지 않은 경우 자백간주가 되어 증거조사 없이 변론을 종결할 수 있다.

4) 확대적용과 한계

① 서면청구의 포기 인낙과 서면화해

신법은 당사자의 법원출석의 불편을 덜기 위해 진술간주제도의 적용범위를 확대하였다. 불출석한 당사자가 진술한 것으로 보는 서면에 청구의 포기·인낙의 의사표시가 적혀 있고 공증사무소의 인증까지 받은 때에는 청구의 포기·인낙이 성립된 것으로 본다(제148조 제2항).

또한 불출석한 당사자가 제출한 서면에 화해의사표시가 적혀 있고 인증까지 받은 경우에 상대방 당사자가 출석하여 그 화해의 의사표시를 받아들인 때에는 재판상의 화해가 성립되는 것으로 보도록 했다(제148조 제3항).

② 다만 판례는 (i) 원고가 관할권 없는 법원에 제소한 때에 피고가 본안에 관한 사실을 기재한 답변서만을 제출한 채 불출석한 경우 그것이 진술간주가 되어도 변론관할은 발생하지 않고(대결 1980.9.26. 80마403), (ii) 준비서면에 증거를 첨부하여 제출한 경우에 그 서면이 진술간주되어도 증거신청의 효과는 생기지 않는다고 판시하고 있다(대판 1991.11.8. 91다15775).

(2) 자백간주

제150조 [자백간주]
① 당사자가 변론에서 상대방이 주장하는 사실을 명백히 다투지 아니한 때에는 그 사실을 자백한 것으로 본다. 다만, 변론 전체의 취지로 보아 그 사실에 대하여 다툰 것으로 인정되는 경우에는 그러하지 아니하다.
② 상대방이 주장한 사실에 대하여 알지 못한다고 진술한 때에는 그 사실을 다툰 것으로 추정한다.
③ 당사자가 변론기일에 출석하지 아니하는 경우에는 제1항의 규정을 준용한다. 다만, 공시송달의 방법으로 기일통지서를 송달받은 당사자가 출석하지 아니한 경우에는 그러하지 아니하다.

1) 의의

당사자가 상대방의 주장사실을 자진하여 자백하지 아니하여도, 명백히 다투지 아니하거나 또는 당사자 일방이 기일에 불출석한 경우에는 그 사실을 자백한 것으로 본다(제150조 제1항·제3항). 이를 자백간주라 한다.

16법원직

1 한쪽 당사자가 불출석한 경우, 진술간주제도를 적용하여 변론을 진행하느냐 기일을 연기하느냐는 법원의 재량에 속하는 사항이다.
( )

16사무관

2 당사자가 청구의 포기·인낙의 의사표시를 기재한 답변서 그 밖의 준비서면을 제출한 경우에는 그 당사자가 출석하지 않더라도 위 준비서면 등을 진술간주할 수 있다. ( )

16법원직

3 원고가 관할권 없는 법원에 제소한 때에 피고가 본안에 관한 사실을 기재한 답변서를 제출한 채 불출석한 경우, 그 답변서가 진술간주되면 변론관할이 생긴다. ( )

16·19법원직 16·18사무관 18주사보

4 당사자가 준비서면에 서증의 사본을 첨부하여 제출한 채 불출석한 경우, 그 준비서면이 진술간주되면 서증의 제출이 있는 것으로 본다.
( )

정답 | **1** ○ **2** × **3** × **4** ×

변론주의하에서는 당사자의 태도로 보아 다툴 의사가 없다고 인정되는 이상 증거조사를 생략하는 것이 타당하다고 본 것이다.

2) 요건

한 쪽 당사자의 불출석으로 자백간주가 되려면, ① 불출석한 당사자가 상대방의 주장사실을 다투는 답변서 그 밖의 준비서면을 제출하지 않은 경우라야 하며, ② 당사자가 공시송달에 의하지 않은 기일통지를 받았음에도 불구하고 불출석한 경우라야 한다.

3) 효과

① 자백간주가 성립되면 법원에 대한 구속력이 생기며, 법원은 그 사실을 판결의 기초로 삼지 않으면 안 된다.

② 다만, 자백간주는 재판상의 자백과 달리 당사자에 대한 구속력이 생기지 않는다. 따라서 제1심에서 자백간주가 있었다 하여도 항소심의 변론종결 당시까지 이를 다투는 한 그 효과가 배제된다(대판 1987.12.8. 87다368).

15·17주사보 16법원직 18사무관

1 일단 제1심에서 자백간주가 있었다면 항소심에서 이를 다투었다 하더라도 자백간주의 효력이 유지된다.
( )

학습 POINT

1. 추후보완제도는 불변기간만 적용됨(상소제기기간)
2. 책임질 수 없는 경우 인정되는 경우와 부정되는 경우 판례 정리
3. 공시송달과 추후보완은 매우 중요

제6절 | 기일·기간

Ⅰ 총설

심리절차는 당사자 및 법원의 행위가 연속적으로 이루어지기 때문에 이들 행위가 이루어지는 시간을 규제할 필요가 있다. 기일 및 기간은 이에 관한 것이다.

Ⅱ 기일

1. 의의

법원, 당사자, 그 밖의 소송관계인이 모여서 소송행위를 하기 위해 정해진 시간을 말한다. 기일에는 변론기일, 변론준비기일, 증거조사기일, 화해기일, 판결선고기일 등이 있다.

2. 기일의 지정

① 기일은 직권 또는 당사자의 신청(기일지정신청)에 의해 재판장이 지정한다(제165조 제1항). 수명법관이나 수탁판사의 절차기일은 그 법관이 정한다(제165조 제1항 단서).

② 재판장은 피고의 답변서가 제출된 경우에 변론준비절차에 부치지 않는 이상 바로 사건을 검토하여 최단기간 안에 제1회 변론기일을 지정해야 한다(제258조 제1항, 규칙 제69조 제1항).

③ 변론준비절차를 거친 사건의 경우, 그 심리가 2회 이상 소요될 때에는 가능한 한 종결시

정답 | 1 ×

까지 매일 변론기일을 지정하여 변론을 진행하여야 한다(규칙 제72조 제1항). 이때에는 당사자의 의견을 들어야 한다(규칙 제72조 제2항).

④ 재판장은 사건의 변론 개정시간을 구분하여 지정하여야 한다(규칙 제39조).

⑤ 기일변경시 특별한 사정이 없으면 다음 기일을 바로 지정하여야 한다(규칙 제42조 제1항). 변론재개결정시에는 그 결정과 동시에 변론기일을 지정하여야 한다(규칙 제43조).

3. 기일지정신청

① 심리의 속행을 위하여 기일의 지정을 촉구하는 당사자의 신청을 기일지정신청이라고 한다.

② 기일지정신청을 하는 경우는 3가지가 있다.

(i) 증거수집에 불확정기간이 소요된다든지 또는 소송절차의 정지 등으로 인하여 기일이 추후지정 되었다가 증거가 확보되었거나 정지사유가 해소되었음에도 사건이 방치되어 있을 때 당사자가 기일의 직권지정을 촉구하는 경우 및 (ii) 소취하의 효력을 다투는 경우 등 소송종료의 효력을 다투면서 본안신청의 의미로 신청하는 경우, (iii) 양쪽 당사자가 2회 결석한 때에 소의 취하간주를 막기 위하여 당사자가 1월 이내에 기일지정신청을 하는 경우이다.

4. 기일의 변경

(1) 의의

① 기일의 변경이란 기일개시 전에 그 지정을 취소하고 이에 갈음하여 신기일을 지정하는 것을 말한다. 이에 비하여 기일을 개시하였으나 아무런 소송행위 없이 새로운 기일을 지정하는 것을 기일의 연기라고 하며, 기일에 소송행위를 하였지만 완결되지 않아 다음 기일을 정하는 것을 기일의 속행이라고 한다. 기일의 변경·연기·속행은 당사자에게 알려야 한다는 점에서 모두 같다.

② 다음 기일을 바로 지정함이 없이 추후에 지정한다는 것을 알리는 것을 기일의 추후지정이라고 한다. 특별한 사정이 없으면 기일을 추후지정할 수 없고(규칙 제42조 제1항), 추후지정할 때에는 변론조서에 구체적 사유를 기재하여야 한다.

(2) 변경의 요건

① 첫 변론기일·변론준비기일은 현저한 사유가 없어도 당사자의 합의로 변경할 수 있으나 재판장의 허가를 요한다(제165조 제2항).

② 다음 기일부터는 민사소송법 제165조 제2항의 반대해석상 현저한 사유가 있어야 변경할 수 있고, 당사자 사이에 기일변경의 합의를 하였다고 하여 바로 변경할 수 있는 것이 아니다. 현저한 사유란 불가항력보다 넓은 의미로서 주장이나 증거제출의 준비를 하지 못한 데 정당한 이유가 있는 경우를 포함한다. 변론준비절차를 거친 사건은 사실과 증거에 관한 조사가 충분하지 않다는 이유로 지정된 변론기일을 변경할 수 없다(규칙 제72조 제1항).

③ 당사자가 기일변경신청을 하는 때에는 기일변경이 필요한 사유를 밝히고, 그 사유를 소명하는 자료를 붙여야 한다(규칙 제40조). 첫 변론기일·변론준비기일이 아닌 경우에는 특별한 사정이 없으면 기일변경을 허가하여서는 안 되며(규칙 제41조), 재판장의 불허에 대해서는 불복신청이 허용되지 않는다.

5. 기일의 통지와 실시

① 기일통지의 방식은 기일통지서를 송달하는 것이 원칙이나, 출석한 자에게는 말로 해도 된다(제167조 제1항). 기일통지는 전화·팩시밀리·보통우편·전자우편 등의 방법으로도 할 수 있지만 이러한 방법으로 통지한 경우에는 불출석에 대한 법률상의 제재나 불이익을 줄 수 없다(제17조 제2항). 증인 등 출석의무가 있는 경우에는 기일통지서가 아니라 출석요구서를 송달한다(제309조).

② 적법한 기일통지 없이 기일을 진행하는 것은 위법이다. 다만, 송달을 받지 않았다 하더라도 변론기일에 임의출석하여 변론을 하면서 기일통지의 흠에 대한 이의를 하지 않으면 이의권의 포기로 흠이 치유된다(대판 1984.4.24. 82므14).

③ 기일을 통지받지 못해 출석할 수 없었기 때문에 패소판결을 받은 사람은 기일에 정당하게 대리되지 않는 경우를 유추하여 상소(제424조 제1항 제4호) 또는 재심(제451조 제1항 제3호)에 의해 구제되어야 한다. 판결 선고의 경우에도 소액사건심판법의 적용을 받는 사건이 아닌 한, 변론기일 외에 선고기일을 따로 통지해야 하며, 변론기일에 선고된 판결은 위법하다(대판 1996.5.28. 96누2699). 다만, 판결 선고기일을 법정에서 지정고지 하였을 경우에는 그 기일에 출석하지 아니한 당사자에 대하여 따로 선고기일소환장을 송달하지 아니하여도 위법이 아니다(대판 2003.4.25. 2002다72514).

14·15주사보 16사무관

1 법원이 적법하게 변론을 진행한 후 이를 종결하고 판결 선고기일을 고지한 때에는 재정하지 아니한 당사자에 대하여 선고기일 통지서를 송달하지 아니하였다고 하더라도 위법하다고 할 수 없다. ( )

Ⅲ 기간

1. 의의

일정한 시간의 경과에 대하여 소송법상의 효과가 부여되는 경우에 그 시간의 경과를 기간이라고 한다.

2. 기간의 종류

(1) 행위기간과 유예기간

행위기간	당사자가 소송행위를 하여야 할 기간을 의미	
	고유기간	당사자가 기간 내에 소송행위를 하지 않아서 기간을 도과하면 더 이상 그 소송행위를 할 수 없는 기간
		보정기간, 담보제공기간, 주장·증거 또는 답변서제출기간, 준비서면 제출기간, 기일지정신청기간, 상소기간, 재심기간
	직무기간	법원이나 법원사무관 등이 해야 할 소송행위에 대한 기간
		판결선고기간, 판결송달기간, 준비절차종결기간, 심리불속행사유·상고이유서불제출에 의한 상고기각판결기간
유예기간	당사자나 그 밖의 소송관계인의 이익을 보호하기 위하여 소송행위에 대하여 일정한 기간의 유예를 두는 것	
	제척·기피원인의 소명기간(제44조 제2항), 공시송달의 효력발생기간(제196조)	

정답 | 1 ○

(2) 법정기간과 재정기간

법정기간	법률에 의하여 정해진 기간
	제척·기피원인의 소명기간, 답변서제출기간(제256조), 준비서면제출기간, 상소기간 등
재정기간	법원의 재판으로 정하는 기간
	소송능력 따위의 보정기간(제59조), 소장보정기간(제254조), 주장·증거의 제출기간(제147조, 제256조)

(3) 불변기간과 통상기간

1) 의의

법정기간 중에 법률이 '불변기간으로 한다'고 정해놓고 있는 기간을 불변기간이라고 하며, 그 외의 기간을 통상기간이라고 한다.

2) 불변기간의 특징

① 불변기간은 법원이 기간을 늘이거나 줄일 수 없다(제172조 제1항 단서). 물론 불변기간에 대해서도 당사자가 원격지에 있는 경우에 법원은 불변기간이 경과하기 전에 부가기간을 정하는 것은 허용된다(제172조 제2항). 이 경우에는 부가기간과 본래의 기간을 합산한 기간이 불변기간으로 된다.

② 불변기간이 당사자의 책임에 돌릴 수 없는 사유로 도과되었을 때에는 추후보완이 허용된다(제173조). 불변기간의 준수 여부는 직권조사사항에 속하는 소송요건이다.

③ 항소·상고기간, 즉시항고기간 등 상소기간, 재심기간, 제소전화해에 있어서 소제기신청기간(제388조 제4항), 화해권고결정(제226조 제2항)·이행권고결정·지급명령·조정을 갈음하는 결정 등에 대한 이의신청기간, 제권판결에 대한 불변기간(제491조 제2항) 등 민사소송법은 주로 당사자의 법원에 대한 불복신청기간을 불변기간으로 정하고 있다.

3) 통상기간의 특징

① 통상기간은 법원이 기간을 늘이거나 줄일 수 있으므로(제172조 제1항), 부가기간이나 추후보완이 허용되지 않는다.

② 기간의 신축은 당사자에게 신청이 인정되지 않고 법원의 직권으로 행해진다.

3. 기간의 계산

① 기간의 계산은 민법에 따른다(제170조).

② 법정기간의 경우에는 법정의 사유가 발생한 때에 기간의 진행이 개시된다. 이에 대하여, 재정기간의 경우에는 재판으로 시기를 정한 때에는 그때부터 기간이 진행되지만 이를 정하지 않은 때에는 재판의 효력이 발생한 때, 즉 고지한 때로부터 기간이 진행한다(제171조).

4. 기간의 신축

> **제172조 [기간의 신축, 부가기간]**
> ① 법원은 법정기간 또는 법원이 정한 기간을 늘이거나 줄일 수 있다. 다만, 불변기간은 그러하지 아니하다.
> ② 법원은 불변기간에 대하여 주소 또는 거소가 멀리 떨어진 곳에 있는 사람을 위하여 부가기간을 정할 수 있다.
> ③ 재판장·수명법관 또는 수탁판사는 제1항 및 제2항의 규정에 따라 법원이 정한 기간 또는 자신이 정한 기간을 늘이거나 줄일 수 있다.

5. 소송행위의 추후보완

> **제173조 [소송행위의 추후보완]**
> ① 당사자가 책임질 수 없는 사유로 말미암아 불변기간을 지킬 수 없었던 경우에는 그 사유가 없어진 날부터 2주 이내에 게을리 한 소송행위를 보완할 수 있다. 다만, 그 사유가 없어질 당시 외국에 있던 당사자에 대하여는 이 기간을 30일로 한다.
> ② 제1항의 기간에 대하여는 제172조의 규정을 적용하지 아니한다.

(1) 의의

불변기간이 도과된 경우에도 그것이 당사자가 책임질 수 없는 사유로 인한 때에는 그 사유가 소멸한 때로부터 2주 이내에 소송행위를 보완할 수 있다. 이를 소송행위의 추후보완이라고 한다.

(2) 추후보완의 대상인 기간

① 추후보완의 대상인 기간은 모든 기간이 아니고 법률로 불변기간으로 정해진 것에 한하며, 그 나머지 기간은 추후보완의 대상이 되지 않는다(제173조 제1항).
② 판례는 상고이유서 제출기간(제427조)뿐만 아니라 취하간주의 경우의 기일지정신청기간(제268조 제2항)도 불변기간에 속하지 않으므로 추후보완신청의 대상이 되지 않는다고 본다.
③ 소송행위의 추후보완은 불변기간 기산의 기초가 되는 송달이 유효한 경우에 비로소 문제되는 것이므로, 제1심판결을 허위주소에서 다른 사람이 송달받은 경우와 같이 그 송달 자체가 무효인 경우에는 불변기간인 항소기간이 처음부터 진행될 수 없어 항소행위의 추후보완이라는 문제는 생기지 않고, 당사자는 언제라도 항소를 제기할 수 있다(대판 1994.12.22. 94다45449).

(3) 추후보완사유(불귀책사유)

1) 개념

① 추후보완이 허용되는 것은 당사자가 책임질 수 없는 사유로 말미암은 경우이다(제173조 제1항). '당사자가 책임질 수 없는 사유'란 천재지변 기타 피할 수 없었던 사변보다는 넓은 개념으로서, 당사자가 당해 소송행위를 하기 위한 일반적 주의를 다하였어도 그 기간을 준수할 수 없는 사유를 말한다(대결 1991.3.15. 91마1 / 대판 2004.3.12. 2004다2083).
② 당사자에는 당사자 본인뿐만 아니라 그 소송대리인 및 대리인의 보조인도 포함된다 (대판 2016.1.28. 2013다51933).

16사무관 18주사보
1 추후보완은 당사자가 그 책임으로 돌릴 수 없는 사유로 인하여 불변기간을 준수할 수 없었던 경우에 인정되므로 불변기간이 아닌 다른 통상기간에는 추후보완이 인정되지 않는다. ( )

18사무관
2 추후보완은 당사자가 그 책임으로 돌릴 수 없는 사유로 인하여 불변기간을 준수할 수 없었던 경우에 인정된다. 따라서 법률이 불변기간으로 명시하지 아니한 법정기간, 예컨대 주소보정기간, 기일지정신청기간, 재심제척기간, 상소이유서 제출기간은 불변기간이 아니라고 보아 모두 추후보완이 될 수 없다. ( )

14·18사무관 16주사보
3 제1심 판결을 허위주소에서 다른 사람이 송달받은 경우는 그 송달 자체가 무효이므로 항소행위의 추후보완 문제는 생기지 않고 당사자는 언제라도 항소를 제기할 수 있다. ( )

17법원직
4 당사자 본인뿐만 아니라 그 소송대리인 및 대리인의 보조인도 책임질 수 없는 사유로 말미암아 불변기간을 지킬 수 없었던 경우에는 추후보완을 할 수 있다. ( )

정답 | 1 ○ 2 ○ 3 ○ 4 ○

2) 부정례

① 판례에 의하면 서울에서 수원으로 배달증명우편으로 발송한 항소장이 4일만에 배달된 점 (대판 1991.12.13. 91다34509)이나 자신이 구속되었다는 사정(대판 1992.4.14. 92다3441)은 기간을 준수하지 못함에 책임질 수 없는 사유에 해당하지 않아서 추후보완이 허용되지 않는다고 하였다.

② 여행이나 지방출장, 질병치료를 위한 출타 등으로 인하여 기간을 지키지 못한 경우에도 당사자 본인에게 책임질 수 없는 사유에 해당하지 아니한다. 지병으로 인한 집중력 저하와 정신과 치료 등의 사유로 상고기간을 도과한 경우에도, 위 사유는 당사자가 책임질 수 없는 사유에 해당한다고 볼 수 없다(대판 2011.12.27. 2011후2688).

③ 만일 소송대리인이 있는 경우에는 예컨대, 소송대리인이 판결정본의 송달을 받고도 당사자에게 그 사실을 알려 주지 아니하여 기간을 지키지 못한 경우처럼 그 책임이 소송대리인에게 있는 이상 본인에게 과실이 없다 하더라도 추후보완사유에 해당되지 않고(대결 1984.6.14. 84다카744), 그 대리인의 보조인에게 과실이 있는 경우에도 마찬가지이다(대판 1999.6.11. 99다9622).

3) 긍정례

판례에 의하면 등기우편에 의하여 발송송달된 제1심 판결정본을 수령한 당사자가 그 판결정본 말미에 기재된 문구에 따라 실제 수령한 날부터 14일째 되는 날에 항소장을 제출한 경우 (대판 2007.10.26. 2007다37219)에는 당사자가 책임질 수 없는 사유로서 추후 보완이 가능하다고 하였다.

(4) 공시송달로 인하여 항소기간을 준수하지 못한 경우

1) 적법한 송달이 이루어져 당사자가 소송계속 여부를 알고 있는 경우

① 판례는 일단 통상의 방식에 따라 적법한 송달이 이루어져 당사자가 소송계속 여부를 알고 있는 경우에는 소송의 진행 상태를 조사하여 그 결과까지도 알아보아야 할 의무가 있으므로, 그 후 공시송달로 진행되어 판결이 송달되었더라도 항소기간을 지킬 수 없었던 것에 당사자의 책임을 인정한다(대판 2001.7.27. 2001다30339 등). 이러한 의무는 당사자가 변론기일에 출석하여 변론을 하였는지, 출석한 변론기일에 다음 변론기일의 고지를 받았는지, 소송대리인을 선임한 바 있는지 여부를 불문하고 부담한다(대판 2015.12.10. 2015다48276).

② 법인인 소송당사자가 법인이나 그 대표자의 주소가 변경되었는데도 이를 법원에 신고하지 아니한 경우나(대판 1987.2.24. 86누509), 당사자가 주소변경신고를 하지 않아(대판 2004.3.12. 2004다2083) 결과적으로 공시송달의 방법으로 판결 등이 송달된 경우에도 추후보완을 인정하지 아니한다.

판례 | 조정불성립으로 소송절차로 회부되는 경우

조정이 성립되지 아니한 것으로 사건이 종결된 후 피신청인의 주소가 변경되었음에도 피신청인이 조정법원에 주소변경신고를 하지 않은 상태에서 민사조정법에 따라 조정이 소송으로 이행되었는데, 통상의 방법으로 변론기일통지서 등 소송서류를 송달할 수 없게 되어 발송송달이나 공시송달의 방법으로 송달한 경우에는 처음부터 소장부본이 적법하게 송달된 경우와 달리 피신청인에게 소송 진행상황을 조사할 의무가 있다고 할 수 없으므로, 피신청인이 소송 진행상황을 조사하지 않아 상소제기의 불변기간을 지키지 못하였다면, 이는 당사자가 책임질 수 없는 사유로 말미암은 것에 해당하여 추후보완을 인정한다(대판 2015.8.13. 2015다213322).

18사무관

1 판례에 의하면 서울에서 수원으로 배달증명우편으로 발송한 항소장이 4일만에 배달된 점이나, 자신이 구속되었다는 사정은 기간을 준수하지 못함에 책임질 수 없는 사유에 해당하지 않아서 추후보완이 허용되지 않는다. ( )

15·16·18주사보 16·18사무관

2 소송대리인이 있는 경우, 소송대리인이 판결정본의 송달을 받고도 당사자에게 그 사실을 알려 주지 아니하여 기간을 기키지 못한 경우처럼 그 책임이 소송대리인에게 있는 이상 본인에게 과실이 없다 하더라도 추후보완사유에 해당되지 않고, 그 대리인의 보조인에게 과실이 있는 경우에도 마찬가지이다.( )

14·16사무관 17법원직 18주사보

3 소송의 진행 도중 통상의 방법으로 소송서류를 송달할 수 없게 되어 공시송달의 방법으로 송달한 경우에는 처음 소장부본의 송달부터 공시송달의 방법으로 소송이 진행된 경우와 달라서 당사자에게 소송의 진행상황을 조사할 의무가 있으므로 당사자가 이러한 소송의 진행상황을 조사하지 않아 불변기간을 지키지 못하였다면 이를 당사자가 책임질 수 없는 사유로 말미암은 것이라고 할 수 없다. ( )

17법원직 18주사보

4 조정이 성립되지 아니한 것으로 사건이 종결된 후 피신청인 주소가 변경되었는데도 주소변경신고를 하지 않은 상태에서 조정이 소송으로 이행되어 변론기일통지서 등 소송서류가 발송송달이나 공시송달의 방법으로 송달된 경우 피신청인이 소송의 진행상황을 조사하지 않아 상소제기의 불변기간을 지키지 못하였다면 이를 당사자가 책임질 수 없는 사유로 말미암은 것이라고 할 수 없다. ( )

정답 | **1** ○ **2** ○ **3** ○ **4** ×

2) 당사자가 소송계속 여부를 안 경우라도 법원의 잘못이 개재된 경우의 예외

① 당사자가 소송계속 여부를 안 경우라 하더라도 법원의 잘못이 개재되어 공시송달이 이루어지게 된 경우에는 추후보완을 인정한다.

② 법원의 부주의로 주소를 잘못 기재하여 송달한 탓으로 송달불능이 되자 공시송달을 한 경우(대결 1990.8.28. 90마606), 당사자가 변론기일에 빠짐없이 출석하였는데 법원이 직권으로 선고기일을 연기하면서 그 통지를 누락하고 판결정본을 한여름 휴가철에 연속 송달하였다가 폐문부재로 송달불능되자 이를 공시송달한 경우(대판 2001.2.23. 2000다19069)가 이에 해당한다.

③ 나아가 원고의 주소가 정확하고 변동이 없음에도 우편집배원의 경솔하고 불성실한 업무처리로 인하여 주소불명이라는 이유로 송달불능으로 반려하거나(대판 1982.12.28. 82누486), 불성실한 우편집배인이 '이사 간 곳 불명'이라는 이유로 기일통지서를 반려(대판 1977.1.11. 76다1656)한 까닭에 공시송달의 방법으로 진행된 경우에도, 모두 당사자가 그 책임 없는 사유로 인하여 기일에 출석하지 못한 경우에 해당한다.

3) 처음부터 공시송달로 진행된 경우

① 처음 소장부본 송달부터 공시송달의 방법으로 소송이 진행된 경우라면, 그것이 원고가 허위의 주소를 신고한 때문인 경우는 물론 그렇지 않다 하더라도 특별한 사정이 없는 한 항소제기기간을 준수하지 못한 것은 당사자의 책임질 수 없는 사유로 인한 것이어서 추후보완이 인정된다(대판 2000.9.5. 2000므87). 이는 당사자가 이사하면서 전출입신고를 하지 아니하여 주민등록 있는 곳에 실제 거주하지 않고 있더라도 마찬가지이다(대판 1968.7.23. 68다1024).

② 판례는 원고가 피고의 주소를 알고 있으면서도 허위의 주소 또는 소재불명으로 표시하여 법원으로부터 공시송달명령을 얻어내어 판결을 받아 확정시킨 경우에는 그 판결이 일단 확정된 것으로 보고 재심청구(제451조 제1항 제11호)까지 허용하고 있다(대판 1974.6.25. 73다1471). 따라서 이러한 경우에는 앞서 본 상소의 추후보완과 재심청구 중 어느 쪽을 택하여도 무방한데(대판 1985.8.20. 85므21), 추완상소와 재심의 소는 독립된 별개의 제도이므로, 추완상소 기간이 도과하였다 하더라도 재심기간 내에는 재심의 소를 제기할 수 있다(대판 2011.12.22. 2011다73540).

> **판례 | 소장부본과 판결정본 등이 공시송달의 방법으로 송달되어 피고가 과실 없이 판결의 송달을 알지 못한 것으로 인정되는 경우, 추후보완항소가 허용되는지 여부 (적극)**
>
> 소장부본과 판결정본 등이 공시송달의 방법에 의하여 송달되었다면 특별한 사정이 없는 한 피고는 과실 없이 판결의 송달을 알지 못한 것이고, 이러한 경우 피고는 책임질 수 없는 사유로 말미암아 불변기간을 지킬 수 없었다 하여 그 사유가 없어진 후 2주일 이내에 추후보완항소를 할 수 있다. 피고에게 과실이 있다고 할 수 있는 특별한 사정이란, 피고가 소송을 회피하거나 이를 곤란하게 할 목적으로 의도적으로 송달을 받지 아니하였다거나 피고가 소 제기 사실을 알고 주소신고까지 해 두고서도 그 주소로 송달되는 소송서류가 송달불능되도록 장기간 방치하였다는 등의 사정을 말한다(대판 2021.8.19. 2021다228745).

(5) 추후보완의 절차 및 재판

1) 추후보완의 신청

① 추후보완을 함에는 추후보완을 하는 자(당사자·소송대리인·보조참가인 등)가 해태한 소

동일 좌측 주석 시작

16주사보

1 당사자가 이사하면서 전출입신고를 하지 아니하여 주민등록 있는 곳에 실제 거주하지 않아 처음 소장부본 송달부터 공시송달의 방법으로 소송이 진행된 경우라도, 특별한 사정이 없는 한 항소제기기간을 준수하지 못한 것은 당사자의 책임질 수 없는 사유로 인한 것이어서 추후보완이 인정된다. ( )

20사무관

2 원고가 피고의 주소를 알고 있으면서도 허위의 주소 또는 소재불명으로 표시하여 법원으로부터 공시송달명령을 얻어내어 판결을 받아 형식적으로 확정시킨 경우라도 그 판결의 송달 자체가 무효이므로 피고는 언제든지 통상의 방법에 의하여 상소를 제기할 수 있다. ( )

정답 | 1 ○ 2 ×

송행위를 그 방식에 따라서 하는 것으로 족하고 따로 추후보완의 신청 같은 것은 필요 없다. 예컨대, 항소의 추후보완을 하는 경우라면 항소장을 제출하는 것만으로 족한 것이다.

② 판결의 선고 및 송달 사실을 알지 못하여 상소기간을 지키지 못한 데 과실이 없다는 사정은 상소를 추후보완하고자 하는 당사자 측에서 주장·입증하여야 한다(대판 2012.10.11. 2012다44730).

> **판례 │ 피고가 그 책임질 수 없는 사유로 상소기간을 도과한 경우에 피고를 위한 보조참가신청과 동시에 하는 추완항소의 적부(적극)**
>
> 제1심 판결이 공시송달로 확정된 경우 피고의 보조참가인이 추후보완항소를 제기할 수 있는지의 여부에 대하여 판례는 피고가 공시송달의 방법에 의하여 소장 기타의 소송서류 및 판결의 송달을 받았던 관계로 패소판결이 있은 사실을 모르고 상소 기간을 넘긴 경우에는 피고에게 귀책시킬 만한 사정이 없는 한 과실 없이 판결의 송달을 받지 못한 것이라고 할 것이고, 피고에게 귀책될 수 없는 사유로 피고가 항소기간을 준수하지 못한 경우에 피고 보조참가인이 동 판결이 있은 사실을 비로소 알아 그로부터 2주일 이내에 보조참가신청과 동시에 제기한 추후보완항소는 적법하다고 판시하였다(대판 1981.9.22. 81다334).

2) 추후보완의 기간

① 추후보완을 하여야 할 시기는 불변기간을 지킬 수 없었던 사유가 없어진 후부터 2주 이내이다(제173조 제1항 본문). 다만 그 사유가 없어질 당시 외국에 있던 당사자에 대하여는 국제우편으로 소송서류를 송달하는 데 소요되는 기간으로 인한 불이익을 구제하기 위하여 소송 행위 추후보완 기간을 30일로 한다(동조 제1항 단서). 여기서 '외국에 있던 당사자'란 장기해외여행 중인 자, 외국거주·체류 중인자를 의미한다. 위 추후보완 기간은 그 기간을 줄이거나 늘일 수 없으며, 불변기간이 아니므로 부가기간을 정할 수도 없다(동조 제2항).

② 여기서 '그 사유가 없어진 때'라 함은 천재지변 기타 이에 유사한 사실의 경우에는 그 재난이 없어진 때이고, 판결의 송달사실을 과실 없이 알지 못한 경우에는 당사자나 소송대리인이 단순히 판결이 있었던 사실을 안 때가 아니라 나아가 그 판결이 공시송달의 방법으로 송달된 사실을 안 때를 가리키는 것으로서, 다른 특별한 사정이 없는 한 통상의 경우에는 당사자나 소송대리인이 그 사건기록의 열람을 하거나 또는 새로이 판결정본을 영수한 때에 비로소 그 판결이 공시송달의 방법으로 송달된 사실을 알게 되었다고 보아야 한다(대판 2000.9.5. 2000므87).

③ 특히 이혼사건의 경우에는 호적등본의 이혼사실 기재를 확인한 것만으로는 장애사유가 종료되었다고 할 수 없다(대판 1990.3.13. 89므1023). 만약 전화로 판결선고와 송달사실을 알게 되었다면, 그때가 장애사유의 종료시기가 된다(대판 1993.9.28. 93다29860).

④ 다만, 채권추심회사 직원과의 통화 과정에서 사건번호 등을 특정하지 않고 단지 "판결문에 기하여 채권추심을 할 것이다."라는 이야기를 들은 경우에도 당해 제1심판결이 있었던 사실을 알았다거나 위의 특별한 사정이 인정된다고 볼 수 없다(대판 2021.3.25. 2020다46601).

따라서, 제1심 법원이 2009.12.경 소장부본과 판결정본 등을 공시송달의 방법으로 피고 甲에게 송달하였고, 그 후 원고 乙주식회사가 제1심판결에 기하여 甲의 예금채권 등을 압류·추심하여 甲이 제3채무자인 丙신용협동조합으로부터 2019.7.2. "법원의 요청으로 계좌가 압류되었습니다."는 내용과 채권압류 및 추심명령의 사건번호와 채권자가 기재된 문자메시지를 받았는데, 그로부터 2달이 지난 2019.9.30.에 甲이 제1심 판결정본을 영수한 후 2019.10.1. 추완항소를 제기하였다면, 위 항소는 적법하다(위 판례).

17법원직

1 판결의 선고 및 송달 사실을 알지 못하여 상소기간을 지키지 못한 데 과실이 없다는 사정은 상소를 추후보완하고자 하는 당사자 측에서 주장·입증하여야 한다. ( )

13사무관 16주사보

2 제1심 판결이 공시송달로 확정된 경우, 피고에게 귀책될 수 없는 사유로 피고가 항소기간을 준수하지 못한 경우, 피고의 보조참가인은 그 판결이 있는 사실을 안 후로부터 2주 이내에 보조참가신청과 동시에 추후보완항소를 할 수 있다. ( )

14사무관

3 소송행위를 추후보완할 수 있는 기간은 불변기간을 지킬 수 없는 사유가 없어진 후부터 2주 이내이나, 그 사유가 없어질 당시 외국에 있던 당사자에 대하여는 이 기간을 20일로 한다. ( )

16사무관

4 특별한 사정이 없는 한 당사자나 소송대리인이 그 사건기록을 열람하거나 새로이 판결정본을 영수하였다는 사정만으로 그 판결이 공시송달의 방법으로 송달된 사실을 알았다고 볼 수 없다. ( )

정답 | 1 ○ 2 ○ 3 × 4 ×

판례 | 다른 소송에서 선임된 피고 소송대리인이 공시송달로 진행된 이 사건 제1심 판결문을 송달받은 경우가 '피고가 책임질 수 없는 사유가 없어진 때'에 해당하는지 여부(소극)

> 당사자가 다른 소송의 재판절차에서 송달받은 준비서면 등에 당해 사건의 제1심 판결문과 확정증명원 등이 첨부된 경우에는 그 시점에 제1심 판결의 존재 및 공시송달의 방법으로 송달된 사실까지 알았다고 볼 것이지만, 다른 소송에서 선임된 소송대리인이 그 재판절차에서 위와 같은 준비서면 등을 송달받았다는 사정만으로 이를 당사자가 직접 송달받은 경우와 동일하게 볼 수는 없다 (대판 2022.4.14. 2021다305796).

(6) 상소의 추후보완과 판결의 집행력

① 판결은 상소기간이 도과되면 바로 확정되어 집행력이 발생하므로 추후보완 소송행위를 하는 것만으로는 불복항소의 대상이 된 판결이 취소될 때까지는 확정판결로서의 효력이 배제되는 것은 아니다(대판 1978.9.12. 76다2400).

② 따라서 패소한 당사자가 추후보완을 하면서 그에 의한 집행을 저지하려면 민사소송법 제500조에 의한 강제집행정지를 신청하여 강제집행의 일시정지나 강제처분의 취소를 받아야 한다.

14사무관

1 확정판결에 대하여 추완항소의 제기가 있는 경우 추완항소만으로는 불복항소의 대상이 된 판결이 취소될 때까지는 확정판결로서의 효력이 배제되는 것이 아니다. (   )

학습 POINT

1. 보충송달은 주소지와 근무지로 구분하여 정리할 것
2. 발송송달도 보충송달 등이 불가능한 경우와 송달장소변경 신고의무 불이행의 경우로 구분
3. 공시송달은 주소 등을 알 수 없는 경우만 가능. but 실시된 경우 유효(판례). 다만 쌍방불출석 효과는 불발생
4. 공시송달 효력은 2주(외국 2월). but 같은 당사자는 다음날부터

제7절 송달

I 송달제도 개관

1. 송달의 의의

송달이란 법원이 재판에 관한 서류를 법정의 방식에 따라 당사자 기타 소송관계인에게 교부하여 그 내용을 알리거나 알 수 있는 기회를 부여하고, 이를 공증하는 행위를 말한다.

2. 직권송달의 원칙

(1) 원칙

송달은 민사소송법에 특별한 규정이 없으면 법원이 직권으로 한다(제174조).

(2) 예외

① 당사자의 신청에 의하여 공휴일 또는 해뜨기 전이나 해진 뒤에 집행관에 의하여 송달하는 경우(제190조 제1항), ② 당사자의 신청에 의하여 법원사무관등이 공시송달을 행하는 경우(제194조 제1항), ③ 양쪽 당사자가 변호사를 소송대리인으로 선임한 경우에 그 변호사들 사이에서 소송서류 부본의 송달이 이루어지는 경우(제176조 제1항, 규칙 제47조)가 그것이다.

19·20법원직

2 송달은 원칙적으로 법원이 직권으로 하지만, 공휴일 또는 해뜨기 전이나 해진 뒤에 하는 송달은 당사자의 신청에 따라 행한다. (   )

정답 | 1 ○ 2 ○

3. 송달의 실시시기

① 소장의 부본은 최초의 변론기일이 지정되기를 기다릴 필요 없이, 특별한 사정이 없는 한 바로 피고에게 송달하여야 한다(규칙 제64조 제1항). 반소·중간확인의 소·참가·청구의 변경 등 소장에 준하는 서면이 제출된 때에도 같다(동조 제2항).

준비서면은 법원이 그 부본을 송달하면서 상대방에게 그에 대응하는 준비서면 등을 제출하게 하는 경우에는 상대방이 준비할 수 있는 기간을 가질 수 있도록 여유 있게 제출기간을 정하여야 할 것이다(제273조).

② 증인·감정인과 증거방법 또는 석명을 위한 당사자본인·법정대리인·대표자·관리인에 대한 신문기일 출석요구서는 출석할 날보다 2일 전에 송달되어야 한다(규칙 제81조 제2항 본문, 제104조, 제119조). 또한 증인신문사항을 미리 제출받아 증인신문기일 전에 상대방에게 송달하여야 하며(제80조 제1항·제2항), 법원이 당사자에게 증인진술서 제출을 명한 경우에는 그 증인진술서 사본을 증인신문기일 전에 상대방에게 송달하여야 한다(제79조 제4항).

③ 판결의 정본은 법원사무관등이 그 판결서를 받은 날부터 2주 이내에 당사자에게 송달하여야 하며(제210조), 화해조서(제소전화해조서도 포함) 또는 포기·인낙조서의 경우에는 당사자의 신청의 유무에 관계없이 직권으로 화해 또는 청구의 포기·인낙이 있는 날부터 1주 안에 그 조서의 정본을 당사자에게 송달하여야 한다(규칙 제56조).

4. 송달의 흠

(1) 흠으로 인한 송달의 무효

① 송달에 관한 규정에 위배하여 행해진 송달은 원칙적으로 무효이다.

② 송달이 무효인 때에는 그 송달을 매개로 하여 이루려고 하는 다른 소송행위의 효력도 생기지 않는다. 예를 들면, 송달서류가 기일통지서인 때에는 기일 시작의 효력이 없고, 판결의 송달인 때에는 설사 당사자가 판결선고 사실을 알았다 하더라도 상소기간이 진행하지 않는다(대판 1980.12.9. 80다1479).

(2) 송달의 흠이 치유되는 경우

1) 송달받을 사람에게 전달된 경우

소송서류가 송달수령권한이 없는 사람에게 송달되었다 하더라도 그 후 그 사람이 송달수령권한이 있는 사람에게 이를 전달한 경우에는 그 전달한 때에 적법한 송달이 된다(대판 1979.1.30. 78다2269).

2) 송달받을 사람의 추인 또는 이의권의 상실

① 한편 송달에 관한 규정은 당사자 및 관계인 등 송달받을 사람으로 하여금 송달서류의 내용을 인식시키는 데 그 기본적 목적이 있는 이상, 설령 규정에 위배된 사항이 있더라도 그에 의해 불이익을 받는 사람이 이를 감수하려 한다면 구태여 그 송달을 무효로 할 필요는 없으므로, 송달의 흠은 원칙적으로 이의권 행사의 대상이 되며 그 포기나 상실 또는 추인에 의해 치유된다.

② 다만, 불변기간에 영향이 있는 송달, 예컨대 항소 제기기간에 관한 규정은 성질상 강행규정이므로, 그 기간 계산의 기산점이 되는 판결정본의 송달의 흠은 이에 대한 이의권의 포기나 상실로 인하여 치유될 수 없다(대판 2002.11.8. 2001다84497).

12주사보 17사무관

1 판결정본 송달이 무효인 경우에는 상소기간은 진행하지 않으나, 당사자가 판결선고 사실을 알았는 경우에는 그러하지 아니하다. ( )

12주사보 16사무관

2 소송서류가 송달수령권한 없는 사람에게 송달되었다고 하더라도 그 후 그 사람이 송달수령권한이 있는 사람에게 전달한 경우 전달한 때에 적법한 송달이 된다. ( )

12주사보 17법원직 17·21사무관

3 항소 제기기간 계산의 기산점이 되는 판결정본 송달상의 하자는 이에 대한 이의권(책문권)의 상실로 인하여 치유된다고 볼 수 있다. ( )

정답 | 1 × 2 ○ 3 ×

Ⅱ 송달의 촉탁

송달에 관한 사무는 법원사무관등의 권한에 속하는 사항이므로, 법원사무관등이 송달하는 곳의 지방법원에 속한 법원사무관등 또는 집행관에게 송달사무의 처리를 촉탁할 수 있다 (제175조 제2항). 다만, 외국에서 하여야 하는 송달(제191조)과 전쟁에 나간 군인 또는 외국에 주재하는 군관계인 등에게 할 송달(제192조)은 재판장이 촉탁한다.

Ⅲ 송달실시기관

제175조 [송달사무를 처리하는 사람]
① 송달에 관한 사무는 법원사무관등이 처리한다.
② 법원사무관등은 송달하는 곳의 지방법원에 속한 법원사무관등 또는 집행관에게 제1항의 사무를 촉탁할 수 있다.

제176조 [송달기관]
① 송달은 우편 또는 집행관에 의하거나, 그 밖에 대법원규칙이 정하는 방법에 따라서 하여야 한다.
② 우편에 의한 송달은 우편집배원이 한다.
③ 송달기관이 송달하는 데 필요한 때에는 경찰공무원에게 원조를 요청할 수 있다.

제190조 [공휴일 등의 송달]
① 당사자의 신청이 있는 때에는 공휴일 또는 해뜨기 전이나 해진 뒤에 집행관 또는 대법원규칙이 정하는 사람에 의하여 송달할 수 있다.
② 제1항의 규정에 따라 송달하는 때에는 법원사무관등은 송달할 서류에 그 사유를 덧붙여 적어야 한다.
③ 제1항과 제2항의 규정에 어긋나는 송달은 서류를 교부받을 사람이 이를 영수한 때에만 효력을 가진다.

제177조 [법원사무관등에 의한 송달]
① 해당 사건에 출석한 사람에게는 법원사무관등이 직접 송달할 수 있다.
② 법원사무관등이 그 법원안에서 송달받을 사람에게 서류를 교부하고 영수증을 받은 때에는 송달의 효력을 가진다.

제191조 [외국에서 하는 송달의 방법]
외국에서 하여야 하는 송달은 재판장이 그 나라에 주재하는 대한민국의 대사·공사·영사 또는 그 나라의 관할 공공기관에 촉탁한다.

제192조 [전쟁에 나간 군인 또는 외국에 주재하는 군관계인 등에게 할 송달]
① 전쟁에 나간 군대, 외국에 주둔하는 군대에 근무하는 사람 또는 군에 복무하는 선박의 승무원에게 할 송달은 재판장이 그 소속 사령관에게 촉탁한다.
② 제1항의 송달에 대하여는 제181조의 규정을 준용한다.

제193조 [송달통지]
송달한 기관은 송달에 관한 사유를 대법원규칙이 정하는 방법으로 법원에 알려야 한다.

규칙 제53조 [송달통지]
송달한 기관은 송달에 관한 사유를 서면으로 법원에 통지하여야 한다. 다만, 법원이 상당하다고 인정하는 때에는 전자통신매체를 이용한 통지로 서면통지에 갈음할 수 있다.

① 송달은 우편 또는 집행관에 의하거나 그 밖에 대법원규칙이 정하는 방법에 따라서 하여야 하며(제176조 제1항), 원칙적인 송달실시기관은 우편집배원과 집행관이다. 그 밖에 예외적으로 대법원규칙이 정하는 바에 따라 변호사가 송달실시기관이 되는 경우가 있고(규칙 제47조), 법원사무관등이나 법원경위가 송달실시기관이 되는 경우도 있다(제177조, 법조 제64조).

② 송달실시기관은 법정되어 있으므로, 그 밖의 기관은 송달사무를 실시할 수 없다.

Ⅳ 송달서류

제178조 [교부송달의 원칙]
① 송달은 특별한 규정이 없으면 송달받을 사람에게 서류의 등본 또는 부본을 교부하여야 한다.
② 송달할 서류의 제출에 갈음하여 조서, 그 밖의 서면을 작성한 때에는 그 등본이나 초본을 교부하여야 한다.

① 기일통지서 또는 출석요구서의 송달은 원본을 교부하고(제167조 제1항), 판결(화해권고결정, 조정을 갈음하는 결정 포함)의 송달은 정본의 교부를 요한다(제210조 제2항, 제225조 제2항). 그 외에는 등본 또는 부본을 교부한다(제178조 제1항).

② 구술신청에 대하여 조서를 작성한 경우와 같이 송달할 서류의 제출에 갈음하여 조서 그 밖의 서면을 작성한 때에는 그 등본이나 초본을 교부한다(제178조 제2항).

Ⅴ 송달받을 사람

1. 당사자 본인

① 송달받을 사람은 원칙적으로 소송서류의 명의인인 당사자이다. 사망한 사람에 대하여 실시된 송달은 위법하므로 원칙적으로 무효이다.

② 다만, 사망한 사람의 상속인이 현실적으로 송달서류를 수령한 경우에는 흠이 치유되어 그 송달은 그때에 상속인에 대한 송달로서 효력을 발생한다(대판 1998.2.13. 95다15667).

2. 법정대리인

① 소송서류의 명의인이 소송무능력자일 때에 송달받을 사람은 법정대리인이다(제179조). 법인 그 밖의 단체에 대한 송달은 법인의 주소지가 아니라 법정대리인에 준하는 그 대표자 또는 관리인에게 하여야 하는 것이 원칙이다(대결 1997.5.19. 97마600). 따라서 그 대표자의 주소·거소·영업소 또는 사무소에 하여야 한다(제183조 제1항).

② 국가를 당사자로 하는 소송에 있어서 국가에 대한 송달은 수소법원에 대응하는 검찰청(수소법원이 지방법원의 지원인 경우에는 지방검찰청)의 장에게 하여야 한다. 따라서 국가소송수행자 또는 소송대리인이 있으면 그들에게 우선적으로 송달하여야 하며, 그러한 사람이 없는 경우 국가의 대표자라고 해서 법무부장관에게 송달하여서는 아니 된다(대판 2002.11.8. 2001다84497).

21법원직
1 송달은 특별한 규정이 없으면 송달받을 사람에게 서류의 등본 또는 부본을 교부하여야 한다. 송달할 서류의 제출에 갈음하여 조서, 그 밖의 서면을 작성한 때에는 그 등본이나 초본을 교부하여야 한다. ( )

20법원직
2 사망한 자에 대하여 실시된 송달은 원칙적으로 무효이나, 그 사망자의 상속인이 현실적으로 그 송달서류를 수령한 경우에는 하자가 치유되어 그 송달은 그때에 상속인에 대한 송달로서 효력을 발생한다. ( )

14사무관
3 법인에 대한 소송서류의 송달은 대표자의 주소·거소가 아닌 법인의 주소나 영업소에 하는 것이 원칙이다. ( )

18주사보
4 국가를 당사자로 하는 소송에 있어서는 법무부장관이 국가를 대표하므로 국가에 대한 송달은 법무부장관에게 하여야 한다. ( )

정답 | 1 ○ 2 ○ 3 × 4 ×

16법원직
1 소송대리인이 있음에도 기일통지서를 소송대리인에게 송달하지 않고 당사자본인에게 송달하였다면 적법하다. ( )

17·20법원직
2 여러 사람이 공동으로 대리권을 행사하는 경우의 송달은 그 가운데 한 사람에게 하면 된다. ( )

21법원직
3 소송무능력자에게 할 송달은 그의 법정대리인에게 한다. 여러 사람이 공동으로 대리권을 행사하는 경우의 송달은 그 가운데 한 사람에게 하면 된다. 다만, 소송대리인이 여러 사람 있는 경우에는 각자가 당사자를 대리하게 되므로 여러 소송대리인에게 각각 송달하여야 한다. ( )

17법원직
4 국가경찰관서의 유치장에 체포 또는 는 유치된 사람에게 할 송달은 국가경찰관서의 장에게 한다. ( )

13사무관 15·16법원직 18주사보
5 재감자에 대한 송달을 교도소 등의 소장에게 하지 않고 수감되기 전의 종전 주소에 하였다면 송달은 무효이다. ( )

3. 소송대리인

① 소송위임에 의하여 소송대리인이 존재할 때에는 원칙적으로 소송대리인이 송달받을 사람이지만 당사자본인에게 송달하더라도 유효하다(대결 1970.6.5. 70마325).

② 여러 사람이 공동으로 대리권을 행사하는 경우의 송달은 그 가운데 한 사람에게 하면 된다(제180조). 그러나 공동대리인들이 송달을 받을 대리인 한 사람을 지정하여 신고한 때에는 지정된 대리인에게 송달하여야 한다(규칙 제49조).

판례 | 당사자에게 여러 소송대리인이 있는 경우 항소기간 기산점(＝소송대리인 중 1인에게 최초로 판결정본이 송달되었을 때)

> 당사자에게 여러 소송대리인이 있는 때에는 민사소송법 제93조에 의하여 각자가 당사자를 대리하게 되므로, 여러 사람이 공동으로 대리권을 행사하는 경우 그중 한 사람에게 송달을 하도록 한 민사소송법 제180조가 적용될 여지가 없어 법원으로서는 판결정본을 송달함에 있어 여러 소송대리인에게 각각 송달을 하여야 하지만, 그와 같은 경우에도 소송대리인 모두 당사자 본인을 위하여 소송서류를 송달받을 지위에 있으므로 당사자에 대한 판결정본 송달의 효력은 결국 소송대리인 중 1인에게 최초로 판결정본이 송달되었을 때 발생한다. 따라서 당사자에게 여러 소송대리인이 있는 경우 항소기간은 소송대리인 중 1인에게 최초로 판결정본이 송달되었을 때부터 기산된다(대결 2011.9.29. 2011마1335).

4. 법규상 송달영수권이 있는 사람

① 군사용의 청사 또는 선박에 속하여 있는 사람에게 할 송달은 그 청사 또는 선박의 장에게 하여야 한다(제181조). 교도소·구치소 또는 국가경찰관서의 유치장에 체포·구속 또는 유치된 사람에게 할 송달은 교도소·구치소 또는 국가경찰관서의 장에게 한다(제182조).

② 재감자 등에 대한 송달은 반드시 그 시설의 장에게 하여야 하며, 설사 수소법원이 수감사실을 모르고 피수감자 본인의 주소 또는 거소에 송달하였더라도 이는 무효이고(대판 (전) 1982.12.28. 82다카349), 일단 그 교도소 등의 장에게 송달서류가 교부되면 수감된 자에게 실제로 전달되었는지 여부와 관계없이 송달은 완료되고 효력이 발생한다.

5. 신고된 송달영수인

① 당사자·법정대리인 또는 소송대리인은 주소 등 외의 장소(대한민국 안의 장소로 한정한다)를 송달받을 장소로 정하여 법원에 신고할 수 있다. 이 경우에는 송달 영수인을 정하여 신고할 수 있다(제184조).

② 이 경우에는 신고된 송달장소 및 송달영수인에게 송달하여야 하는 것이 원칙이지만 이 경우에도 보충송달은 허용된다.

정답 | 1 ○ **2** ○ **3** ○ **4** ○ **5** ○

Ⅵ 송달장소

제183조 [송달장소]

① 송달은 받을 사람의 주소·거소·영업소 또는 사무소(이하 "주소등"이라 한다)에서 한다. 다만, 법정대리인에게 할 송달은 본인의 영업소나 사무소에서도 할 수 있다.

② 제1항의 장소를 알지 못하거나 그 장소에서 송달할 수 없는 때에는 송달받을 사람이 고용·위임 그 밖에 법률상 행위로 취업하고 있는 다른 사람의 주소등(이하 "근무장소"라 한다)에서 송달할 수 있다.

③ 송달받을 사람의 주소등 또는 근무장소가 국내에 없거나 알 수 없는 때에는 그를 만나는 장소에서 송달할 수 있다.

④ 주소등 또는 근무장소가 있는 사람의 경우에도 송달받기를 거부하지 아니하면 만나는 장소에서 송달할 수 있다.

제185조 [송달장소변경의 신고의무]

① 당사자·법정대리인 또는 소송대리인이 송달받을 장소를 바꿀 때에는 바로 그 취지를 법원에 신고하여야 한다.

② 제1항의 신고를 하지 아니한 사람에게 송달할 서류는 달리 송달할 장소를 알 수 없는 경우 종전에 송달받던 장소에 대법원규칙이 정하는 방법으로 발송할 수 있다.

1. 총설

① 송달은 송달받을 사람의 주소·거소·영업소 또는 사무소에서 한다(제183조 제1항 본문). 여기에서 '영업소 또는 사무소'란 어느 정도 독립하여 업무의 전부 또는 일부가 총괄적으로 경영되는 장소이면 족하며(대판 2003.4.11. 2002다59337), 한시적 기간에만 설치되거나 운영되는 곳이라고 하더라도 그곳에서 이루어지는 영업이나 사무의 내용, 기간 등에 비추어 볼 때 어느 정도 반복해서 송달이 이루어질 것이라고 객관적으로 기대할 수 있는 곳이라면 영업소 또는 사무소에 해당한다(대판 2014.10.30. 2014다43076).

② 위 주소 등을 알지 못하거나 그 장소에서 송달할 수 없는 때에는 송달받을 사람이 고용·위임 그 밖에 법률상 행위로 취업하고 있는 다른 사람의 주소 등, 즉 '근무장소'에서 송달할 수 있다(제183조 제2항).

③ 법정대리인에 대한 송달은 본인의 영업소나 사무소에서도 할 수 있고(제183조 제1항 단서), 조우송달시에는 송달받을 사람을 만난 장소(동조 제3항)가 송달장소이며, 송달영수인의 신고(제184조)나 당사자·법정대리인 또는 소송대리인의 송달장소 변경신고(제185조 제1항)가 있는 때에는 각각 그 신고된 장소에 송달하여야 한다. 그 밖에 법원사무관등이 해당 사건에 관하여 출석한 사람에 대하여 교부하는 때에는 법원 내가 송달장소이다(제177조 제1항).

2. 법인에 대한 송달장소

① 법인이 당사자인 경우 송달받을 사람은 그 대표자이므로 그 송달도 대표자의 주소·거소·영업소·사무소에서 함이 원칙이다(제183조 제1항, 대결 1965.1.29. 64마88).

② 한편 법인에 대한 송달장소로서의 '영업소·사무소'는 송달받을 사람, 즉 대표자 자신이

17주사보

1 법정대리인에 대한 송달은 본인의 영업소나 사무소에서도 할 수 있다. ( )

17주사보 19법원직

2 송달은 송달받을 사람의 주소·거소·영업소 또는 사무소에서 해야 함이 원칙인데, 여기서 '영업소 또는 사무소'란 송달받을 사람 자신이 경영하는 사무소 또는 영업소를 의미하고, 법인에 대한 송달에 있어서는 당해 법인의 영업소 또는 사무소뿐만 아니라 그 대표자가 경영하는 별도의 법인격을 가진 다른 법인의 영업소 또는 사무소도 포함한다. ( )

20사무관

3 소제기시에 법인인 피고의 대표자 주소지가 기재된 법인등기사항증명서가 제출된 경우, 제1심 재판장이 소장에 기재된 피고의 주소지로 소장 부본을 송달하였으나 이사불명으로 송달불능되자 그 주소보정을 명하였으나 원고가 그러한 주소보정명령에 응하지 아니하였다는 이유로 한 소장각하명령은 적법하다. ( )

정답 | 1 ○ 2 × 3 ×

경영하는 당해 법인의 영업소 또는 사무소를 의미하는 것이지(대판 2003.4.25.), 송달받을 사람이 경영하는, 그와 별도의 법인격을 가지는 회사의 사무실은 송달받을 사람의 영업소나 사무소라 할 수 없다(대판 2004.11.26.).

판례 | 법인의 주소지로 소송 서류를 송달하였으나 송달불능된 경우, 그 대표자 주소지로 송달하여 보지도 않고 주소 보정명령을 할 수 있는지 여부(소극)

법인인 소송당사자에게 효과가 발생할 소송행위는 그 법인을 대표하는 자연인의 행위거나 그 자연인에 대한 행위라야 할 것이므로 소송당사자인 법인에의 소장, 기일소환장 및 판결 등 서류는 그 대표자에게 송달하여야 하는 것이니 그 대표자의 주소, 거소에 하는 것이 원칙이고, 법인의 영업소나 사무소에도 할 수 있으나, 법인의 대표자의 주소지가 아닌 소장에 기재된 법인의 주소지로 발송하였으나 이사불명으로 송달불능된 경우에는, 원칙으로 되돌아가 원고가 소를 제기하면서 제출한 법인등기부등본 등에 나타나 있는 법인의 대표자의 주소지로 소장부본 등을 송달하여 보고 그 곳으로도 송달되지 않을 때에 주소 보정을 명하여야 하므로, 법인의 주소지로 소장부본을 송달하였으나 송달불능되었다는 이유만으로 그 주소 보정을 명한 것은•잘못이므로 그 주소 보정을 하지 아니하였다는 이유로 한 소장각하명령은 위법하다(대결 1997.5.19.).

3. 근무장소

(1) 개요

송달받을 사람의 주소나 영업소 등을 알지 못하거나 그 장소에서 송달할 수 없는 때에는 송달받을 사람이 고용·위임 그 밖에 법률상 행위로 취업하고 있는 다른 사람의 주소 등, 즉 '근무장소'에서 송달할 수 있다(제183조 제2항). 근무장소에서는 교부송달뿐만 아니라 보충송달(제186조 제2항)까지도 허용된다.

(2) 근무장소에 송달하기 위한 요건(장소적 보충성)

근무장소에서의 송달은 송달받을 사람의 주소 등의 장소를 알지 못하거나 그 장소에서 송달할 수 없는 때에 한하여 할 수 있으므로(제183조 제2항), 송달받을 사람의 주소·거소·영업소·사무소가 있는 경우에는 먼저 그 주소 등의 장소에 송달하여 보아야 하고, 그 주소 등의 장소에서 송달이 불가능하거나 또는 주소 등의 송달장소를 알 수 없을 경우에 한하여 비로소 보충적으로 근무장소에서 송달할 수 있게 됨을 주의하여야 한다. 따라서 소장이나 지급명령신청서 등에 기재된 주소 등의 장소에 대한 송달을 시도하지 않은 채 먼저 근무장소로 한 송달은 위법하다(대결 2004.7.21.).

4. 송달장소에 관한 흠

① 송달장소가 아닌 곳에서 가족 등 제3자에게 한 송달은 송달절차에 위배된 것으로서 무효이다. 따라서 피고가 행방을 감춘 지 6개월이 지났고 피고의 처자가 다른 곳으로 이사하여 피고의 주민등록까지 옮겨진 경우 피고의 종전 주소지로 한 송달은 무효이고(대판 1993.1.12.), 송달받을 사람이 항소 후 주거지를 변경하고 주민등록까지 옮긴 뒤 종전 주거지로 소송기록접수통지서를 송달하여 그 사람의 어머니가 수령한 경우에도 송달은 무효이다(대판 1997.6.10.).

17주사보 15·19법원직

1 소장에 기재된 주소 등의 장소에 대한 송달을 시도하지 않은 채 근무장소로 송달을 하였다면 위법하다. ( )

20사무관

2 송달받을 사람이 항소를 제기한 후 주거지를 변경하고 주민등록까지 옮긴 뒤 법원이 종전의 주거지로 소송기록접수통지서를 송달하여 그 사람의 어머니가 이를 수령한 경우 그 송달은 무효이다. ( )

정답 | 1 ○ 2 ○

② 또한 보충송달은 '적법한 송달장소'에서 하는 경우에만 허용되므로 적법한 송달장소가 아닌 우체국 창구에서 송달받을 사람의 동거인을 만나 그에게 송달서류를 교부한 것은 보충송달로서 부적법하다(대결 2001.8.31. 2001마3790). 위와 같이 송달장소가 잘못되어 송달의 효력이 발생할 수 없는 경우에는 설사 피고가 그 판결 있는 사실을 알았다 하더라도 그 판결의 항소기간은 진행되지 않는다(대판 1971.6.22. 가다771).

③ 그러나 당사자가 소장 기타 서면으로 별도의 송달장소를 신고한 경우에 그 신고장소 이외의 장소에서 송달받았다 하더라도, 그 장소가 당사자의 실제 주소·거소·영업소 또는 사무소가 틀림없다면 그 송달은 적법하다(대판 1980.4.23. 80마93). 나아가, 이러한 송달장소에 관한 흠도 소송서류가 송달받을 사람에게 전달되거나 송달받을 사람의 추인 또는 이의권 상실 등으로 치유될 수 있다.

Ⅶ 송달방법

1. 총설

송달은 송달장소에서 송달서류를 송달받을 사람에게 교부하는 교부송달을 원칙으로 한다(제178조 제1항). 이 원칙적 교부송달 방법의 변형으로서 조우송달·보충송달·유치송달의 방법이 있고, 교부송달 원칙에 대한 예외로서 등기우편에 의한 발송송달과 공시송달의 방법이 있다.

2. 교부송달의 원칙

제178조 [교부송달의 원칙]
① 송달은 특별한 규정이 없으면 송달받을 사람에게 서류의 등본 또는 부본을 교부하여야 한다.
② 송달할 서류의 제출에 갈음하여 조서, 그 밖의 서면을 작성한 때에는 그 등본이나 초본을 교부하여야 한다.

① 교부송달은 우편집배원·집행관·법원경위를 송달실시기관으로 하는 경우 가장 보편적으로 행하여지는 방법이다. 법원사무관등이 해당 사건에 관하여 출석한 사람에게 직접 송달하는 경우(제177조 제1항)도 교부송달에 해당하며 이 경우 법원 안에서 송달받을 사람에게 서류를 교부하고 영수증을 받은 때에 송달의 효력이 있다(동조 제2항). 해당 사건에 관하여 출석한 이상 그 사유를 묻지 아니하며 송달받을 사람이 수령을 거부하는 때에는 유치송달을 할 수 있다.

② 여기서 '법원 안'이란 법정과 법원사무관등의 사무실을 가리키는 것이고, 법원 안의 복도나 변호사대기실 등은 이에 해당하지 않으며 그러한 곳에서는 조우송달만이 가능하고 유치송달은 원칙적으로 불가능하다.

1 보충송달은 민사소송법이 규정한 송달장소에서 하는 경우에만 허용되고, 송달장소가 아닌 곳에서 사무원, 피용자 또는 동거인을 만난 경우에는 그 사무원 등이 송달받기를 거부하지 아니한다 하더라도 그 곳에서 그 사무원 등에게 서류를 교부하는 것은 보충송달의 방법으로서 부적법하다. ( )

2 당사자가 송달장소로 신고한 장소 이외의 장소에서 송달받은 자가 송달받았다 하더라도 그 장소가 송달받을 자의 실제의 주소, 거소, 영업소 또는 사무소가 맞다면 그 송달은 적법하다. ( )

3 법원사무관등이 당해 사건 때문에 출석한 사람으로부터 영수증을 받고 송달서류를 직접 교부하였다면 유효이다. ( )

4 법원사무관이 법원 내 변호사대기실에서 변호사인 소송대리인을 만나 서류를 교부하려고 하였으나 변호사가 그 수령을 거부한 경우, 법원사무관은 유치송달을 할 수 있다. ( )

정답 | 1 ○ 2 ○ 3 ○ 4 ✕

판례 | 주채무자에 대한 소멸시효중단의 효력을 갖기 위한 경매개시결정의 통지방법

경매절차에서 이해관계인인 주채무자에게 경매개시결정이 송달되었다면 주채무자는 민법 제176조에 의하여 당해 피담보채권의 소멸시효중단의 효과를 받는다고 할 것이나 민법 제176조의 규정에 따라 압류사실이 통지된 것으로 볼 수 있기 위하여는 압류사실을 주채무자가 알 수 있도록 경매개시결정이나 경매기일통지서가 교부송달의 방법으로 주채무자에게 송달되어야만 하는 것이지, 이것이 우편송달(발송송달)이나 공시송달의 방법에 의하여 채무자에게 송달됨으로써 채무자가 압류사실을 알 수 없었던 경우까지도 압류사실이 채무자에게 통지되었다고 볼 수 있는 것은 아니다 (대판 1994.11.25. 94다26097).

3. 조우송달

(1) 의의

조우송달이란 송달실시기관이 송달받을 사람의 송달장소 이외의 곳에서 송달받을 사람을 만난 때에 송달서류를 교부하여 행하는 송달을 말한다. 조우송달은 어떠한 경우든 송달받을 사람 본인을 만난 때에 하는 송달이기 때문에, 송달받을 사람 본인 이외의 보충송달을 받을 수 있는 데 불과한 동거인 등 수령대행인에 대한 조우송달은 애당초 생각할 여지가 없다.

(2) 조우송달을 할 수 있는 경우

① 첫째로, 송달받을 사람의 주소·거소·영업소·사무소 또는 근무장소가 국내에 없거나 알 수 없는 때이다(제183조 제3항). 이 경우에는 그 장소에서 송달받을 사람을 만났으나 수령을 거부하면, 만난 장소가 법정 송달장소가 아니더라도 항상 유치송달(제186조 제3항)이 가능하다.

② 둘째로, 송달받을 사람의 주소·거소·영업소·사무소 또는 근무장소가 알려져 있는 경우에는, 그러한 송달장소가 아닌 곳에서 송달받을 사람을 만났을 때 그가 송달받기를 거부하지 아니하면 그 장소에서 조우송달을 실시할 수 있다(제183조 제4항).

다만 이러한 조우송달은 반드시 송달받을 사람 본인에게 교부해야지 그 밖의 동거인 등 수령대행인에게는 실시할 수 없음을 주의하여야 한다. 나아가 위와 같은 조우송달은 송달받을 사람 본인이 임의로 수령하는 경우에만 가능하고, 만일 그가 송달받기를 거부하는 경우에는 조우송달은 물론 유치송달도 허용될 수 없다(제183조 제4항, 제186조 제3항).

4. 보충송달

제186조 [보충송달·유치송달]

① 근무장소 외의 송달할 장소에서 송달받을 사람을 만나지 못한 때에는 그 사무원, 피용자 또는 동거인으로서 사리를 분별할 지능이 있는 사람에게 서류를 교부할 수 있다.

② 근무장소에서 송달받을 사람을 만나지 못한 때에는 제183조 제2항의 다른 사람 또는 그 법정대리인이나 피용자 그 밖의 종업원으로서 사리를 분별할 지능이 있는 사람이 서류의 수령을 거부하지 아니하면 그에게 서류를 교부할 수 있다.

③ 서류를 송달받을 사람 또는 제1항의 규정에 의하여 서류를 넘겨받을 사람이 정당한 사유 없이 송달받기를 거부하는 때에는 송달할 장소에 서류를 놓아둘 수 있다.

(1) 근무장소 이외(주소 등)의 송달장소에서의 보충송달

1) 사무원·피용자

① 수령대행인이 될 수 있는 사무원·피용자란 반드시 고용관계가 있어야 하는 것은 아니고, 평소 본인을 위하여 사무, 사업의 보조, 가사를 계속 돕는 사람을 말한다.

② 이러한 사무원이나 피용자는 송달장소에 거주할 필요도 없고, 늘 그곳에 있으면서 사무를 처리하거나 근무할 필요도 없으며, 일시적으로만 송달장소에 머무르는 경우에도 충분하다. 송달영수인의 지정 신고가 있는 경우 그 송달영수인의 사무원에게 한 송달도 적법한 보충송달이 된다(대판 2001.5.29. 2000재다86).

③ 그러나 고용관계가 없는 사람, 즉 송달받을 사람이 거주하고 있는 아파트의 경비원이나 그의 사무실이 입주하여 있는 빌딩의 관리인이나 수위에게는 보충송달을 할 수 없다 (대판 1976.4.27. 76다192).

2) 동거인

① 동거인이란 송달받을 사람 본인과 같은 세대에 속하여 생계를 같이 하는 사람을 말한다 (대결 2000.10.28. 2000마5732). 사실상 이와 같은 관계에 있으면 족하고, 반드시 법률상 친족관계가 있거나 주민등록상 동일 세대에 속할 필요는 없으며, 동거관계가 장기적이 아니라 일시적이어도 상관없다.

따라서 이혼한 처라도 사정에 의하여 사실상 동일 세대에 소속되어 생활을 같이 하고 있다면 여기에서 말하는 수령대행인으로서의 동거인이 될 수 있다(대결 2000.10.28. 2000마5732).

② 그 밖에 송달받을 사람과 같은 건물 내에 거주하더라도 세대를 달리하는 건물주와 임차인 사이(대판 1983.12.30. 83모53), 임차인 및 그 피용자 등(대판 1981.4.14. 80다1662), 세대를 달리하는 반대 당사자의 이들 (대판 1982.9.14. 81다카864), 동일한 주택의 일부를 임차한 임차인 상호간, 동일한 아파트의 세대가 다른 거주자 상호간 또는 집주인과 하숙생 사이에서는, 인장을 교부하거나 우편물 수령의 위임을 받는 등 특별한 경우가 아니라면 동거인으로서 보충송달을 할 수 없다.

③ 나아가 부부는 서로 위 동거인에 해당되지만, 그 일방이 이혼소송을 제기한 경우에는 비록 같은 건물 내에 거주하고 있더라도 보충송달을 받을 동거인으로 볼 수는 없다.

3) 사리를 분별할 지능

사리를 분별할 지능이 있는 사람이란, 송달의 취지를 이해하고 영수한 서류를 송달받을 사람에게 교부하는 것을 기대할 수 있는 정도의 판단능력이 있는 사람을 말한다. 그러므로 반드시 성년자이어야 할 필요는 없고, 그 능력의 유무는 송달실시기관이 송달 당시에 우선적으로 판단하는 것이며, 지능이 인정되는 때에 한하여 서류를 교부하여야 할 것이다.

4) 본인과 수령대행인 사이에 당해 소송에 관하여 상반된 이해관계가 있는 때

본인과 수령대행인 사이에 당해 소송에 관하여 이해의 대립 내지 상반된 이해관계가 있는 때에는 수령대행인이 소송서류를 본인에게 전달할 것이라고 합리적으로 기대하기 어렵고, 이해가 대립하는 수령대행인이 본인을 대신하여 소송서류를 송달받는 것은 쌍방대리금지의 원칙에도 반하므로, 본인과 당해 소송에 관하여 이해의 대립 내지 상반된 이해관계가 있는 수령 대행인에 대하여는 보충송달을 할 수 없음(대판 2016.11.10. 2014다54366)에 유의하여야 한다.

14사무관 17주사보

1 수령대행인이 될 수 있는 사무원·피용자란 반드시 고용관계가 있어야 하는 것은 아니므로, 송달받을 사람이 거주하고 있는 아파트의 경비원이나 그의 사무실이 입주하여 있는 빌딩의 관리인이나 수위에게도 특별한 사정이 없는 한 보충송달을 할 수 있다. (　)

15·17주사보

2 동거인이라 함은 송달받을 사람 본인과 같은 세대에 속하여 생계를 같이 하는 사람을 말하고, 사실상 이와 같은 관계에 있으면 족하고, 반드시 법률상 친족관계가 있거나 주민등록상 동일 세대에 속할 필요는 없다. (　)

16법원직

3 송달받을 임차인과 같은 집에서 거주하는 임대인에게 기일통지서를 송달하였다면 부적법하다. (　)

17·19주사보

4 근무장소 이외의 송달장소에서의 보충송달에서 부부는 일방이 이혼소송을 제기한 경우라도 같은 건물 내에 거주하고 있다면 보충송달을 받을 동거인으로 보아야 한다. (　)

19주사보

5 본인과 당해 소송에 관하여 이해의 대립 내지 상반된 이해관계가 있는 수령대행인에 대해서는 보충송달을 할 수 없다. (　)

제1심의 소송절차 │ 제4편 │ 2023 해커스법원직 신정운 S 민사소송법

정답 | 1 × 2 ○ 3 ○ 4 × 5 ○

> **판례 | 동일한 수령대행인이 소송당사자 쌍방을 대신하여 소송서류를 동시에 송달받은 경우, 보충송달의 효력(원칙적 무효)**
>
> 보충송달제도는 본인 아닌 그의 사무원, 피용자 또는 동거인, 즉 수령대행인이 소송서류를 수령하여도 그의 지능과 객관적인 지위, 본인과의 관계 등에 비추어 사회통념상 본인에게 소송서류를 전달할 것이라는 합리적인 기대를 전제로 한다. 동일한 수령대행인이 이해가 대립하는 소송당사자 쌍방을 대신하여 소송서류를 동시에 수령하는 경우가 있을 수 있다. 이런 경우 수령대행인이 원고나 피고 중 한 명과도 이해관계의 상충 없이 중립적인 지위에 있기는 쉽지 않으므로 소송당사자 쌍방 모두에게 소송서류가 제대로 전달될 것이라고 합리적으로 기대하기 어렵다. 또한 이익충돌의 위험을 회피하여 본인의 이익을 보호하려는 데 취지가 있는 민법 제124조 본문에서의 쌍방대리금지원칙에도 반한다. 따라서 소송당사자의 허락이 있다는 등의 특별한 사정이 없는 한, 동일한 수령대행인이 소송당사자 쌍방의 소송서류를 동시에 송달받을 수 없고, 그러한 보충송달은 무효라고 봄이 타당하다(대판 2021.3.11. 2020므11658).

(2) 근무장소에서의 보충송달

그 요건을 보면, 먼저 ① 근무장소에서의 송달은 원칙적인 송달장소인 주소 등을 알지 못하거나 그 장소에서 송달할 수 없는 경우에 비로소 가능하고(보충성, 제183조 제2항), 나아가 ② 근무장소에서의 보충송달을 위해서는 서류를 교부받을 사람이 송달받을 사람의 고용주나 그의 법정대리인, 피용자, 그 밖의 종업원에 해당하는 사람이어야 하며, ③ 그 사람은 사리를 분별할 지능이 있어야 하고, ④ 무엇보다도 그 수령대행인이 서류의 수령을 거부하지 않아야 한다(제186조 제2항). 따라서 근무장소에서의 수령대행인에 대한 유치송달은 허용되지 않는다(제186조 제2항·제3항).

(3) 보충송달이 유효하기 위한 송달장소

① 보충송달은 법률이 정한 '송달장소'에서 송달받을 사람을 만나지 못한 경우에만 허용되고, 송달장소가 아닌 곳에서 사무원·피용자·동거인을 만난 경우에는 설사 그들이 송달받기를 거부하지 아니한다 하더라도 그 곳에서 그 사무원 등에게 서류를 교부하는 것은 보충송달로서 부적법하고, 나아가 조우송달로서도 부적법하다.

② 예컨대, 재감자의 주소·사무소에서 수령대행인에게 한 보충송달(대판 (전) 1982.12.28. 82다카349 참조)이나, 행방불명된 사람의 최후거주지나 이사한 사람의 종전 주소지에 소송서류를 송달하여 그 가족이 수령한 경우(대판 1993.1.12. 92다43098), 또는 우체국 창구에서 송달받을 사람의 동거인에게 송달서류를 교부한 경우(대결 2001.8.31. 2001마3790)에는 모두 적법한 보충송달로 볼 수 없다.

③ 그러나 송달받을 사람이 그 동거인과 실제로 거주하고 있는 곳에서 보충송달이 이루어졌다면 그 장소가 송달을 받을 사람의 주민등록상의 주소지가 아니라고 하여도 그 송달을 부적법한 것이라고 할 수는 없다(대결 2000.10.28. 2000마5732).

(4) 보충송달의 효력

보충송달이 적법한 경우 수령대행인에게 교부한 때에 그로써 송달의 효력이 발생하고 그 서류가 본인에게 전달되었는가의 여부는 문제되지 않는다.

12주사보 15사무관

1 근무장소에서 수령대행인이 수령을 거부하는 경우에는 유치송달도 가능하다.　　　　　　( )

15주사보 15사무관

2 우체국 창구에서 송달받을 사람의 동거인에게 송달서류를 교부하는 것은 보충송달로서 적법하다.( )

15주사보

3 보충송달이 적법한 경우 수령대행인에게 교부한 때에 그로써 송달의 효력이 발생하고 그 서류가 본인에게 전달되었는가의 여부는 문제되지 않는다.　　( )

정답 | 1 × 2 × 3 ○

5. 유치송달

① 유치송달은 송달받을 당사자 본인이나 송달영수인(제184조) 또는 그 사람들의 주소·영업소 등에서 보충송달을 받을 수 있는 수령대행인이 정당한 사유 없이 송달받기를 거부하는 때에는 송달할 장소에 서류를 놓아두어 송달의 효력을 발생시킬 수 있는데(제186조 제3항), 이러한 송달을 '유치송달'이라 한다.

② 다만 유치송달은 송달을 받을 사람에게 수령의무가 있음을 전제로 하여 그 위반에 대한 일종의 불이익처분인 셈이므로, 그러한 의무가 존재하지 않는 근무장소의 수령대행인(고용주나 직장 동료 등)이 서류의 수령을 거부하는 경우에는 보충송달도 허용되지 않으므로 유치송달을 실시할 수는 없다. 따라서 송달받을 사람의 직장에서 본인이 소속된 과의 과장에게 유치송달을 한 것은 무효이다(대결 1967.11.8. 67마949).

③ 한편 송달받을 사람 본인에 대한 송달은 반드시 그 사람의 주소·거소·영업소·사무소뿐만 아니라 근무장소에서도 유치송달을 할 수 있다. 그러나 그 밖의 만나는 장소에서 하는 조우송달은 송달받을 사람 본인이 임의로 수령하는 경우에만 가능하고, 만일 그가 송달받기를 거부하는 경우에는 조우송달은 물론 유치송달도 허용될 수 없다(제183조 제4항). 다만 예외적으로 송달받을 사람 본인의 주소 등 또는 근무장소가 국내에 없거나 알 수 없는 때에는 예외적으로 위와 같은 장소에서도 유치송달을 할 수 있다.

6. 등기우편 등에 의한 발송송달

> **제187조 [우편송달]**
> 제186조의 규정에 따라 송달할 수 없는 때에는 법원사무관등은 서류를 등기우편 등 대법원규칙이 정하는 방법으로 발송할 수 있다.
>
> **제185조 [송달장소변경의 신고의무]**
> ① 당사자·법정대리인 또는 소송대리인이 송달받을 장소를 바꿀 때에는 바로 그 취지를 법원에 신고하여야 한다.
> ② 제1항의 신고를 하지 아니한 사람에게 송달할 서류는 달리 송달할 장소를 알 수 없는 경우 종전에 송달받던 장소에 대법원규칙이 정하는 방법으로 발송할 수 있다.

(1) 총설

① 보충송달이나 유치송달의 방법으로도 송달할 수 없는 때(제187조)와 당사자·법정대리인 또는 소송대리인이 송달받을 장소를 바꾸고도 법원에 신고하지 아니하여 달리 송달할 장소를 알 수 없는 때(제185조 제2항)의 두 가지 경우에는, 법원사무관등은 서류를 등기우편 등 대법원규칙이 정하는 방법으로 발송할 수 있다.

② 화해권고 결정 또는 결정조서, 조정을 갈음하는 결정 또는 결정조서, 이행권고결정, 지급명령 등은 발송송달을 할 수 없음에 유의하여야 한다.

(2) 보충송달·유치송달이 불가능한 경우의 발송송달

1) 보충송달과 유치송달의 불가능(보충성)

① 첫째로, 송달받을 사람의 근무장소가 아닌 '주소·거소·영업소·사무소' 등의 송달장소에서는 교부송달·보충송달과 유치송달이 모두 불가능해야 발송송달을 할 수 있다(제187조, 제186조 제1항·제3항).

1 근무장소 외의 송달할 장소에서 송달받을 사람을 만나지 못한 때에는 그 사무원, 피용자 또는 동거인으로서 사리를 분별할 지능이 있는 사람에게 서류를 교부할 수 있다. 서류를 송달받을 사람이 정당한 사유 없이 송달받기를 거부하더라도 송달할 장소에 서류를 놓아두는 방식으로는 송달의 효력이 발생하지 않는다. (   )

2 송달받을 사람의 주소·거소·영업소·사무소 또는 근무장소가 알려져 있는 경우, 이러한 송달장소가 아닌 곳에서 송달받을 사람을 만났을 때 그 장소에서 조우송달을 실시할 수 있으며, 만일 그가 송달받기를 거부하는 경우에는 유치송달을 할 수 있다. (   )

3 당사자가 송달장소의 변경신고의무를 이행하지 아니하고 기록상 달리 송달장소를 알 수 없어 화해권고결정을 등기우편의 방법으로 우편송달하였다면 부적법하다. (   )

정답 | 1 × **2** × **3** ○

② 둘째로, 근무장소에 발송송달을 실시하기 위하여는 (ⅰ) 우선 '근무장소'에서 송달하기 위한 요건으로서, 송달받을 사람의 주소·거소·영업소·사무소를 알지 못하거나 또는 주소·영업소 등을 알고 있더라도 그곳에서 통상의 방법에 의한 송달(교부송달과 보충송달 및 유치송달 포함)을 실시할 수 없어야 하고(제183조 제2항), (ⅱ) 그 '근무장소'에 송달을 실시한 결과 교부송달이나 보충송달이 성공하지 못한 경우라야 한다(제187조, 제186조 제2항). 따라서 송달받을 사람의 주소 등을 알지 못하는 경우에는 근무장소에서 교부송달 및 보충송달이 불가능하면 바로 발송송달을 실시할 수 있다.

판례 | 발송송달 가능 여부

1. 제1심법원 법원사무관 등이 판결정본을 피고 소송대리인 사무실로 송달하였다가 '수취인 불명'으로 송달불능되자 위 주소지로 등기우편에 의한 발송송달을 하였고, 이후 피고 주소지로 위 판결정본을 다시 송달한 사안에서, 기록에 드러나 있고 종전에 송달이 이루어지기도 하였던 피고 본인의 주소지에 대한 송달을 시도하여 보지도 아니한 채 곧바로 위 소송대리인 주소지를 송달장소로 하여 발송송달을 한 것은 적법한 송달이라고 볼 수 없다(대판 2011.5.13. 2010다84956).
2. 판례에 의하면, 송달실시기관이 수송달자의 주소에 가보았으나 집 전체가 폐문부재로 아무도 만날 수 없어 송달을 할 수 없게 된 경우에는 발송송달을 할 수 있고(대결 1990.8.20. 90마570), 우편집배원의 2회에 걸친 배달에도 불구하고 각 폐문부재로 반송되어 온 판결정본을 법원이 등기우편에 의한 발송송달로 송달한 것은 적법하다(대결 1990.11.28. 90마914).

2) 발송송달을 할 수 있는 서류(제한성, 일회성)

위 요건에 의한 발송송달은 당해 서류에 관하여 교부송달·보충송달 또는 유치송달이 불가능함을 요건으로 하는 것이어서 당해 서류의 송달에 한하여 할 수 있을 뿐이므로, 그에 이은 별개의 서류의 송달에 관하여는 그 요건이 따로 구비되지 않는 한 당연히 발송송달을 할 수 있는 것은 아니다(대결 1990.1.25. 89마939). 즉, 발송송달은 그 요건이 매번 송달할 서류마다 구비되어야 하므로(대판 1994.11.11. 94다36278), 변론기일마다 각 기일통지서를 교부송달하여 본 후 보충송달·유치송달이 안 되었을 때에 비로소 각각 발송송달을 할 수 있다.

3) 발송송달을 할 장소

① 여기서 '송달하여야 할 장소'란 실제 송달받을 자의 생활근거지가 되는 주소·거소·영업소 또는 사무실 등 송달받을 자가 소송서류를 받아 볼 가능성이 있는 적법한 송달장소를 말한다. 따라서 소장과 항소장에 원고의 주소지로 기재되어 있기는 하나 당시 원고의 실제 생활근거지가 아닌 곳으로서 당사자에 대한 송달이 이루어진 적도 없는 곳으로 변론기일통지서를 우편송달한 경우라면 발송송달로서의 효력이 없다(대판 2001.9.7. 2001다30025).

② 종전 주소로 송달되었다가 주소변경 신고된 주소로 송달불능된 경우, 법인의 본점으로 송달되었다가 송달불능되었고 대표이사 주소지로도 송달불능된 경우에는 종전에 한 번이라도 적법한 송달이 된 주소로 발송송달을 하면 된다(제185조 제2항).

(3) 송달장소 변경신고의무 해태시의 발송송달

1) 송달장소 변경 신고의무의 발생

당사자·법정대리인·소송대리인은 송달장소를 바꿀 때에는 바로 그 취지를 법원에 신고하여야 한다(제185조 제1항). 원고·참가인 등 적극적 당사자뿐만 아니라, 법원으로부터 한차

15법원직

1 소송대리인 사무실로 송달하였다가 '수취인 불명'으로 송달불능되자 기록에 드러나 있고 종전에 송달이 이루어지기도 하였던 본인의 주소지에 대한 송달을 시도하여 보지도 아니한 채 곧바로 위 소송대리인 주소지를 송달장소로 하여 발송송달을 하였다면 부적법하다. ( )

12·21사무관 13·15·19주사보

2 보충송달과 유치송달이 불가능하여 발송송달을 하는 경우에 일단 발송송달의 요건이 한번 갖추어져서 유효한 발송송달이 이루어졌다면 이후의 발송송달마다 발송송달의 요건이 구비될 필요는 없다. ( )

13·15·17주사보

3 소장과 항소장에 원고의 주소지로 기재되어 있기는 하나 당시 원고의 실제 생활근거지가 아닌 곳으로서 당사자에 대한 송달이 이루어진 적도 없는 곳으로 변론기일통지서를 우편송달한 경우라면 발송송달로서의 효력이 없다. ( )

정답 | 1 ○ 2 × 3 ○

례 이상 적법한 송달을 받은 뒤에는 피고 등 소극적 당사자도 송달장소가 변경되면 신고할 의무가 발생한다.

2) 변경신고의무 불이행으로 인한 송달장소 불명(제185조 제2항, 보충성)

① 당사자가 종전의 송달장소에 대하여 변경신고를 한 경우에 그 변경된 송달장소에서의 송달이 불능되는 경우에도 위 규정에 따라 발송송달을 할 수 있다(대판 2001.9.7, 2001다30025 참조). 만일 피고가 송달장소 변경을 신고하지 아니하여 위와 같이 발송송달 요건에 해당하면 등기우편 등에 의한 발송송달을 할 것이지, 원고에게 피고의 주소에 대한 보정명령을 내릴 것은 아니다.

② 위 규정에 의한 발송송달의 요건으로서는 단순히 송달장소 변경신고 불이행만으로는 부족하고, '달리 송달할 장소를 알 수 없는 때'에 한하여 비로소 발송송달을 할 수 있다(보충성). 판례는 '달리 송달할 장소를 알 수 없는 때'란 상대방에게 주소보정을 명하거나 직권으로 주민등록표 등을 조사할 필요까지는 없지만 적어도 기록에 나타나 있는 자료에 의하더라도 송달할 장소를 알 수 없는 경우를 말한다고 판시하였다(대판 2001.8.24, 2001다31592).

판례 | 보충성 충족 여부

1. 법인이 송달장소를 신고하여 그곳으로 송달이 실시되어 오다가 송달불능된 경우에는 곧바로 발송송달을 실시하여서는 아니 되며, 법인등기사항증명서 등에 나타난 법인 대표자의 주소지 및 법인의 주소지로 송달을 실시하여 보아야 한다(대판 2001.8.24, 2001다31592).

2. 원고의 주소보정서에 기재된 피고의 송달장소가 아닌 곳에서 피고가 소장 부본을 수령하였고, 피고가 제출한 답변서들을 담은 편지봉투들의 발신인 주소란에 또 다른 주소들이 기재되어 있는 경우에는, 법원으로서는 기록에 현출되어 있는 소장부본의 송달장소나 답변서 봉투의 주소지에 변론기일통지서를 송달하여 보고 그 곳으로도 송달되지 않을 때에 비로소 종전에 송달받던 장소로 발송송달을 하여야 하므로, 원고의 주소보정서에 기재된 피고의 송달장소만으로 변론기일통지서를 송달하여 송달불능되자 곧바로 발송송달을 한 것은 위법이다(대판 2004.10.15, 2004다11988).

판례 | 민사소송법 제185조 제2항에 따른 발송송달을 할 수 있는 요건

민사소송법 제185조 제2항은 이 경우에 종전에 송달받던 장소에 대법원규칙이 정하는 방법으로 발송할 수 있다고 규정하고 있을 뿐이므로, 비록 당사자가 송달장소로 신고한 바 있다고 하더라도 그 송달장소에 송달된 바가 없다면 그 곳을 민사소송법 제185조 제2항에서 정하는 '종전에 송달받던 장소'라고 볼 수 없다. 또한 민사소송법 제185조 제2항에서 말하는 '달리 송달할 장소를 알 수 없는 경우'라 함은 상대방에게 주소보정을 명하거나 직권으로 주민등록표 등을 조사할 필요까지는 없지만, 적어도 기록에 현출되어 있는 자료로 송달할 장소를 알 수 없는 경우에 한하여 등기우편에 의한 발송송달을 할 수 있음을 뜻한다(대판 2022.3.17, 2020다216462).

3) 발송송달을 할 서류 및 송달장소(계속성)

변경신고를 하지 아니한 당사자 등에 대하여 일단 발송송달의 요건이 갖추어지면, 그 뒤에 그 당사자에게 송달할 모든 서류를 발송송달을 할 수 있다고 할 것이다.

14사무관 15 주사보

1 송달장소 변경신고의무 불이행에 의한 발송송달의 요건으로서는 단순히 송달장소 변경신고 불이행으로는 부족하고, 달리 송달할 장소를 알 수 없는 때에 한하여 할 수 있다. ( )

15사무관 15·18 주사보

2 회사가 송달장소 변경사실을 신고하지 아니하여 종전 송달장소로의 송달이 불능된 경우 기록에 있는 법인등기사항증명서상의 본점 소재지나 대표이사의 주소지로 송달해 보지 않고 바로 발송송달을 할 수 있다. ( )

13주사보

3 원고의 주소보정서에 기재된 피고의 송달장소가 아닌 곳에서 피고가 소장부본을 수령하였고 피고가 제출한 답변서들을 담은 편지봉투들의 발신인 주소란에 또 다른 주소가 기재되어 있는 경우에는, 피고가 송달장소 변경신고의무를 해태한 경우라도 기록에 현출되어 있는 소장부본의 송달장소나 답변서 봉투의 주소지에 송달하여 보고 그곳으로도 송달되지 않을 때에 비로소 종전에 송달받던 장소로 발송송달할 수 있다. ( )

15·21사무관

4 송달장소 변경신고를 하지 아니한 당사자 등에 대한 발송송달은 당해 서류의 송달에 한하고 그에 이은 별개의 서류의 송달은 그 요건이 따로 구비되지 않는 한 당연히 발송송달을 할 수 있는 것은 아니다. ( )

정답 | 1 ○ **2** × **3** ○ **4** ×

(4) 발송송달의 효력

> **제189조 [발신주의]**
> 제185조 제2항 또는 제187조의 규정에 따라 서류를 발송한 경우에는 발송한 때에 송달된 것으로 본다.

① 발송송달은 송달서류를 등기우편으로 발송한 때에 송달받을 사람에게 송달된 것으로 본다(제189조). 이는 송달의 효력발생에 관하여 이른바 '발신주의'를 채택한 것으로서, 민법상 의사표시의 효력발생시기에 대한 도달주의(민법 제111조 제1항)나 소송법상 교부송달의 원칙(제178조 제1항)에 대한 예외에 해당한다.

② 발송한 때란 법원사무관등이 서류를 우체국 창구에 접수하여 우체국 접수프로그램에 입력된 때를 말한다. 현실로 그 서류가 도달되었는가의 여부는 묻지 않으며, 서류가 도중에 분실되더라도 효력에는 영향이 없다. 판결정본이 발송송달된 경우에도 마찬가지이다 (대판 1982.4.13. 81다523).

7. 공시송달

> **제194조 [공시송달의 요건]**
> ① 당사자의 주소등 또는 근무장소를 알 수 없는 경우 또는 외국에서 하여야 할 송달에 관하여 제191조의 규정에 따를 수 없거나 이에 따라도 효력이 없을 것으로 인정되는 경우에는 법원사무관등은 직권으로 또는 당사자의 신청에 따라 공시송달을 할 수 있다.
> ② 제1항의 신청에는 그 사유를 소명하여야 한다.
> ③ 재판장은 제1항의 경우에 소송의 지연을 피하기 위하여 필요하다고 인정하는 때에는 공시송달을 명할 수 있다.
> ④ 재판장은 직권으로 또는 신청에 따라 법원사무관등의 공시송달처분을 취소할 수 있다.
>
> **제195조 [공시송달의 방법]**
> 공시송달은 법원사무관등이 송달할 서류를 보관하고 그 사유를 법원게시판에 게시하거나, 그 밖에 대법원규칙이 정하는 방법에 따라서 하여야 한다.
>
> **규칙 제54조 [공시송달의 방법]**
> ① 법 제194조 제1항, 제3항에 따른 공시송달은 법원사무관등이 송달할 서류를 보관하고, 다음 각 호 가운데 어느 하나의 방법으로 그 사유를 공시함으로써 행한다.
> 1. 법원게시판 게시
> 2. 관보·공보 또는 신문 게재
> 3. 전자통신매체를 이용한 공시
> ② 법원사무관등은 제1항에 규정된 방법으로 송달한 때에는 그 날짜와 방법을 기록에 표시하여야 한다.

(1) 총설

1) 의의

① 공시송달이란 당사자의 주소 등 또는 근무장소를 알 수 없는 경우 또는 외국에서 하여야 할 송달에 관하여 그 나라에 주재하는 대한민국의 대사·공사·영사 또는 그 나라의 관할 공공기관에 촉탁송달(제191조)을 하기 어려운 경우에 직권 또는 당사자의 신청에 따라

21법원직

1 당사자의 주소등 또는 근무장소를 알 수 없는 경우에는 법원사무관등은 직권으로 또는 당사자의 신청에 따라 공시송달을 할 수 있다. 공시송달은 법원사무관등이 송달할 서류를 보관하고 그 사유를 법원게시판에 게시하거나, 그 밖에 대법원규칙이 정하는 방법에 따라서 하여야 한다. ( )

정답 | 1 ○

법원사무관등이 실시하는 송달을 말한다(제194조 제1항).

② 재판장은 제194조 제1항의 경우에 소송의 지연을 피하기 위하여 필요하다고 인정하는 때에는 공시송달을 명할 수 있고 직권으로 또는 신청에 따라 법원사무관등의 공시송달처분을 취소할 수 있다(동조 제3항·제4항).

2) 적용범위

① 공시송달은 본안소송절차뿐만 아니라 강제집행절차에도 적용되고(민집 제23조), 회생절차·파산절차·개인회생절차에도 적용된다(채무자회생 제33조).

② 공시송달이 허용되는 경우 송달받을 사람은 당사자, 참가인, 소송의 피고지인(제84조), 소송인수인(제81조, 제82조) 등과 이들의 법정대리인·대표자 또는 관리인 등 당사자에 준하는 사람에 한정된다.

③ 공시송달은 교부송달의 원칙에 대한 예외이고, 송달이 불가능한 경우 송달 시행을 의도하는 당사자의 권리를 보호하고 절차의 원활한 진행을 기하기 위하여 인정되는 것이기 때문에, 다른 송달방법이 불가능한 경우에 한하여 인정되는 보충적이고 최후적인 송달방법이다.

④ 이러한 송달받은 당사자에게는 자백간주 등 기일해태의 불이익, 답변서제출의무, 변론준비절차 등이 적용되지 아니하며, 화해권고결정·조정에 갈음하는 결정·이행권고결정·지급명령의 송달은 공시송달에 의할 수 없다.

(2) 요건

1) 당사자의 주소 등을 알 수 없는 경우

① 송달장소를 알 수 없는지 여부는 일반적인 통상의 조사를 다하였으나 법정의 송달장소 중 어느 한 곳도 알 수 없는 정도의 객관성을 기준으로 판단한다. 따라서 소장의 당사자 표시란 이외에도 청구원인의 기재 내용 등에 근무장소가 나타나 있는 경우에는, 먼저 그 근무장소에 송달을 실시하여 보아야 할 것이지 곧바로 공시송달을 하여서는 안 된다.

② 당사자가 소송무능력자인 경우에는 법정대리인의 주소 등 또는 근무장소를 알 수 있는지 여부가 그 기준이 된다.

③ 송달할 장소를 알 수 없는 경우이어야 하므로, 송달장소는 알고 있으나 단순히 폐문부재이거나 장기출타로 인한 수취인부재로 송달되지 못하는 경우에는 공시송달을 할 수 있는 요건에 해당되지 않는다. 예컨대, 당사자의 사무소와 현재지가 기록상 명백한 경우에는 비록 우편집배원이 2회에 걸쳐 그의 주소지에 갔었으나 그 때마다 수취인이 부재하였다는 사유만으로는 그 주거를 알 수 없는 때에 해당한다고 단정하기 어렵다(대결 1984.11.8, 84모31).

④ 법인의 경우 사실상 해산된 상태에 있거나 기타의 이유로 영업소·사무소가 폐쇄되거나 이전해 버렸을 뿐 아니라, 그 대표자의 주소·거소·근무장소 등 어느 것도 알 수 없는 경우에는 공시송달의 요건이 충족된다(제194조, 대판 2007.1.25, 2004후3508 참조).

판례 | 법인에 대하여 공시송달을 할 여지가 없는 경우

법인의 대표자가 사망하였고 달리 법인을 대표할 사람이 정하여지지도 아니하여서 그 법인에 대하여 송달 자체를 할 수 없는 경우에는 공시송달의 여지가 없다(대판 1991.10.22, 91다9985). 이 경우 특별대리인 선임신청을 촉구하여 선임된 특별대리인에게 송달하여야 한다.

16주사보
1 참가인, 소송의 피고지인에 대하여도 공시송달이 허용된다. ( )

13주사보
2 지급명령이나 이행권고결정의 경우에도 공시송달을 할 수 있다.
( )

15주사보
3 송달할 장소를 알 수 없는 경우이어야 하므로 송달장소는 알고 있으나 2회에 걸쳐 수취인부재로 송달되지 못한 경우에는 공시송달을 할 수 없다. ( )

17사무관
4 법인의 경우에도 사실상 해산된 상태에 있거나 기타의 이유로 영업소·사무소가 폐쇄되거나 이전해 버렸을 뿐만 아니라, 그 대표자의 주소·거소·근무장소 등 어느 것도 알 수 없는 경우에는 공시송달의 요건이 충족된다. ( )

13·20사무관 15주사보
5 법인의 대표자가 사망하였고 달리 법인을 대표할 사람이 정하여지지도 아니하여서 그 법인에 대하여 송달을 할 수 없는 경우에는 공시송달의 방법에 의할 수밖에 없다. ( )

정답 | 1 ○ 2 × 3 ○ 4 ○ 5 ×

2) 외국에서 할 송달이 불가능한 경우

예컨대, 송달장소인 당해 외국과의 사이에 외교관계가 없는 경우, 사법공조조약이 없어 구체적인 사건에 있어서 우리나라 법원의 촉탁을 거절한 사례가 있는 경우 또는 그 나라가 전란·천재지변 중에 있어서 촉탁하여도 실효가 없다고 인정되는 경우가 이에 해당한다.

(3) 절차

법원사무관등은 독자적인 판단으로 직권이나 당사자의 신청에 따라 공시송달을 할 수 있다(제194조 제1항).

1) 신청에 의한 공시송달

① 당사자가 공시송달의 신청을 함에는 송달받을 사람의 행방을 알 수 없다는 사유를 소명하여야 한다(제194조 제2항). 상소심에서는 전심의 공시송달처분의 효력이 미치지 아니하지만, 공시송달 사유의 소명으로는 전심의 소명자료를 원용할 수 있고, 이 경우 전심의 소명 자료가 불충분하다고 인정되는 때에는 다시 보충적 소명을 구해야 한다.

② 공시송달의 요건이 소명되면 법원은 명령으로써 공시송달을 허가하는 재판을 하여야 한다. 공시송달 요건에 해당한다고 볼 여지가 충분한데도 불구하고 공시송달신청에 대한 허부재판을 도외시한 채 주소보정의 흠을 이유로 소장각하명령을 하면 위법하다(대결 2003.12.12. 2003마1694).

③ 법원사무관등이 소명의 부족이나 소재의 판명 등으로 당사자의 신청을 불허하는 처분을 하면 신청인은 민사소송법 제223조(법원사무관등의 처분에 대한 이의)에 의해 이의를 제기할 수 있다.

2) 직권에 의한 송달

① 법원사무관등은 공시송달의 요건이 기록상 명백한 경우에는 직권으로 공시송달을 할 수 있다(제194조 제1항).

② 송달이 이루어지던 당사자가 이사 등의 이유로 송달불능이 된 경우에는 바로 직권에 의한 공시송달을 할 수는 없고, 먼저 민사소송법 제185조 제2항의 규정에 따른 발송송달의 요건을 갖추었는지를 심사하여 등기우편에 의한 발송송달을 실시하여 보아야 한다.

3) 재판장의 공시송달명령

① 재판장은 공시송달의 요건이 갖추어져 있고 소송의 지연을 피하기 위하여 필요하다고 인정하는 때에는 직권으로 공시송달을 명할 수 있다(제194조 제3항). 법원사무관등은 공시송달 요건이 갖추어져 있는지 독자적으로 판단하기 곤란한 경우에 재판장과 협의하여 신속한 절차 진행을 도모함과 동시에 공시송달의 효력을 둘러싼 후속 분쟁을 방지할 수 있을 것이다.

② 재판장의 공시송달명령의 효력은 그 취소가 없는 한 당해 심급에 있어서 지속되는 것이므로 그 심급에 관한 한 어떠한 송달서류이든 계속하여 공시송달방법에 의하여 송달할 수 있고, 그 명령 이후의 공시송달은 법원사무관등이 직권으로 행하게 된다.

(4) 공시송달처분·명령의 취소

1) 취소 사유와 이에 따른 조치

① '적법한 공시송달처분'이 있은 후 사후적으로 공시송달사유가 소멸한 때, 예컨대 송달받을 사람의 주소가 판명되거나 그가 출석한 때(이때에는 주소보정을 명한다)에는 이미 행한 공시송달처분은 유효하므로 재판장이 이를 취소할 필요는 없으며, 법원사무관등은 이

13주사보

1 공시송달은 직권이나 당사자의 신청에 따라 법원사무관등이 실시한다. ( )

14주사보

2 상소심에서는 전심의 공시송달명령의 효력이 미치지 아니한다. ( )

16·18주사보

3 소명자료를 첨부하여 공시송달신청을 하였더라도 이에 대한 허부재판을 하지 않고 주소보정의 흠을 이유로 소장각하명령을 할 수 있다. ( )

15주사보

4 송달이 이루어지던 당사자가 이사 등의 이유로 송달불능이 된 경우에도 바로 직권에 의한 공시송달을 할 수 있다. ( )

16사무관

5 공시송달 처분이 있은 후 공시송달의 요건을 충족하지 못하게 된 때, 예컨대 송달받을 사람의 주소가 판명되거나 그가 출석한 때에는 재판장은 공시송달 처분을 취소하여야 한다. ( )

정답 | 1 ○ **2** ○ **3** × **4** × **5** ×

후의 송달만 통상의 송달방법으로 하면 된다(그 후 송달받을 사람이 다시 소재불명으로 된 때에는 원칙적으로 민사소송법 제185조 제2항의 규정에 의해 등기우편에 의한 발송송달을 행할 것이다).

② 다만, 위와 같은 경우에도 재판장은 공시송달로 송달받은 당사자의 이익을 위하여 개개의 공시송달처분을 취소하여 다시 송달을 실시하도록 할 수 있다. 공시송달처분명령의 취소명령은 재판장의 소송지휘에 관한 재판으로 재판장에게 상당한 재량이 부여되어 있기 때문이다.

2) 공시송달처분의 취소

① 해당 심급에서 재판이 진행중일 경우 당사자는 공시송달요건의 흠결을 이유로 공시송달처분에 대하여 취소를 신청할 수 있다. 공시송달로 의한 절차진행으로 불이익을 받았다고 주장하는 당사자가 신청하며, 공시송달취소신청서에는 인지를 붙일 필요가 없고 기록에 문건으로 가철한다.

② 재판장은 직권으로 또는 신청에 따라 법원사무관등의 공시송달처분을 취소할 수 있다(제194조 제4항).

③ 소송절차가 진행중일 경우에는 재판장은 공시송달처분을 취소하고 법원사무관등은 통상의 송달방법으로 다시 송달하면 되지만 소송절차가 종료된 경우 재판장은 법원사무관등의 공시송달처분을 취소할 수 없고 당사자는 민사소송법 제173조의 소송행위의 추후보완에 의한 항소 등을 통하여 법원사무관등이 행한 공시송달처분의 효력을 다툴 수밖에 없다.

(5) 공시송달의 공시방법

공시송달을 실시하는 때에는 법원사무관등은 송달할 서류를 보관하고 ① 법원게시판 게시, ② 관보·공보 또는 신문 게재, ③ 전자통신매체를 이용한 공시의 세 가지 중 어느 하나의 방법으로 그 사유를 공시하여야 한다(규칙 제54조 제1항). 법원사무관이 위 방법으로 송달한 때에는 그 날짜와 방법을 기록에 표시하여야 한다(제54조 제2항).

(6) 효력

> **제196조 [공시송달의 효력발생]**
> ① 첫 공시송달은 제195조의 규정에 따라 실시한 날부터 2주가 지나야 효력이 생긴다. 다만, 같은 당사자에게 하는 그 뒤의 공시송달은 실시한 다음 날부터 효력이 생긴다.
> ② 외국에서 할 송달에 대한 공시송달의 경우에는 제1항 본문의 기간은 2월로 한다.
> ③ 제1항 및 제2항의 기간은 줄일 수 없다.

1) 효력발생시기

① 최초의 공시송달은 게시한 날부터 2주가 지나야 효력이 생긴다. 그러나 같은 당사자에 대한 그 뒤의 공시송달은 게시한 다음 날부터 그 효력이 생긴다(제196조 제1항). 다만 외국거주자에 대한 최초의 공시송달은 그 효력의 발생을 위한 공시기간을 2개월로 하고 있다(제196조 제2항).

② 만일 공시송달의 효력이 발생되기 전에 본인이 찾아와 송달서류를 교부받으면 이는 해당 사건에 관하여 출석한 사람에게 직접 송달한 것으로 되어, 영수증을 받은 때에 그 송달의 효력이 발생하게 된다(제177조 제2항).

③ 그러나 이미 공시송달의 효력이 발생한 뒤에는 당사자에게 서류를 교부하였다 하더라도

17주사보
1 공시송달을 하는 때에는 법원사무관등은 법원게시판 게시, 관보·공보 또는 신문 게재, 전자통신매체를 이용한 공시의 세 가지 방법 중 하나의 방법으로 그 사유를 공시하여야 한다. (　)

17법원직 18주사보
2 첫 공시송달은 실시한 날부터 2주가 지나야 효력이 생긴다. 다만, 같은 당사자에게 하는 그 뒤의 공시송달은 실시한 다음 날부터 효력이 생긴다. (　)

15주사보
3 공시송달의 효력이 발생하기 전에 본인이 찾아와 송달서류를 교부받으면 본인으로부터 영수증을 받은 때에 그 송달의 효력이 발생한다. (　)

12·14주사보 18사무관
4 공시송달의 효력이 발생한 후에 법원은 방문한 당사자에게 서류를 교부하고 영수증을 받은 경우에는 항소기간 등 불변기간은 영수증에 기재된 수령일자로부터 기산한다. (　)

정답ㅣ 1 ○ 2 ○ 3 ○ 4 ×

이는 사실행위임에 불과하여 이미 발생한 송달의 효력을 좌우할 수는 없다. 따라서 이 경우 항소기간 등 불변기간도 공시송달의 효력이 발생한 날부터 진행되는 것이다.

2) 요건을 갖추지 못한 공시송달의 효력

① 공시송달의 요건에 흠이 있어도 재판장이 공시송달을 명하여 절차를 취한 경우에는 유효한 송달이라 보는 것이 판례이다(대결 (전) 1984.3.15. 84마20). 따라서 공시송달이 무효임을 전제로 한 재송달은 있을 수 없으며, 또 공시송달명령에 대해 불복할 수 없다.

12·13·14·17·18주사보 18사무관
1 공시송달의 법정 요건을 구비하지 못하였다고 하더라도 재판장의 명에 의하여 공시송달이 행해진 이상 공시송달은 유효하다는 것이 판례의 입장이다. ( )

12주사보
2 재판장의 공시송달명령에 대하여는 그 요건에 흠결이 있다 하더라도 불복할 수 없으나, 그 소명자료로 위조된 확인서 등이 첨부되었다면 그것만으로 독립하여 재심사유에 해당한다. ( )

16주사보 21사무관
3 공시송달의 요건을 갖추지 못한 채 이루어진 공시송달은 그 효력이 있다고 하더라도, 각 변론기일에 당사자가 출석하지 아니하였다고 하여 쌍방 불출석의 효과가 발생한다고 볼 수 없다. ( )

판례 | 공시송달허가명령의 소명자료로 위조된 서류가 첨부되었다는 것만으로 독립한 재심사유가 되는지 여부(소극)

> 재판장의 공시송달명령에 대하여는 그 요건에 흠결이 있다 하더라도 불복할 수 없고, 그 소명자료로 위조된 확인서 등이 첨부되었다 하더라도 그것만으로는 독립하여 재심사유가 되지 않는다(대판 1992.10.9. 92다2131 참조).

② 다만 공시송달의 요건을 갖추지 못한 채 이루어진 공시송달은 그 효력이 있다고 하더라도, 각 변론기일에 당사자가 출석하지 아니하였다고 하여 쌍방 불출석의 효과가 발생한다고 볼 수 없다(대판 1997.7.11. 96므1380).

③ 법원이 송달장소를 알고 있으나 단순히 폐문부재로 송달이 되지 아니하는 경우인데도 공시송달을 하는 등 잘못된 공시송달로 심리가 진행된 끝에 패소된 경우 송달받을 사람은 선택에 따라 추후보완항소(제173조) 또는 재심(제451조 제1항 제11호)을 제기하여 구제를 받을 수 있을 뿐이다. 공시송달로 진행되어 피고가 책임질 수 없는 사유로 전소에 응소할 수 없다 하더라도, 확정된 권리관계를 다투려면 전소의 기판력을 소멸시켜야 한다(대판 2013.4.11. 2012다111340).

판례 | 법원이 당사자의 수감 사실을 모르고 판결정본을 당사자 주소 등에 공시송달한 경우 송달의 효력이 있는지(적극)

> [1] 당사자가 소송 계속 중에 수감된 경우 법원이 판결정본을 민사소송법 제182조에 따라 교도소장 등에게 송달하지 않고 당사자 주소 등에 공시송달 방법으로 송달하였다면, 공시송달의 요건을 갖추지 못한 하자가 있다고 하더라도 재판장의 명령에 따라 공시송달을 한 이상 송달의 효력은 있다.
>
> [2] 수감된 당사자는 민사소송법 제185조에서 정한 송달장소 변경의 신고의무를 부담하지 않고 요건을 갖추지 못한 공시송달로 상소기간을 지키지 못하게 되었으므로 특별한 사정이 없는 한 과실 없이 판결의 송달을 알지 못한 것이고, 이러한 경우 책임을 질 수 없는 사유로 불변기간을 준수할 수 없었던 때에 해당하여 그 사유가 없어진 후 2주일 내에 추완 상소를 할 수 있다. 여기에서 '사유가 없어진 때'란 당사자나 소송대리인이 판결이 있었고 판결이 공시송달 방법으로 송달된 사실을 안 때를 가리킨다. 통상의 경우에는 당사자나 소송대리인이 그 사건 기록을 열람하거나 새로 판결정본을 영수한 때에 비로소 판결이 공시송달 방법으로 송달된 사실을 알게 되었다고 보아야 한다(대판 2022.1.13. 2019다220618).

정답 | 1 ○ **2** × **3** ○

제8절 | 소송절차의 정지*

I 의의

소송이 계속된 뒤에 아직 절차가 종료되기 전에 당해 소송절차가 법률상 진행되지 않는 상태를 소송절차의 정지라고 한다. 따라서 기일연기, 기일불출석 등으로 절차가 사실상 정지된 상태와는 구별된다.

II 소송절차의 중단

1. 의의

당사자나 소송행위자에게 소송수행할 수 없는 사유가 발생하였을 경우에 새로운 소송수행자가 나타나 소송에 관여할 수 있을 때까지 법률상 당연히 절차의 진행이 정지되는 것을 말한다.

2. 중단사유

(1) 당사자의 사망**

> **제233조 [당사자의 사망으로 말미암은 중단]**
> ① 당사자가 죽은 때에 소송절차는 중단된다. 이 경우 상속인·상속재산관리인, 그 밖에 법률에 의하여 소송을 계속하여 수행할 사람이 소송절차를 수계하여야 한다.
> ② 상속인은 상속포기를 할 수 있는 동안 소송절차를 수계하지 못한다.

1) 소송계속 후 변론종결 전에 당사자의 사망일 것
① 당사자가 '소제기 전'에 이미 사망한 경우에는 그것이 후에 판명되었다 하더라도 중단사유가 되지 않으며 이러한 경우 상속인으로의 소송수계신청은 당사자표시정정신청으로 볼여지가 있을 뿐이다(대판 1962.8.30. 62다275).
② 다만 당사자가 사망하더라도 소송대리인의 소송대리권은 소멸하지 아니하므로(제95조 제1호), 당사자가 소송대리인에게 소송위임을 한 다음 소 제기 전에 사망하였는데 소송대리인이 당사자가 사망한 것을 모르고 당사자를 원고로 표시하여 소를 제기하였다면 소의

** 사망시기	보완방법	법적효과
제소 당시에 이미 사망한 경우	당사자표시 정정신청	① 당사자표시정정신청을 하지 않으면 소각하사유에 해당한다. ② 이를 간과한 판결의 효력은 당연무효이다.
소송계속 중 사망한 경우	소송수계신청	① 소송절차는 법원이 이를 알건 모르건 당연 중단되고, 상속인은 당사자의 지위를 당연승계한다. ② 이를 간과한 판결의 효력은 당연무효는 아니고, 대리권 흠결에 준하여 상소 및 재심사유가 된다(위법설, 판례).
변론종결 이후에 사망한 경우	승계집행문 부여신청	판결을 선고할 수 있으며, 그 기판력이 상속인들에게 미친다.

학습 POINT

1. 중단 요건 정리, 대리인 있는 경우 중단의 예외(파산은 제외됨)
2. 중단을 간과한 판결은 상소, 재심으로 취소(당연무효X)
3. 수계신청은 상대방도 가능, 수계신청법원은 원심 또는 상급법원 모두 가능

* 이시윤 446페이지 참고

13·15사무관 16·18주사보

1 당사자가 '소 제기 전'에 이미 사망하였더라도 그것이 후에 판명된 경우 이는 중단사유가 된다. (   )

정답 | 1 ×

20법원직 20사무관

1 당사자가 소송대리인에게 소송위임을 한 다음 소 제기 전에 사망하였는데 소송대리인이 당사자가 사망한 것을 모르고 당사자를 원고로 표시하여 소를 제기하였다면 소의 제기는 적법하고, 시효중단 등 소 제기의 효력은 상속인들에게 귀속되므로, 사망한 사람의 상속인들은 소송절차를 수계하여야 한다. (   )

19주사보

2 소송계속 후 당사자가 사망한 때에는 소송절차가 중단되는 것이나, 이는 소송물인 권리의무가 '상속의 대상'이 되는 때에 한한다. 만일 소송물인 권리가 일신전속적인 것이어서 상속이 되지 않거나 사망에 의하여 소멸하는 경우에는 소송절차가 중단됨이 없이 그대로 종료된다. (   )

18주사보 19법원직

3 이혼소송 계속 중 배우자의 일방이 사망한 때에는 상속인이 그 절차를 수계할 수 없으므로 원칙적으로 이혼소송은 종료되고 이혼의 성립을 전제로 한 재산분할청구 역시 함께 종료된다. (   )

20사무관

4 이사가 주주총회결의 취소의 소를 제기하였다가 소송 계속 중이나 사실심 변론종결 후에 사망한 경우 소송절차는 중단된다. (   )

13사무관

5 실종선고의 경우에도 소송절차가 중단되는데, 실종자가 사망하였다고 보는 시기는 실종기간이 만료된 때이므로 실종기간이 만료된 때에 소송절차가 중단된다. (   )

19주사보

6 통상공동소송에서 일부 당사자에게만 중단사유가 생긴 경우 그 당사자의 절차만 중단되는데 반하여, 필수적 공동소송의 경우에는 모든 당사자의 절차가 중단된다. (   )

15·18법원직
15·19주사보 15·17사무관

7 보조참가인에게는 피참가인의 승소를 위하여 독자적인 소송관여권이 인정되므로, 소송계속 중 보조참가인이 사망한 경우에는 본소의 소송절차가 중단된다. (   )

정답 | **1** ○ **2** ○ **3** ○ **4** × **5** ×
       6 ○ **7** ×

제기는 적법하고, 시효중단 등 소 제기의 효력은 상속인들에게 귀속된다. 이 경우 민사소송법 제233조 1항이 유추적용되어 사망한 사람의 상속인들은 소송절차를 수계하여야 한다(대판 2016.4.2. 2014다210449).

2) 소송물인 권리의무가 일신전속적이지 않고 상속의 대상이 될 것

① 당사자가 소송 계속 후에 사망하였더라도 상속인이 상속포기기간 내에 포기를 하거나(민법 제1019조 제1항), 또는 소송물인 권리가 일신전속적인 것이어서 상속이 되지 않거나 사망에 의하여 소멸하는 경우에는 중단의 문제가 생기지 않는다.

② 예컨대, 이혼소송(병합된 재산분할청구도 같다) 중 한쪽 당사자가 사망한 경우(대판 1994.10.28. 94므246), 공동광업권관계 소송에서 공동광업권자가 사망한 경우(대판 1981.7.28. 81다45), 학교법인의 이사 및 이사장의 자격으로 그 법인 이사회결의 무효확인청구소송을 제기하여 수행하다가 사망한 경우(대결 1981.7.16. 80므370), 이사가 주주총회결의 취소의 소를 제기하였다가 소송 계속 중이나 사실심 변론종결 후에 사망한 경우(대판 2019.2.14. 2015다255258) 등에는 소송절차가 중단됨이 없이 종료된다.

③ 다만, 이혼위자료청구권은 행사상 일신전속권이고 귀속상 일신전속권은 아니므로 그 청구권자가 위자료의 지급을 구하는 소송을 제기함으로써 청구권을 행사할 의사가 외부적 객관적으로 명백하게 된 이상 양도나 상속 등 승계가 가능하다(대판 1993.5.27. 92므143).

④ 실종선고의 경우에도 마찬가지로 소송절차가 중단되는데, 중단시기는 실종기간이 만료된 때가 아니라 <u>실종선고가 확정된 때</u>이다(대판 1983.2.22. 82사18).

⑤ 부재자의 재산관리인에 의하여 소송절차가 진행되던 중 부재자 본인에 대한 실종선고가 확정되면 그 재산관리인으로서의 지위는 종료되는 것이므로 상속인 등에 의한 적법한 소송수계가 있을 때까지는 소송절차가 중단된다(대판 1987.3.24. 85다카1151).

3) 중단의 범위

① 통상공동소송에서는 일부 당사자에게만 중단사유가 생긴 경우 그 당사자의 절차만 중단되는데 반하여, 필수적 공동소송의 경우에는 모든 당사자의 절차가 중단된다(제67조 제3항).

② 보조참가인은 피참가인인 당사자의 승소를 위한 보조자일 뿐 자신이 당사자가 되는 것이 아니므로 소송계속 중 보조참가인이 사망하더라도 본소의 소송절차는 중단되지 아니한다(대판 1995.8.25. 94다27373).

(2) 법인의 합병

제234조 [법인의 합병으로 말미암은 중단]
당사자인 법인이 합병에 의하여 소멸된 때에 소송절차는 중단된다. 이 경우 합병에 의하여 설립된 법인 또는 합병한 뒤의 존속법인이 소송절차를 수계하여야 한다.

법인이 합병 이외의 사유로 해산된 때에는 청산법인으로 존속하기 때문에 중단되지 않지만, 청산절차를 밟지 않고 법인이 소멸된 경우에는 중단된다. 당사자인 법인으로부터 영업양도를 받았다는 것만으로는 중단되지 않으며(대판 1962.9.27. 62다441), 명칭의 변경일 뿐 그 실체가 동일한 경우에도 중단되지 않는다(대결 1967.7.7. 67마335).

(3) 당사자 소송능력의 상실, 법정대리인의 사망, 대리권의 소멸

제235조 [소송능력의 상실, 법정대리권의 소멸로 말미암은 중단]
당사자가 소송능력을 잃은 때 또는 법정대리인이 죽거나 대리권을 잃은 때에 소송절차는 중단된다. 이 경우 소송능력을 회복한 당사자 또는 법정대리인이 된 사람이 소송절차를 수계하여야 한다.

① 당사자 자체는 변경되지 않지만, 소송수행자가 교체되기 때문에 중단되는 경우이다. 다만 법정대리인의 사망이나 대표권의 소멸은 상대방에게 통지하여야 중단의 효력이 발생한다(제63조, 제64조).

② 법정대리권 내지 대표권의 상실에는 가처분에 의하여 그 권한행사가 금지된 경우도 포함된다(대판 1980.10.14. 80다623).

③ 소송대리인의 사망, 소송대리권의 소멸의 경우에는 본인 스스로 소송행위를 할 수 있기 때문에 중단사유로 되지 않는다.

(4) 신탁법상 신탁재산에 관한 소송의 당사자인 수탁자의 임무종료

제236조 [수탁자의 임무가 끝남으로 말미암은 중단]
신탁으로 말미암은 수탁자의 위탁임무가 끝난 때에 소송절차는 중단된다. 이 경우 새로운 수탁자가 소송절차를 수계하여야 한다.

(5) 소송담당자의 자격상실과 선정당사자 전원의 자격상실

제237조 [자격상실로 말미암은 중단]
① 일정한 자격에 의하여 자기 이름으로 남을 위하여 소송당사자가 된 사람이 그 자격을 잃거나 죽은 때에 소송절차는 중단된다. 이 경우 같은 자격을 가진 사람이 소송절차를 수계하여야 한다.

② 제53조의 규정에 따라 당사자가 될 사람을 선정한 소송에서 선정된 당사자 모두가 자격을 잃거나 죽은 때에 소송절차는 중단된다. 이 경우 당사자를 선정한 사람 모두 또는 새로 당사자로 선정된 사람이 소송절차를 수계하여야 한다.

(6) 파산재단에 관한 소송 중의 파산선고 및 파산해지

제239조 [당사자의 파산으로 말미암은 중단]
당사자가 파산선고를 받은 때에 파산재단에 관한 소송절차는 중단된다. 이 경우 「채무자 회생 및 파산에 관한 법률」에 따른 수계가 이루어지기 전에 파산절차가 해지되면 파산선고를 받은 자가 당연히 소송절차를 수계한다.

판례 | 공동파산관재인 중 일부가 파산관재인의 자격을 상실한 경우

민사소송법 제54조가 여러 선정당사자 가운데 죽거나 그 자격을 잃은 사람이 있는 경우에는 다른 당사자가 모두를 위하여 소송행위를 한다고 규정하고 있음에 비추어 볼 때, 공동파산관재인 중 일부가 파산관재인의 자격을 상실한 때에는 남아 있는 파산관재인에게 관리처분권이 귀속되고 소송절차는 중단되지 아니하므로, 남아 있는 파산관재인은 자격을 상실한 파산관재인을 수계하기 위한 절차를 따로 거칠 필요가 없이 혼자서 소송행위를 할 수 있다(대판 2008.4.24. 2006다14363).

15사무관 16주사보
1 대표권의 소멸은 상대방에게 통지하여야 효력이 생기기 때문에 통지가 있어야 소송절차가 중단된다. ( )

16주사보
2 법정대리인이나 소송대리인이 사망하거나 그 대리권이 소멸된 경우에는 소송절차가 중단된다. ( )

19법원직
3 소송계속 중 당사자가 소송능력을 상실한 때에도 그 당사자 쪽에 소송대리인이 있는 경우에는 소송절차가 중단되지 아니하나, 그 당사자가 파산선고를 받은 때에는 소송대리인이 있더라도 파산재단에 관한 소송절차는 중단된다. ( )

21법원직
4 신탁으로 인한 수탁자의 위탁임무가 끝난 때에 소송절차는 중단되고, 이 경우 새로운 수탁자가 소송절차를 수계하여야 하지만, 소송대리인이 있는 경우에는 소송절차가 중단되지 아니하고, 그 소송대리권도 소멸하지 아니한다. ( )

21법원직
5 공동파산관재인 중 일부가 파산관재인의 자격을 상실한 때에는 남아 있는 파산관재인에게 관리처분권이 귀속되고 소송절차는 중단되지 아니하므로, 남아 있는 파산관재인은 자격을 상실한 파산관재인을 수계하기 위한 절차를 따로 거칠 필요가 없이 혼자서 소송행위를 할 수 있다. ( )

정답 | 1 ○ 2 × 3 ○ 4 ○ 5 ○

1 소송절차의 중단사유가 발생하더라도 소송대리인이 있으면 소송절차가 중단되지 않지만 심급대리의 원칙상 소송대리인에게 상소에 관한 특별수권이 없다면 판결선고와 동시에 소송절차 중단의 효과가 발생한다.　　　　　(　)

2 사망한 A의 소송대리인이 상소제기에 관한 특별수권을 부여받은 경우, 그 소송대리인에게 판결정본이 송달되더라도 소송절차는 중단되지 않아 항소기간이 진행되고, 그 소송대리인이 항소를 제기하였다면 항소심은 중단 없이 진행된다.　　　　　(　)

3 소송계속 중 법인 아닌 사단 대표자의 대표권이 소멸한 경우 이는 소송절차 중단사유에 해당하지만 소송대리인이 선임되어 있으면 소송절차가 곧바로 중단되지 아니하므로 이러한 경우 대표자의 변경이 있음을 이유로 제출한 소송절차 수계신청은 당사자표시정정신청으로 보면 된다.　　　　　(　)

4 소송 중 을이 사망하였으나 을에게 소송대리인이 있어 소송절차가 중단되지 않는 경우에 비록 상속인으로 당사자의 표시를 정정하지 아니한 채 을을 그대로 당사자로 표시하여 판결하였다고 하더라도 그 판결의 효력은 상속인 병, 정, 무에게 미친다.　　　　　(　)

5 A가 소송 중 사망하였으나 A에게 소송대리인이 있는 경우에 제1심 판결이 선고되었는데, 그 판결에서 A의 공동상속인 중 소송수계절차를 밟은 일부만을 당사자로 표시하였다면 수계하지 않은 나머지 공동상속인들에게는 그 판결의 효력이 미치지 않는다.　　　　　(　)

6 소송계속 중 당사자가 사망하였으나 소송대리인이 있어 소송절차가 중단되지 아니한 경우, 소송절차가 중단되지 않아 소송수계의 문제는 발생하지 않으므로 상속인들의 소송수계신청은 허용되지 않는다.　　　　　(　)

정답 | 1 × **2** × **3** ○ **4** ○ **5** × **6** ×

3. 중단의 예외

제238조 [소송대리인이 있는 경우의 제외]
소송대리인이 있는 경우에는 제233조 제1항, 제234조 내지 제237조의 규정을 적용하지 아니한다.

(1) 소송대리인이 있는 경우

제233조 내지 제237조에 규정된 중단사유 중의 하나가 발생하더라도[파산선고(제239조)가 제외됨을 주의] 그 사유가 생긴 당사자측에 소송대리인이 있는 경우, 소송절차는 중단되지 않는다(제238조). 이 경우 소송대리인은 수계절차를 밟지 아니하여도 신당사자의 소송대리인이 되며 판결의 효력은 신당사자에게 미친다.

(2) 심급대리원칙과의 관계

① 예컨대, 당사자가 사망한 경우에는 소송대리인은 상속인들 전원을 위하여 소송을 수행하게 되며 그 판결은 상속인들 전원에 대하여 효력이 있다. 그 소송대리인의 권한에 관하여는 심급대리의 원칙이 적용되기 때문에 그 심급의 판결정본이 그 소송대리인에게 송달됨과 동시에 소송절차 중단의 효과가 발생하게 된다(대판 1996.2.9. 94다61649).
이 경우 상소는 소송수계절차를 밟은 다음에 제기하는 것이 원칙이나, 소송대리인에게 상소제기에 관한 특별수권이 있어 상소를 제기하였다면, 그 상소제기시부터 소송절차가 중단되므로, 이때에는 상소심에서 적법한 소송수계절차를 거쳐야 소송중단이 해소된다 (대판 2016.9.8. 2015다39357).

② 대표이사의 변경이 있어 소송절차 중단사유가 발생하여도 소송대리인이 있는 경우 소송절차가 중단되지 아니하므로(대판 1979.12.11. 76다1829), 이러한 경우 대표이사의 변경이 있음을 이유로 제출한 소송절차 수계신청은 당사자표시정정신청으로 보아야 한다(대결 1969.3.10. 68마1100).

③ 당사자가 사망하였으나 소송대리인이 있어 소송절차가 중단되지 아니한 경우, 원칙적으로 소송수계의 문제는 발생하지 아니하고 소송대리인은 상속인들 전원을 위하여 소송을 수행하게 되는 것이며, 그 사건의 판결의 당사자표시가 망인 명의로 되어 있다 하더라도 그 판결은 상속인들 전원에 대하여 효력이 있다(대판 1995.9.26. 94다54160).
망인의 공동상속인 중 소송수계절차를 밟은 일부만을 당사자로 표시한 판결 역시 수계하지 아니한 나머지 공동상속인들에게도 그 효력이 미친다(대판 2010.12.23. 2007다22859).
당사자가 사망하였으나 소송대리인이 있기 때문에 소송절차가 중단되지 않은 경우라도 소송수계신청은 가능하다(대결 1972.10.31. 72다1271,72다1272).

④ 한편 판결에서 새로운 당사자를 잘못 표시하였다 하더라도 그 표시가 망인의 상속인, 소송승계인, 소송수계인 등 망인의 상속인임을 나타내는 문구로 되어 있으면 잘못 표시된 당사자에 대하여는 판결의 효력이 미치지 아니하고 여전히 정당한 당사자에게 효력이 미친다. 변론에서 상속인이 판명된 경우에는 상속인을 소송승계인으로 하여 새로운 당사자로 표시하면 된다(대결 1992.11.5. 91마342).

⑤ 소송대리인에게 상소에 관한 특별한 수권이 있다면 판결정본이 송달되어도 중단되지 않는데, 따라서 이 경우에 소송대리인이 패소한 당사자를 위하여 상소를 제기하지 아니하면, 상소기간의 도과로 당해 판결은 확정된다.

4. 중단의 해소

제241조 [상대방의 수계신청권]
소송절차의 수계신청은 상대방도 할 수 있다.

제242조 [수계신청의 통지]
소송절차의 수계신청이 있는 때에는 법원은 상대방에게 이를 통지하여야 한다.

제243조 [수계신청에 대한 재판]
① 소송절차의 수계신청은 법원이 직권으로 조사하여 이유가 없다고 인정한 때에는 결정으로 기각하여야 한다.
② 재판이 송달된 뒤에 중단된 소송절차의 수계에 대하여는 그 재판을 한 법원이 결정하여야 한다.

제244조 [직권에 의한 속행명령]
법원은 당사자가 소송절차를 수계하지 아니하는 경우에 직권으로 소송절차를 계속하여 진행하도록 명할 수 있다.

(1) 당사자 측의 수계신청

1) 수계신청권자

① 중단사유가 있는 당사자 측의 신수행자뿐만 아니라 상대방 당사자도 할 수 있다(제241조). 따라서 신수행자에 의해 임의로 수계되거나 상대방의 신청에 의해 강제수계가 되게 된다.

② 소송계속 중 당사자인 피상속인이 사망하여 소송절차가 중단된 경우, 공동상속재산은 상속인들의 공유로서 공동소송관계가 아니므로 상속인 각자가 개별적으로 수계하여도 무방하다. 이 경우 수계되지 아니한 상속인들에 대한 소송은 중단된 상태 그대로 피상속인이 사망한 당시의 심급법원에 계속되어 있게 된다(대판 1994.11.4. 93다31993).

③ 다만 광업권자가 사망하여 상속인들이 그 광업권을 공동으로 상속하는 경우에도 그 상속인들 사이에 조합계약을 체결한 것으로 보아야 하므로(광업법 제30조 제1항, 제17조 제5항), 그 합유인 공동광업권에 관한 소송은 합일확정을 요하는 필수적 공동소송이고 따라서 광업권자가 광업권에 관한 소송을 수행하던 중 사망한 경우에는 상속인 전원이 공동으로 수계신청을 하여야 한다(대판 1995.5.23. 94다23500).

2) 신청하여야 할 법원

① 문제점

중단 당시 소송이 계속된 법원에 하여야 하나(제243조 제2항), 종국판결이 송달된 뒤에 수계신청하는 경우에 원심법원에 수계신청을 해야 하는지, 상소심법원에 해야 하는지 문제가 있다.

② 판례

수계신청을 하여야 할 법원에 관해서 종국판결이 선고된 경우에는 원심법원 또는 상소심법원에 선택적으로 할 수 있다고 판시하였다(대판 1963.5.30. 63다123).

이와 관련하여 판례는 소송절차 중단 중에 제기된 상소는 부적법하지만 상소심법원에 수계신청을 하여 하자를 치유시킬 수 있으므로, 상속인들에게서 항소심소송을 위임받은 소송대리인이 소송수계절차를 취하지 아니한 채 사망한 당사자 명의로 항소장 및 항소이유서를 제출하였더라도, 상속인들이 항소심에서 수계신청을 하고 소송대리인의 소송행위

12·16·19주사보 14법원직
1 소송 중 을이 사망한 경우 원고 갑도 을의 상속인 병, 정, 무를 위하여 중단된 소송절차의 수계신청을 할 수 있다. ( )

16·17주사보 20사무관
2 대여금 청구소송의 계속 중 피고가 사망한 경우 그 상속인들은 공동으로 소송을 수계하여야 하고 상속인 중 일부가 한 수계신청은 부적법하다. ( )

21법원직
3 상속인들로부터 항소심소송을 위임받은 소송대리인이 소송수계절차를 취하지 아니한 채 사망한 당사자 명의로 항소장 및 항소이유서를 제출하였더라도, 상속인들이 항소심에서 수계신청을 하고 소송대리인의 소송행위를 적법한 것으로 추인하면 그 하자는 치유된다. ( )

정답 | 1 ○ 2 × 3 ○

를 적법한 것으로 추인하면 하자는 치유되고, 추인은 묵시적으로도 가능하다는 입장이다(대판 2016.4.2, 2014다210449).

3) 수계신청절차
① 소송절차의 수계신청은 서면으로 하여야 하고, 그 신청서에는 소송절차의 중단사유와 수계할 사람의 자격을 소명하는 자료를 붙여야 한다(규칙 제60조).
② 기일지정신청이나 당사자표시정정신청의 형식을 취하였다 하더라도 그 취지가 수계신청에 해당할 때에는 수계신청으로 보아 처리하여야 한다(대판 1980.10.14, 80다623).
반면 원고가 피고의 사망사실을 모르고 피고로 표시하여 소를 제기하였을 경우에 실질적인 피고는 사망자의 상속인이고, 다만 그 표시를 잘못한 것에 불과하므로 그 후 그 상속인들로 당사자 표시를 정정하는 취지의 소송수계신청이 있더라도 당사자표시정정신청으로 선해하면 족하다(대판 1983.12.27, 82다146).
③ 신청기간에는 제한이 없다. 다만 사망의 경우에 상속인은 상속의 포기기간인 3월(민법 제1019조 제1항) 내에는 수계신청을 하지 못하나(제233조 제2항), 상속포기기간 중에 한 소송수계신청을 받아들여 소송절차를 진행한 하자가 있다고 하더라도 그 후 상속의 포기 없이 상속개시 있음을 안 날로부터 3월을 경과한 때에는 그 전까지의 소송행위에 관한 하자는 치유된다(대판 1995.6.16, 95다5905).
④ 신청이 있는 때에는 법원이 이를 상대방에게 통지하여야 하는데(제242조), 통지는 수계신청서 부본을 송달하는 방식에 의하는 것이 보통이다. 상대방에 대한 관계에서는 통지시에 중단이 해소된다(제247조 제2항).

4) 수계신청에 대한 재판
① 수계신청의 적법 여부는 법원의 직권조사사항으로 이유가 없으면 결정으로 기각하고(제243조 제1항) 수계신청이 이유 있으면 별도의 재판할 필요없이 그대로 소송행위를 진행시키면 된다(대판 1984.6.12, 83다카409). 수계신청을 기각한 결정에 대하여는 통상항고를 할 수 있다(제439조).
② 당사자의 사망으로 인한 소송수계신청이 이유 있다고 하여 소송절차를 진행시켰으나 그 후에 신청인이 그 자격 없음이 판명된 경우에는 수계재판을 취소하고 신청을 각하하여야 하며, 이 경우에 법원이 수계재판을 취소하지 아니하고 수계인이 진정한 재산상속인이 아니어서 청구권이 없다는 이유로 본안에 관한 실체판결을 하였다면 진정 수계인에 대한 관계에서는 소송은 아직도 중단 상태에 있다고 할 것이지만 참칭수계인에 대한 관계에서는 판결이 확정된 이상 기판력을 가진다(대판 1981.3.10, 80다1895).

(2) 법원의 속행명령
① 법원은 당사자가 소송절차를 수계하지 아니하는 경우에 직권으로 소송절차를 계속하여 진행하도록 명할 수 있다(제244조). 이는 영구미제 사건을 방지하는 데 그 취지가 있다.
② 중단사유가 발생한 법원이 속행명령을 하며, 속행명령은 중간적 재판이므로 독립하여 불복할 수 없다.

16주사보
1 당사자표시정정신청의 형식을 취하였더라도 그 취지가 수계신청에 해당할 때에는 수계신청으로 보아 처리하여야 한다. ( )

12주사보 17법원직
2 소송절차의 수계신청은 서면으로 하여야 하고, 그 신청서에는 소송절차의 중단사유와 수계할 사람의 자격을 소명하는 자료를 붙여야 한다. 수계신청이 있는 경우에 법원이 이를 상대방에게 통지할 필요는 없다. ( )

13사무관 15·17·19법원직
3 소송수계신청의 적법 여부는 법원의 직권조사사항으로서 조사결과 수계가 이유 없다고 인정한 경우에는 이를 기각하여야 하고, 이유 있을 때에는 별도의 재판으로 수계의 허가결정을 한 다음 소송절차를 진행하여야 한다. ( )

19주사보
4 당사자의 사망으로 인한 소송수계신청이 이유 있다고 하여 소송절차를 진행시켰으나 그 후 신청인이 그 자격 없음이 판명된 경우에는 수계재판을 취소하고 신청을 기각하여야 한다. 다만, 법원이 수계재판을 취소하는 대신 수계인이 진정한 재산상속인이 아니어서 청구권이 없다는 이유로 본안에 관한 실체판단을 잘못 내려 판결이 확정되었다면 진정 수계인에 대한 관계에서도 기판력이 미친다. ( )

정답 | 1 ○ 2 × 3 × 4 ×

Ⅲ 소송절차의 중지

1. 의의

소송진행에 장애사유나 부적당한 사유가 발생한 경우에 법률상 당연히(제245조) 또는 법원의 결정에 의하여(제246조) 절차의 진행이 정지되는 것을 말하며, 새로운 소송수행자로 교체가 없다는 점과 수계가 없다는 점에서 중단과 다르다.

2. 당연중지

제245조 [법원의 직무집행 불가능으로 말미암은 중지]
천재지변, 그 밖의 사고로 법원이 직무를 수행할 수 없을 경우에 소송절차는 그 사고가 소멸될 때까지 중지된다.

3. 재판에 의한 중지

제246조 [당사자의 장애로 말미암은 중지]
① 당사자가 일정하지 아니한 기간동안 소송행위를 할 수 없는 장애사유가 생긴 경우에는 법원은 결정으로 소송절차를 중지하도록 명할 수 있다.
② 법원은 제1항의 결정을 취소할 수 있다.

4. 다른 절차와의 관계에서 진행이 부적당한 경우

예를 들어 사건에 대하여 위헌심판제청을 한 경우, 조정에 회부, 특허심판이 선결관계에 있는 경우의 중지 등이 있다.

Ⅳ 소송절차 정지의 효과

제247조 [소송절차 정지의 효과]
① 판결의 선고는 소송절차가 중단된 중에도 할 수 있다.
② 소송절차의 중단 또는 중지는 기간의 진행을 정지시키며, 소송절차의 수계사실을 통지한 때 또는 소송절차를 다시 진행한 때부터 전체기간이 새로이 진행된다.

1. 소송행위의 원칙적 무효

① 정지중의 당사자의 행위는 원칙적으로 무효이나, 상대방이 아무런 이의를 하지 아니하여 이의권이 상실되면 유효하게 된다.
② 대법원은 소송계속중 일방당사자의 사망에 의한 소송절차 중단을 간과하고 변론이 종결되어 판결이 선고된 경우에는 그 판결은 소송에 관여할 수 있는 적법한 수계인의 권한을 배제한 결과가 되는 절차상 위법은 있지만 그 판결이 당연무효라 할 수는 없고, 다만 그 판결은 대리인에 의하여 적법하게 대리되지 않았던 경우와 마찬가지로 보아 대리권흠결

22법원직
1 천재지변으로 법원이 직무를 수행할 수 없는 때에 소송절차는 그 사고가 소멸될 때까지 중지된다.
( )

14·15법원직 15사무관 17·18주사보
2 소송계속중 어느 일방 당사자의 사망에 의한 소송절차 중단을 간과하고 변론이 종결되어 판결이 선고된 경우에는 그 판결은 소송에 관여할 수 있는 적법한 수계인의 권한을 배제한 결과가 되는 절차상 위법은 있지만 그 판결이 당연무효라 할 수는 없고, 다만 그 판결은 대리인에 의하여 적법하게 대리되지 않았던 경우와 마찬가지로 보아 대리권흠결을 이유로 상소 또는 재심에 의하여 그 취소를 구할 수 있을 뿐이다.
( )

정답 | 1 ○ 2 ○

을 이유로 상소(제424조 제1항 제4호) 또는 재심(제451조 제1항 제3호)에 의하여 그 취소를 구할 수 있을 뿐이라는 입장이다(대판 (전) 1995.5.23. 94다28444). 따라서 사망자의 승계인에 관한 승계집행문의 부여도 가능하다(대결 1998.5.30. 98그7).

③ 한편 위와 같은 중단사유를 간과한 판결선고 후 그 상속인들이 수계신청을 하여 판결을 송달받아 상고하거나 또는 적법한 상속인들이 사실상 송달을 받아 상고장을 제출하고 상고심에서 수계절차를 밟은 경우에는 그 수계와 상고는 적법한 것이라고 보아야 하며 또한 당사자가 판결 후 명시적 또는 묵시적으로 원심의 절차를 적법한 것으로 추인하면 그 상소사유 또는 재심사유는 소멸한다(대판 (전) 1995.5.23. 94다28444).

2. 판결의 선고

① 소송절차의 정지 중에도 판결의 선고는 할 수 있다(제247조 제1항).

② 변론종결 후에 중단사유가 생긴 때에는 소송수계절차 없이 판결을 선고할 수 있으며 소송대리인의 유무에 관계없이 종전의 당사자를 그대로 표시하면 된다(대판 1989.9.26. 87므13).

③ 상고이유서 제출기간이 경과한 후에 소송당사자가 파산선고를 받은 때에도 상고법원은 상고장, 상고이유서, 답변서, 그 밖의 소송기록에 의하여 상고가 이유 있다고 인정할 경우에 법에 정해진 수계절차를 거치지 않고 변론 없이 원심판결을 파기하고 사건을 원심법원에 환송하는 판결을 할 수 있다(대판 2001.6.26. 2000다44928).

3. 기간의 진행

① 소송절차가 정지된 때에는 기간의 진행이 정지되고, 정지상태가 해소된 때, 즉 소송절차의 수계사실을 통지한 때 또는 소송절차를 다시 진행한 때부터 전체기간이 새로이 진행된다(제247조 제2항).

② 지급명령이 송달된 후 이의신청 기간 내에 회생절차개시결정 등과 같은 소송중단 사유가 생긴 경우에는 민사소송법 제247조 제2항이 준용되어 이의신청기간의 진행이 정지된다(대판 2012.11.15. 2012다70012).

19법원직

1 A가 소송 중 사망하였으나 A에게 소송대리인이 없는 경우에는 소송절차가 중단되는데, 소송절차 중단을 간과하고 변론이 종결되어 판결이 선고된 경우에 그 판결은 절차상 위법하므로, 사망한 A가 당사자로 표시된 판결에 기하여 A의 승계인을 위한 또는 A의 승계인에 대한 강제집행을 실시하기 위하여 승계집행문을 부여할 수 없다. (   )

12·17주사보 13사무관

2 변론종결 후에 중단사유가 생긴 때에는 소송절차의 수계신청이 없으면 판결을 선고할 수 없고, 이를 간과하고 종국판결이 선고되었다면 무효이다.   (   )

17법원직

3 소송절차가 중단되었다가 다시 소송절차를 진행할 수 있게 되면 그 때부터 전체기간이 새로이 진행되나, 소송절차가 중지되었던 경우에는 다시 소송절차를 진행할 수 있게 된 때부터 남은 기간만 새로이 진행된다.   (   )

15주사보

4 지급명령이 송달된 후 이의신청 기간 내에 회생절차개시결정 등과 같은 소송중단 사유가 생긴 경우에는 이의신청 기간의 진행이 정지된다.   (   )

정답 | 1 × 2 × 3 × 4 ○

제3장 | 증거

제1절 총설

1. 증거의 의의

재판과정은 사실을 확정하는 과정과 법규를 해석·적용하는 과정으로 나누어 볼 수 있다. '증거'란 사실을 확정하기 위한 자료이다.

① '증거방법'은 법원이 사실의 존부를 확정하기 위하여 조사하는 대상이 되는 유형물을 말한다. 증거방법 중에서 증인과 감정인 및 당사자는 인적 증거(인증)이고, 문서와 검증물 등은 물적 증거(물증)이다.

② '증거자료'는 증거방법을 조사하여 얻은 내용을 말한다. 문서의 기재내용·증언·검증결과·감정결과·조사촉탁결과·당사자신문결과가 그것이다.

③ '증거원인'은 법관의 심증형성의 원인이 된 자료나 상황을 말한다. 증거자료와 변론 전체의 취지가 이에 해당한다.

2. 증거능력과 증거력

(1) 증거능력

① 증거방법으로서 증거조사의 대상이 될 수 있는 자격을 증거능력이라고 한다. 예컨대, 법정대리인은 당사자신문의 대상일 뿐 증인신문의 대상이 될 수 없고(제367조, 제372조), 기피 신청이 받아들여진 감정인은 감정을 할 자격을 상실하며(제336조, 제337조), 선서하지 않은 감정인에 의한 감정결과는 증거가 될 수 없다(대판 1982.8.24. 82다카317). 즉, 증거능력이 부정된다. 또한 불법검열·감청에 의하여 취득한 우편물이나 전기통신, 공개되지 아니한 타인간의 대화를 녹음 또는 청취하여 취득한 자료의 내용은 재판절차에서 증거로 사용할 수 없다(통신비밀보호법 제4조, 제14조).

② 민사소송법은 자유심증주의를 채택하고 있으므로(제202조), 위와 같은 법률상 예외를 제외하면 증거능력의 제한은 없다. 따라서 소제기 후에 계쟁사실을 증명하기 위해 작성한 사문서도 증거능력이 있고(대판 1992.4.14. 91다24755), 전문증거도 증거능력이 있으며, 어느 일방이 상대방과의 대화를 비밀리에 녹음한 녹음테이프도 증거능력이 있다(대판 1999.5.25. 99다1789).

(2) 증거력

증거자료가 요증사실의 인정에 기여하는 정도를 증거력(증거가치)이라고 한다.

19주사보
1 선서하지 않은 감정인에 의한 감정결과는 증거가 될 수 없다. ( )

19주사보
2 민사소송법은 자유심증주의를 채택하고 있으므로, 불법검열·감청에 의하여 취득한 우편물이나 전기통신, 공개되지 아니한 타인간의 대화를 녹음 또는 청취하여 취득한 자료도 증거능력이 있다. ( )

정답 | 1 ○ 2 ×

3. 증거의 분류

(1) 본증과 반증

본증은 당사자가 자기에게 입증책임이 있는 사실을 증명하기 위하여 제출하는 증거를 말하고, 반증은 본증에 의한 증명을 방해하기 위하여 상대방이 제출하는 증거를 말한다.

(2) 직접증거와 간접증거

직접증거는 주요사실의 존부를 증명하기 위한 증거를 말하고, 간접증거는 주요사실의 존부를 인정하는 자료가 되는 간접사실 또는 증거의 가치판단에 관한 보조사실의 존부를 증명하기 위한 증거를 말한다.

(3) 증명과 소명

① 증명은 어느 사실의 존부에 관하여 법관으로 하여금 확신을 얻게 하는 입증행위 또는 그로 인하여 법원이 얻은 심증의 확신 상태를 말하고, 소명은 증명에 비하여 한 단계 낮은 개연성, 즉 대개 그럴 것이라는 추측 정도의 심증을 얻게 하는 입증행위 또는 그로 인하여 법원이 얻은 심증의 상태를 말한다.

② 민사소송법 기타 법률에 소명으로 족하다는 특별한 규정이 있는 경우(대표적인 경우가 소송비용액에 관한 제110조 제2항 소송구조에 관한 제128조 제2항 가압류가처분에 관한 민집 제279조 제2항, 제301조임)를 제외하고는, 사실을 인정하려면 원칙적으로 증명에 의한다. 소명은 증명의 경우와는 달리 즉시 조사할 수 있는 증거방법에 의하여야 하며, 법원은 당사자 또는 법정대리인으로 하여금 보증금을 공탁하게 하거나 그 주장이 진실하다는 것을 선서하게 하여 <u>소명에</u> 갈음할 수 있다(제299조 제1항·제2항).

4. 증명의 대상

(1) 요증사실

증명의 대상으로서의 요증사실에는 주요사실(요건사실)은 당연히 포함되고, 간접사실과 보조사실도 그에 의하여 주요사실을 증명하려고 하는 때에는 요증사실에 포함된다.

(2) 법규

법규의 존부확정이나 적용은 법원의 책무이므로 일반적인 법규의 존재사실은 증명의 대상이 되지 않으나, 외국법·지방의 조례·관습법 등을 법원이 알지 못하는 때에는 증명의 대상이 된다.

(3) 경험칙

경험칙이란 인간의 경험에서 귀납적으로 얻어지는 사물에 대한 지식이나 법칙을 말한다. 경험칙에는 일상적·상식적인 것과 전문적인 것이 있는데, 일상적·상식적인 경험칙은 이를 증명할 필요가 없다. 전문적인 경험칙에 관하여는 반드시 증명할 필요는 없고 법관이 문헌을 조사하는 등의 방법으로 알 수 있다는 견해도 있으나, 소송당사자가 감정 등의 방법으로 이를 증명하여야 한다는 것이 통설이다.

18주사보

1 법원은 당사자 또는 법정대리인으로 하여금 보증금을 공탁하게 하거나 그 주장이 진실하다는 것을 선서하게 하여 증명에 갈음할 수 있다.
( )

19주사보

2 일반적인 법규의 존재사실은 증명의 대상이 되지 않으나, 외국법·지방의 조례·관습법 등을 법원이 알지 못하는 때에는 증명의 대상이 된다. ( )

정답 | **1** ✕ **2** ○

학습 POINT
1. 재판상 자백 요건 정리(대, 내, 모, 형)
2. 주요사실만 대상 but 문서의 진정성립은 예외
3. 법원은 자백에 구속됨 but 직권조사사항에는 적용 안 됨
4. 당사자는 철회불가(원칙) 예외적으로 가능(동, 3, 진, 소)
5. 권리자백 중 자백으로 효력 인정되는 경우(법률적 사실의 진술, 선결적 법률관계)
6. 자백간주 인정되는 경우는 3가지(다, 불, 답) 당사자에 대한 구속력이 없어서 항소심에서 번복가능

제2절 증명의 필요가 없는 사실

> **제288조 [불요증사실]**
> 법원에서 당사자가 자백한 사실과 현저한 사실은 증명을 필요로 하지 아니한다. 다만, 진실에 어긋나는 자백은 그것이 착오로 말미암은 것임을 증명한 때에는 취소할 수 있다.

불요증사실이란 변론에 나타난 소송자료인 사실이라 하여도 증명을 요하지 않는 경우를 말하며 이에는 ① 당사자 간에 다툼이 없는 사실(재판상 자백, 자백간주), ② 현저한 사실, ③ 법률상의 추정받는 사실이 있다.

I 재판상 자백

1. 의의

① 재판상의 자백이라 함은 변론 또는 변론준비기일에서 한 상대방주장과 일치하고 자기에게 불리한 사실의 진술을 말한다.

② 재판상 자백은 변론주의에 의하여 심리되는 소송절차에만 적용되고, 직권탐지주의에 의하는 절차 또는 직권조사사항에 대해서는 적용되지 아니한다(대판 1971.2.23. 70다44,70다45).

2. 요건*

(1) 구체적인 사실을 대상으로 하였을 것(자백의 대상적격)

1) 사실

자백의 대상이 될 수 있는 것은 구체적 사실에 한하고 소송물의 전제가 되는 권리관계 및 법규나 경험칙 또는 이들을 적용하여 정하여지는 법률상의 효과는 그 대상이 아니다(대판 1992.2.14. 91다31494).

2) 주요사실

① 자백의 대상이 되는 사실은 주요사실에 한하며, 간접사실과 보조사실에 대해서는 자백이 성립하지 않는다(대판 1992.11.24. 92다21135).

② 다만 판례는 문서의 진정성립에 관한 자백은 보조사실에 관한 자백이지만 주요사실에 대한 자백과 동일하게 당사자를 구속하므로 자유롭게 취소할 수 없고, 이는 문서에 찍힌 인영의 진정함을 인정한 경우에도 마찬가지라는 입장이다(대판 2001.4.24. 2001다5654).

(2) 자기에게 불리한 사실상의 진술(자백의 내용)

이와 관련하여 판례는, 원고들이 소유권확인을 구하고 있는 사건에서 원고들의 피상속인 명의로 소유권이전등기가 마쳐진 것이라는 점은 원래 원고들이 입증책임을 부담할 사항이지만 위 소유권이전등기를 마치지 않았다는 사실을 원고들 스스로 자인한 바 있고 이를 피고가 원용한 이상 이 점에 관하여는 자백이 성립한 결과가 되었다(대판 1993.9.14. 92다24899)고 하여, 자백을 바탕으로 판결이 나면 패소될 가능성이 있는 경우라는 패소가능성설의 입장이다.

18·19법원직

1 채권자대위소송에서 피보전채권의 발생·소멸의 요건이 되는 구체적 사실은 재판상 자백의 대상이 된다. ( )

*대, 내, 모, 형

14법원직

2 자백의 대상이 되는 사실은 주요사실에 한하며 간접사실과 보조사실에 대해서는 자백이 성립하지 않는다. ( )

14·16·19·20법원직 18사무관 19주사보

3 문서의 진정성립에 관한 자백은 보조사실에 관한 자백이므로 문서의 진정성립을 인정한 당사자는 자유롭게 이를 철회할 수 있다.( )

정답 | 1 × 2 ○ 3 ×

(3) 상대방의 주장사실과 일치되는 사실상의 진술(자백의 모습)

1) 선행자백

① 당사자 일방이 상대방의 주장에 앞서서 자기에게 불이익한 사실을 진술한 선행자백의 경우에, 상대방이 이를 원용하거나 그에 상응하는 주장을 한 때에는 자백의 효력이 있으나(대판 1988.12.13. 87다카3147), 상대방이 원용하기 전까지는 그 진술을 철회하고 이와 모순되는 진술을 자유로이 할 수 있으며 이때에는 소송자료에서 제거되므로 그 후에는 원용할 수 없다(대판 1992.8.14. 92다14724).

② 다만 당사자 일방이 한 진술에 잘못된 계산이나 기재, 기타 이와 비슷한 표현상의 잘못이 있고, 잘못이 분명한 경우에는 비록 상대방이 이를 원용하였다고 하더라도 당사자 쌍방의 주장이 일치한다고 할 수 없으므로 <u>자백(선행자백)이 성립할 수 없다</u>(대판 2018.8.1. 2018다229564).

2) 일부자백

상대방의 주장과 전부 완전일치되어야 하는 것은 아니므로 자백의 가분성의 원칙은 당연히 인정된다. 자백에는 ① 상대방의 주장사실을 전체로는 다투지만 그 일부에 있어서는 일치된 진술을 할 경우(이유부부인), ② 상대방의 주장사실을 인정하면서 이에 관련되는 방어방법을 부가하는 경우(제한부자백)가 있다.

이때 진술이 일치하지 않는 나머지 부분에는 이유부부인의 경우에는 부인이 되고, 제한부자백의 경우에는 항변이 된다.

(4) 변론이나 변론준비기일에서 소송행위로서 진술하였을 것(자백의 형식)

① 소송행위로서의 진술을 의미하므로 당사자신문 중에 상대방의 주장과 일치하는 진술을 하더라도 이는 증거자료에 그칠 뿐 재판상 자백으로 되지 아니하고(대판 1978.9.12. 78다879), 다른 소송에서 한 자백은 하나의 증거원인이 될 뿐 민사소송법 제288조에 의한 구속력이 없다(대판 1996.12.20. 95다37988).

② 법원에 제출되어 상대방에게 송달된 답변서나 준비서면에 자백에 해당하는 내용이 기재되어 있는 경우라도 그것이 변론기일이나 변론준비기일에서 진술 또는 진술간주되어야 재판상 자백이 성립한다(대판 2015.2.12. 2014다229870).

판례 | **단순히 침묵하거나 불분명한 진술을 하는 것만으로 자백이 있다고 할 수 있는지 여부(소극)**

재판상의 자백은 변론기일 또는 변론준비기일에서 상대방의 주장과 일치하면서 자신에게는 불리한 사실을 진술하는 것을 말한다. 자백은 명시적인 진술이 있는 경우에 인정되는 것이 보통이지만, 자백의 의사를 추론할 수 있는 행위가 있으면 묵시적으로 자백을 한 것으로 볼 수도 있다. 다만, 상대방의 주장에 단순히 침묵하거나 불분명한 진술을 하는 것만으로는 자백이 있다고 인정하기에 충분하지 않다(대판 2021.8.4. 2018다267900).

18법원직

1 당사자가 변론에서 상대방이 주장하기도 전에 스스로 자신에게 불이익한 사실을 진술하는 경우, 상대방이 이를 명시적으로 원용하거나 그 진술과 일치되는 진술을 하게 되면 재판상 자백이 성립되는 것이어서, 법원도 그 자백에 구속되어 그 자백에 저촉되는 사실을 인정할 수 없다. ( )

20사무관 22법원직

2 당사자 일방이 한 진술에 잘못된 계산이나 기재, 기타 이와 비슷한 표현상의 잘못이 있고, 잘못이 분명한 경우에도 상대방이 이를 원용하면 재판상 자백이 성립한다. ( )

14법원직

3 다른 소송이나 소송 밖에서 한 불리한 진술은 재판상 자백으로서의 효력이 없다. ( )

정답 | 1 ○ **2** × **3** ○

3. 효과

(1) 내용 및 범위

① 재판상 자백은 법원과 당사자 모두를 구속한다. 자백의 구속력은 상급심에도 미친다(제409조).

② 자백의 구속력은 변론주의에 의하여 심리되는 소송절차에 한하며, 가사소송 등 직권탐지주의에 의하여 심리되는 소송절차, 소송요건 등의 직권조사사항, 재심사유에 대하여는 미치지 않는다.

(2) 법원에 대한 구속력(사실인정권의 배제)

① 법원은 자백사실이 진실인가의 여부에 관하여 판단할 필요가 없으며, 증거조사의 결과 반대의 심증을 얻었다 하여도, 즉 허위자백이라는 심증을 얻어도 이에 반하는 사실을 인정할 수 없다.

② 다만, 직권탐지주의가 적용되는 경우나 소송요건 등의 직권조사사항에 대하여는 자백의 효력이 인정되지 않는다(대판 2002.5.14. 2000다42908). 또한 현저한 사실에 반하는 자백이나 경험법칙에 반하는 자백은 구속력이 없다(대판 1959.7.30. 4291민상551).

(3) 당사자에 대한 구속력(철회의 제한)

1) 원칙

일단, 자백이 성립되면 자백한 당사자는 임의로 철회할 수 없다. 이 점이 재판상 자백이 자백간주(제150조)와는 다른 점이다.

2) 예외

다만 자백도 다음과 같은 경우에는 철회가 허용되지만, 철회가 시기에 늦어서는 안 되며(제149조) 상고심에서는 허용되지 아니한다.

① 상대방의 동의가 있을 때

② 자백이 제3자의 형사상 처벌할 행위에 의하여 이루어진 때

③ 자백이 진실에 반하고 착오로 인한 것임을 증명한 때

　(ⅰ) 자백의 취소주장은 반드시 명시의 방법이 아니라, 묵시적으로도 할 수 있다. (ⅱ) 취소하려면 반진실과 착오 두 가지를 아울러 증명하여야 하며(대판 1992.12.8. 91다6962), 반진실임이 증명만으로 착오에 의한 자백으로 추정되지 않는다(대판 1994.6.14. 94다14797). 그러나 자백이 반진실임이 증명된 경우라면 변론의 전취지만으로 착오로 인한 것임을 인정할 수 있다는 것이 판례이다(대판 2000.9.8. 2000다23013).

④ 소송대리인의 자백을 당사자가 경정한 때(제94조)

판례 | 자백의 취소에 대하여 상대방이 이의를 제기하고 있지 않다는 점만으로 그 취소에 동의하였다고 볼 것인지의 여부

[1] 재판상 자백의 취소는 반드시 명시적으로 하여야만 하는 것은 아니고 종전의 자백과 배치되는 사실을 주장함으로써 묵시적으로도 할 수 있다.

[2] 자백은 사적 자치의 원칙에 따라 당사자의 처분이 허용되는 사항에 관하여 그 효력이 발생하는 것이므로, 일단 자백이 성립되었다고 하여도 그 후 그 자백을 한 당사자가 위 자백을 취소하고 이에 대하여 상대방이 이의를 제기함이 없이 동의하면 반진실, 착오의 요건은 고려할 필요 없이 자백의 취소를 인정하여야 할 것이나, 위 자백의 취소에 대하여 상대방이 아무런 이의를 제기하고 있지 않다는 점만으로는 그 취소에 동의하였다고 볼 수는 없다(대판 1994.9.27. 94다22897).

15법원직

1 자백은 창설적 효력이 있는 것이어서 법원도 이에 기속되는 것이므로, 당사자 사이에 다툼이 없는 사실에 관하여는 법원은 그와 배치되는 사실을 증거에 의하여 인정할 수 없다. (　)

15법원직

2 상고심에 이르러서는 진실에 반하고 착오로 인한 것임이 증명된 경우라도 원심에서 한 자백을 취소할 수 없다. (　)

15·20법원직

3 자백을 취소하는 당사자는 그 자백이 진실에 반한다는 것 외에 착오로 인한 것임을 아울러 증명하여야 하고, 진실에 반하는 것임이 증명되었다고 하여 착오로 인한 자백으로 추정되지는 아니한다. (　)

15·20법원직

4 일단 자백이 성립되었다고 하여도 그 후 그 자백을 한 당사자가 위 자백을 취소하고 이에 대하여 상대방이 동의하거나 아무런 이의를 제기하지 않는다면 반진실, 착오의 요건은 고려할 필요 없이 자백의 취소를 인정하여야 한다. (　)

정답 | 1 ○ 2 ○ 3 ○ 4 ✕

4. 권리자백

(1) 의의

권리자백이란 상대방 주장의 법률상의 진술 또는 의견에 대하여 자백하는 진술, 즉 권리 또는 법률관계에 대한 자백을 의미한다.

(2) 권리자백의 대상 및 재판상자백으로서의 효력인정 여부

1) 법규의 존부·해석에 관한 진술

이는 법원이 그 직책상 스스로 판단 해석하여야 할 전권사항이므로 자백의 대상이 되지 않는다.

2) 사실에 대한 평가적 판단

① 사실관계에 대한 법적평가 또는 소송물의 전제문제가 되는 권리관계나 법률효과를 인정하는 진술 및 법규 또는 계약의 해석이나 고의·과실·정당한 사유·선량한 풍속위반 등과 같은 평가개념에 대한 자백은 권리자백으로서 원칙적으로 자백의 대상이 아니다(대판 2008.3.27. 2007다87061).

② 따라서, 법률상 유언이 아닌 것을 유언이라 시인하였다 하여 유언이 될 수 없고(대판 1971.1.26. 70다2662), 법률상 혼인외의 자가 아닌 것을 혼인외의 자로 될 수 없다(대판 1981.6.9. 79다62).

3) 법률적 사실의 진술

입증사항인 매매 또는 임대차의 성립을 상대방이 인정한다고 진술하는 경우에 이는 상식적인 용어가 되다시피 한 단순한 법률상의 용어로 압축하여 표현한 것이므로 자백의 효력이 발생한다(대판 1984.5.29. 84다122).

4) 소송물인 권리관계 자체에 대한 불리한 진술

이는 넓은 의미의 권리자백이나, 청구의 포기·인낙으로서 구속력이 생긴다(제220조).

5) 소송물의 존부의 판단에 전제가 되는 선결적 법률관계의 진술

① 문제점

재판상 자백은 주요사실에 한하여 인정되는데 사실이 아닌 선결적 법률관계에 대한 자백을 한 경우에도 자백의 구속력을 인정할 수 있을 것인지가 문제된다.

② 판례

판례는 선결적 법률관계는 그 자체로는 자백으로서 구속력이 없더라도, 그 내용을 이루는 사실에 대해서는 자백이 성립될 수 있다는 입장이다(대판 1982.4.27. 80다851).

③ 검토

생각건대 소유권에 기한 가옥명도청구소송에 있어서 소유권문제는 선결적 법률문제를 이루는 것인바 그것이 중간확인의 소의 대상이 되었을 때에 피고로서 청구의 인낙도 가능할 수 있는 것이라면, 그보다 유리한 피고의 자백은 응당 긍정하여야 할 것이다.

5. 자백간주

(1) 의의

① 당사자가 상대방의 주장사실을 자진하여 자백하지 아니하여도, 명백히 다투지 아니하거나 또는 당사자 일방이 기일에 불출석한 경우에는 그 사실을 자백한 것으로 본다(제150조 제1항·제3항). 이를 자백간주라 한다.

14법원직

1 이행불능에 관한 주장은 법률적 효과에 관한 진술을 한 것에 불과하고 사실에 관한 진술을 한 것이라고는 볼 수 없으므로 그 진술은 자유로이 철회할 수 있고 법원도 이에 구속되지 않는다. ( )

16법원직

2 법률상 혼인외의 자가 아닌 것을 혼인외의 자라고 시인하였다 하더라도 자백이 성립하지 아니한다. ( )

16·18법원직 20 사무관

3 소유권에 기한 이전등기말소청구소송에 있어서 피고가 원고 주장의 소유권을 인정하는 진술은 권리자백으로서 재판상 자백이 될 수 없다. ( )

정답 | **1** ○ **2** ○ **3** ✕

② 변론주의하에서는 당사자의 태도로 보아 다툴 의사가 없다고 인정되는 이상 증거조사를 생략하는 것이 타당하다고 본 것이다.

판례 │ 경매개시결정에 대한 이의의 재판절차에서 민사소송법상 재판상 자백이나 의제자백에 관한 규정이 준용되는지 여부(소극)

민사집행법 제23조 제1항은 민사집행절차에 관하여 민사집행법에 특별한 규정이 없으면 성질에 반하지 않는 범위 내에서 민사소송법의 규정을 준용한다는 취지인데, 집행절차상 즉시항고 재판에 관하여 변론주의의 적용이 제한됨을 규정한 민사집행법 제15조 제7항 단서 등과 같이 직권주의가 강화되어 있는 민사집행법하에서 민사집행법 제16조의 집행에 관한 이의의 성질을 가지는 강제경매 개시결정에 대한 이의의 재판절차에서는 민사소송법상 재판상 자백이나 의제자백에 관한 규정은 준용되지 아니하고, 이는 민사집행법 제268조에 의하여 담보권실행을 위한 경매절차에도 준용되므로 경매개시결정에 대한 형식적인 절차상의 하자를 이유로 한 임의경매 개시결정에 대한 이의의 재판절차에서도 민사소송법상 재판상 자백이나 의제자백에 관한 규정은 준용되지 아니한다(대결 2015.9.14. 2015마813).

(2) 자백간주의 성립

1) 상대방의 주장사실을 명백히 다투지 아니한 경우(제150조 제1항)
당사자가 변론 또는 변론준비절차에서 상대방이 주장하는 사실을 명백히 다투지 아니한 때에는 그 사실을 자백한 것으로 본다(제150조 제1항, 제286조).

2) 한 쪽 당사자가 기일에 불출석한 경우(제150조 제3항)
한 쪽 당사자의 불출석으로 자백간주가 되려면, ① 불출석한 당사자가 상대방의 주장사실을 다투는 답변서 그 밖의 준비서면을 제출하지 않은 경우라야 하며, ② 당사자가 공시송달에 의하지 않은 기일통지를 받았음에도 불구하고 불출석한 경우라야 한다. 다만 제1심에서 피고에 대하여 공시송달로 진행되었다고 해도, 항소심에서 공시송달 아닌 방법으로 송달받고 다투지 아니한 경우는 자백간주가 성립한다(대판 2018.7.12. 2015다36167).

3) 답변서의 부제출(제256조, 제257조)
피고가 소장부본을 송달받고 30일의 답변서제출기간 내에 답변서를 제출하지 아니한 경우는 청구의 원인사실에 대해 자백한 것으로 보고, 이때는 무변론의 원고승소판결을 할 수 있게 하였다.

(3) 자백간주의 효력

① 자백간주가 성립되면 법원에 대한 구속력이 생기며, 법원은 그 사실을 판결의 기초로 삼지 않으면 안 된다.
자백간주의 요건이 구비되어 일단 자백간주로서의 효과가 발생한 때에는 그 이후의 기일에 대한 소환장이 송달불능으로 되어 공시송달하게 되었다고 하더라도 이미 발생한 자백간주의 효과가 상실되는 것은 아니라고 할 것이므로 위 규정에 의하여 자백한 것으로 간주하여야 할 사실을 증거판단하여 자백간주에 배치되는 사실인정을 하는 것은 위법이라고 할 것이다(대판 1988.2.23. 87다카961).
② 다만, 자백간주는 재판상의 자백과 달리 당사자에 대한 구속력이 생기지 않는다. 따라서 제1심에서 자백간주가 있었다 하여도 항소심의 변론종결 당시까지 이를 다투는 한 그 효과가 배제된다(대판 2004.9.24. 2004다21305).

18사무관

1 당사자가 변론 또는 변론준비절차에서 상대방이 주장하는 사실을 명백히 다투지 아니한 때에는 그 사실을 자백한 것으로 본다. (   )

22법원직

2 강제경매 개시결정에 대한 이의의 재판절차에서는 민사소송법상 재판상 자백의 규정이 준용되지 않으나, 임의경매 개시결정에 대한 이의의 재판절차에서는 민사소송법상 재판상 자백의 규정이 준용된다.
(   )

13주사보

3 공시송달에 의하여 기일이 통지된 경우에도, 출석하지 아니한 당사자에게 자백간주의 효과가 발생한다. (   )

19법원직

4 법원은 피고가 소장부본을 송달받은 날로부터 30일의 제출기간 내에 답변서를 제출하지 아니한 때에는 청구의 원인이 된 사실을 자백한 것으로 보고 변론 없이 판결할 수 있다. (   )

19·21사무관 19법원직

5 자백간주의 요건이 구비되어 일단 자백간주로서의 효과가 발생한 때에는 그 이후의 기일에 대한 소환장이 송달불능으로 되어 공시송달하게 되었다고 하더라도 이미 발생한 자백간주의 효과가 상실되는 것은 아니다. (   )

19법원직

6 자백간주가 성립하면 자백과 마찬가지로 법원과 당사자를 구속하므로 자백간주의 효과가 발생한 이후에는 이를 번복하여 상대방의 주장사실을 다툴 수 없다. (   )

정답 │ 1 ○ 2 × 3 × 4 ○ 5 ○ 6 ×

1. 총설

증거조사는 법관의 심증형성을 위하여 법정의 절차에 따라 인적·물적 증거의 내용을 오관의 작용에 의하여 지각하는 법원의 소송행위이다. 고유의 증거조사 이외에 그 준비로서 또는 그 실시에 즈음하여 여러 가지 행위가 행하여지는데(예컨대, 당사자의 증거신청·증거조사결과원용 등, 법원의 증거 채부 결정·증인출석요구·문서송부촉탁 등), 이와 같이 증거조사와 관련하여 행하여지는 법원 및 당사자의 행위를 합쳐서 '증거조사절차'라고 부른다.

증거조사절차는 ① 증거의 신청 → ② 증거의 채부 결정 → ③ 증거조사의 실시 → ④ 증거조사의 결과에 의한 심증형성의 순으로 진행된다.

2. 증거의 신청

(1) 의의

'증거의 신청'이란 일정한 사실을 증명하기 위하여 일정한 증거방법을 지정하여 법원에 그 조사를 청구하는 소송행위를 말한다. 증명할 사실은 입증사항이라고도 불리는데, 증거를 신청하는 때에는 입증취지, 즉 증거와 증명할 사실의 관계를 구체적으로 밝혀야 한다(규칙 제74조).

(2) 방법

증거의 신청은 서면 또는 말로 할 수 있다(제161조).

(3) 상대방의 의견진술

① 증거신청이 있으면 법원은 상대방에게 이에 대한 의견을 진술할 기회를 부여함이 상당하다(제274조 제1항 제5호, 제283조 제1항 참조). 서증의 사본은 준비서면 등에 첨부·제출되어 상대방에게 송부되는데, 당사자나 대리인은 쟁점이 되는 중요한 서증에 대한 의견은 쟁점정리를 위한 기일 이전에 준비서면 등을 통하여 미리 밝혀야 한다(제274조 제2항). 상대방은 시기에 늦은 신청이라든가, 증거방법이 증거가치가 없다든가, 쟁점의 판단에 불필요한 증거라든가, 또는 서증이 인장도용에 의하여 위조되었다든가 등의 증거항변을 할 수 있다.

② 법원은 상대방에게 진술의 기회를 부여하면 되지, 상대방이 실제로 증거신청에 대한 의견을 진술할 필요는 없다(대판 1989.3.14. 88누1844). 의견진술의 기회를 주었음에도 의견제출이 없으면 소송절차에 관한 이의권(제151조)이 포기·상실되었다고 보아서 절차위배의 잘못이 치유된다.

(4) 철회

증거의 신청은 증거조사가 개시되기 전이라면 언제라도 철회할 수 있다(대판 1971.3.23. 70다3013). 그러나 일단 개시된 뒤에는 증거공통의 원칙에 따라 증거조사의 결과가 상대방에게 유리하게 참작될 수 있으므로, 상대방의 동의가 있어야 철회할 수 있다.

19주사보
1 증거의 신청은 증거조사가 개시되기 전이라면 언제라도 철회할 수 있지만, 일단 증거조사가 개시된 뒤에는 상대방의 동의가 있어야 철회할 수 있다. ( )

정답 | **1** ○

3. 증거의 채부 결정

> **제290조 [증거신청의 채택 여부]**
> 법원은 당사자가 신청한 증거를 필요하지 아니하다고 인정한 때에는 조사하지 아니할 수 있다. 다만, 그것이 당사자가 주장하는 사실에 대한 유일한 증거인 때에는 그러하지 아니하다.

(1) 증거신청에 대한 결정

1) 의의

① 법원은 당사자로부터 증거신청이 있으면 그에 대하여 신속하게 채부의 결정을 하여야 한다. 부적법한 증거신청, 재정기간을 넘겼거나 시기에 늦은 경우(제147조, 제149조, 제285조)에는 신청을 각하할 수 있다. 그리고 증인의 행방불명 또는 목적물의 분실 등으로 증거조사를 할 수 있을지 또는 언제 할 수 있을지 알 수 없는 경우에도 법원은 그 증거를 조사하지 아니할 수 있다(제291조).

② 법원은 당사자가 신청한 증거라도 쟁점과 직접 관련이 없거나 쟁점의 판단에 도움이 되지 아니하는 등 불필요하다고 인정한 때에는 조사하지 않을 수 있다(제290조 본문 참조). 소송당사자가 서증이 될 문서를 제출하는 것은 증거신청의 한 형태이므로(제343조), 서증이 제출된 경우에도 법원이 필요하지 아니하다고 인정하는 경우에는 그 신청을 기각할 수 있다.

③ 증거의 채부는 원칙으로 법원의 재량에 맡겨져 있지만 당사자가 주장하는 사실에 대한 유일한 증거는 반드시 채택하여 조사하여야 한다(제290조 단서). 다만, 유일한 증거라도 그것이 반증일 경우에는 조사하지 아니하여도 무방하고(대판 1998.6.12. 97다38510), 증거신청절차를 지연하는 경우(대판 1969.4.15. 69다67), 당사자가 비용을 예납하지 아니하는 경우(제116조 제2항), 증거조사를 할 수 있을지, 언제 할 수 있을지 알 수 없는 경우(제291조)에도 그 증거를 조사하지 아니할 수 있다.

④ 증거신청에 대하여 채부의 결정 없이 변론이 종결되었다면 증거목록에 기재하지 아니하였다 하더라도 그 신청을 묵시적으로 기각하였다고 볼 수 있으나(대판 1992.9.25. 92누5096), 당사자가 별도의 증거를 준비할 수 있도록 명시적으로 기각(또는 각하)결정을 하고 고지하는 것이 바람직하다.

⑤ 증거의 채부 결정은 소송지휘에 관한 재판이므로 언제든지 취소·변경할 수 있으며(제222조), 독립한 불복신청이 허용되지 아니한다. 다만, 합의사건의 변론준비절차를 담당하는 재판장등이 한 증거의 채부 결정에 대하여는 당사자가 이의를 신청할 수 있고, 이에 대하여 법원은 결정으로 그 이의신청에 대하여 재판하여야 한다(제281조 제2항, 138조).

2) 구체적 방법

① 기일 전 증거신청의 경우

증거의 신청과 이에 대한 채부의 결정은 쟁점정리를 위한 기일 전에도 할 수 있다(제289조 제2항). 변론준비절차에서 변론준비기일 전에 당사자가 증거신청을 한 경우 변론준비절차를 담당하는 재판장등은 변론의 준비를 위하여 필요하다고 인정하면 모든 증거신청에 대하여 채부의 결정을 할 수 있다(제281조 제1항).

20법원직
1 법원은 유일한 증거가 아닌 한, 당사자가 신청한 증거를 필요하지 아니하다고 인정한 때에는 조사하지 아니할 수 있다. (　)

19주사보
2 증거신청에 대하여 채부의 결정 없이 변론이 종결되었다면 증거목록에 기재하지 아니하였다 하더라도 그 신청을 묵시적으로 기각하였다고 볼 수 있다. (　)

19주사보
3 증거신청을 기각한 결정에 대하여 증거신청을 한 당사자는 통상의 항고로 불복할 수 있다. (　)

20법원직
4 증거의 신청과 조사는 변론기일 전에도 할 수 있다. (　)

정답 | 1 ○ 2 ○ 3 × 4 ○

② 기일에서 증거신청을 한 경우

　　㉠ 당사자가 변론준비기일에서 증거신청을 한 경우에는 변론준비절차를 담당하는 재판장등이 변론의 준비를 위하여 필요하다고 인정하면 채부 결정을 하고(제281조 제1항), 변론기일에서 증거신청을 한 경우에는 재판장이 부원과의 합의를 거쳐 채부 결정을 한다.

　　㉡ 결정은 양쪽 당사자에게 상당한 방법으로 고지하여야 하지만(제221조 제1항), 변론준비기일 또는 변론기일에서는 당사자가 출석하지 아니하여도 결정의 고지가 가능하므로(제224조 제1항, 제207조 제2항) 따로 송달 등의 방법으로 고지할 필요가 없다.

20법원직
1 법원은 당사자가 신청한 증거에 의하여 심증을 얻을 수 없거나, 그 밖에 필요하다고 인정한 때에는 직권으로 증거조사를 할 수 있다.
（　　）

(2) 직권증거조사결정

① 변론주의를 근간으로 하는 통상의 민사소송에서, 직권에 의한 증거조사는 당사자가 신청한 증거에 의하여 심증을 얻을 수 없거나 그 밖에 필요하다고 인정한 때에만 보충적으로 할 수 있다(제292조). 예컨대, 불법행위로 인하여 손해가 발생한 사실이 인정되는 경우 법원은 손해액에 관한 당사자의 주장과 입증이 미흡하더라도 적극적으로 석명권을 행사하여 입증을 촉구하여야 하고 경우에 따라서는 직권으로라도 손해액을 심리·판단하여야 한다(대판 1987.12.22. 85다카2453).

② 다만 소액사건에서만은 필요하다고 인정할 때에 직권으로 증거조사를 할 수 있는데, 이 경우 법원은 직권증거사의 결과에 관하여 당사자의 의견을 들어야 한다(소액 제10조 제1항).

4. 증거조사의 실시

(1) 진행단계별 증거조사

1) 기일 전 증거조사

① 재판장과 참여사무관은 소장·답변서·준비서면 등을 검토하면서 필요한 서증이 빠짐없이 제출되었는지 여부를 확인하고, 누락된 경우에는 석명준비명령 또는 보정권고 등을 통하여 당사자에게 첫 변론기일 또는 변론준비기일 이전까지 서증을 제출하도록 촉구하여야 한다.

② 문서송부촉탁·현장검증·감정·사실조회 등의 증거방법에 대한 조사도 원칙적으로 기일 전에 실시함으로써, 법원이 그 내용을 검토할 수 있어야 한다. 따라서 감정 등이 필요한 전형적인 사건에서 그 신청이 적시에 이루어지지 아니하는 때에는 재판장 또는 그 위임을 받은 참여사무관이 증거신청을 촉구하여야 한다. 감정 등의 신청은 기일 전에 이루어지고 특별한 사정이 없는 한 신청 직후 채부를 결정하여 시행하는 것이 원칙이다.

2) 기일에서의 증거조사

법원은 기일에 원칙적으로 증인신문 등을 제외한 증거방법에 대한 조사를 완료하여야 한다. 기일에는 제출된 증거(사실조회회보·검증·감정 등)의 결과를 제시하여 당사자에게 의견진술의 기회를 부여하고 신청된 서증에 대한 채부를 결정하고 채택된 서증에 대하여 상대방이 인부를 실시하는 방법으로 증거조사가 시행된다. 제출된 서증에 대한 채부 결정은 미리 검토해 두었다가 기일에 그 결과를 고지하는 방식으로 행한다.

3) 집중증거조사기일에서의 증거조사

① 쟁점정리를 위한 기일을 마친 후에는 법원은 별도로 변론기일(증거조사기일)을 지정하

고, 증인 및 당사자신문을 집중하여 실시하게 된다(제293조). 이와 같이 주로 증인신문을 위하여 운영되는 변론기일을 집중증거조사기일이라고 한다.

② 법원은 원칙적으로 1회 변론기일로 증인신문을 마칠 수 있도록 기일을 운영하여야 하고(규칙 제72조), 증인신문 등은 쟁점정리를 위한 기일에서 확정된 쟁점사항에 집중하여 실시되어야 한다(제293조).

(2) 변론준비절차에서의 증거조사

① 증거조사는 수소법원이 하는 것이 원칙이나 변론준비절차에서는 변론준비절차를 진행하는 재판장등이 그 목적을 달성하기 위하여 필요한 범위 안에서 증거조사를 할 수 있고, 다만 증인신문과 당사자신문은 민사소송법 제313조*에 해당하는 경우에만 할 수 있다(제281조 제3항). 이 경우 재판장등은 민사소송법에서 정한 법원과 재판장의 직무를 행한다(동조 제4항).

② 이와 같이 변론준비절차에서 실시한 증거조사는 직접주의의 요청상 조사결과를 법원에 현출하여야 하는데, 당사자는 변론준비기일을 마친 뒤의 변론기일에서 증거조사의 결과를 진술하여야 한다(제287조 제2항).

(3) 당사자의 참여

① 증거조사기일도 기일의 일종인 이상 긴급한 경우를 제외하고는 미리 그 일시·장소를 당사자에게 통지하여야 한다(제167조 제1항, 제381조).

② 증거조사기일의 통지를 한 이상 그 기일에 당사자의 전부 또는 일부가 불출석하였다 하더라도 증거조사를 실시할 수 있다(제295조). 따라서 증인신문기일에 증인이 출석하였다면 가령 그 증인을 신청한 당사자가 불출석하였다 하더라도 법원이 증인신문을 마칠 수 있다.

③ 법원은 증거조사의 결과에 대하여 당사자에게 변론의 기회를 부여하여야 하고, 법원이 직권으로 증거조사한 결과에 대하여는 당사자의 의견을 들어야 한다.

* 제313조(수명법관·수탁판사에 의한 증인신문) 법원은 다음 각 호 가운데 어느 하나에 해당하면 수명법관 또는 수탁판사로 하여금 증인을 신문하게 할 수 있다.
 1. 증인이 정당한 사유로 수소법원에 출석하지 못하는 때
 2. 증인이 수소법원에 출석하려면 지나치게 많은 비용 또는 시간을 필요로 하는 때
 3. 그 밖의 상당한 이유가 있는 경우로서 당사자가 이의를 제기하지 아니하는 때

18주사보

1 증거조사기일도 기일의 일종인 이상 긴급한 경우를 제외하고는 미리 그 일시·장소를 당사자에게 통지하여야 한다. ( )

18주사보 20법원직

2 당사자가 기일에 출석하지 아니한 때에는 증거조사를 할 수 없다. ( )

정답 | **1** ○ **2** ×

학습 POINT

1. 진술의무 위반시 감치는 안됨(소송비용, 과태료 처분)
2. 증인진술서와 서면증언 비교
3. 당사자신문은 소송무능력자도 가능, 보충성 폐지(독립한 증거방법)
4. 당사자신문은 증인과 달리 출석 진술은 강제되지 않음. but 선서는 강제됨

제4절 증인

Ⅰ 증인

1. 의의

증인이란 과거에 경험하여 알게 된 사실을 법원에 보고(진술)할 것을 명령받은 사람으로서 당사자 및 법정대리인(대표자 포함) 이외의 제3자를 말하고, 증인의 증언으로부터 증거자료를 얻는 증거조사를 '증인신문'이라고 한다.

2. 증인능력

① 당사자·법정대리인 및 당사자인 법인 등의 대표자 이외의 자는 모두 증인능력을 갖는다. 소송무능력자나 당사자의 친족이라도 상관없다.

② 제3자의 소송담당에 있어서 이익귀속주체(예컨대, 파산관재인을 당사자로 하는 파산재단에 관한 소송에서 채무자, 선정당사자를 선정하고 소송에서 탈퇴한 자, 채권자대위권에 의해 채권자가 제기한 소송에서 채무자 등), 소송대리인, 보조참가인, 소송고지에 있어서 피고지자, 법인 등이 당사자인 경우에 대표자 아닌 구성원도 증인이 될 수 있다.

③ 공동소송인도 자기의 소송관계와 무관한 사항에 관하여는 증인이 될 수 있지만, 공동의 이해관계 있는 사항에 대해서는 당사자신문을 요한다. 그러나 제1심의 공동소송인이었다가 항소심에서 공동소송인이 아닌 경우는 아무 제한 없이 증인이 될 수 있다.

④ 법인의 대표이사는 자신의 회사가 당사자인 사건에서 증인신문이 아닌 당사자신문의 대상이 된다(제64조, 제372조).

Ⅱ 증인의무

1. 출석의무

규칙 제81조 [증인 출석요구서의 기재사항 등]
① 증인의 출석요구서에는 법 제309조에 규정된 사항 외에 다음 각 호의 사항을 적어야 한다.
  1. 출석하지 아니하는 경우에는 그 사유를 밝혀 신고하여야 한다는 취지
  2. 제1호의 신고를 하지 아니하는 경우에는 정당한 사유 없이 출석하지 아니한 것으로 인정되어 법률상 제재를 받을 수 있다는 취지
② 증인에 대한 출석요구서는 출석할 날보다 2일 전에 송달되어야 한다. 다만, 부득이한 사정이 있는 경우에는 그러하지 아니하다.

규칙 제83조 [불출석의 신고]
증인이 출석요구를 받고 기일에 출석할 수 없을 경우에는 바로 그 사유를 밝혀 신고하여야 한다.

규칙 제82조 [증인의 출석 확보]
증인이 채택된 때에는 증인신청을 한 당사자는 증인이 기일에 출석할 수 있도록 노력하여야 한다.

제311조 [증인이 출석하지 아니한 경우의 과태료 등]
① 증인이 정당한 사유 없이 출석하지 아니한 때에 법원은 결정으로 증인에게 이로 말미암은 소송비용을 부담하도록 명하고 500만 원 이하의 과태료에 처한다.
② 법원은 증인이 제1항의 규정에 따른 과태료의 재판을 받고도 정당한 사유 없이 다시 출석하지 아니한 때에는 결정으로 증인을 7일 이내의 감치에 처한다.
③ 법원은 감치재판기일에 증인을 소환하여 제2항의 정당한 사유가 있는지 여부를 심리하여야 한다.
④ 감치에 처하는 재판은 그 재판을 한 법원의 재판장의 명령에 따라 법원공무원 또는 경찰공무원이 경찰서유치장·교도소 또는 구치소에 유치함으로써 집행한다.
⑤ 감치의 재판을 받은 증인이 제4항에 규정된 감치시설에 유치된 때에는 당해 감치시설의 장은 즉시 그 사실을 법원에 통보하여야 한다.
⑥ 법원은 제5항의 통보를 받은 때에는 바로 증인신문기일을 열어야 한다.
⑦ 감치의 재판을 받은 증인이 감치의 집행중에 증언을 한 때에는 법원은 바로 감치결정을 취소하고 그 증인을 석방하도록 명하여야 한다.
⑧ 제1항과 제2항의 결정에 대하여는 즉시항고를 할 수 있다. 다만, 제447조의 규정은 적용하지 아니한다.
⑨ 제2항 내지 제8항의 규정에 따른 재판절차 및 그 집행 그 밖에 필요한 사항은 대법원규칙으로 정한다.

규칙 제86조 [증인에 대한 감치]
① 법 제311조 제2항 내지 제8항의 규정에 따른 감치재판은 수소법원이 관할한다.
② 감치재판절차는 법원의 감치재판개시결정에 따라 개시된다. 이 경우 감치사유가 발생한 날부터 20일이 지난 때에는 감치재판개시결정을 할 수 없다.

제312조 [출석하지 아니한 증인의 구인]
① 법원은 정당한 사유 없이 출석하지 아니한 증인을 구인하도록 명할 수 있다.
② 제1항의 구인에는 형사소송법의 구인에 관한 규정을 준용한다.

(1) 출석요구를 받은 증인은 그 지정된 일시·장소에 출석할 의무가 있다.

(2) 불출석 증인에 대한 제재
① 증인이 정당한 사유 없이 출석하지 아니한 때에는 법원은 결정으로 증인에게 이로 말미암은 소송비용을 부담하도록 명하고 <u>500만 원 이하</u>의 과태료에 처할 수 있으며(제311조 제1항), 증인이 불출석에 따른 과태료재판을 받고도 정당한 사유 없이 다시 출석하지 아니한 때에는 7일 이내의 감치에 처할 수 있다(동조 제2항).
② 증인이 정당한 사유 없이 출석하지 아니한 경우에는 법원은 증인을 법정이나 그 밖의 신문 장소로 구인하도록 명할 수 있으며(제312조 제1항) 구인을 명하는 경우에도 <u>출석요구서는 별도로 송달하여야 한다.</u>

12·19주사보
1 증인이 정당한 사유 없이 출석하지 아니한 때에는 500만 원 이하의 과태료에 처할 수 있고, 과태료재판을 받고도 정당한 사유 없이 다시 불출석하면 7일 이내의 감치에 처할 수 있다. ( )

14·16주사보
2 증인이 정당한 사유 없이 출석하지 아니한 경우에 법원은 증인을 법정이나 그 밖의 신문장소로 구인하도록 명할 수 있으며 구인을 명하는 경우에는 증인에 대한 출석요구서를 별도로 송달할 필요는 없다. ( )

정답 | **1** ○ **2** ×

2. 선서의무

> **제319조 [선서의 의무]**
> 재판장은 증인에게 신문에 앞서 선서를 하게 하여야 한다. 다만, 특별한 사유가 있는 때에는 신문한 뒤에 선서를 하게 할 수 있다.
>
> **제320조 [위증에 대한 벌의 경고]**
> 재판장은 선서에 앞서 증인에게 선서의 취지를 밝히고, 위증의 벌에 대하여 경고하여야 한다.
>
> **제321조 [선서의 방식]**
> ① 선서는 선서서에 따라서 하여야 한다.
> ② 선서서에는 "양심에 따라 숨기거나 보태지 아니하고 사실 그대로 말하며, 만일 거짓말을 하면 위증의 벌을 받기로 맹세합니다."라고 적어야 한다.
> ③ 재판장은 증인으로 하여금 선서서를 소리내어 읽고 기명날인 또는 서명하게 하며, 증인이 선서서를 읽지 못하거나 기명날인 또는 서명하지 못하는 경우에는 참여한 법원사무관등이나 그 밖의 법원공무원으로 하여금 이를 대신하게 한다.
> ④ 증인은 일어서서 엄숙하게 선서하여야 한다.
>
> **제322조 [선서무능력]**
> 다음 각호 가운데 어느 하나에 해당하는 사람을 증인으로 신문할 때에는 선서를 시키지 못한다.
> 　1. 16세 미만인 사람
> 　2. 선서의 취지를 이해하지 못하는 사람
>
> **제323조 [선서의 면제]**
> 제314조에 해당하는 증인으로서 증언을 거부하지 아니한 사람을 신문할 때에는 선서를 시키지 아니할 수 있다.

(1) 재판장은 증인에게 위증의 벌에 대하여 경고하고, 선서서를 낭독한 후 선서서에 기명날인 또는 서명하게 한다. 선서를 낭독할 수 없거나 기명날인 또는 서명하지 못하는 경우에는 법원사무관 또는 그 밖의 법원공무원이 대신한다(제319조, 제320조, 제321조).

(2) ① 16세 미만이거나 선서의 취지를 이해하지 못하는 증인은 선서무능력자이므로 선서를 시키지 못하며(제322조), 증언거부권자(제314조)가 증언을 거부하지 않고 증언하겠다고 하는 경우에는 선서를 시키지 않을 수 있다(제323조).
　② 정당한 사유 없이 선서를 거부하면 소송비용 부담과 과태료의 제재가 부과될 수 있다(제318조).

21법원직
1 만 17세의 학생을 증인으로 신문할 때에는 선서를 시키지 못한다.
　　　　　　　　　(　)

3. 진술의무

> **제314조 [증언거부권]**
> 증인은 그 증언이 자기나 다음 각 호 가운데 어느 하나에 해당하는 사람이 공소제기되거나 유죄판결을 받을 염려가 있는 사항 또는 자기나 그들에게 치욕이 될 사항에 관한 것인 때에는 이를 거부할 수 있다.
> 　1. 증인의 친족 또는 이러한 관계에 있었던 사람
> 　2. 증인의 후견인 또는 증인의 후견을 받는 사람

정답 | 1 ×

제315조 [증언거부권]

① 증인은 다음 각 호 가운데 어느 하나에 해당하면 증언을 거부할 수 있다.

　　1. 변호사·변리사·공증인·공인회계사·세무사·의료인·약사, 그 밖에 법령에 따라 비밀을 지킬 의무가 있는 직책 또는 종교의 직책에 있거나 이러한 직책에 있었던 사람이 직무상 비밀에 속하는 사항에 대하여 신문을 받을 때

　　2. 기술 또는 직업의 비밀에 속하는 사항에 대하여 신문을 받을 때

② 증인이 비밀을 지킬 의무가 면제된 경우에는 제1항의 규정을 적용하지 아니한다.

제324조 [선서거부권]

증인이 자기 또는 제314조 각 호(증인의 친족 등)에 규정된 어느 한 사람과 현저한 이해관계가 있는 사항에 관하여 신문을 받을 때에는 선서를 거부할 수 있다.

① 증언거부권이나 선서거부권의 고지에 관하여 명문규정이 없으므로 법원은 이를 증인에게 고지할 의무가 없으며, 고지하지 아니하였다고 하여도 위법이 아니다(대판 1971.4.30. 71다452).

② 증인의 선서의무와 진술의무 때문에 증언을 거부하거나 선서를 거부하는 사람은 그 이유를 소명하여야 한다(제316조, 제326조). 수소법원은 당사자를 심문하여 증언거부나 선서거부가 옳은지를 재판하여야 하고(제317조 제1항, 제326조), 당사자 또는 증인은 이 재판에 대하여 즉시항고를 할 수 있다(제317조 제2항, 제326조).

③ 증언거부나 선서거부에 정당한 이유가 없다고 한 재판이 확정된 뒤에 증인이 증언이나 선서를 거부한 때에는 소송비용부담과 과태료처분을 받을 수 있다(제317조 제2항, 제326조). 출석의무 불이행의 경우와 달리 <u>감치는 안 된다</u>.

Ⅲ 증인조사의 방식

1. 증인진술서 제출방식

규칙 제79조 [증인진술서의 제출 등]

① 법원은 효율적인 증인신문을 위하여 필요하다고 인정하는 때에는 증인을 신청한 당사자에게 증인진술서를 제출하게 할 수 있다.

② 증인진술서에는 증언할 내용을 그 시간 순서에 따라 적고, 증인이 서명날인하여야 한다.

③ 증인진술서 제출명령을 받은 당사자는 법원이 정한 기한까지 원본과 함께 상대방의 수에 2(다만, 합의부에서는 상대방의 수에 3)를 더한 만큼의 사본을 제출하여야 한다.

④ 법원사무관등은 증인진술서 사본 1통을 증인신문기일 전에 상대방에게 송달하여야 한다.

(1) 의의

법원은 효율적인 증인신문을 위하여 필요하다고 인정하는 때에는 증인을 신청한 당사자에게 증인신문기일 이전에 미리 증인진술서를 제출하게 할 수 있다(규칙 제79조 제1항).

(2) 증인진술서의 제출

① 증인진술서의 제출명령은 원칙적으로 변론(준비)기일에 채부의 결정을 고지하면서 함께 이루어진다. 명령의 상대방은 증인이 아니라 <u>증인을 신청한 당사자</u>이다(규칙 제79조 제1항).

② 증인진술서가 제출되면 참여사무관은 증인진술서 사본 1통을 바로 상대방에게 송달하여 반대신문을 준비할 수 있도록 하여야 한다(규칙 제79조 제4항).

19법원직

1 증인은 기술 또는 직업의 비밀에 속하는 사항에 대하여 신문을 받을 때 증언을 거부할 수 있다. (　　)

17·19법원직

2 증인이 자기의 친족 또는 이러한 관계에 있었던 사람과 현저한 이해관계가 있는 사항에 관하여 신문을 받을 때에는 증언을 거부할 수 있다. (　　)

21법원직

3 증언거부나 선서거부에 정당한 이유가 없다고 한 재판이 확정된 뒤에 증인이 증언이나 선서를 거부한 때에는 소송비용부담, 과태료처분, 감치처분을 받을 수 있다. (　　)

13주사보

4 증인진술서의 제출명령은 원칙적으로 변론(준비)기일에 채부의 결정을 고지하면서 함께 이루어지는데, 제출명령의 상대방은 증인이다. (　　)

정답 | **1** ○ **2** × **3** × **4** ×

2 법원은 효율적인 증인신문을 위하
여 필요하다고 인정하는 때에는 증
인을 신청한 당사자에게 증인진술
서를 제출하게 할 수 있고, 증인진
술서가 제출된 경우에는 이를 서증
으로 채택하되 만약 증인진술서를
제출한 증인이 불출석하는 경우에
는 원칙적으로 서증으로도 채택하
지 않아야 한다. ( )

(3) 증인진술서를 이용한 증인신문의 방법

① 증인진술서가 제출된 경우에는 집중증거조사기일에 이를 신청한 당사자가 제출한 서증으로 채택하고, 법정에서는 경위사실·정황사실 및 주변사실은 진술서 기재로 대체하고 주신문은 핵심 쟁점 사항(통상적인 사건을 기준으로 4~5항 정도)에 한정하며, 상대방의 반대신문권을 충분히 보장하는 방향으로 운영하되, 주신문절차에서 증인진술서의 진정성립만 확인하고 주신문을 전면 생략하는 방식은 상당하지 아니하다.

② 증인진술서를 제출한 증인이 불출석하는 경우에, 그 증인진술서를 서증으로 채택하면 상대방의 반대신문권이 사실상 침해되는 결과가 되므로 원칙적으로 서증으로도 채택하지 않아야 한다.

2. 증인신문사항 제출 방식

규칙 제80조 [증인신문사항의 제출 등]

① 증인신문을 신청한 당사자는 법원이 정한 기한까지 상대방의 수에 3(다만, 합의부에서는 상대방의 수에 4)을 더한 통수의 증인신문사항을 적은 서면을 제출하여야 한다. 다만, 제79조의 규정에 따라 증인진술서를 제출하는 경우로서 법원이 증인신문사항을 제출할 필요가 없다고 인정하는 때에는 그러하지 아니하다.

② 법원사무관등은 제1항의 서면 1통을 증인신문기일 전에 상대방에게 송달하여야 한다.

③ 재판장은 제출된 증인신문사항이 개별적이고 구체적이지 아니하거나 제95조 제2항 각호의 신문이 포함되어 있는 때에는 증인신문사항의 수정을 명할 수 있다. 다만, 같은 항 제2호 내지 제4호의 신문에 관하여 정당한 사유가 있는 경우에는 그러하지 아니하다.

① 증인신문을 신청한 당사자는 증인신문신청이 채택된 경우에 법원이 증인진술서를 제출하게 하면서 증인신문사항을 제출할 필요가 없다고 인정하는 경우를 제외하고는, 법원이 정한 기한까지 상대방의 수에 3(다만 합의부에서는 상대방의 수에 4)을 더한 통수의 증인신문사항을 적은 서면을 제출하여야 한다(규칙 제80조 제1항).

② 상대방의 실질적인 반대신문권을 보장하기 위하여, 증인신문 개시 전에 교부하면 되는 것이 아니라 <u>증인신문기일 전</u>에 반드시 송달하여야 한다(규칙 제80조 제2항).

3. 서면에 의한 증언방식

제310조 [증언에 갈음하는 서면의 제출]

① 법원은 증인과 증명할 사항의 내용 등을 고려하여 상당하다고 인정하는 때에는 출석·증언에 갈음하여 증언할 사항을 적은 서면을 제출하게 할 수 있다.

② 법원은 상대방의 이의가 있거나 필요하다고 인정하는 때에는 제1항의 증인으로 하여금 출석·증언하게 할 수 있다.

규칙 제84조 [서면에 의한 증언]

① 법 제310조 제1항의 규정에 따라 출석·증언에 갈음하여 증언할 사항을 적은 서면을 제출하게 하는 경우 법원은 증인을 신청한 당사자의 상대방에 대하여 그 서면에서 회답을 바라는 사항을 적은 서면을 제출하게 할 수 있다.

② 법원이 법 제310조 제1항의 규정에 따라 출석·증언에 갈음하여 증언할 사항을 적은 서면을 제출하게 하는 때에는 다음 각 호의 사항을 증인에게 고지하여야 한다.

1. 증인에 대한 신문사항 또는 신문사항의 요지
2. 법원이 출석요구를 하는 때에는 법정에 출석·증언하여야 한다는 취지
3. 제출할 기한을 정한 때에는 그 취지
③ 증인은 증언할 사항을 적은 서면에 서명날인하여야 한다.

(1) 의의

민사소송법 제310조는 ① 상대방의 이의 유무에 관계없이 법원이 상당하다고 인정하는 경우에는 서면증언으로 출석·증언에 갈음할 수 있게 하고, ② 그 서면을 공정증서로 한정하지 아니하며, ③ 법원이 미리 신문사항 또는 신문사항의 요지만에 의하여 증인이 증언할 사항을 바로 기재하여 제출할 수 있도록 함으로써 절차상의 효율을 도모하고 있다.

(2) 증인진술서와 차이

구분	서면증언	증인진술서
증거의 성질	증언	서증의 일종
제출명령의 상대방	증인	증인을 신청한 당사자
증거조사절차	서면의 제출과 변론에서의 현출	법정에의 출석과 증언

(3) 제출 후의 절차

① 법원에 제출된 서면증언은 변론기일에 현출됨으로써 증언으로서의 효력을 갖는다. 그 현출절차는 법원이 서면증언의 도착사실을 고지하고 당사자들에게 그에 대한 의견진술의 기회를 부여하는 방식으로 하고, 신청한 당사자가 원용할 필요는 없다.

② 서면증언을 검토하여 증인에게 출석·증언을 명하는 것은 새로운 증거결정이 아니라 이미 채택된 증인에 대한 조사방법만 변경하는 것으로서 법원의 직권판단사항에 속한다(제310조 제2항 참조). 따라서 서면증언의 현출절차에서 상대방이 이의하더라도 이는 법원의 직권발동을 촉구하는 의미에 불과하므로 그 이의를 받아들이지 않는 경우에는 변론조서에 이의한 취지만 기재하면 되고 법원의 판단을 기재할 필요는 없다.

4. 증인신문의 방법

제327조 [증인신문의 방식]

① 증인신문은 증인을 신청한 당사자가 먼저 하고, 다음에 다른 당사자가 한다.
② 재판장은 제1항의 신문이 끝난 뒤에 신문할 수 있다.
③ 재판장은 제1항과 제2항의 규정에 불구하고 언제든지 신문할 수 있다.
④ 재판장이 알맞다고 인정하는 때에는 당사자의 의견을 들어 제1항과 제2항의 규정에 따른 신문의 순서를 바꿀 수 있다.
⑤ 당사자의 신문이 중복되거나 쟁점과 관계가 없는 때, 그 밖에 필요한 사정이 있는 때에 재판장은 당사자의 신문을 제한할 수 있다.
⑥ 합의부원은 재판장에게 알리고 신문할 수 있다.

15주사보 17법원직
1 법원은 증인과 증명할 사항의 내용 등을 고려하여 상당하다고 인정하는 때에는 출석·증언에 갈음하여 증언할 사항을 적은 서면을 제출하게 할 수 있고, 법원에 제출된 서면증언은 변론기일에 현출됨으로써 증언으로서의 효력을 갖는다. (　)

12주사보 21사무관
2 법원에 제출된 서면증언은 변론기일에 신청한 당사자가 원용하여야 증언으로서의 효력을 갖는다. (　)

12·15주사보 13사무관
3 면증언은 변론기일에 현출됨으로써 증언으로서의 효력을 갖는데, 이 현출절차에서 상대방이 이의를 하면 법원은 증인에게 출석·증언을 명하여야 하고 이에 위반하면 서면증언은 증언으로서의 효력을 갖지 아니한다. (　)

정답 | 1 ○ 2 × 3 ×

> **규칙 제89조 [신문의 순서]**
> ① 법 제327조 제1항의 규정에 따른 증인의 신문은 다음 각 호의 순서를 따른다. 다만, 재판장은 주신문에 앞서 증인으로 하여금 그 사건과의 관계와 쟁점에 관하여 알고 있는 사실을 개략적으로 진술하게 할 수 있다.
>   1. 증인신문신청을 한 당사자의 신문(주신문)
>   2. 상대방의 신문(반대신문)
>   3. 증인신문신청을 한 당사자의 재신문(재주신문)
> ② 제1항의 순서에 따른 신문이 끝난 후에는 당사자는 재판장의 허가를 받은 때에만 다시 신문할 수 있다.
> ③ 재판장은 정리된 쟁점별로 제1항의 순서에 따라 신문하게 할 수 있다.
>
> **규칙 제91조 [주신문]**
> ① 주신문은 증명할 사항과 이에 관련된 사항에 관하여 한다.
> ② 주신문에서는 유도신문을 하여서는 아니된다. 다만, 다음 각 호 가운데 어느 하나에 해당하는 경우에는 그러하지 아니하다.
>   1. 증인과 당사자의 관계, 증인의 경력, 교우관계 등 실질적인 신문에 앞서 미리 밝혀둘 필요가 있는 준비적인 사항에 관한 신문의 경우
>   2. 증인이 주신문을 하는 사람에 대하여 적의 또는 반감을 보이는 경우
>   3. 증인이 종전의 진술과 상반되는 진술을 하는 때에 그 종전 진술에 관한 신문의 경우
>   4. 그 밖에 유도신문이 필요한 특별한 사정이 있는 경우
> ③ 재판장은 제2항 단서의 각호에 해당하지 아니하는 경우의 유도신문은 제지하여야 하고, 유도신문의 방법이 상당하지 아니하다고 인정하는 때에는 제한할 수 있다.
>
> **규칙 제92조 [반대신문]**
> ① 반대신문은 주신문에 나타난 사항과 이에 관련된 사항에 관하여 한다.
> ② 반대신문에서 필요한 때에는 유도신문을 할 수 있다.
> ③ 재판장은 유도신문의 방법이 상당하지 아니하다고 인정하는 때에는 제한할 수 있다.
> ④ 반대신문의 기회에 주신문에 나타나지 아니한 새로운 사항에 관하여 신문하고자 하는 때에는 재판장의 허가를 받아야 한다.
> ⑤ 제4항의 신문은 그 사항에 관하여는 주신문으로 본다.
>
> **규칙 제93조 [재주신문]**
> ① 재주신문은 반대신문에 나타난 사항과 이와 관련된 사항에 관하여 한다.
> ② 재주신문은 주신문의 예를 따른다.
> ③ 재주신문에 관하여는 제92조 제4항·제5항의 규정을 준용한다.

(1) 구술신문의 원칙

증인은 법정에서 말로 증언하여야 함이 원칙이고 서류에 의하여 진술하지 못한다(제331조 본문). 그러나 당사자는 재판장의 허가를 받아 문서·도면·사진·영상·모형·장치, 그 밖의 물건을 이용하여 신문할 수 있으며, 재판장은 조서에 문서 등의 사본을 붙이도록 명할 수 있다(제331조 단서, 규칙 제96조 제1항).

(2) 격리신문의 원칙

① 같은 기일에 두 사람 이상의 증인을 신문하는 경우에는 나중에 신문할 증인을 법정에서 나가도록 하는 것이 원칙이다(제328조 제2항 본문). 증인이 다른 증인의 증언에 의하여

영향을 받는 것을 막으려는 취지이다. 다만, 필요하다고 인정한 때에는 신문할 증인을 법정 안에 머무르게 할 수 있다(제328조 제2항 단서).

② 법정에 있는 특정인 앞에서 충분히 진술하기 어려운 사유가 있는 경우 특정인을 퇴정시킬 수 있다(규칙 제98조).

(3) 교호신문의 원칙

1) ① 증인신문은 원칙적으로, 증인신문의 신청을 한 당사자의 신문(주신문) → 상대방의 신문(반대신문) → 증인신문을 한 당사자의 재신문(재주신문)의 순으로 신문한다.

② 법원의 신문은 당사자들의 신문 후에 하는 것이 원칙이지만, 유도신문이나 중복신문을 방지하기 위해 직권신문제도를 가미하여 당사자의 신문 도중이라도 증인을 신문할 수 있으며(제327조 제3항), 증인신문을 신청한 당사자가 신문기일에 출석하지 않은 경우에는 재판장이 그 당사자에 갈음하여 신문을 할 수 있다(규칙 제90조).

③ 소액사건은 교호신문제를 배제하여 증인신문은 원칙적으로 판사가 직권으로 신문하며, 당사자는 판사에게 고하고 신문할 수 있도록 하였다(소액 제10조 제2항).

2) 주신문은 증명할 사항과 이에 관련된 사항만 신문할 수 있고, 유도신문이 허용되지 않는다. 다만 실질적인 신문에 앞서 미리 밝혀둘 필요가 있는 준비적인 사항에 관한 신문이거나 증인이 주신문을 하는 사람에 대하여 적의 또는 반감을 보이는 경우, 증인이 종전의 진술과 상반되는 진술을 하는 때에 그 종전진술에 관한 신문을 하는 경우 등은 유도신문이 허용된다(규칙 제91조 제2항).

3) ① 반대신문은 주신문에 나타난 사항과 이에 관련된 사항에 관하여 한다(규칙 제92조 제1항). 주신문에 나타나지 아니한 새로운 사항에 관하여 신문하고자 하는 때에는 재판장의 허가를 받아야 하고, 그 신문은 주신문으로 본다(규칙 제92조 제4항·제5항).

② 반대신문에서 필요한 때에는 유도신문을 할 수 있다(규칙 제92조 제2항). 다만, 재판장은 유도신문의 방법이 상당하지 아니하다고 인정하는 때에는 제한할 수 있다(규칙 제92조 제3항).

4) 재주신문은 반대신문에 나타난 사항과 이에 관련된 사항을 신문한다. 재주신문은 주신문의 예를 따르며, 만약 새로운 사항에 관한 신문을 하려면 재판장의 허가를 받아야 한다(규칙 제93조).

(4) 비디오 등 중계장치에 의한 원격신문

제327조의2 [비디오 등 중계장치에 의한 증인신문]
① 법원은 다음 각 호의 어느 하나에 해당하는 사람을 증인으로 신문하는 경우 상당하다고 인정하는 때에는 당사자의 의견을 들어 비디오 등 중계장치에 의한 중계시설을 통하여 신문할 수 있다.
  1. 증인이 멀리 떨어진 곳 또는 교통이 불편한 곳에 살고 있거나 그 밖의 사정으로 말미암아 법정에 직접 출석하기 어려운 경우
  2. 증인이 나이, 심신상태, 당사자나 법정대리인과의 관계, 신문사항의 내용, 그 밖의 사정으로 말미암아 법정에서 당사자 등과 대면하여 진술하면 심리적인 부담으로 정신의 평온을 현저하게 잃을 우려가 있는 경우

19법원직

1 반대신문은 주신문에 나타난 사항과 이에 관련된 사항에 관하여 하고 필요한 때에는 유도신문도 할 수 있다. ( )

19법원직

2 법원은 교통이 불편한 곳에 살고 있는 사람을 증인으로 신문하는 경우 법정 아닌 곳으로 출석하게 하고, 비디오 등 중계장치에 의한 중계시설을 통하여 증인신문 할 수 있다. ( )

정답 | 1 ○ 2 ○

② 제1항에 따른 증인신문은 증인이 법정에 출석하여 이루어진 증인신문으로 본다.

③ 제1항에 따른 증인신문의 절차와 방법, 그 밖에 필요한 사항은 대법원규칙으로 정한다.

규칙 제95조의2 [비디오 등 중계장치에 의한 증인신문]

법 제327조의2에 따른 증인신문의 절차와 방법에 관하여는 제73조의3을 준용한다.

Ⅳ 당사자신문

제367조 [당사자신문]

법원은 직권으로 또는 당사자의 신청에 따라 당사자 본인을 신문할 수 있다. 이 경우 당사자에게 선서를 하게 하여야 한다.

제368조 [대질]

재판장은 필요하다고 인정한 때에 당사자 서로의 대질 또는 당사자와 증인의 대질을 명할 수 있다.

제369조 [출석·선서·진술의 의무]

당사자가 정당한 사유 없이 출석하지 아니하거나 선서 또는 진술을 거부한 때에는 법원은 신문사항에 관한 상대방의 주장을 진실한 것으로 인정할 수 있다.

제370조 [거짓 진술에 대한 제재]

① 선서한 당사자가 거짓 진술을 한 때에는 법원은 결정으로 500만 원 이하의 과태료에 처한다.

② 제1항의 결정에 대하여는 즉시항고를 할 수 있다.

③ 제1항의 결정에는 제363조 제3항의 규정을 준용한다.

제371조 [신문조서]

당사자를 신문한 때에는 선서의 유무와 진술 내용을 조서에 적어야 한다.

제372조 [법정대리인의 신문]

소송에서 당사자를 대표하는 법정대리인에 대하여는 제367조 내지 제371조의 규정을 준용한다. 다만, 당사자 본인도 신문할 수 있다.

제373조 [증인신문 규정의 준용]

이 절의 신문에는 제309조, 제313조, 제319조 내지 제322조, 제327조와 제330조 내지 제332조의 규정을 준용한다.

1. 서설

(1) 의의

당사자 본인을 증거방법으로 하여 마치 증인처럼 그가 경험한 사실에 대해 진술케 하여 증거자료를 얻는 증거조사를 말한다(제367조).

(2) 성질

① 당사자신문에서의 진술은 증거자료이지 소송자료가 아니다. 따라서 당사자본인신문과정에서 상대방의 주장과 일치되는 부분이 있더라도 자백이 되지 않는다.

② 법원의 석명에 대하여 당사자 본인이 진술하는 것은 주장의 보충일 뿐 당사자신문이 아니다.

15주사보 15사무관

1 당사자신문에서의 진술은 증거자료이지 변론이 아니므로 재판상 자백은 성립하지 아니한다. ( )

정답 | 1 ○

(3) 당사자신문의 대상

① 법정대리인, 법인등의 대표자의 경우 비록 당사자는 아니나 이에 준하여 증인신문의 대상이 아니고 당사자신문의 대상이다.

② 당사자신문은 소송자료를 제공하는 것이 아니므로 소송무능력자도 당사자신문의 대상이 된다.

2. 보충성의 폐지 – 독립한 증거방법

(1) 구법의 태도

구법은 당사자본인은 다른 증거방법에 의하여 법원이 심증을 얻지 못한 경우에 한하여 허용된다 하여 당사자본인을 증거방법으로 하면서 보충성의 원리를 채택하였으며, 종전 판례는 당사자신문 결과만으로는 주요사실을 인정할 수 없다는 입장이었다.

(2) 개정법의 입장

신법은 제367조 본문에서는 법원은 직권 또는 당사자의 신청으로 당사자 본인을 신문할 수 있다고 규정하여, 당사자본인이 독립한 증거방법임을 명백히 하였다.

3. 절차

(1) 증인신문절차의 준용

① 법원은 직권 또는 당사자의 신청에 의하여 당사자 본인을 신문할 수 있다(제367조). 이 경우에는 증인신문절차의 규정이 준용된다.

② 당사자신문기일을 지정한 경우에는 당사자가 재정한 자리에서 결정과 기일고지를 하지 아니한 이상, 소송대리인이 있더라도 별도로 그 당사자에게 출석을 요구하여야 하며, 소송대리인이 없는 경우에는 그 당사자에게 변론기일출석통지서와 당사자본인출석요구서를 함께 송달하여야 한다.

③ 상대방 당사자의 신문을 신청하는 때에는 소송대리인이 있는지 여부에 관계없이 소정의 여비와 숙박료를 예납하여야 한다.

(2) 증인신문과의 차이

① 신청 이외에 직권으로도 할 수 있다(제367조).

② 출석 선서 진술의무를 지지만, 정당한 사유 없이 그 의무를 이행하지 아니하면 법원은 그 재량으로 신문사항에 관한 상대방의 주장을 진실한 것으로 인정할 수 있다(제369조).

③ 증인처럼 구인 과태료 감치 등으로 출석 진술이 강제되지 않는다. 다만, 신법은 구법과 달리 증인처럼 선서가 강제된다(제367조 후문).

④ 선서하고 허위진술하였을 때 형법상의 위증죄가 되는 것은 아니고 과태료의 제재만 받는다(제370조).

(3) 이의권의 포기 상실사유

당사자 본인으로 신문할 자를 증인으로 신문했다 해도 당사자의 이의가 없으면 이의권의 포기 상실로 하자가 치유된다(대판 1992.10.27. 92다32463).

15주사보 17법원직 21사무관

1 당사자인 법인의 대표자는 증인이 될 수 없고 당사자신문의 대상이 된다. ( )

14·19주사보 15·18·21사무관

2 소송무능력자는 당사자신문의 대상이 되지 않는다. ( )

18주사보

3 당사자신문은 직권 또는 당사자의 신청에 따라 할 수 있다. ( )

14·15주사보

4 당사자신문기일을 지정한 경우에는 당사자가 재정한 자리에서 결정과 기일고지를 하지 아니한 이상, 소송대리인이 있는 경우에도 별도로 그 당사자에게 출석을 요구하여야 한다. ( )

12·15·18주사보 14·21사무관

5 당사자 본인이 정당한 사유 없이 출석하지 아니한 경우 법원은 결정으로 과태료를 부과할 수 있다. ( )

12주사보

6 당사자신문에서도 반드시 선서를 하게 하여야 한다. ( )

13·14·19사무관 14·19주사보

7 법인의 대표자나 법정대리인은 증인능력이 없으므로 당사자본인으로 신문하여야 하고 이에 위반하여 증인으로 신문한 경우에 그 증거조사의 결과는 요증사실을 인정하는 증거원인으로 사용할 수 없다. ( )

정답 | 1○ 2× 3○ 4○ 5×
6○ 7×

학습 POINT

1. 형식적 증거력(진정성립) 인정시 실질적 증거력 판단
2. 성립의 인부에서 자백시 자백효과 인정
3. 부인, 부지의 경우 입증 필요 (제출자 입증책임)
4. 2단계 추정시 날인행위가 다른 사람에 의해 이루어짐이 인정되면 추정은 깨어짐. 이 경우 문서제출자가 정당한 권원을 입증하여야 함

＊이시윤 506페이지 참고

제5절 | 서증*

Ⅰ 서설

1. 서증의 의의

서증이라 함은 문서를 열람하여 그에 기재된 의미내용을 증거자료로 하기 위한 증거조사를 말한다. 즉, 서증이란 문서에 대한 증거조사방법을 의미한다.

2. 구별개념

문서의 기재내용을 자료로 하는 것이 서증이기 때문에, 문서의 외형존재 자체를 자료로 할 때에는 검증이다. 따라서 위조문서라는 입증취지로 제출한 문서는 검증물로 된다.

3. 문서의 종류

(1) 공문서·사문서

① 공무원이 그 직무권한 내의 사항에 대하여 직무상 작성한 문서를 공문서라 하며, 공문서 이외의 문서는 사문서이다.

② 공문서와 사문서의 차이는 성립의 진정에 관한 추정규정이 적용되는지 여부이다.

(2) 처분문서·보고문서

① 처분문서는 증명하고자 하는 법률적 행위가 그 문서 자체에 의하여 이루어진 경우의 문서이며(계약서, 유언서, 해제통고서 등), 보고문서는 작성자가 듣고 보고 느끼고 판단한 바를 기재한 문서이다(영수증, 가족관계등록부, 등기부등본 등).

② 처분문서와 보고문서는 형식적 증거력이 인정되면 원칙적으로 실질적 증거력이 인정되는지 여부에서 차이가 있다.

판례 | 판결서

> 판례는 판결서의 경우 그 판결이 있었던가 또 어떠한 내용의 판결이 있었던가의 사실을 증명하기 위한 점에서는 처분문서이지만, 그 판결서 중에서 한 사실판단을 그 사실을 증명하기 위하여 이용하는 경우에는 보고문서라고 하였다(대판 (전) 1980.9.9. 79다1281).

(3) 원본·정본·등본·초본

① 원본이라 함은 문서 그 자체를 말하고, 정본이란 특히 정본이라 표시한 문서의 등본으로서 원본과 같은 효력이 인정되는 것을 말한다. 등본이란 원본전부의 사본이며, 초본은 그 일부의 사본이다.

② 문서제출은 원본, 정본, 인증등본으로 해야 한다(제355조 제1항). 다만, 상대방이 이의를 하지 않는 경우에는 사본만의 제출에 의한 증거의 신청도 허용된다(대판 1996.3.8. 95다48667).

Ⅱ 문서의 증거능력

1. 원칙

① 추상적으로 증거조사의 대상이 될 수 있는 자격을 말하는바, 형사소송과 달리 증거능력에 제한이 없음이 원칙이다.

② 판례는 소제기 후 계쟁사실에 관하여 작성된 문서(대판 1992.4.14. 91다24755), 서증의 사본도 모두 증거능력이 있다(대판 1966.9.20. 66다636)고 판시하였다.

2. 위법하게 수집된 증거의 증거능력

(1) 문제점

상대방의 동의 없는 무단녹음 등 위법하게 수집된 증거의 경우에도 증거능력을 인정할 수 있는지가 문제된다.

(2) 판례

판례는 증거에 관하여 자유심증주의를 채택하였음을 들어 비밀로 녹음한 녹음테이프라도 위법하게 수집하였다는 이유만으로 증거능력이 없다고 할 수 없다고 판시하였다(대판 1999.5.12. 99다1789).

Ⅲ 문서의 증거력

1. 서설

문서의 증거력을 판단함에 있어서는 우선 형식적 증거력의 유무를 조사하여 이를 확실히 하고, 다음 형식적 증거력이 있다고 할 때에 실질적 증거력을 검토하는 것이 순서이다.

2. 문서의 형식적 증거력(=진정성립)

(1) 의의

① 문서가 거증자가 주장하는 특정인의 의사에 기하여 작성된 것을 문서의 진정성립이라 하고, 진정하게 성립된 문서를 형식적 증거력이 있다 한다.

② 문서가 진정하게 성립된 것인지는 필적 또는 인영의 대조에 의하여 증명할 수 있고(제359조) 그 필적 또는 인영·무인의 대조는 사실심의 자유심증에 속하는 사항으로서, 문서작성자의 필적 또는 인영·무인과 증명의 대상인 문서의 필적 또는 인영·무인이 동일하다고 인정될 때에는 특별한 사정이 없는 한 문서의 진정성립을 인정할 수 있으며, 이 경우 법원은 반드시 감정으로써 필적, 인영 등의 동일 여부를 판단할 필요가 없이 육안에 의한 대조로도 이를 판단할 수 있다(대판 1997.12.12. 95다38240).

> **판례 | 작성명의인이 자필서명임을 인정하나 날인은 되어 있지 않은 처분문서의 증명력**
>
> 문서의 진정성립이란 입증자가 작성자라고 주장하는 자가 진실로 작성한 것이고 타인에 의하여 위조·변조된 것이 아님을 뜻한다. 작성명의인의 의사에 기한 것이면 되므로, 반드시 자신의 자필일 필요가 없으며 그의 승낙하에 작성되어도 상관없고, 문서작성자의 날인이 반드시 필요한 것도 아니다(대판 1994.10.14. 94다11590).

18주사보

1 문서의 진정성립이란 입증자가 작성자라고 주장하는 사람이 진실로 작성한 것이고 타인에 의하여 위조·변조된 것이 아님을 뜻한다. ( )

20법원직

2 문서가 진정하게 성립된 것인지 어떤지는 필적 또는 인영을 대조하여 증명할 수 있고, 법원은 육안에 의한 대조로도 이를 판단할 수 있다. ( )

21사무관

3 문서의 진정성립은 작성명의인의 의사에 기한 것이면 되므로, 반드시 자신의 자필일 필요는 없으나, 문서작성자의 날인은 반드시 필요하다. ( )

정답 | **1** ○ **2** ○ **3** ✕

(2) 성립의 인부

1) 의의 및 절차

서증이 제출된 경우 법원은 상대방에게 그 진정성립을 인정하는지 여부를 물어보는데 이때의 상대의 답변을 성립의 인부라고 한다.

2) 인부절차에서 상대방의 태도

① i) 성립인정 ii) 침묵 iii) 부인 iv) 부지 등 네 가지이다.

② 자기 명의의 문서에 대해서는 부지라고 할 수 없고 부인 또는 인정을 하여야 하고, 이때 부지라고 답변하면 그것만으로 증거력을 배척할 것이 아니라, 그 문서의 서명이 자신의 것인지 인영이 진정한 것인지의 여부를 석명할 것이고, 만일 그 서명이나 인영까지 부인하는 취지라면 상대방에 입증을 촉구할 것이라는 것이 판례의 입장이다(대판 1964.9.22. 64다447).

③ 문서의 진정성립을 부인하는 때에는 단순부인은 허용되지 아니하며, 그 이유를 구체적으로 밝혀야 하는 이유부부인만 할 수 있다(규칙 제116조).

3) 문서의 진정성립에 대한 상대방 답변의 효과

① 상대방이 성립인정이나 침묵으로 답변하면, 주요사실에 대한 경우처럼 재판상의 자백·자백간주의 법리가 적용된다는 것이 판례의 입장이다. 따라서 법원은 자백에 구속되어 형식적 증거력을 인정하여야 한다. 그 취소에 있어서는 주요사실의 자백취소와 동일하게 처리하여야 한다(대판 2001.4.24. 2001다5654).

② 상대방이 부인·부지로 답변하면 증명을 필요로 하는데, 입증책임은 그 <u>문서제출자</u>에게 있다.

판례는 입증방법에 제한이 없으며, 변론전체의 취지(제202조)만으로 그 성립을 인정할 수 있다고 한다(대판 1993.4.13. 92다2070).

(3) 진정성립의 추정

1) 공문서의 경우

① 문서의 방식과 취지에 의하여 공문서로 인정되는 때에는 진정한 공문서로 추정된다(제356조 제1항). 외국의 공공기관이 작성한 문서도 이에 준한다(동조 제3항). 다만, 위조 또는 변조 등 특별한 사정이 있다고 볼 만한 반증이 있는 경우에는 위와 같은 추정은 깨어진다(대판 2018.4.12. 2017다292244).

② 진정성립이 추정되는 공문서는 진실에 반한다는 등의 특별한 사정이 없는 한 그 내용의 증명력을 쉽게 배척할 수 없으므로, 공문서의 기재 중에 의문점이 있는 부분이 일부 있더라도 기재 내용과 배치되는 사실이나 문서가 작성된 근거와 경위에 비추어 기재가 비정상적으로 이루어졌거나 내용의 신빙성을 의심할 만한 특별한 사정을 증명할 만한 다른 증거자료가 없는 상황이라면 기재내용대로 증명력을 가진다(대판 2015.7.9. 2013두3658,3665).

2) 사문서의 경우

① 증명책임

사문서의 진정에 대해서는 증거대는 측이 그 성립의 진정을 증명하여야 하지만(제357조), 그 문서에 있는 본인 또는 대리인의 서명·날인·무인이 <u>진정한 것임을 증명한 때에 한하여</u> 진정한 문서로서 추정을 받는다(제358조, 제한적 추정력).

20법원직

1 문서에 찍힌 인영의 진정함을 인정한 당사자는 나중에 이를 자유롭게 철회할 수 없다. ( )

18주사보

2 사문서에 대하여 그 진정성립을 다투는 상대방은 그 문서가 진정하게 성립되지 않았음을 입증하여야 한다. ( )

19·20법원직 21사무관

3 사문서의 진정성립에 관한 증명의 방법에 관하여는 특별한 제한이 없지만, 부지로 다투는 서증에 관하여 문서제출자가 성립을 증명하지 않은 경우에는 법원은 다른 증거에 의하지 않고 변론 전체의 취지를 참작하여 그 성립을 인정할 수 없다. ( )

20법원직

4 문서의 작성방식과 취지에 의하여 공무원이 직무상 작성한 것으로 인정한 때에는 이를 진정한 공문서로 추정하고, 이는 외국의 공공기관이 작성한 것으로 인정한 문서의 경우에도 같다. ( )

19주사보

5 사문서의 진정성립에 대하여 다툼이 있을 때에는 성립의 진정이 입증되어야 하는데, 그 문서에 본인 또는 대리인의 서명 또는 날인이 형식상 존재하는 때에는 진정한 것으로 추정을 받는다. ( )

19법원직 19주사보

6 문서에 날인된 작성명의인의 인영이 작성명의인의 인장에 의하여 현출된 인영임이 인정되는 경우 특단의 사정이 없는 한 날인행위가 작성명의인의 의사에 기하여 이루어진 것으로 추정되고 그 문서전체의 진정성립까지 추정되므로, 문서가 위조된 것임을 주장하는 자가 적극적으로 위 인영이 명의인의 의사에 반하여 날인된 것임을 증명해야 한다. ( )

정답| 1○ 2× 3× 4○ 5×
      6○

② 2단계의 추정

판례는 문서의 서명날인이 틀림없다는 인정까지는 가지 않고 작성명의인의 인영이 그 사람의 인장임이 인정되면 그 날인이 그 사람의 의사에 기한 것이라고 사실상 추정된다는 것이고, 일단 날인의 진정이 추정되면 그 문서 전체의 진정성립까지도 추정된다고 한다 (대판 1986.2.11. 85다카1009).

다만, 위와 같은 사실상의 추정은 날인행위가 작성명의인 이외의 자에 의하여 이루어진 것임이 밝혀진 경우는 깨지는 것이므로, 문서제출자는 그 날인행위가 작성명의인으로부터 위임받은 정당한 권원에 의한 것이라는 사실을 증명할 책임이 있다(대판 2009.9.24. 2009다37831).

③ 도용·강박의 항변

인장은 틀림없지만 도용당하거나 강박에 의해 찍은 것이라는 증거항변을 한 경우에는 도용·강박에 대한 입증책임은 항변자에게 있으며, 그가 입증하지 못하면 진정성립이 추정된다고 한다(대판 1976.7.27. 76다1394).

판례 │ 백지보충문서

[1] 인영 부분 등의 진정성립이 인정된다면 다른 특별한 사정이 없는 한 당해 문서는 그 전체가 완성되어 있는 상태에서 작성명의인이 그러한 서명·날인·무인을 하였다고 추정할 수 있다.

[2] 인영 부분 등의 진정성립이 인정되는 경우, 그 당시 그 문서의 전부 또는 일부가 미완성된 상태에서 서명날인만을 먼저 하였다는 등의 사정은 이례에 속한다고 볼 것이므로 완성문서로서의 진정성립의 추정력을 뒤집으려면 그럴 만한 합리적인 이유와 이를 뒷받침할 간접반증 등의 증거가 필요하다고 할 것이고, 만일 그러한 완성문서로서의 진정성립의 추정이 번복되어 백지문서 또는 미완성 부분을 작성명의자가 아닌 자가 보충하였다는 등의 사정이 밝혀진 경우라면, 다시 그 백지문서 또는 미완성 부분이 정당한 권한에 기하여 보충되었다는 점에 관하여는 그 문서의 진정성립을 주장하는 자 또는 문서제출자에게 그 입증책임이 있다(대판 2003.4.11. 2001다11406).

판례 │ 처분문서 중 일부의 변조 여부가 다투어질 경우 그 입증책임의 소재

본인 또는 대리인의 서명행위 등이 있었음에 관하여 당사자 사이에 다툼이 없거나 다른 증거에 의하여 증명된 때에는, 서명 이외의 나머지 부분이 가필 등으로 변조되거나 위조되었다고 다투어진 경우에도 그 문서 전체가 진정하게 성립된 것으로 추정되므로, 이를 다투는 쪽에서 그 변조 또는 위조의 사실을 입증할 책임을 부담한다(대판 1995.11.10. 95다4674).

3) 공사병존문서

한 개의 문서가 일부분은 공문서이고 다른 부분은 사문서일 경우, 공문서 부분의 진정성립은 제356조의 추정을 받으나 사문서 부분의 성립은 통상의 사문서와 마찬가지로 거증자가 이를 입증하여야 한다. 판례도 공문서 부분의 성립으로 사문서 부분의 진정성립을 추정할 수 없다고 한다(대판 1989.9.12. 88다카5836).

3. 문서의 실질적 증거력(= 증거가치)

(1) 의의

어떤 문서가 요증사실을 증명하기에 얼마나 유용한가의 증거가치를 말한다. 이러한 실질적

20법원직 21사무관
1 인영 부분 등의 진정성립이 인정되면 특별한 사정이 없는 한 당해 문서는 그 전체가 완성되어 있는 상태에서 작성명의인이 그러한 서명·날인·무인을 하였다고 추정할 수 있다. ( )

20법원직
2 인영 부분의 진정성립 인정으로 인한 완성문서로서의 진정성립의 추정이 번복되어 백지문서 또는 미완성 부분을 작성명의자가 아닌 자가 보충하였다는 등의 사정이 밝혀지면, 다시 그 백지문서 또는 미완성 부분이 정당한 권한 없는 자에 의하여 보충되었다는 점에 관하여 그 문서의 위조를 주장하는 자가 입증하여야 한다. ( )

정답 | 1 ○ **2** ×

증거력의 판단은 법관의 자유심증에 의하며 형식적 증거력과 달리 실질적 증거력에 관하여는 재판상 자백은 성립되지 않는다.

(2) 처분문서의 실질적 증거력

① 처분문서의 진정성립이 인정되면 기재내용대로 법률행위의 존재 및 내용을 인정하여야 한다.

이와 같은 처분문서의 증거력은 상대방의 반증에 의하여 부정될 수 있는 사실상의 추정이지, 반증의 여지가 없는 완전한 증명력으로 볼 것이 아니다.

② 처분문서를 배척함에는 판결서에 합리적인 이유 설시를 요한다($^{대판\ 2000.1.21.}_{97다1013}$).

③ 예금계약서의 예금명의자 아닌 다른 사람이 예금계약서의 당사자라고 볼 수 있으려면 예금계약서의 증명력을 번복하기에 충분할 정도의 명확한 증명력을 가진 구체적이고 객관적인 증거에 의하여 엄격하게 인정하여야 한다($^{대판\ (전)\ 2009.3.19.}_{2008다45828}$).

(3) 보고문서의 실질적 증거력

① 보고문서의 경우에는 작성자의 신분 직업 성격 등 여러 가지 사정을 고려하여 법관의 자유심증으로 결정할 문제이다.

② 다만, 판례는 (i) 등기부에 기재된 권리상태가 진실하고 등기원인과 그 절차가 정당한 것이라고 추정된다고 하고, (ii) 확정된 민·형사판결에서 확정된 사실은 특단의 사정이 없는 한 유력한 증거자료가 되므로 합리적 이유의 설시 없이 배척할 수 없다고 한다($^{대판\ 2000.9.8.}_{99다58471}$).

Ⅰ 총설

① 신청당사자가 소지하고 있는 경우에는 직접제출하면 되고, 상대방이나 제3자가 소지하는 것으로서 제출의무가 있는 문서는 문서제출명령 신청으로, 제출을 거부할 수 있는 자가 소지한 경우에는 문서송부촉탁 신청을 하거나 송부촉탁이 어려우면 서증조사신청을 한다.

② 서증의 신청은 법원밖에서 증거조사를 하는 경우(제297조, 규칙 제112조)를 제외하고는 당사자가 변론(준비)기일에 출석하여 현실적으로 제출하는 방법으로 하여야 한다. 서증이 첨부된 소장 또는 준비서면 등이 진술되는 경우에도 마찬가지이다($^{대판\ 1991.11.8.}_{91다15775}$).

19법원직

1 처분문서에 있어서는 그 문서의 진정성립이 인정된 이상 그 문서에 표시된 의사표시와 그 내용에 관하여 특별한 사유가 없는 한 실질적 증거능력이 있으므로, 그 내용이 되는 법률행위의 존재를 인정하여야 한다.　　　　　　(　)

18주사보

2 처분문서의 기재 내용은 무조건 그대로 믿어야 한다.　　(　)

학습 POINT

1. 문서제출명령 위반시 과태료 제재는 없음. 부제출의 경우 요증사실이 증명된 것으로 볼 수는 없음(판례)
2. 송부촉탁에 의해 송부된 문서는 서증으로 제출함으로써 증거자료가 됨

17법원직 18주사보

3 서증은 법원 밖에서 증거조사를 하는 경우(민사소송법 제297조) 이외에는 당사자가 변론기일 또는 변론준비기일에 출석하여 현실적으로 제출하여야 하고, 서증이 첨부된 소장 또는 준비서면 등이 진술되는 경우에도 마찬가지이다.　　(　)

정답 | 1 ○ **2** × **3** ○

Ⅱ 문서제출명령*

제344조 [문서의 제출의무]
① 다음 각 호의 경우에 문서를 가지고 있는 사람은 그 제출을 거부하지 못한다.
 1. 당사자가 소송에서 인용한 문서를 가지고 있는 때
 2. 신청자가 문서를 가지고 있는 사람에게 그것을 넘겨 달라고 하거나 보겠다고 요구할 수 있는 사법상의 권리를 가지고 있는 때
 3. 문서가 신청자의 이익을 위하여 작성되었거나, 신청자와 문서를 가지고 있는 사람 사이의 법률관계에 관하여 작성된 것인 때. 다만, 다음 각 목의 사유 가운데 어느 하나에 해당하는 경우에는 그러하지 아니하다.
    가. 제304조 내지 제306조에 규정된 사항이 적혀있는 문서로서 같은 조문들에 규정된 동의를 받지 아니한 문서
    나. 문서를 가진 사람 또는 그와 제314조 각호 가운데 어느 하나의 관계에 있는 사람에 관하여 같은 조에서 규정된 사항이 적혀 있는 문서
    다. 제315조 제1항 각호에 규정된 사항중 어느 하나에 규정된 사항이 적혀 있고 비밀을 지킬 의무가 면제되지 아니한 문서
② 제1항의 경우 외에도 문서(공무원 또는 공무원이었던 사람이 그 직무와 관련하여 보관하거나 가지고 있는 문서를 제외한다)가 다음 각호의 어느 하나에도 해당하지 아니하는 경우에는 문서를 가지고 있는 사람은 그 제출을 거부하지 못한다.
 1. 제1항 제3호 나목 및 다목에 규정된 문서
 2. 오로지 문서를 가진 사람이 이용하기 위한 문서

제345조 [문서제출신청의 방식]
문서제출신청에는 다음 각 호의 사항을 밝혀야 한다.
 1. 문서의 표시
 2. 문서의 취지
 3. 문서를 가진 사람
 4. 증명할 사실
 5. 문서를 제출하여야 하는 의무의 원인

제346조 [문서목록의 제출]
제345조의 신청을 위하여 필요하다고 인정하는 경우에는, 법원은 신청대상이 되는 문서의 취지나 그 문서로 증명할 사실을 개괄적으로 표시한 당사자의 신청에 따라, 상대방 당사자에게 신청내용과 관련하여 가지고 있는 문서 또는 신청내용과 관련하여 서증으로 제출할 문서에 관하여 그 표시와 취지 등을 적어 내도록 명할 수 있다.

제347조 [제출신청의 허가 여부에 대한 재판]
① 법원은 문서제출신청에 정당한 이유가 있다고 인정한 때에는 결정으로 문서를 가진 사람에게 그 제출을 명할 수 있다.
② 문서제출의 신청이 문서의 일부에 대하여만 이유 있다고 인정한 때에는 그 부분만의 제출을 명하여야 한다.
③ 제3자에 대하여 문서의 제출을 명하는 경우에는 제3자 또는 그가 지정하는 자를 심문하여야 한다.

④ 법원은 문서가 제344조에 해당하는지를 판단하기 위하여 필요하다고 인정하는 때에는 문서를 가지고 있는 사람에게 그 문서를 제시하도록 명할 수 있다. 이 경우 법원은 그 문서를 다른 사람이 보도록 하여서는 안 된다.

제348조 [불복신청]
문서제출의 신청에 관한 결정에 대하여는 즉시항고를 할 수 있다.

제349조 [당사자가 문서를 제출하지 아니한 때의 효과]
당사자가 제347조 제1항·제2항 및 제4항의 규정에 의한 명령에 따르지 아니한 때에는 법원은 문서의 기재에 대한 상대방의 주장을 진실한 것으로 인정할 수 있다.

제350조 [당사자가 사용을 방해한 때의 효과]
당사자가 상대방의 사용을 방해할 목적으로 제출의무가 있는 문서를 훼손하여 버리거나 이를 사용할 수 없게 한 때에는, 법원은 그 문서의 기재에 대한 상대방의 주장을 진실한 것으로 인정할 수 있다.

제351조 [제3자가 문서를 제출하지 아니한 때의 제재]
제3자가 제347조 제1항·제2항 및 제4항의 규정에 의한 명령에 따르지 아니한 때에는 제318조의 규정을 준용한다.

1. 의의
상대방 또는 제3자가 가지고 있는 문서를 서증신청할 때에는 제출의무 있는 문서에 대해 제출명령을 구하는 신청을 하는데(제343조), 이를 문서제출명령이라고 한다.

2. 문서제출의무

(1) 내용

1) 인용문서(제344조 제1항 제1호)
당사자가 소송에서 인용한 문서를 가지고 있는 때에는 문서를 가지고 있는 사람은 그 제출을 거부하지 못한다(대결 2017.12.28.
2015무423).

2) 인도 열람문서(제344조 제1항 제2호)
신청자가 소지자에 대하여 인도나 열람을 요구할 수 있는 사법상 소지자에 대해 그러한 청구권이 있을 경우인데, 소지자는 제3자라도 관계없고, 청구권은 물권적인 것이든 채권적인 것이든, 계약에 기한 것이든 법률상의 것이든 관계없다.

3) 이익문서와 법률관계문서(제344조 제1항 제3호)
① 이익문서에는 직접 거증자를 위하여 작성한 문서만이 아니라 간접적으로 거증자를 위하여 작성된 것도 포함된다.
② 법률관계문서는 거증자와 소지자 간의 법률관계에 관하여 작성된 것으로, 여기에는 당해 문서만이 아니라, 그 법률관계에 관련된 사항의 기재가 있으면 되고 따라서 그 법률관계의 생성과정에서 작성된 문서도 포함된다.

4) 예외
제344조 제1항 제3호의 이익문서와 법률관계문서라도 소지자가 그 제출을 거부할 수 있는 경우가 있는데, ① 공무원의 직무상비밀이 적혀 있어 동의를 받아야 하는데 받지 아니한 문

18법원직
1 당사자가 소송에서 인용한 문서를 가지고 있는 때 문서를 가지고 있는 사람은 그 제출을 거부하지 못한다. ( )

정답 | 1 ○

서, ② 문서소지자나 근친자에 관하여 형사소추 치욕이 될 증언거부사유가 적혀 있는 문서, ③ 직무상 비밀이 적혀 있고 비밀유지의무가 면제되지 아니한 문서가 그것이다.

(2) 일반적 의무로 확장

신법 제344조 제2항에서는 제1항에서 정한 문서에 해당하지 아니하는 문서라도 원칙적으로 문서의 소지자는 이를 모두 제출할 의무가 있는 것으로 규정하여 문서제출의무를 일반적 의무로 확장하였다.

다만 ① 형사소추 치욕이 될 증언거부사유가 적혀 있는 문서와 직업상 비밀 등 증언거부사유와 같은 것이 적혀 있고 비밀유지의무가 면제되지 아니한 문서, ② 오로지 소지인이 이용하기 위한 문서, ③ 공무원의 직무상 보관문서 등은 제출의무대상에서 제외하였다.

판례 | 제출명령신청의 대상이 된 문서가 서증으로서 필요하지 않거나 대상 문서로 증명하고자 하는 사항이 청구와 직접 관련이 없는 경우, 신청을 받아들이지 않을 수 있는지 여부

[1] 문서를 가진 사람에게 그것을 제출하도록 명할 것을 신청하는 것은 서증을 신청하는 방식 중의 하나이므로, 법원은 제출명령신청의 대상이 된 문서가 서증으로서 필요하지 아니하다고 인정할 때에는 제출명령신청을 받아들이지 아니할 수 있다. 또한 문서제출명령의 대상이 된 문서에 의하여 증명하고자 하는 사항이 청구와 직접 관련이 없는 것이라면 받아들이지 아니할 수 있다.

[2] 개인정보 보호법 제18조 제2항 제2호에 따르면 개인정보처리자는 '다른 법률에 특별한 규정이 있는 경우'에는 개인정보를 목적 외의 용도로 이용하거나 이를 제3자에게 제공할 수 있고, 민사소송법 제344조 제2항은 각 호에서 규정하고 있는 문서제출거부사유에 해당하지 아니하는 경우 문서소지인에게 문서제출의무를 부과하고 있으므로, 임직원의 급여 및 상여금 내역 등이 개인정보 보호법상 개인정보에 해당하더라도 이를 이유로 문서소지인이 문서의 제출을 거부할 수 있는 것은 아니다(대결 2016.7.1. 2014마2239).

3. 문서제출의 신청 및 심판

(1) 신청

① 문서제출신청에 있어서는 문서의 표시·취지·증명할 사실·제출의무자 및 그 의무의 원인 등을 서면으로 명시하여야 한다(제345조, 규칙 제110조).

② 문서제출명령을 하려면 문서의 존재와 소지가 증명되어야 하는데, 그 증명책임은 원칙적으로 신청인에게 있다(대결 2005.7.11. 2005마259). 문서제출명령이 있어도 그 문서가 법원에 제출되기 전까지는 그 신청을 철회함에 상대방의 동의를 요하지 않는다(대판 1971.3.23. 70다3013).

③ 상대방이 어떠한 문서를 소지하고 있는지를 제대로 몰라 신청하기 어려울 경우에는 신청대상인 문서의 취지나 증명할 사실을 개괄적으로만 표시하여 신청하면 법원은 상대방 당사자에게 신청내용과 관련하여 가지고 있는 문서 또는 신청내용과 관련하여 서증으로 제출할 문서에 관하여 그 표시와 취지 등을 명확히 적어내도록 명령할 수 있는데, 이것이 제346조의 문서정보공개제도이다.

18법원직
1 문서를 가진 사람에게 그것을 제출하도록 명할 것을 신청하는 것은 서증을 신청하는 방식 중의 하나이므로, 법원은 그 제출명령신청의 대상이 된 문서가 서증으로서 필요하지 아니하다고 인정할 때에는 그 제출명령신청을 받아들이지 아니할 수 있다. ( )

18법원직
2 법원은 문서제출명령의 대상이 된 문서에 의하여 입증하고자 하는 사항이 당해 청구와 직접 관련이 없는 것이라면 받아들이지 아니할 수 있다. ( )

18법원직
3 문서소지인은 개인정보 보호법상 개인정보에 해당하면 이를 이유로 그 문서의 제출을 거부할 수 있다. ( )

12·13·15·16·19주사보 14·15사무관
4 문서제출신청이 있으면 법원은 그 문서의 소지 여부 및 문서제출의무의 존부를 심리하여야 하며, 그 증명책임은 원칙적으로 신청인에게 있다. ( )

15주사보 17·19사무관
5 문서제출명령이 있어도 그 문서가 법원에 제출되기 전까지는 그 신청을 철회함에 상대방의 동의를 요하지 않는다. ( )

정답 | 1 ○ **2** ○ **3** × **4** ○ **5** ○

1 문서제출명령 신청인은, 문서의 취지나 그 문서로 증명할 사실을 개괄적으로 표시하여 상대방이 이와 관련하여 가지고 있는 문서목록을 제출할 것을 명하도록 법원에 신청할 수 있다. ( )

12·15사무관 13·15·16주사보 21법원직

2 문서제출명령은 당사자가 아닌 제3자에 대해서도 할 수 있지만, 이 경우 제3자나 그가 지정하는 자에 대해 심문을 하여야 한다. ( )

21법원직

3 문서제출명령에 대해서는 독립하여 즉시항고를 할 수 있다. ( )

12주사보 12·19사무관

4 문서소지자가 상대방 당사자인 경우 필요적 심문절차를 거치지 않는다고 하더라도 상대방에게 문서제출신청서를 송달하여 그에 관한 의견진술의 기회를 부여하여야 한다. ( )

15사무관

5 법원이 문서제출신청에 대하여 별다른 판단을 하지 아니한 채 변론을 종결하고 판결을 선고한 경우이는 판단유탈에 해당한다. ( )

12·13·16·17주사보 12사무관 17법원직

6 당사자가 문서제출명령에 따르지 아니한 때에는 법원은 문서의 기재에 대한 상대방의 주장을 진실한 것으로 인정할 수 있고, 결정으로 당사자에게 500만 원 이하의 과태료에 처할 수 있으며, 위 결정에 대하여는 즉시항고를 할 수 있다. ( )

15·19사무관

7 당사자가 문서제출명령에 따르지 아니한 경우 법원은 그 문서의 기재에 대한 상대방의 주장을 진실한 것으로 인정할 수 있으나, 그 문서에 의하여 입증하고자 하는 상대방의 주장사실의 인정 여부는 법원의 자유심증에 의한다. ( )

12주사보 21법원직

8 당사자 아닌 제3자가 문서제출명령에 따르지 않은 때에는, 법원은 그 문서의 기재에 대한 신청인의 주장을 진실한 것으로 인정할 수 있다. ( )

정답 | 1 ○ **2** ○ **3** ○ **4** ○ **5** ×
 6 × **7** ○ **8** ×

(2) 심판방법

① 당사자로부터 문서제출명령신청이 있으면 법원은 제출의무와 소지사실에 대하여 심리하여 그 허가여부를 결정하여야 한다(제347조 제1항). 문서소지자가 제3자인 경우에는 소지자를 심문하여야 한다(제347조 제3항). 문서소지자가 당사자이면 변론(준비)절차에서 심리하면 된다.

② 대상문서의 일부에 영업비밀 등 문서제출거절 사유가 있는 경우 나머지 부분만으로 증거가치가 있다면 그 부분만의 일부제출명령을 하여야 한다(제347조 제2항).

③ 제347조 4항은 제344조에서 정한 비밀사항이 포함되어 제출거부사유에 해당되는지 여부를 판단하기 위하여 그 문서소지자에게 문서의 제시명령을 할 수 있되, 제출거부사유를 판단함에 있어서 비밀심리절차에 의하도록 하였다.

(3) 재판

① 문서제출명령을 하려면 문서의 존재와 소지가 증명되어야 하는데, 그 증명책임은 원칙적으로 신청인에게 있다. 문서제출의 신청에 관한 결정에 대하여는 즉시항고를 할 수 있다(제348조).

② 문서제출신청의 허가 여부에 관한 재판을 할 때에는 그때까지의 소송경과와 문서제출신청의 내용에 비추어 신청 자체로 받아들일 수 없는 경우가 아닌 한 상대방에게 문서제출신청서를 송달하는 등 문서제출신청이 있음을 알림으로써 그에 관한 의견을 진술할 기회를 부여하고, 그 결과에 따라 당해 문서의 존재와 소지 여부, 당해 문서가 서증으로 필요한지 여부, 문서제출신청의 상대방이 민사소송법 제344조에 따라 문서제출의무를 부담하는지 여부 등을 심리한 후, 그 허가 여부를 판단하여야 한다(대결 2009.4.28. 2009무12).

③ 법원이 문서제출신청에 대하여 별다른 판단을 하지 아니한 채 변론을 종결하고 판결을 선고한 경우 이는 법원이 문서제출신청을 묵시적으로 기각한 취지이다(대판 2001.5.8. 2000다35955).

4. 문서의 부제출·훼손 등에 대한 제재

(1) 당사자에 대한 효과

1) 의의

당사자가 문서제출명령을 받고 응하지 아니한 때에는 법원은 문서의 기재에 대한 상대방의 주장을 진실한 것으로 인정할 수 있다(제349조). 다만, 과태료 부과의 제재는 없다.

2) 요증사실이 증명되었다고 볼 것인지 여부

① 제349조에서 진실한 것으로 인정되는 것은 상대방의 그 문서의 기재에 관한 주장을 진실한 것으로 인정할 수 있다는 것이지, 원칙적으로 그 문서에 의하여 상대방이 입증하고자 하는 사실(요증사실) 자체를 진실이라고 인정할 수 있는 것은 아니다.
이를 바탕으로 요증사실을 인정하느냐의 여부는 법관의 자유심증에 속한다. 만일 요증사실, 즉 입증하고자 하는 사실 자체를 진실인 것으로 인정할 수 있다면 명령대로 문서를 내어 놓은 때보다 더 거증자를 이롭게 해주어 문제가 있기 때문이다.

② 판례도 당사자가 위 명령에 따르지 아니한 경우에는 법원은 상대방의 그 문서에 관한 주장, 즉 문서의 성질·내용·성립의 진정 등에 관한 주장을 진실한 것으로 인정하여야 한다는 것이지, 그 문서에 의하여 입증하고자 하는 상대방의 주장사실까지도 반드시 증명되었

다고 인정하여야 한다는 취지가 아니며 주장사실의 인정 여부는 법원의 자유심증에 의한
다(대판 1993.6.25. 93다15991).

(2) 제3자에 대한 효과

제3자가 제출명령을 받고 불응한 때에는 원고주장사실이 진실한 것으로 인정할 수 없는 것
이고, 다만 <u>500만 원 이하의 과태료의 제재</u>가 따른다(제351조).

5. 제출된 문서의 서증으로의 제출

문서제출명령에 의하여 법원에 제출된 문서를 변론기일 또는 변론준비기일에 서증으로 제출
할 것인지는 당사자가 임의로 결정할 수 있는데, 서증으로 제출하여야 증거로 삼을 수 있다.

12·16·17사무관 13·19주사보

1 문서제출명령에 의하여 법원에 제출
된 문서는 당연히 서증으로 제출된
것으로 취급된다.　　　（　　）

Ⅲ 문서송부촉탁

> **제352조 [문서송부의 촉탁]**
> 서증의 신청은 제343조의 규정에 불구하고 문서를 가지고 있는 사람에게 그 문서를 보내도록
> 촉탁할 것을 신청함으로써도 할 수 있다. 다만, 당사자가 법령에 의하여 문서의 정본 또는 등본
> 을 청구할 수 있는 경우에는 그러하지 아니하다.
>
> **제352조의2 [협력의무]**
> ① 제352조에 따라 법원으로부터 문서의 송부를 촉탁받은 사람 또는 제297조에 따른 증거조사
> 　의 대상인 문서를 가지고 있는 사람은 정당한 사유가 없는 한 이에 협력하여야 한다.
> ② 문서의 송부를 촉탁받은 사람이 그 문서를 보관하고 있지 아니하거나 그 밖에 송부촉탁에 따
> 　를 수 없는 사정이 있는 때에는 법원에 그 사유를 통지하여야 한다.

1. 의의

① 당사자는 문서의 제출을 거부할 수 있는 소지자에게도 문서를 송부해 줄 것을 촉탁할 있
　다(제352조). 수사기관 등이 소지하고 있는 형사기록 등 문서에 대하여 이 제도를 이용하
　는 경우가 일반적이다.
② 문서소지자가 당해 사건의 당사자일 때에는 전술한 문서제출명령에 의함이 원칙이고 문
　서 송부촉탁을 하는 것은 적절하지 않다. 또 등기사항증명서·가족관계등록사항증명서
　등과 같이 법령상 문서의 정본 또는 등본의 교부청구권이 보장되어 있는 경우에는 문서송
　부촉탁을 할 수 없다(제352조 단서).

11·18사무관 17주사보

2 등기사항증명서·가족관계등록사항
증명서 등과 같이 법령상 문서의 정
본 또는 등본의 교부청구권이 보장
되어 있는 경우에는 문서송부촉탁
을 할 수 없다.　　　（　　）

2. 신청

① 송부촉탁의 신청은 변론(준비)기일에서 할 수 있으나, 증거신청의 일종이므로 기일 전에
　도 할 수 있다(제289조 제2항).
② 법원의 송부촉탁을 받은 소지자는 정당한 사유가 없는 한 이에 협력하여야 한다(제352조
　의2 제1항). 당해 문서를 보관하고 있지 아니하거나 그 밖에 송부촉탁에 따를 수 없는
　사정이 있는 때에는 그 구체적인 사유를 촉탁한 법원에 통지하여야 한다(동조 제2항).

정답 | 1 ✕ 2 ○

1 문서송부촉탁에 의하여 송부된 문서는 자동적으로 그 사건에서 증거자료로 되는 것은 아니고, 신청인이 그 중에서 필요한 것을 서증으로 제출함으로써 비로소 증거자료가 된다. ( )

3. 송부문서의 도착 후의 처리

① 문서가 송부되어 오면 법원사무관등은 바로 신청인에게 그 사실을 통지하여 도착된 문서 중 서증으로 제출하고자 하는 문서를 지정하게 하여 서증부호와 변호를 정리한 목록을 제출하게 하여야 한다(규칙 제115조).

② 송부된 문서가 자동적으로 그 사건에서 증거자료로 되는 것이 아니고, 신청인이 그 중에서 필요한 것을 서증으로 제출함으로써 비로소 증거자료가 되고, 실질적인 증명력을 갖게 하기 위하여 문서의 진정성립을 별도로 입증하여야 한다.

Ⅳ 법원 밖에서의 서증조사

> **규칙 제112조 [문서가 있는 장소에서의 서증신청 등]**
> ① 제3자가 가지고 있는 문서를 법 제343조 또는 법 제352조가 규정하는 방법에 따라 서증으로 신청할 수 없거나 신청하기 어려운 사정이 있는 때에는 법원은 그 문서가 있는 장소에서 서증의 신청을 받아 조사할 수 있다.
> ② 제1항의 경우 신청인은 서증으로 신청한 문서의 사본을 법원에 제출하여야 한다.

학습 POINT

1. 감정과 증인의 구별 중요
2. 감정서 작성 후에 소송이 종료되면 감정료 지급(1/2)
3. 사실조회는 개인에게도 가능, 회보에 관해 서증제출은 불필요

제7절 감정·검증·사실조회

Ⅰ 감정

> **제333조 [증인신문규정의 준용]**
> 감정에는 제2절의 규정을 준용한다. 다만, 제311조 제2항 내지 제7항, 제312조, 제321조 제2항, 제327조 및 제327조의2는 그러하지 아니하다.
>
> **제334조 [감정의무]**
> ① 감정에 필요한 학식과 경험이 있는 사람은 감정할 의무를 진다.
> ② 제314조 또는 제324조의 규정에 따라 증언 또는 선서를 거부할 수 있는 사람과 제322조에 규정된 사람은 감정인이 되지 못한다.
>
> **제335조 [감정인의 지정]**
> 감정인은 수소법원·수명법관 또는 수탁판사가 지정한다.
>
> **제335조의2 [감정인의 의무]**
> ① 감정인은 감정사항이 자신의 전문분야에 속하지 아니하는 경우 또는 그에 속하더라도 다른 감정인과 함께 감정을 하여야 하는 경우에는 곧바로 법원에 감정인의 지정 취소 또는 추가 지정을 요구하여야 한다.

② 감정인은 감정을 다른 사람에게 위임하여서는 아니 된다.

제336조 [감정인의 기피]
감정인이 성실하게 감정할 수 없는 사정이 있는 때에 당사자는 그를 기피할 수 있다. 다만, 당사자는 감정인이 감정사항에 관한 진술을 하기 전부터 기피할 이유가 있다는 것을 알고 있었던 때에는 감정사항에 관한 진술이 이루어진 뒤에 그를 기피하지 못한다.

제337조 [기피의 절차]
① 기피신청은 수소법원·수명법관 또는 수탁판사에게 하여야 한다.
② 기피하는 사유는 소명하여야 한다.
③ 기피하는 데 정당한 이유가 있다고 한 결정에 대하여는 불복할 수 없고, 이유가 없다고 한 결정에 대하여는 즉시항고를 할 수 있다.

제338조 [선서의 방식]
선서서에는 "양심에 따라 성실히 감정하고, 만일 거짓이 있으면 거짓감정의 벌을 받기로 맹세합니다."라고 적어야 한다.

제339조 [감정진술의 방식]
① 재판장은 감정인으로 하여금 서면이나 말로써 의견을 진술하게 할 수 있다.
② 재판장은 여러 감정인에게 감정을 명하는 경우에는 다 함께 또는 따로따로 의견을 진술하게 할 수 있다.
③ 법원은 제1항 및 제2항에 따른 감정진술에 관하여 당사자에게 서면이나 말로써 의견을 진술할 기회를 주어야 한다.

제339조의2 [감정인신문의 방식]
① 감정인은 재판장이 신문한다.
② 합의부원은 재판장에게 알리고 신문할 수 있다.
③ 당사자는 재판장에게 알리고 신문할 수 있다. 다만, 당사자의 신문이 중복되거나 쟁점과 관계가 없는 때, 그 밖에 필요한 사정이 있는 때에는 재판장은 당사자의 신문을 제한할 수 있다.

제339조의3 [비디오 등 중계장치 등에 의한 감정인신문]
① 법원은 다음 각 호의 어느 하나에 해당하는 사람을 감정인으로 신문하는 경우 상당하다고 인정하는 때에는 당사자의 의견을 들어 비디오 등 중계장치에 의한 중계시설을 통하여 신문하거나 인터넷 화상장치를 이용하여 신문할 수 있다.
  1. 감정인이 법정에 직접 출석하기 어려운 특별한 사정이 있는 경우
  2. 감정인이 외국에 거주하는 경우
② 제1항에 따른 감정인신문에 관하여는 제327조의2 제2항 및 제3항을 준용한다.

제340조 [감정증인]
특별한 학식과 경험에 의하여 알게 된 사실에 관한 신문은 증인신문에 관한 규정을 따른다. 다만, 비디오 등 중계장치 등에 의한 감정증인신문에 관하여는 제339조의3을 준용한다.

제341조 [감정의 촉탁]
① 법원이 필요하다고 인정하는 경우에는 공공기관·학교, 그 밖에 상당한 설비가 있는 단체 또는 외국의 공공기관에 감정을 촉탁할 수 있다. 이 경우에는 선서에 관한 규정을 적용하지 아니한다.
② 제1항의 경우에 법원은 필요하다고 인정하면 공공기관·학교, 그 밖의 단체 또는 외국 공공기관이 지정한 사람으로 하여금 감정서를 설명하게 할 수 있다.
③ 제2항의 경우에는 제339조의3을 준용한다.

> **제342조 [감정에 필요한 처분]**
> ① 감정인은 감정을 위하여 필요한 경우에는 법원의 허가를 받아 남의 토지, 주거, 관리중인 가옥, 건조물, 항공기, 선박, 차량, 그 밖의 시설물안에 들어갈 수 있다.
> ② 제1항의 경우 저항을 받을 때에는 감정인은 경찰공무원에게 원조를 요청할 수 있다.

1. 의의

① 감정이란 법관의 판단능력을 보충하기 위하여 전문적 지식과 경험을 가진 자로 하여금 법규나 경험칙(대전제에 관한 감정) 또는 이를 구체적 사실에 적용하여 얻은 사실판단(구체적 사실판단에 관한 감정)을 법원에 보고하게 하는 증거조사이다. 이와 같이 보고된 법규나 경험칙 또는 사실판단을 감정의 결과(감정의견)라 하고, 법원으로부터 감정을 명령받은 사람을 감정인이라고 한다.

② 감정은 인증의 일종이므로 감정인이 작성한 감정서는 서증으로 취급해서는 안 된다. 그러나 소송 외에서 당사자가 직접 의뢰하여 작성된 감정서가 법원에 제출되었을 때에는 서증으로써 법원이 이를 합리적이라고 안정하면 사실인정의 자료가 될 수 있다(대판 1999.7.13. 97다57979).

2. 구별개념

(1) 증인과 구별

감정인은 판단 등을 보고하는 사람이므로 대체성이 있는 데 비하여, 증인은 경험한 사실 등을 보고하는 사람이므로 대체성이 없다.

① 증인은 입증자가 특정인을 지정하여야 하나(제308조), 감정인의 지정은 법원에 일임되어 있으며(제335조),

② 증인능력에는 특별한 제한이 없으나, 감정인의 경우에는 결격사유에 관한 규정(제334조 2항)과 기피에 관한 규정(제336조)이 있고,

③ 불출석의 경우에는 증인은 감치처분이나 구인할 수 있으나(제311조, 제312조), 감정인은 감치처분이나 구인할 수 없고(제333조 단서),

④ 자연인에 한정되는 증인과 달리, 감정은 법인에게도 촉탁할 수 있고(제341조),

⑤ 증인진술은 말로 하는 것이 원칙이지만(제331조), 감정의견의 진술은 서면 또는 말로 하며(제339조 제1항),

⑥ 증인신문은 교호신문방식으로 실시하지만(제327조), 감정인신문은 법원 주도로 직권신문을 하면서 당사자의 보충신문권을 보장하는 방식으로 실시되고(제339조의2),

⑦ 증인신문은 비디오 등 중계장치를 이용하여 실시할 수 있는데(제327조의2) 감정인신문은 이에 더하여 인터넷 화상장치도 이용할 수 있으며(제339조의3),

⑧ 감정은 여러 사람에게 공동으로 의뢰할 수 있는 점(제339조 2항)에서 증언과 다르다.

12주사보
1 증인은 불출석의 경우에 감치처분이나 구인할 수 있으나, 감정인은 감치처분이나 구인할 수 없다.
( )

13주사보
2 증인은 자연인에 한정되지만, 감정은 법인에게도 촉탁할 수 있다.
( )

18법원직
3 감정에는 증인신문에 관한 규정을 준용하나, 비디오 등 중계장치에 관한 증인신문에 관한 규정인 민사소송법 제327조의2는 준용하지 아니하므로, 감정인이 법정에 직접 출석하기 어려운 특별한 사정이 있는 경우에도 비디오 등 중계장치를 이용하여 감정인신문을 진행할 수는 없다.
( )

정답 | 1 ○ **2** ○ **3** ✕

구분	증인	감정인
대체성	없음 (자신의 과거 경험사실보고)	있음 (전문적 경험지식에 의한 판단의 보고)
불출석시 제재	감치저분·구인조치 가능 (제311조, 제312조) (대체성이 없기 때문)	감치저분·구인조치 불가 (대체성이 있기 때문)
지정	증명책임 있는 자가 지정(제308조)	법원에 일임(제335조)
능력	제한 없음	결격사유(제334조 2항) 있음
기피	기피에 대한 규정 없음	기피사유(제336조) 있음
법인	증인적격 없음	법인에 대한 감정촉탁 가능(제341조)
진술	구두진술원칙(제331조) (예외적으로 서면증언 가능)	서면 또는 말로 함(제339조 제1항)
공동진술	공동증언 불허(격리신문)	공동감정 허용

(2) 전문심리위원과 구별

① 법원은 소송관계를 분명하게 하거나 증거조사 등 소송절차를 원활하게 진행하기 위하여 직권 또는 당사자의 신청에 따른 결정으로 전문심리위원을 지정하여 소송절차에 참여하게 할 수 있는데(제164조의2), 특수하고 복잡한 사안에 대한 감정 가능성, 감정신청의 적정성 판단, 감정사항의 확정 등과 관련하여 신속한 감정 절차 진행을 위하여 전문심리위원의 설명이나 의견을 들을 필요가 있는 경우에 전문심리위원제도를 활용함이 바람직하다.

② 그러나 전문심리위원은 독립한 증거방법이 아니고 전문심리위원의 설명 등은 증거자료가 되지 아니한다(대판 2014.12.24. 2013다18332)는 점에서 감정과 차이가 있다.

3. 감정촉탁

① 감정촉탁이란 공공기간, 학교 그 밖에 상당한 설비가 있는 단체 또는 외국 공공기관에 대해 감정촉탁서에 의하여 감정지시를 하는 것을 말한다(제341조).

② 자연인에게는 감정촉탁을 할 수 없다. 왜냐하면 감정촉탁은 선서나 진술의무가 면제되는 대신 권위 있는 기관에 의하여 그 공정성과 진실성 및 전문성이 담보되어야 하기 때문이다.

③ 다만, 법원이 기관에게 감정촉탁을 하였는데, 그 기관 소속 전문가명의로 감정서가 송부되어 온 경우 그 감정서는 기관에 대한 감정촉탁결과로 보아 증거능력이 있는 증거로서 사실인정의 자료로 할 수 있다는 것이 판례이다(대판 1986.9.23. 85다카1923).

4. 신청

① 감정은 법원이 직권으로 명할 수 있으나, 당사자의 신청에 의하여 행하는 것이 일반적이다. 감정을 신청함에 있어서는 감정을 구하는 사항을 적은 서면과 함께 입증취지와 감정대상을 적은 신청서를 내야 한다(규칙 제101조 제1항 참조).

감정인 등은 법원행정처에서 작성한 '감정인선정전산프로그램'에 의하여 선정하여야 한다. 다만, 양쪽 당사자가 합의하여 특정 감정인등에 대한 감정인 선정 신청을 하거나, 감

20사무관

1 전문심리위원은 소송절차에서 설명 또는 의견을 기재한 서면을 제출하거나 기일에 출석하여 설명이나 의견을 진술할 수 있고, 이러한 전문심리위원의 기일에서의 설명이나 의견 진술은 증거자료가 된다. ( )

15법원직

2 법원이 필요하다고 인정하는 경우에는 공공기관·학교, 그 밖에 상당한 설비가 있는 단체 또는 외국의 공공기관에 감정을 촉탁할 수 있다. 이 경우에는 선서에 관한 규정을 적용하지 아니한다. ( )

13주사보

3 양쪽 당사자가 합의하여 특정 감정인등에 대한 감정인 선정을 신청할 수 있다. ( )

12·20사무관

4 감정신청이 있으면 반드시 그 서면을 상대방에게 송달하여 그에게 의견을 제출할 기회를 부여하여야 한다. ( )

15법원직

5 감정인이 성실하게 감정할 수 없는 사정이 있는 때에 당사자는 그를 기피할 수 있다. 다만, 당사자는 감정인이 감정사항에 관한 진술을 하기 전부터 기피할 이유가 있다는 것을 알고 있었던 때에는 감정사항에 관한 진술이 이루어진 뒤에 그를 기피하지 못한다. ( )

정답 | 1 × **2** ○ **3** ○ **4** × **5** ○

정인선정 전산프로그램에 의하여 선정할 수 없는 경우에는 그러하지 아니하다.

② 신청인이 감정을 구하는 사항을 적은 서면을 제출한 때에는 법원이 필요 없다고 인정한 경우(측량감정이나 시가감정과 같이 감정사항이 정형적으로 정하여져 있는 경우)가 아닌 한 그 서면을 상대방에게 송달하여 그에게 의견을 제출할 기회를 부여하여야 한다(규칙 제101조 제1항 내지 제3항).

③ 당사자는 선정된 감정인이 성실하게 감정할 수 없는 사정이 있는 때에는 그 사유를 소명하여 그를 기피할 수 있으며, 기피결정에 대해서는 불복할 수 없으나 기피결정을 받아들이지 않은 경우에는 즉시항고 할 수 있다(제336조, 제337조). 다만, 미리 기피사유를 알고 있었음에도 감정인이 감정사항에 관한 진술을 할 때까지 기피신청을 하지 않았다면 그 이후에는 기피신청을 할 수 없다(제336조 단서).

④ 감정인은 변론기일 또는 감정인 신문기일에 선서를 한 후 말로 진술하는 것이 원칙이다(제338조). 다만, 기일 외에서 서면으로 할 수 있다(제339조 제1항).

⑤ 감정인은 법원의 허가를 얻어 타인의 주거지 등에 들어갈 수 있으며, 감정방해에 대하여 경찰에게 원조를 요청할 수 있다(제342조).

5. 감정결과의 채택 여부

① 감정인의 감정결과는 당사자가 이를 증거로 원용하지 않는 경우에도 법원으로서는 증거로 할 수 있다(대결 1994.8.26. 94누2718).

② 동일한 사항에 관하여 상이한 수개의 감정결과가 있을 때 그중 하나에 의하여 사실을 인정하였다면 그것이 경험칙이나 논리법칙에 위배되지 않는 한 적법하다(대판 1997.12.12. 97다36507). 다만, 동일한 감정인이 동일한 감정사항에 대하여 서로 모순되거나 매우 불명료한 감정의견을 내놓고 있는 경우에, 법원이 위 감정서를 직접 증거로 채용하여 사실인정을 하기 위하여는, 특별히 다른 증거자료가 뒷받침되지 않는 한, 감정인에 대하여 감정서의 보완을 명하거나 감정증인으로의 신문방법 등을 통하여 정확한 감정의견을 밝히도록 하는 등의 적극적인 조치를 강구하여야 한다(대판 2008.3.27. 2007다6519).

③ 선서하지 아니한 감정인에 의한 감정결과는 증거능력이 없으므로, 이를 사실인정의 자료로 삼을 수 없다 할 것이나, 한편 소송법상 감정인신문이나 감정의 촉탁방법에 의한 것이 아니고 소송 외에서 전문적인 학식 경험이 있는 자가 작성한 감정의견을 기재한 서면이라 하더라도 그 서면이 서증으로 제출되었을 때 법원이 이를 합리적이라고 인정하면 이를 사실인정의 자료로 할 수 있다는 것인바, 법원이 감정인을 지정하고 그에게 감정을 명하면서 착오로 감정인으로부터 선서를 받는 것을 누락함으로 말미암아 그 감정인에 의한 감정결과가 증거능력이 없게 된 경우라도, 그 감정인이 작성한 감정결과를 기재한 서면이 당사자에 의하여 서증으로 제출되고, 법원이 그 내용을 합리적이라고 인정하는 때에는, 이를 사실인정의 자료로 삼을 수 있다(대판 2006.5.25. 2005다77848).

6. 감정료의 산정

① 감정인등이 감정서를 작성한 후 법원에 감정서를 제출하기 전에 소송 등이 화해, 청구의 포기·인낙, 소의 취하 및 그 밖에 재판에 의하지 아니하고 종결된 경우의 감정료는 이 예규에서 정한 감정료의 2분의 1로 한다.

18법원직 20사무관

1 감정인은 감정을 위하여 필요한 경우에는 법원의 허가 없이도 남의 토지, 주거에 들어갈 수 있으며, 이 경우 저항을 받을 때에는 국가경찰공무원에게 원조를 요청할 수 있다. ( )

18법원직

2 선서하지 아니한 감정인에 의한 감정 결과는 증거능력이 없으므로, 법원이 감정인을 지정하고 그에게 감정을 명하면서 착오로 감정인으로부터 선서를 받는 것을 누락하였다면 그 감정인에 의한 감정 결과는 증거능력이 없다. ( )

18법원직

3 감정인이 선서를 하지 않은 경우에는, 그 감정인이 작성한 감정 결과를 기재한 서면이 당사자에 의하여 서증으로 제출되고, 법원이 그 내용을 합리적이라고 인정하는 때에도 이를 사실인정의 자료로 삼을 수 없다. ( )

12주사보 20사무관

4 감정인이 감정서를 작성한 후에는 법원에 감정서를 제출하기 전에 소취하로 사건이 종결된 경우라도 예규에서 정한 감정료를 모두 지급하여야 한다. ( )

정답 | **1** × **2** ○ **3** × **4** ×

② 감정인등이 감정서를 작성하기 전에 소의 취하 등 소정의 사유가 발생한 경우에는 감정료를 지급하지 아니한다. 다만 여비와 일당은 민사소송비용 규칙 소정의 여비 등의 정액으로 한다(감정예규 제28조 제1항·제2항).

③ 법원은 감정인을 지정하였더라도 감정을 명하기 전이라면 감정인 지정을 취소할 수 있고, 감정을 명한 후라도 감정서를 제출하지 않거나 구술로 감정보고를 하기 전까지는 감정인 지정을 취소할 수 있다. 이 경우에도 감정인에게 감정에 소요된 여비, 감정료 등은 지급하여야 한다(민사소송비용법 제4조, 제6조).

Ⅱ 검증

제364조 [검증의 신청]
당사자가 검증을 신청하고자 하는 때에는 검증의 목적을 표시하여 신청하여야 한다.

제365조 [검증할 때의 감정 등]
수명법관 또는 수탁판사는 검증에 필요하다고 인정할 때에는 감정을 명하거나 증인을 신문할 수 있다.

제366조 [검증의 절차 등]
① 검증할 목적물을 제출하거나 보내는 데에는 제343조, 제347조 내지 제350조, 제352조 내지 제354조의 규정을 준용한다.

② 제3자가 정당한 사유 없이 제1항의 규정에 의한 제출명령에 따르지 아니한 때에는 법원은 결정으로 200만 원 이하의 과태료에 처한다. 이 결정에 대하여는 즉시항고를 할 수 있다.

③ 법원은 검증을 위하여 필요한 경우에는 제342조 제1항에 규정된 처분을 할 수 있다. 이 경우 저항을 받은 때에는 경찰공무원에게 원조를 요청할 수 있다.

1. 의의

① 검증이란 법관이 직접 자기의 오관의 작용에 의하여 사물의 성상이나 현상을 보고, 듣고, 느낀 인식을 증거자료로 하는 증거조사방법이다. 검증의 대상이 되는 사물을 검증물이라고 한다.

② 검증은 자동차사고의 현장 각종 공사장·기계의 상황 토지의 경계상황 등과 같이 주로 시각에 의하여 의식할 수 있는 것에 많이 활용되나, 소음, 가스의 냄새 등 청각 또는 후각에 의하여 인식할 수 있는 것도 검증의 대상이 된다.

2. 검증의 신청

① 검증은 원칙적으로 당사자의 신청에 의하여 개시되지만 석명처분으로서의 검증은 소송지휘의 일환으로 직권으로 행할 수 있다(제140조 제1항). 이때는 소송관계를 분명하게 하기 위하여 하는 처분이므로 엄밀한 의미에서 증거조사는 아니지만 증거조사에 관한 규정이 준용된다(제140조 제2항).

② 검증은 전문적 지식을 필요로 할 때에는 감정과 함께 신청하는 경우가 많다. 검증을 신청하는 때에는 검증물을 특정하여 표시하여야 하고(제364조), 그에 의하여 증명할 사실의 관계를 구체적으로 명시하여야 한다(규칙 제74조).

13·16주사보
1 감정인등이 감정서를 작성하기 전에 소의 취하 등 소정의 사유가 발생한 경우에 지급할 감정료는 "감정인 선정과 감정료 산정기준 등에 관한 예규"에서 정하는 감정료의 2분의 1로 한다. ( )

18사무관
2 감정인이 감정서를 작성하기 전에 소취하로 종결된 경우 감정료를 지급하지 아니하나, 여비와 일당은 지급한다. ( )

정답 | 1 × 2 ○

3. 검증의 실시

① 검증을 실시함에 있어, 당사자나 제3자는 증인의무와 마찬가지로 정당한 사유가 있는 경우를 제외하고는 혈액의 채취, 신체검사, 정신상태의 진찰 등 검증절차를 수인할 의무가 있고, 법원은 사람의 신체를 검증함에는 출석을 명할 수 있으며, 현장검증을 위하여 타인의 주거지나 토지에 들어갈 수 있고, 경찰관의 원조요청이 가능하다(제366조).

② 당사자가 검증물을 제시하지 않거나 출석요구에 불응한 때에는 법원은 검증물의 존재·성상에 대한 당사자의 주장을 진실한 것으로 인정할 수 있고(제366조 제1항, 제349조), 당사자가 상대방의 사용을 방해할 목적으로 제출의무가 있는 검증목적물을 훼손하여 버리거나 이를 사용할 수 없게 한 때에도 이와 같다(제366조 제1항, 제350조). 제3자가 정당한 사유 없이 법원의 검증목적물 제출명령에 응하지 아니한 때에는 법원은 결정으로 200만 원 이하의 과태료에 처할 수 있으며, 이 결정에 대하여 즉시항고 할 수 있다(제366조 제2항).

③ <u>검증 종료 전</u>에 화해가 성립한 경우에는 검증조서를 작성할 필요 없이 <u>화해조서를 작성</u>하면 된다. 그러나 <u>검증 종료 후</u>에 화해가 성립한 경우에는 <u>검증조서를 작성</u>해 두어야 한다.

Ⅲ 사실조회

1. 의의

① 사실조회란 공공기관·학교 그 밖의 단체·개인 또는 외국의 공공기관에게 그 업무에 속하는 특정사항에 관한 조사 또는 보관중인 문서의 등본·사본의 송부를 촉탁함으로써 증거를 수집하는 절차를 말한다.

② 사실조회는 촉탁의 상대방이 용이하게 조사할 수 있는 사실에 한하여 조회하고, 조사할 내용이 촉탁의 상대방의 특별한 지식과 경험을 필요로 하는 것이거나 촉탁의 상대방의 전문적인 의견을 구하는 것일 때에는 감정촉탁의 방법으로 함이 상당하다(사실조사 촉탁 시 비용 지급에 관한 예규).

2. 사실조회공문의 발송

사실조회를 하기로 하는 증거결정을 한 때에는 재판장 명의로 사실조회서를 작성하여 발송한다. 신청인 등 당사자에게 사실조회 회답서를 교부하여야 하는 경우에 대비하여, 법원은 조회상대방에게 사실조회 회답서의 부본을 제출하게 할 수 있다(규칙 제76조).

3. 회보가 도착한 경우의 처리

① 회보가 도착한 때에는 즉시 양쪽 당사자에게 전화·팩스 등 간이한 방법으로 그 사실을 고지하고, 변론(준비)기일에서 당사자에게 의견진술의 기회를 주는 절차를 거쳐야 하는데(대판 1982.8.24. 81누270), 유리한 당사자가 이를 원용하는 경우가 많다.

② 회보에 관하여는 이를 따로 서증으로 제출시킬 필요는 없다. 회보처에서 참고서류 사본 등을 함께 보낸 경우에도 이를 포함한 전체를 사실조회결과로 처리하면 되며 그 참고서류를 따로 서증으로 할 필요는 없는데, 이 점에 있어서 문서송부촉탁의 경우와 다르다.

③ 다만, 당해 기관 이외의 자가 작성한 문서로서 단순한 참고서류가 아닌 정식의 문서가

18사무관
1 검증 종료 전에 검증현장에서 화해가 성립한 경우 검증조서를 작성할 필요가 없이 화해조서를 작성하면 된다.　　　　(　)

16주사보
2 검증 종료 후 화해가 성립한 경우에는 검증조서를 작성할 필요 없이 화해조서만 작성하면 된다.　(　)

12사무관 14·17주사보
3 사실조회는 공공기관·학교, 그 밖의 단체 또는 외국의 공공기관에게 그 업무에 속하는 사항에 관한 조사 또는 보관중인 문서의 등본·사본의 송부를 촉탁함으로써 증거를 수집하는 절차이므로 개인에게는 사실조회를 할 수 없다.　(　)

19주사보
4 조사할 내용이 촉탁 상대방의 특별한 지식과 경험을 필요로 하는 것이거나 전문적인 의견을 구하는 것일 때에도 사실조회 방법에 의하는 것이 보통이다.　　　(　)

14·17주사보
5 사실조회회보가 도착한 때에는 즉시 양쪽 당사자에게 전화·팩스 등 간이한 방법으로 그 사실을 고지하고 변론기일에서 당사자에게 의견진술의 기회를 주는 절차를 거쳐야 한다.　　　　　(　)

12·14사무관 14·17·19주사보 17법원직
6 사실조회회보서는 자동적으로 그 사건에서 증거자료가 되는 것이 아니고 당사자가 필요한 것을 서증으로 제출함으로써 증거자료가 된다.　(　)

정답| **1** ○ **2** × **3** × **4** × **5** ○ **6** ×

포함되어 있는 경우에는 이를 증거로 하려면 별도의 서증으로 제출받아야 한다. 이 경우에는 그 사본을 다시 제출할 필요는 없고 첨부되어 온 서류에 직접 서증번호를 부기하면 된다.

Ⅳ 증거보전

제375조 [증거보전의 요건]
법원은 미리 증거조사를 하지 아니하면 그 증거를 사용하기 곤란할 사정이 있다고 인정한 때에는 당사자의 신청에 따라 이 장의 규정에 따라 증거조사를 할 수 있다.

제377조 [신청의 방식]
② 증거보전의 사유는 소명하여야 한다.

제379조 [직권에 의한 증거보전]
법원은 필요하다고 인정한 때에는 소송이 계속된 중에 직권으로 증거보전을 결정할 수 있다.

제378조 [상대방을 지정할 수 없는 경우]
증거보전의 신청은 상대방을 지정할 수 없는 경우에도 할 수 있다. 이 경우 법원은 상대방이 될 사람을 위하여 특별대리인을 선임할 수 있다.

제376조 [증거보전의 관할]
① 증거보전의 신청은 소를 제기한 뒤에는 그 증거를 사용할 심급의 법원에 하여야 한다. 소를 제기하기 전에는 신문을 받을 사람이나 문서를 가진 사람의 거소 또는 검증하고자 하는 목적물이 있는 곳을 관할하는 지방법원에 하여야 한다.
② 급박한 경우에는 소를 제기한 뒤에도 제1항 후단에 규정된 지방법원에 증거보전의 신청을 할 수 있다.

제377조 [신청의 방식]
① 증거보전의 신청에는 다음 각 호의 사항을 밝혀야 한다.
  1. 상대방의 표시
  2. 증명할 사실
  3. 보전하고자 하는 증거
  4. 증거보전의 사유

제380조 [불복금지]
증거보전의 결정에 대하여는 불복할 수 없다.

제381조 [당사자의 참여]
증거조사의 기일은 신청인과 상대방에게 통지하여야 한다. 다만, 긴급한 경우에는 그러하지 아니하다.

제382조 [증거보전의 기록]
증거보전에 관한 기록은 본안소송의 기록이 있는 법원에 보내야 한다.

제384조 [변론에서의 재신문]
증거보전절차에서 신문한 증인을 당사자가 변론에서 다시 신문하고자 신청한 때에는 법원은 그 증인을 신문하여야 한다.

제383조 [증거보전의 비용]
증거보전에 관한 비용은 소송비용의 일부로 한다.

15주사보
1 회보처에서 함께 보낸 참고서류 사본 등이 당해 기관 이외의 자가 작성한 문서로서 단순한 참고서류가 아닌 정식의 문서가 포함되어 있는 경우에 이를 증거로 하려면 전체를 사실조회결과로 처리하면 된다.
( )

제8절 | 자유심증주의*

> **제202조 [자유심증주의]**
> 법원은 변론 전체의 취지와 증거조사의 결과를 참작하여 자유로운 심증으로 사회정의와 형평의 이념에 입각하여 논리와 경험의 법칙에 따라 사실주장이 진실한지 아닌지를 판단한다.
>
> **제202조의2 [손해배상 액수의 산정]**
> 손해가 발생한 사실은 인정되나 구체적인 손해의 액수를 증명하는 것이 사안의 성질상 매우 어려운 경우에 법원은 변론 전체의 취지와 증거조사의 결과에 의하여 인정되는 모든 사정을 종합하여 상당하다고 인정되는 금액을 손해배상 액수로 정할 수 있다.

I 서설

1. 자유심증주의 의의

자유심증주의라 함은 사실주장이 진실인지 아닌지를 판단함에 있어서 법관이 증거법칙의 제약을 받지 않고, 변론 전체의 취지와 증거자료를 참작하여 형성된 자유로운 심증으로 행할 수 있는 원칙을 말한다.

2. 법정증거주의의 의의 및 문제점

법정증거주의라 함은 증거능력이나 증거력을 법률로 정해놓아 법관이 사실인정에 당하여 반드시 이러한 증거법칙에 구속되어야 하는 원칙을 말한다.

법정증거주의는 사실인정에 있어서 법관의 자의적인 판단을 막을 수 있는 이점이 있기는 하나, 사회가 소규모이고 단조로울 때는 증거를 유형화하여 이를 법정화할 수 있었지만, 오늘의 복잡한 사회에 있어서 일어나는 천태만상의 현실을 몇 가지 유형화한 증거법칙으로 대처할 수 없으며, 그것은 오히려 사실의 진실 여부의 판단을 그르칠 위험이 있다.

II 증거원인

1. 변론 전체의 취지

(1) 의의

증거조사의 결과를 제외한 일체의 소송자료로서, 당사자의 주장내용·태도·주장입증의 시기, 그 밖의 변론 전체의 취지에서 얻은 인상 등 변론에서 나타난 일체의 적극·소극의 사항을 말한다.

(2) 증거원인으로서의 독자성 인정여부

1) 문제점

변론 전체의 취지만으로 당사자간에 다툼 있는 사실을 인정할 수 있는지, 아니면 이는 증거자료에 보태어 사실인정의 자료로 쓰이는 보충적 증거원인이 되는 데 그치는지 문제된다.

2) 판례

판례는 변론 전체의 취지만으로 인정할 수 있는 것은 문서의 진정성립과 자백의 철회요건으로서의 착오에 국한시키며, 주요사실의 인정에 관하여서는 증거원인으로서 독립성을 부인하고 있다(대판 1983.9.13. 83다카971).

2. 증거조사의 결과

(1) 의의

증거조사의 결과라 함은 법원이 증거조사에 의하여 얻은 증거자료를 말한다.

(2) 증거방법의 무제한

자유심증주의는 증거방법이나 증거능력에 제한이 없기 때문에, 매매사실의 인정은 반드시 서증에 의하여야 하는 것은 아니며, 서류위조 여부를 반드시 감정에 의할 필요가 없다.

판례는 소의 제기 후 계쟁사실을 증명하기 위하여 작성한 문서라도 증거능력이 있다고 하였고(대판 1992.4.14. 91다24755), 비밀리에 상대방과의 대화를 녹음한 경우(대판 1999.5.25. 99다1789), 전문증거(대판 1967.3.21. 67다67)도 증거능력이 있다고 본다.

(3) 증거력의 자유평가

① 직접증거와 간접증거 사이, 서증과 인증 사이에 증명력의 우열이 없고, 법관의 자유판단에 일임되어 있다. 또한 민사소송절차에서 신체감정에 관한 감정인의 감정결과는 증거방법의 하나에 불과하고, 법관은 당해 사건에서 모든 증거를 종합하여 자유로운 심증에 의하여 특정의 감정결과와 다르게 노동능력상실률을 판단할 수 있고, 또한 당사자도 주장·입증을 통하여 그 감정결과의 당부를 다툴 수 있는 것이다(대판 2002.6.28. 2001다27777).

② 다만, 진정성립이 인정되는 처분문서의 기재내용을 믿지 않는 경우와 같이 경험법칙상 이례적인 사실을 인정하는 경우에는 심증형성의 과정을 판결이유에 명시하여야 하며(대판 2008.2.29. 2007도11029), 관련사건의 판결서에서 인정된 사실, 호적부나 임야대장과 같은 공문서의 기재사항도 사실상의 추정력을 가지므로 이에 반하는 사실을 인정할 때에는 심증형성의 과정을 판결이유에 명시하여야 한다(대판 2010.1.28. 2009다72698).

(4) 증거공통의 원칙

① 증거조사의 결과는 그 증거제출자에게 유리하게 판단 될 수 있을뿐더러, 상대방의 원용에 관계없이 제출자에게 불리하게 오히려 상대방에게 유리한 판단에 사용될 수 있다.

② 증거공통의 원칙이 변론주의와 저촉되는 것은 아니다. 변론주의는 증거의 제출책임을 법원과의 관계에서 당사자에 일임한다는 것이지, 일단 제출한 증거를 놓고 어떻게 평가하느냐는 변론주의 범위 밖의 문제이기 때문이다.

③ 증거공통의 원칙의 결과 일단 증거조사가 개시된 뒤에는 상대방에게도 유리한 자료가 나올 가능성이 있기 때문에, 상대방의 동의가 없으면 그 증거신청의 철회는 허용되지 않는다. 다만, 증거공통의 원칙은 공동소송인 간에도 적용되지만, 공동소송인 간에 이해관계가 상반되는 경우와 자백한 경우까지 확장되는 것은 아니다.

22법원직

1 상대방의 부지중 비밀로 대화를 녹음한 녹음테이프는 위법하게 수집된 증거이므로 증거능력이 없다.

( )

22법원직

2 신체감정에 관한 감정인의 감정결과는 증거방법의 하나에 불과하고, 법관은 당해 사건에서 모든 증거를 종합하여 자유로운 심증에 의하여 특정의 감정결과와 다르게 노동능력상실률을 판단할 수 있으나, 당사자는 주장·증명을 통하여 그 감정결과의 당부를 다툴 수 없다.

( )

정답 | 1 × 2 ×

Ⅲ 자유심증의 정도

확신의 정도는 일체의 의심이나 반대가능성을 허용하지 않는 수학적 정확성까지 요구하는 것이 아니라, 역사적 증명이면 되는 것으로, 고도의 개연성의 확신, 즉 십중팔구까지는 확실하다는 확신이 서면된다. 따라서 자유심증주의는 객관적으로는 고도의 개연성, 주관적으로는 법관의 확신 두 가지를 요구한다.

Ⅳ 예외

1. 증거방법, 증거력의 법정

① 대리권의 존재에 대한 서면증명(제58조 제1항, 제89조 제1항) 등 증거방법의 제한, ② 당사자와 법정대리인에 증인능력의 부정(제367조, 제372조) 등 증거능력의 제한, ③ 변론의 방식에 관하여 변론조서의 법정증거력(제158조) 등 증거력자유평가의 제한 등이 있다.

2. 증거계약

(1) 의의

증거계약이라 함은 소송에 있어서 사실확정에 관한 당사자의 합의를 말한다. 소송상의 효과를 발생케 하는 계약이기 때문에 소송계약의 일종으로 자유심증주의를 당사자의 의사로 제약하는 경우이다.

(2) 자백계약

① 변론주의의 적용을 받는 통상의 민사소송에 있어서는 당사자의 자백이 허용되므로 원칙적으로 자백계약은 유효한 것으로 인정된다.
② 다만 간접사실에 관한 자백계약과 권리자백계약은 법관의 자유심증을 제약하므로 무효이다.

(3) 증거제한계약

예컨대 일정한 사실의 증명은 서증 이외 다른 증거는 쓰지 않기로 하는 약정을 말하는데, 통상의 민사소송에 있어서는 보충적 직권증거조사(제292조)를 인정하고 있으므로 약정한 증거방법의 조사로 심증형성이 되지 않을 때에 직권으로 다른 증거를 조사하는 것을 막을 수 없을 것으로, 이 한도에서 증거제한계약은 효력을 잃는다고 할 것이다.

(4) 중재감정계약

처분할 수 있는 법률관계에 관하여서는 권리관계존부의 확정을 당사자 간의 합의에 의해 제3자에게 맡길 수 있으므로 가능하다고 본다.

(5) 증거력 계약

증거력계약은 증거조사결과에 대한 법관의 자유로운 증거력평가를 제약하는 것이므로 무효이다.

(6) 증명책임 계약

이는 사실확정이 되지 않을 때에 누구에게 법률상의 불이익을 돌릴 것이냐 하는 문제이기 때문에 엄밀한 의미의 증거계약이라 할 수 없다. 다만 처분할 수 있는 권리관계에 관한 것이면 계약으로 바꿀 수 있다.

V 사실인정의 위법과 상소(자유심증주의의 한계)

법률심인 상고심은 사실심의 자유심증에 의한 사실인정을 그대로 받아들여야 하므로(제432조), 원심의 증거채택과 사실인정이 잘못되었다는 것은 상고심에서 문제삼을 수 없다. 다만 ① 위법한 변론 및 증거조사의 결과에 의한 사실의 인정, 적법한 증거조사의 결과를 간과한 사실인정, ② 논리법칙·경험법칙을 현저히 어긴 사실인정의 경우는 자유심증주의의 내재적 제한을 일탈한 것으로 상고이유가 된다고 하겠다(제423조).

* 이시윤 541페이지 참고

제9절 증명책임*

I 의의

증명책임이란 소송상 어느 증명을 요하는 사실의 존부가 확정되지 않았을 때에(진위불명) 당해사실이 존재하지 않는 것으로 취급되어 법률판단을 받게 되는 당사자 일방의 위험 또는 불이익을 말한다.

II 증명책임의 분배

1. 의의

법률요건분류설 내지 규범설은 각 당사자는 자기에게 유리한 법규의 요건사실의 존부에 대해 증명책임을 지는 것으로 분배시키고 있다.

2. 법률요건분류설에 기한 분배

(1) 권리의 존재를 주장하는 자는 요증사실 중 권리근거규정의 요건사실(권리발생사실)에 대하여 증명책임을 진다.

(2) 권리의 존재를 다투는 상대방은 요증사실 중 반대규정의 요건사실을 증명책임을 진다. 즉,
① 권리장애규정의 요건사실(불공평한 법률행위, 통정허위표시 등)
② 권리멸각규정의 요건사실(변제, 공탁, 소멸시효의 완성, 계약의 해제 등)

③ 권리저지규정의 요건사실(기한의 유예, 동시이행항변권, 유치권 등)을 증명해야 한다.

(3) 권리장애규정은 권리근거규정의 요건이 존재함에도 불구하고 예외적으로 권리발생을 방해하는 사유에 대한 규정으로서, 권리근거규정과 권리장애규정의 관계는 원칙규정과 예외규정의 관계이다.

(4) 권리를 주장하는 자가 원고이고, 이를 다투는 자가 피고임이 보통이므로, 원고가 권리발생사실, 즉 청구원인사실에 대해, 피고가 권리의 장애·멸각·저지사실, 즉 항변사실에 대하여 증명책임을 지게 되는 것이다.

판례 | 급부부당이득의 경우, 법률상 원인이 없다는 점에 대한 증명책임의 소재(=부당이득반환을 주장하는 자) / 침해부당이득의 경우, 이익을 보유할 정당한 권원이 있다는 점에 관한 증명책임의 소재(=부당이득반환 청구의 상대방)

> 민법 제741조는 "법률상 원인 없이 타인의 재산 또는 노무로 인하여 이익을 얻고 이로 인하여 타인에게 손해를 가한 자는 그 이익을 반환하여야 한다."라고 정하고 있다. 당사자 일방이 자신의 의사에 따라 일정한 급부를 한 다음 급부가 법률상 원인 없음을 이유로 반환을 청구하는 이른바 급부부당이득의 경우에는 법률상 원인이 없다는 점에 대한 증명책임은 <u>부당이득반환을 주장하는 사람</u>에게 있다. 이 경우 부당이득의 반환을 구하는 자는 급부행위의 원인이 된 사실의 존재와 함께 그 사유가 무효, 취소, 해제 등으로 소멸되어 법률상 원인이 없게 되었음을 주장·증명하여야 하고, 급부행위의 원인이 될 만한 사유가 처음부터 없었음을 이유로 하는 이른바 착오 송금과 같은 경우에는 착오로 송금하였다는 점 등을 주장·증명하여야 한다.
> 이는 타인의 재산권 등을 침해하여 이익을 얻었음을 이유로 부당이득반환을 구하는 이른바 침해부당이득의 경우에는 <u>부당이득반환 청구의 상대방</u>이 이익을 보유할 정당한 권원이 있다는 점을 증명할 책임이 있는 것과 구별된다(대판 2018.1.24, 2017다37324).

Ⅲ 증명책임의 전환

특별한 경우에 법률로 증명책임의 일반원칙을 수정하여 상대방에게 반대사실의 증명책임을 부담시키는 것을 말한다. 예를 들어 민법 제750조의 과실의 증명책임은 피해자에게 있지만, 사용자의 배상책임(민법 제756조) 등의 경우에는 가해자 측에서 주의의무를 해태하지 아니한 사실 등을 증명하도록 증명책임을 전환하여 피해자 구제를 용이하게 하고 있다.

판례 | 당사자 일방이 증명을 방해하는 행위를 한 경우 증명책임이 전환되거나 상대방의 주장 사실이 증명되었다고 보아야 하는지 여부(소극)

> 당사자 일방이 증명을 방해하는 행위를 하였더라도 법원으로서는 이를 하나의 자료로 삼아 자유로운 심증에 따라 방해자 측에게 불리한 평가를 할 수 있음에 그칠 뿐 증명책임이 전환되거나 곧바로 상대방의 주장 사실이 증명되었다고 보아야 하는 것은 아니다(대판 2010.5.27, 2007다25971).

22법원직
1 당사자 일방이 증명을 방해하는 행위를 한 경우 증명책임이 전환된다. ( )

정답 | 1 ×

Ⅳ 증명책임의 완화

1. 법률상의 추정

(1) 의의와 종류

① 추정에는 법률상의 추정과 사실상의 추정이 있다. 매도증서를 보관하고 있는 사실에서 매수사실을 추정하는 것과 같이 일반 경험칙을 적용하여 사실을 추정하는 것을 사실상의 추정이라고 하고, 이미 법규화된 경험칙을 적용하여 추정하는 것을 법률상의 추정이라고 한다.

② 사실상의 추정인 경우는 반증으로 번복할 수 있지만 법률상의 추정은 추정사실이 진실이 아니라는 반대사실의 증명(본증)이 있어야 번복된다.

(2) 효과

① 법률상 추정이 있는 경우, 증명책임부담자는 입증주제를 선택할 수 있어 증명책임이 완화된다.

② 추정의 전제된 사실의 증명만 있으면 추정규정에 의해 추정되므로, 추정된 사실은 증명을 요하지 않는 불요증사실이 된다.

③ 이러한 관점에서 추정된 사실은 상대방이 그 부존재에 대해 증명책임을 지게 된다는 점에서 입증책임의 전환이다.

④ 법률상 추정을 복멸시키기 위해서는 전제사실에 반대되는 반증을 제출하거나, 요증사실에 반대되는 본증을 제출한다.

(3) 등기의 추정력

① 판례는 부동산이전등기에 대하여 다투는 측에서 무효사유를 주장·입증하지 않는 한 그 등기가 적법하며, 무효라고 판정할 수 없다고 하여 법률상의 권리추정을 인정하며, 나아가 등기원인 및 등기절차가 적법하게 이루어졌다는 사실까지도 추정하는데, 이는 법률상의 사실추정에 해당한다고 본다.

② 예컨대 甲 명의로 등기된 부동산에 대하여 乙이 소유권이전등기말소청구소송을 제기하면서 이는 丙이 권한 없이 자신 소유 부동산을 甲에게 매도한 것이라고 주장하는 경우, 소유권이전등기는 적법한 것으로 추정되므로 丙이 권한 없이 매도한 것이라는 점을 증명할 책임은 乙에게 있고, 甲이 丙의 유권대리를 증명할 책임은 없다(대판 1993.10.12. 93다18914).

2. 간접반증(일응의 추정의 번복)

(1) 의의

경험칙의 적용과정을 다투는 방법으로 상대방이 주장하는 사실에 일응의 추정이 생긴 경우에 그 추정의 전제되는 간접사실과 양립하는 별개의 간접사실을 증명하여 주요사실의 추인(사실상의 추정)을 방해하는 입증활동을 말한다.

(2) 성질

피고가 제시하는 간접반증은 주요사실에 대해서는 반증이나, 사실상 추정을 저지하기 위한 간접사실의 존재에 대해 법관이 확신할 수 있도록 증명하여야 하므로 본증이다.

(3) 기능

공해소송, 의료과오 소송 등 현대형 소송에서 인과관계의 입증이 쉽지 않은데 이러한 형태의 소송에서 원고인 피해자가 인과관계의 증명곤란을 완화하는 방안으로 간접반증이론이 응용된다.

(4) 적용범위

① 불법행위에서의 과실(민법 제750조)과 같이 불특정개념이 요건으로 되어 있는 소송에서 피고측의 입증으로 간접반증이 이용된다.

② 판례

수질오탁으로 인한 공해소송인 이 사건에서 (ⅰ) 피고공장에서 김의 생육에 악영향을 줄 수 있는 폐수가 배출되고 (ⅱ) 그 폐수 중 일부가 유류를 통하여 이사건 김양식장에 도달하였으며 (ⅲ) 그 후 김에 피해가 있었다는 사실이 각 모순없이 증명된 이상 피고공장의 폐수배출과 양식 김에 병해가 발생함으로 말미암은 손해간의 인과관계가 일응 증명되었다고 할 것이므로, 피고가 ㉠ 피고 공장폐수 중에는 김의 생육에 악영향을 끼칠 수 있는 원인물질이 들어 있지 않으며 ㉡ 원인물질이 들어 있다 하더라도 그 해수혼합율이 안전농도 범위 내에 속한다는 사실을 반증을 들어 인과관계를 부정하지 못하는 한 그 불이익은 피고에게 돌려야 마땅할 것이다(대판 1984.6.12. 81다558).

Ⅴ 주장책임

1. 의의

당사자는 법률효과의 발생 또는 불발생의 요건을 이루는 주요사실을 주장하지 않으면, 그 사실이 존재하지 않는 것으로 보아 자기에게 이익되는 법률판단을 받지 못하게 된다. 이때의 당사자의 위험 내지 불이익을 주장책임이라고 한다.

2. 증명책임과의 관계

① 주장책임은 변론주의에서만 문제되나 증명책임은 변론주의뿐만 아니라 직권탐지주의에서도 생기는 문제이다.

② 변론주의가 인정되는 범위내에서는 주요사실의 주장이 있어야 비로소 법원이 재판의 기초로 할 수 있는 소송자료가 마련되고 증명의 문제도 생긴다. 따라서 주장책임은 논리적, 시간적으로 증명책임에 선행하는 관계가 있다.

③ 주장책임의 분배도 입증책임을 분배와 일치하는 것이 원칙이다. 다만, 민법 제135조의 무권대리인의 책임과 민법 제397조 제2항의 금전채무 불이행으로 손해배상청구 등에서는 일치되지 않는다.

gosi.Hackers.com

해커스공무원 학원 · 인강
gosi.Hackers.com

제5편
소송의 종료

제1장 | 소송종료선언

규칙 제67조 [소취하의 효력을 다투는 절차]
① 소의 취하가 부존재 또는 무효라는 것을 주장하는 당사자는 기일지정신청을 할 수 있다.
② 제1항의 신청이 있는 때에는 법원은 변론을 열어 신청사유에 관하여 심리하여야 한다.
③ 법원이 제2항의 규정에 따라 심리한 결과 신청이 이유 없다고 인정하는 경우에는 판결로 소송의 종료를 선언하여야 하고, 신청이 이유 있다고 인정하는 경우에는 취하 당시의 소송정도에 따라 필요한 절차를 계속하여 진행하고 중간판결 또는 종국판결에 그 판단을 표시하여야 한다.

Ⅰ 의의

소송종료선언이라 함은 종국판결로써 계속 중이던 소송이 유효하게 종료되었음을 확인선언하는 것이다(규칙 제67조).

Ⅱ 소송종료선언의 사유

1. 이유 없는 기일지정신청

(1) 소 또는 상소 취하의 효력에 관한 다툼

소 또는 상소취하로 일단 소송이 종료된 뒤에 그 부존재 또는 무효를 주장하며 기일지정신청을 하는 경우이다. 이때에 법원은 변론기일을 열어 신청사유를 심리하여야 하며, 신청이 이유없다고 인정되는 경우는 종국판결로써 소송종료선언을 하여야 한다(규칙 제67조 제1항 내지 제3항). 소가 취하간주된 뒤에 그 무효를 다투면서 기일지정신청을 하는 때도 같다(규칙 제68조).

(2) 청구의 포기·인낙, 화해의 효력에 관한 다툼

① 청구의 포기·인낙, 재판상화해로 인하여 일단 소송이 종료된 뒤에 그 무효를 다투며 기일지정신청을 할 수 있는가에 관하여 판례는 청구의 포기·인낙, 화해·조정의 무효 등 흠은 재심사유가 있을 때에 재심에 준하는 절차로만(제461조) 다툴 수 있을 뿐 기일지정신청으로 무효를 다툴 수는 없다고 한다. 그럼에도 기일지정신청을 한 때에는 당연무효사유가 존재하지 아니하면 소송종료선언을 한다고 판시하였다.

② 다만, 청구의 포기·인낙, 재판상화해에 예외적으로 확정판결의 당연무효사유(예컨대 당사자가 사자인 경우)와 같은 중대한 하자가 있는 경우에는 준재심의 소에 의하지 않고 기일지정신청으로 다툴 여지가 있으며, 법원으로서는 그 무효사유의 존재 여부를 가리기 위하여 기일을 지정하여 심리를 한 다음 무효사유가 존재한다고 인정되지 아니한 때에는 판결로써 소송종료선언을 하여야 하고, 이러한 이치는 재판상 화해와 동일한 효력이 있는 조정조서에 대하여도 마찬가지라 할 것이다(대판 2001.3.9. 2000다58668).

17주사보

1 소취하로 소송이 종료되었음에도 그 효력에 다툼이 있어 당사자가 기일지정신청을 하는 경우 법원은 기일을 열어 신청사유를 심리하고 신청이 이유 없을 경우 소송종료선언을 한다. ( )

20법원직

2 조정조서가 작성된 뒤 당사자가 조정에 응한 적도 없는데 조정조서가 작성되었다고 다투며 기일지정신청을 한 경우, 조정이 적법하게 성립하였다고 인정되면 법원은 소송종료선언을 한다. ( )

정답 | 1 ○ 2 ○

(3) 당사자대립구조의 소멸

소송계속 중 당사자 한쪽의 지위를 상속 등에 의하여 상대방 당사자가 승계하게 된 때에는 당사자의 혼동에 의하여 소송은 종료된다. 이 경우에 당사자 사이에 다툼이 있어 기일지정 신청한 경우에는 이를 명백히 하는 의미에서 소송종료선언을 한다.

2. 법원의 소송종료의 간과진행

(1) 소의 취하간주 등의 간과

제1심에서 소가 취하간주 되었음에도 이를 간과하고 진행한 끝에 본안판결을 한 경우, 상급 법원은 제1심판결을 취소하고 소송종료선언을 해야 한다. 소의 교환적 변경으로 구청구는 취하되었는데도 판결한 경우에도 상급법원은 마찬가지로 처리할 것이다.

(2) 청구인낙의 간과

피고가 청구인낙을 하여 그 취지가 변론조서에 기재되어 있으면 따로 인낙조서의 작성이 없는 경우라도 확정판결과 동일한 효력이 있으므로 소송이 종료된다. 그럼에도 소송이 진행된 경우에는 법원은 소송종료선언을 하여야 한다.

(3) 판결의 확정의 간과

판결의 일부가 확정되었음에도 이를 간과하고 소송계속 중임을 전제로 심판하는 경우 상급 법원은 그 부분의 판결을 파기하고 소송종료선언을 하여야 한다.

Ⅲ 소송종료선언의 효력

1. 판결의 성질

소송종료선언은 소송의 종료를 확인하는 성질을 가지며, 소송판결이고 종국판결이다. 이에 대해서는 불복상소가 허용된다.

2. 소송비용의 재판

① 당사자에 의한 기일지정신청의 경우에는 기일지정신청 이후부터 소송비용에 관해 재판 해야 하고, ② 법원에 의한 소송종료간과진행의 경우에는 소송이 종료된 때로부터 발생한 소송비용에 관해 재판해야 한다. ③ 당사자대립구조의 소멸의 경우는 편면적 구조로 바뀌 게 되므로 소송비용 부담자를 정할 것이 아니라 하겠다.

17주사보

1 소의 취하 등으로 소송이 종료되었음에도 이를 간과하고 심리를 계속 진행한 사실이 발견된 경우 법원은 직권으로 소송종료선언을 하여야 한다. ( )

20법원직

2 소송종료선언에 대한 상소는 허용되지 않는다. ( )

정답 | 1 ○ 2 ✕

제2장 │ 당사자의 행위에 의한 종료

학습 POINT

1. 항소취하와 요건상 차이(동의 불필요) 효과상 차이(원판결 확정)
2. 소취하는 확정시까지 가능
3. 민법상 하자사유로 소취하 취소 불가(소송행위)
4. 취하서는 상대방도 제출 가능

제1절 소의 취하

> **제266조 [소의 취하]**
> ① 소는 판결이 확정될 때까지 그 전부나 일부를 취하할 수 있다.
> ② 소의 취하는 상대방이 본안에 관하여 준비서면을 제출하거나 변론준비기일에서 진술하거나 변론을 한 뒤에는 상대방의 동의를 받아야 효력을 가진다.
> ③ 소의 취하는 서면으로 하여야 한다. 다만, 변론 또는 변론준비기일에서 말로 할 수 있다.
> ④ 소장을 송달한 뒤에는 취하의 서면을 상대방에게 송달하여야 한다.
> ⑤ 제3항 단서의 경우에 상대방이 변론 또는 변론준비기일에 출석하지 아니한 때에는 그 기일의 조서등본을 송달하여야 한다.
> ⑥ 소취하의 서면이 송달된 날부터 2주 이내에 상대방이 이의를 제기하지 아니한 경우에는 소 취하에 동의한 것으로 본다. 제3항 단서의 경우에 있어서, 상대방이 기일에 출석한 경우에는 소를 취하한 날부터, 상대방이 기일에 출석하지 아니한 경우에는 제5항의 등본이 송달된 날부터 2주 이내에 상대방이 이의를 제기하지 아니하는 때에도 또한 같다.

Ⅰ 서설

1. 의의

소의 취하라 함은 원고가 제기한 소의 전부 또는 일부를 철회하는 법원에 대한 단독적 소송행위이다.

2. 구별개념

(1) 청구의 포기

청구의 포기·인낙이 소송상의 청구에 대한 불이익한 진술임에 반하여, 소의 취하는 단순한 심판신청의 철회에 불과하다.

(2) 상소취하

상소의 취하는 원판결을 유지시키며 이에 의하여 원판결이 확정되게 됨에 대하여, 상소심에서의 소의 취하는 이미 행한 판결을 실효케 한다. 상소의 취하에는 피상소인이 응소하였다 하더라도 그의 동의를 필요로 하지 않는다는 점에서 소의 취하와 다르다(제393조 제2항).

(3) 소취하계약

소송외에서 원고가 피고에 대하여 소를 취하하기로 하는 약정을 소취하계약 또는 소취하합의라고 하는데, 이러한 약정이 있는 경우 법원은 권리보호의 이익이 없음을 이유로 소를 각하하여야 한다(대판 1982.3.9. 81다1312).

19주사보

1 상소의 취하는 원판결을 그대로 유지·확정시키는 데 반하여 소의 취하는 이미 행한 판결도 실효하게 한다.　　　　( )

16주사보

2 상소의 취하에 있어서는 피상소인이 응소하였다 하더라도 그의 동의가 필요 없다.　　　　( )

19사무관

3 소송당사자가 소송 외에서 그 소송을 취하하기로 합의한 경우에는 그 합의는 유효하여 원고에게 권리보호의 이익이 없으므로 원고의 소는 각하되어야 한다.　　　　( )

정답 | 1 ○ 2 ○ 3 ○

판례 | 재판상 화해에 있어서 법원에 계속중인 다른 소송을 취하하기로 하는 내용의 화해조서가 작성된 경우 그 화해조서의 효력

> 재판상 화해에 있어서 법원에 계속중인 다른 소송을 취하하기로 하는 내용의 화해조서가 작성되었다면 당사자 사이에는 법원에 계속중인 다른 소송을 취하하기로 하는 합의가 이루어졌다 할 것이므로, 다른 소송이 계속중인 법원에 취하서를 제출하지 않는 이상 그 소송이 취하로 종결되지는 않지만 위 재판상 화해가 재심의 소에 의하여 취소 또는 변경되는 등의 특별한 사정이 없는 한 그 소송의 원고에게는 <u>권리보호의 이익이 없게 되어 그 소는 각하되어야 한다</u>(^{대판 2005.6.10.}_{2005다14861}).

3. 법적 성격

소의 취하는 원고의 법원에 대한 단독적 소송행위이다(^{대판 2004.7.9.}_{2003다46758}). 피고의 동의를 필요로 하는 경우라도 그것은 소취하의 효력발생에 필요한 한 가지 요건임에 그치고, 당사자 간의 합의가 아니다.

Ⅱ 소취하의 요건

1. 소송물

① 원고는 모든 소송물에 대하여 자유롭게 취하할 수 있다. 가사소송, 행정소송과 같이 직권탐지주의의 적용을 받는 소송물에 대해서도 자유롭게 소를 취하할 수 있다.

② 다만 주주의 대표소송, 증권관련집단소송에 있어서의 소취하는 상대방의 동의 여부를 불문하고 법원의 허가 없이는 효력이 없으므로 재판장에게 허부 결정을 받도록 한다(상법 제1403조 제6항, 증권관련집단소송법 제35조 제1항).

2. 시기

① 소의 취하는 원고의 소제기 후 판결이 확정되기까지 어느 때라도 할 수 있다(제266조 1항). 비록 소송요건의 흠 등으로 적법한 소가 아니라도 이를 취하할 수 있다.

② 상소심에서 피고의 동의를 얻어 취하서를 제출하였을 때에 소의 취하인지 상소의 취하인지가 불명할 때에는 석명하여 밝힐 것이나, 그럼에도 불명할 때에는 불이익이 비교적 적은 소의 취하로 볼 것이다.

3. 피고의 동의

소의 취하에 있어서 피고가 본안에 대한 준비서면의 제출·변론준비기일에서의 진술·변론*을 하기 전까지는 피고의 동의를 필요로 하지 아니하나, 그 뒤에는 피고의 동의를 필요로 한다(제266조 제2항).

(1) 동의의 시기

① 피고의 동의를 필요로 하는 것은 피고가 본안에 관한 응소, 즉 청구가 이유 있느냐 여부에 관한 사항에 응소한 경우이어야 한다.

15·18법원직 18·20사무관

1 일반적으로는 소송당사자가 소송 외에서 그 소송을 취하하기로 합의하더라도 바로 소취하의 효력이 발생하지 않지만, 재판상 화해가 성립하여 법원에 계속 중인 다른 소송을 취하하기로 하는 내용의 재판상 화해조서가 작성된 경우에는 바로 소취하의 효력이 발생한다.(　)

12주사보

2 소의 취하는 원고가 소의 전부 또는 일부를 철회하는 법원에 대한 단독적 소송행위이다.　(　)

15주사보 16사무관

3 증권관련집단소송에 있어 소취하는 상대방의 동의 여부를 불문하고 법원의 허가를 받지 아니하면 그 효력이 없다.　(　)

15·17주사보 20법원직 21사무관

4 상고심에서는 소를 취하할 수 없다.　(　)

＊이 3가지를 본안에 관한 응소라 한다.

17사무관 18법원직

5 소의 취하는 상대방이 본안에 관하여 준비서면을 제출하거나 변론준비기일에서 진술한 뒤에는 상대방의 동의를 받아야 효력을 가진다.　(　)

정답 | 1 × 2 ○ 3 ○ 4 × 5 ○

1 본소의 취하 후에 반소를 취하함에는 원고의 동의가 필요 없다. ( )

② 또 피고가 주위적으로 소각하판결, 예비적으로 청구기각판결을 구한 경우에는, 청구기각의 본안판결을 구하는 것은 예비적인 것에 그치므로 피고의 동의가 필요 없다는 것이 판례이다.

③ 본소의 취하 후에 반소를 취하함에는 원고의 동의가 필요 없다(제271조).

(2) 동의의 효과

2 소송대리인이 한 소취하의 동의는 특별수권사항이므로 바로 본인에게 그 효력이 미친다고 할 수 없다. ( )

① 피고의 동의에 의하여 소의 취하는 확정적으로 효과가 생기며, 동의를 거절하면 소취하의 효과는 발생하지 아니한다. 소취하의 동의도 소송행위이므로 소송능력을 갖출 것이며, 또 조건을 붙여서는 안 되고 반드시 법원에 대한 의사표시로 하여야 한다.

② 소취하에 대한 소송대리인의 동의는 소송대리권의 범위 내의 사항으로서 특별수권사항이 아니므로 바로 본인에게 그 효력이 미친다(대판 1984.3.13. 82므40).

양쪽 당사자를 상대로 한 독립당사자참가를 취하함에 있어서는 원·피고 쌍방의 동의를 요하며(대판 1981.12.8. 80다577), 독립당사자참가 후에 원고가 본소를 취하함에는 피고의 동의 외에 참가인의 동의를 필요로 한다(대결 1972.11.30. 72마787).

3 원고의 소취하에 대하여 피고가 일단 확정적으로 동의를 거절하면 원고의 소취하는 효력이 발생하지 않고, 이후 피고가 소취하에 동의하더라도 소취하의 효력이 다시 생기게 되는 것은 아니다. ( )

③ 일단 피고가 동의를 거절하여 놓고 그 뒤에 이를 철회하여 동의한다고 하여도 취하의 효력이 생기지 아니한다(대판 1969.5.27. 69다130). 왜냐하면 이 경우에는 동의할 대상이 없어졌기 때문이다.

4. 소송행위로서 유효한 요건을 갖출 것

① 소의 취하를 하는 원고에게는 소송능력이 있어야 하며, 대리인에 의하는 경우에는 특별한 권한수여를 필요로 한다(제56조 제2항, 제90조 제2항). 소의 취하는 소송행위이므로 조건을 붙여서는 안 된다.

유사필수적 공동소송에서는 단독으로 취하할 수 있으나(예비적 공동소송도 같다), 고유필수적 공동소송에서는 공동소송인 전원이 공동으로 취하하지 않으면 아니 된다(대판 1996.12.10. 96다23238).

4 착오 또는 기망을 이유로 소취하를 다시 취소할 수는 없는 것이고, 소취하가 사기, 강박 등 형사상 처벌을 받을 타인의 행위로 인하여 이루어졌다고 하여도 그 효력을 전혀 부인할 수 없다. ( )

② 판례는 착오 또는 사기·강박 등 하자(흠) 있는 의사표시에 의한 것이라도 민법 제109조와 제110조에 의하여 취소할 수 없다는 입장이다.

③ 그러나 소의 취하가 형사상 처벌받을 다른 사람의 행위로 인하여 이루어진 경우에는 무효·취소를 주장할 수 있다(대판 1985.9.24. 82다카312). 이 경우 다른 사람의 행위에 대하여 유죄판결이 확정되고 또 그 소송행위가 그에 부합되는 의사 없이 외형적으로만 존재할 때에 한하여 민사소송법 제451조 제1항 제5호를 유추하여 그 효력을 부인할 수 있다(대판 2001.1.30. 2000다42939).

판례 | 착오취소 여부

> 소의 취하는 원고가 제기한 소를 철회하여 소송계속을 소멸시키는 원고의 법원에 대한 소송행위이고 소송행위는 일반 사법상의 행위와는 달리 내심의 의사보다 그 표시를 기준으로 하여 효력 유무를 판정할 수밖에 없는 것인바, 원고 소송대리인으로부터 소송대리인 사임신고서 제출을 지시받은 사무원은 원고 소송대리인의 표시기관에 해당되어 그의 착오는 원고 소송대리인의 착오라고 보아야 하므로, 사무원의 착오로 원고 소송대리인의 의사에 반하여 소를 취하하였다고 하여도 이를 무효라고 볼 수는 없다(대판 1997.10.24. 95다11740).

5 원고 소송대리인으로부터 소송대리인 사임신고서 제출을 지시받은 사무원은 원고 소송대리인의 표시기관에 해당되어 그의 착오는 원고 소송대리인의 착오라고 보아야 하므로 그 사무원의 착오로 원고 소송대리인의 의사에 반하여 소를 취하하였다고 하여도 이를 무효라고 볼 수는 없다. ( )

정답 | **1** ○ **2** × **3** ○ **4** × **5** ○

Ⅲ 소취하의 방법

1. 취하의 방식

① 원칙적으로 소송이 계속된 법원에 취하서를 제출하여야 한다. 다만, 변론기일에서는 말에 의한 취하도 허용된다(제266조 제3항). 원고가 조정기일에 출석하여 구두로 소취하의 진술을 하는 경우 소취하의 효력이 발생하지 않으므로 별도로 소취하서를 제출받도록 하여야 한다.

② 소장부본의 송달 후에는 소취하의 서면을 피고에게 송달하지 않으면 안 된다(제266조 제4항). 말로써 소를 취하한 경우에 상대방이 결석한 때에는 취하의 진술을 기재한 조서의 등본을 상대방에게 송달하여야 한다(제266조 제5항).

③ 적법한 소취하의 서면이 제출된 이상 그 서면이 상대방에게 송달되기 전·후를 묻지 않고 원고는 이를 임의로 철회할 수 없다(대판 1997.6.27. 97다6124).

판례 | 제3자에 의한 취하서 제출

취하서는 본인이나 그 포괄승계인이 반드시 직접 제출하여야 하는 것은 아니고, 제3자에 의한 제출도 허용되며, 나아가 <u>상대방에게 소취하서를 교부하여 그로 하여금 제출하게 할 수도 있다</u> (대판 2001.10.26. 2001다37514).

2. 동의의 방식

① 소취하에 대한 상대방의 동의도 서면 또는 말로 한다.

② 상대방의 동의 여부가 명확하지 아니하는 경우에는, 취하의 서면이나 조서등본이 송달된 날부터 2주 이내에, 말로 취하하고 상대방이 기일에 출석한 경우에는 취하한 날부터 2주 이내에 이의를 제기하지 않으면 소의 취하에 동의한 것으로 본다(제266조 제6항).

Ⅳ 소취하의 효과

1. 소송계속의 소급적 소멸

(1) 소송상 효과

소가 취하되면 처음부터 소송이 계속되지 아니하였던 것과 같은 상태에서 소송이 종료된다. 그러나 취하에 앞서 제기한 독립당사자참가·반소는 본소의 취하에 불구하고 원칙적으로 아무런 영향을 받지 아니한다.

(2) 사법상 효과

① 소제기에 의한 실체법적 효과인 시효중단과 기간준수의 효과는 소취하에 의하여 소급적으로 소멸된다(민법 제170조).

② 소장의 기재에 의하거나 변론진행중에 공격방어방법의 전제로서 행하는 사법행위가 소의 취하에 의하여 소멸되는지가 문제된다.

생각건대 재판상 상계권의 행사는 수동채권의 존재확정을 전제로 하여 행해지는 예비적 항변이 되는 특수성에 비추어, 소의 취하에 의하여 상계의 효력이 없어진다 할 것이나,

12·16사무관 15주사보

1 소의 취하는 서면으로 하여야 한다. 다만, 변론 또는 변론준비기일, 조정기일에서 말로 할 수 있다. ( )

17법원직

2 적법한 소취하의 서면이 제출되었더라도 그 서면이 상대방에게 송달되기 전에는 원고는 이를 임의로 철회할 수 있다. ( )

12·13·15·17·19주사보
12·17·22사무관 17법원직

3 당사자가 소취하서를 작성하여 제출할 경우 반드시 취하권자나 그 포괄승계인만이 이를 제출하여야 한다고 볼 수는 없고, 제3자에 의한 제출도 허용되며, 상대방에게 소취하서를 교부하여 그로 하여금 제출하게 하는 것도 상관없다. ( )

18법원직

4 소취하의 서면이 송달된 날부터 2주 이내에 상대방이 이의를 제기하지 아니한 경우에는 소취하에 동의한 것으로 본다. ( )

12사무관

5 소취하에 앞서 제기한 독립당사자참가·반소·중간확인의 소는 본소의 취하에도 불구하고 원칙적으로 영향을 받지 아니하며, 소송계속에 바탕을 둔 관련재판적은 본소가 취하되어도 소멸되지 않는다. ( )

정답 | **1** × **2** × **3** ○ **4** ○ **5** ○

그 밖의 사법행위(해제·해지·취소 등)는 아무 영향이 없다는 신병존설이 타당하다.

판례 | 소취하와 해제권

소제기로써 계약해제권을 행사한후 그뒤 그 소송을 취하하였다 하여도 해제권은 형성권이므로 그 행사의 효력에는 아무런 영향을 미치지 아니한다(대판 1982.5.11. 80다916).

판례 | 소취하와 상계항변

소송상 방어방법으로서의 상계항변은 수동채권의 존재가 확정되는 것을 전제로 하여 행하여지는 일종의 예비적 항변으로서 당사자가 소송상 상계항변으로 달성하려는 목적, 상호양해에 의한 자주적 분쟁해결수단인 조정의 성격 등에 비추어 볼 때, 당해 소송절차 진행 중 당사자 사이에 조정이 성립됨으로써 수동채권의 존재에 관한 법원의 실질적인 판단이 이루어지지 아니한 경우에는 그 소송절차에서 행하여진 소송상 상계항변의 사법상 효과도 발생하지 않는다고 봄이 타당하다(대판 2013.3.28. 2011다3329).

판례 | 소취하와 시효중단

소장에서 청구의 대상으로 삼은 채권 중 일부만을 청구하면서 소송의 진행경과에 따라 장차 청구금액을 확장할 뜻을 표시하였으나 당해 소송이 종료될 때까지 실제로 청구금액을 확장하지 않은 경우에는 소송의 경과에 비추어 볼 때 채권 전부에 관하여 판결을 구한 것으로 볼 수 없으므로, 나머지 부분에 대하여는 재판상 청구로 인한 시효중단의 효력이 발생하지 아니한다.
그러나 이와 같은 경우에도 소를 제기하면서 장차 청구금액을 확장할 뜻을 표시한 채권자로서는 장래에 나머지 부분을 청구할 의사를 가지고 있는 것이 일반적이라고 할 것이므로, 다른 특별한 사정이 없는 한 당해 소송이 계속 중인 동안에는 나머지 부분에 대하여 권리를 행사하겠다는 의사가 표명되어 최고에 의해 권리를 행사하고 있는 상태가 지속되고 있는 것으로 보아야 하고, 채권자는 당해 소송이 종료된 때부터 6월 내에 민법 제174조에서 정한 조치를 취함으로써 나머지 부분에 대한 소멸시효를 중단시킬 수 있다(대판 2020.2.6. 2019다223723).

2. 재소금지

(후술)

V 소취하의 효력을 다투는 절차

규칙 제67조 [소취하의 효력을 다투는 절차]
① 소의 취하가 부존재 또는 무효라는 것을 주장하는 당사자는 기일지정신청을 할 수 있다.
② 제1항의 신청이 있는 때에는 법원은 변론을 열어 신청사유에 관하여 심리하여야 한다.
③ 법원이 제2항의 규정에 따라 심리한 결과 신청이 이유 없다고 인정하는 경우에는 판결로 소송의 종료를 선언하여야 하고, 신청이 이유 있다고 인정하는 경우에는 취하 당시의 소송정도에 따라 필요한 절차를 계속하여 진행하고 중간판결 또는 종국판결에 그 판단을 표시하여야 한다.

④ 종국판결이 선고된 후 상소기록을 보내기 전에 이루어진 소의 취하에 관하여 제1항의 신청이 있는 때에는 다음 각 호의 절차를 따른다.

1. 상소의 이익 있는 당사자 모두가 상소를 한 경우(당사자 일부가 상소하고 나머지 당사자의 상소권이 소멸된 경우를 포함한다)에는 판결법원의 법원사무관등은 소송기록을 상소법원으로 보내야 하고, 상소법원은 제2항과 제3항에 규정된 절차를 취하여야 한다.

2. 제1호의 경우가 아니면 판결법원은 제2항에 규정된 절차를 취한 후 신청이 이유 없다고 인정하는 때에는 판결로 소송의 종료를, 신청이 이유 있다고 인정하는 때에는 판결로 소의 취하가 무효임을 각 선언하여야 한다.

⑤ 제4항 제2호 후단의 소취하무효선언판결이 확정된 때에는 판결법원은 종국판결 후에 하였어야 할 절차를 계속하여 진행하여야 하고, 당사자는 종국판결 후에 할 수 있었던 소송행위를 할 수 있다. 이 경우 상소기간은 소취하무효선언판결이 확정된 다음날부터 전체기간이 새로이 진행된다.

1. 소취하무효확인의 소 제기 불허

소취하의 부존재나 무효임을 다투는 당사자는 별도의 소로써 소취하의 무효확인청구를 할 수는 없고, 당해 소송에서 기일지정신청을 하여야 한다(규칙 제67조 제1항).

2. 기일지정신청

기일지정신청이 있을 때에는 법원은 반드시 변론을 열어 신청이유를 심리하고 그 결과 소의 취하가 유효하다고 인정되면, 종국판결로써 소송종료선언을 하여야 한다. 만일 심리결과 소의 취하가 무효인 것이 판명되면 취하 당시의 소송 정도에 따른 필요한 절차를 계속 진행할 것이고 이를 중간판결이나 종국판결의 이유 속에서 판단 표시하여야 한다(규칙 제67조 제3항).

Ⅵ 재소금지

1. 의의

소가 취하되면 소송계속이 소급적으로 소멸되므로 재차 같은 소를 제기할 수 있다. 그러나 종국판결을 선고한 뒤에 소를 취하한 다음 다시 재소의 제기를 허용한다면 본안판결에 이르기까지 법원이 들인 노력과 비용이 무용지물이 되고 법원의 종국판결이 당사자에 의하여 농락당할 수 있으므로, 본안에 관하여 종국판결이 있은 뒤에는 이미 취하한 소와 같은 소를 제기할 수 없다(제267조 제2항).

2. 요건

(1) 당사자의 동일

① 재소를 제기할 수 없는 것은 전소의 원고만이고, 피고는 재소의 제기에 제한을 받지 않는다.

② 전소의 원고나 그의 변론종결후의 일반승계인이 그 효과를 받는 것은 문제없으나, 특정승계인에게도 미치는지가 문제된다.

판례는 일반승계인과 특정승계인을 가리지 않고 모두 포함한다고 해석한다(대판 1981.7.14. 81다6465). *

18법원직

1 소의 취하가 부존재 또는 무효라는 것을 주장하는 당사자는 기일지정신청을 할 수 있고, 법원이 변론을 열어 신청사유에 관하여 심리한 결과 신청이 이유 없다고 인정하는 경우에는 판결로 소송의 종료를 선언하여야 한다. ( )

12사무관

2 본안에 대한 종국판결이 있은 뒤에 소를 취하한 사람은 같은 소를 제기하지 못한다. ( )

* 판례는 특정승계인도 포함된다고 하면서도, 한편으로는 그 사안에서 소유권을 양수한 특정승계인의 새로운 권리보호의 이익이 생겼다 하여 결국 특정승계인의 재소를 막지 아니하였음을 주의할 필요가 있다.

정답 | 1 ○ 2 ○

③ 본안판결 후에 취하한 자가 채권자대위소송을 한 채권자일 때에는 채무자가 대위소송이 제기된 것을 안 이상 채무자는 재소금지의 효과를 받는다(대판 1996.9.20. 93다20177,20184).

(2) 소송물의 동일

동일한 소라고 하기 위해서는 전소·후소의 소송물이 동일할 것을 요구한다. 구이론에 의하면 같은 목적의 소송이라도 실체법상의 권리를 달리 주장하면 동일한 소라고 할 수 없다고 하나, 신이론은 그 경우에 동일한 소로서 재소금지의 효과를 받는다고 본다.

22법원직
1 후소가 전소의 소송물을 선결적 법률관계 내지 전제로 하는 것일 때에는 비록 소송물은 다르지만 재소금지의 취지와 목적에 비추어 후소는 전소와 '같은 소'로 보아 판결을 구할 수 없다고 보아야 한다.
( )

판례 | 후소가 전소의 소송물을 선결문제로 하는 경우 재소금지의 적용 여부(적극)

후소가 전소의 소송물을 선결적 법률관계 내지 전제로 하는 것일 때에는 비록 소송물은 다르지만 본안의 종국판결후에 전소를 취하한 자는 전소의 목적이었던 권리 내지 법률관계의 존부에 대하여는 다시 법원의 판단을 구할 수 없는 관계상 위 제도의 취지와 목적에 비추어 후소에 대하여도 동일한 소로서 판결을 구할 수 없다고 풀이함이 상당하다(대판 1989.10.10. 88다카18023).

판례 | 선행소송의 제1심에서 상계항변을 제출하여 제1심판결로 본안에 관한 판단을 받았다가 항소심에서 상계항변을 철회한 경우, 그 자동채권과 동일한 채권에 기하여 별도로 제기한 소가 재소금지원칙에 반하는지 여부(소극)

[1] 상계의 항변을 제출할 당시 이미 자동채권과 동일한 채권에 기한 소송을 별도로 제기하여 계속 중인 경우, 사실심의 담당재판부로서는 전소와 후소를 같은 기회에 심리·판단하기 위하여 이부, 이송 또는 변론병합 등을 시도함으로써 기판력의 저촉·모순을 방지함과 아울러 소송경제를 도모함이 바람직하나, 그렇다고 하여 특별한 사정이 없는 한 별소로 계속 중인 채권을 자동채권으로 하는 소송상 상계의 주장이 허용되지 않는다고 볼 수는 없다. 마찬가지로 먼저 제기된 소송에서 상계항변을 제출한 다음 그 소송계속 중에 자동채권과 동일한 채권에 기한 소송을 별도의 소나 반소로 제기하는 것도 가능하다.

[2] 민사소송법 제267조 제2항은 "본안에 대한 종국판결이 있은 뒤에 소를 취하한 사람은 같은 소를 제기하지 못한다."라고 정하고 있다. 이는 소취하로 그동안 판결에 들인 법원의 노력이 무용해지고 다시 동일한 분쟁을 문제 삼아 소송제도를 남용하는 부당한 사태를 방지할 목적에서 나온 제재적 취지의 규정이다. 그런데 상대방이 본안에 관하여 준비서면을 제출하거나 변론준비기일에서 진술 또는 변론을 한 뒤에는 상대방의 동의를 받아야 효력을 가지는 소의 취하와 달리 소송상 방어방법으로서의 상계항변은 그 수동채권의 존재가 확정되는 것을 전제로 하여 행하여지는 일종의 예비적 항변으로서 상대방의 동의 없이 이를 철회할 수 있고, 그 경우 법원은 처분권주의의 원칙상 이에 대하여 심판할 수 없다. 따라서 먼저 제기된 소송의 제1심에서 상계항변을 제출하여 제1심판결로 본안에 관한 판단을 받았다가 항소심에서 상계 항변을 철회하였더라도 이는 소송상 방어방법의 철회에 불과하여 민사소송법 제267조 제2항의 재소금지원칙이 적용되지 않으므로, 그 자동채권과 동일한 채권에 기한 소송을 별도로 제기할 수 있다.

[3] 민사소송법 제216조 제1항은 "확정판결은 주문에 포함된 것에 한하여 기판력을 가진다."라고 규정함으로써 판결이유 중의 판단에는 원칙적으로 기판력이 미치지 않는다고 하는 한편, 그 예외로서 제2항에서 "상계를 주장한 청구가 성립되는지 아닌지의 판단은 상계하자고 대항한 액수에 한하여 기판력을 가진다."라고 규정하고 있다. 위와 같이 판결이유 중의 판단임에도 불구하고 상계 주장에 관한 법원의 판단에 기판력을 인정한 취지는, 만일 이에 대하여 기판력을 인정하지 않는다면 원고의 청구권의 존부에 대한 분쟁이 나중에 다른 소송으로 제기되는

자동채권의 존부에 대한 분쟁으로 변형됨으로써 상계 주장의 상대방은 상계를 주장한 자가 그 자동채권을 이중으로 행사하는 것에 의하여 불이익을 입을 수 있게 될 뿐만 아니라, 상계 주장에 대한 판단을 전제로 이루어진 원고의 청구권의 존부에 대한 전소의 판결이 결과적으로 무의미하게 될 우려가 있게 되므로, 이를 막기 위함이다(대판 2022.2.17. 2021다275741).

(3) 권리보호이익의 동일

전소와 권리보호의 이익을 달리할 때에는 재소금지의 원칙에 저촉되지 않는다. 이는 소권이 부당하게 박탈되지 않도록 하기 위함이다.

판례 | 권리보호이익을 달리 하는 경우

1. 매수인이 매도인을 상대로 부동산에 관하여 매매를 원인으로 한 소유권이전등기절차 이행의 소를 제기하여 승소판결을 받았지만, 항소심에서 매매에 따른 토지거래허가신청절차의 이행을 구하는 소로 변경하여 당초의 소는 종국판결 선고 후 취하된 것으로 되었다 하더라도, 그 후 토지거래허가를 받고 나서 다시 소유권이전등기절차의 이행을 구하는 것은 취하된 소와 권리보호의 이익이 달라 재소금지원칙이 적용되지 않는다(대판 1997.12.23. 97다45341).
2. 피고가 전소 취하의 전제조건인 약정사항을 지키지 아니함으로써 위 약정이 해제 또는 실효되는 사정변경이 발생하였다면, 이 사건 지상권이전등기 말소등기청구와 전소가 소송물이 서로 동일하다 하더라도, 소제기를 필요로 하는 사정이 같지 아니하여 권리보호이익이 다르다 할 것이므로, 결국 이 사건 청구는 위 재소금지원칙에 위배되지 아니한다(대판 1993.8.24. 93다22074).
3. 피고가 소유권침해를 중지함으로써 소를 취하하였는데 그 후 다시 침해하는 경우, 그 배제를 구할 새로운 권리보호의 이익이 있다고 할 것이니 동일한 소라고 할 수 없다(대판 1981.7.14. 81다64,65).

(4) 본안에 대한 종국판결선고후의 취하

1) 본안판결

① 본안판결이면 원고승소이든 패소이든 불문한다. 사망자를 상대로 한 판결에 대하여 그 망인의 상속인인 피고가 항소를 제기하여 원고가 항소심변론에서 그 소를 취하하였다 하더라도 위 판결은 당연무효의 판결이므로 원고는 재소금지의 제한을 받지 않는다(대판 1968.1.23. 67다2494).
② 소송판결(소각하, 소송종료선언 등)이 있은 뒤의 취하에는 적용되지 아니하므로, 원고가 동일한 소를 제기하여도 무방하다.

2) 종국판결 선고 후의 취하일 것

따라서 종국판결 선고 전에 소를 취하한 경우이면 법원이 이를 간과하고 종국판결을 선고하였다 하더라도 뒤에 동일한 소를 제기할 수 있다.

판례 | 항소심에서의 소의 교환적 변경과 재소

소의 교환적 변경은 신청구의 추가적 병합과 구청구의 취하의 결합형태로 볼 것이므로 본안에 대한 종국판결이 있은 후 구청구를 신청구로 교환적 변경을 한 다음 다시 본래의 구청구로 교환적 변경을 한 경우에는 종국판결이 있은 후 소를 취하하였다가 동일한 소를 다시 제기한 경우에 해당하여 부적법하다(대판 1987.11.10. 87다카1405).

20법원직

1 항소심에서 손해배상청구를 대여금청구로 교환적으로 변경한 후 대여금청구를 다시 손해배상청구로 변경하는 것도 가능하다. (　)

정답 | 1 ✕

3. 효과

① 재소금지의 원칙은 소극적 소송요건으로서 법원의 직권조사사항이며, 따라서 피고의 동의가 있어도 재소임이 발견되면 판결로써 소를 각하하지 않으면 안 된다.

② 재소금지의 효과는 소송법상의 효과임에 그치고 실체법상의 권리관계에 영향을 주는 것은 아니므로 재소금지의 효과를 받는 권리관계라고 하여 실체법상으로도 권리가 소멸하는 것은 아니다(대판 1989.7.11. 87다카2406).

판례 | 본안에 대한 종국판결이 있은 뒤에 "원고는 소를 취하하고, 피고는 이에 동의한다."는 내용의 화해권고결정이 확정되어 소송이 종결된 경우, 민사소송법 제267조 제2항의 규정에 따라 같은 소를 제기하지 못하는지 여부(적극)

[1] 화해권고결정에 "원고는 소를 취하하고, 피고는 이에 동의한다."는 화해조항이 있고, 이러한 화해권고결정에 대하여 양 당사자가 이의하지 않아 확정되었다면, 화해권고결정의 확정으로 당사자 사이에 소를 취하한다는 내용의 소송상 합의를 하였다고 볼 수 있다. 따라서 본안에 대한 종국판결이 있은 뒤에 이러한 화해권고결정이 확정되어 소송이 종결된 경우에는 소취하한 경우와 마찬가지로 민사소송법 제267조 제2항의 규정에 따라 같은 소를 제기하지 못한다.

[2] 민사소송법 제267조 제2항은 소취하로 인하여 그동안 판결에 들인 법원의 노력이 무용화되고 종국판결이 당사자에 의하여 농락당하는 것을 방지하기 위한 제재적 취지의 규정이므로, 본안에 대한 종국판결이 있은 뒤에 소를 취하한 사람이라 할지라도 이러한 규정의 취지에 반하지 아니하고 소제기를 필요로 하는 정당한 사정이 있는 등 취하된 소와 권리보호이익이 동일하지 않은 경우에는 다시 소를 제기할 수 있다.

[3] 甲주식회사가 乙을 상대로 대여금청구소송을 제기하여 공시송달에 의한 승소판결을 선고받았고, 그 후 甲회사로부터 대여금채권을 양수한 丙유한회사가 乙을 상대로 양수금청구소송을 제기하여 공시송달에 의한 승소판결을 선고받았으며, 乙이 위 판결들에 대하여 각 추완항소를 제기하였는데, 양수금청구소송의 항소심 법원이 "丙회사는 소를 취하하고, 乙은 소취하에 동의한다."는 내용의 화해권고결정을 하였고, 화해권고결정이 확정되기 전 丙회사가 대여금청구소송의 항소심에서 승계참가신청을 한 사안에서, 화해권고결정의 확정으로 양수금청구소송이 취하된 것과 같은 효과가 발생하였는데, 이는 丙회사가 乙의 추완항소로 인하여 생긴 소송계속의 중복상태를 해소하고 먼저 소가 제기된 대여금청구소송을 승계하는 방법으로 소송관계를 간명하게 정리한 것일 뿐이므로, 종국판결 선고 후 양수금청구소송을 취하하는 소송상 합의를 한 동기와 경위에 비추어 보면 丙회사의 승계참가신청이 화해권고결정의 확정으로 종결된 양수금청구소송과 당사자와 소송물이 동일하더라도 이는 재소금지에 관한 민사소송법 제267조 제2항의 취지에 반하지 아니하고, 승계참가신청을 통해 대여금청구소송을 승계할 정당한 사정이 있는 등 양수금청구소송과 권리보호이익이 동일하지 않아 위 승계참가신청이 재소금지원칙에 위반된다고 보기 어렵다(대판 2021.7.29. 2018다230229).

판례 | 당사자와 소송물이 같더라도 위 조항의 취지에 반하지 않고 소제기를 필요로 하는 정당한 사정이 있는 경우, 다시 소를 제기할 수 있는지 여부(적극)

[1] 민사소송법 제267조 제2항은 "본안에 대한 종국판결이 있은 뒤에 소를 취하한 사람은 같은 소를 제기하지 못한다."라고 정하고 있다. 이는 소취하로 그동안 판결에 들인 법원의 노력이 무용화되고 다시 동일한 분쟁을 문제 삼아 소송제도를 남용하는 부당한 사태를 방지할 목적에서 나온 제재적 취지의 규정이다. 여기에서 '같은 소'는 반드시 기판력의 범위나 중복제소금지

22법원직

1 본안에 대한 종국판결이 있은 뒤에 '원고는 소를 취하하고, 피고는 이에 동의한다'는 내용의 화해권고결정이 확정되어 소송이 종결된 경우 소취하한 경우와 마찬가지로 재소금지의 효력이 있다. ( )

22법원직

2 재소금지는 소취하로 인하여 그동안 판결에 들인 법원의 노력이 무용화되고 종국판결이 당사자에 의하여 농락당하는 것을 방지하기 위한 제재적 취지의 규정이므로, 본안에 대한 종국판결이 있은 후 소를 취하한 자라 할지라도 이러한 취지에 반하지 아니하고 소제기를 필요로 하는 정당한 사정이 있다면 다시 소를 제기할 수 있다고 봄이 상당하다. ( )

정답 | 1 ○ 2 ○

에서 말하는 것과 같은 것은 아니고, 당사자와 소송물이 같더라도 이러한 규정의 취지에 반하지 않고 소제기를 필요로 하는 정당한 사정이 있다면 다시 소를 제기할 수 있다.

[2] 甲주식회사가 乙 등에 대하여 가지는 정산금 채권에 대하여 甲회사의 채권자 丙이 채권압류 및 추심명령을 받아 乙 등을 상대로 추심금 청구의 소를 제기하였다가 항소심에서 소를 취하하였는데, 그 후 甲회사의 다른 채권자 丁 등이 위 정산금 채권에 대하여 다시 채권압류 및 추심명령을 받아 乙 등을 상대로 추심금 청구의 소를 제기한 사안에서, 丙이 선행 추심소송에서 패소판결을 회피할 목적 등으로 종국판결 후 소를 취하하였다거나 丁 등이 소송제도를 남용할 의도로 소를 제기하였다고 보기 어려운 사정 등을 감안할 때, 丁 등은 선행 추심소송과 별도로 자신의 甲회사에 대한 채권의 집행을 위하여 위 소를 제기한 것이므로 새로운 권리보호이익이 발생한 것으로 볼 수 있어 재소금지 규정에 반하지 않는다(대판 2021.5.7. 2018다259213).

제2절 청구의 포기·인낙

제220조 [화해, 청구의 포기·인낙조서의 효력]
화해, 청구의 포기·인낙을 변론조서·변론준비기일조서에 적은 때에는 그 조서는 확정판결과 같은 효력을 가진다.

제461조 [준재심]
제220조의 조서 또는 즉시항고로 불복할 수 있는 결정이나 명령이 확정된 경우에 제451조 제1항(재심사유)에 규정된 사유가 있는 때에는 확정판결에 대한 제451조 내지 제460조의 규정에 준하여 재심을 제기할 수 있다.

I 서설

1. 의의

청구의 포기라 함은 변론 또는 변론준비기일에서 원고가 자기의 소송상 청구가 이유 없음을 자인하는 법원에 대한 일방적 의사표시이며, 청구의 인낙이라 함은 피고가 원고의 소송상의 청구가 이유 있음을 자인하는 법원에 대한 일방적 의사표시이다. 변론조서 또는 변론준비기일조서로서 기재하면 확정판결과 동일한 효력이 생기며 이에 의하며 소송은 종결된다.

2. 청구의 포기와 소의 취하의 구별

① 소의 취하는 소송계속 효과가 소급적으로 소멸하나, 청구의 포기는 원고 패소의 확정판결과 동일한 효력을 가진다.
② 소의 취하는 본안의 종국판결 후에 하는 경우에는 재소가 금지되나 그 밖의 경우에는 재

소가 가능하지만, 청구의 포기는 기판력 때문에 어느 때나 신소의 제기를 할 수 없다.

③ 소의 취하는 피고가 응소한 뒤에는 피고의 동의가 필요하나, 청구의 포기는 상대방의 승낙이 필요없다.

④ 직권탐지주의 소송절차에 있어서도 소의 취하는 할 수 있으나, 청구의 포기는 할 수 없다.

3. 법적성질

판례는 청구의 포기·인낙을 원고가 소송물에 관한 자기의 청구가 이유 없음을 인정하거나, 피고가 원고의 청구를 이유 있다고 인정하는 관념의 표시에 불과한 소송행위라고 보고 있다(대판 1957.3.14. 428민상439). 제461조는 청구의 포기·인낙조서의 효력의 취소는 준재심에 의하여 하도록 규정함으로써 입법적으로 소송행위설을 따랐다고 본다.

Ⅱ 요건

1. 당사자에 관한 요건

21법원직

1 고유필수적 공동소송의 경우에는 공동소송인 전원이 일치하여 청구의 포기나 인낙을 하여야 하고, 그 중 한 사람의 청구의 포기나 인낙은 무효로 된다. ( )

① 청구의 포기·인낙은 소송행위이므로 당사자능력, 소송능력을 갖추어야 하며 대리인에 의하는 경우에는 특별한 권한수여가 필요하다(제56조 제2항, 제90조 제2항).

② 필수적 공동소송의 경우에는 공동소송인 전원이 일치하여 청구의 포기나 인낙을 하여야 하고(제67조 제1항), 그 중 한 사람의 청구의 포기·인낙은 무효로 된다. 독립당사자참가의 경우에는 원고나 피고가 청구의 포기나 인낙을 하여도 참가인이 다투는 한 효력이 없다.

③ 제62조의2에서는 의사무능력자를 위한 특별대리인제도를 신설하면서, 특별대리인의 소 취하·청구의 포기·인낙 또는 화해나 소송탈퇴행위가 본인의 이익을 명백히 침해한다고 인정할 때에는 법원은 결정으로 불허할 수 있도록 하였다.

2. 소송물에 관한 요건

(1) 자유로이 처분할 수 있는 소송물일 것

청구의 포기·인낙 대상은 당사자가 자유로이 처분할 수 있는 소송물이어야 한다.

① 행정소송

행정소송에 있어서 청구인용의 확정판결은 대세효가 있으므로(행소 제29조, 38조) 당사자가 청구인용의 확정판결과 같은 효력을 가지는 청구의 인낙을 임의로 하는 것은 허용되지 아니한다(청구의 포기는 견해의 대립이 있음).

② 가사소송

가사소송 중 당사자의 임의처분이 허용되지 않는 경우, 예컨대 혼인취소권, 인지청구권과 같이 실체법상 그 청구권의 포기가 성질상 허용되지 않는 경우에는 그 청구권을 소송상으로 포기하는 것도 허용되지 않지만 그 밖의 경우에는 청구의 포기를 허용하지 않을 이유가 없다고 본다.

15·21법원직

2 주주총회결의의 하자를 다투는 소에 있어서 청구의 인낙은 할 수 없다. ( )

③ 회사관계소송

주주총회결의의 부존재·무효를 확인하거나 결의를 취소하는 판결이 확정되면 당사자 이외의 제3자에게도 그 효력이 미쳐 제3자도 이를 다툴 수 없게 되므로, 주주총회결의의 하자를 다투는 소에 있어서 청구의 인낙이나 그 결의의 부존재·무효를 확인하는 내용의

정답 | 1 ○ 2 ○

화해·조정은 할 수 없고, 가사 이러한 내용의 청구인낙 또는 화해·조정이 이루어졌다 하여도 그 인낙조서나 화해·조정조서는 효력이 없다(대판 2004.9.24. 2004다28047).

(2) 소송요건 구비 여부

청구의 포기·인낙은 본안판결과 동일한 효력을 가지므로 소송요건을 갖추어야 한다. 견해대립은 있으나 소송요건이 구비되지 않으면 청구의 포기·인낙에도 불구하고 법원은 소를 각하하여야 할 것이다.

(3) 반사회질서 내지 강행법규에 위반되지 아니할 것

① 선량한 풍속 그 밖의 사회질서에 반하는 청구 및 강행법규에 반하는 청구의 포기·인낙은 허용되지 아니한다.

② 증권관련집단소송법상 소의 취하, 소송상 화해, 청구의 포기는 법원의 허가를 받도록 규정하고 있으므로(증집 제35조), 청구의 인낙은 법원의 허가 없이 가능하다.

(4) 소송물 자체일 것

청구의 포기·인낙의 대상이 소송물 자체에 대한 것인 점에서, 자백의 대상이 공격방어방법인 점과 구분되는 점이다.

(5) 청구의 성질상 청구의 인낙·포기가 허용되지 아니한 경우가 아닐 것

판례는 예비적 청구만을 대상으로 한 청구의 인낙은 무효라 하였다. 예비적 청구는 주위적 청구의 당부를 먼저 판단하여 그 이유 없을 때에만 심리할 수 있고 그것만 먼저 분리하여 일부판결은 할 수 없다는 이유에서이다(대판 1995.7.25. 94다62017).

Ⅲ 방식

① 청구의 포기·인낙의 의사표명은 당해 소송기일에 출석하여 말로 하는 것이 원칙이다. 변론기일(화해기일, 증거조사기일)뿐 아니라 변론준비기일에서도 할 수 있다.

② 신법은 서면포기·인낙을 입법화 하였다. 즉, 피고가 진술한 것으로 보는 답변서, 그 밖의 준비서면에 청구의 포기 또는 인낙의 의사표시가 적혀 있고 공증사무소의 인증을 받은 때에는 그 취지에 따라 청구의 포기 또는 인낙이 성립된 것으로 본다(제148조 제2항).

Ⅳ 효과

1. 조서의 작성

① 청구의 포기·인낙의 진술이 있는 경우 변론조서나 변론준비기일조서에 이를 적은 때에 그 조서는 확정판결과 같은 효력을 가진다(제220조). 변론조서나 변론준비기일조서에는 청구의 포기·인낙을 기재하여야 한다(제154조, 제155조, 제160조).

② 판례는 제220조는 화해, 청구의 포기 또는 인낙을 조서에 기재한 때에는 그 조서는 확정판결과 동일한 효력이 있다고 규정하고 있으므로 따로 화해조서 등의 작성이 없는 경우라도 청구의 인낙이 변론조서에 기재가 되면 확정판결과 같은 효력이 있는 동시에 그것으로써 소송은 종료되는 것으로 보고 있다(대판 1969.10.7. 69다1027).

21법원직

1 예비적 병합의 경우 예비적 청구에 관하여만 인낙을 할 수는 없고, 가사 인낙을 한 취지가 조서에 기재되었다 하더라도 그 인낙의 효력이 발생하지 아니한다. ( )

21법원직

2 청구인낙의 취지가 변론조서만에 기재되어 있고 따로 인낙조서의 작성이 없다면 청구인낙으로서의 효력이 발생하지 않는다. ( )

정답 | 1 ○ 2 ×

소송의 종료

제5편

2023 해커스법원직 신정운 S 민사소송법

제2장 당사자의 행위에 의한 종료 **363**

2. 소송종료효

소송은 청구의 포기·인낙이 있는 한도 내에서는 당연히 종료된다. 이를 간과한 채 심리가 속행된 때에는 당사자의 이의나 법원의 직권에 의하여 판결로써 소송종료선언을 하여야 한다.

판례 | 청구인낙이 실체법상 채무를 소멸시키는 효력을 갖는지 여부(소극)

청구의 인낙은 피고가 원고의 주장을 승인하는 소위 관념의 표시에 불과한 소송상 행위로서 이를 조서에 기재한 때에는 확정판결과 동일한 효력이 발생되어 그로써 소송을 종료시키는 효력이 있을 뿐이고, 실체법상 채권·채무의 발생 또는 소멸의 원인이 되는 법률행위라 볼 수 없다(대판 2022.3.31. 2020다271919).

3. 하자를 다투는 방법

① 조서 작성 전에는 자백의 철회에 준하여 상대방의 동의를 얻거나 착오를 이유로 철회할 수 있다.

② 조서 작성 후에는 그 하자는 기판력 있는 확정판결의 하자를 다투는 방법과 마찬가지로 준재심의 소에 의하여 다투어야 한다. 다만, 당연무효사유가 있다면 예외적으로 기일지정신청을 통해 소송종료선언을 할 수 있다.

판례 | 법인 또는 법인이 아닌 사단의 대표자가 청구의 포기·인낙 또는 화해를 하는 데 필요한 권한을 수여받지 아니한 때

소송절차 내에서 법인 또는 법인이 아닌 사단(이하 '법인 등'이라고 한다)이 당사자로서 청구의 포기·인낙 또는 화해를 하여 이를 변론조서나 변론준비기일조서에 적은 경우에, 법인 등의 대표자가 청구의 포기·인낙 또는 화해를 하는 데에 필요한 권한의 수여에 흠이 있는 때에는 법인 등은 변론조서나 변론준비기일조서에 대하여 준재심의 소를 제기할 수 있고, 준재심의 소는 법인 등이 청구를 포기·인낙 또는 화해를 한 뒤 준재심의 사유를 안 날부터 30일 이내에 제기하여야 한다(제461조, 제220조, 제451조 제1항 제3호, 제456조, 제64조, 제52조, 대판 2016.10.13. 2014다12348).

17법원직

1 소송절차 내에서 비법인 사단이 당사자로서 청구의 포기·인낙 또는 화해를 하여 이를 변론조서나 변론준비기일조서에 적은 경우에 그 비법인사단의 대표자가 그러한 청구의 포기·인낙 또는 화해를 하는 데에 필요한 권한의 수여에 흠이 있는 때에는 비법인사단은 위 변론조서나 변론준비기일조서에 대하여 준재심의 소를 제기할 수 있다.
( )

학습 POINT

1. 판례의 소송행위설에 대한 정리가 필요(양성설과 차이점)
2. 무제한기판력설에 의할 경우 화해는 준재심으로만 다툴 수 있음(당연무효가 있다면 기일지정신청 가능)
3. 화해권고결정에 대한 이의신청은 서면으로만 가능
4. 이의신청 취하시 상대방 동의필요, 이의신청 취하시 이의신청기간 만료시에 소급하여 확정됨
5. 화해권고결정의 기판력은 확정시를 기준으로 발생됨

정답 | 1 ○

제3절 소송상 화해

I 서설

1. 의의

재판상 화해라 함은 소송계속 전에 지방법원 단독판사 앞에서 하는 제소전 화해(제385조 제1항)와 소송계속 후 수소법원 앞에서 하는 소송상 화해 두 가지를 가리킨다. 소송상 화해라 함은 소송계속 중 양쪽 당사자가 소송물인 권리관계의 주장을 서로 양보하여 소송을 종료시키기로 하는 기일에 있어서의 합의이다.

2. 법적 성질

(1) 학설

① 소송행위설

민법상 화해계약과는 달리 그 본질은 소송행위로서 소송법의 원칙에 따라 규율되고 민법상의 화해계약에 관한 규정의 적용은 배제된다는 견해이다.

② 양성설

하나의 행위에 사법행위와 소송행위가 경합되어 법원에 대한 관계에서는 화해의 내용에 관하여 진술하고 조서에 기재함으로써 소송이 종료되며 이점에 있어서는 소송법의 적용을 받지만, 당사자간의 관계에서는 화해의 내용에 대한 진술이 민법상의 화해계약인 것으로 보는 견해이다.

(2) 판례

소송상의 화해는 판결의 내용으로서 소송물인 법률관계를 확정하는 효력이 있으므로 소송행위로 볼 것이다고 판시하였다(대판 1962.5.31. 4293민재항6).

14법원직

1 소송상 화해는 소송계속 중에 이루어진다는 점에서 제소전화해와 다르고, 상호 양보하여 합의한다는 점에서 청구의 포기·인낙과 다르다.   ( )

Ⅱ 요건

1. 당사자에 관한 요건

① 화해하는 당사자가 실재하여야 하고, 소송능력을 갖추어야 한다. 대리인에 의한 화해에 있어서는 특별한 권한수여가 있어야 한다.

② 제62조의2에서는 의사무능력자의 특별대리인이 화해하는 경우(소취하·청구의 포기·인낙 또는 화해나 소송탈퇴와 같다) 법원은 본인의 이익을 명백히 침해한다고 인정할 때에는 그날부터 14일 이내에 결정으로 불허할 수 있도록 하였다.

③ 필수적 공동소송에 있어서 화해는 공동소송인 전원이 일치하여 하여야 한다.

판례 | 독립당사자참가에 의한 소송에서 원·피고 사이에만 재판상 화해를 하는 것이 허용되는지 여부(소극)

민사소송법 제79조에 의한 소송은 동일한 권리관계에 관하여 원고, 피고 및 참가인 상호간의 다툼을 하나의 소송절차로 한꺼번에 모순 없이 해결하려는 소송형태로서 두 당사자 사이의 소송행위는 나머지 1인에게 불이익이 되는 한 두 당사자 간에도 효력이 발생하지 않는다고 할 것이므로, 원·피고 사이에만 재판상 화해를 하는 것은 3자 간의 합일확정의 목적에 반하기 때문에 허용되지 않는다(대판 2005.5.26. 2004다25901,25918).

13사무관 15법원직

2 독립당사자참가인이 화해권고결정에 대하여 이의한 경우, 이의의 효력은 독립당사자참가인과 원고, 독립당사자참가인과 피고 사이에는 미치지만, 원·피고 사이에는 미치지 않는다.   ( )

2. 소송물에 관한 요건

(1) 화해의 대상

① 화해의 대상인 권리관계가 사적 이익에 관한 것이고 당사자가 자유롭게 처분할 수 있는 것일 것을 요한다.

② 판례는 인지청구권은 본인의 일신전속적인 신분관계상의 권리로서 포기할 수 없고, 포기하였다 하더라도 그 효력을 발생할 수 없는 것이므로 청구인의 인지청구권을 포기하기로

정답 | 1 ○ 2 ×

하는 재판상 화해가 이루어지고 그것이 화해조항에 표시되었다 하더라도 그 효력이 없다고 한다(대판 1982.3.9. 81므10).

③ 재심사건에서도 처분할 수 없는 사항을 대상으로 조정이나 화해가 허용될 수 없는 것이므로 재심대상판결을 취소한다는 취지의 조정이나 화해는 당연무효로 된다(대판 2012.9.13. 2010다97846).

④ 회사관계소송, 예컨대 주주총회의 결의의 하자를 다투는 소송에 있어서는 비록 직권탐지주의에 의하는 것이 아니라 판결의 대세효에 비추어 원고의 청구를 인용하는 내용의 화해는 허용되지 아니하나 원고패소판결은 당사자 사이에서만 효력이 있으므로 청구의 포기를 내용으로 하는 화해는 허용된다(대판 2004.9.24. 2004다28047). 다만 주주대표소송과 증권관련집단소송에서 재판상 화해를 함에는 법원의 허가를 요한다(상법 제403조, 증집 제35조).

(2) 소송요건의 흠

제소전 화해가 인정되기 때문에 소송요건의 흠이 있는 소송물이라도 원칙적으로 화해가 허용된다. 이 점에서 청구의 포기·인낙과 다르다.

(3) 강행법규에 반하지 않을 것

화해조항의 내용이 현행법상 인정되는 것이어야 하고, 강행법규에 반하거나 사회질서에 위반하여서는 아니 된다.

(4) 조건부 화해의 허용 여부

판례는 재판상 화해가 실효조건의 성취로 실효되거나 준재심에 의하여 취소된 경우에는 화해가 없었던 상태로 돌아가므로 화해 성립 전의 법률관계를 다시 주장할 수 있다고 한다(대판 1996.11.15. 94다35343). 즉, 소송상 화해에 있어서 실효조건이 성취되었을 때에 구소송이 다시 부활하게 되고 이미 생겼던 확정판결과 동일한 효력은 없어지게 되어 더 이상 그 효력을 논할 여지가 없다고 한다.*

3. 시기와 방식에 관한 요건

① 화해는 소송계속 중 어느 때나 할 수 있다. 상고심에서도 화해가 가능하다.
② 화해는 기일에 양 쪽 당사자가 출석하여 말로 진술하는 것이 원칙이다. 다만 신법은 불출석하는 당사자가 제출하여 진술한 것으로 보는 답변서 그 밖의 준비서면에 화해의 의사표시가 적혀 있고 공증사무소의 인증까지 받은 경우에, 상대방 당사자가 출석하여 그 화해의 의사를 받아들였을 때에는 화해가 성립된 것으로 본다(제148조 제3항)고 규정하여 서면화해제도를 채택하였다.

Ⅲ 효과

1. 조서의 작성

당사자 양쪽의 화해의 진술이 있을 때에는 법원 또는 법관은 그 요건을 심사하여 유효하다고 인정하면 법원사무관등에게 그 내용을 조서에 기재시킨다(제154조 제1호). 조서에 기재하기 전에는 화해의 진술을 철회할 수 있지만, 철회의 진술은 양당사자가 일치하여 하지 않으면 안된다.

17법원직
1 재심사건에서 그 재심의 대상으로 삼고 있는 확정판결을 취소한다는 내용의 화해조항도 당연무효인 것은 아니다. (　)

14·17법원직
2 소송상 화해가 실효조건의 성취로 실효된 경우에는 화해가 없었던 상태로 돌아가므로 당사자는 화해 성립 전의 법률관계를 다시 주장할 수 있다. (　)

* 판례가 소송행위를 취하면서도 소송행위설의 기본적 입장과 달리 실효조건부 화해와 창설적 효력을 인정하고 있는 것은 소송행위설과 온전히 일치하는 것으로 볼 수 없으나, 판례의 입장으로서는 재판상 화해가 거래의 실정 내지 당사자의 의사에 비추어 통상 민법상 화해를 하는 전제로, 재판상 화해의 효력 및 실효에 있어서는 제한적으로나마 민법상 화해를 고려한 탓에 논리적으로 일관되지 못한 모습을 보이고 있는 것으로 이해하면 될 것으로 본다(김홍엽. 615페이지 참고).

14법원직
3 소송상 화해는 소송계속 중이면 어느 때나 할 수 있으므로 상고심에서도 할 수 있다. (　)

정답 | 1 × 2 ○ 3 ○

2. 기판력

(1) 학설

① 무제한 기판력설

화해조서에는 확정판결과 마찬가지로 어떠한 경우에나 기판력을 인정할 것이며, 화해의 성립과정의 하자는 그것이 재심사유에 해당되어 재심절차에 의한 구제를 받는 이외에는 그 무효를 주장할 수 없다는 입장이다.

② 제한적 기판력설

소송상의 화해에 실체법상 아무런 하자가 없는 경우에만 제한적으로 제220조에 의하여 기판력이 생기며, 실체법상의 하자가 있는 한 기판력은 인정될 수 없다는 입장이다.

(2) 판례

재판상의 화해를 조서에 기재한 때에는 그 조서는 확정판결과 동일한 효력이 있고 당사자 간에 기판력이 생기는 것이므로 확정판결의 당연무효사유와 같은 사유가 없는 한 재심의 소에 의해서만 다툴 수 있고 그 효력을 다투기 위하여 기일지정신청을 함은 허용되지 않는다(대결 1990.3.17. 90그3).

3. 집행력 및 실체법상 창설적 효력

① 화해조서의 기재가 구체적인 이행의무를 내용으로 할 때에는 집행력을 갖는다. 화해조서에 기재된 내용이 특정되지 아니하여 강제집행을 할 수 없는 경우에는 동일한 청구를 제기할 소의 이익이 있다(대판 1995.5.12. 94다25216).

② 재판상 화해 또는 제소전 화해는 확정판결과 동일한 효력이 있으며 당사자 간의 사법상의 화해계약이 그 내용을 이루는 것이면 화해는 창설적 효력을 가져 화해가 이루어지면 종전의 법률관계를 바탕으로 한 권리의무관계는 소멸하나, 재판상 화해 등의 창설적 효력이 미치는 범위는 당사자가 서로 양보를 하여 확정하기로 합의한 사항에 한하며, 당사자가 다툰 사실이 없었던 사항은 물론 화해의 전제로서 서로 양해하고 있는데 지나지 않은 사항에 관하여는 그러한 효력이 생기지 않는다(대판 2001.4.27. 99다17319).

Ⅳ 소송상의 화해의 효력을 다투는 방법

1. 화해에 무효 취소의 원인이 있는 경우

① 화해조서는 확정판결과 같은 효력을 갖기 때문에 화해조서에 명백한 오류가 있을 때에는 판결에 준하여 경정(제211조)이 허용된다(대판 1960.8.12. 4293민재항200).

② 재판상의 화해를 조서에 기재한 때에는 그 조서는 확정판결과 동일한 효력이 있고 당사자 간에 기판력이 생기는 것이므로 확정판결의 당연무효사유와 같은 사유가 없는 한 재심의 소에 의하여만 효력을 다툴 수 있는 것이나, 당사자 일방이 화해조서의 당연무효 사유를 주장하며 기일지정신청을 한 때에는 법원으로서는 그 무효사유의 존재 여부를 가리기 위하여 기일을 지정하여 심리를 한 다음 무효사유가 존재한다고 인정되지 아니한 때에는 판결로써 소송종료선언을 하여야 하고, 이러한 이치는 재판상 화해와 동일한 효력이 있는 조정조서에 대하여도 마찬가지라 할 것이다(대판 2001.3.9. 2000다58668).

14·17법원직 14주사보 15·17사무관
1 소송상 화해에 확정판결의 당연무효사유와 같은 사유가 아니더라도 실체법상의 하자가 있을 때에는 그 무효를 주장하며 기일지정신청으로 다툴 수 있다. ( )

16주사보 21사무관
2 화해조서에 기재된 내용이 특정되지 아니하여 강제집행을 할 수 없는 경우에는 동일한 청구를 제기할 소의 이익이 있다. ( )

17주사보 20·22사무관
3 재판상 화해의 창설적 효력이 미치는 범위는 당사자가 서로 양보하여 확정하기로 합의한 사항에 한한다. ( )

17법원직 22사무관
4 화해조서에 잘못된 계산이나 기재, 그 밖에 이와 비슷한 잘못이 있음이 분명한 때에 법원은 직권으로 또는 당사자의 신청에 따라 경정결정을 할 수 있다. ( )

15·20법원직 22사무관
5 당사자 일방이 화해조서의 당연무효사유를 주장하며 기일지정신청을 한 때에는 법원으로서는 기일을 지정하여 심리를 한 다음 무효사유가 존재한다고 인정되지 아니한 때에는 판결로써 소송종료선언을 하여야 한다. ( )

정답 | 1 × 2 ○ 3 ○ 4 ○ 5 ○

2. 화해의 해제 여부

① 판례는 재판상 화해는 확정판결의 당연무효와 같은 사유가 없는 한 준재심의 소에 의해서만 효력을 다툴 수 있고 그 효력을 다투기 위하여 기일지정신청을 함은 허용되지 아니하므로, 화해조서의 내용대로 이행이 되지 아니하여 화해조서는 실효되었다는 이유로 기일지정신청은 할 수 없다고 본다(대결 1990.3.17. 90그3).

② 제1화해가 성립된 후에 그와 모순된 제2화해가 성립되어도 그에 의하여 제1화해가 조서에 기재되어 확정판결과 동일하게 기판력이 발생한 이상 제2화해에 의하여 제1화해가 당연히 실효되거나 변경된다고 할 수 없다(대판 1995.12.5. 94다59028). 이 경우 제2화해가 준재심사유가 된다(제451조 제1항 제10호).

V 화해권고결정

1. 의의

법원·수명법관 또는 수탁판사는 소송에 계속 중인 사건에 대하여 직권으로 당사자의 이익, 그 밖의 모든 사정을 참작하여 청구의 취지에 어긋나지 아니하는 범위 안에서 사건의 공평한 해결을 위한 화해권고결정을 할 수 있다(제225조).

2. 화해권고결정의 운영

(1) 주체

화해권고결정은 수소법원·수명법관 또는 수탁판사가 할 수 있다(제225조). 변론준비절차에도 화해권고결정에 관한 규정이 준용되므로(제286조). 그 변론준비절차를 진행하는 재판장 등이 그 이름으로 화해권고결정을 할 수 있다. 또한 변론준비절차에 부쳐진 뒤에도 수소법원은 여전히 화해권고결정을 할 수 있다.

(2) 시기

법원은 소송의 정도와 관계없이 화해를 권고할 수 있고(제145조). 소송계속 후 판결선고 전까지 언제라도 별도의 기일지정이나 조정회부 없이 화해권고결정을 할 수 있다(제225조). 따라서 변론절차에서는 물론 변론준비절차에서도 할 수 있다(제286조).

(3) 절차

화해권고결정은 직권에 의하여 이루어지므로 당사자의 화해권고결정 신청은 법원의 직권발동을 촉구하는 의미만 갖는다. '사전에 화해를 권유하였으나 화해가 성립되지 아니하였을 것'이 화해권고결정을 할 수 있는 요건은 아니다.

3. 화해권고결정에 대한 이의신청

(1) 이의신청의 처리

① 당사자는 결정서 또는 결정조서의 정본을 송달받은 날부터 2주 이내에 이의신청을 함으로써 화해권고결정에 대하여 불복할 수 있고 그 정본을 송달받기 전에도 이의신청할 수 있다(제226조 제1항). 2주의 기간은 소송행위의 추후보완이 가능한 불변기간이다(동조 제2항).

15·20사무관

1 제1화해가 성립된 후에 그와 모순된 제2화해가 성립되면, 제2화해에 의하여 제1화해가 당연히 실효되거나 변경된다.　　(　　)

22법원직

2 법원은 소송에 계속 중인 사건에 대하여 직권으로 당사자의 이익, 그 밖의 모든 사정을 참작하여 청구의 취지에 어긋나지 아니하는 범위 안에서 사건의 공평한 해결을 위한 화해권고결정을 할 수 있다.　　(　　)

12·13·15·19주사보 22법원직

3 당사자는 결정서 또는 결정조서의 정본을 송달받은 날부터 2주 이내에 이의신청을 함으로써 화해권고결정에 대하여 불복할 수 있고, 그 정본을 송달받기 전에도 이의신청할 수 있다.　　(　　)

12·19주사보 15·21사무관

4 이의신청은 당사자와 법정대리인, 화해권고결정의 표시와 그에 대한 이의신청의 취지를 적은 이의신청서를 화해권고결정을 한 법원에 제출하는 방식으로 가능하며 변론준비기일 등에서는 말로도 이의신청할 수 있다.　　(　　)

정답 | 1 × 2 ○ 3 ○ 4 ×

② 이의신청은 당사자와 법정대리인, 화해권고결정의 표시와 그에 대한 이의신청의 취지를 적은 이의신청서를 화해권고결정을 한 법원에 제출하는 방법으로 하여야 하므로(제227조 제1항·제2항), 변론준비기일 등에서 말로 하는 이의신청은 그 효력이 없다.

판례 | 이의신청방식

[1] 이의신청은 당사자와 법정대리인, 화해권고결정의 표시와 그에 대한 이의신청의 취지를 적은 이의신청서를 화해권고결정을 한 법원에 제출하는 방법으로 하여야 하므로(제227조 제1항, 제2항), 변론준비기일 등에서 말로 하는 이의신청은 그 효력이 없다. 이의신청서에 기재하도록 요구하고 있는 화해권고결정의 표시와 그에 대한 이의신청의 취지는 제출된 서면을 전체적으로 보아 어떠한 화해권고결정에 대하여 이의를 한다는 취지가 나타나면 족하고, 그 서면의 표제가 준비서면 등 다른 명칭을 사용하고 있다고 하여 달리 볼 것은 아니다.

[2] 화해권고결정을 송달받은 항소인이 화해권고결정에 대한 이의신청기간 내에 '제1심판결 중 패소 부분은 받아들일 수 없다'는 취지의 준비서면과 종래 제출한 적 있던 항소장을 제출하고, '위 준비서면 자체가 화해권고 이의신청'이라는 내용의 화해권고결정에 대한 이의신청서를 우편으로 발송하여 그것이 이의신청기간 종료일 다음 날 법원에 도착한 사안에서, 위 준비서면과 항소장은 전체적인 취지에서 화해권고결정에 대한 이의신청에 해당한다고 보아야 하므로, 소송종료선언을 하지 않고 소송에 복귀하여 심리에 나아간 원심판단은 정당하다(대판 2011.4.14, 2010다5694).

③ 이의신청서가 접수되면 법원사무관등은 이의신청기간의 도과 여부 등을 검토하여 재판장에게 기록과 함께 인계한다. 그 이의신청이 방식에 어긋나거나 이의신청권이 소멸한 뒤의 것으로서 그 흠을 보정할 수 없으면 법원은 결정으로 이를 각하하며, 이 결정에 대해서는 즉시항고할 수 있다(제230조).

④ 적법한 이의신청이 있으면 법원사무관등은 상대방에게 그 부본을 송달하여야 한다(제227조 제4항). 이는 화해권고결정에 대하여 이의신청이 있음을 알리고 다음 소송행위를 준비하게 하기 위한 것이다.

⑤ 적법한 이의신청이 있으면 소송은 화해권고결정이 있기 전의 상태로 되돌아간다. 이 경우 소송복귀를 위한 특별한 조치가 필요 없고, 그 이전에 행한 소송행위는 모두 그대로 효력을 가지게 된다(제232조 제1항).

⑥ 이의신청에 의하여 소송절차가 계속되더라도 당연히 화해권고결정의 효력이 없어지는 것은 아니고, 그 심급에서 판결이 선고될 때까지는 화해권고 결정의 효력이 유지됨으로써(동조 제2항), 그 전에 이의신청이 취하되면 화해권고결정이 확정된다(제228조 제1항, 제231조).

판례 | 공동소송에서 이의신청

1. 독립당사자참가인이 화해권고결정에 대하여 이의한 경우 합일확정의 필요상 이의의 효력은 원·피고 사이에도 미친다(대판 2005.5.26, 2004다25901,25918).

2. 그러나 통상공동소송관계에 있는 원고 중 1인만이 화해권고결정에 대하여 이의한 경우 이의하지 아니한 다른 원고와 피고 사이에서 그 화해권고결정은 확정된다(대판 2010.10.28, 2010다53754).

22사무관

1 화해권고결정에 대한 이의신청은 이의신청서를 제출하는 방법으로 하여야 하므로, 화해권고결정에 대하여 이의를 한다는 취지가 나타나더라도 그 서면 표제가 준비서면 등 다른 명칭을 사용하고 있다면 이의신청으로 볼 수 없다. (　)

22법원직

2 어느 당사자가 화해권고결정에 대해 이의를 신청한 때에는 이의신청의 상대방에게 이의신청서의 부본을 송달하여야 한다. (　)

13·15주사보 18법원직 21사무관

3 화해권고결정에 대하여 원·피고 쌍방이 이의를 신청하여 판결이 선고되었으나, 판결서를 송달받은 원·피고 모두 화해권고결정에 따르는 것이 좋겠다고 생각하여 화해권고결정에 대한 이의신청을 취하하는 서면을 제출하였다면 화해권고결정은 유효하게 확정된다. (　)

19사무관

4 독립당사자참가인이 화해권고결정에 대하여 이의한 경우, 이의의 효력이 원·피고 사이에도 미친다. (　)

정답 | 1 × 2 ○ 3 × 4 ○

(2) 이의신청의 취하와 포기

1) 이의신청 취하

① 화해권고결정에 대하여 이의신청을 한 당사자는 그 심급에서 판결이 선고될 때까지 <u>상대방의 동의를 얻어</u> 이의신청을 취하할 수 있다(제228조 제1항).

② 이의신청의 취하는 서면으로 하여야 하나, 다만 변론(준비)기일에는 말로 할 수 있다(제228조 제2항, 제266조 제3항). 취하의 서면은 상대방에게 송달하여야 하고, 취하의 취지를 기재한 조서등본은 그 진술을 한 기일에 상대방이 출석하지 아니한 경우에 송달한다(제228조 제2항, 제266조 제4항·제5항).

③ 취하의 서면이나 그러한 취지가 기재된 조서등본을 상대방에게 송달한 날 또는 이의신청을 취하한 기일에 상대방이 출석한 때에는 그 기일부터 2주 이내에 상대방이 이의를 하지 아니하면 이의신청취하에 동의한 것으로 본다(제266조 제6항).

④ 이의신청이 적법하게 취하되면 화해권고결정은 재판상 화해와 같은 효력을 가지게 된다(제231조 제3호 전단). 이의신청이 취하된 경우에는 처음부터 이의신청이 없었던 것으로 되므로 화해권고결정은 <u>이의신청기간 만료시</u>에 소급하여 확정된다.

2) 이의신청 포기

① 화해권고결정에 대한 이의신청권은 <u>그 신청 전까지</u> 포기할 수 있다(제229조 제1항). 화해권고결정서 또는 그 결정조서 정본이 송달되기 전에도 변론(준비)기일에서 화해권고결정 내용을 고지받은 후에는 이의신청권을 포기할 수 있다. 당사자가 그 결정서 또는 결정조서 정본을 송달받기 전에 화해권고결정을 받아들이고자 하는 때에는 그 이의신청권을 포기함으로써 이를 조기에 확정시킬 수 있다.

② 이의신청권의 포기는 서면으로 하여야 하고(제229조 제2항), 포기의 서면이 제출되면 상대방에게 송달하여야 한다(제229조 제3항). 이의신청권의 포기는 이의신청 전까지 할 수 있으므로, 이의신청을 할 수 있는 기간인 송달받은 날부터 2주가 도과하기 전까지 할 수 있다.

4. 화해권고결정의 효력

① 화해권고결정에 대하여 그 결정서 또는 결정조서 정본을 송달받은 날부터 2주 이내에 이의신청이 없거나, 이의신청에 대한 각하결정이 확정된 때 또는 이의신청을 취하하거나 이의신청권을 포기한 때에는 화해권고결정이 재판상 화해와 같은 효력을 가진다(제231조). 여러 당사자 중 일부만이 이의신청을 한 경우에 이의신청을 하지 아니한 당사자 사이에서는 이의신청기간이 경과함으로써 화해권고결정이 확정된다.

② 화해권고결정은 그 심급에서 판결이 선고된 때에는 효력을 잃는다(제232조 제2항). 이 경우 결정취소 등의 절차는 필요 없다.

12·14·17주사보 16법원직 17·19사무관

1 화해권고결정에 대하여 이의신청을 한 당사자는 그 심급에서 판결이 선고될 때까지 이의신청을 취하할 수 있다. 이 경우 상대방의 동의를 요하지 않는다. ( )

18사무관 19주사보

2 화해권고결정에 대하여 이의신청을 한 당사자가 이의신청을 취하한 경우, 이의신청 취하서가 법원에 접수된 날 화해권고결정이 확정된다. ( )

16·18법원직

3 화해권고결정에 대한 이의신청권의 포기는 서면으로 하여야 한다. ( )

18법원직

4 화해권고결정은 결정에 대한 이의신청기간 이내에 이의신청이 없는 때, 이의신청에 대한 각하결정이 확정된 때, 당사자가 이의신청을 취하하거나 이의신청권을 포기한 때에 재판상 화해와 같은 효력을 가지므로 확정된 화해권고결정은 당사자 사이에 기판력을 가진다. ( )

정답 | 1 × 2 × 3 ○ 4 ○

판례 | 화해권고결정 효력

1. 소송에서 다투어지고 있는 권리 또는 법률관계의 존부에 관하여 동일한 당사자 사이의 전소에서 확정된 화해권고결정이 있는 경우 당사자는 이에 반하는 주장을 할 수 없고 법원도 이에 저촉되는 판단을 할 수 없다(대판 2014.4.10.
2012다29557).

2. 화해권고결정의 기판력은 그 확정시를 기준으로 하여 발생한다. 소유권에 기한 물권적 방해배제청구로서 소유권등기의 말소를 구하는 소송이나 진정명의 회복을 원인으로 한 소유권이전등기절차의 이행을 구하는 소송 중에 그 소송물에 대하여 화해권고결정이 확정되면 상대방은 여전히 물권적인 방해배제의무를 지는 것이고 화해권고결정에 창설적 효력이 있다고 하여 그 청구권의 법적 성질이 채권적 청구권으로 바뀌지 아니한다(대판 2012.5.10.
2010다2558).

3. 전소가 확정판결이 아닌 화해권고결정에 의하여 종료된 경우에는 확정판결에서와 같은 법원의 사실상 및 법률상의 판단이 이루어졌다고 할 수 없으므로 참가적 효력이 인정되지 아니한다(대판 2015.5.28.
2012다78184).

16법원직

1 소송에서 다투어지고 있는 권리 또는 법률관계의 존부에 관하여 동일한 당사자 사이의 전소에서 확정된 화해권고결정이 있는 경우 당사자는 이에 반하는 주장을 할 수 없고 법원도 이에 저촉되는 판단을 할 수 없다. ( )

18법원직 19주사보 21사무관

2 화해권고결정의 기판력은 그 결정시를 기준으로 하여 발생한다. ( )

16법원직

3 보조참가인이 피참가인을 보조하여 공동으로 소송을 수행하였으나 피참가인이 소송에서 패소한 경우에는 형평의 원칙상 보조참가인이 피참가인에게 패소판결이 부당하다고 주장할 수 없도록 구속력을 미치게 하는 이른바 참가적 효력이 인정되는데, 전소가 확정판결이 아닌 화해권고결정에 의하여 종료된 경우에도 위와 같은 참가적 효력이 인정된다. ( )

제4절 제소전 화해

제385조 [화해신청의 방식]

① 민사상 다툼에 관하여 당사자는 청구의 취지·원인과 다투는 사정을 밝혀 상대방의 보통재판적이 있는 곳의 지방법원에 화해를 신청할 수 있다.

② 당사자는 제1항의 화해를 위하여 대리인을 선임하는 권리를 상대방에게 위임할 수 없다.

③ 법원은 필요한 경우 대리권의 유무를 조사하기 위하여 당사자 본인 또는 법정대리인의 출석을 명할 수 있다.

④ 화해신청에는 그 성질에 어긋나지 아니하면 소에 관한 규정을 준용한다.

제386조 [화해가 성립된 경우]

화해가 성립된 때에는 법원사무관등은 조서에 당사자, 법정대리인, 청구의 취지와 원인, 화해조항, 날짜와 법원을 표시하고 판사와 법원사무관등이 기명날인 또는 서명한다.

제387조 [화해가 성립되지 아니한 경우]

① 화해가 성립되지 아니한 때에는 법원사무관등은 그 사유를 조서에 적어야 한다.

② 신청인 또는 상대방이 기일에 출석하지 아니한 때에는 법원은 이들의 화해가 성립되지 아니한 것으로 볼 수 있다.

③ 법원사무관등은 제1항의 조서등본을 당사자에게 송달하여야 한다.

제388조 [소제기신청]

① 제387조의 경우에 당사자는 소제기신청을 할 수 있다.

② 적법한 소제기신청이 있으면 화해신청을 한 때에 소가 제기된 것으로 본다. 이 경우 법원사무관등은 바로 소송기록을 관할법원에 보내야 한다.

정답 | 1 ○ 2 × 3 ×

③ 제1항의 신청은 제387조 제3항의 조서등본이 송달된 날부터 2주 이내에 하여야 한다. 다만, 조서등본이 송달되기 전에도 신청할 수 있다.

④ 제3항의 기간은 불변기간으로 한다.

제389조 [화해비용]

화해비용은 화해가 성립된 경우에는 특별한 합의가 없으면 당사자들이 각자 부담하고, 화해가 성립되지 아니한 경우에는 신청인이 부담한다. 다만, 소제기신청이 있는 경우에는 화해비용을 소송비용의 일부로 한다.

1. 의의

제소전 화해라 함은 소제기 전에 지방법원 단독판사 앞에서 화해신청을 하여 민사분쟁을 해결하는 절차이다.

2. 화해신청

(1) 관할

제소전 화해를 신청할 법원은 상대방의 보통재판적 있는 곳의 지방법원이다(제385조 제1항).

(2) 화해의 요건

① 당사자가 임의로 처분할 수 있는 권리관계이어야 한다.

② 화해신청은 제385조 제1항이 민사상의 '다툼'이라고 하였음에 비추어 현실의 분쟁이 있을 때에 한한다. 따라서 현시점에서 당사자 사이에 다툼이 없으면 제소전 화해가 부적법하다. 예컨대 임차인이 1회라도 차임의 지급을 연체하면 즉시 임대인에게 임차목적물을 인도하도록 하는 내용은 제소전 화해의 대상이 아니다.

(3) 방식

① 신청은 서면 또는 말로(제161조), 청구의 취지 및 원인 이외에 다투는 사정을 표시하여야 한다(제385조 1항). 신청서에는 소장의 1/5의 인지를 내야 한다(인지 제7조 제1항).

② 화해신청에는 그 성질에 반하지 아니하면 소에 관한 규정이 준용되므로(제385조 제4항), 신청서 제출시에 분쟁의 목적인 권리관계에 대하여 시효중단의 효력이 생긴다. 화해의 불성립으로 절차가 종료된 때에도 그 시효중단의 효력을 유지하고자 하면 그 뒤 1월내에 소송을 제기하여야 한다(민법 제173조).

3. 절차

① 법은 쌍방대리금지의 취지를 존중하여 화해를 위하여 자기 대리인의 선임권을 상대방에 위임하는 것을 금지시키고 있다. 더 나아가 법원은 필요한 경우 대리권의 유무를 조사하기 위하여 당사자 또는 법정대리인의 출석을 명할 수 있게 하였다(제385조 제2항·제3항).

② 제소전 화해의 신청인이 피신청인의 위임을 받아 피신청인의 대리인을 선임하여 화해를 한 경우에는 일종의 무권대리인에 해당하여 대리권의 흠이 있는 것으로 준재심의 소(제461조)의 대상이 된다.

4. 제소전 화해조서의 효력

① 제소전 화해조서의 효력은 소송상 화해와 같이 확정판결과 같은 효력을 가진다(제220 조). 준재심의 소(제461조)에 의하여 화해조서가 취소되었을 때에는 종전의 소송이 부활 하는 소송상 화해와 달리 제소전 화해는 부활할 소송이 없으므로 불성립으로 귀착한다.

② 화해가 불성립된 경우에는 불성립조서등본이 송달된 날로부터 2주 이내에 각 당사자는 소제기 신청을 할 수 있다(제388조).

판례 | 제소전 화해의 창설적 효력과 기판력이 미치는 범위

제소전 화해는 재판상 화해로서 확정판결과 동일한 효력이 있고 창설적 효력을 가지는 것이므로 화해가 이루어지면 종전의 법률관계를 바탕으로 한 권리·의무관계는 소멸하는 것이나, 제소전 화해의 창설적 효력은 당사자 간에 다투어졌던 권리관계, 즉 계쟁 권리관계에만 미치는 것이지 당사자 간에 다툼이 없었던 사항에 관하여서까지 미치는 것은 아니므로 제소전 화해가 있다고 하더라도 그것에 의하여 화해의 대상이 되지 않은 종전의 다른 법률관계까지 소멸하는 것은 아니고 제소전 화해가 가지는 확정판결과 동일한 효력도 소송물인 권리관계의 존부에 관한 판단에만 미친다(대판 1997.1.24. 95다32273).

15법원직

1 제소전 화해조서는 확정판결과 동일한 효력이 있어 당사자 사이에 기판력이 생긴다. ( )

15법원직

2 제소전 화해에 있어서 화해가 성립되지 아니한 경우에 신청인은 소제기 신청을 할 수 있지만 피신청인은 소제기 신청을 할 수 없다. ( )

정답 | 1 × 2 ○

제3장 | 종국판결에 의한 종료

제1절 재판일반

I 재판의 의의

재판이란 재판기관이 그 판단 또는 의사를 법정의 형식에 따라 외부에 표시함으로써 소송법상 일정한 효과가 발생하는 소송행위를 말한다.

*박승수 444페이지 참고

II 판결·결정·명령*

구분	판결	결정	명령
주체	법원		법관(재판장 등)
대상	중요사항, 즉 소송에 대한 종국적, 중간적 판단을 할 때 함 〈판결에 의하는 것〉 1. 소각하 판결 2. 청구기각 청구인용판결	소송절차에 관한 부수적 사항, 강제집행사항, 비송사건을 판단할 경우에 함 〈결정에 의하는 것〉 1. 이송결정 2. 기피결정	〈명령에 의하는 것〉 1. 소장각하명령 2. 문서제출명령
심판방식	신중을 위해 필요적 변론(제134조 제1항)	간이 신속을 위해 임의적 변론, 즉 변론을 거칠지 법원의 재량	
이유기재	이유기재 필요	이유기재 생략 가능(제224조 단서)	
고지방법	판결서를 작성해 판결서로 선고	재판서를 작성할 필요가 없고, 상당한 방법으로 고지하면 족함	
효력	① 확정되어야 효력 발생 ② 법원은 자기의 판결에 기속됨	① 고지서 발송되면 효력 발생 ② 자기 기속력 없음(=재도의 고안)	
비용부담자	결정 필요	판례) 결정·명령으로 종결되는 재판은 이당사자 대립 구조가 아니므로 비용부담자 정할 필요 ×	
불복	항소 상고로 불복	이의 또는 항고 재항고로 불복	

제1관 | 판결의 종류*

Ⅰ 중간판결

> **제201조 [중간판결]**
> ① 법원은 독립된 공격 또는 방어의 방법, 그 밖의 중간의 다툼에 대하여 필요한 때에는 중간판결을 할 수 있다.
> ② 청구의 원인과 액수에 대하여 다툼이 있는 경우에 그 원인에 대하여도 중간판결을 할 수 있다.

1. 의의

중간판결이라 함은 종국판결을 하기에 앞서 소송의 진행 중 당사자 간에 쟁점으로 된 사항에 대하여 미리 정리·판단을 하여, 종국판결을 쉽게 하고 이를 준비하는 판결이다.

2. 중간판결사항

(1) 독립한 공격방어방법을 배척하는 경우(제201조 제1항)

예컨대 소유권확인의 소에서 원고가 소유권의 취득원인으로 매매, 증여, 시효취득의 주장을 하는 경우 또는 대여금 청구의 소에서 피고가 변제, 시효소멸을 주장하는 경우와 같이 어느 하나가 인정되면 당사자 일방이 승소 또는 패소되는 독립적인 공격방어방법인 경우 이를 배척할 때 중간판결을 한다.

(2) 중간의 다툼을 배척하는 경우(제201조 제1항)

① 중간의 다툼이란 독립한 공격방어방법은 아니지만 소송상의 선결문제가 있어 이를 해결하지 않으면 더 이상 청구 자체의 판단으로 나아갈 수 없는 경우를 말한다.

② 본안전 항변인 소송요건의 존부, 상소의 적법 여부, 소취하의 유·무효, 상소의 추후보완의 적법 여부, 재심의 소에서 적법성과 재심사유 존부 등에 관한 다툼(제454조)이 이에 해당한다. 당사자가 이러한 사유를 주장하고 있지만 그 이유가 없을 때에 중간판결을 한다.

(3) 청구의 원인을 먼저 인정하는 경우(제201조 제2항)

소송의 목적인 청구권의 존부에 대하여 이유 있을 때 먼저 이 부분에 대한 인용판결을 하고 그 이후에는 그 액수와 범위에 대해서만 심리하려는 경우에 중간판결을 한다.

3. 효력

(1) 자기구속력(기속력)

판결한 그 심급은 중간판결한 사항에 대하여 설사 그릇된 것이라고 하더라도 취소나 변경이 불가능하고, 종국판결시 중간판결의 주문에 표시된 판단을 토대로 해야 하며, 당사자도 중간판결 이후에는 이와 관련된 주장과 증거를 제출할 수 없는 실권효가 있다.

(2) 독립한 상소 불가

① 중간판결에 대하여는 종국판결의 상소에서 다툴 수 있을 뿐, 독립하여 상소할 수 없다 (대판 2011.9.29, 2010다65818).

② 중간판결은 종국판결이 아니기 때문에 소송비용에 대한 재판을 하지 아니한다.

Ⅱ 종국판결

1. 의의

① 종국판결이라 함은 소·상소에 의하여 계속된 사건의 전부·일부를 그 심급에서 완결하는 판결을 말한다. 본안판결·소각하판결, 소송종료선언도 이에 속한다.

② 상소심의 파기환송판결, 파기이송판결은 종국판결이라는 것이 판례의 입장이다(대판 (전) 1981.9.8, 80다3271). 왜냐하면 당해 심급에서 소송절차가 끝나기 때문이다. 따라서 항소심의 환송판결(제418조)에 대하여 상고할 수 있다.

다만, 상고심의 파기환송판결은 실질적으로 확정된 종국판결이라고 할 수는 없기 때문에 재심은 허용되지 않는다(대판 (전) 1995.2.14, 93재다27,34).

2. 전부판결

(1) 의의

같은 소송절차에서 심판되는 사건의 전부를 동시에 완결시키는 종국판결이다. 청구의 병합·반소·변론의 병합 등과 같이 1개의 소송절차에서 수개의 청구가 병합심리된 때에 그 수개의 청구에 대해 동시에 1개의 판결을 행한 때에도 그 판결은 1개의 전부판결로 본다.

(2) 효력

전부판결은 1개의 판결이기 때문에 청구 중 일부에 대한 상소는, 나머지 청구에 효력이 미치고 판결 전체의 확정을 막는 차단의 효과와 위 심급으로 이전되는 이심의 효과가 생긴다. 따라서 전부판결 중 원고 일부승소·일부패소의 경우에 패소 부분에 대한 상소의 효력은 승소 부분에도 미친다.

3. 일부판결

> **제200조 [일부판결]**
> ① 법원은 소송의 일부에 대한 심리를 마친 경우 그 일부에 대한 종국판결을 할 수 있다.
> ② 변론을 병합한 여러 개의 소송 가운데 한 개의 심리를 마친 경우와, 본소나 반소의 심리를 마친 경우에는 제1항의 규정을 준용한다.

(1) 의의

같은 소송절차에 의해 심판되는 사건의 일부를 다른 부분에서 분리하여 그것만 먼저 끝내는 종국판결이다(제200조 제1항). 일부판결은 복잡한 소송의 심리를 될 수 있는 한 간략히 함과 동시에 판결하기에 성숙한 부분만이라도 속히 해결해 주려는 제도이다.

(2) 일부판결이 허용되지 않는 경우

일부판결을 할 것인가의 여부는 법원의 재량에 속하나(제200조), 일부판결과 잔부판결 간에 내용상 모순이 생길 염려가 있을 때에는 일부판결이 허용될 수 없다. ① 선택적·예비적 병합청구, ② 본소와 반소가 동일목적의 형성청구인 때나 그 소송물이 동일한 법률관계일 때, ③ 필수적 공동소송, 독립당사자참가, 공동소송참가, 예비적·선택적 공동소송 등 합일확정소송 등이다.

(3) 효과

일부판결의 경우에 판결하지 않고 남겨둔 나머지 부분은 그 심급에서 심리가 속행되지만 뒤에 이를 완결하는 판결을 잔부판결이라 한다.

4. 재판의 누락과 추가판결

> **제212조 [재판의 누락]**
> ① 법원이 청구의 일부에 대하여 재판을 누락한 경우에 그 청구 부분에 대하여는 그 법원이 계속하여 재판한다.
> ② 소송비용의 재판을 누락한 경우에는 법원은 직권으로 또는 당사자의 신청에 따라 그 소송비용에 대한 재판을 한다. 이 경우 제114조(소송이 재판에 의하지 아니하고 끝난 경우)의 규정을 준용한다.
> ③ 제2항의 규정에 따른 소송비용의 재판은 본안판결에 대하여 적법한 항소가 있는 때에는 그 효력을 잃는다. 이 경우 항소법원은 소송의 총비용에 대하여 재판을 한다.

(1) 의의

① 추가판결이라 함은 법원이 청구의 전부에 대하여 재판할 의사였지만, 본의 아니게 실수로 청구의 일부에 대하여 재판을 빠뜨렸을 때에 뒤에 그 부분에 대해 하는 종국판결을 말한다(제212조).

② 재판의 누락은 이를 모르고 한 경우이므로 일부에 대하여 의도적으로 재판을 하지 아니한 경우는 포함되지 않고, 종국판결의 결론인 주문에서 판단할 청구의 일부에 대한 재판을 빠뜨린 경우이므로, 판결의 이유에서 판단할 공격방어방법에 대한 판단누락, 즉 이유누락과는 다르다(제451조 제1항 제9호). 이유에는 판단이 되어 있어도 판결주문에 아무런 표시가 없다면 원칙적으로 재판의 누락이다(^{대판 2007.11.16.}_{2005두15700}).

(2) 시정

① 재판누락이 있는 부분은 계속하여 누락시킨 법원에 계속되어 있기 때문에(제212조 제1항), 그 법원이 당사자의 신청·직권에 의하여 추가판결로 처리할 일이다.

② 일부판결이 허용되지 않는 소송에서는 재판의 누락이 있을 수 없으므로 추가판결로 시정할 것이 아니라, 빠뜨린 것이 있다면 판단누락의 일종으로 보아 상소 또는 재심으로 다투어야 한다(^{대판 (전) 2000.11.16.}_{98다22253}).

(3) 효과

추가판결과 전의 판결과는 각각 별개의 판결로서 상소기간도 개별적으로 진행한다.

14법원직

1 판례는 판결주문에 기재가 없더라도 판결이유 속에 판단이 되어 있으면 재판의 누락은 아니라고 보고 있다. ( )

14법원직 15주사보

2 재판의 누락이 있어 추가판결이 이루어진 경우 추가판결과 전의 판결은 각각 별개의 판결로서 상소기간도 개별적으로 진행한다. ( )

정답 | 1 × 2 ○

5. 소송판결과 본안판결

① 소송판결은 소·상소를 부적법 각하하는 판결로서, 소송요건·상소요건의 흠이 있는 경우에 행하는 것이다. 소송종료선언도 성질상 소송판결에 속한다.

② 본안판결이라 함은 소에 의한 청구가 실체상 이유 있는 여부를 재판하는 종국판결이다. 청구의 전부·일부에 대하여 인용·기각하는 판결이다.

제2관 | 판결의 선고 및 확정

1. 선고기일의 지정

① 법원은 변론을 연 경우는 물론이고 변론 없이 하는 경우에도 반드시 선고기일을 지정하고 당사자에게 기일통지서를 송달하여야 하는데, 위와 같은 절차를 거침이 없이 변론기일에 선고된 판결은 위법하다(대판 1996.5.28. 96누2699).

② 선고기일은 원칙적으로 변론이 종결된 날로부터 2주 이내이어야 하고, 복잡한 사건이나 그 밖의 특별한 사정이 있는 때에도 4주를 넘겨서는 아니 된다(제207조 제1항), 또 제1심 판결은 소가 제기된 날로부터 5월 이내에 항소심 및 상고심 판결은 기록을 받은 날로부터 5월 이내에 선고하여야 한다(제199조).

그러나 이들 규정은 훈시규정이므로 이를 위반하였다고 하여 재판의 효력에 영향을 미치지는 않는다(대판 2008.2.1. 2007다9009).

2. 당사자에 대한 기일통지

법원이 적법하게 변론을 진행한 후 이를 종결하고 판결 선고기일을 고지한 때에는 재정하지 아니한 당사자에게도 그 효력이 있는 것이고, 그 당사자에 대하여 판결 선고기일의 기일통지서를 송달하지 아니하였다 하여도 위법하다고 할 수 없고(대판 2003.4.25. 2002다72514), 선고기일을 추후에 지정하기로 하였다가 새로 지정한 판결선고기일에 관하여 적법한 통지 및 출석요구가 이루어지지 않은 채 판결이 선고된 경우에도 그와 같은 위법은 판결에 아무런 영향이 없다(대판 2001.5.15. 2001다14023).

3. 선고

① 판결은 선고로 효력이 생긴다(제205조). 변론을 거치지 아니한 판결이라도 상고인이 상고이유서를 제출하지 아니한 경우에 하는 상고기각 판결과 상고심에서의 심리불속행 판결 외에는 선고가 반드시 필요하다. 판결의 선고는 기일에 공개된 법정에서 하여야 하는데(법조 제57조 제1항), 당사자가 출석하지 아니하여도 할 수 있고(제207조 제2항), 소송절차가 중단되어 있는 때에도 할 수 있다(제247조 제1항).

② 판결을 선고함에는 재판장이 판결원본에 의하여 주문을 읽어야 한다(제206조). 이유의 요지는 설명하지 아니함이 원칙이나, 필요한 때에는 간략히 설명할 수 있다(제206조).

③ 소액사건의 경우에는 판결서에 이유를 기재하지 아니할 수 있는 대신에, 판결 선고시에는 주문을 낭독하고 주문이 정당함을 인정할 수 있는 범위 안에서 그 이유의 요지를 말로 설명하여야 함에 주의하여야 한다(소액 제11조의2).

20사무관

1 소액사건심판법의 적용을 받지 아니하는 일반 민사사건에 있어서 판결로 소를 각하하기 위하여는 법원이 변론 없이 하는 경우에도 반드시 선고기일을 지정하여 당사자를 소환하고 그 지정된 선고기일에 소각하의 종국판결을 선고하여야 한다. ( )

22사무관

2 선고기일을 추후에 지정하기로 하였다가 새로 지정한 판결선고기일에 관하여 적법한 통지 및 출석요구가 이루어지지 않은 채 판결이 선고된 경우에도 적법한 기일 내에 항소를 제기하여 항소심의 심리 및 재판을 받은 이상은 그와 같은 위법은 판결에 아무런 영향이 없다. ( )

정답 | 1 ○ 2 ○

4. 판결선고 후 절차

① 판결정본은 당사자 전원(원고·피고·독립당사자참가인)은 물론 보조참가인에게도 송달하여야 한다. 선정당사자 기타 타인을 위해 원·피고로 된 자가 받은 판결은 그 타인에게는 송달할 필요가 없다. 소송대리인이 있을 경우에는 그 소송대리인에게만 송달하면 된다. 국가를 당사자로 하는 소송에서 국가에 대한 송달은 수소법원에 대응하는 검찰청의 장에게 하여야 하므로(국당 제9조), 법무부장관에게 판결정본을 송달을 한 것은 부적법하고 이러한 흠은 이의권 상실의 대상이 아니다(대판 2002.11.8. 2001다84497).

② 법원사무관등은 판결서를 받은 날부터 2주 이내에 당사자에게 송달하여야 한다(제210조). 법원사무관등이 판결서의 정본을 송달하는 때에는 모든 당사자에게 상소기간과 상소장을 제출할 법원을 고지하여야 한다(규칙 제55조의2). 한편 보조참가인과 피참가인이 판결을 송달받은 날이 다른 경우, 보조참가인의 상소기간은 피참가인의 상소기간에 한정된다(대판 1969.8.19. 69다949).

③ 판결선고 직후에 소가 취하된 경우 이와 동시에 피고의 동의가 있으면 소취하와 함께 소송이 종료되므로 판결정본의 송달은 필요 없으나, 그 동의가 없으면 우선 피고에게 취하서 부본을 송달하고 이와 별도로 양쪽 당사자에게 판결정본을 송달하여야 한다. 이 경우 상소기간(판결정본 송달시로부터 2주) 내에 피고의 동의가 있거나 동의간주(취하서 부본 송달서로부터 2주 경과)된 때에는 사건은 소의 취하에 의하여 종료된 것으로 처리하고, 상소기간이 경과할 때까지 동의나 동의간주가 없으면 판결의 확정에 의하여 소송은 종료된다.

5. 판결의 확정

① 1개의 판결 일부에 대하여 상소한 경우라도 판결 전부에 대하여 확정차단의 효력이 생기고, 여러 개의 청구에 대한 1개의 판결이 있는 경우에 일부의 청구에 대하여만 상소가 있어도 확정차단의 효력은 판결 전부에 대하여 생긴다(상소불가분의 원칙).

다만, 통상공동소송에서 상소로 인한 확정차단의 효력은 상소인과 그 상대방에 대해서만 생기고 다른 공동소송인에 대한 청구에 대하여는 미치지 아니한다(대판 2011.9.29. 2009다7076).

② 수개의 청구에서 패소한 당사자가 그 중 일부에 대하여만 항소를 제기한 경우, 항소되지 않은 나머지 부분도 확정이 차단되고 항소심에 이심은 되나, 그 항소인이 변론종결시까지 항소취지를 확장하지 않는 한 그 나머지 부분에 관하여는 불복한 바가 없어 항소심의 심판 대상이 되지 않고 항소심의 판결선고와 동시에 확정되어 소송이 종료된다(대판 2011.7.28. 2009다35842). 한편 대법원의 환송판결이 일부 부분만 파기환송하고 나머지 상고를 기각하였다면, 파기환송되지 않은 부분은 환송판결의 선고로써 확정된다(대판 1995.3.10. 94다51543).

22사무관

1 법원사무관등은 판결서를 받은 날부터 2주 이내에 당사자에게 송달하여야 하고, 판결서 정본을 송달하는 때에는 모든 당사자에게 상소기간과 상소장을 제출할 법원을 고지하여야 한다. ( )

18주사보 18·20사무관

2 여러 개의 청구에 대한 1개의 판결이 있는 경우에 일부의 청구에 대하여만 상소가 있어도 확정차단의 효력은 판결 전부에 대하여 생긴다. ( )

16·21법원직 18주사보 20사무관

3 채권자 A가 주채무자 B와 보증인 C를 공동피고로 하여 대여금 내지 보증금의 지급을 구하는 소를 제기하여 전부승소한 경우, C만이 항소하였다면 C에 대한 청구만이 항소심의 심판대상이 되고, 항소하지 않은 B에 대한 제1심판결은 분리 확정된다. ( )

16·19주사보 17·21법원직 17사무관

4 피고가 수개의 청구를 인용한 제1심판결 중 일부에 대하여만 항소를 제기한 경우, 항소되지 않은 나머지 부분도 확정이 차단되고 항소심에 이심은 되나, 피고가 변론종결시까지 항소취지를 확장하지 않는 한 나머지 부분에 관하여는 불복한 적이 없어 항소심의 심판대상이 되지 않고 항소심의 판결확정과 동시에 확정되어 소송이 종료된다. ( )

19주사보 21사무관

5 대법원의 환송판결이 일부 부분만 파기환송하고 나머지 상고를 기각하였다면, 파기환송되지 않은 부분은 환송판결의 선고로써 확정된다. ( )

정답 | **1** ○ **2** ○ **3** ○ **4** × **5** ○

제3관 | 판결의 효력

판결은 선고에 의하여 판결한 법원에 대한 기속력이 발생하고, 확정에 의하여 ① 당사자에 대한 관계에서 형식적 확정력, ② 법원 및 당사자에 대한 관계에서 실질적 확정력(기판력), ③ 집행력, 형성력, 법률요건적 효력 등이 발생한다.

I 기속력

1. 의의

① 판결이 일단 선고되어 성립되면 판결을 한 법원자신도 이에 구속되어 스스로 판결을 철회하거나 변경하는 것이 허용되지 않는 것을 기속력이라 한다.
② 이에 반하여 소송지휘에 관한 결정과 명령은 언제든지 취소할 있어서 기속력이 부정된다(제222조).

2. 판결의 경정

> **제211조 [판결의 경정]**
> ① 판결에 잘못된 계산이나 기재, 그 밖에 이와 비슷한 잘못이 있음이 분명한 때에 법원은 직권으로 또는 당사자의 신청에 따라 경정결정을 할 수 있다.
> ② 경정결정은 판결의 원본과 정본에 덧붙여 적어야 한다. 다만, 정본에 덧붙여 적을 수 없을 때에는 결정의 정본을 작성하여 당사자에게 송달하여야 한다.
> ③ 경정결정에 대하여는 즉시항고를 할 수 있다. 다만, 판결에 대하여 적법한 항소가 있는 때에는 그러하지 아니하다.

(1) 의의

판결의 내용을 실질적으로 변하지 않는 범위내에서 판결서에 표현상의 잘못이 생겼을 때에 판결법원 스스로 이를 고치는 것을 말한다(제211조). 그리하여 강제집행, 가족관계등록사항·등기부의 기재 등 넓은 의미의 집행에 지장이 없도록 해주자는 취지이다(대결 2000.5.30. 2000그37).

(2) 요건

1) 표현상의 오류

판결의 잘못된 계산이나 기재, 그 밖의 비슷한 표현상의 오류이어야 한다. 따라서 판단내용의 잘못이나 판단누락은 경정사유로 되지 않는다. 판례는 판결내용을 실질적으로 변경하지 않는 범위 내에서 허용된다고 하였다.

2) 명백한 오류

명백한 오류인가 여부는 판결서의 기재 자체뿐만 아니라 소송기록과 대비하여 판단하여야 한다. 명백한 잘못의 판단자료에 관하여 판례는 과거의 자료 외에 경정대상인 판결 이후에 제출된 자료나 집행과정에서 밝혀진 사실도 포함한다(대결 2000.5.24. 98마839).

3) 오류의 발생원인

① 잘못은 판결법원의 표시, 당사자, 주문, 변론종결 연월일, 이유 등 판결의 어느 부분에 있는지에 관계없이 경정이 가능하다.

② 법원의 과실이 아니고 당사자의 과실로 인하여 생긴 잘못, 예컨대 당사자가 소 제기시에 소송목적물의 지번이나 지적 등을 잘못 표시하여 판결에 그대로 기재된 경우에도 경정할 수 있다는 것이 판례이다(대결 1990.5.23. 90그17).

③ 경정결정은 청구의 포기·인낙조서 및 화해조서(제220조)뿐만 아니라, 결정과 명령에도 준용된다(제224조 제1항).

4) 판례상 인정된 경정사유

① 당사자의 표시에 주소가 누락된 채 송달장소만이 기재된 경우(대결 2000.5.30. 2000그37)

② 채권자대위소송에서 채무자의 주소가 누락된 경우(대결 1995.6.19. 95그26)

③ 판결서 말미에 별지목록이 누락된 경우(대판 1989.10.13. 88다카19415)

④ 목적물의 표시에서 번지의 호수가 누락된 경우(대결 1964.4.13. 63마40)

⑤ 건물의 건평이나 토지의 면적이 잘못 표시된 경우(대결 1985.7.15. 85그66)

⑥ 지적법상 허용되지 않는 ㎡ 미만의 단수를 판결에 그대로 표시한 경우(대결 1996.10.16. 96그49)

⑦ 호프만식 계산법에 의한 손해배상금의 계산이 잘못된 경우(대판 1970.1.27. 67다774)

⑧ 판결 주문 중 등기원인일자가 잘못 표시된 경우(대판 1970.3.31. 70다104)

⑨ 채권압류 및 전부명령의 제3자 표시를 사망한 자에서 사망자의 상속인으로 고치는 경우(대판 1998.2.13. 95마15667)

⑩ 나머지 항소를 기각한다는 주문이 누락된 경우(대결 2014.10.30. 2014스123)

⑪ 토지에 관한 소유권이전등기절차의 이행을 구하는 소송 중 사실심 변론종결 전에 토지가 분할되었는데도 그 내용이 변론에 드러나지 않은 채 토지에 관한 원고 청구가 인용된 후 판결에 표시된 토지에 관한 표시를 분할된 토지에 관한 표시로 경정하는 경우(대결 2020.3.16. 2020스507)

5) 판례상 부정되는 경우

① 청구원인에서 원금을 구하더라도 청구의 취지에서 원금을 누락하였는데 판결경정으로 원금 부분을 추가하는 경우(대결 1995.4.26. 94그26)

② 환지확정에 따라 청구취지를 정정하면서 누락된 종전 토지의 일부를 추가하는 경우(대결 1996.3.12. 95마528)

③ 2인의 공유등기를 1인의 단독소유등기로 변경하는 경우(대결 1995.4.26. 94그26)

④ 피고에게 소유권이전등기이행을 명하는 판결을 함에 있어서 그 의무자인 피고의 주소가 등기부상 주소와 다른 경우에 등기부상 주소를 따로 명시하지 아니하였다 하여 판결에 이른바 명백한 오류가 있는 것이라고 볼 수 없다(대결 1986.4.30. 86그51).

판례 | 판결의 경정사유에 해당 여부

판례는 청구변경이 소의 추가적 변경에 해당하는데 원심이 기존의 청구와 추가된 청구를 모두 판단하면서도 청구변경의 취지를 교환적 변경으로 단정하여 주문에서 '원심에서 교환적으로 변경된 이 사건 소를 각하한다고 기재한 경우 위 주문은 제1심판결을 취소하고 원심에서 확장된 부분을 포함하여 이 사건 소를 각하한다고 할 것을 잘못 기재한 것임이 명백하므로 이는 판결의 경정사유에 불과하고 파기사유는 아니라고 하였다(대판 2011.9.8. 2011다17090).

12주사보 16법원직

1 판결의 경정은 판결주문에 대하여는 허용되지 않고, 이유에 대하여만 허용된다. ( )

14법원직 17·8주사보

2 판례는 판결의 경정이 가능한 오류에는 그것이 법원의 과실로 인하여 생긴 경우는 물론이고 당사자의 청구에 잘못이 있어 생긴 경우도 포함된다고 하고 있다. ( )

15사무관

3 판결의 경정은 청구의 포기·인낙조서 및 화해조서뿐만 아니라 결정과 명령에도 준용된다. ( )

15사무관

4 채권압류 및 전부명령의 제3자 표시를 사망한 자에서 사망자의 상속인으로 고치는 경정도 허용된다. ( )

17주사보 20사무관

5 판결 주문 중 등기원인 일자가 잘못 표시된 경우, 호프만식 계산법에 의한 손해배상금의 계산이 잘못된 경우, 나머지 항소를 기각한다는 주문이 누락된 경우는 모두 경정사유로 인정된다. ( )

14·17주사보 19·22사무관 21법원직

6 청구취지에서 지급을 구하는 금원 중 원금 부분의 표시를 누락하여 그대로 판결된 경우, 그 청구원인에서 원금의 지급을 구하고 있었다면 판결경정으로 원금 부분의 표시를 추가하는 것은 허용된다. ( )

16법원직

7 판례는 소유권이전등기이행을 명하는 판결에서 피고의 등기부상 주소를 기재하지 않은 것이 경정사유가 아니라는 입장이다. ( )

정답 | 1 × 2 ○ 3 ○ 4 ○ 5 ○
6 × 7 ○

판례 | 강제집행절차의 지장을 이유로 판결서에 주민등록번호를 추가하여 달라는 판결경정 신청에 대한 처리방안

판결경정은 판결에 잘못된 계산이나 기재 그 밖에 이와 비슷한 잘못이 있음이 분명한 경우에 허용된다(제211조 제1항). 한편 개인정보 보호법의 제정을 계기로 하여, 등록의 의사표시를 명하는 판결서를 제외한 민사·행정·특허·도산사건의 판결서에 당사자의 성명·주소만 기재할 뿐 주민등록번호를 기재하지 않도록 정하였다(재판서 양식에 관한 예규 제9조). 다만, 집행 과정에서의 정확성과 편의성을 확보하기 위하여, ① 집행문 부여 신청을 하는 경우에는 채무자의 주민등록번호를 소명하는 자료를 제출함으로써 집행문에 이를 기재하게 할 수 있고(민사집행규칙 제19조, 제20조), ② 당사자가 법원사무관 등에게 서면으로 소송관계인의 특정을 위한 개인정보에 대한 정정신청 및 그 소명자료를 제출함으로써 재판사무시스템에 개인정보를 추가로 입력하거나 이미 입력된 개인정보를 수정하게 할 수 있다(민사소송규칙 제76조의2, 재판사무시스템을 이용한 개인정보 관리사무 처리지침 제4조, 제5조)(대결 2022.3.29. 2021그713).

(3) 절차

① 직권 또는 당사자의 신청
경정은 직권 또는 당사자의 신청에 의하여 어느 때라도 할 수 있다(제211조 제1항).

② 시기
경정결정의 시기에 관하여는 제한이 없다. 따라서 상소제기 또는 판결확정의 전후를 불문한다. 강제집행 단계에서 비로소 오류를 발견하였더라도 이때 경정신청을 할 수 있음은 물론이다.

③ 경정법원
경정결정은 원칙으로 당해 판결을 한 법원이 한다. 상소에 의하여 사건이 상급법원으로 이심된 경우에는 제1심판결의 원본이 기록에 편철되어 상급법원으로 송부되므로 판결원본이 있는 상급법원에서도 경정결정을 할 수 있으나, 하급심에서 확정된 판결 부분에 관하여는 상급법원에서 경정할 수 없다(대결 1992.1.29. 91마748).

④ 방법
경정결정은 판결의 원본과 정본에 덧붙여 적어야 한다. 다만 정본이 이미 당사자에게 송달되어 정본에 덧붙여 적을 수 없을 때에는 따로 결정의 정본을 송달하면 된다(제211조 제2항).

(4) 효력

① 소급효
경정결정서는 송달에 의하여 경정결정 자체의 효력이 생기지만 잘못이 시정되는 경정의 효력은 경정결정 자체의 효력과는 달리 판결선고시에 소급하여 생긴다(대결 1962.1.25. 4294민재항674). 그러므로 판결에 대한 상소기일은 경정결정에 의하여 영향을 받지 않고 판결이 송달된 날로부터 진행한다.

② 경정결과 상소이유가 발생한 경우
경정한 결과 상소이유가 발생한 경우에는 상소의 추후보완(제173조)을 할 수 있는데 상소기간 경과 후에 이루어진 판결경정 내용이 경정 이전에 비하여 불리하다는 사정만으로 상소의 추후보완이 허용되는 것은 아니다(대판 1997.1.24. 95므1413).

12·17주사보

1 경정결정의 시기에 대하여는 제한이 없고, 상소제기 또는 판결확정의 전후를 불문한다. ( )

15주사보 15·22사무관 21법원직

2 판결경정결정은 원칙적으로 당해 판결을 한 법원이 하는 것이나, 통상의 공동소송이었던 다른 당사자 간의 소송사건이 상소의 제기로 상소심에 계속된 결과 상소를 하지 아니한 당사자 간의 원심판결의 원본과 소송기록이 우연히 상소심법원에 있다면, 상소심법원이 심판의 대상이 되지 않은 부분에 관한 판결을 경정할 권한을 가지게 된다. ( )

14법원직

3 경정결정은 판결의 원본과 정본에 덧붙여 적어야 하나, 정본에 덧붙여 적을 수 없을 때에는 결정의 정본을 작성하여 당사자에게 송달하여야 한다. ( )

15·18주사보 14·15·22사무관

4 경정결정서가 작성된 때에는 잘못이 시정되는 경정의 효력은 경정결정의 송달에 의하여 발생하므로 판결에 대한 상소기일도 경정결정이 송달된 날부터 진행한다. ( )

정답 | **1** ○ **2** × **3** ○ **4** ×

판례 | 경정결정 효력

1. 채권가압류결정의 경정결정이 확정된 경우에는 원칙적으로 당초의 채권가압류결정 정본이 제 3채무자에게 송달된 때 소급하여 효력이 발생하나, 채권가압류결정의 경정결정이 제3채무자 의 입장에서 볼 때 객관적으로 당초 결정의 동일성에 실질적 변경을 가하는 것이라고 인정 된다면, 경정결정이 제3채무자에게 송달된 때 비로소 경정된 내용의 가압류의 효력이 발생한다 (대판 1999.12.10. 99다42346).

2. 판결이 경정되면 당초의 원판결과 일체가 되어 처음부터 경정된 내용의 판결이 있었던 것과 같은 효력이 있으므로 불이익변경금지의 원칙은 경정된 판결을 기준으로 하여 적용된다(대판 2011.9.29. 2011다41796).

(5) 불복신청

① 경정결정의 경우

즉시항고 할 수 있다. 다만 판결에 대하여 적법한 항소가 있는 때에는 항소심의 판단을 받으면 되기 때문에 항고는 허용되지 않는다(제211조 제3항).

② 경정신청기각결정의 경우

경정신청을 기각한 결정에 대하여는 항고제기의 방법으로 불복할 수 없고, 특별항고(제 449조)가 허용될 뿐이며, 당사자가 특별항고라는 표시와 항고법원을 대법원이라 표시하 지 아니하였다 하더라도 그 항고장을 접수한 법원으로서는 이를 특별항고로 보아 대법원 으로 소송기록을 송부하여야 한다(대결 1995.7.12. 95마531).

판례 | 판결경정신청을 기각한 결정에 대하여 헌법 위반을 이유로 민사소송법 제449조 제1항에 의한 특별항고를 할 수 있는 경우

[1] 민사소송법 제449조 제1항은 불복할 수 없는 결정이나 명령에 대하여는 재판에 영향을 미친 헌법 위반이 있거나, 재판의 전제가 된 명령·규칙·처분의 헌법 또는 법률의 위반 여부에 대 한 판단이 부당하다는 것을 이유로 하는 때에만 대법원에 특별항고를 할 수 있도록 하고 있다. 여기서 결정이나 명령에 대하여 재판에 영향을 미친 헌법 위반이 있다고 함은 결정이나 명령 의 절차에서 헌법 제27조 등이 정하고 있는 적법한 절차에 따라 공정한 재판을 받을 권리가 침해된 경우를 포함한다.
판결경정신청을 기각한 결정에 이러한 헌법 위반이 있다고 하려면 ㉠ 신청인이 그 재판에 필 요한 자료를 제출할 기회를 전혀 부여받지 못한 상태에서 그러한 결정이 있었다든지, ㉡ 판결 과 그 소송의 모든 과정에 나타난 자료와 판결 선고 후에 제출된 자료에 의하여 판결에 잘못 이 있음이 분명하여 판결을 경정해야 하는 사안임이 명백한데도 법원이 이를 간과함으로써 기 각결정을 하였다는 등의 사정이 있어야 한다.

[2] 토지에 관한 소유권이전등기절차의 이행을 구하는 소송 중 사실심 변론종결 전에 토지가 분할 되었는데도 그 내용이 변론에 드러나지 않은 채 토지에 관한 원고 청구가 인용된 경우에 판결 에 표시된 토지에 관한 표시를 분할된 토지에 관한 표시로 경정해 달라는 신청은 특별한 사정 이 없는 한 받아들여야 한다(대결 2020.3.16. 2020그507).

12·13주사보

1 경정한 결과 상소이유가 발생한 경 우에는 상소의 추후보완을 할 수 있 는데, 상소기간 경과 후에 이루어 진 판결경정 내용이 경정 이전에 비 하여 불리하다는 사정만으로 상소 의 추후보완이 허용되는 것은 아니 다. ( )

20사무관

2 판결이 경정되면 불이익변경금지의 원칙은 경정된 판결을 기준으로 하 여 적용된다. ( )

14·16·21법원직 15·18주사보 22사무관

3 판례는 경정신청 기각결정에 대하 여는 즉시항고를 할 수 없고 특별 항고가 허용될 뿐이라고 보고 있 다. ( )

정답 | 1 ○ 2 ○ 3 ○

Ⅱ 형식적 확정력

1. 의의

법원이 한 종국판결에 대하여 당사자의 불복상소로도 취소할 수 없게 된 상태를 판결이 형식적으로 확정되었다고 하고, 이 취소불가능성을 형식적 확정력이라 한다.

2. 판결의 확정시기

> **제498조 [판결의 확정시기]**
> 판결은 상소를 제기할 수 있는 기간 또는 그 기간 이내에 적법한 상소제기가 있을 때에는 확정되지 아니한다.

(1) 판결 선고와 동시에 확정되는 경우

상고기각판결 등 상소할 수 없는 판결 및 판결 선고 전에 불상소의 합의가 있는 때에는 판결선고와 동시에 확정된다.

(2) 상소기간의 만료시에 확정되는 경우

① 주로 상소기간이 도과한 경우가 일반적이나, 상소취하의 경우 원판결이 확정되는 때란 원판결의 상소기간 만료시를 말하며, 상소를 제기하였으나 상소각하판결 또는 상소장 각하명령이 있는 때에도 상소가 없었던 것으로 되므로 원판결에 대한 상소기간이 만료하는 때에 확정된다.

② 비약상고의 합의인 불항소합의(제390조 제1항 단서)가 있는 경우에는 상고기간이 도과된 때 확정된다.

③ 상대방이 전부 승소하여 항소의 이익이 없는 경우에는 항소권을 가진 패소자만 항소포기를 하면 비록 상대방의 항소기간이 만료하지 않았더라도 제1심판결은 확정된다(대결 2006.5.2. 2005마933).

제4관 | 기판력

Ⅰ 기판력 일반

1. 기판력의 의의

확정된 종국판결에 있어서 청구에 대한 판결내용은 당사자와 법원을 규율하는 새로운 규준으로서 구속력을 가지며, 뒤에 동일사항이 문제되면 당사자는 그에 반하여 되풀이하여 다투는 소송이 허용되지 아니하며(불가쟁), 어느 법원도 다시 재심사하여 그와 모순 저촉되는 판단을 해서는 안 된다(불가반). 이러한 확정판결의 판단에 부여되는 구속력을 기판력 또는 실체적 확정력이라 한다.

17법원직

1 상소기각판결은 그것이 확정된 때 원판결이 확정된다. ( )

17법원직

2 상소각하판결이 확정되면 상소가 없었던 것과 같은 결과가 되므로 원판결은 원판결에 대한 상소기간의 만료시에 확정된다. ( )

21법원직

3 상대방이 전부승소하여 항소의 이익이 없는 경우에는 항소권을 가진 패소자만 항소포기를 하면 비록 상대방의 항소기간이 만료하지 않았더라도 제1심판결은 확정된다. ( )

학습 POINT

1. 외국재판 승인요건 정리 필요
2. 변론종결 후 승계인에 해당하는지 여부(계쟁물 승계의 경우)
3. 채권자대위소송이 채무자에게 기판력이 미치는지 여부
4. 추심채권자와 제3채무자의 화해의 효력이 다른 채권자에게 미치는지 여부
5. 상계항변의 기판력 발생요건
6. 표준시 이후 형성권 행사 여부(건물매수청구권, 상계권은 예외)

정답 | 1 ○ 2 ○ 3 ○

2. 기판력의 본질

(1) 학설

① 모순금지설

기판력을 재판의 통일을 기하기 위해 확정판결과 모순된 판단을 불허하는 효력이라고 보고, 승소한 자가 동일한 소를 제기한 경우에는 소의 이익 흠결로 소를 각하하고, 패소한 자가 동일한 소를 제기한 때는 기각해야 한다고 한다.

② 반복금지설

기판력을 분쟁해결의 일회성을 위해 후소에 대한 재판 자체를 금지하는 효력이라고 보고, 기판력 자체가 소의 이익과 무관한 독립의 소극적 소송요건이 되어 전소의 승패를 불문하고 소각하 판결을 하게 된다.

(2) 판례

대법원은 전소에서 인용된 부분은 각하해야 하고, 전소에서 기각된 부분은 후소에서 기각해야 한다고 한바(대판 1979.9.11. 79다1275), 모순금지설의 입장이다.

(3) 검토

판례는 승소·패소판결을 달리 취급하는 문제가 있고, 기판력 제도는 소송의 목적인 분쟁해결을 위한 것이므로, 1회적 해결을 중시하는 반복금지설이 타당하다. 따라서 '기판력에 저촉되지 않을 것'은 소극적 소송요건이다.

3. 기판력의 작용

(1) 소송물의 동일

① 전소에서 승소한 원고이든 패소한 원고이든 같은 소송물에 대해 재소하면 기판력에 저촉되어 재소에 장애가 된다.

② 다만, 확정된 승소판결에는 기판력이 있으므로 당사자는 확정된 판결과 동일한 소송물에 기하여 신소를 제기할 수 없는 것이 원칙이나, 시효중단 등 특별한 사정이 있는 경우에는 예외적으로 신소가 허용되는데, 이러한 경우에 신소의 판결이 전소의 승소확정판결의 내용에 저촉되어서는 아니 되므로, 후소 법원으로서는 그 확정된 권리를 주장할 수 있는 모든 요건이 구비되어 있는지에 관하여 다시 심리할 수 없다(대판 2018.4.24. 2017다293858).

(2) 후소의 선결관계

① 후소가 전소와 소송물이 동일하지 아니하여도 전소의 기판력 있는 법률관계가 후소의 선결관계로 되는 때에는 후소의 선결문제로서 기판력을 받아 후소의 법원은 그와 모순되는 판단을 할 수 없다. 이 경우에 선결문제의 한도 내에서 전소의 기판력 있는 판단에 구속되어 이를 전제하여 심판을 하여야 할 뿐, 소각하 판결을 할 경우가 아니다.

② 예컨대 원고가 먼저 소유권확인청구를 하여 그 존부의 확정판결을 받았으면, 뒤에 같은 피고에 대하여 소유권에 기한 목적물인도를 청구한 때에 피고로서는 전소판결의 판단과 달리 원고가 그 소유권자가 아니라고 주장할 수 없고 법원으로서도 이와 다른 판단을 하는 것은 기판력에 저촉된다(대판 2000.6.9. 98다18155).

또한 전소에서 원금채권의 부존재가 확정된 뒤에 전소의 변론종결당시에 원금채권의 존재를 전제로 변론종결 후의 지연이자 부분의 청구를 하는 경우에, 이는 변론종결당시에

소송의 종료 | 제5편 | 2023 해커스법원직 신정운 S 민사소송법

18법원직

1 시효중단 등 특별한 사정이 있어 예외적으로 확정된 승소판결과 동일한 소송물에 기한 신소가 허용되는 경우라 하더라도 신소의 판결이 전소의 승소 확정판결의 내용에 저촉되어서는 아니되므로, 후소 법원으로서는 그 확정된 권리를 주장할 수 있는 요건이 구비되어 있는지 여부에 관하여 다시 심리할 수 없다.　　　　( )

21법원직

2 기판력이라 함은 기판력 있는 전소 판결의 소송물과 동일한 후소를 허용하지 않는 것이므로, 후소의 소송물이 전소의 소송물과 동일하지 않은 경우에는 전소의 소송물에 대한 판단이 후소의 선결문제가 되는 경우에도 전소의 기판력은 후소에 미치지 않는다.　　　( )

정답 | 1 ○ **2** ×

원금채권이 존재함을 선결문제로 주장하는 것이 되어 전소의 확정판결의 기판력에 저촉된다.

(3) 모순관계

① 후소가 전소의 기판력 있는 법률관계와 정면으로 모순되는 반대관계를 소송물로 할 때에는 전소의 기판력에 저촉된다. 이 경우에도 후소와 전소의 소송물이 동일하지는 않으나, 전소의 확정판결의 효과가 침해되어 유지하기 어려워질 염려가 있기 때문이다.

② 예컨대 원고의 소유권확인판결이 확정된 뒤에 동일한 물건에 대한 피고의 소유권확인청구는 전소의 기판력에 저촉된다. 그러나 甲·乙 간의 소유권이전등기 말소청구소송에서 甲이 승소확정판결을 받아 판결이 집행된 뒤에 乙이 전소와는 별개의 청구원인에 기하여 제기한 소유권이전등기청구는 전소의 기판력에 저촉되지 않는다.

4. 기판력 있는 재판

(1) 확정된 종국판결

① 본안판결이라면 청구인용판결이든 청구기각판결이든 모두 기판력이 발생한다.

② 소송판결도 소송요건의 흠결로 소가 부적법하다는 판단에 한하여 기판력이 발생한다. 물론 흠을 보완하여 다시 소를 제기하면 기판력에 저촉되지 않는다.

③ 가압류·가처분결정의 경우 피보전권리나 보전의 필요성이 소명되지 아니하여 보전신청이 기각되었을 때에는 채권자가 새로운 소명자료를 제출하여야만 새로운 신청이 적법하다는 의미에서 제한적으로 기판력이 인정된다.

④ 사망자를 상대로 한 판결 등 무효인 판결이거나 미확정판결에는 기판력이 없다.

(2) 결정·명령

① 소송비용에 관한 결정, 간접강제를 위한 배상금의 지급결정 등 실체관계를 종국적으로 해결하는 경우에만 기판력이 발생한다.

② 그러나 소송지휘에 관한 결정·명령(제222조), 집행정지결정, 비송사건에 관한 결정 등은 기판력이 없다.

(3) 확정판결과 같은 효력이 있는 것

① 확정판결과 동일한 효력이 있는 청구의 포기인낙조서, 화해조서(제220조), 화해권고결정(제231조), 조정조서(민사조정법 제29조), 조정에 갈음한 결정(민사조정법 제34조), 중재판정(중재법 제12조), 확정파산채권에 대한 채권표의 기재(파산법 제215조)에는 기판력이 있다.

② 그러나 이행권고결정과 지급명령은 집행력은 인정되나 기판력이 인정되지 않는다 (대판 2009.5.14. 2006다34190 / 대판 2009.7.9. 2006다73966).

(4) 외국법원의 확정판결

제217조 [외국재판의 승인]
① 외국법원의 확정판결 또는 이와 동일한 효력이 인정되는 재판(이하 "확정재판등"이라 한다)은 다음 각 호의 요건을 모두 갖추어야 승인된다.

18법원직

1 소송요건의 흠결을 이유로 소를 각하하는 판결은 그 판결에서 확정한 소송요건의 흠결에 관하여 기판력이 발생한다. ( )

14법원직

2 A가 제기한 소송이 소송요건의 흠결을 이유로 소각하판결이 선고되어 확정되더라도 A가 그 흠결을 보완하여 다시 소를 제기하면 기판력의 저촉문제는 생기지 않는다. ( )

정답 | 1 ○ 2 ○

1. 대한민국의 법령 또는 조약에 따른 국제재판관할의 원칙상 그 외국법원의 국제재판관할 권이 인정될 것
2. 패소한 피고가 소장 또는 이에 준하는 서면 및 기일통지서나 명령을 적법한 방식에 따라 방어에 필요한 시간여유를 두고 송달받았거나(공시송달이나 이와 비슷한 송달에 의한 경우를 제외한다) 송달받지 아니하였더라도 소송에 응하였을 것
3. 그 확정재판등의 내용 및 소송절차에 비추어 그 확정재판 등의 승인이 대한민국의 선량한 풍속이나 그 밖의 사회질서에 어긋나지 아니할 것
4. 상호보증이 있거나 대한민국과 그 외국법원이 속하는 국가에 있어 확정재판등의 승인요건이 현저히 균형을 상실하지 아니하고 중요한 점에서 실질적으로 차이가 없을 것
② 법원은 제1항의 요건이 충족되었는지에 관하여 직권으로 조사하여야 한다.

제217조의2 [손해배상에 관한 확정재판등의 승인]
① 법원은 손해배상에 관한 확정재판등이 대한민국의 법률 또는 대한민국이 체결한 국제조약의 기본질서에 현저히 반하는 결과를 초래할 경우에는 해당 확정재판 등의 전부 또는 일부를 승인할 수 없다.
② 법원은 제1항의 요건을 심리할 때에는 외국법원이 인정한 손해배상의 범위에 변호사보수를 비롯한 소송과 관련된 비용과 경비가 포함되는지와 그 범위를 고려하여야 한다.

1) 의의
국내에서 일정한 요건 하에 외국법원의 판결의 효력을 인정해 주는 제도(제217조 제1항)를 말하는바, 국제적 사법생활관계의 안정, 소송경제, 및 국내법 질서의 유지를 위한 것이다.

2) 승인의 요건
① 외국법원에 국제재판관할권이 인정될 것(1호), 시간여유를 두고 송달받았거나 소송에 응하였을 것(2호), 대한민국의 선량한 풍속이나 그 밖의 사회질서에 어긋나지 아니할 것(3호), 상호보증 등이 있을 것(4호)의 요건을 모두 갖추어야 승인된다(제217조 제1항).
② 이러한 승인요건의 충족 여부는 법원의 직권조사사항이다(동조 제2항).
③ 그러나 법원은 손해배상에 관한 확정재판 등이 대한민국의 법률 또는 대한민국이 체결한 국제조약의 기본질서에 현저히 반하는 결과를 초래할 경우에는 해당 확정재판 등의 전부 또는 일부를 승인할 수 없다(제217조의2 제1항).

3) 관련 판례
① 제217조 제1항 제2호 전단 관련 판례
'소장 또는 이에 준하는 서면 및 기일통지서나 명령'이라 함은 소장 및 소송개시에 필요한 소환장 등을 말하는 것인데, 패소한 피고가 이러한 소환장 등을 적법한 방식에 따라 송달받았을 것을 요구하는 것은 소송에서 방어의 기회를 얻지 못하고 패소한 피고를 보호하려는 것에 그 목적이 있는 것이므로 법정지인 판결국에서 피고에게 방어할 기회를 부여하기 위하여 규정한 송달에 관한 방식, 절차를 따르지 아니한 경우에는 여기에서 말하는 적법한 방식에 따른 송달이 이루어졌다고 할 수 없다(대판 2010.7.22. 2008다31089).
② 제217조 제1항 제2호 후단 관련 판례
㉠ 법정지인 재판국에서 피고에게 방어할 기회를 부여하기 위하여 규정한 송달에 관한 방식과 절차를 따르지 아니한 경우에도, 패소한 피고가 외국법원의 소송절차에서 실제로 자신의 이익을 방어할 기회를 가졌다고 볼 수 있는 때는 제217조 제1항 제2호에

16법원직
1 법원은 외국재판의 승인 요건이 충족되었는지에 관하여 직권으로 조사하여야 한다. ( )

18법원직
2 법정지인 판결국에서 피고에게 방어할 기회를 부여하기 위하여 규정한 송달에 관한 방식, 절차를 따르지 아니한 경우에는 민사소송법 제217조 제1항 제2호에서 말하는 적법한 방식에 따른 송달이 이루어졌다고 할 수 없다. ( )

정답 | 1 ○ 2 ○

서 말하는 피고의 응소가 있는 것으로 봄이 타당하다(대판 2016.1.28. 2015다207747).

ⓒ 보충송달은 민사소송법 제217조 제1항 제2호에서 외국법원의 확정재판 등을 승인·집행하기 위한 송달요건에서 제외하고 있는 공시송달과 비슷한 송달에 의한 경우로 볼 수 없고, 외국재판 과정에서 보충송달 방식으로 송달이 이루어졌더라도 그 송달이 방어에 필요한 시간 여유를 두고 적법하게 이루어졌다면 위 규정에 따른 적법한 송달로 보아야 한다(대판 2021.12.23. 2017다257746). *

③ 제217조 제1항 제3호 관련 판례

ㄱ 민사소송법 제217조 제3호의 외국판결을 승인한 결과가 대한민국의 선량한 풍속이나 그 밖의 사회질서에 어긋나는지는 그 승인 여부를 판단하는 시점에서 외국판결의 승인이 대한민국의 국내법질서가 보호하려는 기본적인 도덕적 신념과 사회질서에 미치는 영향을 외국판결이 다른 사안과 대한민국과의 관련성의 정도에 비추어 판단하여야 하고, 이때 그 외국판결의 주문뿐 아니라 이유 및 외국판결을 승인할 경우 발생할 결과까지 종합하여 검토하여야 한다(대판 2012.5.24. 2009다22549).

ㄴ 민사집행법 제27조 제2항 제2호, 민사소송법 제217조 제1항 제3호에 의하면 외국법원의 확정판결 또는 이와 동일한 효력이 인정되는 재판(이하 '확정재판 등'이라 한다)의 효력을 인정하는 것이 대한민국의 선량한 풍속이나 그 밖의 사회질서에 어긋나지 아니하여야 한다는 점이 외국판결의 승인 및 집행의 요건인데, 확정재판 등을 승인한 결과가 선량한 풍속이나 그 밖의 사회질서에 어긋나는지를 심리한다는 명목으로 실질적으로 확정재판 등의 옳고 그름을 전면적으로 재심사하는 것은 "집행판결은 재판의 옳고 그름을 조사하지 아니하고 하여야 한다."라고 규정하고 있는 민사집행법 제27조 제1항에 반할 뿐만 아니라, 외국법원의 확정재판 등에 대하여 별도의 집행판결제도를 둔 취지에도 반하는 것이므로 허용되지 아니한다(대판 2015.10.15. 2015다1284).

④ 제217조 제1항 제4호 관련 판례

이러한 상호보증은 (ⅰ) 외국의 법령, 판례 및 관례 등에 따라 승인요건을 비교하여 인정되면 충분하고 반드시 당사국과의 조약이 체결되어 있을 필요는 없으며, (ⅱ) 외국에서 구체적으로 우리나라의 같은 종류의 판결을 승인한 사례가 없더라도 실제로 승인할 것이라고 기대할 수 있는 정도이면 충분하다(대판 2016.1.28. 2015다207747).

⑤ 제217조의2 제1항 관련 판례

외국법원의 확정재판 등이 당사자가 실제로 입은 손해를 전보하는 손해배상을 명하는 경우에는 민사소송법 제217조의2 제1항을 근거로 승인을 제한할 수 없다(대판 2016.1.28. 2015다207747).

판례 | 우리나라 법제에 외국재판에서 적용된 법령과 동일한 내용을 규정하는 법령이 없다는 이유만으로 외국재판의 승인을 거부할 수 있는지 여부(소극)

[1] 외국법원의 확정재판 등에 대한 집행판결을 허가하기 위해서는 이를 승인할 수 있는 요건을 갖추어야 한다. 민사소송법 제217조 제1항 제3호는 외국법원의 확정재판 등의 승인이 대한민국의 선량한 풍속이나 그 밖의 사회질서에 어긋나지 아니할 것을 외국재판 승인요건의 하나로 규정하고 있다. 여기서 그 확정재판 등을 승인한 결과가 대한민국의 선량한 풍속이나 그 밖의 사회질서에 어긋나는지 여부는 그 승인 여부를 판단하는 시점에서 그 확정재판 등의 승인이 우리나라의 국내법질서가 보호하려는 기본적인 도덕적 신념과 사회질서에 미치는 영향을 그 확정재판 등이 다른 사안과 우리나라와의 관련성의 정도에 비추어 판단하여야 한다.

*이와 달리 보충송달이 민사소송법 제217조 제1항 제2호에서 요구하는 통상의 송달방법에 의한 송달이 아니라고 본 대법원 1992.7.14. 선고 92다2585 판결, 대법원 2009.1.30. 선고 2008다65815 판결을 비롯하여 그와 같은 취지의 판결들은 이 판결의 견해에 배치되는 범위에서 이를 모두 변경하기로 한다.

16·18법원직

1 외국법원의 확정재판 등을 승인한 결과가 대한민국의 선량한 풍속이나 그 밖의 사회질서에 어긋나는지 여부는 승인 여부를 판단하는 시점에서 확정재판 등의 승인이 우리나라의 국내법 질서가 보호하려는 기본적인 도덕적 신념과 사회질서에 미치는 영향을 확정재판 등이 다른 사안과 우리나라와의 관련성의 정도에 비추어 판단하여야 한다. ( )

16법원직

2 외국법원의 확정재판 등을 승인한 결과가 대한민국의 선량한 풍속이나 그 밖의 사회질서에 어긋나는지 여부를 심리한다는 명목으로 실질적으로 확정재판 등의 옳고 그름을 전면적으로 재심사하는 것은 허용되지 아니한다. ( )

18법원직

3 외국법원의 확정판결이 승인되려면, 상호보증이 있거나 대한민국과 그 외국법원이 속하는 국가에 있어 확정재판 등의 승인요건이 현저히 균형을 상실하지 아니하고 중요한 점에서 실질적으로 차이가 없어야 하고, 이러한 상호보증을 위해서는 당사국과 조약이 체결되어 있어야 한다. ( )

16·18법원직

4 민사소송법 제217조의2 제1항은 "법원은 손해배상에 관한 확정재판 등이 대한민국의 법률 또는 대한민국이 체결한 국제조약의 기본질서에 현저히 반하는 결과를 초래할 경우에는 해당 확정재판 등의 전부 또는 일부를 승인할 수 없다."라고 규정하고 있는데, 외국법원의 확정재판 등이 당사자가 실제로 입은 손해를 전보하는 손해배상을 명하는 경우에도 위 규정을 근거로 그 승인을 제한할 수 있다. ( )

정답 | 1 ○ 2 ○ 3 × 4 ×

또한 이러한 승인요건을 판단할 때에는 국내적인 사정뿐만 아니라 국제적 거래질서의 안정이나 예측가능성의 측면도 함께 고려하여야 하고, 우리나라 법제에 외국재판에서 적용된 법령과 동일한 내용을 규정하는 법령이 없다는 이유만으로 바로 그 외국재판의 승인을 거부할 것은 아니다.

[2] 우리나라 손해배상제도가 손해전보를 원칙으로 하면서도 개별 법률을 통해 특정 영역에서 그에 해당하는 특수한 사정에 맞게 손해전보의 범위를 초과하는 손해배상을 허용하고 있는 점에 비추어 보면, 손해전보의 범위를 초과하는 손해배상을 명하는 외국재판이 손해배상의 원인으로 삼은 행위가 적어도 우리나라에서 손해전보의 범위를 초과하는 손해배상을 허용하는 개별 법률의 규율 영역에 속하는 경우에는 그 외국재판을 승인하는 것이 손해배상 관련 법률의 기본질서에 현저히 위배되어 허용될 수 없는 정도라고 보기 어렵다. 이때 외국재판에 적용된 외국 법률이 실제 손해액의 일정 배수를 자동적으로 최종 손해배상액으로 정하는 내용이라고 하더라도 그것만으로 그 외국재판의 승인을 거부할 수는 없고, 우리나라의 관련 법률에서 정한 손해배상액의 상한 등을 고려하여 외국재판의 승인 여부를 결정할 수 있다(대판 2022.3.11. 2018다231550).

Ⅱ 기판력의 주관적 범위*

* 이시윤 660페이지 참고

1. 주관적 범위의 의의

제218조 [기판력의 주관적 범위]
① 확정판결은 당사자, 변론을 종결한 뒤의 승계인(변론 없이 한 판결의 경우에는 판결을 선고한 뒤의 승계인) 또는 그를 위하여 청구의 목적물을 소지한 사람에 대하여 효력이 미친다.
② 제1항의 경우에 당사자가 변론을 종결할 때(변론 없이 한 판결의 경우에는 판결을 선고할 때)까지 승계사실을 진술하지 아니한 때에는 변론을 종결한 뒤(변론 없이 한 판결의 경우에는 판결을 선고한 뒤)에 승계한 것으로 추정한다.
③ 다른 사람을 위하여 원고나 피고가 된 사람에 대한 확정판결은 그 다른 사람에 대하여도 효력이 미친다.
④ 가집행의 선고에는 제1항 내지 제3항의 규정을 준용한다.

소송과 어느 정도의 관련이 있는 사람에게 기판력이 미치는가의 문제를 말한다. 기판력은 원칙적으로 판결의 당사자간에만 미친다. 처분권주의·변론주의원칙에 의하여 당사자에게만 소송수행의 기회가 부여된 채 심판하기 때문에 그 기회가 없는 제3자에게 소송결과의 강요는 제3자의 절차권을 침해가게 되기 때문이다.

판례 | 확정판결의 기판력이 미치는 범위

민사소송법 제52조에 의하여 대표자가 있는 법인 아닌 사단이 소송의 당사자가 되는 경우에도 그 법인 아닌 사단은 대표자나 구성원과는 별개의 주체이므로, 그 대표자나 구성원을 당사자로 한 판결의 기판력이 법인 아닌 사단에 미치지 아니함은 물론 그 법인 아닌 사단을 당사자로 한 판결의 기판력 또한 그 대표자나 구성원에게 미치지 아니하는 것이 당연하다(대판 2010.12.23. 2010다58889).

18법원직
1 법인이 소송 당사자가 된 판결의 기판력은 그 대표자에게 미치지 아니하지만, 법인 아닌 사단이 소송의 당사자가 되는 경우에는 그 법인 아닌 사단을 당사자로 한 판결의 기판력은 그 대표자나 구성원에게 미친다.　　　　( )

정답 | 1 ×

2. 당사자와 같이 볼 제3자

(1) 변론종결 후의 승계인

1) 의의 및 취지

변론종결한 뒤에 소송물인 권리관계에 관한 지위를 당사자로부터 승계한 제3자는 당사자 간에 내린 판결의 기판력을 받는다(제218조 제1항).

2) 승계의 시기

① 승계의 시기는 사실심 변론종결 뒤이어야 한다. 제1차 승계가 변론종결 전에 있었다면 비록 제2차 승계가 변론종결 뒤에 있었다 할지라도 제2차 승계인은 변론종결 뒤의 승계인이 아니므로 승계집행문이 부여될 수 없다(대결 1967.2.23. 67마55).

② 소유권이전등기말소 청구소송을 제기당한 자가 소송계속 중 당해 부동산의 소유권을 타인에게 이전한 경우에는, 부동산물권 변동의 효력이 생기는 때인 소유권이전등기가 이루어진 시점을 기준으로 그 승계가 변론종결 전의 것인지 변론종결 후의 것인지 여부를 판단하여야 한다(대판 2005.11.10. 2005다34667,34674). 또한 가등기를 변론종결 이전에 한 자라도 본등기를 변론종결 후에 마친 경우 변론종결 후의 승계인으로 볼 것이다(대판 1992.10.27. 92다10883).

> **판례** | 채권양수인이 민사소송법 제218조 제1항에 따라 확정판결의 효력이 미치는 변론종결 후의 승계인에 해당하는지 판단하는 기준시기(= 채권양도의 대항요건이 갖추어진 때)
>
> 채권을 양수하기는 하였으나 아직 양도인에 의한 통지 또는 채무자의 승낙이라는 대항요건을 갖추지 못하였다면 채권양수인은 채무자와 사이에 아무런 법률관계가 없어 채무자에 대하여 아무런 권리주장을 할 수 없고, 양도인이 채무자에게 채권양도통지를 하거나 채무자가 이를 승낙하여야 채무자에게 채권양수를 주장할 수 있다. 이에 따라 채권양수인이 소송계속 중의 승계인이라고 주장하며 참가신청을 한 경우에, 채권자로서의 지위의 승계가 소송계속 중에 이루어진 것인지 여부는 채권양도의 합의가 이루어진 때가 아니라 대항요건이 갖추어진 때를 기준으로 판단하는 것과 마찬가지로, 채권양수인이 민사소송법 제218조 제1항에 따라 확정판결의 효력이 미치는 변론종결 후의 승계인에 해당하는지 여부 역시 채권양도의 합의가 이루어진 때가 아니라 <u>대항요건이 갖추어진 때를 기준으로 판단하여야 한다</u>(대판 2020.9.3. 2020다210747).

3) 승계인의 범위

1) 소송물인 권리의무 자체를 승계한 자

① 승계의 전주가 원고이든 피고이든, 승소자이든 패소자이든 불문한다. 승계의 모습도 일반승계와 특정승계를 가리지 않으며, 승계원인도 임의처분, 국가의 강제처분, 직접 법률의 규정에 기한 것이든 차이가 없다.

② 예컨대 소유권확인판결 후 그 소유권을 양수한 자, 대여금채권의 이행판결 후 그 채권을 양수한 자 등이 여기에 해당한다.

2) 계쟁물에 관한 당사자 적격을 승계한 자

① 계쟁물 승계의 범위

건물명도판결이 난 뒤에 피고로부터 당해 건물의 점유를 취득한 자와 같이 피고적격을 교환적으로 승계한 경우뿐만 아니라, 원인무효임을 이유로 소유권이전등기말소를 명하는 확정판결의 변론종결 후에 소유권이전등기를 경료한 자와 같이 추가적 승계의 경우도 포함

19법원직

1 대지 소유권에 기한 방해배제청구로서 지상건물의 철거를 구하여 승소확정판결을 얻은 경우, 그 지상건물에 관하여 위 확정판결의 변론종결 전에 마쳐진 소유권이전청구권가등기에 기하여 위 확정판결의 변론종결 후에 소유권이전등기를 마친 자가 있다면 그에게도 위 확정판결의 기판력이 미친다.( )

18법원직

2 소송물이 동일하거나 선결문제 또는 모순관계에 의하여 기판력이 미치는 객관적 범위에 해당하지 아니하는 경우에는 전소 판결의 변론종결 후에 당사자로부터 계쟁물 등을 승계한 자가 후소를 제기하더라도 그 후소에 전소 판결의 기판력이 미치지 아니한다. ( )

정답 | 1 ○ 2 ○

된다. 다만 소송물이 동일하거나 선결문제 또는 모순관계에 의하여 기판력이 미치는 객관적 범위에 해당하지 아니하는 경우에는 전소 판결의 변론종결 후에 당사자로부터 계쟁물 등을 승계한 자가 후소를 제기하더라도 후소에 전소 판결의 기판력이 미치지 아니한다고 판시하였다(대판 2014.10.30. 2013다53939).

② 소송물이론과 승계인의 범위

판례에 의하면 소송물이 대세적 효력이 있는 물권적 청구권일 때에는 승계인에게 기판력이 확장되는 데 비하여, 소송물이 대인적 효력밖에 없는 채권적 청구권일 때에는 승계인에게 기판력이 확정됨을 부인한다.

③ 해당되는 경우

㉠ 소유권에 기해 소유권이전등기의 말소등기를 명하는 판결이 확정되었을 때에 그로부터 변론종결 후에 소유권이전등기를 넘겨받은 자는 변론종결 후의 승계인이라 한다(대판 1979.2.13. 78다2290).

㉡ 근저당권설정등기가 애당초 원인무효임을 이유로 그 말소를 명하는 판결이 확정된 경우에 그 변론종결 뒤에 그 근저당권에 기한 담보권실행절차에서 부동산을 매수한 자 또는 이를 전득한 자에 대한 소송(대판 1994.12.27. 93다34183)

㉢ 원고가 소유권에 기한 건물철거 및 대지인도청구소송을 제기하였다가 패소확정판결을 받은 경우 피고로부터 위 건물을 매수한 자(대판 1991.3.27. 91다650,667)

㉣ 소유권에 기한 건물철거청구의 승소확정판결을 받은 경우 그 변론종결 뒤에 건물의 소유권이전등기를 경료받아 건물에 대하여 사실상의 처분권을 취득한 자(대판 1992.10.27. 92다10883) 등의 경우에는 변론종결 뒤의 승계인에 해당하여 기판력이 미친다고 본다.

㉤ 대금분할을 명한 공유물분할 확정판결의 당사자인 공유자가 공유물분할을 위한 경매를 신청하여 진행된 경매절차에서 공유물 전부에 관하여 매수인에 대한 매각허가결정이 확정되고 매각대금이 완납된 경우, 매수인은 공유물 전부에 대한 소유권을 취득하게 되고, 이에 따라 각 공유지분을 가지고 있던 공유자들은 지분소유권을 상실하게 된다. 그리고 대금분할을 명한 공유물분할판결의 변론이 종결된 뒤(변론 없이 한 판결의 경우에는 판결을 선고한 뒤) 해당 공유자의 공유지분에 관하여 소유권이전청구권의 순위보전을 위한 가등기가 마쳐진 경우, 대금분할을 명한 공유물분할 확정판결의 효력은 민사소송법 제218조 제1항이 정한 변론종결 후의 승계인에 해당하는 가등기권자에게 미치므로, 특별한 사정이 없는 한 위 가등기상의 권리는 매수인이 매각대금을 완납함으로써 소멸한다(대판 2021.3.11. 2020다253836).

④ 해당되지 않은 경우

㉠ 원고가 매매에 기한 소유권이전등기청구에서 승소의 확정판결을 받았다 하여도 자기 앞으로 등기를 마치기 전이면, 변론종결 후에 피고로부터 소유권이전등기를 넘겨받은 제3자는 채권적 의무의 승계인이요, 원고로부터 물권적 대항을 받지 않는 자임을 이유로 제218조 제1항의 승계인이 아니라 했다(대판 2003.5.13. 2002다64148).

㉡ 토지소유자가 그 무단점유자 상대의 부당이득반환청구의 소를 제기하여 판결을 받아 확정된 경우 이러한 소송물은 채권적 청구권이므로, 이를 변론종결 후에 위 토지소유권을 취득한 사람은 기판력이 미치는 변론을 종결한 뒤의 승계인에 해당될 수 없다고 판시하였다(대판 2016.6.28. 2014다31721).

18법원직

1 토지의 소유자가 소유권에 기하여 그 토지의 무단 점유자를 상대로 차임 상당의 부당이득반환을 구하는 소송을 제기하여 무단 점유자가 그 점유 토지의 인도시까지 매월 일정 금액의 차임 상당 부당이득을 반환하라는 판결이 확정된 경우, 위 소송의 변론종결 후에 위 토지의 소유권을 취득한 사람은 민사소송법 제218조 제1항에 의하여 위 확정판결의 기판력이 미치는 변론을 종결한 뒤의 승계인에 해당한다. (   )

정답 | 1 ✕

ⓒ 취득시효 완성을 이유로 한 소유권이전등기소송의 변론종결 뒤에 원고로부터 소유권이전등기를 경료받은 자(대판 1997.5.28.), 임차권에 기한 건물인도청구소송의 승소확정판결이 있는 경우 그 변론종결 뒤에 그 건물에 소유권을 양수받아 점유하고 있는 자(대판 1991.1.15.) 등의 경우에는 변론종결 뒤의 승계인에 해당하지 아니하여 기판력이 미치지 않는다고 본다.

판례 | 토지소유권에 기한 가등기말소청구소송에서 청구기각된 확정판결의 기판력이 위 소송의 변론종결 후 토지소유자로부터 근저당권을 취득한 제3자가 근저당권에 기하여 같은 가등기에 대한 말소청구를 하는 경우에 미치는지 여부(소극)

① 확정판결의 기판력은 확정판결의 주문에 포함된 법률적 판단과 동일한 사항이 소송상 문제가 되었을 때 당사자는 이에 저촉되는 주장을 할 수 없고 법원도 이에 저촉되는 판단을 할 수 없는 기속력을 의미하고, 확정판결의 내용대로 실체적 권리관계를 변경하는 실체법적 효력을 갖는 것은 아니다.

② 토지소유권에 기한 물권적 청구권을 원인으로 하는 가등기말소청구소송의 소송물은 가등기말소청구권이므로 그 소송에서 청구기각된 확정판결의 기판력은 가등기말소청구권의 부존재 그 자체에만 미치고, 소송물이 되지 않은 토지소유권의 존부에 관하여는 미치지 않는다. 나아가 위 청구기각된 확정판결로 인하여 토지소유자가 갖는 토지소유권의 내용이나 토지소유권에 기초한 물권적 청구권의 실체적인 내용이 변경, 소멸되는 것은 아니다.

③ 위 가등기말소청구소송의 사실심 변론종결 후에 토지소유자로부터 근저당권을 취득한 제3자는 적법하게 취득한 근저당권의 일반적 효력으로서 물권적 청구권을 갖게 되고, 위 가등기말소청구소송의 소송물인 패소자의 가등기말소청구권을 승계하여 갖는 것이 아니며, 자신이 적법하게 취득한 근저당권에 기한 물권적 청구권을 원인으로 소송상 청구를 하는 것이므로, 위 제3자는 민사소송법 제218조 제1항에서 정한 확정판결의 기판력이 미치는 '변론을 종결한 뒤의 승계인'에 해당하지 않는다.

④ 따라서 토지소유권에 기한 가등기말소청구소송에서 청구기각된 확정판결의 기판력은 위 소송의 변론종결 후 토지 소유자로부터 근저당권을 취득한 제3자가 근저당권에 기하여 같은 가등기에 대한 말소청구를 하는 경우에는 미치지 않는다(대판 2020.5.14.).

판례 | 소유권에 기한 건물명도소송의 사실심 변론종결 후 패소자인 건물 소유자로부터 건물을 매수하고 소유권이전등기를 마친 제3자가 확정판결의 변론종결 후의 승계인에 해당하는지 여부(소극)

건물 소유권에 기한 물권적 청구권을 원인으로 하는 건물명도소송의 소송물은 건물 소유권이 아니라 그 물권적 청구권인 건물명도청구권이므로 그 소송에서 청구기각된 확정판결의 기판력은 건물명도청구권의 존부 그 자체에만 미치는 것이고, 소송물이 되지 아니한 건물 소유권의 존부에 관하여는 미치지 아니하므로, 그 건물명도소송의 사실심 변론종결 후에 그 패소자인 건물 소유자로부터 건물을 매수하고 소유권이전등기를 마침으로써 그 소유권을 승계한 제3자의 건물 소유권의 존부에 관하여는 위 확정판결의 기판력이 미치지 않으며, 또 이 경우 위 제3자가 가지게 되는 물권적 청구권인 건물명도청구권은 적법하게 승계한 건물 소유권의 일반적 효력으로서 발생된 것이고, 위 건물명도소송의 소송물인 패소자의 건물명도청구권을 승계함으로써 가지게 된 것이라고는 할 수 없으므로, 위 제3자는 위 확정판결의 변론종결 후의 승계인에 해당한다고 할 수 없다(대판 1999.10.22.).

22법원직
1 건물 소유권에 기한 물권적 청구권을 원인으로 하는 건물명도소송의 사실심 변론종결 뒤에 그 패소자인 건물 소유자로부터 건물을 매수하고 소유권이전등기를 마친 제3자는 민사소송법 제218조 제1항 소정의 변론종결 뒤의 승계인에 해당한다고 할 수 없다. ( )

정답 | 1 ○

(2) 청구의 목적물의 소지자

① 의의 및 취지

확정판결은 청구의 목적물을 소지한 자에 대하여 그 효력이 있다(제218조 제1항). 이는 패소자가 물건을 타인에게 소지시켜 집행을 방해할 염려가 있기 때문이다.

② 소지자의 범위

소지자란 수치인, 창고업자, 관리인, 운송인, 동거인 등 오로지 본인을 위하여 목적물을 소지하는 자를 말하고, 질권자나 임차인 등 고유한 실체적 이익을 가진 자는 포함되지 아니한다.

(3) 소송담당의 경우의 권리귀속주체

1) 의의

제3자가 소송담당자로서 소송수행한 결과 받은 판결은 권리관계의 주체인 본인에게 미친다(제218조 제3항). 이는 갈음형 소송담당자, 직무상의 당사자, 임의적 소송담당자의 경우에 적용됨은 의문이 없으나, 병행형 소송담당자 특히 채권자대위소송의 경우에도 제218조 제3항이 적용되어 제3자가 받은 판결의 기판력이 권리주체인 자에게 미치는지가 문제된다.

2) 채권자대위소송과 기판력

통설·판례는 채권자대위소송을 제3자의 소송담당 중 법정소송담당으로 보는 견해로서 채권자대위권을 행사하는 경우에는 법률상 권리주체와 함께 채권자에게 관리처분권을 부여한 결과 소송수행권을 가지는 법정소송담당으로 본다.

① 채권자대위소송의 판결이 채무자에게 미치는지 여부

판례는 채무자가 고지 등을 받아 대위소송이 제기된 사실을 알았을 때에는 채무자에게 미친다는 입장이다(대판 (전) 1975.5.13. 74다1664).

또한 판례는, 어떠한 사유로 인하였든 적어도 채권자대위권에 의한 소송이 제기된 사실을 채무자가 알았을 때 그 기판력이 채무자에게 미친다는 의미는 채권자대위소송의 소송의 소송물인 피대위채권의 존부에 관한 판단에 한하는 것이지, 채권자대위소송의 소송요건인 피보전채권의 존부에 관한 판단에서 당해소송의 당사자 아닌 채무자에게 기판력이 인정되지 아니한다고 하였다. 그러므로 채권자대위소송에서 피보전권리가 인정되지 아니하여 소각하판결이 있었던 경우, 그 판결의 기판력이 채권자가 채무자 상대로 제기한 소송에는 미치지 않는다고 했다(대판 2014.1.23. 2011다108095).

② 채무자가 제3채무자상대의 소송의 판결의 효력이 채권자에게 미치는지 여부

판례는 채권자대위권은 채무자가 제3채무자에 대한 권리를 행사하지 아니하는 경우에 한하여 채권자가 자기의 채권을 보전하기 위하여 행사할 수 있는 것이기 때문에 채권자가 대위권을 행사할 당시 이미 채무자가 그 권리를 재판상 행사하였을 때에는 설사 패소의 확정판결을 받았더라도 채권자는 채무자를 대위하여 채무자의 권리를 행사할 당사자적격이 없다고 한다(대판 1993.3.26. 92다32876).

③ 채권자대위소송의 판결의 효력이 다른 채권자에 미치는지 여부

판례는 어느 채권자가 채권자대위권을 행사하는 방법으로 제3채무자를 상대로 소송을 제기하여 판결을 받은 경우, 어떠한 사유로든 채무자가 채권자대위소송이 제기된 사실을 알았을 경우에 한하여 그 판결의 효력이 채무자에게 미치므로, 이러한 경우에는 그 후 다른 채권자가 동일한 소송물에 대하여 채권자대위권에 기한 소를 제기하면 전소의 기판력을 받게 된다고 할 것이지만, 채무자가 전소인 채권자대위소송이 제기된 사실을 알지

14법원직

1 A가 B를 상대로 한 점포의 인도청구소송에서 점포의 관리인 C에게까지 그 확정판결의 효력이 미치는 것은 아니다. (　)

18법원직

2 채권자가 제3채무자를 상대로 채권자대위소송을 제기하였다가 피보전채권이 인정되지 않는다는 이유로 소각하 판결을 받아 확정된 경우, 채무자가 채권자대위소송이 제기된 사실을 알았는지 여부에 관계없이 그 판결의 기판력은 채권자가 채무자를 상대로 피보전채권의 이행을 구하는 소송에 미치지 않는다. (　)

정답 | 1 × **2** ○

못하였을 경우에는 전소의 기판력이 다른 채권자가 제기한 후소인 채권자대위소송에 미치지 않는다고 한다($\frac{대판\ 1994.8.12.}{93다52808}$).

16법원직
1 사해행위취소판결의 기판력은 그 취소권을 행사한 채권자와 그 상대방인 수익자 또는 전득자와의 상대적인 관계에서만 미칠 뿐 그 소송에 참가하지 아니한 채무자 또는 채무자와 수익자 사이의 법률관계에는 미치지 아니한다. ( )

3) 채권자취소소송

① 사해행위의 취소는 채권자와 수익자의 관계에서 상대적으로 채무자와 수익자 사이의 법률행위를 무효로 하는 데에 그치고, 채무자와 수익자 사이의 법률관계에는 영향을 미치지 아니한다($\frac{대판\ 2015.11.17.}{2012다2743}$).

② 판례는 채권자 甲에 의한 동일한 사해행위에 관하여 채권자취소청구를 하여 그 판결(패소)이 확정되었다는 것만으로 그 후 제기된 다른 채권자 乙의 동일한 청구가 기판력을 받는 것은 아니고, 이 경우에 권리보호의 이익이 없어지는 것이 아니라고 하였다. 다만 甲의 승소확정판결에 의하여 원상회복이 된 뒤에는 권리보호이익이 없게 된다고 하였다. 채권자취소판결의 기판력은 그 소송에 참가하지 아니한 채무자 또는 채무자와 수익자 사이의 법률관계에 미치지 아니한다($\frac{대판\ 2008.4.24.}{2007다84352}$).

③ 채권자취소소송에서 피보전채권의 존재가 인정되어 사해행위 취소 및 원상회복을 명하는 판결이 확정되었다고 하더라도, 그에 기하여 재산이나 가액의 회복을 마치기 전에 피보전채권이 소멸하여 채권자가 더 이상 채무자의 책임재산에 대하여 강제집행을 할 수 없게 되었다면, 이는 위 판결의 집행력을 배제하는 적법한 청구이의사유가 된다($\frac{대판\ 2017.10.26.}{2015다224469}$).

판례 | 추심금소송에서 추심채권자가 제3채무자와 '피압류채권 중 일부 금액을 지급하고 나머지 청구를 포기한다.'는 내용의 재판상 화해를 한 경우, '나머지 청구 포기 부분'은 추심채권자가 제3채무자에게 더 이상 추심권을 행사하지 않고 소송을 종료하겠다는 의미로 보아야 하는지 여부(적극)

[1] 금전채권에 대해 압류·추심명령이 이루어지면 채권자는 민사집행법 제229조 제2항에 따라 대위절차 없이 압류채권을 직접 추심할 수 있는 권능을 취득한다. 추심채권자는 추심권을 포기할 수 있으나(민사집행법 제240조 제1항), 그 경우 집행채권이나 피압류채권에는 아무런 영향이 없다. 한편 추심채권자는 추심 목적을 넘는 행위, 예를 들어 피압류채권의 면제, 포기, 기한 유예, 채권양도 등의 행위는 할 수 없다.
추심금소송에서 추심채권자가 제3채무자와 '피압류채권 중 일부 금액을 지급하고 나머지 청구를 포기한다.'는 내용의 재판상 화해를 한 경우 '나머지 청구 포기 부분'은 추심채권자가 적법하게 포기할 수 있는 자신의 '추심권'에 관한 것으로서 제3채무자에게 더 이상 추심권을 행사하지 않고 소송을 종료하겠다는 의미로 보아야 한다. 이와 달리 추심채권자가 나머지 청구를 포기한다는 표현을 사용하였다고 하더라도 이를 애초에 자신에게 처분 권한이 없는 '피압류채권' 자체를 포기한 것으로 볼 수는 없다. 따라서 위와 같은 재판상 화해의 효력은 별도의 추심명령을 기초로 추심권을 행사하는 다른 채권자에게 미치지 않는다.

[2] 동일한 채권에 대해 복수의 채권자들이 압류·추심명령을 받은 경우 어느 한 채권자가 제기한 추심금소송에서 확정된 판결의 기판력은 그 소송의 변론종결일 이전에 압류·추심명령을 받았던 다른 추심채권자에게 미치지 않는다. 그 이유는 다음과 같다.

① 확정판결의 기판력이 미치는 주관적 범위는 신분관계소송이나 회사관계소송과 같이 법률에 특별한 규정이 있는 경우를 제외하고는 원칙적으로 당사자, 변론을 종결한 뒤의 승계인 또는 그를 위하여 청구의 목적물을 소지한 사람과 다른 사람을 위하여 원고나 피고가 된 사람이 확정판결을 받은 경우의 그 다른 사람에 국한되고(제218조 제1항, 제3항) 그 밖의 제3자에게는 미치지 않는다. 따라서 추심채권자들이 제기하는 추심금소송의 소송물이 채

정답 | 1 ○

무자의 제3채무자에 대한 피압류채권의 존부로서 서로 같더라도 소송당사자가 다른 이상 그 확정판결의 기판력이 서로에게 미친다고 할 수 없다.

② 민사집행법 제249조 제3항, 제4항은 추심의 소에서 소를 제기당한 제3채무자는 집행력 있는 정본을 가진 채권자를 공동소송인으로 원고 쪽에 참가하도록 명할 것을 첫 변론기일까지 신청할 수 있고, 그러한 참가명령을 받은 채권자가 소송에 참가하지 않더라도 그 소에 대한 재판의 효력이 미친다고 정한다. 위 규정 역시 참가명령을 받지 않은 채권자에게는 추심금소송의 확정판결의 효력이 미치지 않음을 전제로 참가명령을 통해 판결의 효력이 미치는 범위를 확장할 수 있도록 한 것이다(대판 2020.10.29. 2016다35390).

(4) 소송탈퇴자

제3자가 독립당사자참가(제79조), 참가승계(제81조), 소송인수(제82조)의 경우에 종전당사자는 그 소송에서 탈퇴할 수 있는데, 그 뒤 제3자와 상대방 당사자 간의 판결의 기판력은 탈퇴자에게 미친다.

Ⅲ 기판력의 객관적 범위*

> **제216조 [기판력의 객관적 범위]**
> ① 확정판결은 주문에 포함된 것에 한하여 기판력(既判力)을 가진다.
> ② 상계를 주장한 청구가 성립되는지 아닌지의 판단은 상계하자고 대항한 액수에 한하여 기판력을 가진다.

1. 원칙

(1) 판결주문의 판단

① 확정판결은 주문에 포함된 것에 한하여 기판력을 가진다고 규정하고 있다(제216조 제1항). 왜냐하면 판결주문이 곧 당사자의 소송목적에 대한 해결이고 당사자 간의 주된 관심사이므로 이점의 판단에 기판력을 인정하는 것이 당사자의 의도에 맞기 때문이다.

② 원래 판결주문은 판결의 결론 부분이므로 기판력은 주문에 포함된 것에 한해 미친다는 것은 소송판결의 경우에는 소송요건의 흠에 관한 판단에만, 본안판결의 경우에는 소송물인 권리관계의 존재 부존재에 관한 판단에만 미친다는 말이다.

(2) 동일 소송물의 범위

1) 청구취지가 다른 경우

① 이 경우는 소송물이 다르기에 기판력의 저촉은 발생하지 않는다. 판례도 전소가 1필 토지의 특정부분에 대한 소유권이전등기청구이고 후소가 일정지분에 대한 소유권이전등기청구일 때 전소의 기판력에 저촉되지 않는다고 보았다(대판 (전) 1995.4.25. 94다17956).

② 다만, 판례는 후소인 진정한 소유자명의 회복의 이전등기청구나 전소인 말소등기청구 모두 소유자의 등기명의 회복을 위한 것으로 목적이 같고 소유권에 기한 방해배제청구권으로서 법적 근거 등이 같아 소송물이 동일하므로 후소는 전소의 기판력에 저촉된다고 보았다(대판 (전) 2001.9.20. 99다37894).

21법원직

1 기판력이 미치는 주관적 범위는 신분관계소송이나 회사관계소송 등에서 제3자에게도 그 효력이 미치는 것으로 규정되어 있는 경우를 제외하고는 원칙적으로 당사자, 변론을 종결한 뒤의 승계인 또는 그를 위하여 청구의 목적물을 소지한 사람과 다른 사람을 위하여 원고나 피고가 된 사람이 확정판결을 받은 경우의 그 다른 사람에 국한되고, 그 외의 제3자나 변론을 종결하기 전의 승계인에게는 미치지 않는다. ( )

* 이시윤 649페이지 참고

21법원직

2 확정판결은 주문에 포함된 것에 한하여 기판력을 가지고 판결이유 중의 판단에는 원칙적으로 기판력이 미치지 않는다. 다만, 예외적으로 상계를 주장한 청구가 성립되는지 아닌지의 판단은 판결이유 중의 판단이지만 상계하자고 대항한 액수에 한하여 기판력을 가진다. ( )

16법원직

3 1필지 토지 전부에 대한 소유권이전등기 청구소송에서 토지 일부의 매수사실은 인정되나 그 부분을 특정할 수 없다는 이유로 전부패소판결을 받아 확정된 후 매수 부분을 특정하여 소유권이전등기를 구하는 경우 위 특정된 부분의 매수 여부와 관련하여서는 전소의 기판력이 미치지 아니한다. ( )

정답 | 1 ○ 2 ○ 3 ○

15·19법원직

1 원고가 소유권이전등기말소소송에서 소유권이 없다는 이유로 패소판결을 받은 후, 동일 피고를 상대로 진정명의회복을 위한 소유권이전등기의 후소를 제기하였다면 기판력에 저촉된다. ( )

2) 청구취지는 같은데 청구원인을 이루는 실체법상의 권리만을 달리하는 때

각 별개의 소송물이라는 전제로 불법행위 손해배상청구권과 부당이득반환청구권 중 어느 하나의 청구권에 기하여 승소판결을 받았다 하여도, 책임제한의 법리 때문에 아직 채권의 만족을 얻지 못한 부분이 있다면 다른 청구권에 기한 이행의 소송을 제기할 수 있다(대판 2013.9.13. 2013다45457).

3) 공격방법과 기판력

① 판례는 말소등기청구사건에서 전소와 후소 사이에 등기의 무효사유를 달리하는 경우에도 이는 공격방어방법의 차이에 불과하다 하여 전소의 기판력은 후소에 미친다고 본다(대판 1993.6.29. 93다11050).

② 그러나, 이전등기사건에 있어서 등기원인을 달리하는 경우는 공격방어방법이 아닌 청구원인의 차이라고 한다(대판 1996.8.23. 94다49922).

(3) 일부청구

1) 문제점

가분채권의 일부청구에 대하여 판결한 경우에 잔부청구에 대하여 기판력이 미치는지가 문제다.

2) 판례

15법원직

2 원고가 1억원의 금전채권 중 일부청구임을 명시하여 4,000만 원만 먼저 청구하여 승소판결을 받은 후, 금전채권 6,000만 원의 잔부청구를 하는 것은 가능하다. ( )

① 불법행위의 피해자가 일부청구임을 명시하여 그 손해의 일부만을 청구한 경우 그 일부청구에 대한 판결의 기판력은 청구의 인용여부에 관계없이 청구의 범위에 한하여 미치는 것이고, 잔부청구에는 미치지 아니하는 것이라고 판시하였다(대판 1993.6.25. 92다33008).

그러나 전소에서 일부청구를 명시하지 않았다면 잔액이 남아 있다는 이유로 후소를 청구함은 기판력에 저촉된다(대판 2008.12.24. 2008다6083,6090).

② 다만, 후유증에 의한 손해배상청구의 경우에 판례는 불법행위로 인한 적극적 손해의 배상을 명한 전 소송의 변론종결 후에 새로운 적극적 손해가 발생한 경우에 그 소송의 변론종결 당시 그 손해의 발생을 예견할 수 없었고 또 그 부분의 청구를 포기한 것으로 볼 수 없는 사정이 있다면 전 소송에서 그 부분에 대한 청구가 유보되어 있지 않았더라도 이는 전 소송의 소송물과는 별개의 소송물이므로 전 소송의 기판력에 저촉되는 것이 아니다라고 한다(대판 1993.6.25. 92다33008).

(4) 판결이유 중의 판단

기판력은 주문에 포함된 사항에 미치므로 판결이유 중의 판단에는 기판력이 미치지 않는다. 이는 당사자의 직접적인 관심사는 주문에서 판단되는 결론인 청구의 당부인데, 판결이유까지 기판력이 인정되면 당사자에게 예기치 못한 불이익을 입히기 때문이다.

1) 사실

판결이유 중 확정했고 판결의 기초로 한 사실에 대해서는 기판력이 생기지 않는다. 판결은 권리관계의 확정을 목적으로 한 것이고 사실확정을 목적으로 한 제소는 허용되지 않기 때문이다.

2) 선결적 법률관계

① 소유권에 기한 이전등기말소청구에 관한 확정판결의 기판력은 그 소송물인 말소등기청구권의 존부에 대해서만 미칠 뿐, 판결이유에서 밝힌 말소원인인 소유권의 존부 등에 관해서는 미치지 않는다.

② 따라서 甲이 乙을 상대로 한 이전등기 말소청구소송에서 원고 甲에게 소유권이 없다는 이유로 패소확정된 뒤라도 원고 甲은 다시 乙을 상대로 하여 소유권확인의 후소를 제기할 수 있다(대판 2002.9.24.).

판례 | 선결적 법률관계

1. 매매계약의 무효 또는 해제를 원인으로 한 매매대금반환청구에 대한 인낙조서의 기판력은 그 매매대금반환청구권의 존부에 관하여만 발생할 뿐, 그 전제가 되는 선결적 법률관계인 매매계약의 무효 또는 해제에까지 발생하는 것은 아니므로 소유권이전등기청구권의 존부를 소송물로 하는 후소는 전소에서 확정된 법률관계와 정반대의 모순되는 사항을 소송물로 하는 것이라 할 수 없으며, 기판력이 발생하지 않는 전소와 후소의 소송물의 각 전제가 되는 법률관계가 매매계약의 유효 또는 무효로 서로 모순된다고 하여 전소에서의 인낙조서의 기판력이 후소에 미친다고 할 수 없다(대판 2005.12.23.).

2. 甲 등 망인들이 국가를 상대로 농지분배처분을 원인으로 하는 소유권이전등기청구소송을 제기하였다가 패소판결이 선고되어 확정되었는데, 그 후 甲 등의 상속인들인 乙 등이 국가가 행한 일련의 불법행위 때문에 분배농지에 관한 수분배권을 상실하였다며 국가를 상대로 손해배상을 구한 경우, 乙 등이 제기한 손해배상청구소송에서 문제되는 농지분배처분 무효 내지 甲 등의 분배토지에 관한 수분배권 존부에는 위 확정판결의 기판력이 미치지 않는다(대판 2021.4.8.).

3) 항변

판결이유 속에서 판단되는 피고의 항변에 대해서는 그것이 판결의 기초가 되었다 하여도 기판력이 생기지 않는다.

4) 법률판단

판결이유 속에서 표시된 법률판단에는 기판력이 미치지 않는다. 다만, 판결이유 속의 법률판단은 환송판결을 한 경우에 하급법원을 기속할 뿐이다(제436조 제2항).

2. 예외 – 상계항변

(1) 의의 및 취지

① 피고가 상계항변을 제출하였을 경우에 자동채권의 존부에 대하여 비록 판결 이유 중에서 판단하게 되지만 상계로써 대항한 액수의 한도 내에서는 기판력이 생긴다(제216조 제2항).

② 여기서 말하는 상계는 민법 제492조 이하에 규정된 단독행위로서의 상계를 의미하는 것으로, 원피고 사이의 채권을 상계하여 정산키로 하는 합의를 하는 것은 포함하지 않는다(대판 2014.4.10.).

(2) 기판력 발생요건

1) 자동채권에 관한 요건

① 상계항변에 대한 기판력은 어디까지나 자동채권의 존부에 관하여 실질적으로 판단을 한 경우에 한하며, (ⅰ) 상계항변의 각하(제149조), (ⅱ) 성질상 상계가 허용되지 않거나, (ⅲ) 상계부적상을 이유로 배척된 경우에는 포함되지 않는다. 또 자동채권의 존부에 대해서는 상계로써 대항한 액수에 한하여 기판력이 생긴다(예: 금 60만 원 청구에 금 100만 원의 자동채권을 갖고 상계항변을 하였다면, 그 상계항변이 인용되든 배척되든 자동채권

15·19법원직

1 원고가 소유권이전등기말소소송에서 소유권이 없다는 이유로 패소판결을 받은 후, 동일 피고를 상대로 다시 소유권확인의 후소를 제기한 경우 기판력에 저촉되지 않는다. ( )

18법원직

2 기판력은 전소와 후소가 선결문제 또는 모순관계에 있는 경우에도 인정되므로, 전소에서 매매계약의 무효 또는 해제를 원인으로 한 매매대금반환청구에 대한 인낙조서가 작성된 후, 후소에서 매매계약의 유효를 전제로 소유권이전등기청구를 하는 것은 전소에서 확정된 법률관계에 모순되는 법률관계의 확정을 구하는 것으로 전소 인낙조서의 기판력에 저촉된다. ( )

14법원직

3 A가 100만 원을 소로써 청구함에 대하여 B가 200만 원의 반대채권으로서 상계한다고 항변한 경우, 그 상계항변이 인용되건 배척되건 자동채권에 관한 판단의 기판력은 100만 원에 한정된다. ( )

정답 | 1 ○ **2** × **3** ○

에 관한 판단의 기판력은 60만 원에 한한다. 60만 원을 초과한 40만 원 부분은 기판력이 없다).

② 판례는 복수의 자동채권에 기한 상계항변의 경우 법원이 어느 자동채권에 대하여 상계의 기판력이 미치는지 밝혀야 한다는 것이며, 상계로 소멸될 자동채권에 관한 아무런 특정 없이 상계항변을 인용한 것은 잘못이라 했다(대판 2011.8.25. 2011다24814).

③ (ⅰ) 법원이 당해 소송의 소송물인 수동채권의 전부 또는 일부의 존재를 인정하는 판단을 한 다음 피고의 상계항변에 대한 판단으로 나아가 피고가 주장한 반대채권의 존재를 인정하지 않고 상계항변을 배척하는 판단을 한 경우에, 그와 같이 반대채권이 부존재한다는 판결이유 중의 판단의 기판력은 특별한 사정이 없는 한 '법원이 반대채권의 존재를 인정하였더라면 상계에 관한 실질적 판단으로 나아가 수동채권의 상계적상일까지의 원리금과 대등액에서 소멸하는 것으로 판단할 수 있었던 반대채권의 원리금 액수'의 범위에서 발생한다고 보아야 한다(대판 2018.8.30. 2016다46338·46345).

(ⅱ) 피고가 상계항변으로 2개 이상의 반대채권을 주장하였는데 법원이 그중 어느 하나의 반대채권의 존재를 인정하여 수동채권의 일부와 대등액에서 상계하는 판단을 하고 나머지 반대채권들은 모두 부존재한다고 판단하여 그 부분 상계항변을 배척한 경우, 나머지 반대채권들이 부존재한다는 판단에 관하여 기판력이 발생하는 전체 범위가 '상계를 마친 후의 수동채권의 잔액'을 초과할 수는 없고 이러한 법리는 피고가 주장하는 2개 이상의 반대채권의 원리금 액수 합계가 법원이 인정하는 수동채권의 원리금 액수를 초과하는 경우에도 마찬가지이다(대판 2018.8.30. 2016다46338,46345).

2) 수동채권에 관한 요건

① 상계 주장에 관한 판단에 기판력이 생기는 것은 수동채권이 소송물로서 심판되는 소구채권이거나 그와 실질적으로 동일한 경우에 한하기 때문에 수동채권이 동시이행항변으로 주장된 채권일 경우에는 그러한 상계주장에 대한 판단에 기판력이 생기지 않는다(대판 2005.7.22. 2004다17207).

② 피고의 상계항변에 피고의 자동채권을 소멸시키기 위한 원고의 재항변은 허용할 이익이 없다. 즉, 피고의 상계항변을 배척하는 경우나 상계항변이 이유있다고 판단되는 경우 모두 원고의 상계의 재상계항변에 대하여 판단할 필요가 없게 되고, 원고가 소구채권 외에 다른 채권을 갖고 있다면 소의 추가적 변경에 의하여 당해소송에서 별소를 제기할 수 있는 문제이므로, 구태여 원고의 상계의 재항변은 일반적으로 허용할 이익이 없다(대판 2014.6.12. 2013다95964).

Ⅳ 기판력의 시적 범위*

1. 의의

(1) 기판력의 시적범위

기판력이 생기는 판단이 어느 시점에 있는 권리관계의 존부에 관한 것인가 하는 것이 기판력의 시적범위 문제이다.

(2) 기판력의 표준시점

당사자는 사실심변론종결전까지 소송자료를 제출할 수 있고, 종국판결도 그때까지 제출한 자료를 기초로 한 것이므로, 확정판결의 기판력은 사실심변론종결시를 표준으로 하여 그 시점에서의 권리 또는 법률관계의 존부에 관하여 생긴다고 해야 한다.

19법원직

1 '원고의 소구채권 그 자체를 부정하여 원고의 청구를 기각한 판결'과 '소구채권의 존재를 인정하면서도 상계항변을 받아들인 결과 원고의 청구를 기각한 판결'은 민사소송법 제216조에 따라 기판력의 범위를 서로 달리한다. ( )

18법원직

2 상계 주장의 대상이 된 수동채권이 동시이행항변에 행사된 채권일 경우에는 그러한 상계 주장에 대한 판단에는 기판력이 발생하지 않는다. ( )

* 이시윤 640페이지 참고

정답 | 1 ○ 2 ○

2. 표준시 이전의 권리관계

기판력은 표준시 현재의 권리관계를 확정하는 것이므로 그 이전의 권리관계에 대하여는 미치지 않는다. 예컨대 원본채권청구가 변론종결 당시 부존재를 이유로 기각되었어도 변론종결 전의 원본채권의 존재를 주장하여 변론종결 전까지 생긴 이자의 청구는 가능하다는 것이 판례이다(대판 1976.12.14. 76다1488).

3. 표준시 이전의 사실자료

(1) 실권효의 발생범위 – 공격방어방법

① 표준시 전에 당사자가 제출할 수 있었던 공격방어방법은 기판력의 실권효(차단효, 배제효)에 의해서 차단되어 후소에서 이를 주장할 수 없다. 전소에서 당사자가 그 공격방어방법을 알지 못하여 주장하지 못하였는지 나아가 그와 같이 알지 못한 데 과실이 있는지는 묻지 아니한다(대판 2014.3.27. 2011다49981).

② 판례는 매매를 이유로 소유권확인의 소를 제기하여 패소확정판결을 받았다면 후소로 소유권확인의 소를 제기하면서 전소 변론종결 전에 주장할 수 있었던 취득시효사유를 다시 주장할 수 없다(대판 1987.3.10. 84다카2132)고 한다.

③ 가등기에 기한 소유권이전등기절차의 이행을 명한 전소 판결의 기판력은 소송물인 소유권이전등기청구권의 존부에만 미치고 그 등기청구권의 원인이 되는 채권계약의 존부나 판결이유 중에 설시되었을 뿐인 가등기의 효력 유무에 관한 판단에는 미치지 아니하고, 따라서 만일 후소로써 위 가등기에 기한 소유권이전등기의 말소를 청구한다면 이는 1물1권주의의 원칙에 비추어 볼 때 전소에서 확정된 소유권이전등기청구권을 부인하고 그와 모순되는 정반대의 사항을 소송물로 삼은 경우에 해당하여 전소 판결의 기판력에 저촉된다고 할 것이지만, 이와 달리 위 가등기만의 말소를 청구하는 것은, 전소에서 판단의 전제가 되었을 뿐이고 그로써 아직 확정되지는 아니한 법률관계를 다투는 것에 불과하여 전소 판결의 기판력에 저촉된다고 볼 수 없다(대판 1995.3.24. 93다52488).

(2) 변론종결 전의 한정승인사실

채권자가 피상속인의 금전채무를 상속한 상속인을 상대로 그 상속채무의 이행을 구하여 제기한 소송에서 채무자가 한정승인 사실을 주장하지 않으면 책임의 범위는 현실적인 심판대상으로 등장하지 아니하여 주문에서는 물론 이유에서도 판단되지 않으므로 그에 관하여 기판력이 미치지 않는다. 그러므로 채무자가 한정승인을 하고도 채권자가 제기한 소송의 사실심 변론종결시까지 그 사실을 주장하지 아니하여 책임의 범위에 관한 유보가 없는 판결이 선고되어 확정되었다고 하더라도, 채무자는 그 후 위 한정승인 사실을 내세워 청구에 관한 이의의 소를 제기할 수 있다(대판 2006.10.13. 2006다23138).

(3) 변론종결 전의 상속포기사실

한정승인 사안에서 판시한 기판력에 의한 실권효 제한의 법리는 채무의 상속에 따른 책임의 제한 여부만이 문제되는 한정승인과 달리 상속에 의한 채무의 존재 자체가 문제되어 그에 관한 확정판결의 주문에 당연히 기판력이 미치게 되는 상속포기의 경우에는 적용될 수 없다(대판 2009.5.28. 2008다79876).

16법원직

1 동일한 소송물에 대한 후소에서 전소 변론종결 이전에 존재하고 있던 공격방어방법을 주장하여 전소 확정판결에서 판단된 법률관계의 존부와 모순되는 판단을 구하는 것은 전소 확정판결의 기판력에 반하나, 전소에서 당사자가 그 공격방어방법을 알지 못하여 주장하지 못하였고 그와 같이 알지 못한 데 과실이 없는 경우에는 그러하지 아니하다. ( )

22법원직

2 가등기에 기한 소유권이전등기절차의 이행을 명한 전소 확정판결이 있은 후, 위 가등기만의 말소를 청구하는 것은 전소 확정판결의 기판력에 저촉된다고 볼 수 없다.( )

14법원직

3 A가 B의 상속인 C를 상대로 제기한 금전지급청구의 소에서 A 승소판결이 확정되었다면, 그 후 C가 변론종결 전의 상속포기를 주장하는 것은 기판력에 저촉되나 변론종결 전의 한정승인을 주장하는 것은 기판력에 저촉되지 않는다.( )

정답 | **1** × **2** ○ **3** ○

18법원직

1 확정판결의 효력은 그 표준시인 사실심 변론종결시를 기준으로 하여 발생하는 것이므로, 그 이후에 새로운 사유가 발생한 경우까지 전소의 확정판결의 기판력이 미치는 것은 아니다.　　　　( )

22법원직

2 전소에서 피담보채무의 변제로 양도담보권이 소멸하였음을 원인으로 한 소유권이전등기의 회복 청구가 기각된 경우, 후소에서 장래 잔존 피담보채무의 변제를 조건으로 소유권이전등기의 회복을 청구하는 것은 전소의 확정판결의 기판력에 저촉된다.　　( )

4. 표준시 이후에 발생한 사유

(1) 원칙

변론종결 후에 발생한 사유에 의해서는 기판력에 의해 확정된 법률효과를 다툴 수 있다. 즉, 실권효가 미치지 않는다. 채무이행소송에서 기한미도래를 이유로 원고의 청구가 기각되었으나 변론종결 후에 기한이 도래한 경우 등이 이에 속한다.

> **판례 |** 전소에서 피담보채무의 변제로 양도담보권이 소멸하였음을 원인으로 한 소유권이전등기의 회복 청구가 기각된 경우, 장래 잔존 피담보채무의 변제를 조건으로 소유권이전등기의 회복을 청구하는 것이 전소 확정판결의 기판력에 저촉되는지 여부(소극)

일반적으로 판결이 확정되면 법원이나 당사자는 확정판결에 반하는 판단이나 주장을 할 수 없는 것이나, 이러한 확정판결의 효력은 그 표준시인 사실심 변론종결 시를 기준으로 하여 발생하는 것이므로, 그 이후에 새로운 사유가 발생한 경우까지 전소의 확정판결의 기판력이 미치는 것은 아니다. 따라서 전소에서 피담보채무의 변제로 양도담보권이 소멸하였음을 원인으로 한 소유권이전등기의 회복 청구가 기각되었다고 하더라도, 장래 잔존 피담보채무의 변제를 조건으로 소유권이전등기의 회복을 청구하는 것은 전소의 확정판결의 기판력에 저촉되지 아니한다(대판 2014.1.23. 2013다64793).

(2) 다투는 방법

이행소송에서 원고의 청구가 인용되었을 때에 피고는 변론종결 후에 발생한 사유인 변제, 면제, 소멸시효 등에 의해 집행채권이 이미 소멸되었음을 주장하여 후소인 청구이의의 소(민집 제44조)를 제기할 수 있다.

(3) 한계

변론종결 후 발생한 사유는 기준시 이후에 발생한 사실자료에 한정되므로 (i) 법률·판례의 변경, (ii) 법률의 위헌결정, (iii) 판례의 기초가 되었던 행정처분의 변경, (iv) 사실관계에 대한 다른 법률평가 등은 변론종결 후의 사유에 포함되지 않는다.

18법원직

3 기판력 있는 전소판결과 저촉되는 후소판결이 확정된 경우에 전소판결의 기판력은 차단된다.　( )

> **판례 |** 기판력 있는 전소판결의 변론종결 후 그와 저촉되는 후소판결이 확정된 경우, 전소판결의 기판력이 차단되는지 여부(소극)

기판력 있는 전소판결과 저촉되는 후소판결이 그대로 확정된 경우에도 전소판결의 기판력이 실효되는 것이 아니고 재심의 소에 의하여 후소판결이 취소될 때까지 전소판결과 후소판결은 저촉되는 상태 그대로 기판력을 갖는 것이고 또한 후소판결의 기판력이 전소판결의 기판력을 복멸시킬 수 있는 것도 아니어서, 기판력 있는 전소판결의 변론종결 후에 이와 저촉되는 후소판결이 확정되었다는 사정은 변론종결 후에 발생한 새로운 사유에 해당되지 않으므로, 그와 같은 사유를 들어 전소판결의 기판력이 미치는 자 사이에서 전소판결의 기판력이 미치지 않게 되었다고 할 수 없다(대판 1997.1.24. 96다32706).

5. 표준시 후의 형성권 행사

(1) 문제점

변론종결전에 발생한 해제권·취소권, 상계권 등 사법상 형성권을 행사하지 않고 있다가 판

정답 | **1** ○ **2** × **3** ×

결확정후 비로소 행사하여 확정판결의 효력을 다툴 수 있을 것인지가 문제된다.

(2) 판례

① 취소권, 해제권 등 형성권 일반의 경우(실권 긍정)

대법원은 표준시 전에 행사할 수 있었던 취소권(대판 1959.9.24. 4291민상830), 해제권(대판 1979.8.14. 79다1105)에 대하여는 표준시 후에 이를 행사하면 차단된다고 한다.

판례 | 백지보충권

약속어음의 소지인이 전소의 사실심 변론종결일까지 백지보충권을 행사하여 어음금의 지급을 청구할 수 있었음에도 위 변론종결일까지 백지 부분을 보충하지 않아 이를 이유로 패소판결을 받고 그 판결이 확정된 후에 백지보충권을 행사하여 어음이 완성된 것을 이유로 전소 피고를 상대로 다시 동일한 어음금을 청구(소송물 동일)하는 경우에는, 위 백지보충권 행사의 주장은 특별한 사정이 없는 한 전소판결의 기판력에 의하여 차단되어 허용되지 않는다(대판 2008.11.27. 2008다59230).

---

② 상계권(실권 부정)

채무자가 집행권원인 확정판결의 변론종결 전에 상대방에 대하여 상계적상에 있는 채권을 가지고 있었다 하더라도 집행권원인 확정판결의 변론종결 후에 이르러 비로소 상계의 의사표시를 한 때에는, 당사자가 집행권원인 확정판결의 변론종결 전에 자동채권의 존재를 알았는가 몰랐는가에 관계없이 적법한 청구이의사유로 된다(대판 1998.11.24. 98다25344).

③ 임대차에서의 건물매수청구권(실권 부정)

판례는 토지의 임차인이 임대인에 대하여 건물매수청구권을 행사할 수 있음에도 불구하고 이를 행사하지 아니한 채, 토지의 임대인이 임차인에 대하여 제기한 토지인도 및 건물철거 청구소송에서 패소하여 그 패소판결이 확정되었다고 하더라도, 그 확정판결에 의하여 건물철거가 집행되지 아니한 이상, 토지의 임차인으로서는 건물매수청구권을 행사하여 별소로써 임대인에 대하여 건물 매매대금의 지급을 구할 수 있다고 할 것이고, 전소인 토지인도 및 건물철거청구소송과 후소인 매매대금청구소송은 서로 그 소송물을 달리하는 것이므로, 종전 소송의 확정판결의 기판력에 의하여 건물매수청구권의 행사가 차단된다고 할 수도 없다(대판 1995.12.26. 95다42195)고 하여 건물매수청구권 비실권설의 입장이다.

6. 정기금판결에 대한 변경의 소

제252조 [정기금판결과 변경의 소]
① 정기금의 지급을 명한 판결이 확정된 뒤에 그 액수산정의 기초가 된 사정이 현저하게 바뀜으로써 당사자 사이의 형평을 크게 침해할 특별한 사정이 생긴 때에는 그 판결의 당사자는 장차 지급할 정기금 액수를 바꾸어 달라는 소를 제기할 수 있다.
② 제1항의 소는 제1심 판결법원의 전속관할로 한다.

---

(1) 의의

정기금의 지급을 명하는 판결이 확정된 뒤에 그 액수산정의 기초가 된 사정이 현저하게 바뀐 경우에 장차 지급할 정기금의 액수를 바꾸어 달라는 소를 말한다(제252조).

15법원직

1 원고가 임료 상당 부당이득의 반환을 구하는 소를 제기하여 승소판결이 확정된 후, 임료가 상당하지 아니하게 되는 등 특별한 사정이 발생하여 후소로 차액상당의 부당이득금의 반환을 청구하는 것은 가능하다. ( )

정답 | 1 ○

(2) 취지

판례는 장래의 손해에 대한 이행판결이 난 경우에 전소표준시에 예측과는 달리 그 뒤에 사정변경이 생긴 경우 명시된 일부청구와 같이 보아 기판력이 미치지 않는다고 본 바 있다. 이에는 이론구성에 무리가 있고 해석론의 한계를 벗어나는 판결이라는 비판이 있었다. 이에 개정법은 이를 입법화하여 타당한 해결을 도모한 것이다.

(3) 법적성질

기존의 확정판결의 변경을 목적으로 하는 소이니만큼 소송법상의 형성의 소에 속한다.

(4) 요건

1) 정기금판결을 받는 당사자 또는 기판력이 미치는 제3자가 제기할 것

새로운 소유자의 다시 부당이득반환청구는 별론, 토지의 전소유자에 내려진 정기금판결에 대한 변경의 소는 불허한다는 것이 판례이다(대판 2016.6.28. 2014다31721).

판례 | 부당이득반환청구소송의 변론종결 후에 토지의 소유권을 취득한 사람이 위 소송에서 확정된 정기금판결에 대하여 변경의 소를 제기하는 것이 적법한지 여부(소극)

민사소송법 제252조 제1항은 "정기금의 지급을 명한 판결이 확정된 뒤에 그 액수 산정의 기초가 된 사정이 현저하게 바뀜으로써 당사자 사이의 형평을 크게 침해할 특별한 사정이 생긴 때에는 그 판결의 당사자는 장차 지급할 정기금 액수를 바꾸어 달라는 소를 제기할 수 있다."라고 규정하고 있다. 이러한 정기금판결에 대한 변경의 소는 정기금판결의 확정 뒤에 발생한 현저한 사정변경을 이유로 확정된 정기금판결의 기판력을 예외적으로 배제하는 것을 목적으로 하므로, 확정된 정기금판결의 당사자 또는 민사소송법 제218조 제1항에 의하여 확정판결의 기판력이 미치는 제3자만 정기금판결에 대한 변경의 소를 제기할 수 있다.

한편 토지의 소유자가 소유권에 기하여 토지의 무단 점유자를 상대로 차임 상당의 부당이득반환을 구하는 소송을 제기하여 무단 점유자가 점유 토지의 인도 시까지 매월 일정 금액의 차임 상당 부당이득을 반환하라는 판결이 확정된 경우, 이러한 소송의 소송물은 채권적 청구권인 부당이득반환청구권이므로, 소송의 변론종결 후에 토지의 소유권을 취득한 사람은 민사소송법 제218조 제1항에 의하여 확정판결의 기판력이 미치는 변론을 종결한 뒤의 승계인에 해당한다고 볼 수 없다. 따라서 토지의 전 소유자가 제기한 부당이득반환청구소송의 변론종결 후에 토지의 소유권을 취득한 사람에 대해서는 소송에서 내려진 정기금 지급을 명하는 확정판결의 기판력이 미치지 아니하므로, 토지의 새로운 소유자가 토지의 무단 점유자를 상대로 다시 부당이득반환청구의 소를 제기하지 아니하고, 토지의 전 소유자가 앞서 제기한 부당이득반환청구소송에서 내려진 정기금판결에 대하여 변경의 소를 제기하는 것은 부적법하다(대판 2016.6.28. 2014다31721).

---

2) 정기금의 지급을 명한 판결일 것

① 변론종결 전에 발생한 손해에 대한 정기금판결에 한정되지 않으므로 장래 발생할 손해에 대하여 정기금의 지급을 명한 판결이라도 변경의 소가 허용된다.

② 전소의 재판시점에서 예상치 못한 후유증에 의한 확대손해의 청구는 전소의 소송물과는 별개의 소송물이 되므로 새 청구를 할 것이지 변경의 소의 대상으로 할 수 없다.

판례 | 정기금판결에 대한 변경의 소에서 종전 확정판결의 결론이 위법·부당하다는 등의 사정을 이유로 정기금의 액수를 바꾸어 달라고 하는 것이 허용되는지 여부(소극)

> 민사소송법 제252조 제1항은 "정기금의 지급을 명한 판결이 확정된 뒤에 그 액수산정의 기초가 된 사정이 현저하게 바뀜으로써 당사자 사이의 형평을 크게 침해할 특별한 사정이 생긴 때에는 그 판결의 당사자는 장차 지급할 정기금 액수를 바꾸어 달라는 소를 제기할 수 있다."라고 규정하고 있다. 이러한 정기금판결에 대한 변경의 소는 판결 확정 뒤에 발생한 사정변경을 요건으로 하므로, 단순히 종전 확정판결의 결론이 위법·부당하다는 등의 사정을 이유로 본조에 따라 정기금의 액수를 바꾸어 달라고 하는 것은 허용될 수 없다(대판 2016.3.10. 2015다243996).

18법원직

1 민사소송법 제252조 제1항에 의한 정기금판결에 대한 변경의 소는 판결 확정 뒤에 발생한 사정변경을 그 요건으로 하는 것이므로, 단순히 종전 확정판결의 결론이 위법·부당하다는 등의 사정을 이유로 정기금의 액수를 바꾸어 달라고 하는 것은 허용될 수 없다. ( )

3) 정기금의 지급을 명하는 판결이 확정되었을 것

확정판결과 같은 효력이 있는 청구인낙조서, 화해조정조서만이 아니라 화해권고결정까지도 변경의 소가 유추될 여지가 있을 것이다.

4) 정기금 액수 산정의 기초가 된 사정이 현저하게 바뀜으로써 당사자 사이에 형평을 침해할 특별한 사정이 생겼을 것

정기금지급의 확정판결의 표준시(변론종결시) 이후에 이와 같은 사정변경이 생겼을 것을 요한다.

5) 위 요건은 적법요건이라기보다 이유구비요건이 된다. 증명책임은 사정변경이 있음을 주장하는 원고에게 있다.

(5) 재판절차

① 변경의 소는 제1심판결법원, 즉 수소법원의 전속관할로 한다(제252조 제2항). 소장에는 변경을 구하는 확정판결의 사본을 붙여야 한다(규칙 제63조 제3항).

② 변경의 소를 제기한다고 하여 반드시 정기금판결의 집행력에 기한 강제집행이 정지되지는 않으며, 별도로 집행정지 신청을 하여 정지 결정을 받아야 한다(제501조, 제502조).

③ 법원이 청구 인용하는 경우는 원판결을 반드시 취소할 필요는 없으며, 원판결을 감액 또는 증액으로 변경하는 판결주문을 내면 된다고 할 것이다.

제5관 | 판결의 편취

Ⅰ 의의

① 판결의 편취라 함은 당사자가 상대방이나 법원을 기망하여 부당한 내용의 판결을 받은 경우를 말한다.

② 판결의 편취의 처리에 있어서는 확정판결의 기판력에 의한 법적 안정성의 요구와 사위판결의 피해자에 대한 구제라는 구체적 타당성의 요구간의 조화가 필요한데, 이를 당연무효라는 견해가 있으나, 우리 학설과 판례는 명문규정 등을 이유로 유효한 판결로 보고 있다. 이렇게 사위로 편취된 판결을 유효한 판결로 처리할 때 상대방 당사자의 소송법상, 실체법상 어떠한 구제방법을 강구할 것인지가 문제된다.

학습 POINT

1. 편취 유형에 따른 구제방법 정리 필요
2. 자백간주에 의한 편취의 경우 판례는 항소설 입장

정답 | 1 ○

Ⅱ 유형

① 다른 사람의 성명모용판결

② 소취하 합의에 의하여 피고불출석의 원인을 조성하여 놓고 소취하를 함이 없이 승소판결을 받은 경우

③ 피고주소를 알면서도 소재불명으로 속여 공시송달명령을 받아 피고 모르는 사이에 승소판결을 받는 경우

④ 피고의 주소를 허위주소로 적어 그 주소에 소장부본을 송달케 하고 피고 자신이 송달받고도 불출석한 것으로 속게 만들고 자백간주로 승소판결을 받은 경우

Ⅲ 소송법적 구제책

1. ①, ②, ③의 경우

상소의 추후보완이나 재심에 의하여 구제할 수 있으며 판례도 동일하다. 재심사유에 있어서는 ①, ②의 경우에는 대리권의 흠이 있는 경우에 준하여 제451조 제1항 제3호에 의할 것이고, ③의 경우에는 제451조 제1항 제11호에 의할 것이다.

2. ④의 경우

판례는 자백간주에 의한 판결편취의 경우에는 판결정본이 허위주소로 송달되었기 때문에 그 송달이 무효이고 따라서 아직 판결정본이 송달되지 아니한 상태의 판결로 보아 아직 항소기간이 진행되지 않은 미확정판결이 되며 피고는 어느 때나 항소를 제기할 수 있다고 본다(대판 1995.5.9. 94다41010). 다만, 피고의 대표자를 참칭대표자로 적어 그에게 소장부본 등이 송달되게 하여 자백간주판결이 난 때는 재심사유로 본다(대판 1994.1.11. 92다47632).

Ⅳ 실체법상 구제책

1. 문제의 제기

편취된 판결에 의한 강제집행 등으로 손해가 생긴 경우에 재심에 의하여 판결을 취소함이 없이 직접 부당이득, 손해배상청구가 가능한지가 문제된다.

2. 판례

(1) 부당이득반환청구

① 일반적으로 편취된 판결에 의한 강제집행의 경우에 그 판결이 재심의 소 등으로 취소되지 않는 한 강제집행에 의한 이득은 부당이득이 안 된다고 한다(대판 1977.12.12. 77다1753).

② 확정판결이 실체적 권리관계와 다르다 하더라도 그 판결이 재심의 소 등으로 취소되지 않는 한 그 판결의 기판력에 저촉되는 주장을 할 수 없어 그 판결의 집행으로 교부받은 금원을 법률상 원인 없는 이득이라 할 수 없는 것이므로, 불법행위로 인한 인신손해에 대한 손해배상청구소송에서 판결이 확정된 후 피해자가 그 판결에서 손해배상액 산정의

22법원직

1 당사자가 상대방의 주소 또는 거소를 알고 있었음에도 소재불명 또는 허위의 주소나 거소로 하여 소를 제기한 탓으로 공시송달의 방법에 의하여 판결정본이 송달된 때에는 재심을 제기할 수 있다. ( )

22법원직

2 참칭대표자를 대표자로 표시하여 소송을 제기한 결과 그 앞으로 소장부본 및 변론기일통지서가 송달되어 변론기일에 참칭대표자의 불출석으로 자백간주 판결이 선고된 경우에는 상대방에 대한 판결의 송달이 부적법하여 무효이므로 재심사유에 해당하지 않는다. ( )

22법원직

3 대여금 중 일부를 변제받고도 이를 속이고 대여금 전액에 대하여 소송을 제기하여 승소 확정판결을 받은 후 강제집행에 의하여 위 금원을 수령한 채권자에 대하여, 채무자가 그 일부 변제금 상당액은 법률상 원인 없는 이득으로서 반환되어야 한다고 주장하면서 부당이득반환청구를 하는 경우, 위 확정판결이 재심의 소 등으로 취소되지 아니하는 한 위 확정판결의 강제집행으로 교부받은 금원을 법률상 원인 없는 이득이라고 할 수 없다. ( )

18법원직

4 불법행위로 인한 인신손해에 대한 손해배상청구소송에서 판결이 확정된 후 피해자가 그 판결에서 손해배상액 산정의 기초로 인정된 기대여명보다 일찍 사망한 경우, 전소의 피고가 그 판결에 기하여 지급된 손해배상금 중 일부에 대해 부당이득의 반환을 청구하는 것은 전소 확정판결의 기판력에 저촉되지 않는다. ( )

정답 | 1 ○ 2 × 3 ○ 4 ×

기초로 인정된 기대여명보다 일찍 사망한 경우라도 그 판결이 재심의 소 등으로 취소되지 않는 한 그 판결에 기하여 지급받은 손해배상금 중 일부를 법률상 원인 없는 이득이라 하여 반환을 구하는 것은 그 판결의 기판력에 저촉되어 허용될 수 없다(대판 2009.11.12. 2009다56665).

(2) 불법행위에 의한 손해배상청구

먼저 재심의 소에 의한 판결취소가 될 것이 원칙이지만, 절차적 기본권이 침해된 경우나 내용이 현저히 부당해 재심사유가 있는 경우에 한정하여 불법행위가 성립하여 바로 배상청구를 할 수 있다(대판 1982.12.11. 92다18627).

(3) 집행종료전의 경우

문제의 확정판결을 집행하는 것이 권리남용에 해당하는 때에는 청구이의의 소로 그 집행을 막을 수 있다(대판 1997.9.12. 96다4862).

제6관 | 가집행선고

제213조 [가집행의 선고]
① 재산권의 청구에 관한 판결은 가집행의 선고를 붙이지 아니할 상당한 이유가 없는 한 직권으로 담보를 제공하거나, 제공하지 아니하고 가집행을 할 수 있다는 것을 선고하여야 한다. 다만, 어음금·수표금 청구에 관한 판결에는 담보를 제공하게 하지 아니하고 가집행의 선고를 하여야 한다.
② 법원은 직권으로 또는 당사자의 신청에 따라 채권전액을 담보로 제공하고 가집행을 면제받을 수 있다는 것을 선고할 수 있다.
③ 제1항 및 제2항의 선고는 판결주문에 적어야 한다.

제214조 [소송비용담보규정의 준용]
제213조의 담보에는 제122조(담보제공방식)·제123조(담보물에 대한 피고의 권리)·제125조(담보의 취소) 및 제126조(담보물변경)의 규정을 준용한다.

제215조 [가집행선고의 실효, 가집행의 원상회복과 손해배상]
① 가집행의 선고는 그 선고 또는 본안판결을 바꾸는 판결의 선고로 바뀌는 한도에서 그 효력을 잃는다.
② 본안판결을 바꾸는 경우에는 법원은 피고의 신청에 따라 그 판결에서 가집행의 선고에 따라 지급한 물건을 돌려 줄 것과, 가집행으로 말미암은 손해 또는 그 면제를 받기 위하여 입은 손해를 배상할 것을 원고에게 명하여야 한다.
③ 가집행의 선고를 바꾼 뒤 본안판결을 바꾸는 경우에는 제2항의 규정을 준용한다.

I 서설

1. 의의

미확정의 종국판결에 확정된 경우와 마찬가지로 집행력을 부여하는 형성적 재판을 말한다(제213조).

2. 제도적 취지

판결이 확정되기 전에 미리 집행할 수 있어, 승소자의 신속한 권리의 실현에 이바지가 되며, 패소자가 강제집행의 지연만을 노려 남상소하는 것을 억제해 주는 기능을 한다. 뿐만 아니라 피고가 가집행선고에 의해 집행당하는 것을 피하기 위해 제1심에서 모든 소송자료를 제출할 것이므로 심리의 제1심 집중의 효과도 거둘 수 있다.

Ⅱ 가집행선고의 요건

1. 가집행선고의 대상

① 가집행선고는 '재산상 청구'에 관한 판결에 한하여 허용된다(제213조). 원칙적으로 종국 판결로서 가집행할 수 있는 판결이어야 한다. 따라서 소각하, 청구기각 등의 경우는 허용되지 않는다.

② 중간판결에는 가집행이 허용되지 않는다. 상고심판결의 경우는 허용되지 않는다. 결정·명령은 원칙적으로 즉시 집행력이 있으므로(민집 제56조 제1호) 가집행선고를 할 수 없다. 배상명령은 가집행선고를 할 수 없다(소촉 제31조 제2항).

> **판례 | 재산분할청구권에 가집행선고 여부**
>
> 민법상의 재산분할청구권은 이혼을 한 당사자의 일방이 다른 일방에 대하여 재산분할을 청구할 수 있는 권리로서 이혼이 성립한 때에 그 법적 효과로서 비로소 발생하는 것이므로, 당사자가 이혼이 성립하기 전에 이혼소송과 병합하여 재산분할의 청구를 하고, 법원이 이혼과 동시에 재산분할을 명하는 판결을 하는 경우에도 이혼판결은 확정되지 아니한 상태이므로, 그 시점에서 가집행을 허용할 수는 없다(대판 1998.11.13. 98므1193).

2. 집행할 수 있는 판결일 것

(1) 이행판결

가집행선고는 협의의 집행력을 가지는 이행판결에 한한다는 것이 판례이다(대판 1966.1.25. 65다2374).

(2) 확인판결이나 형성판결의 경우

① 판례는 명문이 있는 경우를 제외하고 확인판결·형성판결에는 가집행선고를 할 수 없다고 한다.

② 이행판결 이외의 판결에 대하여도 명문으로 가집행선고를 허용하는 경우로는 강제집행정지·취소결정의 인가 또는 변경판결(민집 제47조 제2항) 등을 들 수 있다.

3. 붙이지 아니할 상당한 이유가 없을 것

재산권의 청구에 관한 판결에는 법원은 상당한 이유가 없는 한 반드시 가집행선고를 붙여야 하는 것이 원칙이다. 상당한 이유라 함은 가집행이 패소한 피고에게 회복할 수 없는 손해를 줄 염려가 있는 경우를 말한다(예컨대 건물철거 등).

21법원직

1 당사자가 이혼이 성립하기 전에 이혼소송과 병합하여 재산분할의 청구를 하고, 법원이 이혼과 동시에 재산분할을 명하는 판결을 하는 경우에도 이혼판결은 확정되지 아니한 상태이므로, 그 시점에서 가집행을 허용할 수 없다. ( )

정답 | 1 ○

Ⅲ 가집행선고의 절차 및 방식

1. 직권선고

가집행선고는 법원의 직권으로 하여야 한다. 불복신청이 없는 부분에 대한 상소법원의 가집행선고는 직권으로 할 수 없고 당사자에게만 신청권이 있다(제406조).

2. 가집행선고와 담보제공

원칙적으로 원고에게 담보를 제공케 할 것인가 여부는 법원의 재량이지만 원고승소판결이 상소심에서 변경될 가능성이 엿보일 때에는 담보를 제공케 할 필요가 있다. 어음 또는 수표금의 청구에 관한 판결에서는 무담보가집행선고를 하여야 한다(제213조 제1항 단서).

3. 가집행면제선고

법원은 가집행선고를 하면서 동시에 피고를 위하여 피고가 원고의 채권전액을 담보로 제공하면 가집행의 면제를 받을 수 있음을 선고할 수 있다(제213조 제2항).

4. 판결주문에 표시

가집행선고나 가집행면제선고는 다같이 판결주문에 적어야 한다(제213조 제3항).

Ⅳ 가집행선고의 효력

1. 즉시집행력이 발생

가집행선고 있는 판결은 선고에 의해 즉시 집행력이 발생하며, 이행판결이면 바로 집행권원으로 된다. 비록 피고가 상소하여도 그것만으로 그 집행력에 기한 강제집행이 정지되지 않는다. 별도로 신청에 의한 강제집행정지의 결정으로만 정지시킬 수 있다(제501조, 제502조).

2. 본집행과의 차이

① 가집행선고 있는 판결에 기한 강제집행은 종국적 권리의 만족에까지 이를 수 있으나 다만 효력이 확정적이 아니어서 상소심에서 본안판결이 취소되는 것을 해제조건으로 집행력의 효력이 발생한다.

② 확정판결과 달리 가집행선고 있는 판결을 집행권원으로 하여서는 재산명시신청(민집 제61조 단서)이나 채무불이행자명부등재신청(민집 제70조 제1호 단서)을 할 수 없다.

판례 | 가집행에 의한 채권추심의 효과

> 가집행으로 인한 집행의 효과는 종국적으로 변제의 효과를 발생하는 것은 아니므로 가집행으로 금원을 추심하였다 하여도 채권자의 기본채권에 대한 변제의 효과는 발생한다고 할 수 없다(대판 1982.12.14. 80다1101,1102).

21법원직
1 채권자가 가집행으로 금원을 추심한 경우 채권자의 기본채권에 대한 변제의 효과가 발생한다. (   )

정답 | 1 ×

3. 불복방법

신법에 의하면 가집행선고만 따로 떼어 독립한 상소를 하지 못하고 본안판결과 함께 불복하여야 한다(제391조).

Ⅴ 가집행선고의 실효

1. 실효원인

21법원직

1 가집행의 선고는 그 선고 또는 본안판결을 바꾸는 판결의 선고로 바뀌는 한도에서 그 효력을 잃는다.
( )

상소의 제기결과 상소심에서 가집행선고가 변경되거나 본안판결이 변경되었을 때 가집행선고는 그 한도에서 실효된다(제215조 제1항). 다만, 그 실효는 소급효가 없어서 그 이전에 이미 완료한 절차는 효력을 상실하지 않는다.

2. 실효의 효과

(1) 원고의 원상회복 및 손해배상의무

① 가집행선고 있는 본안판결이 상소심에서 변경된 때에는 원고는 가집행에 의한 피고의 지급물의 반환뿐 아니라 피고가 가집행으로 인하여 또는 가집행을 면제받기 위하여 받은 손해를 배상하지 않으면 안된다(제215조 제2항). 이는 공평의 관념에서 나온 일종의 무과실책임이고 불법행위책임이다.

16·22법원직

2 가지급물반환신청은 소송 중의 소의 일종으로서 그 성질은 예비적 반소이므로, 가집행의 선고가 붙은 제1심판결에 대하여 피고가 항소를 하였다가 피고의 항소가 기각된 경우, 항소심이 별도로 가지급물반환 신청에 대한 판단을 하지 아니한 것은 적법하다. ( )

② 가지급물반환신청은 소송 중의 소의 일종으로서 그 성질은 예비적 반소라 할 것이므로, 가집행의 선고가 붙은 제1심판결에 대하여 피고가 항소를 하였지만 피고의 항소가 기각된 이 사건에서 원심이 따로 가지급물반환 신청에 대한 판단을 하지 아니한 것은 적법하다(대판 2005.1.13. 2004다19647).

(2) 청구방법

① 피고는 별소를 제기해도 되고, 본안판결을 변경하는 판결 중에서 이를 신청할 수도 있는데, 이때에는 소송에 준하여 변론을 거쳐야 한다(제215조 제2항).

② 이러한 신청은 상고심에서도 할 수 있지만, 상고심이 법률심임에 비추어 사실관계에 다툼이 없어 사실심리를 요하지 않는 경우에 한하여 허용된다(대판 2000.2.25. 98다36474).

21법원직

3 제1심에서 가집행선고가 붙은 패소의 이행판결을 선고받고 항소한 당사자는 항소심에서 민사소송법 제215조 제2항의 가집행의 선고에 따라 지급한 물건을 돌려 달라는 재판을 구하는 신청을 하지 아니하고 제1심의 본안판결을 바꾸는 판결을 선고받아 상대방이 상고한 경우에는 상고심에서 위와 같은 신청을 하지 못한다. ( )

> **판례 |** 상고심에서 피상고인이 민사소송법 제215조 제2항의 규정에 의한 가집행의 원상회복과 손해배상을 구하는 신청을 할 수 있는지 여부(소극)
>
> 제1심에서 가집행선고가 붙은 패소의 이행판결을 선고받고 항소한 당사자는 항소심에서 민사소송법 제215조 제2항의 재판을 구하는 신청을 하지 아니하고 제1심의 본안판결을 바꾸는 판결을 선고받아 상대방이 상고한 경우에는 상고심에서 위와 같은 신청을 하지 못한다(대판 2003.6.10. 2003다14010,14027).

정답 | 1 ○ **2** ○ **3** ○

I 소송비용

1. 재판비용

당사자가 국고에 납입하는 비용으로서, 재판수수료인 인지대와 재판 등을 위해 지출하는 송달·공고의 비용, 증인 등에 지급되는 여비·일당·숙박료, 법관과 법원사무관 등의 검증 때의 출장일당 등의 비용이다.

2. 당사자비용

당사자가 소송수행을 위해 자신이 지출하는 비용이다. 예를 들면, 소장 등 소송서류의 작성료 즉 서기료, 당사자나 대리인이 기일에 출석하기 위한 여비·일당·숙박료(민사소송등비용법 제4조)와 대법원규칙이 정하는 범위 안에서 소송대리인인 변호사에게 지급하거나 지급할 보수(제109조) 등이다.

3. 변호사보수

① 변호사 보수의 경우에는 변호사에게 지급한 금액 전액이 아니라 대법원이 정하고 있는 기준인 '변호사 보수의 소송비용산입에 관한 규칙'에 의하여 산정하며, 여러 변호사가 소송을 대리하였더라도 한 변호사가 대리한 것으로 본다(제109조 제2항).

② 소송대리인으로 선임된 변호사가 소송사건의 변론종결시까지 변론이나 증거조사 등 소송절차에 전혀 관여한 바가 없다면 그에 대하여 보수가 지급되었다 하더라도 소송비용에 포함될 수 없다(대결 1992.11.30. 90마1003).

판례 | 소송비용에 포함되는 변호사보수의 범위

[1] 당사자가 소송과 관련하여 변호사에게 지급하였거나 지급할 보수는 총액이 민사소송법 제109조 제1항 및 '변호사보수의 소송비용 산입에 관한 규칙'에서 정한 기준에 의하여 산정된 금액 범위 내에 있는 이상 명목 여하에 불구하고 모두 소송비용에 포함된다.

[2] 소송당사자가 약정에 따라 부가가치세를 포함하여 변호사보수를 지출하였다면, 그 금액이 '변호사보수의 소송비용 산입에 관한 규칙'에서 정한 금액 범위 안에 있는 이상 그 전부를 소송비용에 포함되는 변호사보수로 보아 소송비용부담의 재판에 따라 상환의무를 부담하는 상대방에게 상환을 구할 수 있다.

다만 위와 같이 지급한 부가가치세가 사업자인 소송당사자가 자기 사업을 위하여 공급받은 재화나 용역에 대한 것으로서 부가가치세법 제38조 제1항 제1호에 따른 매입세액에 해당하여 자기의 매출세액에서 공제하거나 환급받을 수 있다면 이는 실질적으로 소송당사자의 부담으로 돌아가지 않으므로 부가가치세 상당의 소송비용 상환을 구할 수 없다.

반면 변호사보수에 포함된 부가가치세가 부가가치세법 제39조 제1항 제7호에서 규정한 '면세사업에 관련된 매입세액' 등에 해당하여 이를 소송당사자의 매출세액에서 공제하거나 환급받을 수 없는 때에는 그 부가가치세는 실질적으로 해당 소송당사자의 부담이 되므로 상대방에게 부가가치세 상당의 소송비용 상환을 구할 수 있다(대판 2022.1.27. 2021마6871).

학습 POINT

1. 매년 기출되는 부분(비용부담－비용액확정－담보제공 순으로 정리)
2. 소송비용의 상환은 소송비용액 확정만 가능(별소제기 불가)
3. 항소심에서 항소취하가 된 경우(제1심비용은 제1심, 항소비용은 항소심), 소취하가 된 경우(총비용을 항소심법원에 신청)
4. 직권에 의한 담보제공명령에 대해서도 즉시항고가능(판례)

17법원직

1 소송을 대리한 변호사에게 당사자가 지급하였거나 지급할 보수는 대법원규칙이 정하는 금액의 범위 안에서 소송비용으로 인정하고, 위 소송비용을 계산할 때에는 여러 변호사가 소송을 대리하였더라도 한 변호사가 대리한 것으로 본다. ( )

15법원직

2 변호사에게 지급하거나 지급할 보수는 소송비용에 해당하나 변호사가 변론이나 증거조사절차에 전혀 관여한 바 없으면 소송비용에 포함되지 않는다. ( )

정답 | 1 ○ 2 ○

Ⅱ 소송비용부담의 원칙

1. 원칙

(1) 패소자부담의 원칙

소송비용은 패소한 당사자가 부담한다(제98조).

(2) 일부패소의 경우

일부패소의 경우에 당사자들이 부담할 소송비용은 법원이 정한다. 다만, 사정에 따라 한 쪽 당사자에게 소송비용의 전부를 부담하게 할 수 있다(제101조).

(3) 공동소송의 경우

> **제102조 [공동소송의 경우]**
> ① 공동소송인은 소송비용을 균등하게 부담한다. 다만, 법원은 사정에 따라 공동소송인에게 소송비용을 연대하여 부담하게 하거나 다른 방법으로 부담하게 할 수 있다.
> ② 제1항의 규정에 불구하고 법원은 권리를 늘리거나 지키는 데 필요하지 아니한 행위로 생긴 소송비용은 그 행위를 한 당사자에게 부담하게 할 수 있다.

패소자가 공동소송인인 경우에는 소송비용을 균등하게 부담하는 것이 원칙이나, 법원은 사정에 따라 공동소송인에게 소송비용을 연대하여 부담하게 하거나 다른 방법으로 부담하게 할 수 있다(제102조 제1항).

판례 | 재판주문에서 단순히 "소송비용은 공동소송인들의 부담으로 한다."라고 정한 경우, 공동소송인들의 소송비용부담 방식

> 민사소송법 제102조 제1항은 "공동소송인은 소송비용을 균등하게 부담한다. 다만 법원은 사정에 따라 공동소송인에게 소송비용을 연대하여 부담하게 하거나 다른 방법으로 부담하게 할 수 있다."라고 규정하고 있으므로, 재판주문에서 공동소송인별로 소송비용의 부담비율을 정하거나, 연대부담을 명하지 아니하고 단순히 "소송비용은 공동소송인들의 부담으로 한다."라고 정하였다면 공동소송인들은 상대방에 대하여 균등하게 소송비용을 부담하고, 공동소송인들 상호간에 내부적으로 비용분담 문제가 생기더라도 그것은 그들 사이의 합의와 실체법에 의하여 해결되어야 한다(대결 2017.11.21. 2016마1854).

(4) 참가소송의 경우

> **제103조 [참가소송의 경우]**
> 참가소송비용에 대한 참가인과 상대방 사이의 부담과, 참가이의신청의 소송비용에 대한 참가인과 이의신청 당사자 사이의 부담에 대하여는 제98조 내지 제102조의 규정을 준용한다.

(5) 화해의 경우

당사자가 법원에서 화해한 경우(제231조의 경우를 포함한다) 화해비용과 소송비용의 부담에 대하여 특별히 정한 바가 없으면 그 비용은 당사자들이 <u>각자 부담한다</u>(제106조).

2. 예외(승소자 부담의 경우)

① 그 권리를 늘리거나 지키는 데 필요하지 아니한 행위로 말미암은 소송비용(제99조 전단), 예컨대 피고가 이행거절을 하는 등 제소를 유발한 바 없음에도 원고가 불필요한 제소를

21법원직
1 일부패소의 경우 각 당사자가 부담할 소송비용은 반드시 청구액과 인용액의 비율에 따라 정하여야 한다. ( )

21법원직
2 공동소송인은 소송비용을 균등하게 부담한다. 다만, 법원은 사정에 따라 공동소송인에게 소송비용을 연대하여 부담하게 하거나 다른 방법으로 부담하게 할 수 있다.( )

18법원직
3 재판주문에서 공동소송인별로 소송비용의 부담비율을 정하거나, 연대부담을 명하지 아니하고 단순히 '소송비용은 공동소송인들의 부담으로 한다.'라고 정하였다면 공동소송인들은 상대방에 대하여 균등하게 소송비용을 부담한다. ( )

16주사보
4 소송상 화해의 경우 소송비용에 대하여 특별히 정한 바가 없으면 원고들과 피고들이 소송비용의 2분의 1씩을 부담한다. ( )

정답 | 1 × 2 ○ 3 ○ 4 ×

하여 승소한 경우 원고에게 소송비용을 부담하게 하는 것을 말한다.

② 상대방의 권리를 늘리거나 지키는 데 필요한 행위로 말미암은 소송비용의 전부나 일부(제99조 후단), 예컨대 피고가 이행거절을 하여 원고가 소를 제기하였는데, 그제서야 변제함으로써 원고청구가 기각된 경우 승소한 피고에게 소송비용을 부담하게 하는 것을 말한다.

③ 승소당사자의 소송지연으로 인한 비용 즉, 당사자가 적당한 시기에 공격이나 방어의 방법을 제출하지 아니하였거나, 기일이나 기간의 준수를 게을리 하였거나, 그 밖에 당사자가 책임져야 할 사유로 소송이 지연된 때에는 법원은 지연됨으로 말미암은 소송비용의 전부나 일부를 승소한 당사자에게 부담하게 할 수 있다(제100조). 예컨대 당사자가 적당한 시기에 공격이나 방어방법을 제출하지 않거나, 기일이나 기간의 준수를 게을리한 경우 등이 이에 해당한다.

3. 제3자의 소송비용부담

제107조 [제3자의 비용상환]

① 법정대리인·소송대리인·법원사무관등이나 집행관이 고의 또는 중대한 과실로 쓸데없는 비용을 지급하게 한 경우에는 수소법원은 직권으로 또는 당사자의 신청에 따라 그에게 비용을 갚도록 명할 수 있다.

② 법정대리인 또는 소송대리인으로서 소송행위를 한 사람이 그 대리권 또는 소송행위에 필요한 권한을 받았음을 증명하지 못하거나, 추인을 받지 못한 경우에 그 소송행위로 말미암아 발생한 소송비용에 대하여는 제1항의 규정을 준용한다.

③ 제1항 및 제2항의 결정에 대하여는 즉시항고를 할 수 있다.

제108조 [무권대리인의 비용부담]

제107조 제2항의 경우에 소가 각하된 경우에는 소송비용은 그 소송행위를 한 대리인이 부담한다.

다음과 같은 경우에는 당사자가 아닌 제3자에게 소송비용을 부담시킬 수 있다. 이 재판은 결정으로 하며, 즉시항고를 할 수 있다(제107조 제3항).

① 법정대리인·소송대리인·법원사무관 등이나 집행관이 고의 또는 중대한 과실로 쓸데없는 비용을 지급하게 한 경우에는 수소법원은 직권으로 또는 당사자의 신청에 따라 그에게 비용을 갚도록 명할 수 있다(제107조 제1항).

② 법정대리인 또는 소송대리인으로서 소송행위를 한 사람이 그 대리권 또는 소송행위에 필요한 권한을 받았음을 증명하지 못하거나, 추인을 받지 못한 경우에 그 소송행위로 말미암아 비용이 발생한 경우에는 수소법원은 직권으로 또는 당사자의 신청에 따라 그에게 비용을 갚도록 명할 수 있다(제107조 제2항).

Ⅲ 소송비용부담의 재판

제104조 [각 심급의 소송비용의 재판]

법원은 사건을 완결하는 재판에서 직권으로 그 심급의 소송비용 전부에 대하여 재판하여야 한다. 다만, 사정에 따라 사건의 일부나 중간의 다툼에 관한 재판에서 그 비용에 대한 재판을 할 수 있다.

17법원직

1 법정대리인 또는 소송대리인으로서 소송행위를 한 사람이 그 대리권 또는 소송행위에 필요한 권한을 받았음을 증명하지 못하거나 추인을 받지 못한 경우에 소가 각하된 경우에는 소송비용은 그 소송행위를 한 대리인이 부담한다.　　　(　　)

정답 | 1 ○

1. 원칙

① 소송비용의 재판은 법원이 직권으로 하여야 하기 때문에, 당사자가 소송비용부담에 관하여 신청을 하는 것은 법원의 직권 발동을 촉구하는 의미밖에 없다.

② 소송비용의 재판은 심급마다 그 심급의 소송비용의 전부에 대하여 하여야 하며, 소송절차 중의 일부의 비용만을 분리하여 재판할 수 없는 것으로 이를 소송비용불가분의 원칙이라 한다. 따라서 일부판결이나 중간적 재판을 할 때는 소송비용의 부담에 관한 재판을 하지 않는 것이 원칙이나, 사정에 따라 그 비용의 재판을 할 수 있다(제104조 단서).

2. 상소심에서의 소송비용부담의 재판

14법원직

1 소송비용의 재판을 누락한 경우 법원은 직권으로 또는 당사자의 신청에 따라 그 소송비용에 대한 재판을 하여야 할 것이나, 종국판결에 대하여 적법한 항소가 있는 때에는 그 결정은 효력을 잃고 항소심이 소송의 총비용에 대하여 재판을 한다. ( )

① 상급법원에서 상소를 각하·기각하는 때에는 그 심급에서 생긴 상소비용만을 재판하면 된다.

② 그러나 하급법원의 본안판결을 변경하는 때에는 하급법원에서 생긴 비용까지 합하여 재판하여야 하며(제105조 전단), 상급법원으로부터 환송·이송받은 법원이 그 사건을 완결하는 재판을 하는 경우에는 그때까지의 총비용에 대해 불가분적으로 재판하여야 한다(제105조 후단).

판례 | 원고의 청구를 일부인용한 판결에 대하여 쌍방이 각 패소부분에 쌍방상소사건에서 각 당사자 간의 불복범위에 현저한 차이가 있어 쌍방상소기각과 함께 상소비용을 각자 부담으로 하게 되면 불합리할 경우에 상소비용부담재판에 관하여 법원이 취하여야 할 조치

> 쌍방상소사건에서 각 당사자의 불복범위에 현저한 차이가 있어 쌍방상소기각과 함께 상소비용을 각자 부담으로 하게 되면 위와 같은 불합리한 결과가 발생한다고 인정되는 경우, 법원으로서는 당해 심급의 소송비용부담재판을 함에 있어 단지 각자 부담으로 할 것이 아니라, 각 당사자의 불복으로 인한 부분의 상소비용을 불복한 당사자가 각각 부담하도록 하거나, 쌍방의 상소비용을 합하여 이를 불복범위의 비율로 적절히 안분시키는 형태로 주문을 냄으로써, 위와 같은 불합리한 결과가 발생하지 않도록 하는 것이 바람직하다(대판 2019.4.3. 2018다271657).

3. 소송비용부담의 재판과 불복방법

제391조 [독립한 항소가 금지되는 재판]
소송비용 및 가집행에 관한 재판에 대하여는 독립하여 항소를 하지 못한다.

제425조 [항소심절차의 준용]
상고와 상고심의 소송절차에는 특별한 규정이 없으면 제1장의 규정을 준용한다.

15법원직

2 소송비용부담의 재판에 대해서는 독립하여 상소할 수 없고, 본안재판과 함께 불복하여야 한다. ( )

① 소송비용의 재판에 대해서는 독립하여 상소할 수 없다(제391조, 제425조).

② 소송비용의 재판에 대한 불복은 본안에 대한 상고의 전부 또는 일부가 이유 있는 경우에 한하여 허용되고, 본안에 대한 상고가 이유 없을 때에는 허용될 수 없다(대판 2005.3.24. 2004다71522,71539).

정답 | 1 ○ 2 ○

Ⅳ 소송비용확정절차

> **제110조 [소송비용액의 확정결정]**
> ① 소송비용의 부담을 정하는 재판에서 그 액수가 정하여지지 아니한 경우에 제1심 법원은 그 재판이 확정되거나, 소송비용부담의 재판이 집행력을 갖게된 후에 당사자의 신청을 받아 결정으로 그 소송비용액을 확정한다.
> ② 제1항의 확정결정을 신청할 때에는 비용계산서, 그 등본과 비용액을 소명하는 데 필요한 서면을 제출하여야 한다.
> ③ 제1항의 결정에 대하여는 즉시항고를 할 수 있다.

1. 개요

① 실무상 소송비용의 재판은 이를 부담할 당사자 및 그 부담의 비율만 정하고 구체적인 비용액까지 확정하는 예는 거의 없으므로 구체적인 액수를 확정하여 강제집행이 가능하도록 하는 절차가 소송비용액 확정절차이다.

② 소송비용부담의 재판은 소송비용상환의무의 존재를 확정하고 그 지급을 명하는 데 그치고 소송비용의 액수는 당사자의 신청에 의하여 별도로 소송비용액확정결정을 받아야 하므로, 소송비용부담의 재판만으로는 소송비용상환청구채권의 집행권원이 될 수 없으며 ($\frac{대판\ 2006.10.12.}{2004재다818}$), 이를 소송비용액 확정절차에 의하지 않고 별개의 소로 청구하면 소의 이익이 없어 각하된다($\frac{대판\ 2000.5.12.}{99다68577}$).

③ 소송비용액 확정결정은 그 자체 집행권원이 되므로 이로써 재산명시신청을 할 수 있다 ($\frac{대결\ 1995.4.18.}{94마2190}$).

2. 결정절차

① 소송비용 부담의 재판에서 그 액수가 정하여지지 아니한 경우에는 <u>제1심법원이 그 재판이 확정되거나 소송비용 부담의 재판에서 가집행선고가 붙어 집행력을 갖게 된 후에는</u> 당사자의 신청을 받아 그 소송비용액을 확정하는 결정을 한다(제110조 제1항). 신청을 할 때에는 비용계산서, 그 등본과 비용액을 소명하는데 필요한 서면을 제출하여야 한다(제110조 제2항).

② 소송비용액 확정절차는 사법보좌관의 업무이고(제54조 제2항), 소송비용액의 계산은 법원사무관 등이 한다(제115조). 사법보좌관의 결정에는 이의신청을 할 수 있고, 즉시항고할 수 있으나(제110조 제3항), 즉시항고 전에 당사자는 이의신청을 하여야 하며, 이에 대해서는 판사가 사법보좌관의 처분에 대한 이의신청이 이유 있다고 인정되면 사법보좌관의 처분을 경정하고, 이유 없다고 인정할 때에는 사법보좌관의 처분을 인가하고 사건을 항고법원에 송부한다.

③ 지방법원 단독판사가 즉시항고가 이유 없다고 인정하여 인가한 경우, 이의신청권자는 따로 항고장을 내지 않아도 즉시항고로 간주하며, 이에 대하여는 항고법원인 지방법원 합의부가 재판절차를 진행한다($\frac{대결\ 2008.3.31.}{2006마1488}$). 제1심 합의부가 재판한 민사합의사건에 관한 소송비용확정신청에 대한 사법보좌관의 처분에 대한 이의신청은 제1심 수소법원인 지방법원 합의부가 처분의 인가 여부를 판단하여야 하고, 합의부가 아닌 단독판사가 이를 판단하는

21법원직

1 소송비용부담의 재판은 소송비용상환의무의 존재를 확정하고 그 지급을 명하는 데 그치고 소송비용의 액수는 당사자의 신청에 의하여 별도로 소송비용액확정결정을 받아야 하므로, 소송비용부담의 재판만으로는 소송비용상환청구채권의 집행권원이 될 수 없다. (   )

12·14·16주사보 15법원직

2 소송비용확정신청은 소송비용부담 재판이 확정되어야 할 수 있다. (   )

15법원직

3 지방법원 합의부가 재판한 민사합의사건에 관한 소송비용액 확정신청에 대하여 한 사법보좌관의 처분을 지방법원 합의부가 아닌 단독판사가 인가한 것은 전속관할 위반이다. (   )

18법원직

4 소송비용부담의 재판이 있은 후에 비용부담의무자가 사망한 경우에는 승계집행문을 부여받을 필요 없이 그 상속인들을 상대로 소송비용액 확정신청을 할 수 있다. (   )

정답 | 1 ○ **2** × **3** ○ **4** ×

④ 소송비용부담의 재판 이후에 비용부담의무자의 승계가 있는 경우에는 그 승계인을 상대로 소송비용액확정신청을 하기 위해서는 승계집행문을 부여받아야 한다(대결 2009.8.6.
2009마897).

⑤ 소송비용액확정절차의 목적은 부담할 액수를 확정함에 있고 상환의무 내지 권리의 존재를 확정하는 것이 아니므로(대결 2009.3.2.
2008마1778), 이 절차에는 변제·상계·화해 등 권리소멸의 항변이 허용되지 않는다(대결 2002.9.23.
2000마5257). 그러나 소송비용상환청구권은 그 성질은 사법상의 청구권이므로 상계의 수동채권으로 될 수 있다(대판 1994.5.13.
94다9856).

⑥ 소송비용액확정절차는 비송적 성격을 가지므로 법원은 당사자가 신청한 총 금액을 한도로 부당한 비용항목을 삭제·감액하고 정당한 비용항목을 추가하거나 당사자가 주장한 항목의 금액보다 액수를 증액할 수 있다(대결 2011.9.8.
2009마689).

3. 관할

① 원칙적으로 제1심 수소법원이다. 다만, 소가 재판에 의하지 않고 완결된 경우에는 <u>소송종료 당시 사건이 계속된 법원</u>이며, 항소심에서 <u>항소취하가 된 경우</u>에는, 제1심 소송비용은 제1심 법원에, 항소심 소송비용은 항소심 법원에 각각 신청하고, 항소심에서 <u>소취하가 된 경우</u>에는 제1심을 포함한 총 소송비용에 관하여 항소심법원에 신청해야 한다(제104조, 제114조).

② 소의 일부가 취하되거나 또는 청구가 감축된 경우에 있어서 소송비용에 관하여는 민사소송법 제114조가 적용되는 것이므로, 당사자가 일부 취하되거나 청구가 감축된 부분에 해당하는 소송비용을 상환받기 위해서는 위 규정에 의하여 일부 취하되거나 감축되어 그 부분만이 종결될 당시의 소송계속법원에 종국판결과는 별개의 절차로서의 소송비용부담재판의 신청을 하고 그에 따라 결정된 소송비용의 부담자 및 부담액에 의할 것이다(대결 1999.8.25.
97마3132).

Ⅴ 소송비용의 담보

> **제117조 [담보제공의무]**
> ① 원고가 대한민국에 주소·사무소와 영업소를 두지 아니한 때 또는 소장·준비서면, 그 밖의 소송기록에 의하여 청구가 이유 없음이 명백한 때 등 소송비용에 대한 담보제공이 필요하다고 판단되는 경우에 피고의 신청이 있으면 법원은 원고에게 소송비용에 대한 담보를 제공하도록 명하여야 한다. 담보가 부족한 경우에도 또한 같다.
> ② 제1항의 경우에 법원은 직권으로 원고에게 소송비용에 대한 담보를 제공하도록 명할 수 있다.
> ③ 청구의 일부에 대하여 다툼이 없는 경우에는 그 액수가 담보로 충분하면 제1항의 규정을 적용하지 아니한다.

1. 담보제공사유

원고가 대한민국에 주소·사무소와 영업소를 두지 아니한 때 또는 소장·준비서면, 그 밖의 소송기록에 의하여 청구가 이유 없음이 명백한 때 등 소송비용에 대한 담보제공이 필요하다고 판단되는 경우에 피고의 신청이 있으면 법원은 원고에게 소송비용에 대한 담보를 제

18법원직

1 소송비용액확정 결정절차에서는 상환할 소송비용의 액수를 정할 수 있을 뿐이고, 소송비용부담재판에서 확정한 상환의무 자체의 범위를 심리·판단하거나 변경할 수 없다. ( )

14주사보 17법원직

2 본안재판으로 소송비용부담의 재판이 행하여진 때에 소송비용액 확정절차는 본안재판이 완결될 당시의 법원이 관할한다. ( )

21법원직

3 소송이 재판에 의하지 아니하고 완결된 경우에 당사자가 소송비용을 상환받기 위하여서는 당해 소송이 완결될 당시의 소송계속법원에 소송비용부담재판의 신청을 하여야 하고, 이를 제1심 수소법원에 소송비용액확정결정신청의 방법으로 할 수는 없다. ( )

12·13·14·16주사보 13·16사무관 17법원직

4 소가 재판에 의하지 않고 완결된 경우에는 소송종료 당시 사건이 계속된 법원이 관할법원이며, 항소심에서 항소취하가 된 경우에는 제1심을 포함한 총 소송비용에 관하여 항소심법원에 신청해야 한다. ( )

19법원직

5 소장·준비서면, 그 밖의 소송기록에 의하여 청구가 이유 없음이 명백한 때 등 소송비용에 대한 담보제공이 필요하다고 판단되는 경우 법원은 직권으로 원고에게 소송비용에 대한 담보를 제공하도록 명할 수 있으나, 피고의 신청이 있는 경우 법원은 원고에게 소송비용에 대한 담보를 제공하도록 명하여야 한다. ( )

21법원직

6 소송비용 담보제공신청권은 피고에게만 있으나, 원고가 본안소송의 항소심에서 승소하여 피고가 그에 대한 상고를 제기함에 따라 원고가 피상고인으로 된 경우에는 원고에게도 소송비용 담보제공 신청권이 인정된다. ( )

정답 | 1 ○ **2** × **3** ○ **4** × **5** ○
6 ×

공하도록 명하여야 한다. 담보가 부족한 경우에도 또한 같다(제117조 제1항). 법원의 직권으로도 할 수 있다(제117조 제2항). 청구의 일부에 대하여 다툼이 없는 경우에는 그 액수가 담보로 충분하면 담보의 제공을 명하지 아니한다(제117조 제3항).

판례 | 민사소송에서 원고가 소송비용의 담보제공신청을 할 수 있는지 여부(소극) 및 이는 본안소송의 항소심에서 승소한 원고가 피고의 상고제기로 피상고인이 된 경우도 마찬가지인지 여부(적극)

민사소송법 제117조 제1항은 "원고가 대한민국에 주소·사무소와 영업소를 두지 아니한 때 또는 소장·준비서면, 그 밖의 소송기록에 의하여 청구가 이유 없음이 명백한 때 등 소송비용에 대한 담보제공이 필요하다고 판단되는 경우에 피고의 신청이 있으면 법원은 원고에게 소송비용에 대한 담보를 제공하도록 명하여야 한다. 담보가 부족한 경우에도 또한 같다."라고 규정하고 있다. 따라서 소송비용의 담보제공신청권은 피고에게 있을 뿐 원고가 위와 같은 담보제공신청을 할 수는 없고, 이는 상소심절차에서도 동일하게 적용되므로, 원고가 본안소송의 항소심에서 승소하여 피고가 그에 대한 상고를 제기함에 따라 원고가 피상고인으로 되었다고 하여 원고에게 소송비용 담보제공신청권이 인정되는 것은 아니다(대결 2017.9.14. 2017카담507).

2. 담보제공신청권

담보를 제공할 사유가 있다는 것을 알고도 피고가 본안에 관하여 변론하거나 변론준비기일에서 진술한 경우에는 담보제공을 신청하지 못한다(제118조). 담보제공을 신청한 피고는 원고가 담보를 제공할 때까지 소송에 응하지 아니할 수 있다(제119조). 상소제기나 청구의 확장 등으로 제공된 담보가 충분하지 않게 된 경우에도 같다.

판례 | 적법한 담보제공신청 없이 피고가 본안에 관하여 변론하거나 변론준비기일에서 진술한 경우, 담보제공신청권을 상실하는지 여부(적극)

민사소송법 제118조는 "담보를 제공할 사유가 있다는 것을 알고도 피고가 본안에 관하여 변론하거나 변론준비기일에서 진술한 경우에는 담보제공을 신청하지 못한다."라고 규정하고 있다. 같은 법 제119조는 "담보제공을 신청한 피고는 원고가 담보를 제공할 때까지 소송에 응하지 아니할 수 있다."라고 규정하고 있다. 그러므로 적법한 담보제공신청 없이 피고가 본안에 관하여 변론하거나 변론준비기일에서 진술한 경우 담보제공신청권을 상실한다. 반면 피고가 적법한 담보제공신청을 한 경우에는 그 후 응소를 거부하지 않고 본안에 관하여 변론 등을 하였더라도 이미 이루어진 담보제공신청의 효력이 상실되거나 그 신청이 부적법하게 되는 것은 아니다(대결 2018.6.1. 2018마5162).

판례 | 상소심에서 소송비용에 대한 담보제공 신청을 할 수 있는 경우

상소심에서의 소송비용 담보제공 신청은 담보제공의 원인이 이미 제1심 또는 항소심에서 발생되어 있었음에도 신청인이 과실 없이 담보제공을 신청할 수 없었거나 상소심에서 새로이 담보제공의 원인이 발생한 경우에 한하여 가능하다(대결 2017.4.21. 2017마63).

18법원직

1 담보를 제공할 사유가 있다는 것을 알고도 피고가 본안에 관하여 변론하거나 변론준비기일에서 진술한 경우에는 담보제공을 신청하지 못한다. ( )

21법원직

2 피고가 적법한 담보제공신청을 한 경우에는 그 후 응소를 거부하지 않고 본안에 관하여 변론 등을 하였더라도 이미 이루어진 담보제공신청의 효력이 상실되거나 그 신청이 부적법하게 되는 것은 아니다. ( )

21법원직

3 상소심에서의 소송비용 담보제공 신청은 담보제공의 원인이 이미 제1심 또는 항소심에서 발생되어 있었음에도 신청인이 과실 없이 담보제공을 신청할 수 없었거나 상소심에서 새로이 담보제공의 원인이 발생한 경우에 한하여 가능하다. ( )

정답 | 1 ○ 2 ○ 3 ○

3. 담보제공명령

> **제120조 [담보제공결정]**
> ① 법원은 담보를 제공하도록 명하는 결정에서 담보액과 담보제공의 기간을 정하여야 한다.
> ② 담보액은 피고가 각 심급에서 지출할 비용의 총액을 표준으로 하여 정하여야 한다.
>
> **제121조 [불복신청]**
> 담보제공신청에 관한 결정에 대하여는 즉시항고를 할 수 있다.

19법원직

1 민사소송법은 '담보제공신청'에 관한 결정에 대하여 즉시항고할 수 있다고 규정하고 있으므로 법원이 직권으로 한 담보제공명령에 대해서는 즉시항고할 수 없다. ( )

19법원직

2 담보를 제공하여야 할 기간 이내에 원고가 이를 제공하지 아니하는 때에는 법원은 변론 없이 판결로 소를 각하할 수 있으나, 판결하기 전에 담보를 제공한 때에는 변론 없이 소를 각하할 수 없다. ( )

21법원직

3 소송비용 담보의 제공은 금전 또는 법원이 인정하는 유가증권을 공탁하거나, 지급보증위탁계약을 맺은 문서를 제출하는 방법으로 한다. ( )

① 법원은 담보를 제공하도록 명하는 결정에서 담보액과 담보제공의 기간을 정하여야 하며, 담보액은 피고가 각 심급에서 지출할 비용의 총액을 표준으로 하여 정하여야 한다(제120조). 담보제공신청에 관한 결정에 대하여는 즉시항고할 수 있다.

판례는 더 나아가 직권으로 담보제공명령을 한 경우에도 민사소송법 제121조를 준용하여 즉시항고를 제기할 수 있다고 판시하였다(대결 2011.5.2. 2010부8).

담보를 제공하여야 할 기간 이내에 원고가 이를 제공하지 아니하는 때에는 법원은 변론 없이 판결로 소를 각하할 수 있다. 다만, 판결하기 전에 담보를 제공한 때에는 그러하지 아니하다(제124조).

② 담보제공의 방법은 금전의 공탁 또는 법원이 인정하는 유가증권의 공탁 이외에 지급보증위탁계약서의 제출로도 할 수 있게 하였다(제122조 본문). 지급보증위탁계약서의 제출방법으로 할 때는 미리 법원의 허가를 받아야 한다(규칙 제22조).

③ 법원은 담보제공자의 신청에 따라 결정으로 공탁한 담보물을 바꾸도록 명할 수 있다. 다만 당사자가 계약에 의하여 공탁한 담보물을 다른 담보로 바꾸겠다고 신청한 때에는 그에 따른다(제126조). 피고는 소송비용에 관하여 원고가 제공한 담보물에 대하여 질권자와 동일한 권리를 가진다(제123조). 따라서 이에 대하여는 그에 선행하는 일반 채권자와 압류 및 추심명령이나 전부명령으로 이에 대항할 수 없다(대판 2004.11.26. 2003다19183).

4. 담보취소결정

> **제125조 [담보의 취소]**
> ① 담보제공자가 담보하여야 할 사유가 소멸되었음을 증명하면서 취소신청을 하면, 법원은 담보취소결정을 하여야 한다.
> ② 담보제공자가 담보취소에 대한 담보권리자의 동의를 받았음을 증명한 때에도 제1항과 같다.
> ③ 소송이 완결된 뒤 담보제공자가 신청하면, 법원은 담보권리자에게 일정한 기간 이내에 그 권리를 행사하도록 최고하고, 담보권리자가 그 행사를 하지 아니하는 때에는 담보취소에 대하여 동의한 것으로 본다.
> ④ 제1항과 제2항의 규정에 따른 결정에 대하여는 즉시항고를 할 수 있다.

원고가 담보제공한 것을 돌려받기 위해서는 담보취소결정을 받아야 한다. 담보취소결정은 담보제공결정을 한 법원의 전속관할에 속하고(규칙 제23조), 그 사유는 다음 세 가지이다. 담보권자는 담보사유의 소멸 및 담보권리자의 동의를 이유로 한 담보취소 결정에 대하여 즉시항고할 수 있다(제125조 제4항).

정답 | 1 × 2 ○ 3 ○

(1) 담보제공 사유의 소멸(제125조 제1항)

원고가 우리나라에 주소 또는 사무소 등을 갖게 되었거나, 소송에서 원고가 승소하여 소송비용을 전부 피고가 부담하기로 하는 판결이 확정된 경우 또는 이행권고결정이 확정된 경우(대결 2006.6.30. 2006마257) 등이 여기에 해당한다.

(2) 담보권자인 피고의 동의(제125조 제2항)

(3) 권리행사최고기간의 도과(제125조 제3항)

소송이 완결된 뒤 담보제공자가 신청하면 법원은 담보권리자에게 일정한 기간 이내에 그 권리를 행사하도록 최고하고, 담보권리자가 그 행사를 하지 아니하는 때에는 담보취소에 대하여 동의한 것으로 본다. 권리행사의 방법은 소송비용액 확정신청 등 소송의 방법으로 하여야 한다.

해커스공무원 학원 · 인강
gosi.Hackers.com

제6편
상소심절차

제1장 | 총설 *

*박승수 517페이지 참고

학습 POINT

1. 불항소합의는 서면으로, 선고전 합의한 경우(선고시 확정), 선고 후 합의한 경우(합의시 확정)
2. 상소불가분의 원칙 적용(단 통공은 적용 안 됨)
3. 이심과 확정차단은 전부에 미치나, 심판대상은 불복범위에 국한됨

I 서설

1. 상소의 의의

상소라 함은 재판의 확정 전에 상급법원에 원심판결의 취소·변경을 구하는 불복신청방법을 말한다. 현행법은 항소, 상고, 항고의 세 가지를 인정하고 있다.

2. 구별개념

① 상소는 재판의 확정 전에 하는 불복신청이다. 따라서 확정된 재판에 대한 불복방법인 재심(제451조), 준재심(제461조) 또는 불복할 수 없는 결정·명령에 대한 특별항고(제449조)와 구별된다.
② 상소는 상급법원에 대한 불복신청이다. 같은 심급 안에서 하는 재판에 대한 불복신청인 각종의 이의신청과 구별된다. 이의신청에는 상급심으로 이전되는 이심의 효력이 없다.

II 상소의 종류

1. 항소·상고·항고

① 종국판결에 대한 상소는 항소와 상고이고, 결정·명령에 대한 상소는 항고와 재항고이다. 항소는 제1심 종국판결에 대한 불복신청이고, 상고는 제2심 종국판결에 대한 불복신청이다. 항고법원의 재판에 대하여 재차 하는 항고를 재항고라고 한다. 항고는 항소에 관한 규정을, 재항고는 상고에 관한 규정을 준용한다(제443조). 항고는 법에 특별히 규정이 있는 경우에 한하여 허용된다.
② 당사자가 불복신청방법을 잘못 선택한 상소는 부적법하지만 법원은 불복신청서의 제목에 구애받지 않고 신청취지·신청원인·증거 등에 비추어 당사자의 진의를 살펴서 처리하여야 한다(대판 2008.2.28. 2007다41560).

2. 형식에 어긋나는 재판의 경우 불복방법

① 예컨대 가압류·가처분에 대한 재판은 결정으로 해야 함에도 판결로 한 경우와 같이, 법원이 결정으로 해야 할 것을 판결로 하거나 또는 그 반대로 한 경우 어떤 불복방법을 사용해야 하는지 문제된다.
② 제440조에서 '결정이나 명령으로 재판할 수 없는 사항에 대하여 결정 또는 명령한 때에는 이에 대하여 항고할 수 있다'고 규정하고 있는 점을 고려하면 당사자가 어느 쪽을 선택하든 적법한 상소로 인정하여야 할 것이다.

Ⅲ 상소요건

1. 의의

① 상소심에서 본안심리를 받기 위한 요건을 상소요건이라고 한다. 만약 상소요건을 갖추지 못한 경우에는 상소심법원은 상소를 각하한다.

② 상소의 일반요건으로서 적극적 요건은 (ⅰ) 상소의 대상적격이 있을 것, (ⅱ) 방식에 맞는 상소제기, (ⅲ) 상소기간의 준수, (ⅳ) 상소의 이익이 있을 것 등이고, 소극적 요건은 (ⅰ) 상소의 포기나 (ⅱ) 불상소의 합의가 없을 것 등이다.

2. 적극적 요건

(1) 상소의 대상적격

> **제391조 [독립한 항소가 금지되는 재판]**
> 소송비용 및 가집행에 관한 재판에 대하여는 독립하여 항소를 하지 못한다.
>
> **제392조 [항소심의 판단을 받는 재판]**
> 종국판결 이전의 재판은 항소법원의 판단을 받는다. 다만, 불복할 수 없는 재판과 항고로 불복할 수 있는 재판은 그러하지 아니하다.

1) 선고된 종국판결일 것

① 상소를 하기 위해서는 종국적 재판이 선고되었을 것을 요한다. 판결이 선고되기 전에는 상소권이 발생하지 아니하므로 판결선고 전의 재판은 상소의 대상이 될 수 없다.

② 중간적 재판은 종국판결과 함께 상소심에서 심사를 받으므로(제392조), 독립하여 상소할 수 없다. 소송비용에 대한 재판이나 가집행에 관한 재판도 독립하여 상소할 수 없고 본안에 대한 상소와 함께 하여야 한다(제391조, 제406조).

2) 유효한 판결일 것

① 사망자를 피고로 하는 소제기는 그와 같은 상태에서 제1심판결이 선고되었다 할지라도 판결은 당연무효이며, 판결에 대한 사망자인 피고의 상속인들에 의한 항소나 소송수계신청은 부적법하다(대판 2015.1.29. 2014다34041).

② 판례는 허위주소에 의한 피고의 자백간주로 편취된 판결은 판결정본이 유효하게 송달되지 않아 미확정판결이므로 형식상 상소기간이 지나도 재심의 대상이 아니라 상소의 대상으로 본다(대판 1994.12.22. 94다45449).

3) 다른 불복방법이 없을 것

판결경정의 대상인 경우(제211조), 추가판결의 대상이 되는 재판누락의 경우(제212조), 이의방법(제164조)으로 다툴 조서의 기재에 대한 상소는 허용되지 아니한다.

(2) 방식에 맞는 상소제기

> **제397조 [항소의 방식, 항소장의 기재사항]**
> ① 항소는 항소장을 제1심법원에 제출함으로써 한다.
> ② 항소장에는 다음 각호의 사항을 적어야 한다.
> 　1. 당사자와 법정대리인
> 　2. 제1심 판결의 표시와 그 판결에 대한 항소의 취지

14법원직

1 본안의 재판 중에 한 소송비용 및 가집행에 관한 재판에 대하여는 독립하여 상소하지 못한다. (　)

19사무관

2 소제기 후 소장부본이 송달되기 전에 피고가 사망한 경우에 그와 같은 상태에서 제1심판결이 선고되었다면 그 판결에 대한 사망자인 피고의 상속인들에 의한 항소는 부적법하다. (　)

정답 | 1 ○ 2 ○

14사무관 15법원직 16·19주사보

1 항소장이 제1심법원이 아닌 항소심법원에 접수되었다가 제1심법원으로 송부된 때에는 당사자의 불이익이 없도록 하기 위해 제1심법원 도착시가 아니라 항소심법원 접수시를 기준으로 기간의 준수 여부를 가리게 된다. ( )

15·19주사보

2 판결의 송달이 무효인 때에는 항소기간이 진행하지 않고, 그 송달을 받을 당사자는 언제라도 항소를 제기할 수 있다. 가령 허위의 피고 주소로 제1심판결이 송달된 때에는 설령 피고가 그 판결 선고사실을 알았더라도 항소기간은 진행될 수 없다. ( )

17법원직

3 항소장에는 당사자 또는 대리인이 기명날인 또는 서명하여야 하나 항소장에 항소인의 기명날인 등이 누락되었다고 하더라도 기재에 의하여 항소인이 누구인지 알 수 있고, 그것이 항소인 의사에 기하여 제출된 것으로 인정되면 이를 무효라고 할 수 없다. ( )

① 상소는 서면으로 상소기간 내에 원심법원에 제출해야 한다. 항소장이 제1심법원이 아닌 항소심법원에 접수되었다가 제1심법원으로 송부된 경우에는 항소심법원 접수시가 아니라 제1심법원 도착시를 기준으로 하여 기간의 준수 여부를 가리게 된다(대판 1981.10.13, 81누230).

② 상소기간은 불변기간으로서 항소·상고의 경우에는 판결정본이 송달된 날로부터 2주이고(제396조, 제425조), 즉시항고·특별항고의 경우에는 재판의 고지가 있은 날로부터 1주이다(제444조 제1항, 제449조 제2항). 판결정본 송달 전이라도 상소제기가 가능하며, 통상항고는 재판의 취소를 구할 이익이 있는 한 어느 때나 제기할 수 있다.

③ 판결의 송달이 무효인 경우에는 항소기간이 진행하지 아니하고, 그 송달을 받을 당사자는 언제라도 항소를 제기할 수 있다. 예컨대 허위의 피고 주소로 제1심판결이 송달된 때에는 설령 피고가 그 판결 선고사실을 알았더라도 항소기간은 진행될 수 없다(대판 (전) 1978.5.9, 75다634; 대판 1997.5.30, 97다10345).

④ 상소장에는 당사자와 법정대리인, 원재판의 표시, 원재판에 대한 상소의 취지 등을 기재해야 한다(제397조 제2항). 항소장에는 항소에 의하여 불복을 신청한 부분을 표준으로 소장에 붙일 인지의 1.5배액의 인지를 첨부하여야 한다.

판례 | 항소장에 항소인 기명날인 등이 누락되었으나 기재에 의하여 항소인이 누구인지 알 수 있고 항소인 의사에 기하여 제출된 것으로 인정되는 경우, 위 항소장의 효력 유무(유효)

> 민사소송법 제398조, 제274조 제1항은 항소장에는 당사자 또는 대리인이 기명날인 또는 서명하여야 한다고 규정하고 있으나, 항소장에 항소인의 기명날인 등이 누락되었다고 하더라도 기재에 의하여 항소인이 누구인지 알 수 있고, 그것이 항소인 의사에 기하여 제출된 것으로 인정되면 이를 무효라고 할 수 없다(대판 2011.5.13, 2010다84956).

(3) 상소의 이익

1) 의의

상소의 이익이라 함은 원심재판에 대하여 상소를 제기함으로써 상소제도를 이용할 수 있는 지위 또는 자격을 말한다.

2) 판단기준

① 판례는, 상소인은 자기에게 불이익한 재판에 대해서만 상소를 제기할 수 있는 것이고 재판이 상소인에게 불이익한 것인가의 여부는 재판의 주문을 표준으로 하여 결정되는 것이라 하여 형식적 불복설과 같은 입장이다(대판 1994.11.4, 94다21207).

② 생각건대 원칙적으로 형식적 불복설에 의해 당사자의 신청과 판결주문을 비교하여 제1심에서 전부승소의 판결을 받은 자는 항소를 할 수 없으나, 예외적으로 기판력 기타 판결의 효력 때문에 별소의 제기가 허용되지 않는 경우는 항소이익을 인정해야 할 것이다.

3) 구체적인 경우

① 전부승소한 당사자는 원칙적으로 불복의 이익이 없어 전부승소한 원고가 소의 변경 또는 청구취지의 확장을 위해 상소하거나, 전부승소한 피고가 반소를 위해 상소하는 것은 허용되지 않는다.

② 다만, 예비적 상계의 항변으로 승소한 피고는 소구채권의 부존재를 이유로 승소한 경우보다 결과적으로 불이익하므로 상소의 이익이 있다($\frac{대판\ 2002.9.6.}{2002다34666\ 참조}$). 또 **명시하지 않은 일부청구**의 경우에는 전부승소자라도 상소하지 아니하면 잔부에 기판력이 미쳐서 더 이상 다툴 수 없기 때문에 잔부를 확장하기 위하여 상소의 이익이 있다.

판례 | 상계항변과 상소이익

원고의 소구채권 자체가 인정되지 않는 경우 더 나아가 피고의 상계항변의 당부를 따져볼 필요도 없이 원고 청구가 배척될 것이므로, '원고의 소구채권 그 자체를 부정하여 원고의 청구를 기각한 판결'과 '소구채권의 존재를 인정하면서도 상계항변을 받아들인 결과 원고의 청구를 기각한 판결'은 민사소송법 제216조에 따라 기판력의 범위를 서로 달리하고, 후자의 판결에 대하여 피고는 상소의 이익이 있다($\frac{대판\ 2018.8.30.}{2016다46338,46345}$).

③ 판례는 하나의 소송물에 관하여 전부승소한 당사자의 상소이익의 부정은 절대적인 것이 아니라 하여, 불법행위로 인한 손해배상소송에서 원고가 재산상 손해에 대해서는 전부승소 했으나, 위자료에 대해서는 일부패소하여 패소부분에 불복하는 형식으로 항소를 제기한 경우, 재산상 손해나 위자료는 단일한 원인에 근거한 것인데 편의상 이를 별개의 소송물로 분류하고 있는 것에 지나지 아니한 것이므로, 이를 실질적으로 파악하여 항소심에서 위자료는 물론이고 재산상 손해에 관하여도 청구의 확장을 허용하는 것이 타당하다고 판시하였다($\frac{대판\ 1994.6.28.}{94다3063}$).

④ 청구의 일부인용, 일부기각의 경우는 원·피고 모두 상소할 수 있다. 예비적 병합청구에서 주위적 청구가 기각되고 예비적 청구가 인용된 경우에, 원고로서는 주위적 청구가 기각된 데 대하여, 피고로서는 예비적 청구가 인용된 데 대하여, 각기 상소의 이익이 있다.

⑤ 소각하판결은 원고에게 불이익일 뿐만 아니라 만일 피고가 청구기각의 신청을 구한 때에는 본안판결을 받지 못한 점에 피고에게 불이익이 있기 때문에 원·피고 모두 상소할 수 있다.

⑥ 제1심판결에 대하여 불복하지 않은 당사자는 그에 대한 항소심판결이 제1심판결보다 불리한 바 없으면 항소심판결에 상고이익이 없다($\frac{대판\ 2002.2.5.}{2001다63131}$).

3. 소극적 요건

(1) 상소권의 포기가 없을 것

제394조 [항소권의 포기]
항소권은 포기할 수 있다.

제395조 [항소권의 포기방식]
① 항소권의 포기는 항소를 하기 이전에는 제1심법원에, 항소를 한 뒤에는 소송기록이 있는 법원에 서면으로 하여야 한다.
② 항소권의 포기에 관한 서면은 상대방에게 송달하여야 한다.
③ 항소를 한 뒤의 항소권의 포기는 항소취하의 효력도 가진다.

① 항소권의 포기는 항소를 하기 이전에는 제1심법원에, 항소를 한 뒤에는 소송기록이 있는 법원에 서면으로 하여야 한다(제395조 제1항).

14·16법원직 15사무관 17주사보 22사무관

1 잔부를 유보하지 않은 묵시적 일부청구에 관하여 전부승소한 채권자는 나머지 부분에 관하여 청구를 확장하기 위한 항소가 허용되지 아니한다. ( )

21법원직

2 원고의 소구채권 자체가 인정되지 않는 경우 더 나아가 피고의 상계항변의 당부를 따져볼 필요도 없이 원고 청구가 배척될 것이므로, '원고의 소구채권 그 자체를 부정하여 원고의 청구를 기각한 판결'과 '소구채권의 존재를 인정하면서도 상계항변을 받아들인 결과 원고의 청구를 기각한 판결'은 기판력의 범위를 서로 달리하고, 후자의 판결에 대하여 피고는 상소의 이익이 있다. ( )

14법원직

3 제1심판결에 대하여 불복하지 않은 당사자는 그에 대한 항소심판결이 제1심판결보다 불리하지 않다면 항소심판결에 대해 상고의 이익이 없다. ( )

15·20사무관

4 항소를 한 뒤의 항소권의 포기는 항소취하의 효력도 있다. ( )

19법원직

5 항소권의 포기는 항소를 하기 이전에는 제1심법원에 항소를 한 뒤에는 소송기록이 있는 법원에 서면으로 하여야 한다. ( )

정답 | **1** ✕ **2** ○ **3** ○ **4** ○ **5** ○

1 항소권의 포기는 아직 제1심 법원이 항소법원으로 소송기록을 송부하기 전에는 제1심 법원에, 소송기록을 송부한 뒤에는 항소법원에 서면으로 하여야 한다.　( )

2 불항소 합의는 반드시 서면으로 하여야 하나, 판결 선고 전의 불상소 합의는 말 또는 서면으로 할 수 있다.　( )

3 불항소의 합의는 당사자의 의사를 존중하여 인정되는 제도이므로, 당사자의 일방만이 항소를 하지 아니하기로 약정하는 것도 유효하다.　( )

4 적법한 불상소의 합의가 판결 선고 전에 있으면 그 판결은 상소기간이 만료되는 때에 확정된다.　( )

* 판례에서는 불항소합의와 불상소 합의를 명확히 구분하고 있지 않고 있다.

5 구체적인 어느 특정 법률관계에 관하여 당사자 쌍방이 제1심판결선고 전에 미리 항소하지 아니하기로 합의하였다면, 그 판결선고 후에는 당사자의 합의에 의하더라도 그 불항소합의를 해제하고 소송계속을 부활시킬 수 없다.　( )

정답 | 1 ○ 2 × 3 × 4 × 5 ○

② 상소권의 포기는 법원에 대한 단독행위이므로 상대방의 동의 없이도 할 수 있으나, 상소 포기서는 상대방에 송달하여야 한다(제395조 제2항). 상소권이 발생하였다면 상소제기 전이든 후이든 포기를 할 수 있고, 항소를 하기 이전에는 제1심법원에, 항소를 한 뒤에는 소송기록이 있는 법원에 상소포기서를 제출하여야 한다(제395조 제1항).

③ 통상공동소송인 경우에는 그 중 한사람이 또는 어느 한 사람에 대하여 상소포기가 허용되나, 필수적 공동소송, 독립당사자참가, 예비적·선택적 공동소송은 허용되지 않는다(제67조).

(2) 불상소의 합의가 없을 것

> **제390조 [항소의 대상]**
> ① 항소는 제1심 법원이 선고한 종국판결에 대하여 할 수 있다. 다만, 종국판결 뒤에 양 쪽 당사자가 상고할 권리를 유보하고 항소를 하지 아니하기로 합의한 때에는 그러하지 아니하다.
> ② 제1항 단서의 합의에는 제29조 제2항의 규정을 준용한다.

1) 의의와 구별개념

① 불상소 합의는 미리 상소를 하지 않기로 하는 소송법상의 계약으로서 구체적인 사건의 심급을 제1심에 한정하여 그것으로 끝내기로 하는 양쪽 당사자의 합의이다. 반면, 불항소 합의(비약상고의 합의)는 상고할 권리를 유보하고 항소만 하지 않기로 하는 합의를 말한다(제390조 제1항 단서).

② 판결선고 전 불상소 합의는 상소권 자체를 발생시키지 않는 점에서 이미 발생한 상소권을 포기하는 상소권의 포기와 구별된다.

2) 합의의 방식

서면에 의해야 하며(대판 2007.11.29. 2007다52317), 한쪽만이 항소하지 않기로 하는 합의는 공평에 반하여 무효이다(대판 1987.6.23. 86다카2728).

3) 합의의 효과

판결선고 전 불상소 합의가 있으면 판결선고와 동시에 판결은 확정되고, 판결선고 후 불상소 합의가 있으면 합의시 바로 판결이 확정된다. 불상소 합의가 있는지 여부는 법원의 직권조사사항이다(대판 1980.1.29. 79다2066).

판례 | 불항소 합의 해제 여부

구체적인 어느 특정 법률관계에 관하여 당사자 쌍방이 제1심판결 선고 전에 미리 항소하지 아니하기로 합의하였다면, 제1심판결은 선고와 동시에 확정되는 것이므로 그 판결 선고 후에는 당사자의 합의에 의하더라도 그 불항소 합의를 해제하고 소송계속을 부활시킬 수 없다(대판 1987.6.23. 86다카2728). *

Ⅳ 상소의 효력

1. 확정차단의 효력

적법한 상소가 제기되면 그에 의하여 재판의 확정을 막아 차단되게 되고 상소기간이 경과되어도 재판은 확정되지 않는다(제498조). 이를 '확정차단의 효력'이라고 한다.

2. 이심의 효력

적법한 상소가 제기되면 그 소송사건 전체가 원심법원을 떠나 상소심으로 이전하여 계속되게 된다. 이를 '이심의 효력'이라 한다. 이심의 효력은 하급심에서 재판한 부분에 한하여 생긴다.

따라서 하급심에서 재판의 일부 누락이 있을 때에는 그 청구 부분은 하급심에 그대로 계속되며(제212조 제1항) 상소하여도 이심의 효력이 생기지 않는다.

3. 상소불가분의 원칙

상소제기에 의한 확정차단의 효력과 이심의 효력은 원칙적으로 상소인의 불복신청의 범위에 관계없이 원심판결의 전부에 대하여 불가분으로 발생한다. 이를 '상소불가분의 원칙'이라 한다.

(1) 이심의 범위

① 수개의 청구에 대하여 하나의 전부판결을 한 경우, 그중 한 청구에 대하여 불복항소를 하거나 하나의 청구의 일부에 대해 불복항소를 한 경우에 다른 청구 또는 불복하지 아니한 부분에도 항소의 효력이 미친다.

② 예외적으로 통상공동소송은 공동소송인 독립의 원칙상 이심되지 않고 확정되므로 상소불가분의 원칙이 적용되지 아니하나, 필수적 공동소송 등 합일확정소송에서는 상소불가분의 원칙이 적용된다. 즉, 필수적 공동소송의 경우에는 한 사람만 항소하면 모두 이심되고 전원에 대하여 항소의 효력이 있다.

(2) 심판의 범위

① 원심판결의 전부에 대해 확정차단 및 이심의 효력이 생긴다고 해서 전부가 심판범위에 포함되는 것은 아니고 상소심의 심판범위는 불복신청의 범위에 국한된다.

② 다만, 상소불가분의 원칙에 의하여 상소의 효력은 원심판결 전부에 미치므로 항소인은 항소심 변론종결시까지 어느 때나 항소취지를 확장할 수 있고, 상대방도 부대항소를 신청하여 상소심에서 심판범위를 확장할 수 있다(대판 2009.10.29. 2007다22514,22521).

14법원직

1 판례는 원고가 2개의 청구를 단순 병합하여 청구하였는데 항소심이 그중 하나의 청구에 대하여 재판을 누락한 경우 그 누락된 부분에 대한 상고는 부적법하다고 보고 있다.　(　　)

21법원직

2 원고가 1,000만 원을 청구하여 600만 원에 대한 일부 승소판결을 받은 경우, 원고만 패소한 400만 원에 대해 불복하여 항소하면 불복하지 않은 600만 원 청구 부분도 항소심에 이심된다.　(　　)

정답 | 1○ 2○

제2장 | 항소

1. 항소취하는 상대방 동의 불
   필요, 원판결확정됨, 일부취
   하는 불가(불복범위 감축에
   불과)
2. 부대항소의 성질은 비항소설
   (전부승소자도 부대항소는 가
   능)
3. 환송 후 항소심에서 항소취
   하 가능(부대항소 제기 여부
   와 관계없음)
4. 불이익변경금지원칙 인정 사
   례와 예외 정리 필요

I 총설

1. 항소의 의의

① 항소란 제1심의 종국판결에 대해서 그 사실인정 또는 법령위반을 지적하면서 불복을 신청하는 것을 말한다.

② 항소법원은 소가가 2억 원 이하의 단독사건이면 지방법원 항소부가, 이를 초과하는 사건이면 고등법원이 된다.

2. 항소심의 구조

복심제	항소심이 제1심의 소송자료를 고려함이 없이 독자적으로 소송자료를 수집한 끝에 이를 기초로 하여 다시한번 심판을 되풀이하여야 하는 구조이다.
사후심제	항소심에서는 원칙적으로 새로운 소송자료의 제출을 제한하고 제1심에서 제출된 소송자료만을 기초로 제1심판결의 내용의 당부를 재심사하게 되어 있는 구조이다.
속심제	항소심이 제1심에서 수집한 소송자료를 기초로 하여 심리를 속행하되 여기에 새로운 소송자료를 보태어 제1심판결의 당부를 재심사하는 구조이다.

II 항소의 제기

1. 항소장의 기재사항

(1) 필수적 기재사항

항소장에는 당사자와 법정대리인, 제1심판결의 표시와 그 판결에 대한 항소의 취지를 적어야 한다(제397조 제2항).

1) 당사자와 법정대리인

항소장에는 항소인과 그 상대방인 피항소인의 이름과 법정대리인을 적어야 한다. 항소장의 송달을 위해서는 주소도 표시하여야 하고, 주소가 변경된 경우에는 변경된 주소를 적어야 한다.

2) 제1심 판결의 표시와 그 판결에 대한 항소의 취지

① 항소장에는 제1심 판결에 대한 항소의 취지뿐만 아니라 불복신청의 범위를 기재하여 항소장에 붙일 인지액을 확정할 수 있도록 하여야 한다. 다만, 항소심의 변론종결에 이르기까지 불복신청의 범위를 명확히 하면 되므로 항소장 자체에 불복의 내용·범위를 명확히 기재할 필요는 없고, 다만 어떤 항소취지인가를 인식할 수 있는 정도이면 충분하다고 하는 것이 판례의 입장이다(대판 1994.11.25. 93다47400).

② 민사소송법 제397조 제2항은 항소장에 당사자와 법정대리인, 제1심판결의 표시와 그 판결에 대한 항소의 취지를 적도록 하고 있을 뿐이므로, 항소장에는 제1심판결의 변경을 구한다는 항소인의 의사가 나타나면 충분하고 항소의 범위나 이유까지 기재되어야 하는 것은 아니다. 따라서 항소의 객관적, 주관적 범위는 항소장에 기재된 항소취지만을 기준으로 판단할 것은 아니고, 항소취지와 함께 항소장에 기재된 사건명이나 사건번호, 당사자의 표시, 항소인이 취소를 구하는 제1심판결의 주문 내용 등을 종합적으로 고려해서 판단해야 한다(대결 2020.1.30. 2019마5599,5600).

(2) 임의적 기재사항

항소장에는 준비서면에 관한 규정이 준용되므로(제398조) 항소장에 새로운 공격 또는 방어의 방법을 주장할 수도 있고, 제1심에서의 상대방의 공격 또는 방어의 방법에 대한 진술을 기재하여 제출할 수도 있다. 보통 이러한 것들을 '항소이유'라고 기재하고 있으나, 이것은 항소장의 필수적 기재사항은 아니므로 소송의 진행 중에 준비서면으로 제출하여도 무방하다(규칙 제126조의2).

2. 항소제기의 절차

(1) 항소장의 제출

항소의 제기는 항소장을 <u>제1심 법원에 제출함</u>으로써 한다(제397조 제1항).

(2) 항소기간

① 항소는 판결서가 송달된 날부터 2주 이내에 제기하여야 하며, 판결서 송달 전에도 항소할 수 있다(제396조 1항). 위 2주의 기간은 불변기간이다(제396조 제2항). 따라서 법원이 임의로 위 기간을 늘이거나 줄일 수는 없고, 다만 주소나 거소가 멀리 떨어진 곳에 있는 사람을 위하여 부가기간을 정할 수 있을 뿐이며(제172조 제2항), 당사자가 그 책임을 질 수 없는 사유로 항소기간을 준수할 수 없었을 경우에 한하여 항소의 추후보완신청이 가능하다(제173조).

② 필수적 공동소송(제67조)과 공동소송참가(제83조)의 경우에는 소송의 목적인 권리 또는 법률관계가 합일적으로 확정되어야 하므로, 이러한 공동소송인 중 1인이 한 항소의 제기는 공동소송인 전원을 위하여 효력이 생겨 항소하지 아니한 다른 공동소송인도 항소인이 된다. 이 경우 공동소송인 전원에 대하여 항소기간이 도과되지 않으면 판결이 확정되지 않으므로 <u>최후에 판결을 송달받은 공동소송인을 기준으로 하여 항소기간 도과 여부를 결정</u>한다.

③ 이에 반하여 통상의 공동소송에 있어서는 항소기간은 개별로 판단하여야 함은 물론이다.

④ 보조참가인은 <u>피참가인의 항소기간 안에</u> 항소를 제기하여야 한다(대판 1969.8.19. 69다949).

3. 재판장의 항소장심사권

제399조 [원심재판장등의 항소장심사권]

① 항소장이 제397조 제2항의 규정에 어긋난 경우와 항소장에 법률의 규정에 따른 인지를 붙이지 아니한 경우에는 원심재판장은 항소인에게 상당한 기간을 정하여 그 기간 이내에 흠을 보정하도록 명하여야 한다. 원심재판장은 법원사무관등으로 하여금 위 보정명령을 하게 할 수 있다.

21사무관

1 항소의 객관적, 주관적 범위는 항소장에 기재된 항소취지만을 기준으로 판단할 것은 아니고, 항소취지와 함께 항소장에 기재된 사건명이나 사건번호, 당사자의 표시, 항소인이 취소를 구하는 제1심판결의 주문 내용 등을 종합적으로 고려해서 판단해야 한다. ( )

15주사보 15사무관

2 필수적 공동소송과 공동소송참가의 경우에는 최후에 판결을 송달받은 공동소송인을 기준으로 하여 항소기간 도과 여부를 결정한다. ( )

17주사보

3 필수적 공동소송과 공동소송참가의 경우에는 최후에 판결을 송달받은 공동소송인을 기준으로 하여 항소기간 도과 여부를 판단하지만, 통상의 공동소송의 경우에는 공동소송인마다 개별로 항소기간 도과 여부를 판단하여야 한다. ( )

16주사보

4 보조참가인도 항소를 제기할 수 있지만 피참가인의 항소기간 내에 항소하여야 한다. ( )

정답 | 1 ○ 2 ○ 3 ○ 4 ○

② 항소인이 제1항의 기간 이내에 흠을 보정하지 아니한 때와, 항소기간을 넘긴 것이 분명한 때에는 원심재판장은 명령으로 항소장을 각하하여야 한다.

③ 제2항의 명령에 대하여는 즉시항고를 할 수 있다.

제400조 [항소기록의 송부]

① 항소장이 각하되지 아니한 때에 원심법원의 법원사무관등은 항소장이 제출된 날부터 2주 이내에 항소기록에 항소장을 붙여 항소법원으로 보내야 한다.

② 제399조 제1항의 규정에 의하여 원심재판장등이 흠을 보정하도록 명한 때에는 그 흠이 보정된 날부터 1주 이내에 항소기록을 보내야 한다.

제402조 [항소심재판장등의 항소장심사권]

① 항소장이 제397조 제2항의 규정에 어긋나거나 항소장에 법률의 규정에 따른 인지를 붙이지 아니하였음에도 원심재판장등이 제399조 제1항의 규정에 의한 명령을 하지 아니한 경우, 또는 항소장의 부본을 송달할 수 없는 경우에는 항소심재판장은 항소인에게 상당한 기간을 정하여 그 기간 이내에 흠을 보정하도록 명하여야 한다. 항소심재판장은 법원사무관등으로 하여금 위 보정명령을 하게 할 수 있다.

② 항소인이 제1항의 기간 이내에 흠을 보정하지 아니한 때, 또는 제399조 제2항의 규정에 따라 원심재판장이 항소장을 각하하지 아니한 때에는 항소심재판장은 명령으로 항소장을 각하하여야 한다.

③ 제2항의 명령에 대하여는 즉시항고를 할 수 있다.

① 항소장은 원심재판장이 1차 심사를 하고 항소심재판장이 2차 심사를 한다. 각자 필수적 기재사항의 기재 여부, 인지납부 여부를 심사하여 보정명령 할 것은 하고(제399조 제1항, 제402조 제1항), 기간 내에 보정되지 아니하거나 항소기간을 넘긴 것이 분명한 때에는 항소장 각하명령을 한다(제399조 제2항, 제402조 제2항).

판례 | 항소권의 포기 등으로 제1심판결이 확정된 후에 항소장이 제출된 경우, 원심재판장이 항소장 각하명령을 할 수 있는지 여부(적극)

> 민사소송법 제399조 제2항에 의하면, '항소기간을 넘긴 것이 분명한 때'에는 원심재판장이 명령으로 항소장을 각하하도록 규정하고 있는바, 그 규정의 취지에 비추어 볼 때 항소권의 포기 등으로 제1심판결이 확정된 후에 항소장이 제출되었음이 분명한 경우도 이와 달리 볼 이유가 없으므로, 이 경우에도 원심재판장이 항소장 각하명령을 할 수 있는 것으로 봄이 상당하다(대결 2006.5.2, 2005마933).

② 항소심재판장은 항소장부본이 피항소인에게 송달불능이 된 때에 상당한 기간을 정하여 보정명령을 하고, 이에 응하지 않으면 항소장 각하명령을 할 수 있다(제402조 제1항 후문).

③ 항소장 각하명령에 대해서는 즉시항고를 할 수 있다(제399조 제3항, 제402조 제3항). 판례는 항소장에 기재된 피항소인의 주소로 항소장 부본과 제1차 변론기일통지서를 송달하였다가 '수취인 불명'으로 송달불능이 되자 원심 재판장이 항소인에게 주소보정을 명한 다음 주소보정을 하지 않았다는 이유로 항소장을 각하한 사안에서, 소송기록에 나타나 있는 다른 주소로 송달을 시도해 보고 그곳으로도 송달이 되지 않는 경우에 주소보정을 명하였어야 하는데도, 이러한 조치를 취하지 않은 채 항소장에 기재된 주소가 불명하여 송달이 되지 않았다는 것만으로 송달불능이라 하여 주소보정을 명한 것은 잘못이므로, 주소보정을 하지 않았다는 이유로 항소장을 각하한 원심명령은 위법하다고 판시하였다(대결 2011.11.11, 2011마1760).

19주사보

1 원심법원의 법원사무관 등은 항소장이 제출된 날부터 2주 이내에 항소기록에 항소장을 붙여 항소법원으로 보내야 한다.　(　)

21사무관 22법원직

2 항소권을 포기하여 제1심판결이 확정된 후에 항소장이 제출되었음이 분명한 경우, 제1심 재판장은 항소장 각하명령을 할 수 있다.(　)

정답 | 1 ○ 2 ○

④ 제1심 재판장이 항소장에 붙일 인지의 부족액이 있음을 이유로 보정명령을 하였으나 이에 대하여 항소인이 보정기간 안에 일부만을 보정하자 항소장 각하명령을 한 경우, 항소장 각하명령이 있은 후에는 그 부족인지액을 보정하고 불복을 신청하였다고 하더라도 그 각하명령을 취소할 수 없다(대판 1991.1.16. 90마878).

⑤ 항소장에 불복신청의 범위를 기재하지 아니한 때에는 항소법원의 심리범위 및 항소장에 붙일 인지액을 확정하기 위하여 불복신청의 범위를 명확히 할 필요가 있으므로 항소인에게 그 보정을 명하여야 할 것이다. 그러나 불복신청의 범위는 항소장의 필요적 기재사항이 아니므로, 항소인이 위 보정명령에 불응한다고 하더라도 이는 항소장 각하에 관한 민사소송법 제399조 제1항 소정의 사유에 해당하지 아니하여, 재판장은 불복신청의 범위를 보정하지 아니하였다는 이유로 항소장을 각하할 수 없다(대결 2011.10.27. 2011마1595).

판례 | 항소심재판장이 항소장 각하명령을 할 수 있는 시기(=항소장 송달 전까지)

항소심재판장은 항소장 부본을 송달할 수 없는 경우 항소인에게 상당한 기간을 정하여 그 기간 이내에 흠을 보정하도록 명해야 하고, 항소인이 이를 보정하지 않으면 항소장 각하명령을 해야 한다(제402조 제1항, 제2항 참조). 이러한 항소심재판장의 항소장 각하명령은 항소장 송달 전까지만 가능하다. 따라서 항소장이 피항소인에게 송달되어 항소심법원과 당사자들 사이의 소송관계가 성립하면 항소심재판장은 더 이상 단독으로 항소장 각하명령을 할 수 없다. 이처럼 항소심재판장이 단독으로 하는 항소장 각하명령에는 시기적 한계가 있고 독립당사자참가소송의 세 당사자들에 대하여는 합일적으로 확정될 결론을 내려야 하므로, <u>독립당사자참가소송의 제1심 본안판결에 대해 일방이 항소하고 피항소인 중 1명에게 항소장이 적법하게 송달되어 항소심법원과 당사자들 사이의 소송관계가 일부라도 성립한 것으로 볼 수 있다면, 항소심재판장은 더 이상 단독으로 항소장 각하명령을 할 수 없다</u>(대결 2020.1.30. 2019마5599,5600).

4. 항소의 취하

제393조 [항소의 취하]
① 항소는 항소심의 종국판결이 있기 전에 취하할 수 있다.
② 항소의 취하에는 제266조(소취하) 제3항 내지 제5항 및 제267조 제1항(소송계속의 소급적 소멸)의 규정을 준용한다.

(1) 의의
① 항소인이 일단 제기한 항소를 그 후에 철회하는 소송행위이다. 항소취하에 의하여 항소는 없었던 것으로 되고 제1심의 종국판결은 확정된다.
② 항소취하로 항소를 제기하지 않았던 것으로 될 뿐이기 때문에, 소 자체를 철회하는 소의 취하(제266조 제1항)나 항소할 권리를 소멸시키는 항소권의 포기(제394조)와는 다르다.

15사무관
1 항소장 각하명령이 있은 후에 부족 인지액을 보정하고 불복을 신청하였다고 하더라도 그 각하명령을 취소할 수 없다. ( )

19·22사무관
2 항소장에 불복신청의 범위를 기재하지 아니한 때에는 항소법원의 심리범위 및 항소장에 붙일 인지액을 확정하기 위하여 불복신청의 범위를 명확히 할 필요가 있으므로 항소인에게 그 보정을 명하여야 하고, 항소인이 위 보정명령에 불응하면 재판장은 항소장을 각하할 수 있다. ( )

21법원직
3 독립당사자참가소송의 제1심 본안판결에 대해 일방이 항소하고 피항소인 중 1명에게 항소장이 적법하게 송달되어 항소심법원과 당사자들 사이의 소송관계가 일부라도 성립한 것으로 볼 수 있다면, 항소심재판장은 더 이상 단독으로 항소장 각하명령을 할 수 없다. ( )

정답 | 1 ○ 2 × 3 ○

구분	항소취하	소취하
행사기간	항소심판결선고 시까지(제393조 재1항)	판결확정시까지(제266조 제1항)
동의 여부	피항소인의 동의 불요(제393조 재2항)	상대방의 동의 필요(제266조 제2항)
원심판결에의 영향	항소심이 소급적으로 소멸되므로 제1심판결이 확정 (원심판결에 영향 없음: 항소만을 철회)	소송이 소급적으로 소멸 (원심판결의 효력 상실: 소 그 자체의 철회) (제267조 제1항)
효력발생시기	항소취하서를 제출한 때 효력 발생	동의를 요하는 경우에는 소취하서가 상대방에게 도달한 때, 동의를 요하지 않는 경우에는 제출한 때 효력 발생
일부취하	항소불가분의 원칙과 상대방의 부대항소권의 보장을 이유로 불허	당사자처분권주의의 원칙상 당연히 허용

(2) 항소취하를 할 수 있는 자

① 공동소송

통상공동소송의 경우에는 공동소송인 중 한 사람이 또는 한 사람에 대하여 항소를 취하할 수 있지만, 필수적 공동소송의 경우에는 공동소송인 전원으로부터 또는 전원에 대하여 항소를 취하해야 한다(제67조).

② 보조참가인

보조참가인은 피참가인이 제기한 항소를 취하할 수는 없지만, 자신이 제기한 항소는 피참가인의 동의하에 취하할 수 있다고 본다.

③ 합일확정소송(예비적 선택적 공동소송, 독립당사자참가 등)

패소당사자 모두가 항소를 한 경우에는 그중 한 사람이 항소를 취하하더라도 효력이 없으나, 패소당사자 중 한 사람만 항소한 경우에 항소를 취하하면 항소가 소급적으로 소멸한다.

(3) 요건

1) 항소심의 종국판결의 선고전 일 것

소의 취하가 종국판결의 확정시까지 가능한 것과는 달리(제266조 제1항) 항소심의 판결선고 후에는 항소의 취하를 허용하지 않는다. 그것은 항소인이 항소심에서 부대항소 때문에 제1심판결보다 더 불리한 판결을 선고받았을 때에 항소를 취하하여 보다 유리한 제1심판결을 선택하고, 제2심판결을 휴지화시키는 것을 방지하기 위함이다.

2) 항소심의 범위

① 항소의 제기는 항소불가분의 원칙에 의해 전청구에 미치기 때문에 소의 취하와 달리, 항소의 일부취하는 허용되지 않는다.

② 항소의 취하는 항소의 전부에 대하여 하여야 하고 항소의 일부취하는 효력이 없으므로 병합된 수개의 청구 전부에 대하여 불복한 항소에서 그중 일부청구에 대한 불복신청을 철회하였더라도 그것은 단지 불복의 범위를 감축하여 심판의 대상을 변경하는 효과를 가져오는 것에 지나지 아니하고, 항소인이 항소심의 변론종결시까지 언제든지 서면 또는 구두진술에 의하여 불복의 범위를 다시 확장할 수 있는 이상 항소 자체의 효력에 아무런 영향이 없다(대판 2017.1.12. 2016다241249).

18·19법원직 20사무관

1 병합된 수개의 청구 전부에 대하여 불복한 항소에서 그중 일부청구에 대한 불복신청을 철회하였다면, 항소인은 불복의 범위를 다시 확장할 수 없다. ( )

정답 | 1 ×

3) 법원에 대한 소송행위

항소의 취하는 단독적 소송행위이고 상대방의 동의를 요하지 않는다(제393조 제2항에서 제266조 제2항 부준용).

4) 소송행위의 유효요건을 갖출 것

① 항소취하는 소송행위이므로 소송능력이 있어야 하며 조건을 붙일 수 없고, 착오·사기·강박과 같은 의사의 흠으로 그 행위의 무효, 취소를 주장할 수 없다(대판 1980.8.26. 80다76).

② 다만, 형사상 처벌받을 타인의 행위로 인하여 항소를 취하하였을 때에는 제451조 제1항 제5호의 재심사유에 관한 규정을 유추하여 항소취하의 취소가 허용된다.

(4) 방식

① 항소취하의 방식에 관해서는 소의 취하에 관한 제266조 제3항 내지 제5항이 준용된다. 따라서 원칙적으로 서면으로 하여야 하지만 변론이나 변론준비기일에서는 말로도 할 수 있는데, 이 경우에는 조서에 기재하여야 한다(제393조 제2항, 제266조 제3항·제5항).

② 항소취하는 항소법원에 하는 것이 통상적이지만 원심법원에 소송기록이 있는 경우에는 원심법원에 하여야 한다(규칙 제126조). 항소장부본을 송달한 후에 서면에 의한 항소취하가 있는 때에는 항소취하의 서면을 상대방에게 송달하여야 한다(제399조 제2항, 제266조 제4항). 다만, 항소취하의 효력이 생기는 것은 취하서가 항소법원에 제출된 때이고 상대방에게 송달된 때가 아니다(대판 1980.8.26. 80다76).

③ 상대방의 동의는 요건이 아니다(제393조 제2항에서 제266조 제2항 부준용).

(5) 효과

① 항소는 소급적으로 효력을 잃게 되고, 항소심절차는 종료된다(제393조 제2항, 제267조 제1항).

② 원판결을 소급적으로 소멸시키는 소의 취하와는 달리 항소취하는 원판결에 영향을 미치지 않으며 그에 의해 원판결은 확정된다.

③ 항소취하가 있으면 소송은 처음부터 항소심에 계속되지 아니한 것으로 보게 되나(제393조 제2항, 제267조 제1항), 항소취하는 소의 취하나 항소권 포기와 달리 제1심 종국판결이 유효하게 존재하므로, 항소기간 경과 후에 항소취하가 있는 경우에는 항소기간 만료시로 소급하여 제1심판결이 확정된다(대판 2017.9.21. 2017다233931).

판례 | 항소기간 경과 전에 항소취하가 있는 경우, 항소기간 내에 다시 항소제기가 가능한지 여부(적극)

항소의 취하가 있으면 소송은 처음부터 항소심에 계속되지 아니한 것으로 보게 되나(민사소송법 제393조 제2항, 제267조 제1항), 항소취하는 소의 취하나 항소권의 포기와 달리 제1심 종국판결이 유효하게 존재하므로, 항소기간 경과 후에 항소취하가 있는 경우에는 항소기간 만료시로 소급하여 제1심판결이 확정되나, 항소기간 경과 전에 항소취하가 있는 경우에는 판결은 확정되지 아니하고 <u>항소기간 내라면 항소인은 다시 항소의 제기가 가능하다</u>(대판 2016.1.14. 2015므3455).

④ 항소심에서 소의 교환적 변경이 적법하게 이루어졌다면 제1심판결은 소의 교환적 변경에 의한 소취하로 실효되고, 항소심의 심판대상은 새로운 소송으로 바뀌어지고 항소심이 사실상 제1심으로 재판하는 것이 되므로, 그 뒤에 피고가 항소를 취하한다 하더라도 항소취

14법원직

1 항소의 취하는 항소법원에 하여야 하나, 소송기록이 원심법원에 있을 때에는 원심법원에 하여야 한다.
( )

14법원직

2 상대방이 본안에 관하여 준비서면을 제출하거나 변론을 한 뒤에는 항소를 취하함에 있어 상대방의 동의가 필요하다. ( )

17·18법원직

3 항소기간 경과 후에 항소취하가 있는 경우에는 항소기간 만료시로 소급하여 제1심판결이 확정된다.
( )

21사무관 22법원직

4 항소기간 경과 전에 항소취하가 있는 경우 판결은 확정되지 아니하고 항소기간 내라면 항소인은 다시 항소의 제기가 가능하다. ( )

14·19법원직

5 판례는 피고의 항소로 인한 항소심에서 소의 교환적 변경이 적법하게 이루어진 뒤에 한 피고의 항소 취하는 그 대상이 없어 아무런 효력이 발생할 수 없다고 보고 있다.
( )

정답 | 1 ○ **2** × **3** ○ **4** ○ **5** ○

하는 그 대상이 없어 아무런 효력을 발생할 수 없다(대판 1995.1.24. 93다25875).

5. 부대항소

제403조 [부대항소]
피항소인은 항소권이 소멸된 뒤에도 변론이 종결될 때까지 부대항소를 할 수 있다.

제405조 [부대항소의 방식]
부대항소에는 항소에 관한 규정을 적용한다.

제404조 [부대항소의 종속성]
부대항소는 항소가 취하되거나 부적법하여 각하된 때에는 그 효력을 잃는다. 다만, 항소기간 이내에 한 부대항소는 독립된 항소로 본다.

(1) 의의와 성질

1) 의의

부대항소라 함은 항소를 당한 피항소인이 항소인의 항소에 의하여 개시된 항소심절차에 편승하여 자기에게 유리하게 항소심판의 범위를 확장시키는 신청이다. 항소인은 항소심에서 심판범위를 확장할 수 있기 때문에 이에 대응하여 피항소인에게도 부대항소로 심판범위를 확장할 수 있도록 하여 공평한 취급을 하려는 것이다.

2) 성질

① 판례는 원고가 전부승소하였기 때문에 원고는 항소하지 아니하고 피고만 항소한 사건에서, 원고가 청구취지를 확장 변경함으로서 그것이 피고에게 불리하게 된 경우에는 그 한도에서 부대항소를 한 취지로 본다(대판 2008.7.24. 2008다18376).

② 부대항소는 상대방의 항소에 편승한 것뿐이지 이에 의하여 항소심절차가 개시되는 것이 아니므로, 통설과 판례인 비항소설이 타당하다고 본다.

(2) 요건

1) 상대방이 제기한 항소가 계속 중일 것

① 주된 항소가 적법하게 계속되어 있어야 한다. 주된 항소의 피항소인이 항소인을 상대로 제기하여야 한다(제403조). 따라서 당사자 쌍방이 모두 주된 항소를 제기한 경우에는 그 일방은 상대방의 항소에 부대항소를 제기할 수 없다.

② 통상의 공동소송에 있어 공동당사자 일부만이 항소를 제기한 때에는 피항소인은 항소인인 공동소송인 이외의 다른 공동소송인을 상대방으로 하거나 상대방으로 보태어 부대항소를 제기할 수는 없다. 항소인이 아닌 다른 공동소송인의 판결 부분은 공동소송인독립의 원칙에 의하여 이미 분리확정되어 끝났기 때문이다(대판 2015.4.23. 2014다89287,89294).

③ 피항소인이 부대항소를 할 수 있는 범위는 항소인이 주된 항소에 의하여 불복을 제기한 범위에 의하여 제한을 받지 아니한다(대판 2003.9.26. 2001다68914).

2) 변론종결 전일 것

항소심의 변론종결 전이어야 한다(제403조). 상고심의 경우는 상고이유서 제출기간 만료 시까지 부대상고를 할 수 있다는 것이 판례의 태도이다(대판 2007.4.12. 2006다10439).

16법원직

1 제1심에서 원고가 전부 승소하여 피고만이 항소한 경우, 원고는 항소심에서도 청구취지를 확장할 수 있고 이는 피고에게 불리하게 되는 한도에서 부대항소를 한 것으로 본다.
( )

14·20법원직

2 판례에 따르면 통상의 공동소송에 있어 공동당사자 일부만이 항소를 제기한 때에는 피항소인은 항소인인 공동소송인 이외의 다른 공동소송인을 상대방으로 하여 부대항소를 제기할 수 없다. ( )

19사무관 20법원직

3 피항소인이 부대항소를 할 수 있는 범위는 항소인이 주된 항소에 의하여 불복을 제기한 범위에 의하여 제한을 받지 아니한다. ( )

14법원직 16사무관

4 부대항소는 항소심의 변론종결 전까지 가능하다. ( )

정답 | 1 ○ 2 ○ 3 ○ 4 ○

3) 부대항소의 이익이 있을 것
　① 주된 항소의 상대방도 역시 항소를 제기하였을 경우에는 부대항소의 이익이 없다. 이 경우에는 불복신청의 범위를 확장하여 그 목적을 달성할 수 있기 때문이다.
　② 피항소인은 자기의 항소권의 포기나 항소기간의 도과로 소멸된 경우에도 부대항소를 제기할 수 있다(제403조). 다만, 부대항소권까지도 포기하였으면 그러하지 아니하다.
　③ 제1심에서 전부승소한 당사자는 독립된 항소는 허용되지 않으나 상대방이 항소제기한 경우에 소의 변경 또는 반소의 제기를 위한 부대항소를 제기할 수 있으며, 이때에 부대항소장의 제출을 하지 않고, 대신에 청구취지확장서, 반소장을 제출해도 된다. 그렇게 해도 상대방에게 불리하게 되는 한도에서 부대항소를 한 것으로 본다(대판 1993.4.27, 92다47878, 대판 1995.6.30, 94다58261).

(3) 방식

1) 항소에 관한 규정에 의한다.
　① 부대항소장의 서면제출을 필요로 하지만, 그 신청을 변론에서 말로 진술해도 상대방이 이의권(제151조)을 포기하면 적법한 제기로 볼 수 있다.
　② 부대항소장에도 항소장과 마찬가지로 제1심판결의 취소를 구하는 한도에서 소장에 붙인 인지액의 1.5배액의 인지를 붙여야 한다(민사소송 등 인지법 제3조). 항소의 취하로 부대항소가 같이 소멸하는 경우 항소장에 붙은 인지액은 물론이고 부대항소장에 붙은 인지액도 환급사유가 된다.*

2) 부대항소도 취하할 수 있다.
　부대항소를 취하함에는 상대방의 동의를 요하지 않는다.

(4) 효력

1) 불이익변경금지의 원칙 배제
　부대항소에 의하여 항소법원의 심판의 범위가 확장되면 피항소인의 불복의 정당 여부도 심판되게 된다. 따라서 불이익변경금지의 원칙이 배제된다.

2) 부대항소의 종속성
　① 부대항소는 상대방의 항소에 의존하는 것이기 때문에 주된 항소의 취하 또는 부적법각하에 의하여 그 효력을 잃는다(제404조).
　② 부대항소인이 독립하여 항소할 수 있는 기간내에 제기한 부대항소는 독립항소로 보기 때문에(제404조 단서), 항소의 취하 각하에 의하여 영향을 받지 않는다. 이를 독립부대항소라고 한다. 그와 같은 경우 주된 항소가 취하되거나 주된 항소에 대하여 각하의 판결이 있었던 경우에는 항소인이었던 사람도 부대항소를 할 수 있다.

(5) 환송 후 항소심에서도 부대항소의 제기에 관계없이 주된 항소를 취하할 수 있는지 여부

1) 문제점
　항소의 취하는 항소심의 종국판결선고 전까지 할 수 있고(제393조 제1항), 부대항소는 항소가 취하된 때에는 효력을 잃는다(제404조). 문제는 항소인이 항소심에서 부대항소 때문에 제1심판결보다 더 불리한 판결을 선고받았는데 파기환송 후에 항소를 취하하여 보다 유리한 제1심판결을 확정시킬 수 있는지 문제된다.

14·20법원직
1 피항소인은 항소권의 포기나 항소기간의 도과로 자기의 항소권이 소멸된 경우에도 부대항소를 제기할 수 있다.　　　　(　　)

15·19사무관
2 피고만이 항소를 제기한 경우, 제1심에서 전부승소한 원고는 소의 변경을 위하여 부대항소를 할 수 없다.　　　　(　　)

19·20법원직
3 제1심에서 전부승소한 원고가 항소심 계속 중 그 청구취지를 확장·변경할 수 있는 것이고 그것이 피고에게 불리하게 하는 한도 내에서는 부대항소를 한 취지로도 볼 수 있다.　　　　(　　)

* 법원공무원 교육원교재 참조

16법원직
4 부대항소도 취하할 수 있으며, 부대항소를 취하함에는 상대방의 동의를 얻을 필요가 없다.　(　　)

16법원직
5 피고만이 항소한 항소심에서 원고가 부대항소를 한 경우라도 항소심법원은 제1심판결의 인용 금액을 초과하여 원고의 청구를 인용할 수 없다.　　　　(　　)

14법원직
6 항소가 취하되거나 부적법하여 각하된 경우 부대항소는 이를 독립된 항소로 보아 처리하는 것이 원칙이다.　　　　(　　)

14주사보 16법원직
7 부대항소인이 제1심 판결정본을 송달받은 날부터 2주일 이내에 제기한 부대항소는 주된 항소의 취하·각하에 영향을 받지 않는다.

정답 | 1 ○ 2 × 3 ○ 4 ○ 5 ×
6 × 7 ○

1 판례는 항소심의 종국판결이 선고된 뒤라도 그 판결이 상고심에서 파기환송된 경우에는 부대항소의 제기 여부와 관계없이 새로운 종국판결이 있기까지 항소인은 항소를 취하할 수 있다고 보고 있다.

(　　　)

2) 판례의 입장

항소는 항소심의 종국판결이 있기 전에 취하할 수 있는 것으로서, 일단 항소심의 종국판결이 있은 후라도 그 종국판결이 상고심에서 파기되어 사건이 다시 항소심에 환송된 경우에는 먼저 있은 종국판결은 그 효력을 잃고 그 종국판결이 없었던 것과 같은 상태로 돌아가게 되므로 새로운 종국판결이 있기까지는 항소인은 피항소인이 부대항소를 제기하였는지 여부에 관계없이 항소를 취하할 수 있고, 그 때문에 피항소인이 부대항소의 이익을 잃게 되어도 이는 그 이익이 본래 상대방의 항소에 의존한 은혜적인 것으로 주된 항소의 취하에 따라 소멸되는 것이어서 어쩔 수 없다 할 것이므로, 이미 부대항소가 제기되어 있다 하더라도 주된 항소의 취하는 그대로 유효하다(대판 2004.4.28. 2004다4225).

Ⅲ 항소심의 종국적 재판

판례 | 항소심에서 공시송달 판결을 하는 경우, 민사소송법 제208조* 제3항 제3호에 따라 판결서의 이유에 청구를 특정함에 필요한 사항과 같은 법 제216조 제2항의 판단에 관한 사항만을 간략하게 표시할 수 있는지 여부(소극)

> 민사소송법 제208조 제2항의 규정에도 불구하고 제1심판결로서 '피고가 민사소송법 제194조 내지 제196조의 규정에 의한 공시송달로 기일통지를 받고 변론기일에 출석하지 아니한 경우의 판결'(이하 '공시송달 판결'이라 한다)에 해당하는 경우에는 판결서의 이유에 청구를 특정함에 필요한 사항과 같은 법 제216조 제2항의 판단에 관한 사항만을 간략하게 표시할 수 있다(제208조 제3항 제3호). 한편, 항소심의 소송절차에는 특별한 규정이 없으면 민사소송법 제2편 제1장 내지 제3장에서 정한 제1심의 소송절차에 관한 규정을 준용하지만(제408조), 같은 법 제208조 제3항 제3호를 준용하는 규정은 별도로 두고 있지 않다. 오히려 항소심이 판결이유를 적을 때에는 제1심판결을 인용할 수 있지만, 제1심판결이 민사소송법 제208조 제3항 제3호에 따라 작성된 경우에는 이를 인용할 수 없다(제420조). 위와 같은 규정들의 내용과 그 취지를 종합하면, <u>공시송달 판결을 하는 경우 제1심은 민사소송법 제208조 제3항 제3호에 따라 판결서의 이유에 청구를 특정함에 필요한 사항과 같은 법 제216조 제2항의 판단에 관한 사항만을 간략하게 표시할 수 있지만, 당사자의 불복신청 범위에서 제1심판결의 당부를 판단하는 항소심은 그와 같이 간략하게 표시할 수 없고, 같은 법 제208조 제2항에 따라 주문이 정당하다는 것을 인정할 수 있을 정도로 당사자의 주장과 그 밖의 공격방어방법에 관한 판단을 표시하여야 한다</u>(대판 2021.2.4. 2020다259506).

*제208조(판결서의 기재사항 등) ① 판결서에는 다음 각호의 사항을 적고, 판결한 법관이 서명날인하여야 한다.
1. 당사자와 법정대리인
2. 주문
3. 청구의 취지 및 상소의 취지
4. 이유
5. 변론을 종결한 날짜. 다만, 변론 없이 판결하는 경우에는 판결을 선고하는 날짜
6. 법원
② 판결서의 이유에는 주문이 정당하다는 것을 인정할 수 있을 정도로 당사자의 주장, 그 밖의 공격·방어방법에 관한 판단을 표시한다.
③ 제2항의 규정에 불구하고 제1심 판결로서 다음 각호 가운데 어느 하나에 해당하는 경우에는 청구를 특정함에 필요한 사항과 제216조제2항의 판단에 관한 사항만을 간략하게 표시할 수 있다.
1. 제257조의 규정에 의한 무변론 판결
2. 제150조제3항이 적용되는 경우의 판결
3. 피고가 제194조 내지 제196조의 규정에 의한 공시송달로 기일통지를 받고 변론기일에 출석하지 아니한 경우의 판결

1. 항소장각하

항소장의 방식위배(제397조), 항소기간의 도과, 항소장 부본의 송달불능의 경우에는 재판장의 명령으로 각하한다(제402조 제2항).

2. 항소각하

항소요건의 흠으로 부적법한 항소인 경우에는 판결로써 항소를 각하한다. 흠의 보정이 불가능한 때에는 변론 없이 항소를 각하할 수 있다(제413조). 법원이 변론무능력자에 대하여 변호사 선임명령을 하였음에도 불구하고 선임을 하지 아니한 때에는 판결 아닌 결정에 의한 항소각하가 가능하다(제144조 제4항).

정답 | 1 ○

판례 | 항소심에서 항소장부본을 송달할 수 없는 경우, 항소심재판장은 민사소송법 제
402조 제1항, 제2항에 따라 항소인에게 상당한 기간을 정하여 그 기간 이내에
피항소인의 주소를 보정하도록 명하여야 하는지 여부(적극) 및 항소인이 그 기간
이내에 피항소인의 주소를 보정하지 아니한 때에는 명령으로 항소장을 각하하여
야 하는지 여부(적극)

대법원은 항소심에서 항소장부본을 송달할 수 없는 경우 항소심재판장은 민사소송법 제402조 제
1항, 제2항에 따라 항소인에게 상당한 기간을 정하여 그 기간 이내에 피항소인의 주소를 보정하
도록 명하여야 하고, 항소인이 그 기간 이내에 피항소인의 주소를 보정하지 아니한 때에는 명령으
로 항소장을 각하하여야 한다는 법리를 선언하여 왔고, 항소장의 송달불능과 관련한 법원의 실무
도 이러한 법리를 기초로 운용되어 왔다. 위와 같은 대법원 판례는 타당하므로 그대로 유지되어야
한다. 그 이유는 다음과 같다.

① 현재 판례의 태도는 민사소송법 제402조 제1항, 제2항의 문언 해석에 부합하고, 그 입법연혁
을 고려하면 더욱 그러하다.

민사소송법 제402조 제1항, 제2항의 문언에 의하면, 항소장부본이 피항소인에게 송달되지 않는
경우 항소심재판장은 항소장부본이 피항소인에게 송달될 수 있도록 항소인에게 항소장의 흠을
보정하도록 명하여야 한다. 여기서 '흠을 보정한다.'는 것은 항소장부본의 송달불능 원인을 보정
하여야 한다는 의미이므로, 그 송달불능 원인이 피항소인의 주소 때문이라면, 항소인은 피항소인
이 항소장부본을 송달받을 수 있는 주소를 보정하여야 한다는 의미로 해석할 수밖에 없다.

입법연혁에 비추어 보더라도, 소장부본이 송달불능에 이른 경우 재판장이 주소보정명령을 하
고 원고가 이를 이행하지 아니한 때 소장각하명령을 하여야 하는 것과 마찬가지로 항소장부본
이 송달불능에 이른 경우에는 재판장이 주소보정명령을 하고 항소인이 이를 이행하지 아니한
때 항소장각하명령을 하여야 한다고 해석함이 타당하다.

② 현재의 판례는 항소인이 항소심재판 진행에 필요한 최소한의 요건을 갖추지 않는 데 대한 제
재의 의미라고 이해할 수 있다.

③ 항소심재판장이 항소인에게 항소장부본이 송달될 수 있는 피항소인의 주소를 보정하라고 명
령하는 것은 항소인에게 수인하지 못할 정도의 과중한 부담을 부과한 것도 아니다.

④ 실무상 주소보정명령에서 항소장각하명령을 예고하고 있으므로, 항소장각하명령은 항소인이
충분히 예측할 수 있는 재판이다.

⑤ 현재의 판례는 제1심 재판을 충실화하고 항소심을 사후심에 가깝게 운영하기 위한 향후의 발
전 방향에도 부합한다(대결 (전) 2021.4.22.\
2017마6438).

3. 항소기각

제414조 [항소기각]
① 항소법원은 제1심 판결을 정당하다고 인정한 때에는 항소를 기각하여야 한다.
② 제1심 판결의 이유가 정당하지 아니한 경우에도 다른 이유에 따라 그 판결이 정당하다고 인
정되는 때에는 항소를 기각하여야 한다.

① 제1심판결이 정당하거나 또는 그 이유는 정당하지 아니하여도 다른 이유에 따라 그 판결
의 결론(주문)이 정당하다고 인정할 때에는 항소기각판결을 한다(제414조).

예컨대 원심에서 변제를 이유로 청구기각판결을 하고 원고가 항소한 경우 항소심은 소멸
시효를 이유로 하여 청구기각을 하는 것이 옳다고 보더라도 원판결을 취소해야 할 필요는
없으므로 원고의 항소를 인정하지 않고 그대로 항소기각을 할 수 있다.

② 그러나 예비적 상계의 항변에 의하여 승소한 피고가 항소한 경우에 항소법원에서 볼 때 상계에 의할 필요 없이 예컨대 변제의 항변을 받아들여 청구를 기각할 수 있으면 원판결을 취소하고 청구기각의 선고를 하여야 한다. 상계의 항변에 관한 판단은 판결이유 중의 판단이지만 기판력이 생기기 때문이다(제216조 제2항).

③ 항소심에서 청구가 교환적으로 변경된 경우에는 구청구가 취하되어 제1심판결은 실효되고 신청구만이 항소심의 심판대상이 된다. 원고 일부인용에 쌍방 모두 항소한 후 청구를 교환적으로 변경한 경우 항소심은 제1심판결 중 항소심이 추가로 인용하는 부분에 해당하는 원고 패소 부분을 취소한다거나 피고의 항소를 기각한다는 주문 표시를 하여서는 안된다(대판 2009.2.26. 2007다83908).

4. 항소인용

> **제416조 [제1심판결의 취소]**
> 항소법원은 제1심판결을 정당하지 아니하다고 인정한 때에는 취소하여야 한다.
>
> **제417조 [판결절차의 위법으로 말미암은 취소]**
> 제1심판결의 절차가 법률에 어긋날 때에 항소법원은 제1심판결을 취소하여야 한다.
>
> **제418조 [필수적 환송]**
> 소가 부적법하다고 각하한 제1심판결을 취소하는 경우에는 항소법원은 사건을 제1심법원에 환송하여야 한다. 다만, 제1심에서 본안판결을 할 수 있을 정도로 심리가 된 경우, 또는 당사자의 동의가 있는 경우에는 항소법원은 스스로 본안판결을 할 수 있다.

(1) 원판결의 취소

항소법원은 제1심판결이 정당하지 아니하다고 인정한 때(제416조)와 제1심판결의 절차가 법률에 어긋날 때, 즉 변론에 관여한 적이 없는 법관에 의한 판결 또는 판결원본에 의하지 않은 판결선고 등의 경우에는 원판결을 취소한다(제417조).

판례 | 제1심법원이 피고의 답변서 제출을 간과한 채 민사소송법 제257조 제1항에 따라 무변론판결을 선고한 경우, 항소법원이 제1심판결을 취소하여야 하는지 여부(적극) 및 이때 사건을 환송하지 않고 직접 다시 판결할 수 있는지 여부(적극)

제1심법원이 피고에게 소장의 부본을 송달하였을 때 피고가 원고의 청구를 다투는 경우에는 소장의 부본을 송달받은 날부터 30일 이내에 답변서를 제출하여야 하고(제256조 제1항), 법원은 피고가 답변서를 제출하지 아니한 때에는 청구의 원인이 된 사실을 자백한 것으로 보고 변론 없이 판결할 수 있으나(이하 '무변론판결'이라 한다), 판결이 선고되기까지 피고가 원고의 청구를 다투는 취지의 답변서를 제출한 경우에는 무변론판결을 할 수 없다(제257조 제1항).

따라서 제1심법원이 피고의 답변서 제출을 간과한 채 제257조 제1항에 따라 무변론판결을 선고하였다면, 이러한 제1심판결의 절차는 법률에 어긋난 경우에 해당한다.

항소법원은 제1심판결의 절차가 법률에 어긋날 때에 제1심판결을 취소하여야 한다(제417조). 따라서 제1심법원이 피고의 답변서 제출을 간과한 채 제257조 제1항에 따라 무변론판결을 선고함으로써 제1심판결 절차가 법률에 어긋난 경우 항소법원은 제417조에 의하여 제1심판결을 취소하여야 한다. 다만 항소법원이 제1심판결을 취소하는 경우 반드시 사건을 제1심법원에 환송하여야 하는 것은 아니므로, 사건을 환송하지 않고 직접 다시 판결할 수 있다(대판 2020.12.10. 2020다255085).

22법원직
1 제1심법원이 피고의 답변서 제출을 간과한 채 무변론판결을 선고함으로써 제1심판결 절차가 법률에 어긋난 경우 항소법원은 제1심판결을 취소하여야 한다. ( )

정답 | 1 ○

(2) 자판(원칙)

항소심은 사실심이므로 스스로 소에 대하여 재판을 하는 것이 원칙이고, 다른 법원으로의 환송·이송은 예외적인 경우에만 한다. 이 점에서 법률심으로서 원칙적으로 환송을 하는 상고심과 다르다.

(3) 환송(예외)

소가 부적법하다고 각하한 제1심판결을 취소하는 경우에는 항소법원은 사건을 제1심법원에 환송하여야 한다(제418조 본문). 다만 예외적으로 (ⅰ) 제1심에서 본안판결을 할 수 있을 정도로 심리가 된 경우, (ⅱ) 당사자의 동의가 있는 경우에는 환송하지 않고 자판할 수 있다(제418조 단서).

(4) 이송

전속관할 위반을 이유로 원판결을 취소하는 때에는 원심으로 환송하지 않고 직접 전속관할 있는 제1심법원으로 이송하여야 한다(제419조). 임의관할을 위반한 경우에는 원심판결의 취소사유가 되지 않는다.

5. 불이익변경금지의 원칙

> **제415조 [항소를 받아들이는 범위]**
> 제1심판결은 그 불복의 한도 안에서 바꿀 수 있다. 다만, 상계에 관한 주장을 인정한 때에는 그러하지 아니하다.

(1) 의의 및 취지

① 상소제기에 의하여 사건은 전부 이심되지만 상급심에서의 심판의 범위는 상소에 의하여 불복신청된 부분에 한정되고, 불복신청의 범위를 넘어서 원심판결을 이익 또는 불이익으로 변경할 수 없다는 원칙이다.

② 원래 민사소송에서는 당사자가 신청한 범위를 넘어서 판단할 수 없는바, 상소심도 그 예외가 될 수 없는 것이다. 즉, 처분권주의(제203조)가 상소심에 반영된 것이다.

(2) 내용

1) 이익변경의 금지

상소인의 불복신청의 범위를 넘어서 제1심판결보다도 유리한 재판을 할 수 없다. 예컨대 이혼과 위자료 두 가지 모두 패소한 피고가 그중 위자료 패소 부분에 한하여 불복상소하였을 때, 불복하지 않는 이혼 패소 부분이 부당하여도 피고에게 유리하게 변경할 수 없다.

2) 불이익변경의 금지

상대방으로부터 항소·부대항소가 없는 한, 불복하는 항소인에게 제1심판결보다도 더 불리하게 변경할 수 없다. 최악의 경우에 항소기각되는 위험뿐이다.

① 청구를 일부기각한 제1심판결에 대하여 원고만이 항소한 경우에, 항소법원이 청구 전부가 이유 없는 것으로 판단되어도 기왕의 원고 승소 부분까지 취소하여 청구 전부를 기각할 수 없고, 일부기각의 판결에 대하여 피고만이 항소한 경우에 항소법원이 피고의 패소 부분을 넘어서 피고에게 불리한 판결을 할 수 없는 것이다. 단순이행판결에 대한 항소심에서 동시이

상소심절차 제6편 2023 해커스법원직 신정운 S 민사소송법

16·19법원직

1 '피고는 원고로부터 3,000만 원을 지급받음과 동시에 원고에게 소유권이전등기절차를 이행하라'는 제1심판결에 대하여 원고만이 항소한 경우에 항소심이 '피고는 원고로부터 4,000만 원을 지급받음과 동시에 원고에게 소유권이전등기절차를 하라'는 판결을 하는 것은 불이익변경금지원칙에 위반된다.
( )

정답 | 1 ○

행판결 또는 선이행판결로 변경한 경우에도 불이익변경금지의 원칙에 반한다(대판 2005.8.19. 2004다8197,8203).

② 제1심판결 주문의 불리한 변경이 문제되지 이유의 변경은 원칙적으로 항소인에게 더 불이익한 변경이 되어도 상관없다.

③ 다만, 피고의 상계항변을 인정하여 청구를 기각한 판결에 대하여 원고가 항소한 경우 원고주장의 소구채권이 부존재한다고 하여 항소를 기각할 수는 없다. 이를 인정하면 원고로서는 상계에 이용된 피고의 채권이 소멸되는 이익을 상실하기 때문이다.

판례 | 불이익변경금지 인정 사례

1. 불이익하게 변경된 것인지 여부는 기판력의 범위를 기준으로 하나 공동소송의 경우 원·피고별로 각각 판단하여야 하고, 동시이행의 판결에 있어서는 원고가 그 반대급부를 제공하지 아니하고는 판결에 따른 집행을 할 수 없어 비록 피고의 반대급부이행청구에 관하여 기판력이 생기지 아니하더라도 반대급부의 내용이 원고에게 불리하게 변경된 경우에는 불이익변경금지 원칙에 반하게 된다(대판 2005.8.19. 2004다8197,8203).
2. 금전채무불이행의 경우에 발생하는 법정 지연손해금채권은 그 원본채권의 일부가 아니라 전혀 별개의 채권으로 원본채권과는 별개의 소송물이고, 불이익변경에 해당하는지 여부는 각 소송물별로 원금과 지연손해금 부분을 각각 따로 비교하여 판단하여야 할 것이다(대판 2005.4.29. 2004다40160).
3. 재심은 상소와 유사한 성질을 갖는 것으로서 부대재심이 제기되지 않는 한 재심원고에 대하여 원래의 확정판결보다 불이익한 판결을 할 수 없다(대판 2003.7.22. 2001다76298).
4. 가집행선고는 당사자의 신청 유무에 관계없이 법원이 직권으로 판단할 사항으로 처분권주의를 근거로 하는 민사소송법 제385조의 적용을 받지 아니하므로, 가집행선고가 붙지 아니한 제1심판결에 대하여 피고만이 항소한 항소심에서 항소를 기각하면서 가집행선고를 붙였어도 불이익변경금지의 원칙에 위배되지 아니한다(대판 1998.11.10. 98다42141).

3) 소각하판결

① 원고가 소각하의 제1심판결에 대해 항소한 경우 항소법원이 소 자체는 적법하지만 본안에서 기각될 사안이라고 판단할 때 어떤 조치를 취할 것인지 문제된다.

② 판례는 소의 이익이 있는데 없다고 하여 각하한 원심판단은 잘못이나, 청구가 이유 없다면 원고만이 불복상소한 경우 원심의 소각하판결을 파기하여 청구를 기각함은 원고에게 불이익한 결과가 되므로 원심판결을 유지해야 한다고 한다(대판 2001.9.7. 99다50392).

(3) 예외

① 상대방의 항소·부대항소가 있는 경우

당사자 일방의 항소에 대하여 상대방도 항소 또는 부대항소를 한 경우 심판의 범위가 확대되므로 원판결보다 불이익한 판결이 있을 수 있다.

② 처분권주의를 전제로 하지 않는 절차

직권탐지주의에 의하는 절차나 직권조사사항에 대하여는 이 원칙이 적용되지 않는다. 또한 소송비용의 재판과 가집행선고도 불이익변경금지원칙의 예외이다.

③ 형식적 형성의 소

형식적 형성의 소는 그 실질이 비송사건에 속하는 것이어서 합목적성이 중시되어야 할 것이므로 불이익변경금지원칙이 적용되지 않는다.

16·21법원직

1 재심에는 불이익변경금지원칙이 적용되지 아니한다. ( )

16·21법원직

2 금전채무불이행의 경우에 발생하는 원본채권과 지연손해금채권은 별개의 소송물이므로, 불이익변경에 해당하는지 여부는 원금과 지연손해금 부분을 각각 따로 비교하여 판단하여야 하는 것이고, 별개의 소송물을 합산한 전체 금액을 기준으로 판단하여서는 아니 된다. ( )

21법원직

3 가집행선고가 붙지 아니한 제1심판결에 대하여 피고만이 항소한 항소심에서 항소를 기각하면서 가집행선고를 붙였어도 불이익변경금지의원칙에 위배되지 아니한다. ( )

16·21법원직

4 소를 각하한 제1심판결에 대하여 원고만이 불복상소하였으나 심리한 결과 원고의 청구가 이유가 없다고 인정되는 경우 그 제1심판결을 취소하여 원고의 청구를 기각하더라도 항소인인 원고에게 불이익한 결과로 되지 않으므로, 항소심은 제1심판결을 취소하고 청구기각판결을 하여야 한다. ( )

정답 | 1 × 2 ○ 3 ○ 4 ×

④ 합일확정이 필요한 소송

예비적·선택적 공동소송, 독립당사자참가소송 등에서 패소하였으나 상소나 부대상소를 하지 아니한 당사자의 판결부분에 대하여도 이 원칙이 배제되며, 상소한 당사자의 불복범위 내에서 합일확정을 위해 필요한 한도에서는 더 유리하게 변경할 수 있다.

⑤ 항소심에서 상계주장이 인정된 때(제415조 단서)

이 경우도 불이익변경금지 원칙의 예외에 속한다. 예컨대 100만 원에 대한 대여금청구에서 피고가 1차적으로 변제항변을 하고 예비적으로 상계항변을 하였는바, 제1심은 변제항변만 일부인정하고 상계항변은 판단하지 아니하여 40만 원만 인용하고 이에 원고만 항소한 경우 항소심은 변제항변은 이유 없지만 상계항변 전부가 이유 있는 것으로 판단되면 항소심은 제1심 판결 중 원고 승소 부분(40만 원)까지도 취소하고 원고청구 전부를 기각할 수 있다.*

⑥ 피고만이 상고로 대법원에서 파기환송된 뒤 환송 후의 판결이 오히려 환송 전의 판결보다 피고에게 더 불리한 결과를 낳을 수도 있다.

*만일 본조 단서의 규정이 없다면 위의 경우 원고만이 항소하였으므로 제1심에서 인용된 일부청구를 취소할 수 없고 항소를 기각할 수밖에 없는데, 그렇게 되면 피고는 항소심에서 상계를 주장한 반대채권까지 상실하는 셈이 되기 때문이다.

제3장 | 상고

I 총설

1. 상고의 의의

① 상고란 하급심 법원이 선고한 종국판결에 대한 불복신청 중에 제3심인 법률심을 상대로 한 상소를 말한다. 즉, 고등법원이 선고한 종국판결과 지방법원 합의부가 제2심으로서 선고한 종국판결이 상고의 대상이다(제422조 제1항).

② 비약상고의 합의(불항소의 합의)가 있는 제1심 판결에 대해서도 예외적으로 항소심을 거치지 않고 직접 상고가 가능하다(제390조 제1항 단서).

2. 법률심으로서의 상고심

(1) 사후심

상고심에서는 원심판결이 적법하게 확정한 사실은 심리의 대상이 아니고 원심이 인정한 사실을 전제로 법률적인 당부만 판단한다. 따라서 상고심에서는 사실관계에 대한 새로운 주장, 소변경, 새로운 청구나 증거제출이 불가능하며, 원심에서 한 자백을 취소하지도 못한다.

(2) 상고심에서 증거조사를 하는 경우

그러나 직권증거조사사항, 즉 소송요건이나 상소요건의 존부, 재심사유, 원심의 소송절차 위배의 유무 등을 판단함에 있어서는 상고심에서도 당사자가 새로운 주장·증명을 할 수 있고, 법원은 필요한 증거조사를 할 수 있다.

II 상고이유

1. 일반적 상고이유

제423조 [상고이유]
상고는 판결에 영향을 미친 헌법·법률·명령 또는 규칙의 위반이 있다는 것을 이유로 드는 때에만 할 수 있다.

2. 절대적 상고이유

제424조 [절대적 상고이유]
① 판결에 다음 각호 가운데 어느 하나의 사유가 있는 때에는 상고에 정당한 이유가 있는 것으로 한다.
  1. 법률에 따라 판결법원을 구성하지 아니한 때

2. 법률에 따라 판결에 관여할 수 없는 판사가 판결에 관여한 때
3. 전속관할에 관한 규정에 어긋난 때
4. 법정대리권·소송대리권 또는 대리인의 소송행위에 대한 특별한 권한의 수여에 흠이 있는 때
5. 변론을 공개하는 규정에 어긋난 때
6. 판결의 이유를 밝히지 아니하거나 이유에 모순이 있는 때

3. 그 밖의 상고이유

재심사유도 상소에 의하여 주장할 수 있기 때문에(제451조 제1항 단서), 재심사유가 있는 경우에는 상고이유가 된다.

4. 소액사건심판법상의 상고이유

소액사건에서는 통상의 민사소송과 달리 상고이유를 제한하며, ① 법률, 명령, 규칙 또는 처분의 헌법위반 여부와 명령, 규칙 또는 처분의 법률위반 여부에 관한 판단이 부당한 때 및 ② 대법원 판례에 상반되는 판단을 한 때만을 상고이유로 삼을 수 있게 하였다(소액 제3조).

Ⅲ 상고심의 절차

1. 상고의 제기

① 상고와 상고심의 소송절차에는 특별한 규정이 없으면 항소심의 규정을 준용한다(제425조). 따라서 상고심의 제기 역시 상고장 제출로 개시한다.

② 상고장에 상고이유를 적지 아니한 때에 상고인은 제426조의 소송기록 접수의 통지를 받은 날부터 20일 이내에 상고이유서를 제출하여야 한다(제427조). 그리고 상고인이 제427조의 규정을 어기어 상고이유서를 제출하지 아니한 때에는 상고법원은 변론 없이 판결로 상고를 기각하여야 한다(제429조 본문). 다만, 직권으로 조사하여야 할 사유가 있는 때에는 그러하지 아니하다(제429조 단서).

판례 | 상고이유서에 원심판결의 법령 위반에 관한 구체적이고 명시적인 이유의 설시가 없는 경우, 상고이유서가 제출되지 않은 것으로 취급되는지 여부(적극)

상고법원은 상고이유에 의하여 불복신청한 한도 내에서만 조사·판단할 수 있으므로, 상고이유서에는 상고이유를 특정하여 원심판결의 어떤 점이 법령에 어떻게 위반되었는지에 관하여 구체적이고도 명시적인 이유의 설시가 있어야 할 것이므로, 상고인이 제출한 상고이유서에 위와 같은 구체적이고도 명시적인 이유의 설시가 없는 때에는 상고이유서를 제출하지 않은 것으로 취급할 수밖에 없다(대판 2017.5.31. 2017다216981).

2. 상고심의 본안심리

(1) 상고이유서의 송달과 답변서의 제출

> **제428조 [상고이유서, 답변서의 송달 등]**
> ① 상고이유서를 제출받은 상고법원은 바로 그 부본이나 등본을 상대방에게 송달하여야 한다.
> ② 상대방은 제1항의 서면을 송달받은 날부터 10일 이내에 답변서를 제출할 수 있다.
> ③ 상고법원은 제2항의 답변서의 부본이나 등본을 상고인에게 송달하여야 한다.

(2) 심리방법

> **제430조 [상고심의 심리절차]**
> ① 상고법원은 상고장·상고이유서·답변서, 그 밖의 소송기록에 의하여 변론 없이 판결할 수 있다.
> ② 상고법원은 소송관계를 분명하게 하기 위하여 필요한 경우에는 특정한 사항에 관하여 변론을 열어 참고인의 진술을 들을 수 있다.

(3) 부대상고

피상고인은 부대항소와 마찬가지로 부대상고를 할 수 있고(제425조), 부대상고를 제기할 수 있는 시한은 항소심에서의 변론종결시에 대응하는 상고이유서 제출기간 만료시까지이다 (대판 2001.3.23. 2000다30165).

3. 상고심의 종료

(1) 상고장각하명령

원심 및 상고심 재판장은 상고장심사권에 기초하여 상고장이 방식을 위배한 경우, 상고기간을 넘긴 경우와 인지를 붙이지 아니하거나 상고장의 송달불능의 경우에 보정명령을 하였으나 이에 응하지 아니한 경우에 명령으로 상고장을 각하할 수 있다(제425조, 제399조, 제402조).

(2) 상고각하판결

상고요건(상소요건)의 흠이 있는 경우에는 상고법원은 판결로써 상고를 각하한다(제425조, 제413조).

(3) 상고기각판결

상고기각판결은 ① 상고가 이유 없다고 인정한 때, ② 소정의 기간 내에 상고이유서를 제출하지 아니한 때, ③ 심리불속행의 경우에 한다. 원판결이 부당해도 다른 이유에 의하여 결과적으로 정당하다고 인정할 때에는 상고기각판결을 하여야 한다(제425조, 제414조 제2항).

(4) 상고인용판결

① 파기환송 또는 파기이송

상고법원은 상고에 정당한 이유가 있다고 인정할 때에는 원심판결을 파기하고 사건을 원심법원에 환송하거나, 동등한 다른 법원에 이송하여야 한다(제436조 제1항). 사건을 환송받거나 이송받은 법원은 다시 변론을 거쳐 재판하여야 한다.

② 파기자판

상고법원은 원판결을 파기하는 경우 원심법원에 환송 또는 이송하는 것이 원칙이나 (i) 확정된 사실에 대하여 법령적용이 어긋난다 하여 판결을 파기하는 경우에 사건이 그 사실을 바탕으로 재판하기 충분한 때, (ii) 사건이 법원의 권한에 속하지 아니한다 하여 판결을 파기하는 때에는 상고법원이 그 사건에 대하여 종국판결을 하여야 한다(제437조). 이 경우 상고법원은 제2심(항소심)의 입장에서 재판을 하게 된다.

4. 환송판결의 기속력

제436조 [파기환송, 이송]
① 상고법원은 상고에 정당한 이유가 있다고 인정할 때에는 원심판결을 파기하고 사건을 원심법원에 환송하거나, 동등한 다른 법원에 이송하여야 한다.
② 사건을 환송받거나 이송받은 법원은 다시 변론을 거쳐 재판하여야 한다. 이 경우에는 상고법원이 파기의 이유로 삼은 사실상 및 법률상 판단에 기속된다.
③ 원심판결에 관여한 판사는 제2항의 재판에 관여하지 못한다.

(1) 의의 및 법적 성질
① 환송판결의 기속력이란 환송을 받은 법원이 심판을 하는 경우에는 상고법원이 파기의 이유로 삼은 법률상 및 사실상의 판단에 기속되는 효력이다(제436조 제2항, 법원조직법 제8조).
② 판례는 환송판결은 형식적으로 보면 '확정된 종국판결'에 해당하여 법원조직법 제8조, 민사소송법 제406조 제2항 후문의 규정에 의하여 하급심에 대한 특수한 기속력이 인정된다고 하여 특수효력설의 입장이다(대판(전) 1995.2.14. 93재다27,34).

(2) 기속력의 범위
① 기속력은 판결이유 속의 판단에도 미치나 당해 사건에 한하여 작용하고, 환송을 받은 법원 및 그 사건이 재상고된 때에는 상고법원도 기속한다(대판 1995.8.22. 94다43078).
② 종전의 판례는 다시 상고를 받은 상고법원도 파기이유로 된 판단에 기속된다고 하였으나, 최근 전원합의체 판결에서는 재상고심을 심판하는 대법원 전원합의체는 환송판결에 기속되지 않는다고 판시하였다(대판 (전) 2001.3.15. 98두15597).

(3) 기속력의 내용
1) 사실상의 판단
기속을 받는 사실상의 판단이라 함은 예외적으로 상고심에서 사실확정이 가능한 경우, 즉 ① 직권조사사항에 대하여 한 사실상의 판단, ② 절차위배를 판단함에 있어서 인정한 사실, ③ 재심사유에 관한 사실 등에 관한 판단만을 말한다. 따라서 환송받은 법원은 본안에 관하여서는 새로운 증거에 기하여 새로운 사실을 인정할 수 있다.

2) 법률상의 판단
① 환송받은 법원이 기속되는 상고법원의 법률상 판단은 법령의 해석·적용상의 판단을 말한다. 여기에는 사실에 대한 법률적 평가도 포함되고, 명시적으로 설시한 법률상의 판단 이

외에도 이와 논리적, 필연적인 전제관계에 있는 법률상의 판단에도 기속력이 생긴다 $\left(\begin{smallmatrix} 대판 & 2012.3.29. \\ 2011다106136 \end{smallmatrix}\right)$.

② 하급심은 파기의 이유로 든 잘못된 견해만 피하면 당사자가 새로이 주장·입증한 바에 따라 환송 전의 판결과 같은 결론의 판결을 하여도 기속력을 어긴 것이 아니다.

(4) 기속력의 소멸

환송판결에 나타난 법률상의 견해가 판례의 변경으로 바뀌었을 때, 새로운 주장·입증이나 이의 보강으로 전제된 사실관계의 변동이 생긴 때, 법령이 변경된 때에는 기속력은 소멸된다.

제4장 | 항고

Ⅰ 의의

판결 이외의 재판인 결정·명령에 대한 간이한 불복방법으로, 절차상의 부수적·파생적 다툼을 상소시까지 기다리지 않고 신속히 확정하는 데 의의가 있다(제439조, 제440조).

학습 POINT

1. 통상항고와 즉시항고의 차이 정리
2. 특별항고에는 재도의 고안 적용 안 됨

Ⅱ 항고의 종류

1. 통상항고·즉시항고

① 통상항고란 항고제기의 기간에 제한이 없고 항고의 이익이 있는 한 언제나 제기할 수 있음에 비하여, 즉시항고란 신속한 해결의 필요상 1주의 불변기간 이내에 제기할 것을 요하고(제444조), 그 제기에 의하여 집행정지의 효력이 생긴다(제447조).

② 통상항고가 원칙이고, 즉시항고는 법률에 '즉시항고할 수 있다'는 명문규정이 있는 경우에만 예외적으로 허용된다.

18주사보

1 통상항고는 원재판의 취소를 구할 이익이 있는 한 언제든지 제기할 수 있다.　　　　　(　)

18주사보

2 즉시항고는 재판의 고지를 받은 날부터 1주 이내에 제기하여야 한다.
　　　　　　　　　(　)

2. 최초의 항고·재항고

① 최초의 항고란 원심법원이 제1심으로 한 결정·명령에 대한 항고이고 항소의 규정이 적용된다(제443조).

② 재항고란 항고법원의 결정에 대한 항고 및 고등법원 또는 항소법원의 결정·명령에 대한 항고를 말하며(제442조), 상고에 관한 규정이 적용된다(제443조).

3. 특별항고

항고로 불복신청을 할 수 없는 결정·명령에 대하여 비상구제책으로 대법원에 하는 항고가 특별항고이며, 1주의 불변기간 이내에 제기하여야 하며(제449조), 특별항고가 아닌 항고를 일반항고라 한다.

19법원직

3 즉시항고와 특별항고는 재판이 고지된 날부터 1주 이내에 하여야 하고, 위 기간은 불변기간이다.
　　　　　　　　　(　)

Ⅲ 항고의 적용범위

> **제439조 [항고의 대상]**
> 소송절차에 관한 신청을 기각한 결정이나 명령에 대하여 불복하면 항고할 수 있다.

정답 | **1** ○ **2** ○ **3** ○

Ⅳ 적용범위

1. 항고로써 불복할 수 있는 결정·명령

(1) 소송절차에 관한 신청을 기각한 결정이나 명령(제439조)

① 기일지정신청(제165조), 수계신청(제243조) 등 소송절차의 개시·진행 등에 관한 신청이 기각된 경우만 항고할 수 있으며, ② 당사자에게 신청권이 없는 변론재개신청이나 소송절차의 개시·진행과 관계없는 판결경정신청의 기각결정에 대해서는 항고할 수 없다. 증거신청의 각하결정이나 실기한 공격방어방법의 각하결정과 같이 종국판결과 함께 불복할 수 있는 재판도 독립하여 항고할 수 없다.

(2) 형식을 어긴 결정·명령

결정이나 명령으로 재판할 수 없는 사항에 대하여 결정 또는 명령을 한 때에는 항고할 수 있다(제440조).

(3) 집행절차에 관한 집행법원의 재판

집행절차에 관한 집행법원의 재판에 대하여는 특별한 규정이 있다면 즉시항고를 할 수 있다(민집 제15조 제1항).

2. 항고로써 불복할 수 없는 결정·명령

(1) 명문상 불복할 수 없는 재판

제척·기피결정(제47조 제1항), 관할지정결정(제28조 제2항), 감정인 기피결정(제337조 제3항), 지급명령신청의 각하결정(제465조 제2항), 집행정지결정(제500조 제3항) 등이 이에 해당한다.

(2) 해석상 불복할 수 없는 재판

소송절차에 관한 신청이 아니라 본안에 관한 신청인 판결경정·화해조서경정신청의 기각결정에 대하여는 특별항고가 허용된다(대결 1984.3.27. 84그15
대결 2004.6.25. 2003그136).

(3) 항고 이외의 불복신청방법이 인정되는 재판

화해권고결정·지급명령·이행권고결정·조정을 갈음하는 결정, 가압류·가처분결정, 위헌제청신청기각결정 등의 경우에는 다른 이의절차가 있으므로 항고할 수 없다.

(4) 대법원의 재판

대법원은 최종심이므로 그 결정·명령에 대해서는 항고할 수 없고, 특별항고도 허용되지 않는다.

Ⅴ 항고절차

1. 당사자

항고는 편면적 불복절차로서, 당사자 대립구조가 아니다. 따라서 항고장에 피항고인을 표시할 필요가 없고, 항고장을 상대방에게 송달할 필요가 없다.

2. 항고의 제기

① 원심법원에 서면으로 항고장을 제출하여야 한다(제445조). 즉시항고의 경우는 원재판을 고지한 날로부터 1주의 불변기간 이내에 제기해야 한다(제444조).

② 이미 성립한 결정에 대하여는 <u>결정이 고지되어 효력을 발생하기 전에도</u> 결정에 불복하여 항고할 수 있다(대결 (전) 2014.10.8. 2014마667).

판례 | 즉시항고이유서를 제출하지 않았다는 이유로 즉시항고를 각하할 수 있는지 여부 (소극)

민사소송법상 항고법원의 소송절차에는 항소에 관한 규정이 준용되는데, 민사소송법은 항소이유서의 제출기한에 관한 규정을 두고 있지 아니하므로 즉시항고이유서를 제출하지 않았다는 이유로 즉시항고를 각하할 수는 없다(대결 2016.9.30. 2016.그99).

3. 항고제기의 효력

(1) 재도의 고안

① 항고가 제기되면 판결의 경우와 달리 원재판에 대한 기속력이 배제되어 원심법원이 스스로 항고의 당부를 심사할 수 있으며, 만일 항고에 정당한 이유가 있다고 인정하는 때에는 그 재판을 경정하여야 하는데, 이를 재도의 고안이라고 한다(제446조).

② 단순히 잘못된 계산이나 기재의 경정뿐만 아니라 재판의 취소·변경도 할 수 있다. 경정결정을 하면 항고의 목적이 달성되었으므로 항고절차는 당연히 종료된다. 다만, 경정결정에 대해서는 별도의 즉시항고가 허용되며(제211조 제3항), 그 즉시항고에서의 항고법원이 경정결정을 취소하면 경정결정이 없는 상태로 환원되어 당초의 항고가 존속된다.

③ 원법원은 재도의 고안을 위해 필요하다면 변론을 열거나 혹은 당사자를 심문하고 새로운 사실이나 증거를 조사할 수 있다. 다만, 인지부족으로 소장각하한 경우에, 뒤에 인지를 더 납부하여도 재도의 고안에 의하여 각하명령을 경정할 수 없다는 것이 판례이다(대판 (전) 1968.7.29. 68사49).

판례 | 특별항고에 재도의 고안 적용 여부

원결정을 한 제1심법원이나 원명령을 한 재판장이 항고를 이유 있다고 인정하는 때에는 그 재판을 경정하여야 한다(제446조). 이를 '재도의 고안'이라 부른다. 이러한 재도의 고안은 통상항고이든 즉시항고이든 재항고이든 항고가 제기된 때에는 모두 가능하다. 그러나 <u>특별항고(제449조 제1항)는 불복할 수 없는 결정이나 명령, 즉 확정된 결정이나 명령에 대하여 대법원의 최종판단을 받도록 한 특별제도로서 이에 포함되지 아니한다</u>(대결 2001.2.28. 2001.그4).

(2) 이심의 효력

항고제기에 의하여 사건은 항고심으로 이심된다.

(3) 집행정지의 효력

① 결정·명령은 곧바로 집행력을 낳는 것이 원칙이지만, 즉시항고가 제기된 경우에는 일단 발생한 집행력이 정지된다(제447조).

18주사보 21법원직

1 이미 성립한 결정에 대하여는 결정이 고지되어 효력을 발생하기 전에도 결정에 불복하여 항고할 수 있다. ( )

19·21법원직

2 민사소송법상 즉시항고를 한 항고인이 항고장을 제출한 날부터 10일 이내에 즉시항고이유서를 제출하지 아니한 때에는 법원은 그 즉시항고를 각하하여야 한다.( )

14법원직

3 원심법원은 항고에 정당한 이유가 있다고 인정하는 경우 그 재판을 경정하여야 하는데 여기의 경정에는 원재판의 취소·변경도 포함된다. ( )

14법원직 15주사보

4 판례는 상소장의 인지부족으로 각하명령이 내려진 후 부족한 인지를 보정하였다 하더라도 재도의 고안에 의해 그 명령을 취소할 수는 없다고 보고 있다. ( )

14·21법원직 19주사보 22사무관

5 특별항고가 제기된 경우나 항고기간이 지나 즉시항고가 제기된 경우에도 항고가 이유 있다고 인정되면 재도의 고안에 의해 원재판을 경정할 수 있다. ( )

정답 | 1 ○ 2 × 3 ○ 4 ○ 5 ×

② 항고법원 또는 원심법원이나 판사는 항고에 대한 결정이 있을 때까지 원심재판의 집행을 정지하거나 그 밖에 필요한 처분을 명할 수 있다(제448조).

4. 항고심의 심판

① 항고법원의 소송절차에는 항소심에 관한 규정이 준용되나(제443조 제1항), 항고법원이 제1심결정을 취소하고 제1심법원으로 환송한 사건에 제406조 제3항은 준용되지 않으므로 환송전 제1심결정에 관여하였던 판사가 환송 후 제1심결정에 관여할 수 있다(대결 1975.3.12. 74마413).

② 항고절차는 결정으로 완결할 사안이므로 변론을 열 것인가 여부는 항고법원의 재량이다(제134조 제1항). 서면심리를 하는 경우라도 하더라도 당사자나 이해관계인 또는 참고인을 심문할 수 있다(제134조 제2항).

Ⅵ 재항고

① 항고법원·고등법원 또는 항소법원의 결정 및 명령에 대하여는 재판에 영향을 미친 헌법·법률·명령 또는 규칙의 위반을 이유로 드는 때에만 재항고할 수 있다(제442조). 상고의 규정이 준용되므로 재항고장은 원심법원에 제출하여야 한다(제443조 제2항).

② 재항고할 수 있는가의 여부는 항고법원의 결정의 내용에 의한다. 항고를 부적법각하한 재판에 대하여는 재항고할 수 있다(제439조). 항고기각의 결정도 항고가 허용되는 원재판(최초의 재판)을 유지하는 것이므로 이에 대해서는 재항고를 할 수 있으며, 이 경우의 재항고권은 항고인에 한한다(대결 1992.4.21. 92마103).

Ⅶ 특별항고

> **제449조 [특별항고]**
> ① 불복할 수 없는 결정이나 명령에 대하여는 재판에 영향을 미친 헌법위반이 있거나, 재판의 전제가 된 명령·규칙·처분의 헌법 또는 법률의 위반 여부에 대한 판단이 부당하다는 것을 이유로 하는 때에만 대법원에 특별항고를 할 수 있다.
> ② 제1항의 항고는 재판이 고지된 날부터 1주 이내에 하여야 한다.
> ③ 제2항의 기간은 불변기간으로 한다.

1. 의의

(1) 불복할 수 없는 결정·명령에 대하여, ① 재판에 영향을 미친 헌법위반이 있거나, ② 재판의 전제가 된 명령·규칙·처분의 헌법 또는 법률의 위반 여부에 대한 판단이 부당하다는 것을 이유로 대법원에 하는 항고이다(제449조 제1항).

(2) 따라서 당해 결정이나 명령이 법률에 위반되었다는 사유만으로는 재판에 영향을 미친 헌법위반이 있다고 할 수 없으므로 특별항고사유가 되지 못한다(대결 2008.1.24. 2007그18).

15법원직
1 항고법원이 항고를 기각한 결정에 대하여 그 재판을 받은 항고인 및 그 결정에 대한 정당한 이해관계가 있는 타인은 재항고를 할 수 있다. ( )

15법원직
2 관할 등과 같은 소송요건의 적법 여부를 다투는 특별항고사건에서도 대법원은 원심법원의 결정이나 명령에 재판에 영향을 미친 헌법위반을 비롯한 특별항고사유가 있는지 여부에 한정하여 심사해야 하고, 단순한 법률위반이 있다는 이유만으로 원심결정 등을 파기할 수는 없다. ( )

정답 | 1 × 2 ○

2. 특별항고의 대상

특별항고의 대상은 불복할 수 없는 결정·명령이다.

① 명문상 불복이 금지되는 결정·명령에는 관할지정(제28조 제2항), 기피결정(제47조 제1항), 가집행선고 있는 판결에 대한 집행정지결정 및 기각결정(제500조 제3항, 제501조), 잠정처분의 신청을 기각한 결정(민집 제46조 제2항) 등이 있다.

② 해석상 불복이 인정되지 아니하는 경우는 판결경정·화해조서경정신청을 기각한 결정, 법원의 부재자재산관리인 선임결정, 위헌제청신청의 기각결정 등이 있다. 대법원의 결정, 명령은 특별항고의 대상이 아니다.

판례 | 강제집행정지결정 이전의 담보제공명령에 대하여 독립적으로 불복이 가능한지 여부(소극)

수소법원이 민사소송법 제507조 제2항 소정의 강제집행정지결정 등을 명하기 위하여 담보제공명령을 내렸다면 이러한 담보제공명령은 나중에 있을 강제집행을 정지하는 재판에 대한 중간적 재판에 해당하는바, 위 명령에서 정한 공탁금액이 너무 과다하여 부당하다고 하더라도 이는 강제집행정지의 재판에 대한 불복절차에서 그 당부를 다툴 수 있을 뿐, 중간적 재판에 해당하는 담보제공명령에 대하여는 독립하여 불복할 수 없다(대결 2001.9.3. 2001그85).

3. 항고기간

① 특별항고는 재판이 고지된 날로부터 1주의 불변기간 이내에 항고하여야 한다(제449조 제2항).

② 특별항고의 제기는 원재판의 집행을 정지시키지 못하나, 원심법원 또는 대법원은 집행정지의 처분을 명할 수 있다(제450조, 제448조). 특별항고에는 그 성질에 반하지 않는 한 상고에 관한 규정이 준용된다(제450조).

4. 절차혼동의 특별항고

특별항고에 의하여야 할 재판을 일반항고의 대상이 되는 것으로 혼동하여 항고를 제기하는 경우가 있다. 판례는 일관하여 이 경우에 비록 특별항고의 외관(특별항고로 표시하지 않고 항고법원을 대법원으로 불표시 등)을 갖추지 못한 경우라도 항고장의 접수를 받은 법원은 특별항고로 선해하여 대법원에 기록송부를 하여야 한다고 한다(대결 2016.6.21. 2016마5082).

21법원직

1 강제집행정지결정 이전의 담보제공명령은 강제집행을 정지하는 재판에 대한 중간적 재판으로 불복할 수 없는 명령에 해당하므로, 위 담보제공명령은 특별항고의 대상이 되는 재판에 해당한다. ( )

19법원직 19주사보

2 즉시항고나 특별항고는 재판의 고지를 받은 날부터 1주의 불변기간 이내에 제기하여야 한다. ( )

15·19법원직

3 특별항고만이 허용되는 재판에 대한 불복으로서 당사자가 특히 특별항고라는 표시와 항고법원을 대법원으로 표시하지 아니하였다고 하더라도 항고장을 접수한 법원으로서는 이를 특별항고로 보아 소송기록을 대법원에 송부하여야 한다. ( )

정답 | 1 × 2 ○ 3 ○

해커스공무원 학원 · 인강
gosi.Hackers.com

제7편
재심

Ⅰ 재심의 의의

재심은 확정된 판결에 대하여 사실인정에 중대한 오류가 있는 경우에 당사자 및 기타 청구권자의 청구에 의하여 그 판결의 당부를 다시 심리하는 비상수단적인 구제방법이다.

Ⅱ 재심의 적법요건

1. 재심당사자

확정판결의 기판력에 의하여 불이익을 받은 사람이 재심원고, 이익을 받은 사람이 재심피고로 되는 것이 원칙이다. 따라서 확정판결에 표시된 당사자뿐만 아니라, ① 변론종결한 뒤의 승계인(제218조 제1항), ② 제3자 소송담당의 경우 권리귀속주체(제218조 제3항), ③ 판결의 효력이 제3자에 확장되는 경우 판결의 취소에 대하여 고유의 이익을 갖는 제3자가 독립당사자참가의 방식에 의하여 본소의 당사자를 공동피고로 하는 경우 등도 당사자적격이 있다.

판례 | 재심의 소 제기가 채권자대위권의 목적이 될 수 있는지 여부(소극)

채권을 보전하기 위하여 대위행사가 필요한 경우는 실체법상 권리뿐만 아니라 소송법상 권리에 대하여서도 대위가 허용되나, 채무자와 제3채무자 사이의 소송이 계속된 이후의 소송수행과 관련한 개개의 소송상 행위는 그 권리의 행사를 소송당사자인 채무자의 의사에 맡기는 것이 타당하므로 채권자대위가 허용될 수 없다. 같은 취지에서 볼 때 상소의 제기와 마찬가지로 종전 재심대상판결에 대하여 불복하여 종전 소송절차의 재개, 속행 및 재심판을 구하는 재심의 소 제기는 채권자대위권의 목적이 될 수 없다(대판 2012.12.27. 2012다75239).

판례 | 전소의 소송물이 취득시효를 원인으로 한 소유권이전등기청구권인 경우, 그 변론종결 후 전소의 원고로부터 소유권이전등기를 경료받은 승계인이 재심소송의 피고적격이 있는지 여부(소극)

재심대상판결의 소송물은 취득시효 완성을 이유로 한 소유권이전등기청구권으로서 채권적 청구권인 경우, 그 변론종결 후에 원고로부터 소유권이전등기를 경료받은 승계인은 기판력이 미치는 변론종결 후의 제3자에 해당하지 아니하고, 따라서 피고들은 재심대상판결의 기판력을 배제하기 위하여 승계인에 대하여도 재심의 소를 제기할 필요는 없으므로 승계인에 대한 재심의 소는 부적법하다(대판 1997.5.28. 96다41649).

2. 재심의 대상적격

① 재심의 소는 **확정된 종국판결**에 대해서만 허용된다. 따라서 확정되지 아니한 판결에 대한 재심의 소는 부적법하고, 판결 확정 전에 제기한 재심의 소가 부적법하다는 이유로 각하되지 아니하고 있는 동안에 판결이 확정되었더라도, 재심의 소는 적법한 것으로 되는 것이 아니다(대판 2016.12.27. 2016다35123).

② 확정된 종국판결이면 전부판결이든 일부판결이든, 본안판결이든 소송판결이든 불문한다. 사망자를 상대로 한 판결과 같이 무효인 판결은 재심의 대상이 되지 않는다(대판 1994.12.9. 94다16564).

19법원직

1 채권을 보전하기 위하여 대위행사가 필요한 경우는 실체법상 권리뿐만 아니라 소송법상 권리에 대하여서도 대위가 허용되므로 채권자는 채무자와 제3채무자가 소송을 수행하여 받은 확정판결에 대하여 대위권을 행사하여 재심의 소를 제기할 수 있다. ( )

19법원직

2 재심대상판결의 소송물이 취득시효 완성을 이유로 한 소유권이전등기청구권인 경우 그 변론종결 후에 원고로부터 소유권이전등기를 경료받은 승계인을 상대로 제기한 재심의 소는 부적법하다. ( )

20법원직

3 판결확정 전에 제기한 재심의 소가 부적법하다는 이유로 각하되지 아니하고 있는 동안에 재심대상판결이 나중에 확정된다고 하더라도 재심의 소가 적법해지지는 않는다. ( )

정답 | 1 × 2 ○ 3 ○

판례 | 대법원의 환송판결에 재심의 대상적격이 있는지 여부

대법원의 환송판결은 형식적으로 보면 '확정된 종국판결'에 해당하지만, 여기서 '종국판결'이라고 하는 의미는 당해 심급의 심리를 완결하여 사건을 당해 심급에서 이탈시킨다는 것을 의미할 뿐이고 이는 중간판결의 특성을 갖는 판결로서 '실질적으로 확정된 종국판결'이라고 할 수 없어 제451조 제1항 소정의 확정된 종국판결에 해당하지 않는다(대판 (전) 1995.2.14, 93재다27,34).

③ 항소심에서 항소기각의 본안판결을 한 경우에는 사건이 전면적으로 재심판된 것이기 때문에 제1심판결은 재심의 소의 대상이 되지 않고, 항소심판결만이 그 대상이 된다(제451조 제3항).

④ 확정판결이 아니라도 이와 같은 효력을 가진 청구의 포기·인낙, 재판상화해와 조정조서(제220조)에 대해서도 준재심의 소(제461조)가 인정된다.

3. 재심기간

제456조 [재심제기의 기간]
① 재심의 소는 당사자가 판결이 확정된 뒤 재심의 사유를 안 날부터 30일 이내에 제기하여야 한다.
② 제1항의 기간은 불변기간으로 한다.
③ 판결이 확정된 뒤 5년이 지난 때에는 재심의 소를 제기하지 못한다.
④ 재심의 사유가 판결이 확정된 뒤에 생긴 때에는 제3항의 기간은 그 사유가 발생한 날부터 계산한다.

제457조 [재심제기의 기간]
대리권의 흠 또는 제451조 제1항 제10호에 규정한 사항을 이유로 들어 제기하는 재심의 소에는 제456조의 규정을 적용하지 아니한다.

(1) 재심사유를 안 날로부터 30일 이내

① 재심원고는 원칙적으로 재심대상인 판결확정 후 재심사유를 안 날로부터 30일 이내에 재심의 소를 제기하여야 한다. 30일의 출소기간은 불변기간이다(제456조 제2항). 여러 개의 재심사유를 주장한 경우 재심기간은 각 재심사유별로 가려보아야 한다(대판 1993.9.28, 92다33930).

② 판결법원구성의 위법, 판단누락은 판결정본이 송달된 때에 알았다고 봄이 상당하므로 송달시로부터 기산한다(대결 1979.5.9, 79으1). 형사상의 가벌적 행위를 재심사유로 하는 경우의 재심기간은 유죄판결이 확정되었음을 알았을 때 또는 증거부족 이외의 이유로 유죄의 확정판결을 할 수 없음을 알았을 때부터 진행한다(대판 2006.10.12, 2005다72508).

(2) 판결이 확정된 이후 5년 이내

① 판결이 확정된 뒤 5년이 지난 때에는 재심의 소를 제기하지 못한다(동조 3항). 재심의 사유가 판결이 확정된 뒤에 생긴 때에는 제3항의 기간은 그 사유가 발생한 날부터 계산한다(동조 4항).

② 이 제척기간은 불변기간이 아니어서 당사자가 책임질 수 없는 사유로 그 기간을 준수하지 못하였더라도 추후보완재심의 소는 부정된다(대판 1992.5.26, 92다4079).

1 원고로부터 소송사건을 위임받은 소송대리인이 그 소송의 목적이 된 부동산에 관하여만 화해할 권한을 부여받았음에도 불구하고 당해 소송물 이외의 권리관계를 포함시켜 화해하여 그 효력이 발생한 경우 이러한 사유는 재심사유에는 해당하지만 재심의 소를 제기하는 데 있어서는 재심기간의 제한을 받는다.　　　　　　　　　(　　)

판례 | 제457조(재심제기기간)의 대리권의 흠에 해당 여부

화해가 성립된 소송사건에서 원고들의 소송대리인이었던 변호사가 원고들로부터 그 소송사건만을 위임받아 그 소송의 목적이 된 부동산에 관하여만 화해할 권한을 부여받았음에도 불구하고 그 권한의 범위를 넘어 당해 소송물 이외의 권리관계를 포함시켜 화해를 하였음을 이유로 하는 준재심청구는 결국 대리인이 소송행위를 함에 필요한 특별수권의 흠결을 그 사유로 하는 것이므로 민사소송법 제457조가 적용될 수 없다(대판 1993.10.12. 93다32354).

Ⅲ 재심사유

1. 재심사유의 의의

제451조 제1항에 규정된 재심사유는 한정적 열거규정이다. 재심사유는 소의 적법요건이므로 민사소송법상의 재심사유를 주장하지 않거나 이를 주장하였다고 하더라도 재심사유에 대한 적법요건을 갖추지 않으면 재심의 소가 각하된다.

2. 보충성

① 당사자가 상소에 의하여 제451조 제1항의 재심사유를 주장하였거나, 이를 알고도 주장하지 아니한 때에는 확정된 종국판결에 대하여 재심의 소를 제기할 수 없다(제451조 제1항 단서). 즉, 재심은 당사자가 전 소송에서 재심사유를 주장할 수 없었던 경우에 한하여 보충적으로 허용된다.

② 판례에 의하면 제1항 단서에 따라 동조 제1항 제7호의 사유를 재심사유로 삼을 수 없는 경우가 되려면, 상고심에서 당사자가 단지 '위증을 하였다는 사실'만 주장하는 것으로서는 부족하고 '유죄판결이 확정되었다는 등 동조 2항의 사실'도 아울러 주장했어야 한다(대판 2006.10.12. 2005다72508).

3. 개별적 재심사유

제451조 [재심사유]
① 다음 각 호 가운데 어느 하나에 해당하면 확정된 종국판결에 대하여 재심의 소를 제기할 수 있다. 다만, 당사자가 상소에 의하여 그 사유를 주장하였거나, 이를 알고도 주장하지 아니한 때에는 그러하지 아니하다.
  1. 법률에 따라 판결법원을 구성하지 아니한 때
  2. 법률상 그 재판에 관여할 수 없는 법관이 관여한 때
  3. 법정대리권·소송대리권 또는 대리인이 소송행위를 하는 데에 필요한 권한의 수여에 흠이 있는 때. 다만, 제60조 또는 제97조의 규정에 따라 추인한 때에는 그러하지 아니하다.
  4. 재판에 관여한 법관이 그 사건에 관하여 직무에 관한 죄를 범한 때
  5. 형사상 처벌을 받을 다른 사람의 행위로 말미암아 자백을 하였거나 판결에 영향을 미칠 공격 또는 방어방법의 제출에 방해를 받은 때
  6. 판결의 증거가 된 문서, 그 밖의 물건이 위조되거나 변조된 것인 때
  7. 증인·감정인·통역인의 거짓 진술 또는 당사자신문에 따른 당사자나 법정대리인의 거짓 진술이 판결의 증거가 된 때

8. 판결의 기초가 된 민사나 형사의 판결, 그 밖의 재판 또는 행정처분이 다른 재판이나 행정처분에 따라 바뀐 때

9. 판결에 영향을 미칠 중요한 사항에 관하여 판단을 누락한 때

10. 재심을 제기할 판결이 전에 선고한 확정판결에 어긋나는 때

11. 당사자가 상대방의 주소 또는 거소를 알고 있었음에도 있는 곳을 잘 모른다고 하거나 주소나 거소를 거짓으로 하여 소를 제기한 때

② 제1항 제4호 내지 제7호의 경우에는 처벌받을 행위에 대하여 유죄의 판결이나 과태료부과의 재판이 확정된 때 또는 증거부족 외의 이유로 유죄의 확정판결이나 과태료부과의 확정재판을 할 수 없을 때에만 재심의 소를 제기할 수 있다.

③ 항소심에서 사건에 대하여 본안판결을 하였을 때에는 제1심 판결에 대하여 재심의 소를 제기하지 못한다.

(1) 판결법원구성의 위법(제1호)

대법원이 종전에 판시한 법률의 해석적용에 관한 의견의 변경, 즉 판례변경을 하면서 대법관 2/3 이상으로 구성하는 전원합의체에서 하지 않고 그에 미달하는 소부에서 재판하면 본호에 해당된다(대판 (전) 2000.5.18. 95재다199).

(2) 재판에 관여할 수 없는 법관의 관여(제2호)

(3) 대리권의 흠이 있는 경우(제3호)

① 적극적으로 무권대리인에 의한 실질적인 대리행위는 물론, 소극적으로 당사자 본인이나 그 대리인의 실질적인 소송행위가 배제된 경우가 포함된다. 본인의 의사와 관계없이 선임된 대리인에 의한 소송대리, 특별대리인(제62조)의 선임 없이 소송을 수행한 때, 성명모용소송에서 판결이 확정된 때에도 피모용자는 본호에 의하여 재심의 소를 제기할 수 있다.

② 원고가 소장에 피고의 참칭대표자를 대표자로 표기하고 그 자에게 판결정본이 송달된 경우에는 이 규정에 의하여 재심의 소가 허용되나(대판 1994.1.11. 92다47632), 피고가 아닌 제3자가 소장에 기재된 적법한 피고인 것처럼 속여 송달을 받은 경우에는 판결정본의 송달이 무효가 되어 그 판결은 항소대상일 뿐, 본호의 재심사유에 해당하지 않는다고 본다(대판 (전) 1978.5.9. 75다634).

③ 민사소송법은 법정대리권·소송대리권 또는 대리인이 소송행위를 하는 데에 필요한 권한의 수여에 흠이 있다고 하더라도 제60조 또는 제97조의 규정에 따라 추인한 때에는 흠이 치유되어 재심의 소를 제기하지 못하도록 규정하고 있다(제451조 제1항 단서). 소송대리권의 흠은 재심사유이므로 그 증명책임은 이를 주장하는 재심원고에게 있다. 대리권의 흠은 특별수권의 흠을 제외하고는 재심기간의 제한이 없다(제457조).

(4) 법관의 직무상의 범죄(제4호)

(5) 형사상 처벌을 받을 다른 사람의 행위로 말미암아 자백을 하였거나 판결에 영향을 미칠 공격 또는 방어방법의 제출에 방해를 받은 때(제5호)

① 여기의 형사상 처벌을 받을 행위라 함은 형법뿐만 아니라 특별형법을 포함한 형사법상의 범죄행위를 뜻한다고 할 것이지만, 경범죄처벌법위반행위나 질서벌은 포함되지 않으며, 다른 사람이란 상대방 당사자 또는 제3자를 말하며, 그 법정대리인·소송대리인뿐만 아니라, 재심청구한 당사자의 대리인도 포함된다.

제7편

재심

2023 해커스법원직 신정운 S 민사소송법

16법원직

1 대리권의 흠 또는 재심을 제기할 판결이 전에 선고한 확정판결에 어긋나는 때를 이유로 하는 재심의 소에는 재심제기기간의 제한이 없다. ( )

② 다른 사람의 범죄행위와 당사자의 자백 또는 공격방어방법의 제출이 방해받은 사실 및 불리한 판결 간에 인과관계를 필요로 한다. 이때의 인과관계는 직접적이어야 하며, 간접적인 경우는 포함되지 않는다. 따라서 타인의 범죄행위가 소송행위를 하는 데 착오를 일으키게 한 정도에 불과할 뿐 소송행위에 부합하는 의사가 존재할 때에는 해당되지 않는다는 것이 판례이다(대판 1984.5.29. 82다카963).

③ 공격방어방법에는 판결에 영향이 있는 주장·부인·항변뿐만 아니라 증거방법도 포함된다.

(6) 판결의 증거가 된 문서 등의 위조·변조(제6호)

판결의 증거된 문서라 함은 판결에서 그 문서를 채택하여 판결주문을 유지하는 근거가 된 사실인정의 자료로 삼은 경우를 말하는 것이며, 법관의 심증에 영향을 주었을 것이라고 추측되는 문서라도 그것이 사실인정의 자료로 채택된 바 없으면 이에 해당되지 않는다(대판 1968.5.21. 68다245,246).

(7) 증인 등의 거짓진술이 판결의 증거가 된 때(제7호)

(8) 판결의 기초가 된 재판 또는 행정처분이 뒤에 변경된 경우(제8호)

① 판결의 기초가 되었다는 것은 재심대상판결을 한 법원이 그 재판이나 행정처분에 법률적으로 구속된 경우뿐만 아니라, 널리 재판이나 행정처분의 판단사실을 원용하여 사실인정을 한 경우를 말한다(대판 2019.10.17. 2018다300470).

② 재심사유는 그 하나하나의 사유가 별개의 청구원인을 이루는 것이므로, 여러 개의 유죄판결이 재심대상판결의 기초가 되었는데 이후 각 유죄판결이 재심을 통하여 효력을 잃고 무죄판결이 확정된 경우, 어느 한 유죄판결이 효력을 잃고 무죄판결이 확정되었다는 사정은 특별한 사정이 없는 한 별개의 독립된 재심사유라고 보아야 한다. 재심대상판결의 기초가 된 각 유죄판결에 대하여 형사재심에서 인정된 재심사유가 공통된다거나 무죄판결의 이유가 동일하다고 하더라도 달리 볼 수 없다(대판 2019.10.17. 2018다300470).

(9) 판단누락의 경우(제9호)

① 판단누락은 당사자가 소송상 제출한 공격방어방법으로서 판결주문에 영향이 있는 것에 대하여 판결이유 중에서 판단을 표시하지 아니한 것을 뜻한다(대판 1998.2.24. 97재다278). 따라서 직권조사사항의 판단을 빠뜨린 경우도 여기에 포함되나, 당사자가 법원에 그 조사를 촉구한 바 없다면 재심사유에 해당되지 않는다(대결 2004.9.13. 2004마660).

② 재판누락은 추가판결(제212조)의 대상이지 재심사유는 되지 않는다. 소각하판결의 경우에 본안판단의 생략도 같다(대결 1997.6.27. 97후235).

③ 판결서의 이유에는 주문이 정당하다는 것을 인정할 수 있을 정도로 당사자의 주장, 그 밖의 공격방어방법에 관한 판단을 표시하면 되고 당사자의 모든 주장이나 공격방어방법에 관하여 판단할 필요가 없다(제208조 제2항 참조). 판결에 당사자가 주장한 사항에 대한 구체적·직접적인 판단이 표시되어 있지 않더라도 판결이유의 전반적인 취지에 비추어 그 주장을 인용하거나 배척하였음을 알 수 있는 정도라면 판단누락이라고 할 수 없다. 설령 실제로 판단을 하지 않았다고 하더라도 그 주장이 배척될 경우임이 분명한 때에는 판결 결과에 영향을 미치는 잘못이라고 할 수 없다(대판 2021.5.7. 2020다292411).

17·20법원직
1 여러 개의 유죄판결이 재심대상판결의 기초가 되었는데 이후 각 유죄판결이 재심을 통하여 효력을 잃고 무죄판결이 확정된 경우, 어느 한 유죄판결이 효력을 잃고 무죄판결이 확정되었다는 사정은 특별한 사정이 없는 한 별개의 독립된 재심사유가 된다. ( )

정답 | **1** ○

(10) 판결효력의 저촉(제10호)

동일한 당사자간에 동일한 내용의 사건에 관하여 두 개의 어긋나는 확정판결일 것을 요하므로 당사자를 달리하거나 소송물을 달리하면 서로 어긋나도 재심사유로 되지 않는다 (대판 (전) 2011.7.21. 2011재다199).

(11) 상대방의 주소를 소재불명 또는 거짓으로 하여 소제기한 경우(제11호)

Ⅳ 재심절차

1. 재심관할법원

제453조 [재심관할법원]
① 재심은 재심을 제기할 판결을 한 법원의 전속관할로 한다.
② 심급을 달리하는 법원이 같은 사건에 대하여 내린 판결에 대한 재심의 소는 상급법원이 관할한다. 다만, 항소심판결과 상고심판결에 각각 독립된 재심사유가 있는 때에는 그러하지 아니하다.

2. 재심의 소제기

제455조 [재심의 소송절차]
재심의 소송절차에는 각 심급의 소송절차에 관한 규정을 준용한다.

제459조 [변론과 재판의 범위]
① 본안의 변론과 재판은 재심청구이유의 범위 안에서 하여야 한다.
② 재심의 이유는 바꿀 수 있다.

제460조 [결과가 정당한 경우의 재심기각]
재심의 사유가 있는 경우라도 판결이 정당하다고 인정한 때에는 법원은 재심의 청구를 기각하여야 한다.

판례 | 재심청구에 통상의 민사상의 청구를 병합할 수 있는지 여부

원고가 피고의 주소를 알면서 허위주소로 제소하여 공시송달의 방법으로 승소확정판결을 받았다는 이유로 피고가 제기한 재심의 소에서는 피고는 확정판결의 취소를 구함과 동시에 본소 청구기각을 구하는 외에 원고에 대한 새로운 청구를 병합하는 것은 부적법하다(대판 1971.3.31. 71다8).

3. 중간판결

제454조 [재심사유에 관한 중간판결]
① 법원은 재심의 소가 적법한지 여부와 재심사유가 있는지 여부에 관한 심리 및 재판을 본안에 관한 심리 및 재판과 분리하여 먼저 시행할 수 있다.
② 제1항의 경우에 법원은 재심사유가 있다고 인정한 때에는 그 취지의 중간판결을 한 뒤 본안에 관하여 심리·재판한다.

19법원직

1 피고가 원고를 상대로 하는 재심의 소에서 확정된 재심대상판결의 취소 및 본소청구의 기각을 구하는 이외에 새로운 청구를 병합할 수 없다.　　　　(　　)

정답 | 1 ○

Ⅴ 준재심

> **제461조 [준재심]**
> 제220조의 조서 또는 즉시항고로 불복할 수 있는 결정이나 명령이 확정된 경우에 제451조제1
> 항에 규정된 사유가 있는 때에는 확정판결에 대한 제451조 내지 제460조의 규정에 준하여 재심
> 을 제기할 수 있다.

1. 의의

확정판결과 동일한 효력이 있는 포기·인낙·화해조서 또는 즉시항고로 불복할 수 있는 결정이
나 명령이 확정된 경우 재심사유가 있을 때에 제기할 수 있는 재심에 준하는 소이다.

2. 요건

확정판결의 효력 중 기판력을 가지는 결정 등이어야 한다. 판례는 이행권고결정에 대해서
집행력은 인정되나 기판력이 인정되지 않으므로 재심사유가 인정되더라도 준재심의 소를
제기할 수는 없다고 판시하였다(대판 2009.5.14. 2006다34190).

14주사보 16법원직 18사무관
1 확정된 이행권고결정에 대하여는
재심사유에 해당하는 하자가 있음
을 이유로 준재심의 소를 제기할
수 있다.   (   )

정답 | 1 ×

gosi.Hackers.com

제8편
독촉절차

① 소액사건심판법은 지방법원 및 지방법원 지원에서 소액의 민사사건을 간이한 절차에 따라 신속하게 처리하기 위하여 민사소송법의 특례를 규정하고 있다(소액 제1조).

② 소액사건심판절차는 독촉절차와 함께 통상의 소송절차에 비하여 간이한 소송절차로서 두 가지 모두 금전 그 밖의 대체물의 지급을 목적으로 하는 채권을 대상으로 하는 점에서는 공통적이나, 전자는 (i) 쌍방심리주의에 의하고, (ii) 판결절차의 일종임에 대하여, 후자는 (i) 일방심문주의(채권자)에 의하고, (ii) 판결절차에 선행하는 그 대용절차라는 점에서 주요한 차이가 있다.

1. 소액사건의 범위

> **소액 규칙 제1조의2 [소액사건의 범위]**
> 법 제2조제1항에 따른 소액사건은 제소한 때의 소송목적의 값이 3,000만 원을 초과하지 아니하는 금전 기타 대체물이나 유가증권의 일정한 수량의 지급을 목적으로 하는 제1심의 민사사건으로 한다. 다만, 다음 각 호에 해당하는 사건은 이를 제외한다.
> 1. 소의 변경으로 본문의 경우에 해당하지 아니하게 된 사건
> 2. 당사자참가, 중간확인의 소 또는 반소의 제기 및 변론의 병합으로 인하여 본문의 경우에 해당하지 않는 사건과 병합심리하게 된 사건

(1) 대상사건

① 소액사건심판절차에서의 소액사건이란 지방법원 및 지방법원지원의 관할사건 중 대법원규칙으로 정하는 민사사건을 말하는데(소액 제2조 제1항), 2017.1.1.부터 시행된 개정 소액사건심판규칙은 소제기를 한 때의 소송목적의 값이 3,000만 원을 초과하지 아니하는 금전 그 밖의 대체물이나 유가증권의 일정한 수량의 지급을 목적으로 하는 제1심의 민사사건을 소액사건으로 하고 있다(소액규 제1조의2 본문).
재심대상사건이 소액사건이면 소액사건심판법은 소액사건의 재심절차에도 적용된다(대판 2003.6.27, 2003다17088).

② 소송목적의 값이 3,000만 원 이하라고 하더라도 <u>채무부존재확인청구·소유권이전등기청구·사해행위취소청구·토지인도청구 등은 소액사건에 속하지 아니한다</u>. 왜냐하면, 금전 그 밖의 대체물이나 유가증권의 일정한 수량의 지급을 목적으로 하는 소송이 아니기 때문이다.

18주사보
1 소액사건심판법은 제2심 이상의 심급에도 적용된다. ( )

13·14·19사무관
2 재심의 대상사건이 소액사건인 경우 재심도 소액사건에 해당한다. ( )

14·18·19주사보
3 채무부존재확인청구는 소송목적의 값과 무관하게 소액사건이 아니다. ( )

정답 | 1 × 2 ○ 3 ○

③ 소액사건심판법의 적용을 받을 목적으로 청구를 분할하여 그 일부만을 청구할 수 없고, 이 규정을 위반한 소는 판결로 각하한다(소액 제5조의2).

④ 주택임대차보호법 및 상가임대차보호법 상의 보증금반환청구는 소송목적의 값의 많고 적음을 불문하고 소액사건심판법의 일부 규정을 준용하여 재판의 신속을 도모하고 있다(주택임대차보호법 제13조, 상가건물임대차보호법 제18조).

(2) 소의 변경 등이 있는 경우의 처리

① 소액사건이 소의 변경으로 소액사건의 범위를 넘게 되는 경우나, 당사자참가·중간확인의 소 또는 반소의 제기 및 변론의 병합으로 인하여 소액사건이 아닌 사건과 병합심리하게 된 경우에는 그 전체가 소액사건의 범위에 속하지 않게 된다(소액규 제1조의2 단서). 그러한 경우 관할법원으로 이송하여야 한다.

② 소액사건에 해당하는지 여부는 소제기 당시를 기준으로 하는 것이므로, 대체물이나 유가증권의 청구 등에 있어서 소제기 후 교환가격의 상승으로 3,000만 원을 초과하게 되거나, 2개 이상의 소액사건을 병합함으로써 소송목적의 값의 합산액이 3,000만 원을 초과하게 된 경우라도 여전히 소액사건임에 변함이 없다(^{대판 1992.7.24.}
91다43176).

2. 관할 및 이송

① 소액사건은 지방법원(지원 포함) 관할구역 내에서의 지방법원 단독판사가 관할하지만, 시·군법원 관할구역 내의 사건은 시·군법원판사의 전속적 관할에 속한다(법조 제7조 제4항, 제33조, 제34조 참조).

② 소액사건은 고유의 사물관할이 있는 것이 아니고 민사단독사건 중에서 소송목적의 값에 따라 특례로 처리하는 것뿐이므로 사안의 성질로 보아 간이한 절차로 빠르게 처리될 수 없는 사건은 민사소송법 제34조 2항에 의하여 그 사건을 지방법원 및 지원의 합의부에 이송할 수 있다(^{대결 1974.7.23.}
74마71).

3. 적용심급과 관련 법규

소액사건심판절차는 상고제한 규정(소액 제3조)을 제외하고 제1심의 특별소송절차이다. 따라서 소액사건심판법은 제2심 이상의 심급에서는 적용되지 아니하며, 또한 소액사건심판법은 민사소송법의 특례를 규정한 것이므로, 소액사건심판법과 소액사건심판규칙에 특별한 규정이 있는 경우를 제외하고는 민사소송법 및 민사소송규칙의 규율을 받는다(소액 제2조 제2항).

14·18주사보 14·15사무관

1 소액사건심판법의 적용을 받을 목적으로 청구를 분할하여 그 일부만을 청구할 수 있다. ( )

13사무관 15주사보

2 주택임대차보호법 및 상가임대차보호법 상의 보증금반환청구는 소송목적의 값의 많고 적음을 불문하고 소액사건심판법의 일부규정을 준용하여 재판의 신속을 도모하고 있다. ( )

19주사보

3 2개 이상의 소액사건을 병합함으로써 소송목적의 값의 합산액이 3,000만 원을 초과하게 된 경우에는 그 전체가 소액사건의 범위에 속하지 않게 되므로 사물관할의 일반 원칙에 따라 일반 단독사건으로 재배당하는 등의 조치를 취하여야 한다. ( )

22사무관

4 소액사건이더라도 사안의 성질상 간이한 절차로 빠르게 처리될 수 없는 사건의 경우 민사단독사건과 마찬가지로 민사소송법 제34조 제2항에 의하여 지방법원 또는 지원의 합의부에 이송할 수 있다. ( )

정답 | 1 × 2 ○ 3 × 4 ○

1. 의의

① 이행권고결정이란 소액사건의 소가 제기된 경우에 법원이 소장부본이나 제소조서등본을 첨부하여 피고에게 청구취지대로 이행할 것을 권고하는 결정이다(소액 제5조의3 제1항). 소액사건의 간이한 처리와 당사자의 법정출석의 불편을 덜어 주고자 하는 입법목적에서 신설된 제도이다.

② 이 제도는 간이한 소액사건에 대하여 직권으로 이행권고결정을 한 후 이에 대하여 피고가 이의하지 않으면 곧바로 변론 없이 원고에게 집행권원을 부여하는 것이며, 이행권고결정이 확정된 때에는 원칙적으로 별도의 집행문 부여 없이 이행권고결정서 정본으로 강제집행을 할 수 있도록 강제집행상의 특례도 규정하였다. 다만, 변론 없이 원고에게 집행권원을 부여함으로써 피고에게 발생할지도 모를 불측의 손해를 예방하기 위하여 청구이의 사유에 제한을 두지 않은 점은 지급명령과 같다.

2. 이행권고결정

> **소액 제5조의3 [결정에 의한 이행권고]**
> ① 법원은 소가 제기된 경우에 결정으로 소장부본이나 제소조서등본을 첨부하여 피고에게 청구취지대로 이행할 것을 권고할 수 있다. 다만, 다음 각 호 가운데 어느 하나에 해당하는 때에는 그러하지 아니하다.
> 1. 독촉절차 또는 조정절차에서 소송절차로 이행된 때
> 2. 청구취지나 청구원인이 불명한 때
> 3. 그 밖에 이행권고를 하기에 적절하지 아니하다고 인정하는 때
> ② 이행권고결정에는 당사자, 법정대리인, 청구의 취지와 원인, 이행조항을 기재하고, 피고가 이의신청을 할 수 있음과 이행권고결정의 효력의 취지를 부기하여야 한다.

법원은 소액사건이 제기되었을 때에 특별한 사정이 없으면 소장부본을 첨부하여 피고에게 원고의 청구의 취지대로 의무이행할 것을 권고하는 취지의 결정을 한다. 이행권고결정에는 피고가 이의신청을 할 수 있음과 이행권고결정의 효력의 취지를 부기하여야 한다(소액 제5조의3 제1항·제2항).

3. 피고에게 결정서 송달

① 법원사무관 등은 <u>결정서등본을 피고에게 송달하여야 한다</u>. 다만, 결정서등본의 송달을 함에 있어서는 발송송달(제187조)이나 공시송달(제194조 내지 제196조)의 방법에 의할 수 없다(소액 제5조의3 제3항).

② 통상의 송달방법에 의하였음에도 송달불능이 될 때에는 변론절차에 부치기 위해 지체 없이 변론기일을 지정을 하여야 한다(소액 제5조의3 제4항).

12주사보

1 이행권고결정의 송달은 그 결정서등본을 피고에게 송달하는 방법으로 한다. ( )

13사무관 16주사보

2 이행권고결정은 발송송달이나 공시송달의 방법으로 송달할 수 없다. ( )

12·13주사보

3 주소보정명령을 받은 원고는 발송송달이나 공시송달에 의하지 않고는 송달할 방법이 없음을 소명하여 변론기일지정신청을 할 수 있고, 이 경우 법원은 지체없이 변론기일을 지정하여 변론절차에 의해 당해 사건을 처리하여야 한다. ( )

정답 | 1 ○ 2 ○ 3 ○

③ 그러나 이행권고결정서 등본이 피고에게 송달불능 되면 원고에게 피고의 주소를 보정할 것을 명하여야 한다. 주소보정명령에 응하지 아니하는 경우에는 소장을 각하할 수밖에 없다(소액 제2조 제2항, 민소 제255조 제2항, 제254조 제1항·제2항). 이때에도 이행권고결정은 피고에게 송달되지 않아 효력을 발생하지 않고 있으므로 이행권고결정을 취소하는 등의 조치는 필요 없다.

16·18주사보

1 이행권고결정서 등본의 송달불능으로 원고에게 주소보정을 명하였으나 원고가 이에 응하지 아니하는 경우 법원은 지체 없이 변론기일을 지정하여야 한다. ( )

4. 피고의 이의신청과 추후보완

소액 제5조의4 [이행권고결정에 대한 이의신청]
① 피고는 이행권고결정서의 등본을 송달받은 날부터 2주일 내에 서면으로 이의신청을 할 수 있다. 다만, 그 등본이 송달되기 전에도 이의신청을 할 수 있다.
② 제1항의 기간은 불변기간으로 한다.
③ 법원은 제1항의 이의신청이 있는 때에는 지체없이 변론기일을 지정하여야 한다.
④ 이의신청을 한 피고는 제1심판결이 선고되기 전까지 이의신청을 취하할 수 있다.
⑤ 피고가 이의신청을 한 때에는 원고가 주장한 사실을 다툰 것으로 본다.

소액 제5조의6 [이의신청의 추후보완]
① 피고는 부득이한 사유로 제5조의4 제1항의 기간내에 이의신청을 할 수 없었던 경우에는 그 사유가 없어진 후 2주일내에 이의신청을 추후보완 할 수 있다. 다만, 그 사유가 없어질 당시 외국에 있는 피고에 대하여는 그 기간을 30일로 한다.
② 피고는 이의신청과 동시에 서면으로 그 추후보완사유를 소명하여야 한다.
③ 법원은 추후보완사유가 이유 없다고 인정되는 때에는 결정으로 이의신청을 각하하여야 한다.
④ 제3항의 결정에 대하여는 즉시항고를 할 수 있다.
⑤ 이의신청의 추후보완이 있는 때에는 민사소송법 제500조를 준용한다.

(1) 이의신청

① 피고는 이행권고결정서의 등본을 송달 받은 날부터 2주일 내에 서면으로 이의신청을 할 수 있고, 또한 그 등본이 송달되기 전에도 이의신청을 할 수 있다(소액 제5조의4 제1항·제2항).

16주사보

2 이행권고결정에 대한 이의신청은 그 등본송달 전에도 할 수 있다. ( )

② 위 기간은 불변기간이므로(소액 제5조의4 제2항), '부득이한 사유'로 인하여 이의신청기간을 준수하지 못한 경우 그 사유가 없어진 후 2주일 내(다만 그 사유가 없어질 당시 외국에 있는 피고에 대하여는 30일 내)에 서면으로 이의신청을 추후보완하는 것이 허용된다(제5조의6 제1항).

③ 피고의 이의신청이 있으면 법원은 지체 없이 변론기일을 지정하여야 한다(동조 제3항). 이때에는 피고에게 다시 소장부본을 송달할 필요는 없다. 이행권고결정서 등본이 송달된 때에 소장부본이나 제소조서등본이 송달된 것으로 간주되기 때문이다(제6조 단서).

④ 또한 피고가 구체적인 이의사유를 기재하지 않더라도 원고의 주장사실을 다툰 것으로 본다(소액 제5조의4 제5항).

17사무관

3 이행권고결정의 일부만에 대한 이의신청이 있는 경우, 이행권고결정은 그 이의한 범위 안에서 효력을 상실한다. ( )

⑤ 이행권고결정의 일부만에 대한 이의신청이 있으면 이행권고결정의 전부에 대해 이의가 있는 것으로 보아 변론기일을 지정하여 심리하여야 한다. 이 점에서 채무자가 일부에 대해 이의신청을 한 때에도 그 이의의 범위 안에서 그 효력을 잃도록 하는 지급명령제도와 차이가 있다.

정답 | 1 × 2 ○ 3 ×

독촉절차 제8편 2023 해커스법원직 신정운 S 민사소송법

(2) 이의신청의 각하

① 법원은 이의신청이 적법하지 아니하다고 인정하는 경우에는 그 흠을 보정할 수 없으면 결정으로 이를 각하하여야 한다(소액 제5조의5 제1항).

② 이러한 각하결정에 대하여는 즉시항고할 수 있다(소액 제5조의5 제2항).

(3) 이의신청의 취하

① 이의신청을 한 피고는 <u>제1심 판결이 선고되기 전까지</u> 이의신청을 취하할 수 있고(소액 제5조의4 제4항), 이때 <u>원고의 동의를 받을 필요는 없다.</u> 따라서 피고가 이의신청을 취하하면 이행권고결정이 확정된다.

② 조정을 갈음하는 결정 또는 화해권고결정에 이의를 한 당사자가 이의신청을 취하하려면 상대방의 동의를 얻어야 하는 점과 차이가 있다(민조 제34조 제3항, 민소 제228조 제1항 참조).

(4) 이의신청 사건의 처리

① 적법한 이의신청이 있으면 법원은 지체 없이 변론기일을 지정하여야 한다(소액 제5조의4 제3항).

② 공동피고들 중 일부의 피고만이 적법한 기간 내에 이의신청을 하고 나머지 피고에 대해서는 이행권고결정이 확정되었다면, 이의신청을 한 피고에 대해서만 변론기일을 지정하여 통지하여야 함은 물론이다.

5. 이행권고결정의 효력

> **소액 제5조의7 [이행권고결정의 효력]**
> ① 이행권고결정은 다음 각 호 가운데 어느 하나에 해당하면 확정판결과 같은 효력을 가진다.
> 1. 피고가 제5조의4 제1항의 기간 내에 이의신청을 하지 아니한 때
> 2. 이의신청에 대한 각하결정이 확정된 때
> 3. 이의신청이 취하된 때
> ② 법원사무관등은 이행권고결정이 확정판결과 같은 효력을 가지게 된 때에는 이행권고결정서의 정본을 원고에게 송달하여야 한다.
> ③ 제1항에 해당하지 아니하는 이행권고결정은 제1심법원에서 판결이 선고된 때에는 그 효력을 잃는다.

(1) 이행권고결정의 확정과 효력

① (i) 피고가 이행권고결정서 등본을 송달받은 날부터 2주일 내에 이의신청을 하지 아니한 때, (ii) 이의신청에 대한 각하결정이 확정된 때, (iii) 이의신청이 취하된 때에는 이행권고결정은 확정되고 확정판결과 같은 효력을 가진다(소액 제5조의7 제1항).

② 여기서 '확정판결과 같은 효력'은 기판력을 제외한 나머지 효력인 집행력 및 법률요건적 효력 등의 부수적 효력을 말하는 것이고, <u>기판력까지 인정하는 것은 아니다</u>(대판 2009.5.14. 2006다34190).

③ 확정된 이행권고결정은 확정판결과 동일한 효력이 있으므로 이행권고결정으로 확정된 금전 등의 지급청구권은 민법 제165조 제2항의 '기타 판결과 동일한 효력이 있는 것에 의하여 확정된 채권에 해당하여 그 채권은 이행권고결정의 확정일로부터 기산하여 <u>10년의 소멸시효가 적용된다.</u>

④ 이행권고결정의 이행조항에 원금에 대하여 소장부본 송달일 다음 날부터 판결선고일까지 연 5%, 그 다음 날부터 완제일까지 연 20%의 각 비율에 의한 금원을 지급하라는 취지로 기재되어 있는 경우, 위 이행조항의 "판결선고일"의 의미는 이행권고결정의 고지일인 '<u>이행권고결정서 등본의 송달일</u>'로 보아야 한다(^{대결 2013.6.10.} ^{2013.152}).

⑤ 이행권고결정서의 등본이 피고에게 송달되어 확정되면 <u>그 결정서 정본을 원고에게 송달</u>하여야 한다(소액법 제5조의7 제2항). 이 때 참여사무관은 이행권고결정서 원본과 정본 표지의 피고 성명 옆에 이행권고결정의 송달일자와 확정일자를 부기하여 날인한 후 원고에게 그 정본을 송달한다.

⑥ 이행권고결정에 기한 강제집행은 집행문을 부여받을 필요 없이 이행권고결정서 정본에 의하여 행한다(소액 제5조의8 제1항).

(2) 확정된 이행권고결정의 효력을 다투는 방법

① 기판력을 가지지 아니하는 확정된 이행권고결정에 재심사유에 해당하는 하자가 있다고 하더라도 이를 이유로 민사소송법 제461조가 정한 <u>준재심의 소를 제기할 수 없고</u>, 청구이의의 소를 제기하거나 또는 전체로서의 강제집행이 이미 완료된 경우에는 부당이득반환청구의 소 등을 제기할 수 있을 뿐이다(^{대판 2009.5.14.} ^{2006다34190}).

② 확정된 이행권고결정서 정본상의 청구권이 양도되어 대항요건을 갖추었지만 양수인이 승계집행문을 부여받지 아니한 경우에도 양도인에 대한 기존 집행권원의 집행력이 당연히 소멸되는 것은 아니므로 이때 양도인을 상대로 청구이의의 소를 제기할 수 있다(^{대판 2013.1.10.} ^{2012다86864}).

③ 반면 확정된 이행권고결정서 정본상의 청구권이 양도되어 대항요건을 갖추고 양수인이 승계집행문을 부여받은 경우에는 집행채권자는 양수인으로 확정되는 것이므로, 양도인을 상대로 제기한 청구이의의 소는 피고적격이 없는 자를 상대로 한 소이거나 이미 집행력이 소멸한 집행권원의 집행력 배제를 구하는 것으로 권리보호의 이익이 없어 부적법하고, 양도인이 집행력이 소멸한 이행권고결정서 정본에 기하여 강제집행절차에 나아간 경우 채무자는 집행이의의 방법(민집 제16조)으로 다툴 수 있다(^{대판 2008.2.1.} ^{2005다23889}).

(3) 이행권고결정의 효력상실

확정되지 않은 이행권고결정은 제1심법원에서 판결이 선고된 때에는 효력을 잃는다(소액 5조의7 제3항). 따라서 제1심판결 선고 후에는 이의신청기간의 경과로 인한 이행권고결정의 확정 문제는 발생하지 않으며, 전술한 바와 같이 이행권고결정에 대한 이의신청 취하도 불가능하다.

12주사보
1 이행권고결정서의 등본이 피고에게 송달되어 확정되면 그 결정서 정본을 원고에게 송달하여야 한다. 이 때 참여사무관등은 이행권고결정서 원본과 정본 표지의 피고 성명 옆에 송달일자와 확정일자를 부기하여 날인 후 송달한다. ( )

17법원직
2 확정된 이행권고결정에 기한 강제집행에 있어서는 원칙적으로 집행문을 부여받을 필요가 없이 이행권고결정서 정본에 의해 집행할 수 있다. ( )

14·17주사보 15·17·20법원직
17·22사무관
3 확정된 이행권고결정에는 기판력이 없으므로, 기판력의 배제를 주목적으로 하는 준재심의 대상이 될 수 없다. ( )

14사무관
4 확정된 이행권고결정에 의하여 강제집행이 완료된 경우 부당이득반환청구의 소를 제기할 수 있다. ( )

17사무관
5 확정된 이행권고결정 상의 청구권이 양도되어 대항요건을 갖추고 양수인이 승계집행문을 부여받았음에도 불구하고 위 이행권고결정 상에 원고로 표시된 양도인이 그 정본에 기하여 강제집행을 한 경우에는 채무자는 집행이의의 방법으로는 다툴 수 없고 양도인을 상대로 집행력 배제를 위한 청구이의의 소를 제기하여야 한다. ( )

17주사보
6 확정되지 않은 이행권고결정은 제1심 법원에서 판결이 선고된 때에는 효력을 잃으므로, 제1심 판결 선고 후에는 이행권고결정에 대한 이의신청을 취하할 수 없다. ( )

정답 | 1○ 2○ 3○ 4○ 5× 6○

1. 소송대리에 관한 특칙 - 비변호사의 소송대리

> **소액 제8조 [소송대리에 관한 특칙]**
> ① 당사자의 배우자·직계혈족 또는 형제자매는 법원의 허가 없이 소송대리인이 될 수 있다.
> ② 제1항의 소송대리인은 당사자와의 신분관계 및 수권관계를 서면으로 증명하여야 한다. 그러나 수권관계에 대하여는 당사자가 판사의 면전에서 구술로 제1항의 소송대리인을 선임하고 법원사무관등이 조서에 이를 기재한 때에는 그러하지 아니하다.
>
> **소액규 제8조 [민사소송규칙의 적용]**
> 소액사건의 심판에 관하여 이 규칙에 특별한 규정이 있는 경우를 제외하고는 민사소송규칙의 규정을 적용한다.

① 단독판사가 심리·재판하는 사건 가운데 그 소송목적의 값이 일정한 금액 이하인 사건에서, 당사자와 밀접한 생활관계를 맺고 있고 일정한 범위 안의 친족관계에 있는 사람 또는 당사자와 고용계약 등으로 그 사건에 관한 통상사무를 처리·보조하여 오는 등 일정한 관계에 있는 사람이 법원의 허가를 받은 때에는 변호사 아닌 사람도 소송대리인으로 선임될 수 있으므로(제88조 제1항), 소액사건에서도 <u>법원의 허가를 받으면</u> 변호사가 아니더라도 소송대리가 가능하다.

② 나아가 소액사건에서는 절차의 간이화를 위하여 민사소송법 제88조의 특칙으로 당사자의 배우자·직계혈족 또는 형제자매이면 변호사가 아니라도 <u>법원의 허가 없이</u> 소송대리인이 될 수 있게 하였다(소액 제8조 제1항).

③ 또한 단독판사가 심리·재판하는 사건에서 소송대리의 허가를 한 후 사건이 청구취지의 확장 또는 병합 등으로 소송목적의 값이 1억 원을 초과하게 되면 법원은 허가를 취소하고 당사자본인에게 그 취지를 통지하여야 하는데(규칙 제15조 제4항), 소액사건의 경우 변론병합으로 소송목적의 값의 합산액이 1억 원을 초과하게 되더라도 개개사건이 소액사건의 특성을 잃지 않으므로(대판 1992.7.24. 91다43176), 위와 같은 소송대리허가의 취소 등은 적용되지 않는다.

2. 구술에 의한 소제기

> **소액 제4조 [구술에 의한 소의 제기]**
> ① 소는 구술로써 이를 제기할 수 있다.
> ② 구술로써 소를 제기하는 때에는 법원서기관·법원사무관·법원주사 또는 법원주사보(이하 "법원사무관등"이라 한다)의 면전에서 진술하여야 한다.
> ③ 제2항의 경우에 법원사무관등은 제소조서를 작성하고 이에 기명날인하여야 한다.

3. 심리절차상의 특칙

① 소장부본이나 제소조서를 지체 없이 피고에게 송달한다. 이행권고결정등본이 송달된 때

13주사보 20법원직

1 당사자의 배우자·직계혈족 또는 형제자매는 법원의 허가 없이 소송대리인이 될 수 있다. ( )

13사무관

2 당사자와 고용, 그 밖에 이에 준하는 계약관계를 맺고 그 사건에 관한 통상사무를 처리·보조하는 사람으로서 그 사람이 담당하는 사무와 사건의 내용 등에 비추어 상당하다고 인정되는 경우에는 법원의 허가를 받아 소액사건의 소송대리인이 될 수 있다. ( )

정답 | 1 ○ 2 ○

에는 소장부본이 송달된 것으로 본다(소액 제6조). 1회 변론기일로 심리를 종결하도록 한다(소액 제7조 제2항). 한편 판사는 변론기일 이전이라도 당사자로 하여금 증거신청을 하게 하는 등 필요한 조치를 취할 수 있게 하였다(소액 제7조 제3항).

② 법원은 소장, 준비서면 기타 소송기록에 의하여 청구가 이유 없음이 명백한 때에는 변론 없이 청구를 기각할 수 있으며(소액 제9조 제1항, 구술심리주의의 예외), 판사의 경질이 있는 경우에도 변론의 갱신 없이 판결할 수 있다(소액 제9조 제2항, 직접심리주의의 예외).

③ 판사는 필요한 경우에는 근무시간 외 또는 공휴일에도 개정할 수 있다(소액 제7조의2).

④ 소액사건에서는 필요하다고 인정할 때 직권으로 증거조사를 할 수 있도록 하였다(소액 제10조 제1항). 증인신문에 있어서 교호신문제를 폐지하여 판사가 주신문을 하고, 당사자는 보충신문을 하는 직권신문제를 채택하였다(소액 제10조 제2항).

판사는 상당하다고 인정한 때에는 증인 또는 감정인의 신문에 갈음하여 서면을 제출하게 할 수 있는 서면신문제를 채택하였다(소액 제10조 제3항). 이는 상대방의 이의가 있으면 출석증언하게 할 수 있는 특칙을 둔 민사소송법 제310조의 서면증언방식과 다르다.

⑤ 조서는 당사자의 이의가 있는 경우를 제외하고 판사의 허가가 있는 때에는 이에 기재할 사항을 생략할 수 있다(소액 제11조).

4. 판결에 대한 특칙

① 소가 제기된 경우에는 피고의 답변서 제출기간을 기다리지 아니하고 변론기일을 지정하고 변론을 거쳐 판결을 할 수 있다(소액 제7조 제1항). 소액사건은 변론종결 후 즉시 판결을 선고할 수 있다(소액 제11조의2 제1항).

② 판결선고시 판결이유의 요지는 말로 설명하여야 한다. 판결이유는 원칙적으로 그 기재를 생략할 수 있다(소액 제11조의2 제2항·제3항).

5. 상고 및 재항고 제한

① 소액사건의 경우에는 제2심판결이나 결정·명령에 대하여 법률·명령·규칙 또는 처분의 헌법위반 여부와 명령·규칙 또는 처분의 법률위반 여부에 대한 판단이 부당한 때(하위법규의 상위법규에의 위반 여부에 관한 부당한 판단), 대법원판례에 상반되는 판단을 한 때 등 두 가지의 경우에만 상고 또는 재항고이유로 삼을 수 있다(소액 제3조).

② 상고 또는 재항고이유서에는 상고이유에 해당하는 사유만을 구체적으로 명시하여야 하며, 이 밖의 사유를 기재한 때에는 기재하지 아니한 것으로 본다(소액규 제2조).

판례 | 소액사건에 관하여 상고이유로 할 수 있는 '대법원의 판례에 상반되는 판단을 한 때'라는 요건을 갖추지 않았지만 대법원이 실체법 해석·적용의 잘못에 관하여 판단할 수 있는 경우

소액사건에서 구체적 사건에 적용할 법령의 해석에 관한 대법원 판례가 아직 없는 상황에서 같은 법령의 해석이 쟁점으로 되어 있는 다수의 소액사건들이 하급심에 계속되어 있을 뿐 아니라 재판부에 따라 엇갈리는 판단을 하는 사례가 나타나고 있는 경우에는, 소액사건이라는 이유로 대법원이 법령의 해석에 관하여 판단하지 않고 사건을 종결한다면 국민생활의 법적 안전성을 해칠 것이 우려된다. 따라서 이와 같은 특별한 사정이 있는 경우에는 소액사건에 관하여 상고이유로 할 수

19주사보 21사무관

1 소액사건의 경우에는 판사가 바뀌었더라도 변론의 갱신 없이 판결할 수 있다. ( )

14주사보

2 증인 또는 감정인의 신문에 갈음하여 제출되는 서면은 신문과 같은 효력이 있는 것이나 서증이 아니므로, 서증에 관한 증거조사절차에 의할 것이 아니다. ( )

20법원직

3 소액사건이라고 하더라도 그 판결서에는 판결 주문이 정당하다는 것을 인정할 수 있을 정도로 판결의 이유를 기재하여야 한다. ( )

20법원직

4 소액사건에 관하여 상고이유로 할 수 있는 '대법원의 판례에 상반되는 판단을 한 때'라는 요건을 갖추지 아니하였더라도, 법령해석의 통일이라는 대법원의 본질적 기능을 수행하는 데 필요한 특별한 사정이 있는 경우에는 상고심에서 실체법 해석·적용에 관하여 판단할 수 있다. ( )

정답 | 1 ○ 2 ○ 3 × 4 ○

있는 '대법원의 판례에 상반되는 판단을 한 때'의 요건을 갖추지 않았더라도 법령해석의 통일이라는 대법원의 본질적 기능을 수행하는 차원에서 실체법 해석·적용의 잘못에 관하여 직권으로 판단할 수 있다고 보아야 한다(대판 2019.5.16.).

제5절 독촉절차*

* 김홍엽 972페이지 참고

1. 의의

독촉절차란 금전, 그 밖의 대체물이나 유가증권의 일정한 수량의 지급을 목적으로 하는 청구에 대하여 채권자로 하여금 간이·신속하게 집행권원을 취득하도록 하기 위하여 이행의 소를 대신하여 법이 마련한 특별소송절차이다(제462조, 대판 2011.11.10.).

2. 지급명령의 신청

(1) 관할

① 청구의 가액에 불구하고, 지방법원 단독판사 또는 시·군법원판사, 사법보좌관의 직분관할에 전속한다. 토지관할은 채무자의 보통재판적 소재지, 근무지, 사무소·영업소 소재지 이외에 거소지, 의무이행지, 어음·수표지급지, 불법행위지를 추가하여 그 곳 법원의 전속관할로 하였다(제463조). 전속관할을 위반하면 신청을 각하하여야 하고(제465조, 제463조) 관할법원에 이송할 것이 아니다.

② 독촉절차의 관할법원은 전속관할이므로 관련사건의 관할(제25조), 합의관할(제29조), 변론관할(제30조) 등의 규정은 적용될 수 없다(제31조).

14사무관 15·20법원직
1 지급명령신청에 관할위반의 사유가 있는 때에는 그 신청을 각하한다. ( )

16사무관
2 독촉절차에도 관련사건의 관할, 합의관할, 변론관할의 규정이 적용된다. ( )

(2) 요건

① 지급명령의 대상은 금전 그 밖의 대체물 또는 유가증권의 일정 수량의 지급을 목적으로 하는 청구이다(제462조 본문). 다만, 채무자에 대한 지급명령을 국내에서 공시송달에 의하지 않고 송달할 수 있는 경우이어야 한다(제462조 단서).

② 지급명령을 발하여도 송달불능이 되면 주소보정을 명할 수 있으나, 이때에 보정명령을 받은 채권자는 보정 대신에 소제기신청을 하여 소송절차로 이행시킬 수 있다(제466조 제1항).

3. 지급명령신청에 대한 재판

지급명령신청에 대하여 채무자를 심문하지 않고(제467조), 결정으로 지급명령을 한다.

(1) 신청각하결정

신청에 관할위반, 신청요건의 흠, 신청의 취지에 의하여 청구가 이유 없음이 명백한 때에는 신청을 각하하는 결정을 한다. 각하결정에 대하여는 채권자는 불복신청을 할 수 없다(제465조 제2항). 각하결정한 때라도 확정판결과 달리 기판력이 없으므로, 새로 소를 제기하거나 다시 지급명령신청을 할 수 있다.

(2) 지급명령의 확정

① 지급명령에 대하여 소정기간(2주) 안에 이의신청이 없는 때 또는 이의신청이 있더라도 후에 이의신청이 적법하게 취하되거나 이의신청 각하결정이 확정된 때에는 지급명령은 확정되고, 확정된 지급명령은 확정판결과 같은 효력이 있으므로(제474조), 단기소멸시효 채권이라도 지급명령에 의하여 확정되면 그 소멸시효는 10년으로 연장된다(대판 2009.9.24. 2009다39530). 그러나 기판력은 인정되지 않으므로(대판 2009.7.9. 2006다73966) 준재심의 대상이 되지 않는다.

② 확정된 지급명령에 기한 강제집행은 집행문을 부여받을 필요없이 지급명령 정본에 의하여 행하므로(민집 제58조 제1항 본문), 채권자는 별도로 지급명령의 송달증명 및 확정증명을 받을 필요 없이 송달일자와 확정일자를 기재하여 작성된 지급명령 정본에 기초하여 바로 강제집행을 신청할 수 있다(독촉예규 제12조 제1항).

4. 지급명령에 대한 이의신청

(1) 이의신청

① 지급명령에 대하여는 채무자에게 이의신청권이 있다. 채무자가 적법한 이의신청을 내면 지급명령은 이의의 범위안에서 실효되고(제470조), 지급명령을 신청한 때에 소를 제기한 것으로 보아(제472조 제1항), 통상의 소송절차로 이행한다. 이의신청은 2주 이내에 하여야 하며, 이의신청기간은 불변기간이다(제470조 제2항).

판례 │ 지급명령이 송달된 후 이의신청 기간 내에 회생절차개시결정 등과 같은 소송중단 사유가 생긴 경우, 이의신청기간의 진행이 정지되는지 여부(적극)

독촉절차는 금전, 그 밖에 대체물이나 유가증권의 일정한 수량의 지급을 목적으로 하는 청구에 대하여 채권자로 하여금 간이·신속하게 집행권원을 얻을 수 있도록 하기 위한 특별소송절차로서(제462조), 그 성질에 어긋나지 아니하는 범위에서 소에 관한 규정이 준용된다(제464조). 따라서 지급명령이 송달된 후 이의신청기간 내에 회생절차개시결정 등과 같은 소송중단사유가 생긴 경우에는 민사소송법 제247조 제2항이 준용되어 이의신청기간의 진행이 정지된다(대판 2012.11.15. 2012다70012).

② 적법한 이의가 있는 때에는 이의신청된 청구목적의 값에 따라 지급명령 신청시에 지방법원 단독판사 또는 지방법원 합의부에 소의 제기가 있는 것으로 본다(제472조 제2항).

판례 │ 채무자가 지급명령에 대하여 적법한 이의신청을 하여 지급명령신청이 소송으로 이행된 경우, 인지액을 계산하는 방법

채무자가 지급명령에 대하여 적법한 이의신청을 하여 지급명령신청이 소송으로 이행하게 되는 경우 지급명령신청시의 청구금액을 소송목적의 값으로 하여 인지액을 계산함이 원칙이나, 소송기록이 관할법원으로 송부되기 전에 지급명령신청시의 청구금액을 기준으로 한 인지 부족액이 보정되지 않은 상태에서 채권자가 지급명령을 발령한 법원에 청구금액을 감액하는 청구취지 변경서를 제출하는 등 특별한 사정이 있는 경우에는 변경 후 청구에 관한 소송목적의 값에 따라 인지액을 계산하여야 할 것이다(대결 2012.5.3. 2012마73).

14주사보 20법원직

1 채권자는 법원으로부터 채무자의 주소를 보정하라는 명령을 받은 경우에 소제기신청을 할 수 있다. (　)

14사무관

2 확정된 지급명령은 확정판결과 같은 효력이 있으므로 단기소멸시효 채권이라도 지급명령에 의하여 확정되면 그 소멸시효는 10년으로 연장된다. (　)

14주사보 20법원직

3 지급명령이 확정되더라도 기판력은 인정되지 않는다. (　)

14사무관

4 확정된 지급명령은 확정판결과 같은 효력이 있으므로 확정된 지급명령에 의한 강제집행은 집행문이 있는 지급명령정본이 있어야 할 수 있다. (　)

20법원직

5 채무자가 지급명령을 송달받은 날부터 2주 이내에 이의신청을 한 때에는 지급명령은 그 범위 안에서 효력을 잃고, 위 2주의 기간은 불변기간이다. (　)

15법원직

6 지급명령이 송달된 후 이의신청 기간 내에 회생절차개시결정 등과 같은 사유가 생긴 경우에도 이의신청 기간의 진행이 정지되지 않는다. (　)

15주사보

7 지급명령에 대한 이의신청으로 소송기록이 관할법원으로 송부되기 전에 채권자가 지급명령을 발한 법원에 청구금액을 감액하는 청구취지 변경서를 제출한 경우에는 변경 후 청구에 관한 소송목적의 값에 따라 인지액을 계산하여야 한다. (　)

정답 │ 1 ○ 2 ○ 3 ○ 4 × 5 ○ 6 × 7 ○

독촉절차

제8편

2023 해커스법원직 신정운 S 민사소송법

(2) 이의신청의 취하

① 지급명령에 대한 이의신청은 이의신청 각하결정 전 또는 그에 기한 소송으로 이행하기까 지는 채무자가 어느 경우나 임의로 취하할 수 있다.

② 독촉법원이 가집행선고전의 이의신청을 적법한 것으로 인정하고 따라서 지급명령이 신청 된 때에 소가 제기된 것으로 간주되어 기록을 관할법원에 송부한 후에는 그 이의를 취하 할 수 없다(대판 1977.7.12. 76다2146,2147).

판례 | 지급명령에 대한 이의신청의 취하에 민법의 법률행위에 관한 규정이 적용되는지 여부(원칙적 소극)

지급명령에 대한 이의신청의 취하는 채무자가 제기한 이의신청을 철회하여 지급명령에 확정판결과 같은 효력을 부여하는 채무자의 법원에 대한 소송행위로서 소송행위의 특질상 소송절차의 명확성 과 안정성을 기하기 위한 표시주의가 관철되어야 하므로 민법의 법률행위에 관한 규정은 원칙적으 로 적용되지 않는다. 다만 대표자나 대리인이 상대방과 통모하여 형사상 처벌을 받을 배임행위 등 에 의하여 지급명령에 대한 이의신청을 취하한 때에는 민사소송법 제451조 제1항 제5호의 규정을 유추적용하여 그 효력이 부정될 수 있는 경우가 있을 것이나, 같은 조 제2항에 따라 그 형사상 처 벌받을 행위에 대하여 유죄의 판결이나 과태료 부과의 재판이 확정된 때 또는 증거부족 외의 이유 로 유죄의 확정판결이나 과태료부과의 확정재판을 할 수 없는 때라야 할 것이다(대결 2012.11.21. 2011마980).

(3) 이의신청의 조사

① 법원은 이의신청기간 도과 등으로 이의신청이 부적법하다고 인정한 때에는 결정으로 이 의신청을 각하하여야 한다(제471조 제1항).

② 이의신청에 대한 각하결정은 이의신청인과 상대방에게 고지하여야 하며, 이에 대하여 이 의신청인은 즉시항고를 할 수 있다(제471조 제2항). 각하결정이 확정되면 당초부터 이의 신청이 없었던 것으로 된다.

판례 | 지급명령신청이 각하된 후 6개월 내 다시 소를 제기한 경우 지급명령 신청이 있 었던 때 시효가 중단된 것으로 보아야 하는지 여부(적극)

민법 제170조 제1항에 규정하고 있는 '재판상의 청구'란 종국판결을 받기 위한 '소의 제기'에 한정 되지 않고, 권리자가 이행의 소를 대신하여 재판기관의 공권적인 법률판단을 구하는 지급명령신 청도 포함된다고 보는 것이 타당하다. 그리고 민법 제170조의 재판상 청구에 지급명령신청이 포 함되는 것으로 보는 이상 특별한 사정이 없는 한, 지급명령신청이 각하된 경우라도 6개월 이내 다 시 소를 제기한 경우라면 민법 제170조 제2항에 의하여 시효는 당초 지급명령신청이 있었던 때에 중단되었다고 보아야 한다(대판 2011.11.10. 2011다54686).

5. 이의신청 후의 소송절차

제473조 [소송으로의 이행에 따른 처리]

① 제472조의 규정에 따라 소가 제기된 것으로 보는 경우, 지급명령을 발령한 법원은 채권자에 게 상당한 기간을 정하여, 소를 제기하는 경우 소장에 붙여야 할 인지액에서 소제기신청 또 는 지급명령신청시에 붙인 인지액을 뺀 액수의 인지를 보정하도록 명하여야 한다.

19법원직

1 대표자나 대리인이 상대방과 통모 하여 형사상 처벌을 받을 배임행위 등에 의하여 지급명령에 대한 이의 신청을 취하한 경우에 그 취하의 효력이 부정되려면 그 형사상 처벌 받을 행위에 대하여 유죄의 판결이 나 과태료 부과의 재판이 확정된 때 또는 증거부족 외의 이유로 유 죄의 확정판결이나 과태료부과의 확정재판을 할 수 없는 때라야 한 다.   ( )

15법원직

2 지급명령신청이 각하된 경우라도 6개월 이내 다시 소를 제기한 경우 라면 시효는 당초 지급명령신청이 있었던 때에 중단되었다고 보아야 한다.   ( )

정답 | 1 ○ 2 ○

② 채권자가 제1항의 기간 이내에 인지를 보정하지 아니한 때에는 위 법원은 결정으로 지급명령신청서를 각하하여야 한다. 이 결정에 대하여는 즉시항고를 할 수 있다.

③ 제1항에 규정된 인지가 보정되면 법원사무관 등은 바로 소송기록을 관할법원에 보내야 한다. 이 경우 사건이 합의부의 관할에 해당되면 법원사무관등은 바로 소송기록을 관할법원 합의부에 보내야 한다.

④ 제472조의 경우 독촉절차의 비용은 소송비용의 일부로 한다.

① 채무자 제출의 이의신청서의 이의사유라 하여 소송이행 후에 당연히 소송자료가 되는 것은 아니고, 변론기일에 이를 주장하지 아니하면 그 효력이 없다(대판 1970.12.22. 70다2297).

② 이의신청 후에 그 지급명령이 전속관할을 위반하여 내려진 것임이 발견된 경우에도 지급명령이 채무자에게 송달된 이상 지급명령으로서 효력은 있으므로, 채무자의 이의신청이 있으면 독촉법원의 법원사무관등은 그 기록을 본안의 관할법원으로 송부하여야 한다.

6. 공시송달에 의한 지급명령

(1) 채권자가 은행법에 따른 은행 등인 경우에는 대출계약서 등 소명은 확실한데 채무자의 소재 파악이 안 되는 경우 실질적인 재판이 불가능한 문제가 있다. 그래서 2014.10.15.자로 개정된 소송촉진 등에 관한 특례법에서는 이런 사건들에 대해서 공시송달에 의한 지급명령을 허용하였다.

(2) 주요내용은 은행법에 따른 은행 등 금융권 채권자가 그 업무 또는 사업으로 취득하여 행사하는 대여금, 구상금, 보증금 및 그 양수금 채권에 대하여 지급명령을 신청하는 경우로서 청구원인을 소명한 경우 공시송달을 명령할 수 있도록 하였고(소촉 제20조의2 제1항 내지 제4항), 공시송달을 통하여 지급명령이 확정된 채무자는 이의신청기간이 경과한 경우에도 '당사자가 책임질 수 없는 사유'로 이의신청을 하지 못한 것으로 보아 이의신청의 추후보완이 가능하도록 하여 채무자의 제1심재판에서의 변론기회를 보장하였다(동법 동조 제5항).

15주사보

1 채무자 제출의 이의신청서에 구체적인 이의사유가 기재되어 있는 때에는 당연히 소송자료가 되므로 변론기일에 이를 주장하지 않아도 그 효력이 있다. ( )

16사무관

2 이의신청 후에 그 지급명령이 전속관할을 위반하여 내려진 것임이 발견된 경우에는 지급명령신청을 각하하여야 한다. ( )

16사무관

3 은행법에 따른 은행 등의 채권자가 그 업무 또는 사업으로 취득하여 행사하는 대여금, 구상금, 보증금 채권에 대하여 지급명령을 신청하는 경우로서 청구원인을 소명하는 경우 공시송달을 명령할 수 있다. ( )

정답 | 1 × 2 × 3 ○

해커스공무원 학원 · 인강
gosi.Hackers.com

판례 색인

대법원 결정

대법원 판결

2023 대비 최신개정판

해커스법원직
신정운
S 민사소송법 기본서

개정 2판 1쇄 발행 2022년 7월 11일

지은이	신정운
펴낸곳	해커스패스
펴낸이	해커스공무원 출판팀

주소	서울특별시 강남구 강남대로 428 해커스공무원
고객센터	1588-4055
교재 관련 문의	gosi@hackerspass.com
	해커스공무원 사이트(gosi.Hackers.com) 교재 Q&A 게시판
	카카오톡 플러스 친구 [해커스공무원강남역], [해커스공무원노량진]
학원 강의 및 동영상강의	gosi.Hackers.com

ISBN	979-11-6880-528-6 (13360)
Serial Number	02-01-01

저작권자 ⓒ 2022, 신정운

이 책의 모든 내용, 이미지, 디자인, 편집 형태는 저작권법에 의해 보호받고 있습니다.

서면에 의한 저자와 출판사의 허락 없이 내용의 일부 혹은 전부를 인용, 발췌하거나 복제, 배포할 수 없습니다.

최단기 합격 공무원학원 1위,
해커스공무원 gosi.Hackers.com

ⓗ 해커스공무원

· 해커스공무원 스타강사의 **공무원 민사소송법 무료 동영상강의**
· **해커스공무원 학원 및 인강**(교재 내 인강 할인쿠폰 수록)

헤럴드미디어 2018 대학생 선호 브랜드 대상 '대학생이 선정한 최단기 합격 공무원학원' 부문 1위

1위 해커스공무원

법원직
평생 0원 패스

신림동 법조계 1타 강사진 **전격 입성!**

상법/민법	헌법	형사소송법	변호사시험 민법 1위	민사소송법	부동산등기법
공태용	신동욱	김대환	윤동환	신정운	김미영

월 3만원대
합리적인 수강료
*평생상품, 24개월 기준

합격 시 수강료
100% 환급!
*제세공과금 22% 제외

합격할 때까지
평생 무제한 수강
*평생 상품 기준

PC+다운로드+모바일
배속 무제한!

전 선생님
무제한 수강!

[1위 해커스] 헤럴드 선정 2018 대학생 선호 브랜드 대상 '최단기 합격 공무원 학원' 부문 1위, [1위 윤동환] 별별선생 변호사 민법 강사 별점 고득점 기준(2021.03.22 조회 기준)

해커스공무원 gosi.Hackers.com

지금 바로 수강신청 ▶